普通高等教育土建类系列教材

道路工程制图

（含习题集）

主　编　马智英　贾　鹏
副主编　殷昌贵　夏连明
参　编　许英超　张同鹏

机械工业出版社

本书根据教育部高等学校工程图学课程教学指导委员会 2019 年修订的《高等学校工程图学课程教学基本要求》，以及贯彻党的二十大精神、践行社会主义核心价值观的要求，秉持 OBE 教育理念与“两性一度”课程标准，结合高校交通工程专业的人才培养目标，坚持“应用性强”“实用性强”的原则，参考国内同类教材，融入编者多年的工程图学教学经验及教学改革成果编写而成，是一本融合课程思政的新形态教材。

全书分 5 篇，共 18 章。内容有：绪论；第 1 篇制图基础，包括工程制图国家标准的基本规定，制图方法；第 2 篇投影基础，包括几何元素的投影，换面投影，立体的投影，轴测投影，标高投影；第 3 篇形体构型，包括组合体的视图，形体的创造性构型设计；第 4 篇形体表达，包括形体的视图表达，形体的剖面图表达，形体的断面图表达，形体的其他表达与表达方法应用举例；第 5 篇工程图样，包括道路路线工程图，道路交叉口工程图与交通工程图，钢筋混凝土结构图与钢结构图，桥梁工程图，隧道、涵洞工程图。本书还含有道路工程制图习题集。为与本书及习题集相适用，本书配有助教型 CAI 课件，以及助教、助学型习题解答 CAI 课件。

本书可作为高等学校应用型本科交通工程专业学生用书，也可作为高职高专道路桥梁专业学生用书，还可作为交通工程设计、施工从业人员的参考用书。

图书在版编目（CIP）数据

道路工程制图：含习题集 / 马智英，贾鹏主编. 北京：机械工业出版社，2024. 9. --（普通高等教育土建类系列教材）. -- ISBN 978-7-111-76757-2

Ⅰ. U412.5

中国国家版本馆 CIP 数据核字第 2024DR8270 号

机械工业出版社（北京市百万庄大街 22 号　邮政编码 100037）
策划编辑：林　辉　　责任编辑：林　辉　宫晓梅
责任校对：樊钟英　李　杉　　封面设计：严娅萍
责任印制：张　博
北京华宇信诺印刷有限公司印刷
2024 年 12 月第 1 版第 1 次印刷
184mm×260mm · 21.5 印张 · 527 千字
标准书号：ISBN 978-7-111-76757-2
定价：69.80 元（含习题集）

电话服务
客服电话：010-88361066
010-88379833
010-68326294

网络服务
机 工 官 网：www.cmpbook.com
机 工 官 博：weibo.com/cmp1952
金 书 网：www.golden-book.com
机工教育服务网：www.cmpedu.com

前言

“道路工程制图”课程是交通工程专业学生必修的一门工程基础课程，其与后续教学环节、实践环节及职业发展关系密切。该课程既是学生学习后续专业基础课程、专业必修课程及专业方向限选课程的学习基础，又是学生进行后续实践环节如交通工程实习、交通综合实习、交通设计课程设计、交通规划课程设计、毕业设计等的设计、实习基础，更是学生毕业后从事交通系统设计和施工与管理、交通工程设计和施工与管理等工作不可或缺的工作基础。

本书根据教育部高等学校工程图学课程教学指导委员会2019年修订的《高等学校工程图学课程教学基本要求》，以及贯彻党的二十大精神、践行社会主义核心价值观的要求，秉持OBE教育理念与“两性一度”课程标准，结合高校交通工程专业的人才培养目标，坚持“应用性强”“实用性强”的原则，参考国内同类教材，融入编者多年的工程图学教学经验以及教学改革成果编写而成，旨在为交通工程专业学生提供一本具有时代性、先进性、创新性的工程图学课程教材。与传统交通工程图学教材相比，本书编写的方法与特点如下：

1. 构建“四性”内容，支撑课程目标

“四性”是指对课程目标起支撑性作用的内容，包括：保留现有课程中能够支撑课程目标的继承性的内容，如国家标准、形体表达、工程制图，以及继承性内容的基础性内容，如几何元素与立体的投影、换面投影、轴测投影与标高投影；补充拓展课程目标的补充性内容，如形体的创造性构型设计；融入能够提升学生分析、评价、创造等高阶能力的创新性内容，如创造性构型设计策略、确定形体表达方案或分析、评价他人已有方案的“二三四”方法策略等。

2. 构架“五模”内容体系，利于学生认知

“五模”是指打破传统的“画法几何”“制图基础”“工程制图”三模块内容体系，按篇构架五模块内容体系：第1篇制图基础、第2篇投影基础、第3篇形体构型、第4篇形体表达、第5篇工程图样。内容模块细化更加符合学生的认知规律，以使学生更好地掌握内容体系。

3. 设计章前导读，明确学习目标

每章章前设置有“学习内容”，以及按照工程教育认证方式表述的与学习内容相适应的“学习目标”，既突出了以学生为中心的教育、教学理念，又促进了学习目标的达成。

4. 注重内容创新，提升学生的高阶能力和探究能力

在“形体的创造性构型设计”一章中，创新使用软问题设问法及创造性构型设计策略；

在确定形体表达方案时，创新了“二三四”法与“形态分析法”；将每章例题设计为“低阶→高阶→探究”能力训练三类题型：基本知识一般应用题型，训练低阶能力；包括分析、评价与创造（创新）在内的基本知识综合应用题型，训练高阶能力；包括分析、评价与创造（创新）在内的具有一定挑战度的复杂问题题型，训练解决复杂问题的探究能力。

5. 具有先进性、时代性，引导学生自主学习、健康成长与发展

结合图学课程的内容和特点，将信息存储、传递技术与价值塑造融入本书（含习题集）的内容体系，全面实现以学生为中心、因材施教的知识传授、能力培养、素质提升、价值塑造“四融一体”的课程培养目标。新技术与其他教学资源并举，可以构成线上线下混合式教学资源，以促进学生自主学习。价值塑造分两个方面：一是在第5篇，与内容相适切，以贯彻党的二十大精神为引领，以建设交通强国为主线，配合家国情怀、理想信念、责任担当、科学家精神、企业家精神、劳动精神、北斗精神、“两路”精神等，赋能课程育人；二是与各篇章内容相适切，挖掘思政元素，以社会主义核心价值观为引领，以一丝不苟、精益求精的工匠精神为主线，配合爱国精神、爱岗敬业、尊重生命、创新精神等，赋能课程育人。

本书配有助教型 CAI 课件，以及助教、助学型习题解答 CAI 课件，可免费提供给任课教师使用，编者联系邮箱：mazying@163.com；需要课件的学生，可向任课教师索取。

全书分5篇共18章。授课学时为56~112学时，使用者可根据实际情况决定授课/学习内容的取舍。

本书由马智英、贾鹏任主编，殷昌贵、夏连明任副主编，许英超、张同鹏任参编。编写分工如下：马智英编写绪论，第2篇的第4、7章，第3篇的第9章，第4篇的第13章，第5篇，习题集的第4、7、9、13~18章；贾鹏编写第1篇的第1章，第2篇的第5章，第4篇的第10章，习题集的第1、5、10~12章；殷昌贵编写第1篇的第2章，第2篇的第3、6章，习题集的第2、3、6章；夏连明编写第3篇的第8章，习题集的第8章；许英超编写第4篇的第11、12章；张同鹏编写教材与习题集部分插图。

本书编写过程中参考了国内的相关文献，特向文献作者表示衷心的感谢。

由于编者水平有限，书中难免存在不足之处，敬请读者批评指正。

编　者

目 录

第4篇 形体表达

第5篇 工程图样

绪 论

1. 本课程的地位、性质和任务

本课程是交通工程专业学生先修的一门重要的工程基础课，主要解决空间几何问题，以及研究绘制和阅读道路工程图样的理论和方法。

课程主要任务：

1）学习投影法的基本理论和基本应用。

2）培养学生阅读空间几何问题的图解和图示能力。

3）培养学生的形象思维能力与表达能力。

4）培养学生创造性构型设计能力、创造性思维能力及创新意识。

5）培养学生绘制和阅读各种道路工程图样的能力。

6）培养学生尺规绘图、徒手绘图及计算机绘图技能。

7）培养学生的工程意识和贯彻国家制图标准的意识。

8）培养学生认真负责、严谨细致的工作作风。

9）培养学生的社会主义核心价值观。

10）培养学生的工匠精神、科学家精神、创新精神、“两路”精神等，激发家国情怀与坚定建设交通强国的理想信念、责任担当。

2. 本课程的学习内容和基本要求

本课程包括制图基础、投影基础、形体构型、形体表达、工程图样五个模块，各模块学习内容和基本要求如下：

（1）制图基础　制图基础是国家标准图样格式及制图方法中的部分内容。要求学生了解《道路工程制图标准》（GB 50162—92）、《建筑制图标准》（GB/T 50104—2010）在图样格式方面所做的基本规定；掌握尺规绘图、徒手绘图、计算机绘图三种绘图技能；了解工程制图使用的图示方法；画图时，能够做到严格遵守国家标准的基本规定，逐步形成在未来道路工程建设的决策、设计、施工、管理等工作中所需的法律法规意识。

（2）投影基础　投影基础是课程的理论基础。要求学生理解正投影图、标高投影图两种道路工程图样常用形式，以及轴测图这一辅助图样形式的图示原理和图示方法；重点掌握用正投影法表达空间几何元素和形体的方法，以及分析、图示、图解空间几何元素之间关于定位、度量的关系问题；能够逐步养成认真仔细、严谨细致的工作作风；逐步树立一丝不苟、精益求精的工匠精神。

（3）形体构型　形体构型为后续工程创造性、创新性构型设计打基础。要求学生在掌握画、看形体视图方法的基础上，能够掌握形体创造性构型设计的策略和方法，初步具备形体性构型设计的能力，同时借此发展形象思维能力、创造性思维能力和创新意识。

（4）形体表达　形体表达是国家标准表达方法中的内容，为后续工程设计表达打下基础。要求学生认识和掌握的《道路工程制图标准》（GB 50162—92）、《技术制图 图样画法 视图》（GB/T 17451—1998）在工程图样的表达方法方面所做的规定，并能灵活地运用各种表达方法对工程结构形体进行综合表达；能够不断强化懂法、执法、守法意识和观念；能够强化创新意识、创造性思维能力和探究性解决复杂问题的能力。

（5）工程图样　工程图样是课程的专业图部分。要求学生掌握与道路、桥梁、涵洞、隧道等工程结构物相关的工程图样的图示方法、图示内容及画图方法；能够扎实认真仔细、严谨细致的工作作风；使学生在将来的交通工程建设中，能够通过创新，激发民族自信、科学精神、创新精神、爱国情怀。

3. 本课程的学习方法

（1）严格执行国家标准　《道路工程制图标准》（GB 50162—92）是由国家交通部（现国家交通运输部）编制，国家建设部（现国家住房和城乡建设部）批准施行的用来指导和规范道路设计与施工的现行法规性技术文件，包括六部分：总则，一般规定，道路制图，桥涵、隧道等结构制图，交通工程、道路工程常用图例。而《技术制图 图样画法 视图》（GB/T 17451—1998）是我国通用性强且同国际标准接轨的现行法规性技术文件，适用于机械、电机、建筑和土木工程图样等，本课程强调以《道路工程制图标准》（GB 50162—92）为主，《建筑制图标准》（GB/T 50104—2010）、《技术制图 图样画法 视图》（GB/T 17451—1998）作为图线、尺寸标注等方面的必要替代。

作为将来的道路工程技术人员，在学习过程中和将来的工作过程中，必须严格执行相关国家标准的规定，坚持培养贯彻执行国家标准的良好工程意识。

（2）善于实践物图转换　在“投影基础”“形体构型”两篇的学习中，善于通过大量的由物画图、由图想物的绘图和读图实践，分析、想象空间形体与平面图形之间的对应关系，逐步提高空间逻辑思维能力、形象思维能力、创造性思维能力。

（3）注重掌握基本方法　学习过程中，除掌握课程的基本知识以外，还必须注重掌握解决若干问题的若干基本方法，不仅能够保证绘图与读图正确，而且能够提高绘图与读图效率，提高形象思维能力。

（4）策略学习工程制图　学习“道路工程制图”课程，需要一定的专业知识和实践经验，而国内高校的该类课程同其他工程图学类课程，基本设在第一学年第 1、2 学期或第二学年第 1 学期，所以学生在学习专业图部分时，尚不具备相关的专业知识和实践经验，可参考以下三点策略加以解决：

1）坚持课前自主学习，对重点、难点及学习目标做到心中有数。

2）利用自主时间，通过阅读道路交通工程读物，对道路交通工程进行系统了解。

3）利用自主时间，通过网络搜集道路及道路结构物的图片、视频等资料，以增强对道路交通工程的感性认识。

（5）认真完成各类作业　本课程是一门实践性很强的课程。在学习过程中，需要完成大量的制图作业，包括习题集作业和图纸作业，对所有作业应该做到：视图选择与配置恰当、投影正确、图线分明、尺寸完整、字体工整、图面整洁，并按要求的绘图方式或自主方式完成。坚持养成认真负责、严谨细致的工作作风，树立一丝不苟、精益求精的工匠精神，为将来从事工程师工作打下良好的基础。

（6）坚持树立正确的价值观 “道不可坐论，德不能空谈”。围绕学习目标中的价值目标，坚持习近平总书记的新时代中国特色社会主义思想，坚定中国特色社会主义道路自信、理论自信、制度自信、文化自信；通过课程学习，深入领会工匠精神、科学家精神、企业家精神、劳动精神、北斗精神等中国精神的内涵；从学习和生活的方方面面做起，逐渐让弘扬和践行社会主义核心价值观成为一种自觉的习惯。同时，认真思考在党的二十大提出的交通强国战略目标指引下，在包括铁路、公路、水运、航空、管道、物流等基础设施建设的现代化综合交通体系中，如何更好地促进自身的健康成长与发展，从而实现自身的社会价值和个人价值。

第1篇

制 图 基 础

第 1 章 工程制图国家标准的基本规定

本章导读

学习内容：

1）《道路工程制图标准》（GB 50162—92）在图幅、比例、字体、引线标注、标高标注方面的基本规定。

2）《建筑制图标准》（GB/T 50104—2010）在图线、尺寸标注方面的基本规定。

学习目标：

1）了解国家标准的基本规定。

2）明确国家标准具有的法律效力，画图时，必须严格遵守国家标准的基本规定。

3）逐步形成在未来道路工程建设的决策、设计、施工、管理等工作中所需的法律法规意识。

为了统一工程图样的画法，便于技术应用和交流，国家标准对图样的格式、内容、表达方法等做了统一规定，其图样格式中关于图幅、字体、图线、比例、坐标、尺寸标注等的规定，统称为制图的基本规定。

1.1 图幅

图幅是指绘制工程图样的图纸的幅面大小、规格等。

1.1.1 图纸幅面

绘图时优先采用表 1-1 规定的基本幅面。必要时，允许加长幅面，加长时，基本幅面的短边尺寸不变，长边可加长：A0、A2、A4 图幅加长 150mm 的整数倍，A1、A3 图幅加长 210mm 的整数倍。

表 1-1 图幅及图框尺寸 （单位：mm）

幅面代号	A0	A1	A2	A3	A4
$B \times L$	841×1189	594×841	420×594	297×420	210×297
a	30	30	30	30	25
c	10	10	10	10	10

1.1.2 图幅格式

在图纸上必须用粗实线画出图框，在图框内右下角画出图标，右上角画出角标，左下角外侧画出会签栏，如图 1-1 所示。

1）图标：图标外框线线宽 0.7mm，内分格线线宽 0.25mm，格式如图 1-2 所示。学生学习期间的参考图标格式如图 1-3 所示。

2）角标：角标线宽 0.25mm，格式如图 1-4 所示。

3）会签栏：会签栏外框线线宽 0.5mm，内分格线线宽 0.25mm，格式如图 1-5 所示，图中 *m* 表示数量。

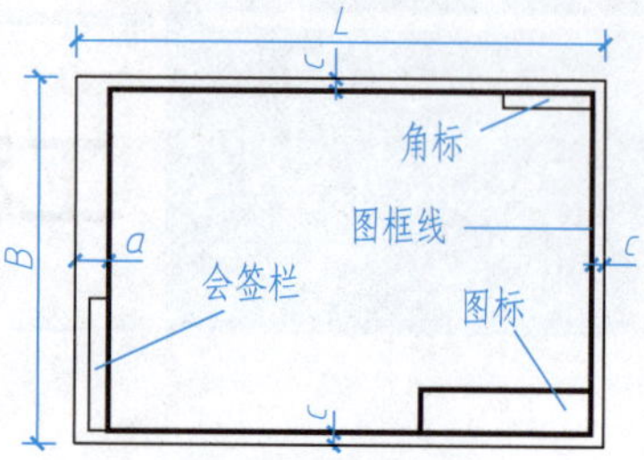

图 1-1 图幅格式

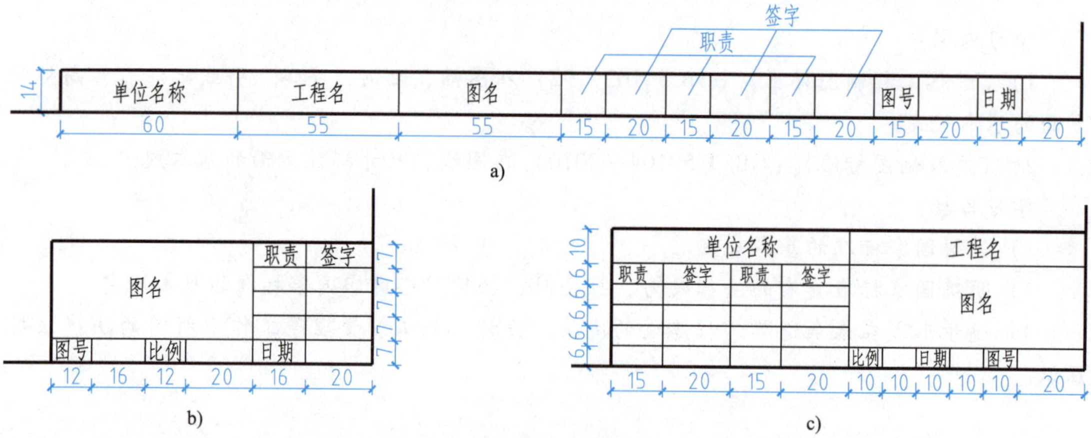

图 1-2 图标格式

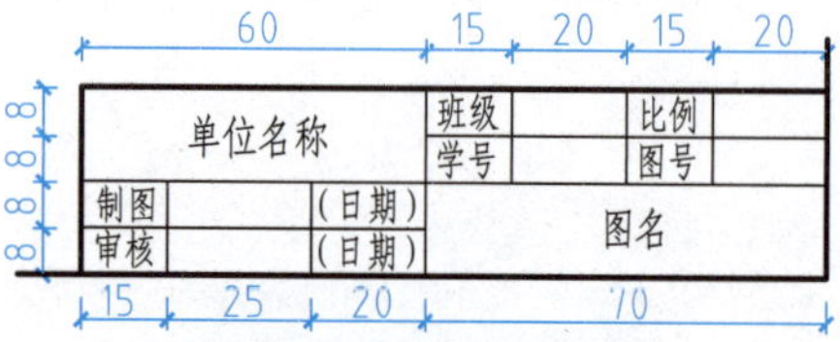

图 1-3 参考图标格式

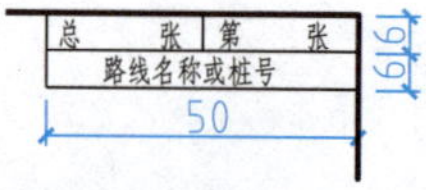

图 1-4 角标格式

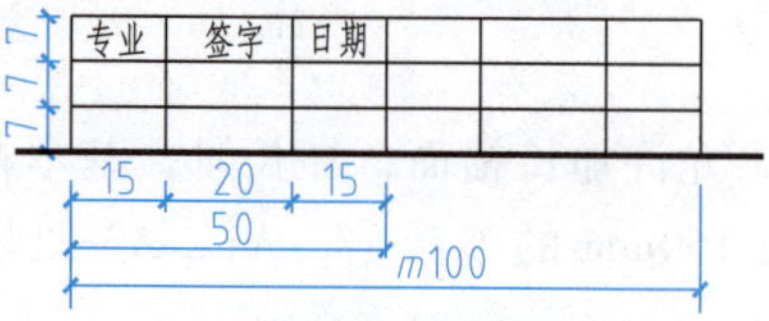

图 1-5 会签栏格式

图 1-6 比例的注写

1.2 比例

比例为图样中图形与其实物相应要素的线性尺寸之比，分原值、放大和缩小比例三种。

制图时，应优先选取1∶1、1∶2、1∶5、1∶10、1∶20、1∶50、1∶100、1∶150、1∶200、1∶500、1∶(1×10^n)、1∶(2×10^n)、1∶(5×10^n)（$n=3\sim5$）的比例，必要时也允许选取1∶3、1∶4、1∶6、1∶15、1∶25、1∶30、1∶40、1∶60、1∶80、1∶250、1∶300、1∶600的比例。比例可注写在图名的右侧或下方，与字的基准线平齐，字高小图名一号或二号，如图1-6所示。如果各图绘制比例相同，也可注写在图标中。不论采用哪种比例绘图，标注尺寸均为形体实际尺寸。

1.3　图线

1.3.1　图线型式

图线型式包括图线宽度和图线类型两个方面。

1. 图线宽度

图线宽度规定有粗线、中线、细线三种，宽度比例为1∶0.5∶0.25。

图线基本线宽 b 应从2.0mm、1.4mm、1.0mm、0.7mm、0.5mm、0.35mm中选取。

绘图时，应按图的比例大小和复杂程度选定基本线宽 b，再按表1-2选用适当的线宽组。

表1-2　图线线宽组

线宽类别	线宽组					
b	2.0	1.4	1.0	0.7	0.5	0.35
$0.5b$	1.0	0.7	0.5	0.35	0.25	0.18
$0.25b$	0.5	0.35	0.25	0.18	0.13	—

2. 图线类型

图线有六种类型：实线、虚线、单点长画线、双点长画线、折断线、波浪线。各类型图线的名称与用途见表1-3。

表1-3　图线的名称与用途

名称		线型	线宽	一般用途
实线	加粗		$1.4b\sim2.0b$	道路路线设计线、地平线等
	粗		b	可见轮廓线
	中		$0.5b$	较细可见轮廓线、钢筋线、45°斜线
	细		$0.25b$	尺寸界线、尺寸线、剖面线、图例线等
虚线	粗		b	地下管线或建筑物
	中		$0.5b$	不可见轮廓线
	细		$0.25b$	不可见轮廓线、图例线
点画线	单点长画线		$0.25b$	中心线、轴线、图形对称线
	双点长画线		$0.25b$	假想轮廓线
折断线			$0.25b$	断开界线

（续）

名称	线型	线宽	一般用途
波浪线	～～～～	0.25b	断开界线

注：虚线中的每一线段长度约 12b，间隔约 3b；单点长画线和双点长画线的长画长度约 24b，点的长度≤0.5b，间隔约 3b。

1.3.2　图线画法

1）同一图样中，同类图线的宽度应基本一致。细虚线、单点长画线及双点长画线的线段长度和间隔应各自大致相等。

2）两条平行线之间的距离应不小于粗线宽度的两倍，其最小距离不小于 0.7mm。

3）画圆的中心线、轴线和图形对称线时，圆心应是长画的交点，点画线的首末两端应是长画而不是点，点画线超出轮廓线 2～5mm，如图 1-7a 所示；当圆直径≤12mm 时，用细实线代替点画线，如图 1-7b 所示。

4）当细虚线、单点长画线、双点长画线与自身图线或其他图线相交时，应以线段相交；当虚线为实线延长线时，实线画至分界点处，虚线线段与分界点处留空隙，如图 1-8 所示。

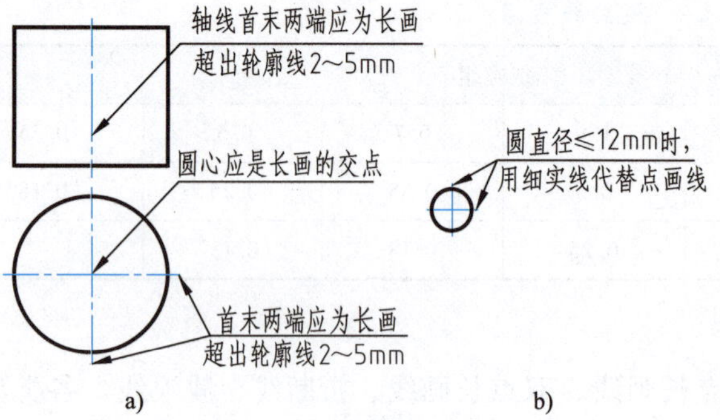

图 1-7　中心线、轴线的画法

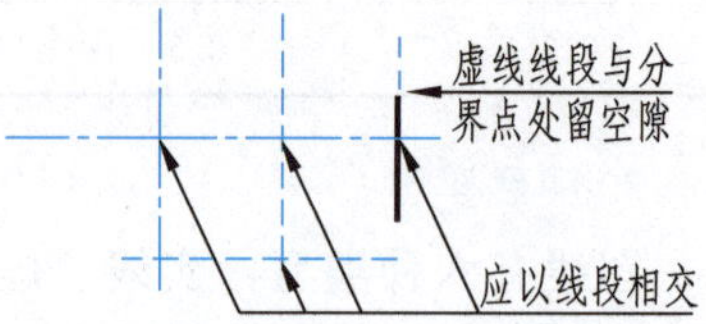

图 1-8　图线相交和延长的画法

1.4　字体

1.4.1　基本规定

1）图样中书写字体必须做到：字体工整、笔画清楚、间隔均匀、排列整齐。

2）汉字应写成长仿宋体，并应采用国家正式公布推行的简化字。

3）字体的号数即字体的高度应从 3.5mm、5mm、7mm、10mm、14mm、20mm 中选取。

4）字宽宜为字高的 2/3。

1.4.2　具体规定

1. 汉字

1）汉字字体为长仿宋体，如图 1-9 所示。

2）字体高度不小于 3.5mm。

字体端正　比划清楚　排列整齐　间隔均匀

横平竖直　结构匀称

交通工程专业道路工程制图

图 1-9　汉字书写示例

3）当图纸中有需要说明的事项时，宜在每张图纸的右下角、图标上方加以叙述。该部分文字应采用“附注”或“说明”字样，写于说明事项的左上角，每条注的结尾应标句号。

事项需划分层次时，第一、二、三层次的编号应分别用阿拉伯数字、带括号的阿拉伯数字、带圆圈的阿拉伯数字表示。

图纸中文字说明不宜采用符号代替名称。

当表示数量时，应采用阿拉伯数字表示，如三十二小时应写成 32 小时。

2. 字母和数字

1）字母和数字可写成斜体或直体。斜体字字头向右倾斜，与水平线约成 75°，如图 1-10 所示。

直体 ABCDEFGHIJKLMNOPQRSTUVWXYZ

斜体 *ABCDEFGHIJKLMNOPQRSTUVWXYZ*

直体 abcdefghijklmnopqrstuvwxyz

斜体 *abcdefghijklmnopqrstuvwxyz*

直体 I II III IV V VI VII VIII IX X

斜体 *I II III IV V VI VII VIII IX X*

m^2　m_2

图 1-10　字母、数字书写示例

2）用作指数、分数、极限偏差、注脚的数字及字母，一般应采用小一号字体。

3）字母和数字的笔画宽度宜为字高 h 的 1/10。

1.5　尺寸标注

图样中，除用图线画出构造物的形状外，还必须正确、完整、清晰和合理地标注出尺寸以表示构造物的大小。

1.5.1　尺寸要素

一个完整的尺寸一般包含尺寸界线、尺寸线、尺寸线终端、尺寸数字四要素，如图 1-11 所示；有时还需标注尺寸符号，如直径与半径尺寸的尺寸数字前面需标注直径、半径符号 ϕ 和 R。

1. 尺寸界线

1）用细实线绘制。

2）一般垂直于被标注的长度，必要时允许倾斜，如图 1-12 所示。

3）一端靠近图形轮廓线，另一端超出尺寸线 1~3mm，如图 1-12 所示。

4）可被代替，直接用轮廓线、轴线或中心线做尺寸界线，如图 1-11、图 1-15 所示。

2. 尺寸线

1）尺寸线用细实线绘制。

2）平行于被标注的长度。

3）相同方向各尺寸线间距要均匀，间隔为 5~15mm，如图 1-13 所示。

4）不可被代替，必须单独画出，也不能与图线重合或在图线的延长线上。

5）尽量避免尺寸线之间及尺寸线与尺寸界线之间相交。

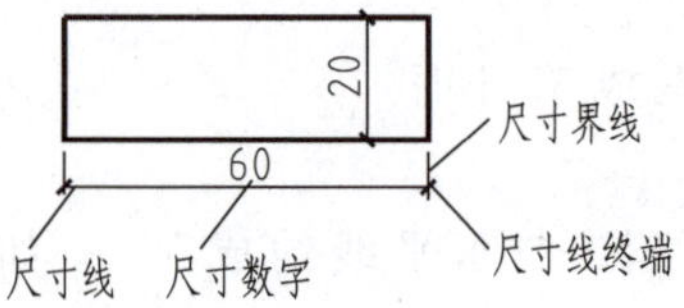

图 1-11　尺寸要素图

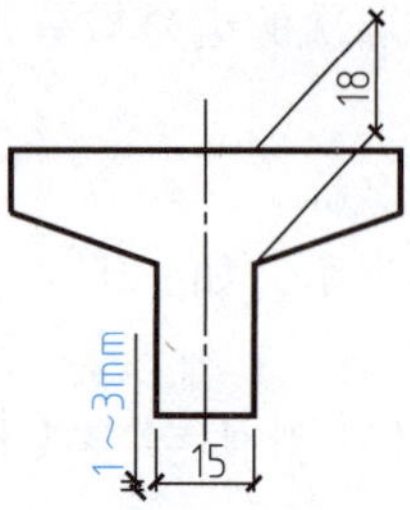

图 1-12　尺寸界线的标注图

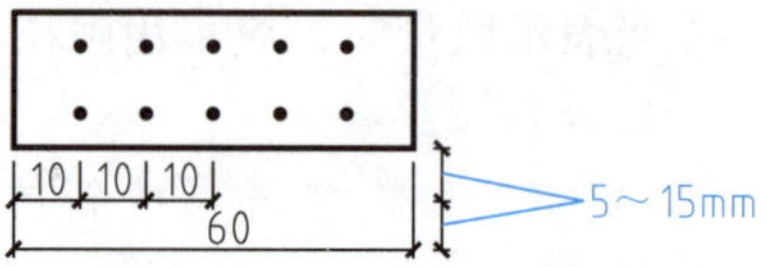

图 1-13　尺寸线的标注

3. 尺寸线终端

如图 1-14 所示，尺寸线终端形式有：箭头（图 1-14a）、45°斜线（图 1-14b）和单边箭头（图 1-14c）。同一图样中只能采用一种尺寸线终端形式，通常机械图使用箭头，土建图使用 45°斜线或单边箭头。

1）45°斜线采用中粗线；长度为 2~3mm；其倾斜相对于尺寸界线顺时针转 45°。

2）半径、直径、角度的尺寸线终端宜用箭头表示，如图 1-15 所示。

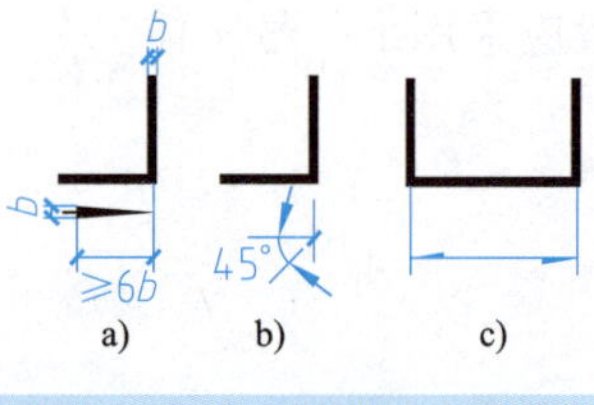

图 1-14　尺寸线终端的三种形式

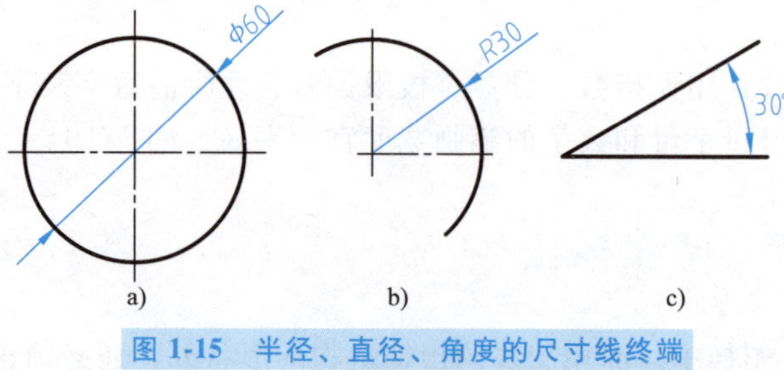

图 1-15　半径、直径、角度的尺寸线终端

4. 尺寸数字

1）线性尺寸数字一般注写在尺寸线上方中部；水平尺寸数字字头朝上；竖直尺寸数字字头朝左；倾斜尺寸数字字头随尺寸线倾斜且有朝上倾向，当倾斜尺寸线处于 30°范围时，尺寸数字宜引出注写，如图 1-16 所示。

2）位置不够时，最外边的尺寸数字注写在尺寸界线外侧，中间的尺寸数字可错开标注，如图 1-17 所示。

3）尺寸数字宜标注在图形外侧，不与任何图线相交，遇到时断开图线。

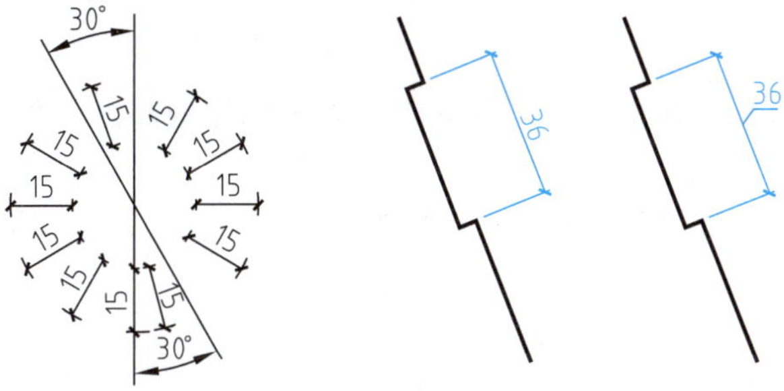

a)　　b)

图 1-16　尺寸数字的标注位置和字头方向

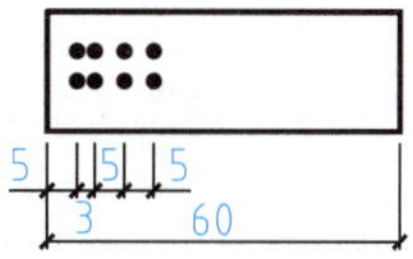

图 1-17　小尺寸的标注

1.5.2　尺寸标注的其他规定

1. 弧长尺寸的标注

这类尺寸综合了线性尺寸和角度尺寸的标注特点。尺寸界线同线性尺寸，尺寸线和尺寸线终端同角度尺寸，并在尺寸数字上方加注弧长符号“⌒”，如图 1-18 所示。

2. 平行线性尺寸的排列标注

1）标注相互平行的线性尺寸时，应自图形轮廓向外依次排列从小尺寸到大尺寸，如图 1-19 所示。

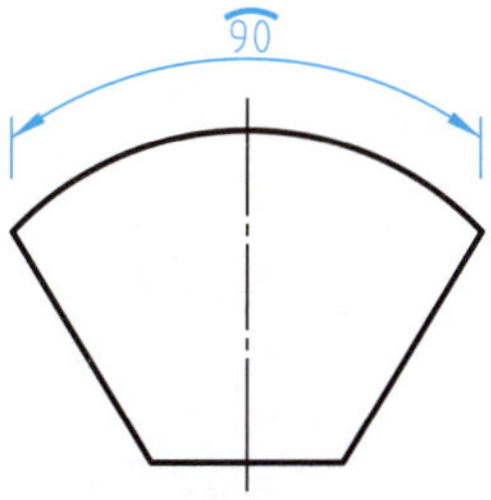

图 1-18　弧长的标注

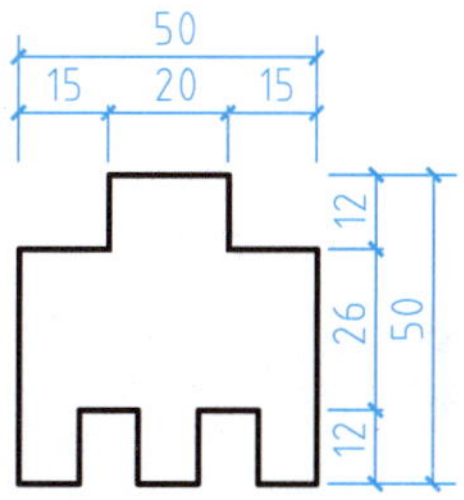

图 1-19　尺寸的排列标注

2）最小尺寸线距离轮廓线之间间隔不小于 10mm。

3）相邻尺寸线之间间隔宜为 7~10mm。

1.6　其他规定

1.6.1　引出线的标注

1）引出线的斜线与水平线为细实线，两者间的交角 α 可按 90°、120°、135°、150°绘制，如图 1-20 所示。

2）文字说明标注在引出线的水平线上。

3）两条以上的斜线宜相互平行，如图 1-20b 所示，或交于一点，如图 1-20c 所示。

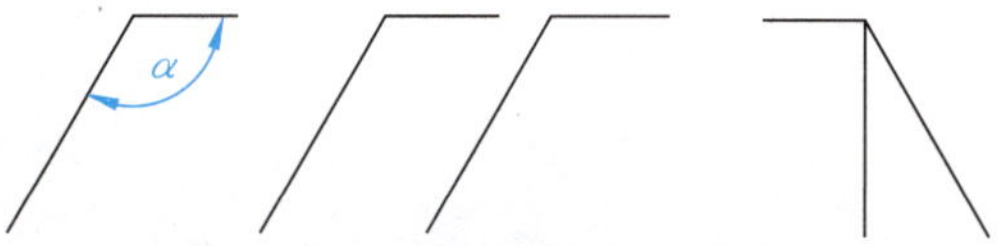

a)　　b)　　c)

图 1-20　引出线的标注

1.6.2 标高的标注

1）标高符号采用细实线绘制的等腰直角三角形表示。顶角应指至被标注的高度，顶角向上、向下均可。规格如图 1-21a 所示。

2）标高数字一般标注在符号的右边，负标高加“-”号，如图 1-21b、c 所示。

3）当图形复杂时，也可采用引出线形式标注，如图 1-21d 所示。

4）水位标注如图 1-21e 所示。

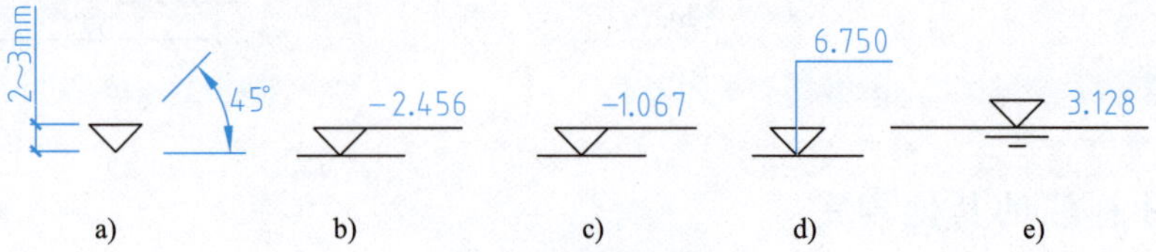

图 1-21 标高的标注

1.6.3 指北针的标注

为了表示地区或道路路线的方位，地形图上需要标注指北针或坐标网格。

1）指北针的画法如图 1-22 所示。

2）按尖头指向正北方进行标注。

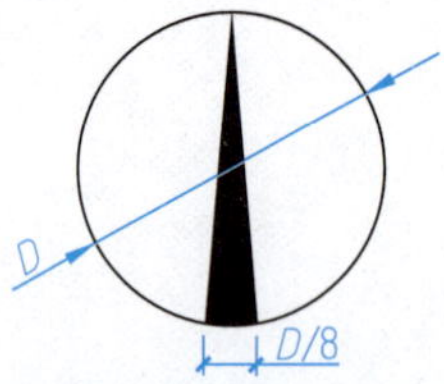

图 1-22 指北针的画法

思考：

1）在学习和工作阶段，除执行相关国家标准规定外，是否需要关心国家标准的更新？

2）自主了解交通运输工程法律法规体系，思考在道路工程建设的决策、设计、施工、管理等工作中，如何对待相关的法律法规。

第2章 制图方法

本章导读

学习内容：

1）三种绘图技术。

2）常用的几何作图方法。

3）投影方法。

学习目标：

1）明确三种绘图技术；能够掌握尺规绘图技能；初步训练徒手、CAD绘图的技能。

2）能够掌握常用的几何作图方法；能够对具体平面图形进行分析，并综合应用几何作图方法，按照要求的绘图方式完成作图；能够从方法和步骤上评价他人的平面图形作图。

3）明确工程制图的图示方法。

4）能够逐步养成认真负责、严谨细致的工作作风。

5）能够逐步树立一丝不苟、精益求精的工匠精神。

用投影的方法，借助于一定的绘图技术和方法，是完成工程制图的基础。本章介绍包括绘图技术、几何作图以及工程制图的投影方法在内的制图方法。

2.1 绘图技术

2.1.1 尺规绘图

尺规绘图就是使用绘图工具、仪器完成作图的绘图技术。正确使用绘图工具、仪器是保证绘图质量和加快绘图速度的前提。下面介绍常用绘图工具、仪器及其使用方法。

1. 铅笔

铅笔有木质铅笔和自动铅笔两种。铅笔芯有软硬之分：“B”表示软铅，“H”表示硬铅，“HB”表示中软铅。B或H前的数字越大，表示铅笔芯越软或越硬。

铅笔的使用场景如下：

1）打底稿：直线——H、2H锥状或0.5HB自动铅笔；圆弧——H、2H铲状。

2）描图：粗直线——B矩形或0.7HB自动铅笔；细直线——HB锥状或0.5HB自动铅

笔；粗圆弧——2B 矩形；细圆弧——B 锥状。

3）写字：HB 锥状或 0.5HB 自动铅笔。

木质铅笔笔芯的削法：锥状（图 2-1a）、矩形（图 2-1b）、铲状（图 2-1c）。

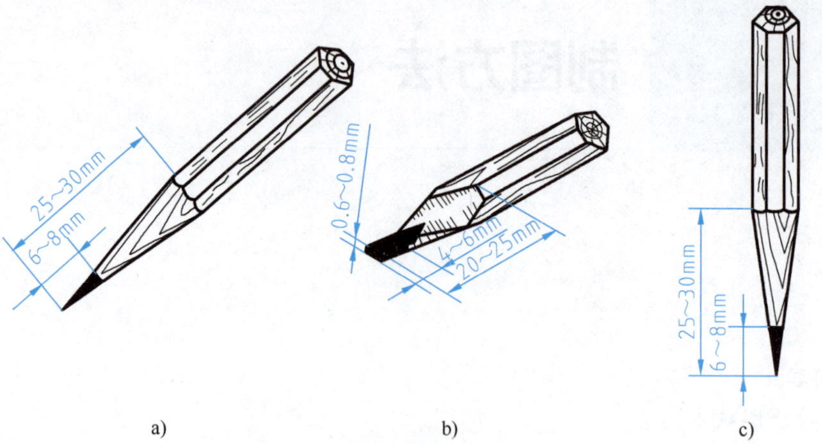

图 2-1　铅笔的削法

2. 图板、丁字尺和三角板

（1）图板　图板是画图的垫板，要求表面平坦光滑；又因它的左边用作导边，所以必须平直。

（2）丁字尺　丁字尺用于画水平线。如图 2-2 所示，画图时，左手握紧尺头，使其靠紧图板的导边，然后左手按牢尺身，右手执笔，沿尺身上部工作边自左向右画线。通过上下移动，画不同位置的水平线。注意笔杆应稍向外倾斜，尽量使笔尖贴靠尺边。

（3）三角板　三角板与丁字尺配合画竖直线和与水平线成 15°、30°、45°、60°、75°的倾斜线；也可直接用来画倾斜线，或用两个三角板配合画已知直线的平行线和垂直线，如图 2-3 所示。

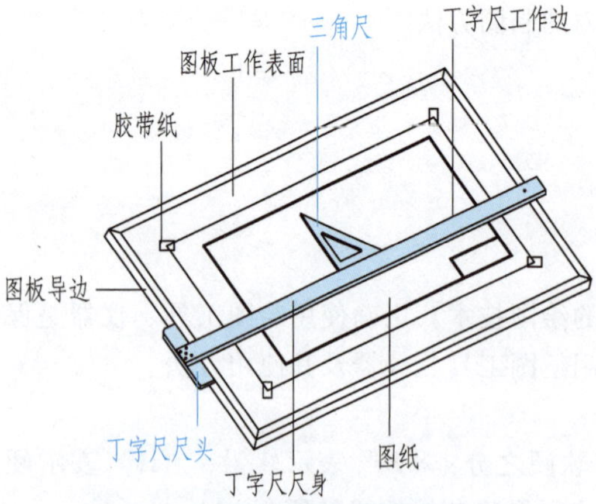

图 2-2　图板、丁字尺、三角板与图纸

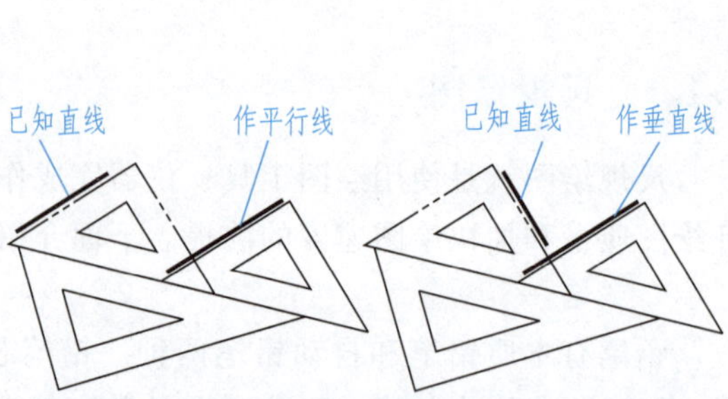

图 2-3　用三角板画已知直线的平行线和垂直线

3. 圆规和分规

（1）圆规　圆规是画圆及圆弧的工具。画图时，先调整针脚，使针尖略长于铅芯，再将钢针轻轻插入纸面，铅芯接触纸面，并将圆规向前进方向稍微倾斜做旋转，即画一圆或圆弧。画较大圆时，须使用接长杆，并使圆规的钢针和铅芯尽可能垂直于纸面，如图 2-4a 所示。

（2）分规　分规是量取线段和分割线段的工具。为了准确地度量尺寸，分规的两针尖应平齐。分割线段时，先将分规的两针尖调整到所需的距离，然后用右手拇指、食指捏住分规手柄，使分规两针尖沿线段交替作为圆心旋转前进，如图 2-4b 所示。

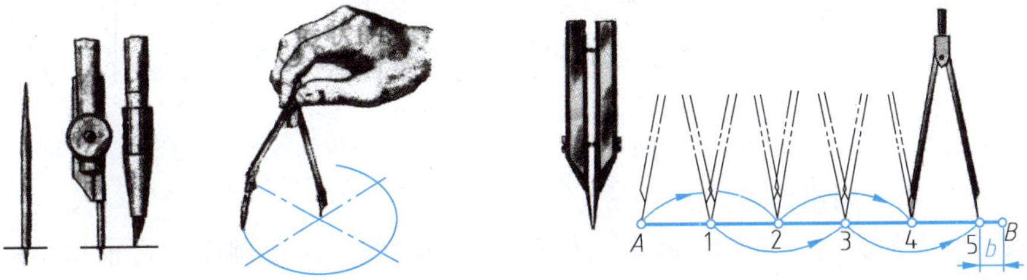

a)　　b)

图 2-4　圆规和分规的使用方法

4. 曲线板

曲线板用来画非圆曲线，其轮廓线由多段不同曲率半径的曲线组成。作图时，先徒手用铅笔轻轻地把曲线上一系列的点顺次地连接起来，然后选择曲线板上曲率合适的部分与徒手连接的曲线贴合，并将曲线描深。每次连接应至少通过曲线上三个点，并注意每画一段线，都要比曲线板边与曲线贴合的部分稍短一些，这样才能够使所画的曲线过渡光滑，如图 2-5 所示。

图 2-5　曲线板的使用方法

2.1.2　徒手绘图

徒手绘图是仅使用绘图铅笔完成草图的绘图技术，俗称草画。随着计算机应用技术的发展，徒手绘图是工程技术人员必须掌握的一项绘图技能。因为在设计初期，往往是先徒手画出方案，后尺规或计算机完成设计图。下面介绍徒手绘图的常用方法。

1. 草画直线

1）草画直线时，常将小手指靠着纸面，以保证线条画得直，如图 2-6a 所示。

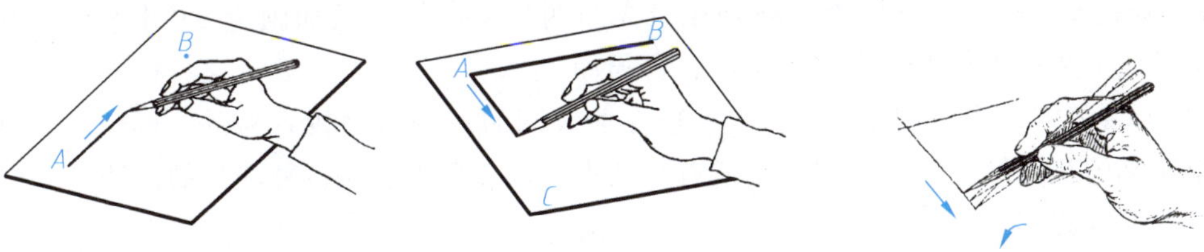

a)　　b)　　c)

图 2-6　徒手画直线

2）图纸不必固定，因此可以随时转动图纸，使欲画的直线正好是顺手方向。

3）画较长直线，如图 2-6a 中的 AB，眼睛应交替盯起点 A 和终点 B，既能保证所画线段是直的，又能保证直线的方向；同样方法画图 2-6b 中的垂直线 AC。

4）画较短直线时，手的位置保持不变，只改变铅笔位置，如图 2-6c 所示。

5）当画 30°、45°、60°等常见的角度线时，可根据三角板两直角边的近似比例关系，定出两端点，然后连接两点即为所画的角度线，如图 2-7 所示。

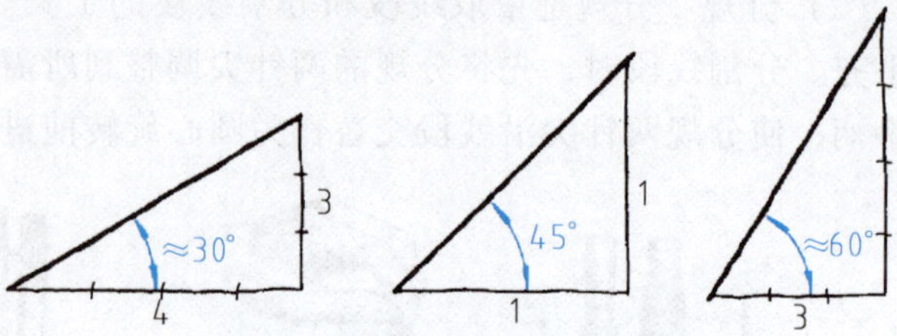

图 2-7 徒手画 30°、45°、60°斜线

2. 草画圆和圆弧

1）画小圆和小圆弧可不用辅助线，直接一两笔简单画出即可。

2）画不太大的圆时，可先作两条互相垂直的中心线，定出圆心，再根据半径大小，目测估计半径的大小，在中心线上截得半径点，先浅画出圆，再描深，如图 2-8a 所示。

3）画较大圆时，如图 2-8b 所示，先浅画一个边长等于直径的正方形，标出每条边的中点即半径点，再连接正方形的对角线并截得半径点，后过半径点浅画出与正方形相切的圆，再描深。

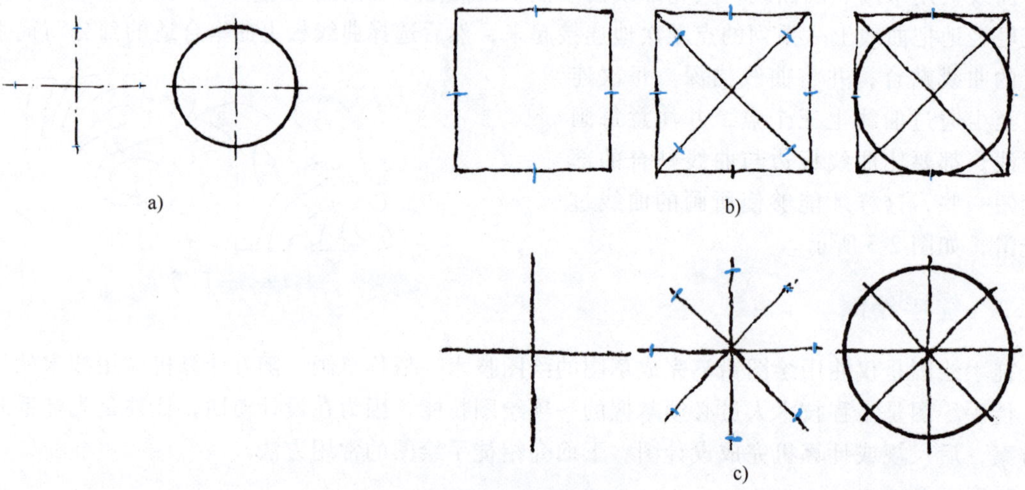

图 2-8 徒手画圆

4）画较大圆时，也可按图 2-8c 所示，先画两条中心线，后加画上 45°半径线，在中心线和半径线上截得半径点，先浅画出圆，再描深。

5）画圆的方法也适用于画圆弧，一般在曲线凹的一侧画是较容易的。画弧时，脑子中须想象实际的几何结构线，近似画出所有相切点。图 2-9 所示为各种圆弧的画法。

3. 草画椭圆

1）如图 2-10a 所示，自然握笔，把力量用在手臂上部，并且在纸上快速移动铅笔画出所需的椭圆轨迹，再握笔离笔尖近一些浅描出椭圆线并用橡皮擦掉多余线条，最后描深。

2）图 2-10b 所示为另一种画椭圆的方法。先浅画出封闭的矩形，标出每条边的中点并过中点浅画出切线弧，再过切线弧浅画出椭圆，最后用橡皮擦掉辅助作图线并描深椭圆。

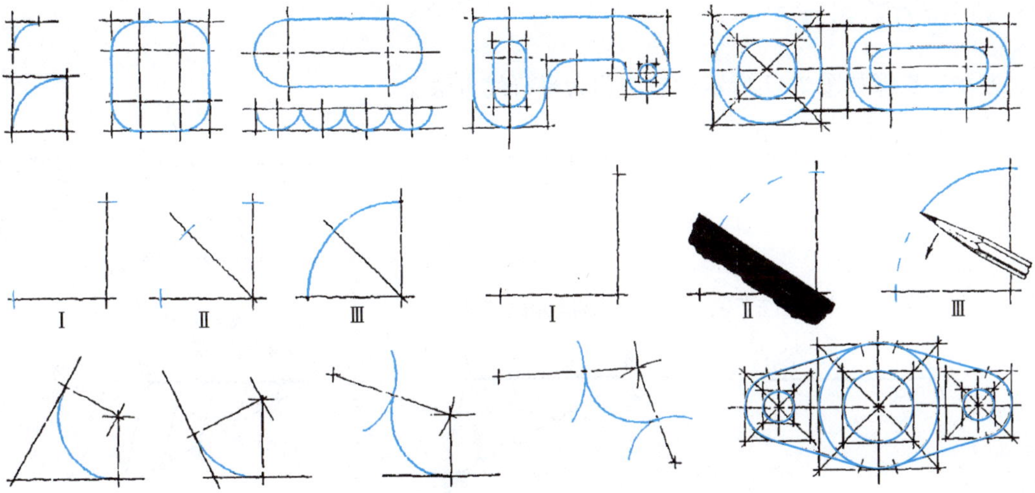

图 2-9 徒手画圆弧

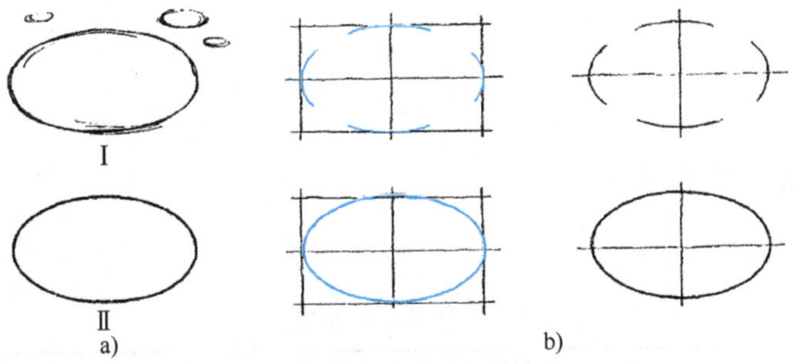

图 2-10 徒手画椭圆

2.1.3 计算机绘图

计算机绘图已经广泛应用于土建、机械、轻工、航空、船舶等工业领域，成为计算机辅助设计、可视化计算机仿真、虚拟现实等现代信息技术的重要组成部分。目前计算机绘图正在逐渐取代绘图板、丁字尺和绘图仪器等传统绘图设备，把设计人员从繁重的绘图工作中解放出来，投入创造性的设计工作中。

另外计算机图形的工程可视化，使设计者目睹如道路、桥梁等工程结构物的设计效果，能够对设计进行最优化。

目前常用的二维绘图软件为 AutoCAD，三维建模或实体造型软件为 SolidWorks、桥梁（隧道、涵洞）工程师模拟软件仿真等。

2.2 几何作图

工程图样中平面图形由直线、圆、正多边形、连接圆弧、椭圆等组成。本节介绍一些常用平面图形作图的几何原理和方法。

掌握几何作图的原理和方法，不仅能够提高绘图速度，而且能够保证绘图质量。

2.2.1 等分直线段

方法、步骤如图 2-11 所示。该法称为平行线方法。

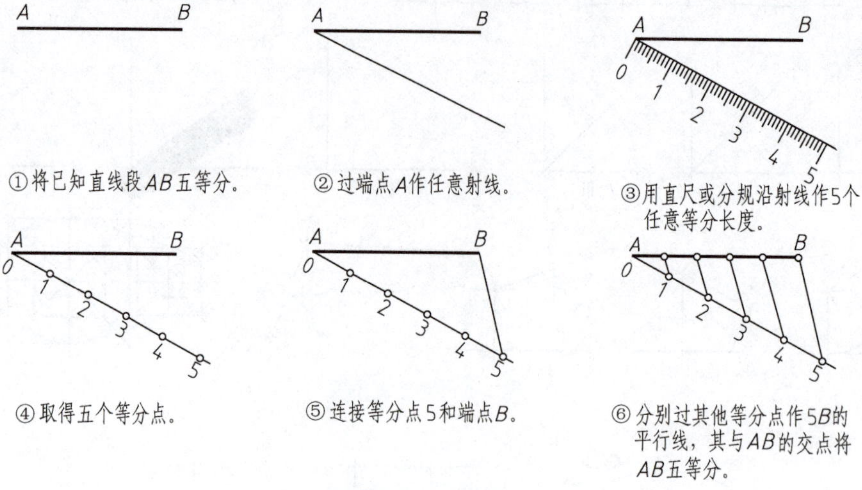

图 2-11 等分直线段

2.2.2 等分圆周和作正多边形

方法、步骤见表 2-1。

表 2-1 等分圆周和作正多边形

类别	作图	方法和步骤
作正三角形	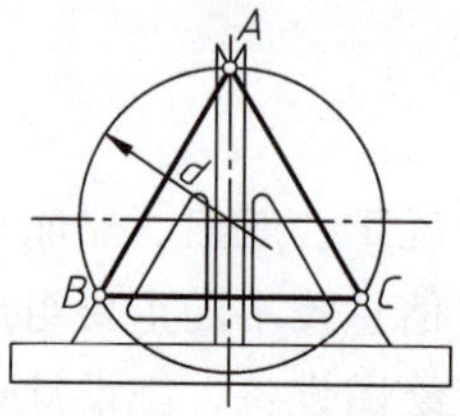	用 30°、60°三角板等分：将 30°、60°三角板的短直角边紧贴丁字尺，并使其斜边过点 *A* 作直线段 *AB*；翻转三角板，以同样的方法作直线段 *AC*；连接 *BC*，即得正三角形
作正六边形	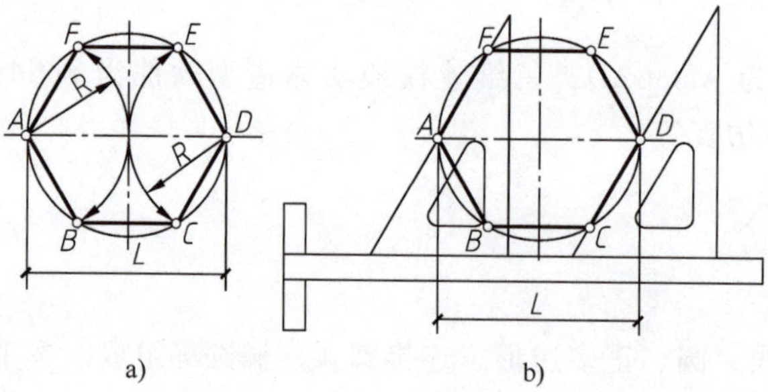 a)　　b)	用圆规直接等分：如图 a 所示，以已知圆直径的两端点 *A*、*D* 为圆心，以已知圆半径 *R* 为半径画弧与圆周相交，即得等分点 *B*、*F* 和 *C*、*E*，依次连接各点，即得正六边形 用三角板等分：如图 b 所示，将 30°、60°三角板的短直角边紧贴丁字尺，并使其斜边过点 *A*、*D*（圆直径上的两端点），作直线段 *AF* 和 *DC*；翻转三角板，以同样的方法作直线段 *AB* 和 *DE*；连接 *BC* 和 *FE*，即得正六边形

（续）

类别	作图	方法和步骤
作正五边形	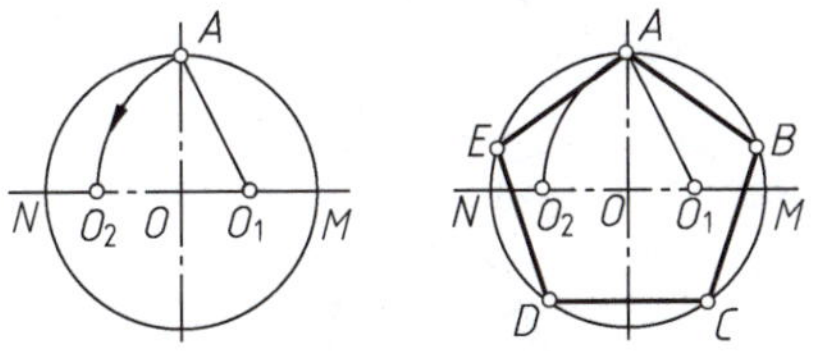 a) b)	如图 a 所示，平分半径 OM 得点 O_1，以点 O_1 为圆心、O_1A 为半径画弧，交 ON 于点 O_2。如图 b 所示，取 O_2A 的弦长，自 A 点起在圆周上依次截取，得等分点 B、C、D、E，连接后即得正五边形
作正多边形	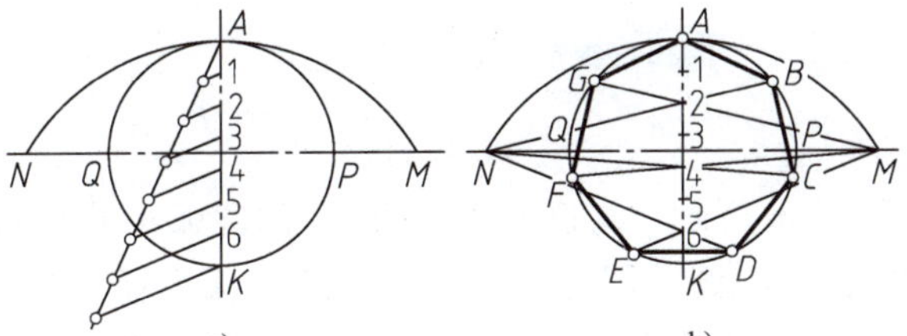 a) b)	以正七边形作法为例。如图 a 所示，先将已知直径 AK 七等分，再以点 K 为圆心，以直径 AK 为半径画弧，交直径 PQ 的延长线于 M、N 两点，如图 b 所示，自点 M、N 分别向 AK 上的各偶数点（或奇数点）连线并延长交圆周于点 B、C、D 和 E、F、G，依次连接各点，即得正七边形

2.2.3 圆弧连接

绘制道路路线、道路平面交叉口平面图等工程图样时，常遇到用圆弧连接两条线段的情况。

用一定半径大小的圆弧连接两条线段（两条直线段或两条圆弧线段或一条直线段和一条圆弧线段），就叫作圆弧连接。连接用的圆弧就叫作连接圆弧，如图 2-12 所示的 $R15$、$R30$、$R60$、$R120$ 的圆弧均为连接圆弧。圆弧连接必须光滑，这就要求连接圆弧与被连接线段在连接处必须相切。因此，必须准确地确定出连接圆弧的圆心和切点（连接点）位置。

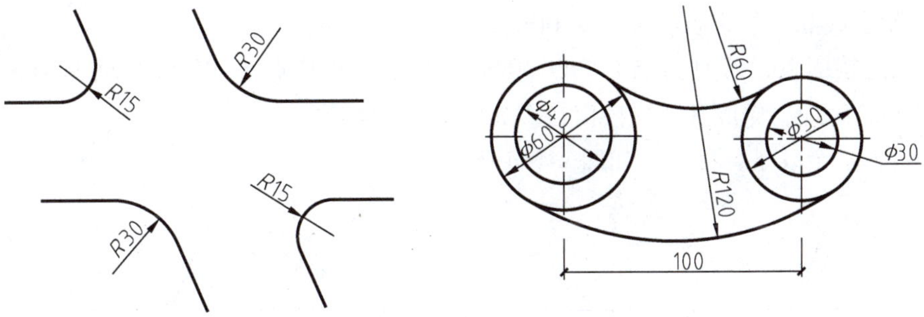

a)　　b)

图 2-12 圆弧连接

1. 圆弧连接的作图原理

（1）圆弧与直线连接　如图 2-13a 所示，与已知直线 AB 相切的半径为 R 的圆弧，其圆心 O 的轨迹是与已知直线段 AB 相距 R 且平行的一条直线段。如以圆心 O 的圆弧作为连接圆弧，则过 O 作 AB 的垂线，垂足 T 即为切点（连接点）。描深时，T 点即为直线段与圆弧的

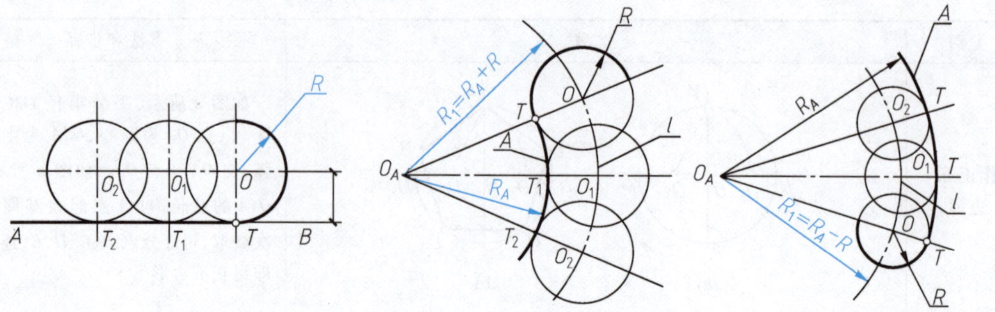

a)　　　b)　　　c)

图 2-13　圆弧连接的作图原理

分界点。

（2）圆弧与圆弧连接　如图 2-13b 所示，与已知半径为 R_A 的圆弧相外切的半径为 R 的圆弧，其圆心轨迹为已知圆弧 R_A 的同心圆，同心圆的半径为两圆弧半径之和，即 $R_1=R_A+R$。如以圆心 O 的圆弧作为连接圆弧，两圆心 O_A 和 O 的连线与已知圆弧 R_A 的交点 T 即为切点（连接点）。如图 2-13c 所示，与已知半径为 R_A 的圆弧相内切的半径为 R 的圆弧，其圆心轨迹为已知圆弧 R_A 的同心圆，同心圆的半径为两圆弧半径之差，即 $R_1=|R_A-R|$。如以圆心 O 的圆弧作为连接圆弧，两圆心 O_A 和 O 连线的延长线与已知圆弧 R_A 的交点 T 即为切点（连接点）。描深时，T 点即为已知圆弧 R_A 与圆弧 R 的分界点。

2. 圆弧连接作图举例

【例 2-1】　求作图 2-12a 所示平面交叉口上的圆弧连接。

方法、步骤如下：

1）定圆心，依据几何原理，分别作距离 AB、CD 为 30cm 的平行线，两者交点 O 即连接圆弧 $R30$ 的圆心，如图 2-14a 所示。

2）定切点，依据几何原理，过圆心 O 分别作 AB、CD 的垂线，垂足 T_1、T_2 即连接圆弧与已知直线相切的切点，如图 2-14b 所示。

3）画连接圆弧，以 O 为圆心，以 30cm 为半径，自切点 T_1 至 T_2 之间画圆弧，即连接圆弧 $R30$。同理，完成其他三段圆弧，如图 2-14c 所示。

4）擦掉多余线条，描图，如图 2-14d 所示。

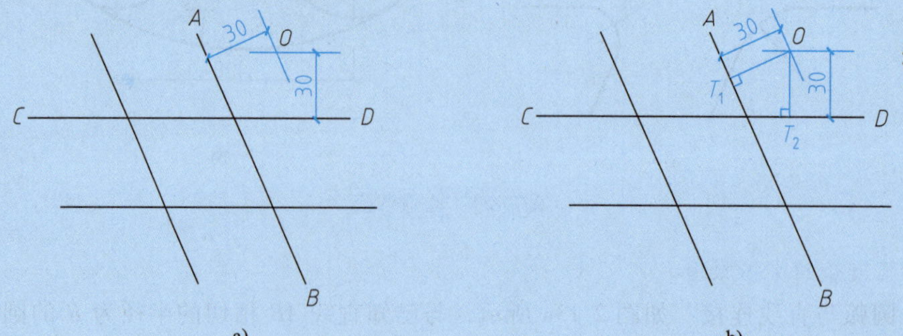

a)　　　b)

图 2-14　平面交叉口上的圆弧连接作图

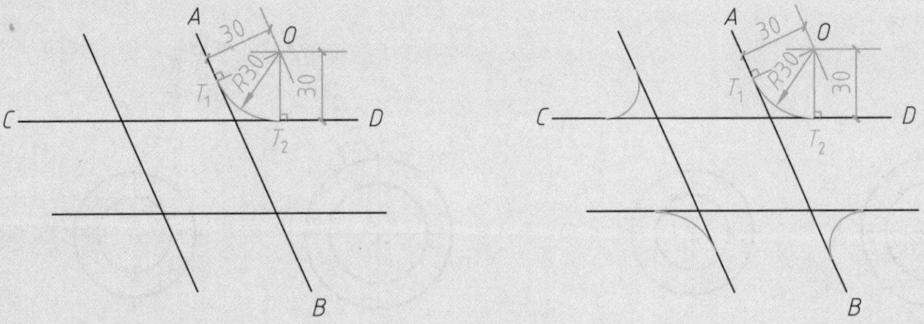

c)

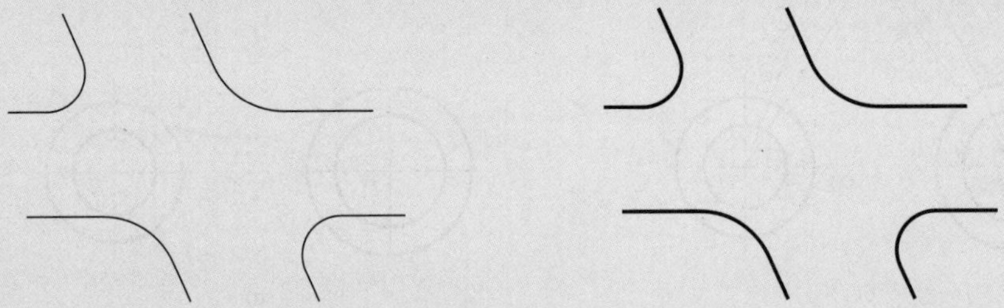

d)

图 2-14　平面交叉口上的圆弧连接作图（续）

【例 2-2】 求作图 2-12b 所示连杆上的圆弧连接。

方法、步骤如下：

1）定圆心，依据几何原理外切，分别以 M、N 为圆心，以 $R90$、$R85$ 为半径画圆弧，两者交点 O_1 即连接圆弧 $R60$ 的圆心，如图 2-15a 所示。

2）定切点，依据几何原理外切，分别连接 MO_1 和 NO_1，连线与已知圆弧 $\phi60$ 和 $\phi50$ 的交点 T_1 和 T_2，即连接圆弧 $R60$ 与 $\phi60$ 和 $\phi50$ 相外切的切点，如图 2-15b 所示。

3）画连接圆弧，以 O_1 为圆心，以 $R60$ 为半径，自切点 T_1 至 T_2 之间画圆弧，即连接圆弧 $R60$，如图 2-15c 所示。

4）定圆心，依据几何原理内切，分别以 M、N 为圆心，以 $R90$、$R95$ 为半径画圆弧，两者交点 O_2 即连接圆弧 $R120$ 的圆心，如图 2-15d 所示。

5）定切点，依据几何原理内切，分别连接 O_2M 和 O_2N 并延长，延长线与已知圆弧 $\phi60$ 和 $\phi50$ 的交点 T_3 和 T_4，即连接圆弧 $R120$ 与 $\phi60$ 和 $\phi50$ 相内切的切点，如图 2-15e 所示。

6）画连接圆弧，以 O_2 为圆心，以 $R120$ 为半径，自切点 T_3 至 T_4 之间画圆弧，即连接圆弧 $R120$，如图 2-15f 所示。

7）擦掉多余线条，深描 $R60$ 和 $R120$，如图 2-15g 所示。

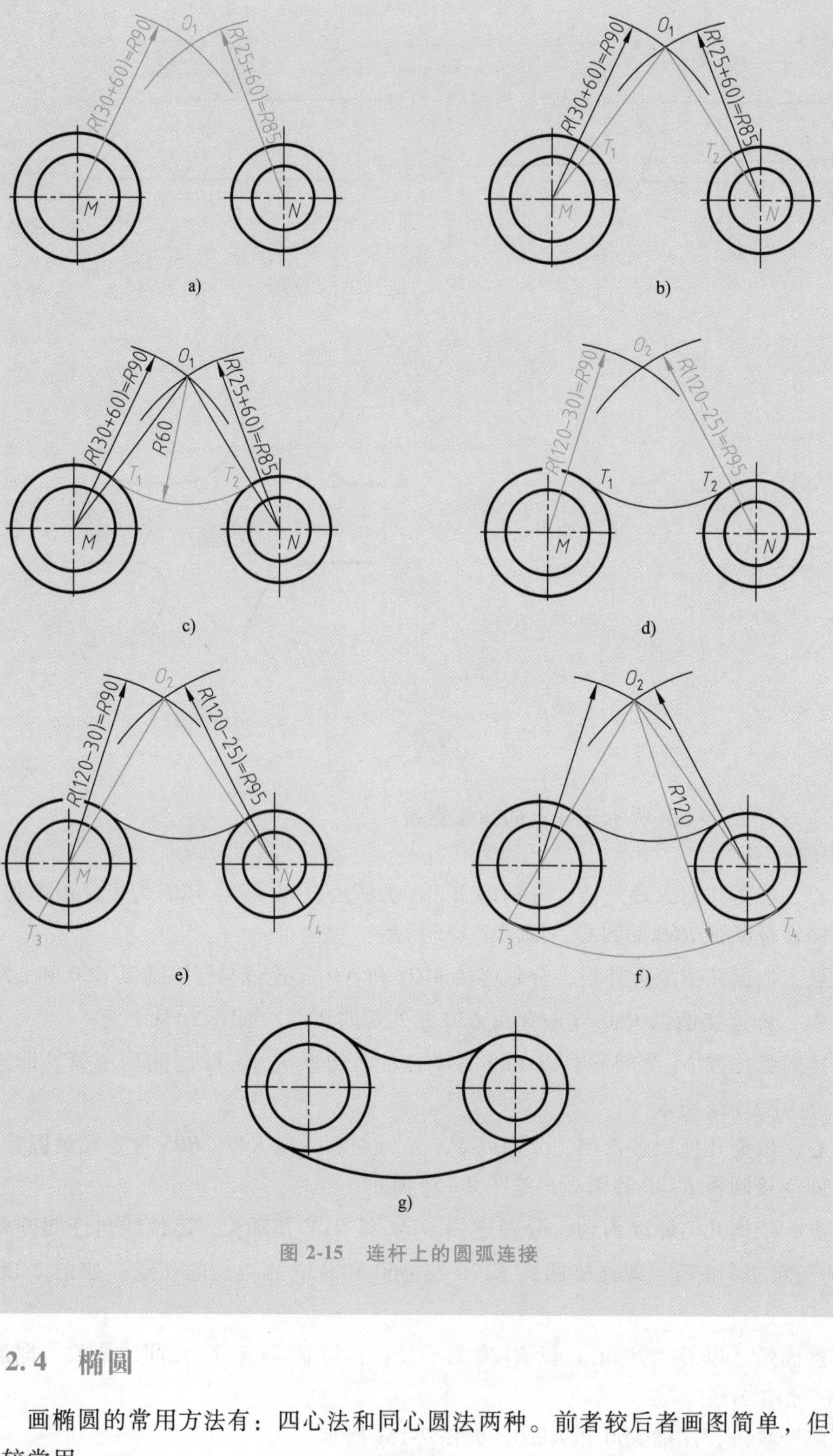

图 2-15　连杆上的圆弧连接

2.2.4　椭圆

画椭圆的常用方法有：四心法和同心圆法两种。前者较后者画图简单，但较不准确。前者较常用。

1. 四心法作图步骤

1）如图 2-16a 所示，连接 A、C，以 O 为圆心、OA 为半径画弧与 CD 延长线交于点 E；以 C 为圆心、CE 为半径画弧与 AC 交于点 F。

2）作 AF 的垂直平分线与长短轴分别交于点 1、2，再作对称点 3、4；1、2、3、4 即四个圆心。

3）分别作圆心连线 41、43、21、23 并延长。

4）分别以 1、3 为圆心，$1A$ 或 $3B$ 为半径，画小圆弧 K_1AK 和 NBN_1；分别以 2、4 为圆心，$2C$ 或 $4D$ 为半径，画大圆弧 KCN 和 N_1DK_1，即完成近似椭圆的作图。

2. 同心圆法作图步骤

如图 2-16b 所示，分别以 AB 和 CD 为直径作两同心圆，过中心 O 作一系列放射线与两圆相交，过大圆上各交点Ⅰ、Ⅱ…引垂线，过小圆上各交点 1、2…作水平线，与相应的垂线交于 M_1、M_2…各点，光滑连接以上各点即完成椭圆的作图。

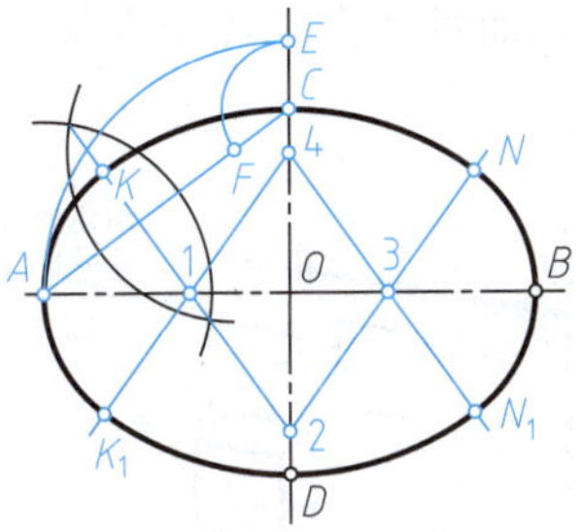

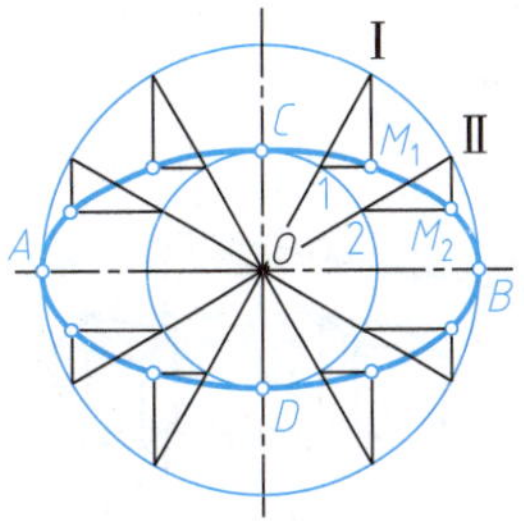

图 2-16　椭圆的作图法

2.3　投影方法

2.3.1　投影方法

如图 2-17a 所示，形体在光线照射下，就会在地面或墙面上产生一团影子。归纳这一自然现象，设光源 S 为投射中心，平面 P 为投影面，S 与形体上任一点之间的连线例如 SA 及其延长线称为投射线，投射线与投影面之间的交点即为空间点 A 在投影面 P 上的投影，形体表面无数点投影的集合即为形体在投影面上的投影。为清楚起见，投影一般用轮廓图形表示，如图 2-17b 所示。这种让投射线通过形体，向选定的投影面投射，并在该面上得到轮廓图形的方法称为投影法。工程上常用各种投影法图示形体和绘制图样。

2.3.2　投影法的分类

1. 中心投影法

投射线都汇交于一点的投影方法称为中心投影法，如图 2-18 所示。

2. 平行投影法

投射线都互相平行的投影方法称为平行投影法，如图 2-19 所示。

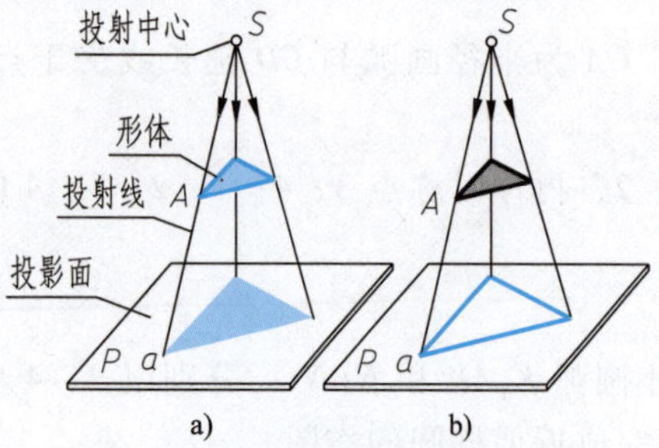

图 2-17　投影方法

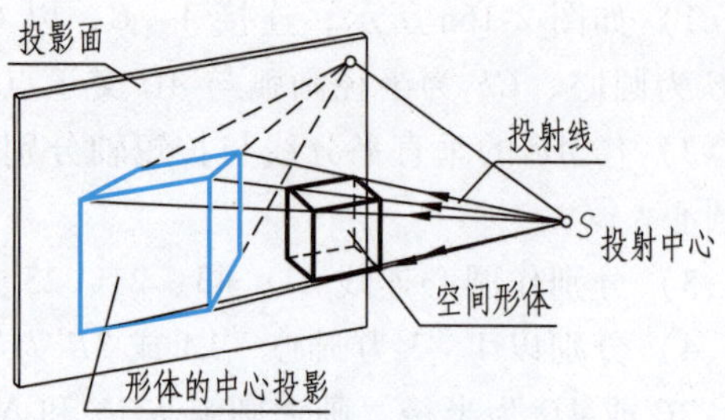

图 2-18　中心投影法

平行投影法又可分为两种：

（1）斜投影法　投射线与投影面相倾斜的平行投影法，如图 2-19a 所示。

（2）正投影法　投射线与投影面相垂直的平行投影法，如图 2-19b 所示。由于正投影法能在投影面上较正确地表达空间形体的形状和大小，而且作图也比较方便，因此在工程制图中得到了广泛应用。

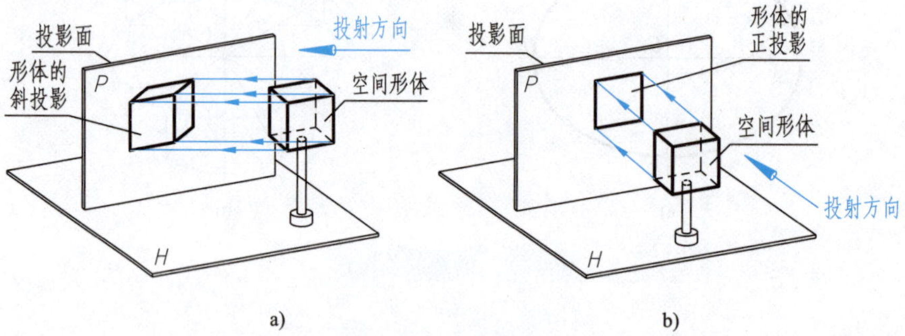

图 2-19　平行投影法

2.3.3　工程上常用的投影图

1. 正投影图

利用正投影法把形体投射到两个或两个以上互相垂直的投影面上，如图 2-20a 所示，再按一定规律把这些投影面展开成一个平面，得到正投影图，如图 2-20b 所示。其特点是直观性较差，但作图简单。其是各类工程图样采用的主要形式，也是本课程学习的重点之一。

2. 轴测投影图

利用平行投影法把形体连同它所在的坐标系一起投影到一个投影面上，得到轴测投影图，如图 2-21 所示。其特点是立体感强，但画图麻烦，一般作为各类工程图样的辅助形式，用来表达形体的三维形象。

3. 标高投影图

利用正投影法将形体投射在水平投影面上，得到标高投影图，如图 2-22 所示。其主要用于表达地形，是道路工程图样采用的主要图样形式，也是本课程学习的另一重点。

4. 透视投影图

利用中心投影法将形体投射在一个投影面上，得到透视投影图，如图 2-23 所示。由于

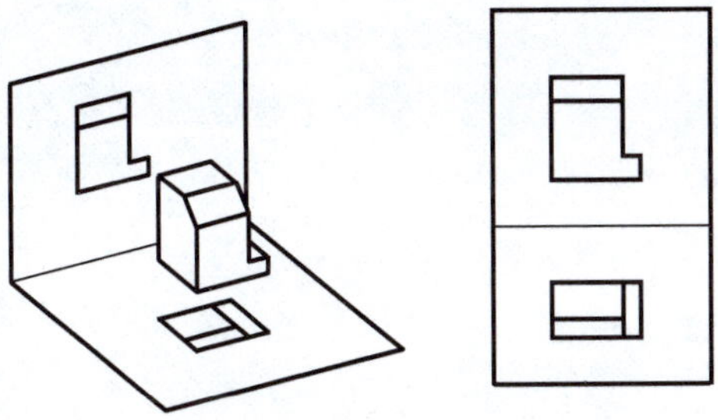

a)　　　b)

图 2-20　形体的两面正投影图

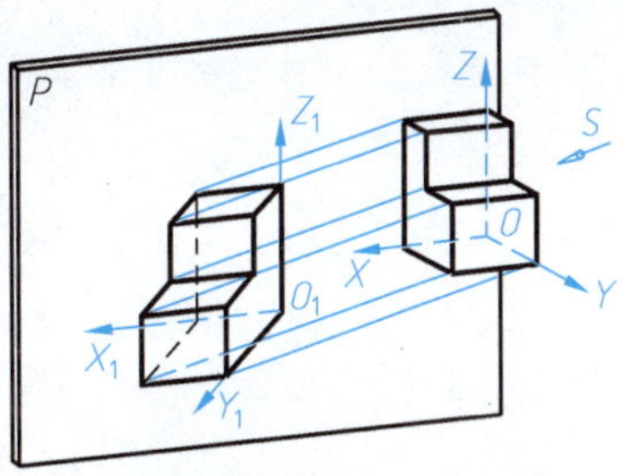

图 2-21　形体的轴测投影图

其作图很复杂，因此主要用于建筑工程图样的辅助形式，表达房屋建筑的外观形象。

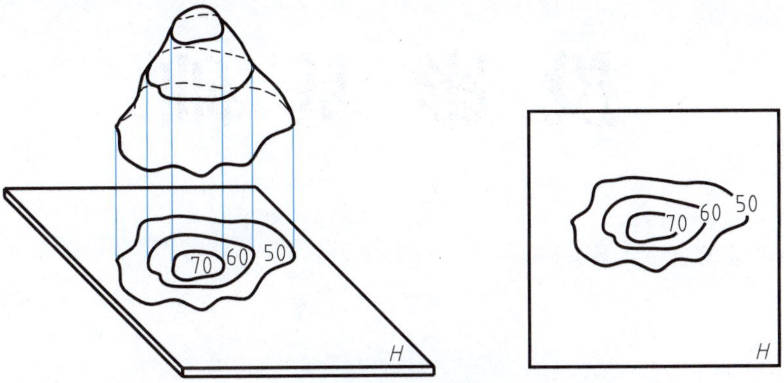

图 2-22　标高投影图

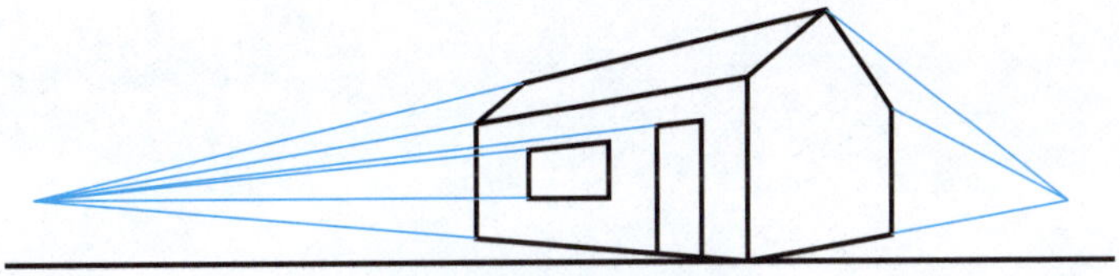

图 2-23　透视投影图

思考：

1）无论采用何种绘图技术，都应该秉持怎样的工作作风？

2）使用什么绘图技术时，更应发扬精益求精的工匠精神？

第2篇

投 影 基 础

第 3 章

几何元素的投影

本章导读

学习内容：

1）点的投影。

2）直线的投影。

3）平面的投影。

学习目标：

1）能够掌握点的三面投影规律；能够通过投影图判别两点之间的相对位置。

2）能够掌握直线的一般投影规律和投影特性，以及直角三角形方法和直角投影定理。

3）能够掌握平面的投影特性；能够理解在平面上取直线和点的方法。

4）能够综合应用基本知识和方法，解决工程定位和度量问题。

5）能够逐步养成认真负责、严谨细致的工作作风。

6）能够坚持辩证思维，不断提升自我；逐步树立一丝不苟、精益求精的工匠精神。

形体由面组成，面由线构成，线由点确定。点、线、面是组成空间形体最基本的几何元素。为了准确而迅速地画出形体的投影，必须研究与分析空间几何元素的图示原理和方法。

3.1 点的投影

3.1.1 三投影面体系的建立

图 3-1 所示为空间中两个互相垂直的投影面，处于正面直立位置的投影面称为正立投影面，简称正面，以 V 表示；处于水平位置的投影面称为水平投影面，简称水平面，以 H 表示；V 面和 H 面的交线称为 OX 投影轴，简称 X 轴。V 面、H 面及 X 轴组成的体系称为两投影面体系。两投影面把空间分成四个分角，依次用Ⅰ、Ⅱ、Ⅲ、Ⅳ表示，分别称为第一、第二、第三、第四分角。美国和英国的工程制图采用第三分角，我国与欧洲一些国家的工程制图采用第一分角，第一分角也称为两投影面体系。

如图 3-2a 所示，在两投影面体系的第一分角基础上再加上一个与 V 面和 H 面均垂直的投影面，它处于侧立位置，称为侧立投影面，简称侧面，以 W 表示；H 面和 W 面的交线称

为 OY 投影轴，简称 Y 轴；V 面和 W 面的交线称为 OZ 投影轴，简称 Z 轴；三个投影轴的交点 O 称为原点。上述要素组成三投影面体系。

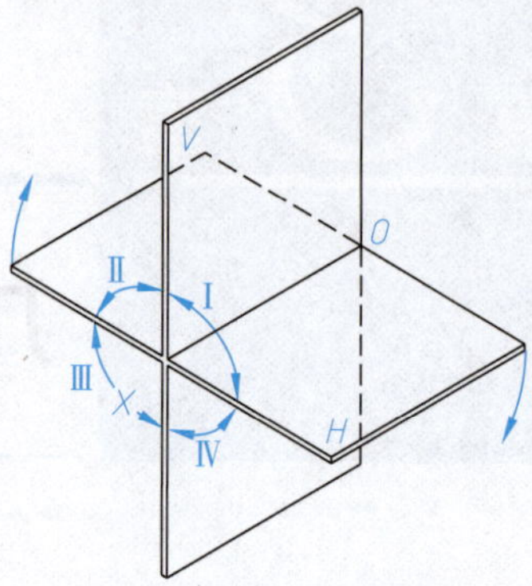

图 3-1　两投影面体系

3.1.2　点的三面投影及三面投影图

如图 3-2a 所示，设有一空间点 A，对其用正投影法分别向 H 面、V 面、W 面作投射，得到点 A 的水平投影、正面投影、侧面投影，分别用点 a、a'、a'' 表示，统称为点 A 的三面投影。

规定 V 面不动，将 H 面向下向后旋转 90°，将 W 面向右向后旋转 90°，这样，三个投影面被展平在同一平面内，即得点 A 的三面投影图，如图 3-2b 所示。为绘图方便，投影图上一般不画出投影面的边框线，也不标记投影面符号及投影连线与投影轴的交点符号，如图 3-2c 所示。

展开时，认为 Y 轴一分为二，一半随 H 面旋转，用 Y_H 表示；另一半随 W 面旋转，用 Y_W 表示。投影面展开原理即为图示原理。

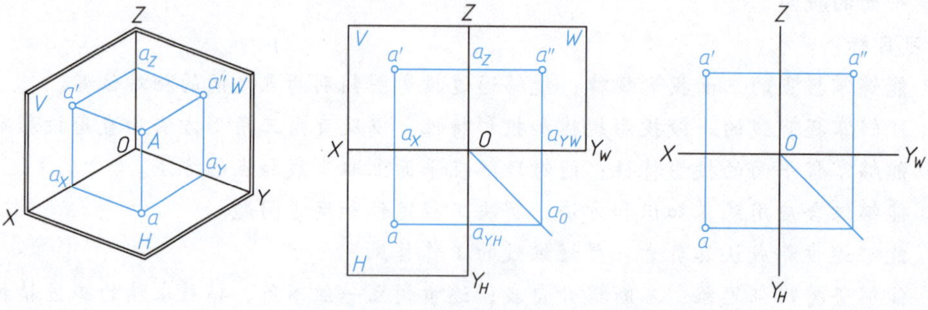

a)　　b)　　c)

图 3-2　点在三投影面体系中的投影

3.1.3　点在三投影面体系中的投影规律

分析图 3-2a、b 可以得出点在三投影面体系中的投影规律，称为点的三面投影规律：

1）点的正面投影和水平投影的连线垂直于 X 轴，即 $aa' \perp X$ 轴。

2）点的正面投影和侧面投影的连线垂直于 Z 轴，即 $a'a'' \perp Z$ 轴。

3）点的水平投影到 X 轴的距离等于侧面投影到 Z 轴的距离，即 $aa_X = a''a_Z$。

3.1.4　点的直角坐标与三面投影的关系

可以把三投影面体系看作空间直角坐标系，则 H、V、W 面即为坐标面，X、Y、Z 轴即为坐标轴，O 点即为坐标原点。那么点的直角坐标与三面投影之间一定存在着关系。

设点 A 的三个直角坐标为 x_A、y_A、z_A，分析图 3-3a，三个坐标值与点 A 的三个投影之间的关系如下：

$$A \to W \text{ 的距离} = x_A = aa_Y = a'a_Z$$

$$A \to V \text{ 的距离} = y_A = aa_X = a''a_Z$$

$$A \rightarrow H \text{ 的距离} = z_A = a'a_X = a''a_Y$$

由此可见：点 a 由 x_A、y_A 确定；点 a' 由 x_A、z_A 确定；点 a'' 由 y_A、z_A 确定。

所以由空间点 A（x_A，y_A，z_A），可以确定其在三投影面体系中的投影（a，a'，a''）；反之，已知点 A 的投影（a，a'，a''），也可确定点 A 的空间坐标值，如图 3-3b 所示。

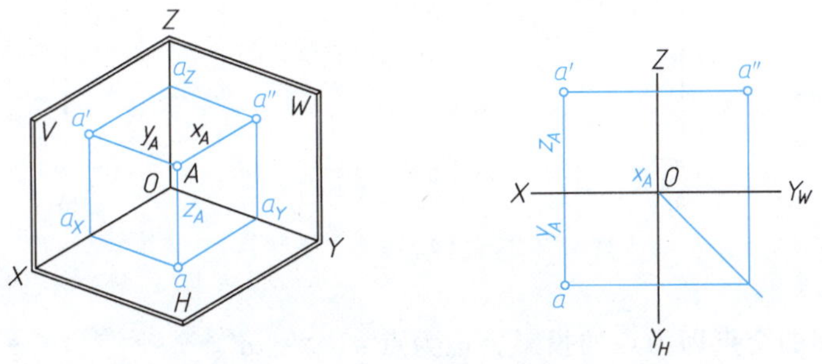

a)　　b)

图 3-3　点的直角坐标与投影

【例 3-1】　已知点 B 的两个投影 b'、b，求出其第三面投影 b''，如图 3-4a 所示。

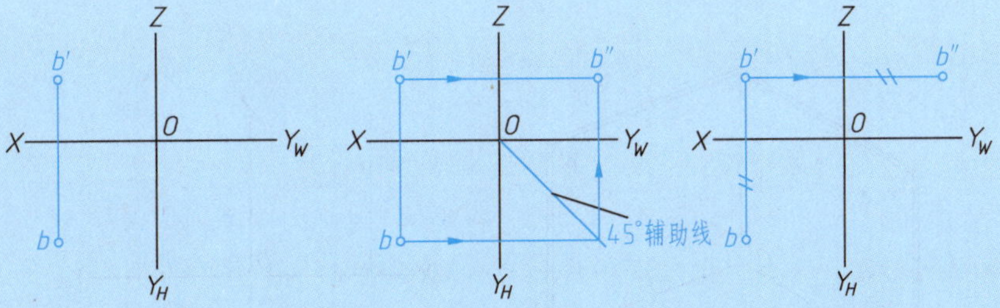

a)　　b)　　c)

图 3-4　由点的两面投影求第三面投影

分析：已知点的两面投影，依据点的三面投影规律作出第三面投影。

作图：

1）根据点的三面投影规律 2），自点 b' 作 Z 轴的垂线，点 b'' 就在该垂线上，如图 3-4b 所示。

2）根据点的三面投影规律 3），借助于 45°辅助线，取得点 b''，如图 3-4b 所示。或者用量取的方法，取得点 b''，如图 3-4c 所示。

思考：作图时，如何保证点的投影规律中的两个距离相等？

【例 3-2】　已知点 A 的坐标（20，15，10），完成点 A 的三面投影图，如图 3-5a 所示。

分析：根据点的直角坐标和三面投影的关系完成作图。

作图：

1）如图 3-5b 所示，从 O 点向左在 X 轴上由 $x_A = 20$ 处作 X 轴垂线；从 O 点向右在 Y_W 轴上由 $y_A = 15$ 处作 Y_W 轴垂线；从 O 点向下在 Y_H 轴上由 $y_A = 15$ 处作 Y_H 轴垂线；从 O 点向上在 Z 轴上由 $z_A = 10$ 处作 Z 轴垂线。

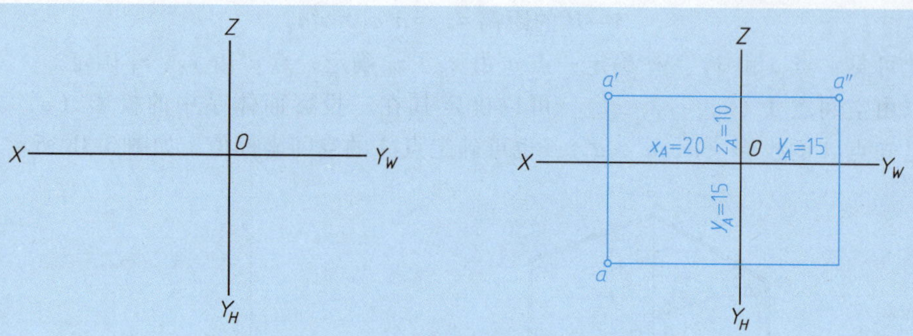

a)　　b)

图 3-5　由点的坐标画三面投影图

2）垂线之间的交点即为点的投影，记为点 a、a'、a''。

3.1.5　特殊位置点的投影

图 3-6a 所示为 A、B、C 三个特殊位置点及其投影。图 3-6b 所示为这些特殊位置点的三面投影图。

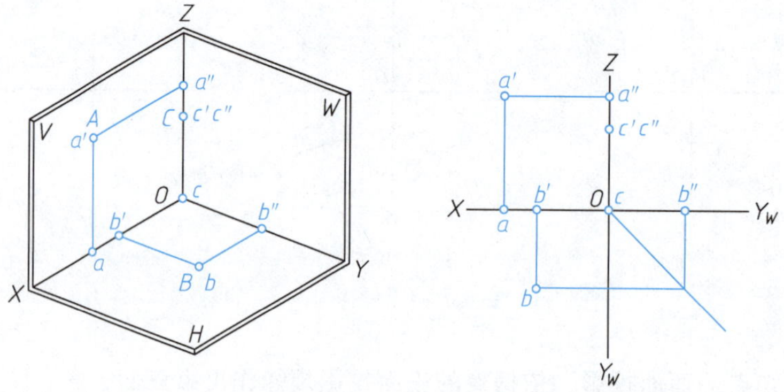

a)　　b)

图 3-6　特殊位置点的投影

3.1.6　两点的相对位置

（1）两点的相对位置判断　空间两点的相对位置包括左右、前后、上下三个方向，可以通过投影图做出直观判断。关键明确投影所在的三个投影面分别具有的两个空间方向：正面 V 具有左右、上下两个方向，水平面 H 具有左右、前后两个方向，侧面 W 具有前后、上下两个方向。如图 3-7a 所示，已知空间点 A 和 B 的三面投影图，判断点 B 相对于点 A 的位置。

由正面投影可以看出，点 b' 在点 a' 的右方、上方，所以可以直观地判断出点 B 在点 A 的右方、上方，又由水平投影（或者侧面投影）可以看出，点 b 在点 a 的前方（点 b'' 在点 a'' 的前方），所以可以直观地判断出点 B 在点 A 的前方，如图 3-7b 所示。

（2）重影点的投影　若空间两点的某面投影重合在一起，那么称这两点为对该投影面

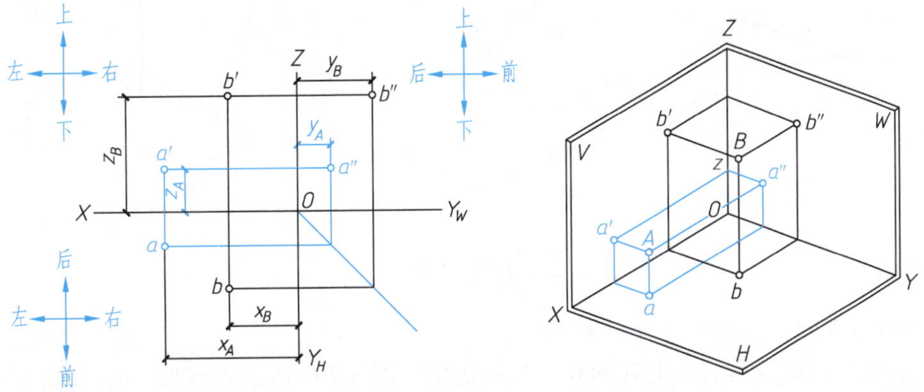

a)　　　　　　　　　　　　b)

图 3-7　两点相对位置判断

的重影点。如图 3-8a 所示 *C*、*D* 两点，正面投影 *c′*和 *d′*重影为一点，该两点为对正面 *V* 的重影点，空间两点为正前正后的相对位置。自前向后作正面投影时，点 *C* 在正前方，是可见的，点 *D* 在正后方，是不可见的，通常规定把不可见的点的投影符号加上括号以示区别，如图 3-8b 所示。

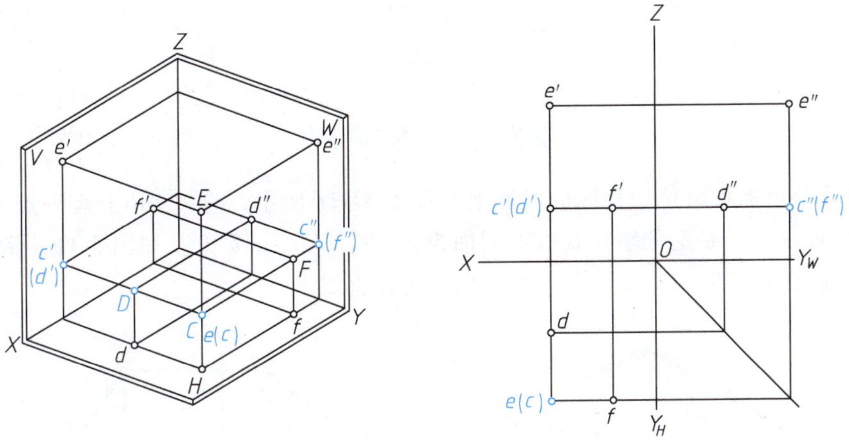

a)　　　　　　　　　　　　b)

图 3-8　重影点的投影

请自行分析 *C*、*E* 两点和 *C*、*F* 两点。

3.2　直线的投影

3.2.1　直线的一般投影规律

1）一般情况下直线的投影仍为直线，特殊情况下为有积聚性的点。如图 3-9a、b 所示，空间直线倾斜和平行于投影面时，其投影仍为直线；特殊情况下，如图 3-9c 所示，空间直

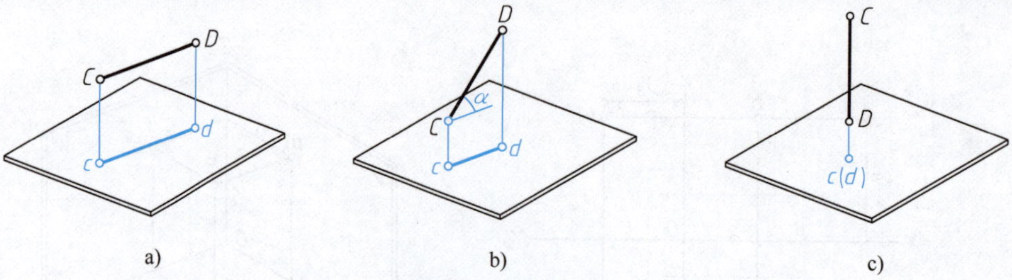

图 3-9 直线的投影

线垂直于投影面时，其投影为有积聚性的点。

2）直线的投影，由直线上任两点的投影决定。图 3-10a 所示直线段 AB，求作它的三面投影时，可先分别作出两端点的投影（a、a'、a''）、（b、b'、b''），如图 3-10b 所示，然后将其同面投影连接起来即得 AB 的三面投影（ab、$a'b'$、$a''b''$），如图 3-10c 所示。

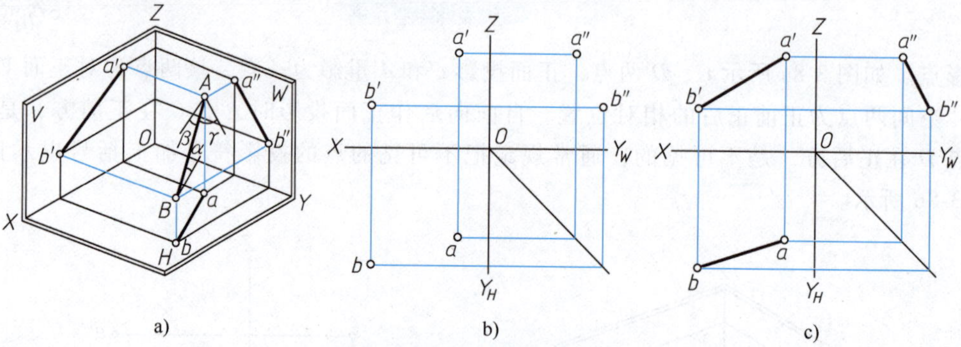

图 3-10 直线投影的确定

3）直线上点的投影位于直线的投影上。如图 3-11a 所示，直线 AB 上有一点 C，则点 C 的三面投影 c、c'、c''必定分别在直线的同面投影 ab、$a'b'$、$a''b''$上，如图 3-11b 所示。反之，点的各个投影在直线的同面投影上，则该点一定在直线上。

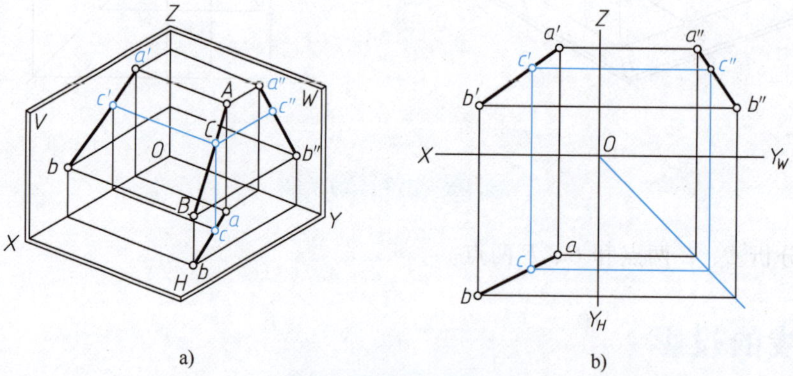

图 3-11 直线上点的投影

4）点分线段所成比例，在投影后保持不变。如图 3-11a 所示，点 C 在线段 AB 上，它把线段 AB 分成 AC 和 CB 两段。根据定比特性，线段及其投影的关系为 $AC:CB=ac:cb=a'c':c'b'=a''c'':c''b''$。

【例 3-3】 已知点 K 在线段 AB 上，如图 3-12a 所示，且到正面 V 的距离为 L，求点 K 的正面投影和水平投影。

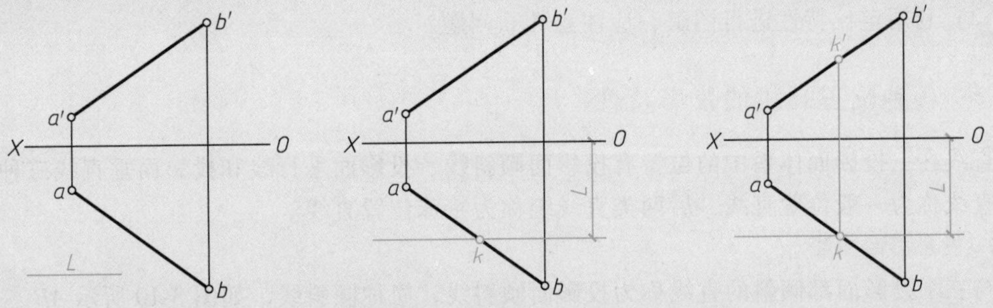

a)　　　b)　　　c)

图 3-12　求 K 点的两面投影

分析：空间中到正面 V 的距离为 L 的点有无数个，其集合为平行于正面 V 的平面，AB 与集合平面的交点即所求 K 点。

作图：

1）如图 3-12b 所示，作集合平面的水平投影，为平行于 OX 轴的直线（因其是作图辅助线，所以用细实线表示），其与 ab 的交点即 k。

2）如图 3-12c 所示，依据点的三面投影规律及属于直线上点的投影特性，过点 k 作 OX 轴的垂线，其与 $a'b'$的交点即 k'。

【例 3-4】 已知点 K 在线段 AB 上，如图 3-13a 所示，且到正面 V 的距离为 L，求点 K 的正面投影和水平投影。

分析：与【例 3-3】比较，点 K 的求法相同，但不同的是不能由 k 直接求出 k'。因为点 K 在直线 AB 上，所以必定符合 $a'k' : k'b' = ak : kb$ 的比例关系。因此，可利用定比特性求 k'。

作图：

1）同【例 3-3】1)，作出水平投影 k，如图 3-13b 所示。

2）过点 a'作任意辅助线，在辅助线上量取 $a'k_0 = ak$，$k_0b_0 = kb$；连接 b_0、b'，并由 k_0 点作辅助线平行于 b_0b'，与 $a'b'$交于一点，即为所求的正面投影 k'，如图 3-13c 所示。

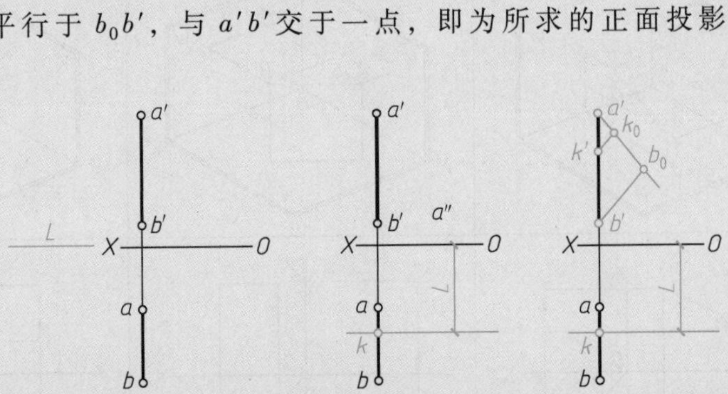

a)　　　b)　　　c)

图 3-13　求点 K 的两面投影

思考：

1）该题由 k 求 k' 的方法，除利用定比特性以外，是否还有其他方法？比较两者。

2）利用定比特性进行图解，应注意什么问题？

3.2.2 各种位置直线的投影特性

直线在三投影面体系中的位置有投影面倾斜线、投影面平行线和投影面垂直线三种。前一类直线称为一般位置直线，后两类直线统称为特殊位置直线。

1. 投影面倾斜线

与三个投影面都倾斜的直线称为投影面倾斜线，简称倾斜线，如图 3-10 所示 AB。

设倾斜线对 H 面的倾角为 α，对 V 面的倾角为 β，对 W 面的倾角为 γ，则直线的实长、投影长度和倾角之间的关系为

$$ab = AB\cos\alpha$$
$$a'b' = AB\cos\beta$$
$$a''b'' = AB\cos\gamma$$

当直线处于倾斜位置时，由于 $0<\alpha<90°$、$0<\beta<90°$、$0<\gamma<90°$，因此直线的三个投影均小于实长。

倾斜线的投影特性如下：

1）三个投影均倾斜于投影轴，且都小于实长。

2）各个投影与投影轴的夹角均不反映直线对投影面的夹角。

2. 投影面平行线

平行于一个投影面而与另外两个投影面倾斜的直线称为投影面平行线，简称平行线。

平行线包括正平线、水平线、侧平线。各位置平行线及投影特性见表 3-1。

表 3-1 平行线的投影特性

名称	正平线（平行于 V 面，倾斜于 H、W 面）	水平线（平行于 H 面，倾斜于 V、W 面）	侧平线（平行于 W 面，倾斜于 V、H 面）
轴测图	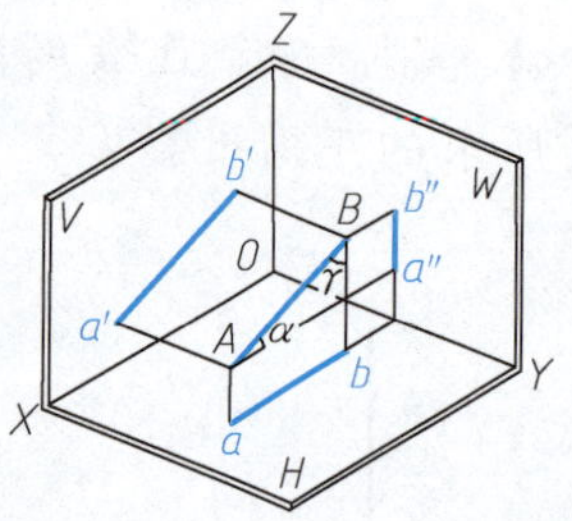	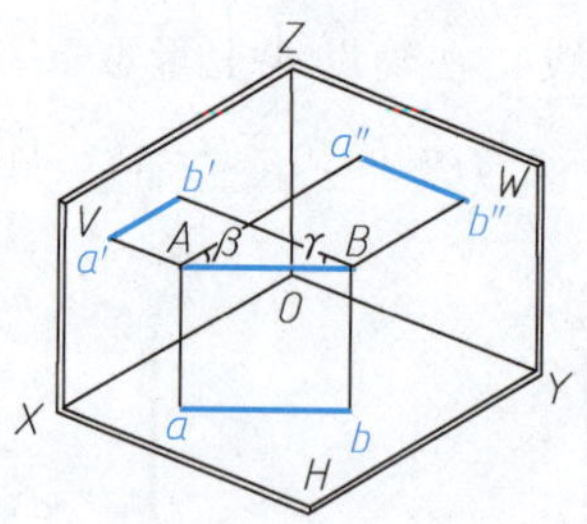	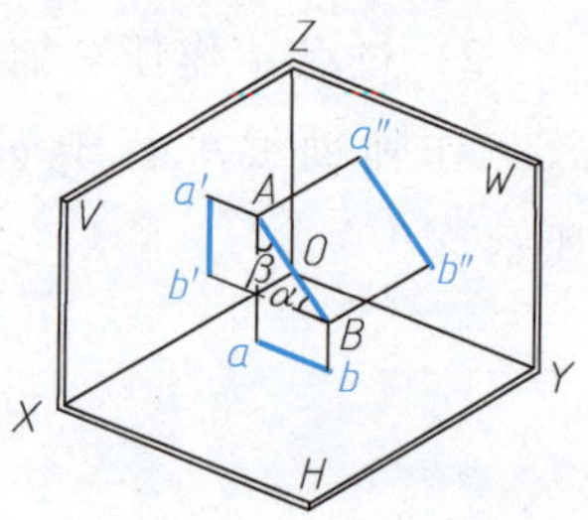
投影图	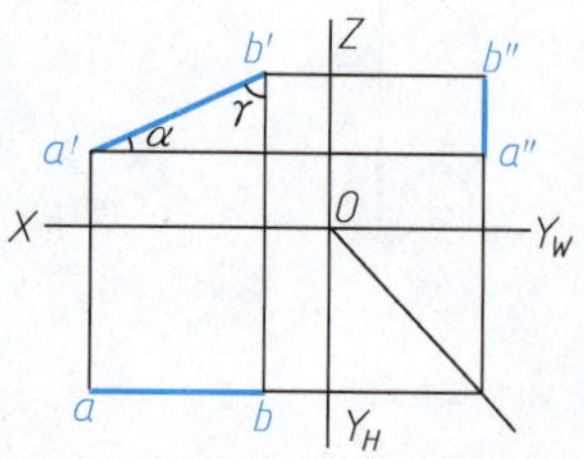	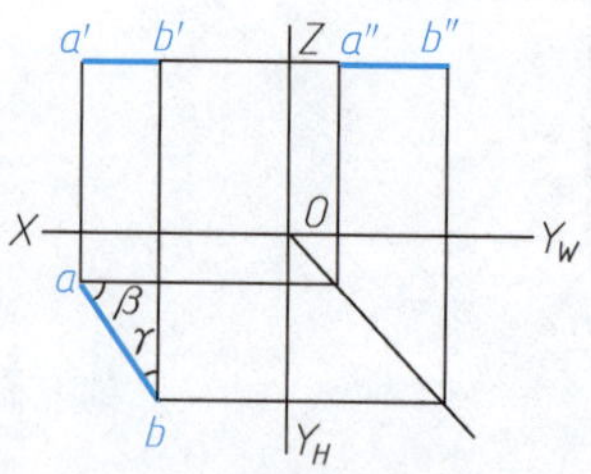	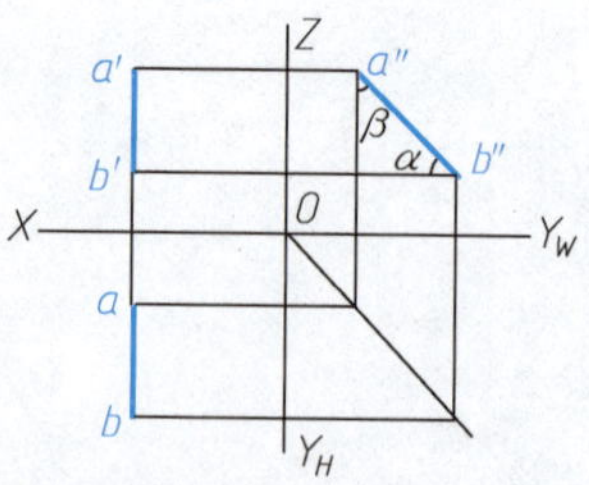

（续）

投影特性	1. $a'b'$倾斜；$a'b'=AB$；V 面投影反映 α、γ 2. $ab /\!/ OX$，$ab<AB$；$a''b'' /\!/ OZ$，$a''b''<AB$	1. ab 倾斜；$ab=AB$；H 面投影反映 β、γ 2. $a'b' /\!/ OX$，$a'b'<AB$；$a''b'' /\!/ OY_W$，$a''b''<AB$	1. $a''b''$倾斜；$a''b''=AB$；V 面投影反映 α、β 2. $a'b' /\!/ OZ$，$a'b'<AB$；$ab /\!/ OY_H$，$ab<AB$
应用举例	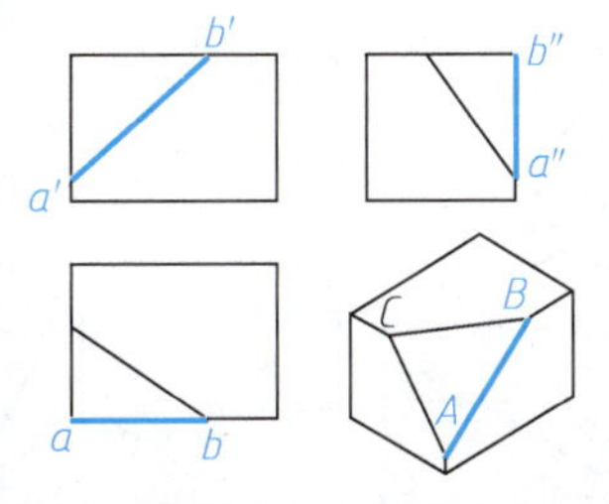	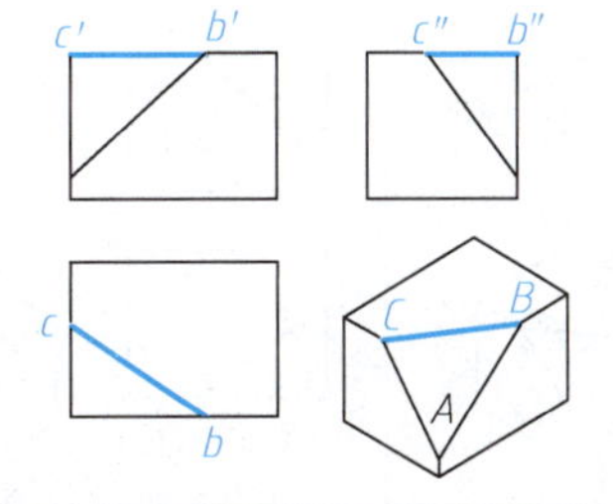	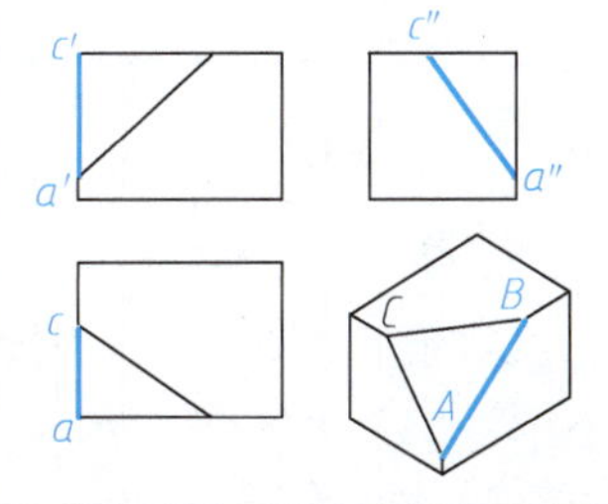

分析各位置平行线的投影，归纳出平行线的投影特性如下：

1）在所平行投影面上的投影倾斜于投影轴；该投影反映直线的实长且与投影轴的夹角反映直线对另外两个投影面的倾角。

2）在另外两个投影面上的投影平行于相应投影轴；投影长度均小于实长。

3. 投影面垂直线

垂直于一个投影面，即与另外两个投影面都平行的直线称为投影面垂直线，简称垂直线。

垂直线包括正垂线、铅垂线、侧垂线。各位置垂直线及投影特性见表 3-2。

分析各位置垂直线的投影，归纳出垂直线的投影特性如下：

1）在所垂直投影面上的投影积聚成一点。

2）在另外两个投影面上的投影垂直于相应投影轴；投影反映实长。

表 3-2　垂直线的投影特性

名称	正垂线（$AB\perp V$ 面）	铅垂线（$AB\perp H$ 面）	侧垂线（$AB\perp W$ 面）
轴测图	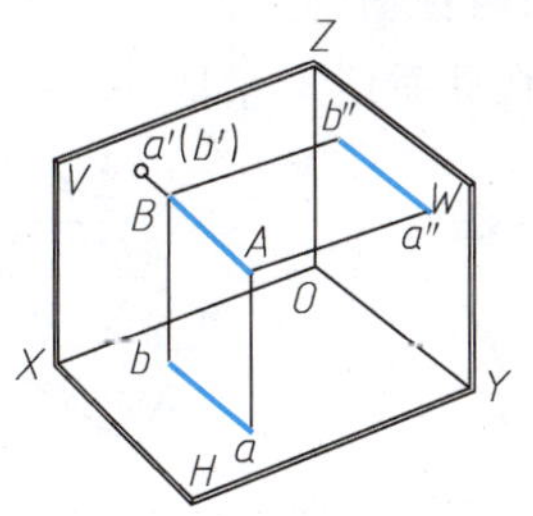	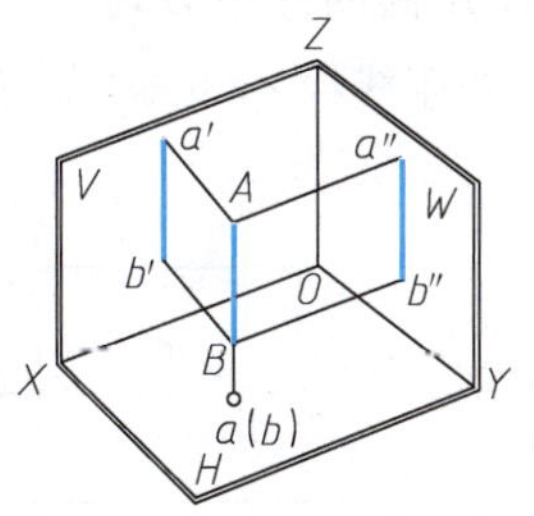	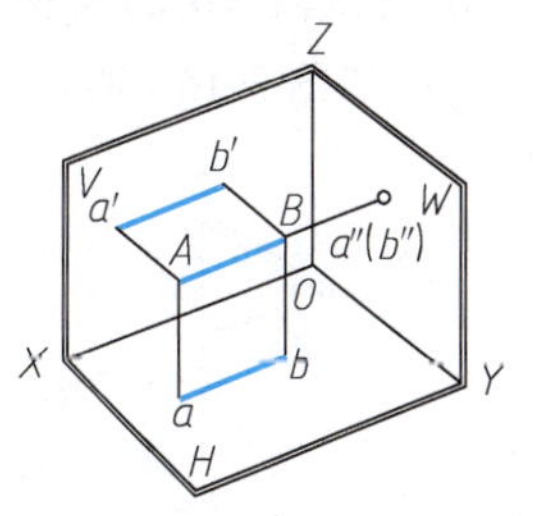
投影图	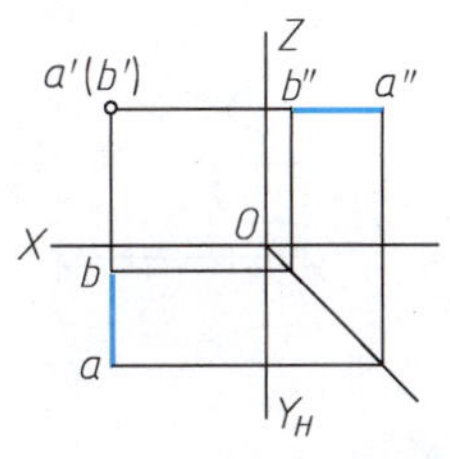	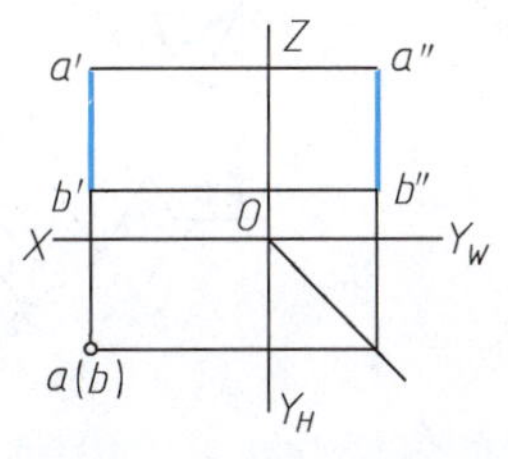	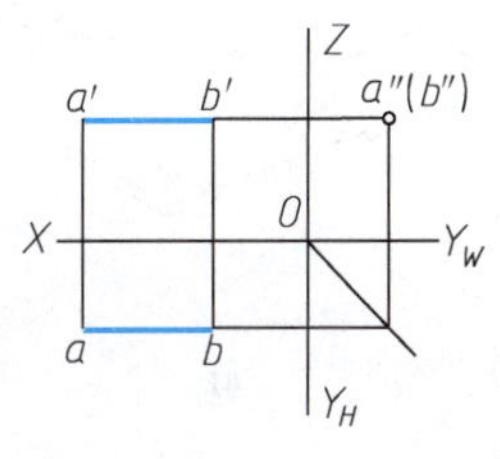

（续）

投影特性	1. $a'(b')$积聚成一点 2. $ab \perp OX, ab = AB; a''b'' \perp OZ, a''b'' = AB$	1. $a(b)$积聚成一点 2. $a'b' \perp OX, a'b' = AB; a''b'' \perp OY_W, a''b'' = AB$	1. $a''(b'')$积聚成一点 2. $a'b' \perp OZ, a'b' = AB; ab \perp OY_H, ab = AB$
应用举例	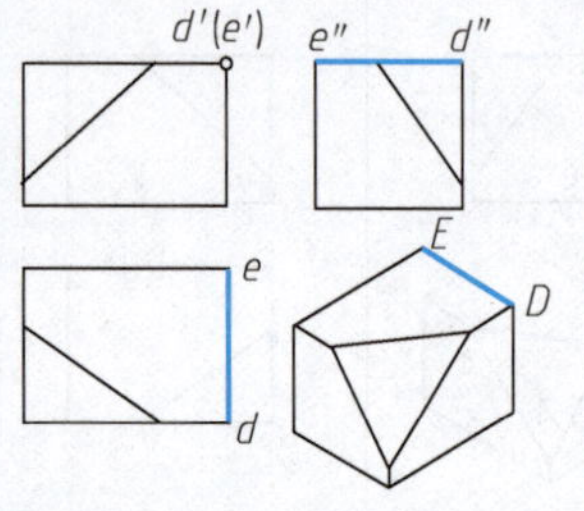	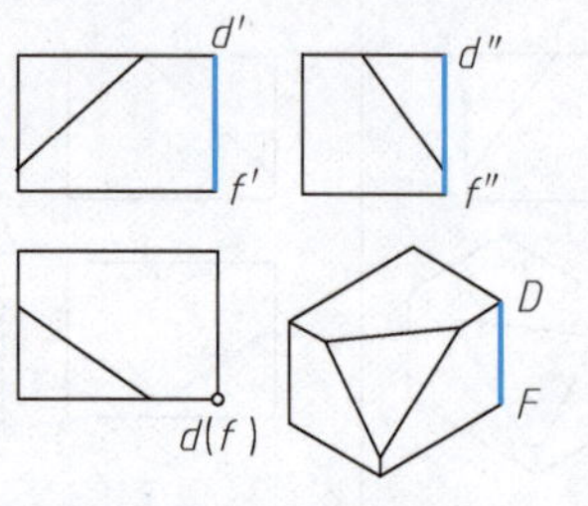	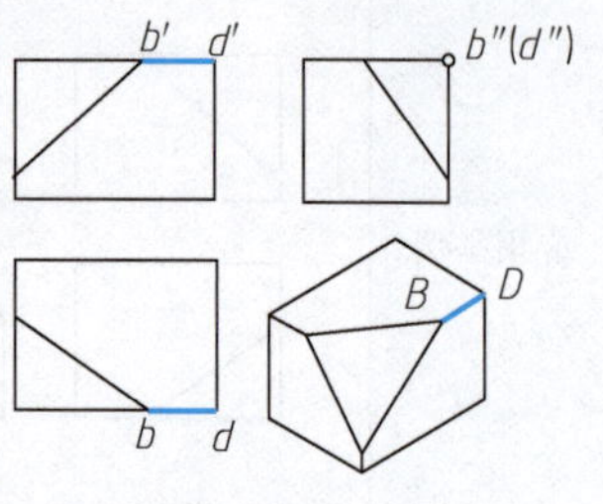

3.2.3 直线段的实长和对投影面的倾角

由前述得知，倾斜直线段的投影在投影图上不反映实长和对投影面的倾角。但在工程上，有时要求在投影图上用图解方法解决这一度量问题。

1. 几何分析

图 3-14a 所示为一处于 H-V 投影面体系中的倾斜直线段 AB，现过点 A 作 $AB_1/\!/ab$，即得一 Rt△ABB_1，它的斜边 AB 即为其实长，$AB_1=ab$，BB_1 为两端点 A、B 的 z 坐标差（z_B-z_A），AB 与 AB_1 的夹角即为 AB 对 H 面的倾角 α。由此可见，根据倾斜线 AB 的投影，求其实长和对 H 面的倾角，可归结为求 Rt△ABB_1 的实形。

如过 A 作 $AB_2/\!/a'b'$，则得另一个 Rt△ABB_2，它的斜边 AB 即为实长，$AB_2=a'b'$，BB_2 为两端点 A、B 的 y 坐标差（y_B-y_A），AB 与 AB_2 的夹角即为 AB 对 V 面的倾角 β。因此，只要求出 Rt△ABB_2 的实形，即可得到 AB 的实长和它对 V 面的倾角 β。

2. 图解方式

求直线段 AB 的实长和它对 H 面的倾角 α 可应用下列两种图解方式：

1）如图 3-14b 所示，过点 b 作线段 ab 的垂线 bB_0，在此垂线上量取 $bB_0=z_B-z_A$，则 aB_0

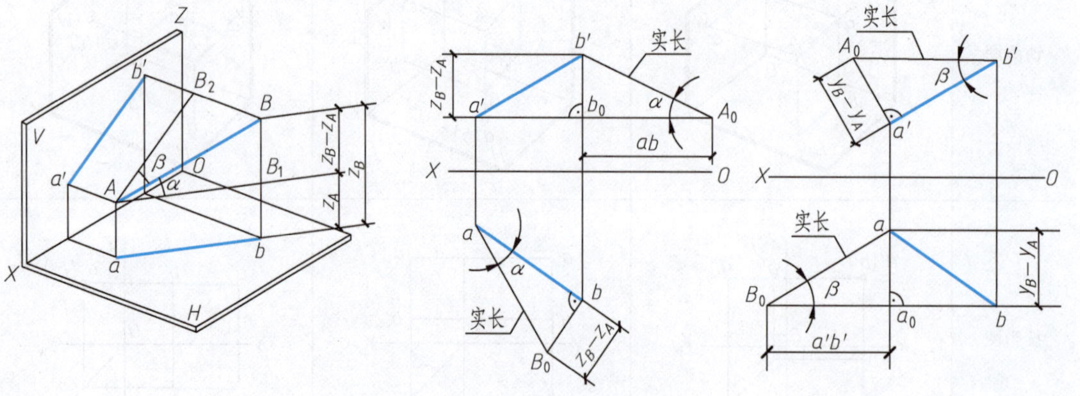

图 3-14 直角三角形法求实长及倾角

即为所求直线的实长，$\angle B_0ab$ 即为 α。

2）过点 a'作 X 轴的平行线，与线段 $b'b$ 相交于点 b_0（$b'b_0=z_B-z_A$），量取 $b_0A_0=ab$，则线段 $b'A_0$ 也是所求直线的实长，$\angle b'A_0b_0$ 即为 α。

同理，如图 3-14c 所示，以 $a'b'$为直角边，以（y_B-y_A）为另一直角边，也可求出 AB 的实长（$b'A_0=AB$），而斜边 $b'A_0$ 与 $a'b'$的夹角即为线段 AB 对 V 面的倾角 β。类似做法，使 $a_0B_0=a'b'$，则 $aB_0=AB$，$\angle aB_0a_0$ 也反映 β 角。

思考：

1）包含角 α、β 在内的直角三角形分别包含哪四个要素？

2）如何图解实长和直线对 W 面的倾角 γ？

3. 灵活应用

直角三角形方法的一般应用是图解倾斜直线段实长和其对投影面的倾角，而灵活应用则是已知两个要素组成三角形，图解出未知两个要素。

【例 3-5】 如图 3-15a、b 所示，已知直线段的实长 L 和 $a'b'$及点 a，求水平投影 ab。

分析：已知 $a'b'$、AB，可以组成包含角 β 在内的直角三角形，并由其图解出 y_B-y_A 和 β，再利用 y_B-y_A 完成 ab 作图。或已知 z_B-z_A、AB，可以组成包含角 α 在内的直角三角形，并由其图解出 ab 和 α，再利用 ab 完成作图。

作图：

1）如图 3-15c 所示，以 $a'b'$作一直角边，过其一端点作另一直角边位置线；以其另一端点为圆心，以 $AB=L$ 为半径画圆弧，交另一直角边位置线于一点，组成包含角 β 在内的直角三角形。由该直角三角形图解出 y_B-y_A 和 β。

2）如图 3-15d 所示，由 b'点作 X 轴的垂线，由 a 点作 X 轴平行线与垂线相交于点 b_0，自点 b_0 沿垂线向前、向后分别取 y_B-y_A 得 b_1 和 b_2 点。分别连接点 a、b_1，点 a、b_2，即为所求的两解。

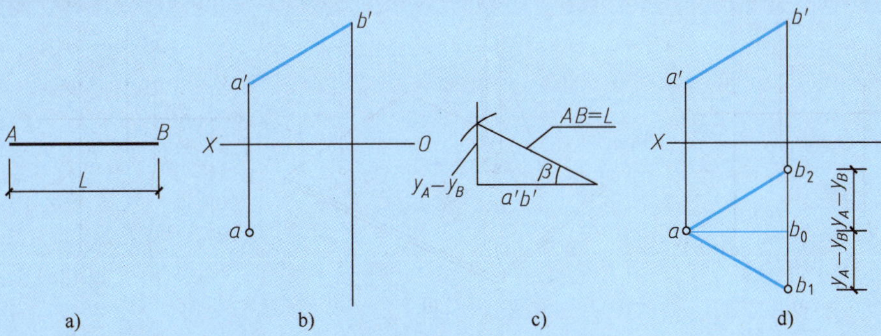

图 3-15 已知线段实长 L 和正面投影求水平投影

思考：利用 z_B-z_A、AB，如何图解和作题。

3.2.4 两直线垂直

垂直相交两直线或交叉两直线中，只要有一条直线平行于某个投影面（另外一条直线不垂直于该投影面），那么此两直线在该投影面上的投影反映直角关系，该特性称为直角投影定理。

该定理包含两种情况：

1）两垂直直线同时平行于某投影面，那么两直线在该投影面上的投影反映直角关系。

2）两垂直直线其中之一平行于某投影面，另一直线不垂直于该投影面，那么两直线在该投影面上的投影反映直角关系。

垂直相交两直线直角投影定理证明如下（图 3-16）：

已知：$\angle ABC=90°$，$BC /\!/ H$ 面。

求证：$\angle abc=90°$。

证明：因为 $BC \perp AB$，$BC \perp Bb$，所以 $BC \perp Q$（$ABba$ 平面）。又因为 $bc /\!/ BC$，所以 $bc \perp Q$，因此 $bc \perp ab$，即 $\angle abc=90°$。

通过图 3-17，自行证明垂直交叉两直线直角投影定理。

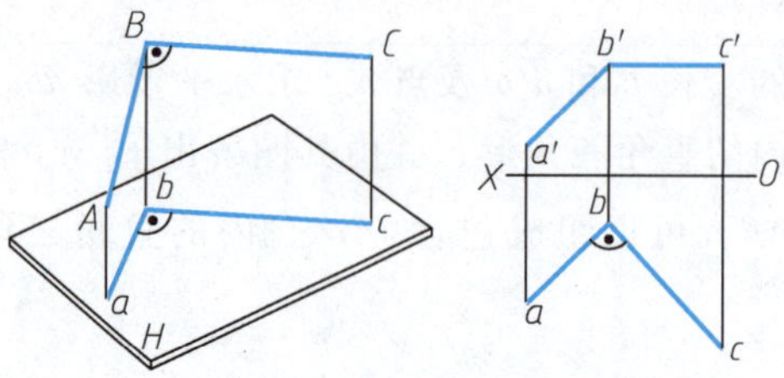

a)　　b)

图 3-16　垂直相交两直线的投影

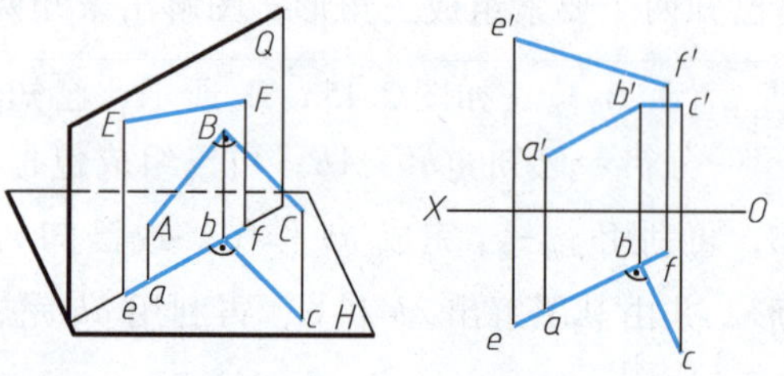

a)　　b)

图 3-17　垂直交叉两直线的投影

综合应用点和直线的基本投影知识、直角三角形方法与直角投影定理，可以解决一些工程定位与度量问题。

【例 3-6】　求图 3-18a 所示的交叉两直线 AB、CD 的公垂线。

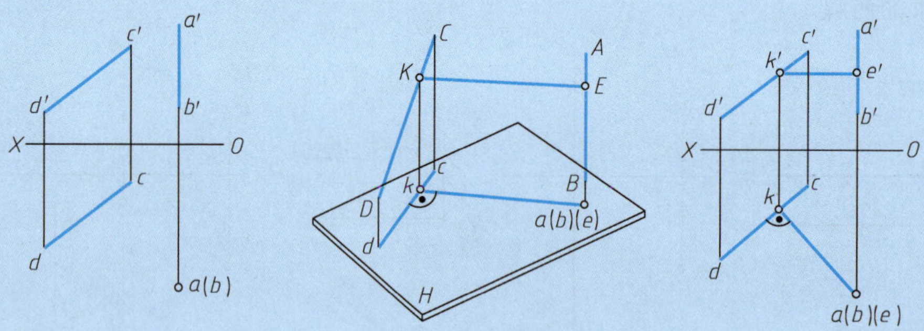

a)　　b)　　c)

图 3-18　AB、CD 两直线的公垂线

分析：如图 3-18a、b 所示，因为直线 AB 是铅垂线，CD 是一般位置直线，所以公垂线 KE 是一条水平线。KE 与 CD 的水平投影必定符合直角投影定理。

作图：

1）如图 3-18c 所示，由直线 AB 的水平投影 $a(b)$ 向 cd 作垂线交于点 k，由此求出点 k'。

2）由点 k' 向 $a'b'$ 作垂线交于点 e'，$e'k'$ 和 ek 即为公垂线 EK 的两投影。

【例 3-7】　如图 3-19a 所示，计划自 A 处向公路 CD 作相交道路 AB，B 为交点。若不考虑地形、地物等情况，只考虑经济因素，请设计 AB 路径，并求其里程。

分析：若不考虑地形、地物等情况，只考虑经济因素，设计须垂直于 CD，又因 CD 为水平线路径，所以可应用直角投影定理得到 AB；若 AB 为一般直线路径，再应用直角三角形方法求其里程。

作图：

1）如图 3-19b 所示，应用直角投影定理，过点 a 作 ab 垂直于 cd；再应用点的投影规律和直线的一般投影规律，求得点 b'，进而求得 $a'b'$。ab 与 $a'b'$ 表示设计路径 AB，由图看出 AB 为一般直线路径。

2）如图 3-19c 所示，应用直角三角形方法求 AB 实长，即为 AB 路径的真实里程。

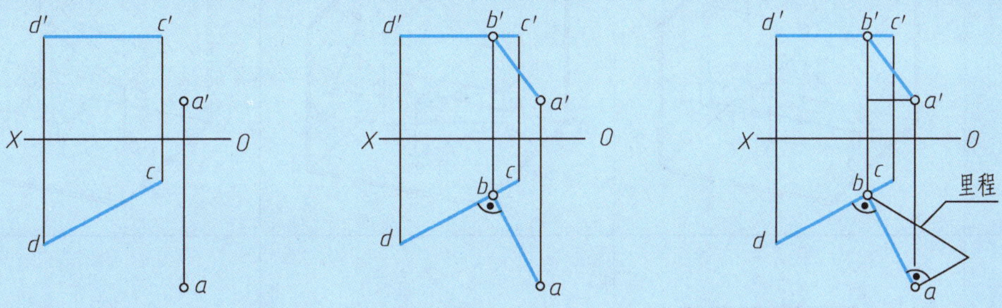

a)　　b)　　c)

图 3-19　已知线段实长 L 和正面投影求水平投影

思考：若公路 CD 为正平线路径呢？

3.3　平面的投影

平面可用下述几何元素来表示：不在同一直线上的三个点（图 3-20a）；直线和直线外的一点（图 3-20b）；相交两直线（图 3-20c）；平行两直线（图 3-20d）；任意平面图形（图 3-20e）。用上述几何元素表示的平面投影可以用几何元素的投影来表示。学习平面的投影是为后面学习形体的投影打基础，而有形有限大形体的表平面均为有形有限大的平面图形，所以本节重点讨论平面图形的投影。

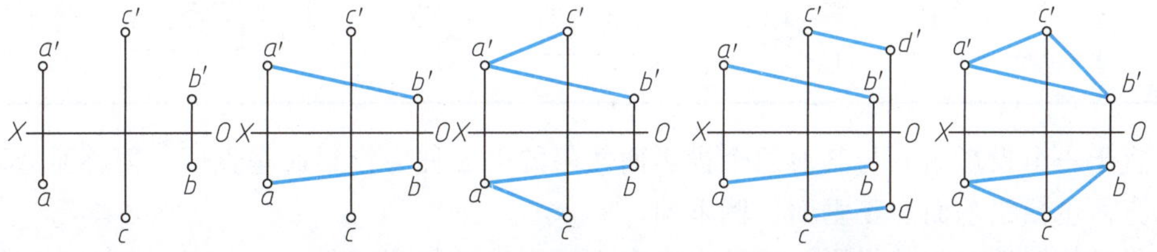

a)　　b)　　c)　　d)　　e)

图 3-20　平面的几何元素表示法

3.3.1 各种位置平面的投影特性

平面在三投影面体系中的位置分为三类：投影面垂直面、投影面平行面和投影面倾斜面。

1. 投影面垂直面

垂直面的投影特性见表 3-3。

表 3-3 垂直面的投影特性

名称	铅垂面（垂直于 H 面，倾斜于 V 面、W 面）	正垂面（垂直于 V 面，倾斜于 H 面，W 面）	侧垂面（垂直于 W 面，倾斜于 V 面，H 面）
轴测图	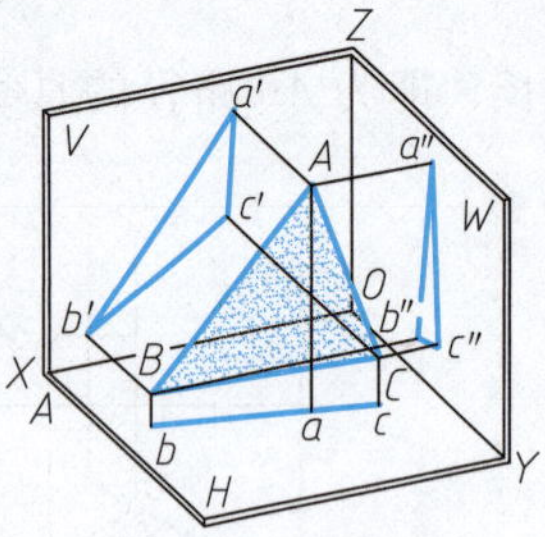	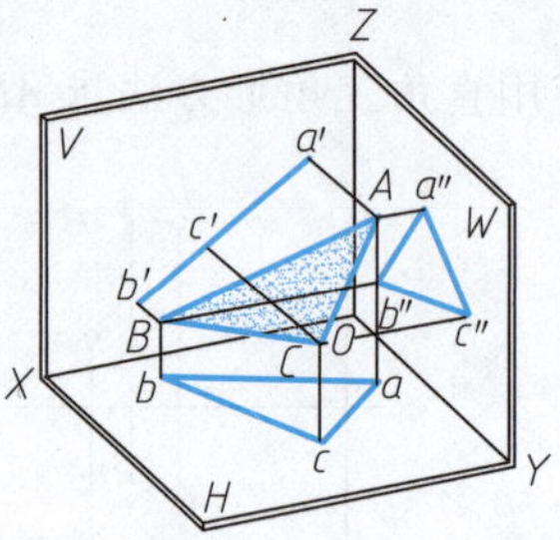	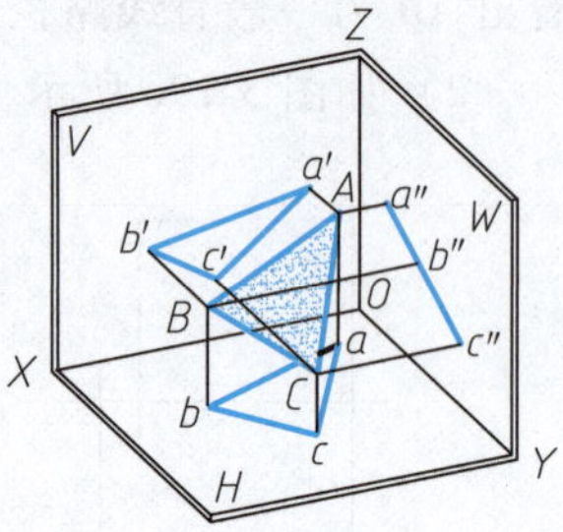
投影图	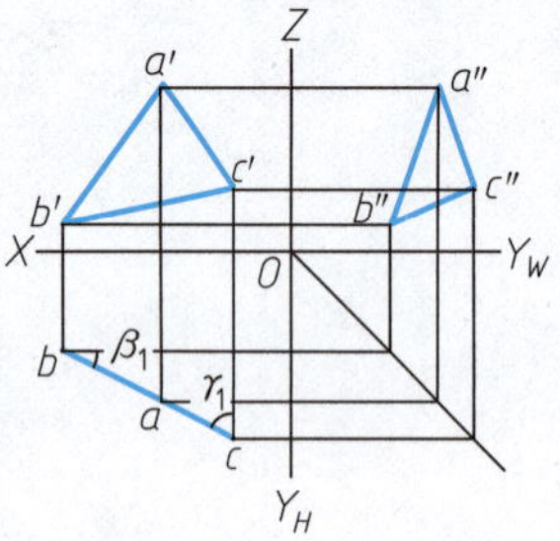	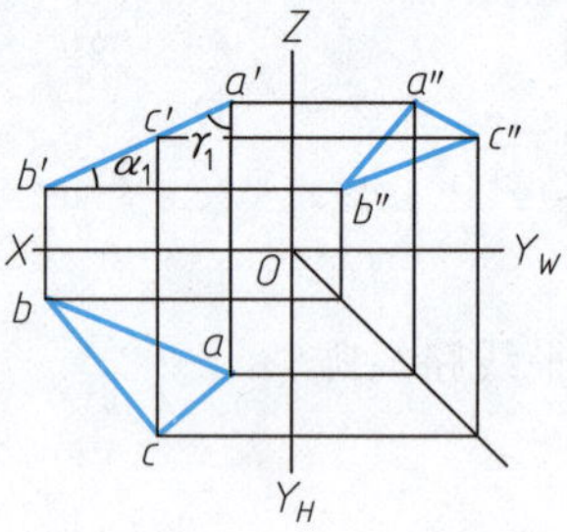	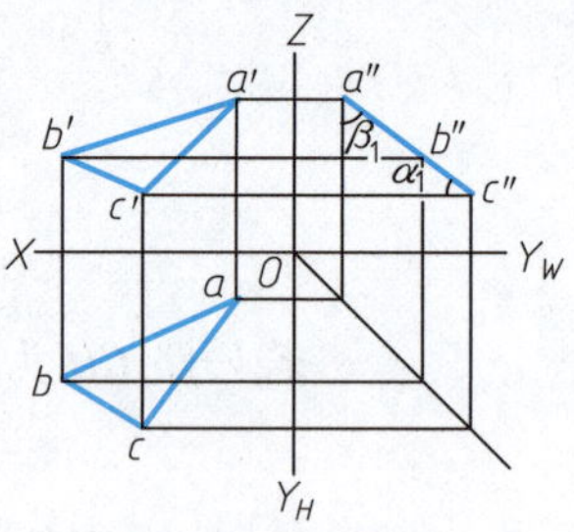
投影特性	1. △abc 积聚为一直线 2. H 面投影反映 β_1、γ_1 3. △$a'b'c'$、△$a''b''c''$为类似三角形	1. △$a'b'c'$积聚为一直线 2. V 面投影反映 α_1、γ_1 3. △abc、△$a''b''c''$ 为类似三角形	1. △$a''b''c''$积聚为一直线 2. W 面投影反映 α_1、β_1 3. △$a'b'c'$、△abc 为类似三角形
三视图	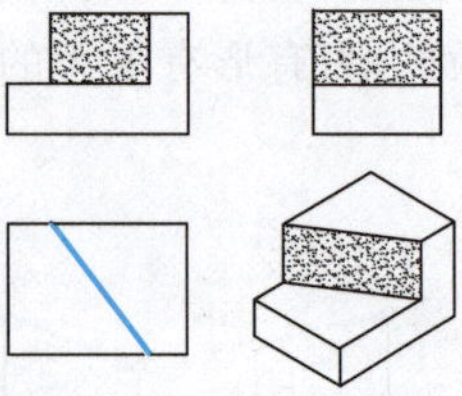	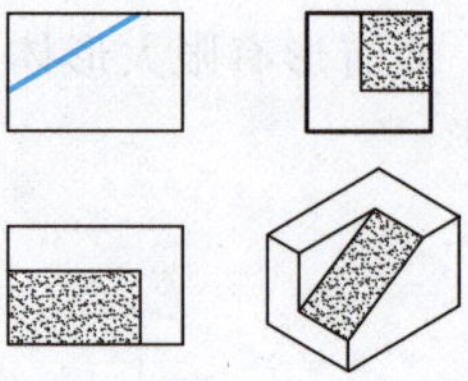	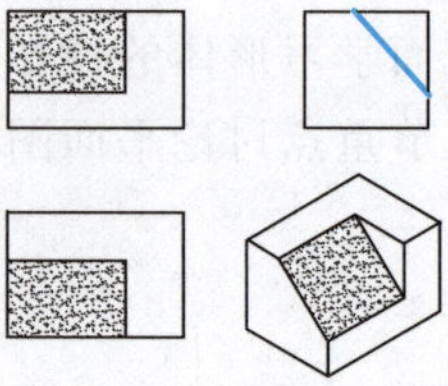

垂直于一个投影面而与其他两个投影面倾斜的平面称为投影面垂直面，简称垂直面。垂直面包括铅垂面、正垂面、侧垂面。

分析各位置垂直面的投影，归纳出垂直面投影特性如下：

1）垂直面在所垂直投影面上的投影具有积聚性，为一倾斜直线，它与两相应投影轴的夹角反映平面与另外两投影面之间的倾角。

2）垂直面在另外两投影面上的投影具有类似性，为空间平面图形缩小了的类似形。

2. 投影面平行面

平行于一个投影面自然与另外两个投影面垂直的平面称为投影面平行面，简称平行面。平行面包括水平面、正平面、侧平面。各位置平行面的投影特性见表 3-4。

表 3-4　平行面的投影特性

名称	水平面（平行于 H 面）	正平面（平行于 V 面）	侧平面（平行于 W 面）
轴测图	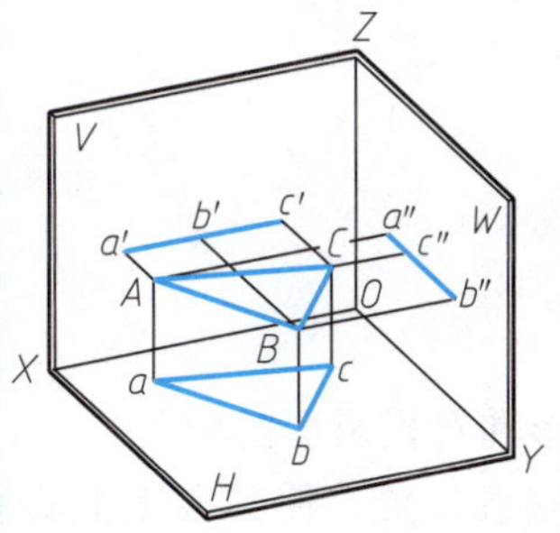	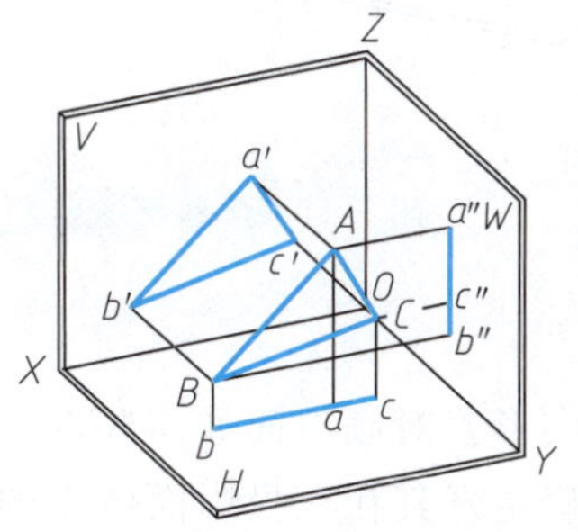	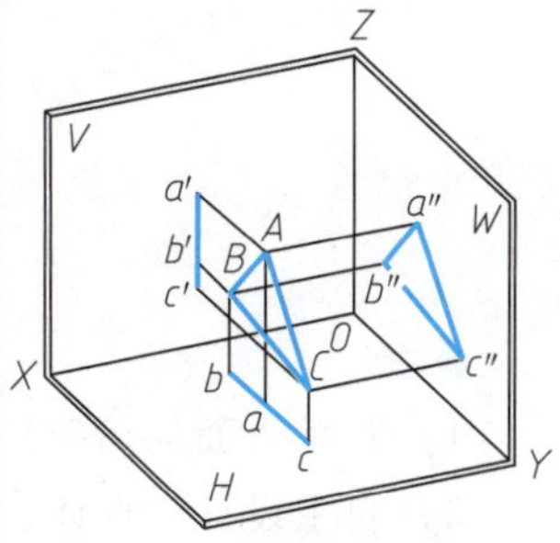
投影图	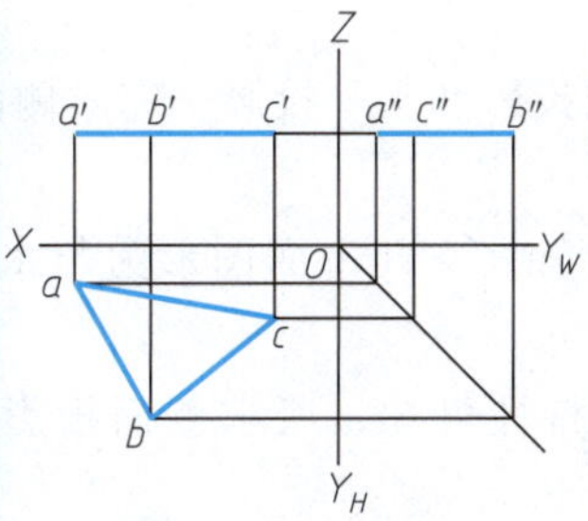	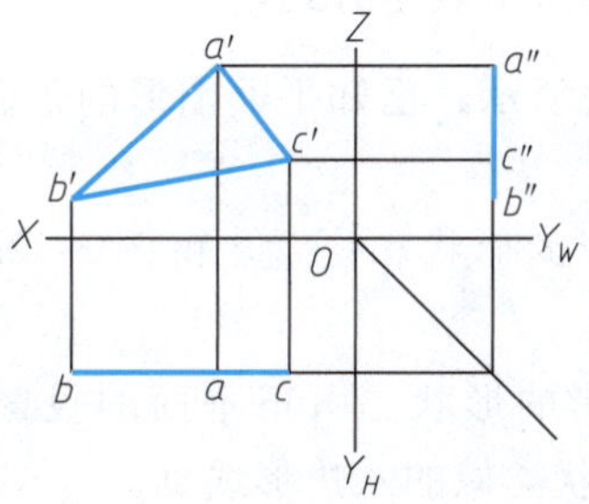	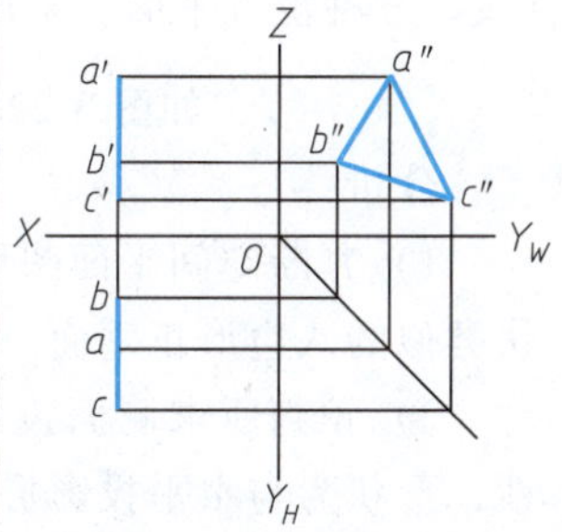
投影特性	1. $\triangle abc=\triangle ABC$ 具有实形性 2. $\triangle a'b'c'$ 与 $\triangle a''b''c''$ 有积聚性；$a'b'c'/\!/OX$、$a''b''c''/\!/OY_W$	1. $\triangle a'b'c'=\triangle ABC$ 具有实形性 2. $\triangle abc$ 与 $\triangle a''b''c''$ 有积聚性；$abc/\!/OX$、$a''b''c''/\!/OZ$	1. $\triangle a''b''c''=\triangle ABC$ 具有实形性 2. $\triangle a'b'c'$ 与 $\triangle abc$ 有积聚性；$a'b'c'/\!/OZ$、$abc/\!/OY_H$
三视图	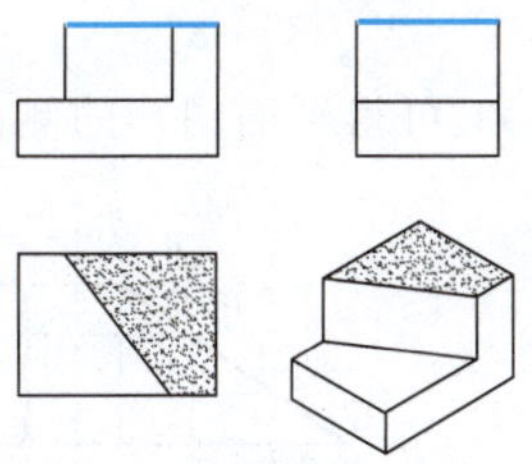	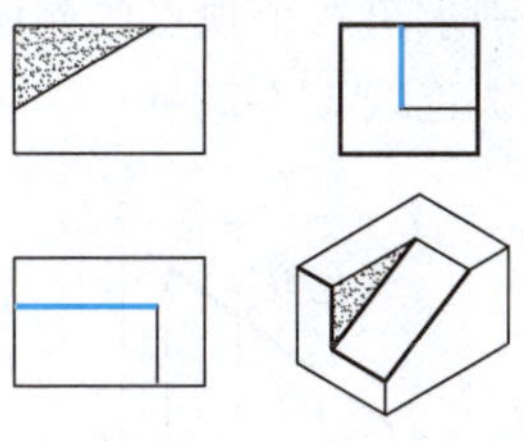	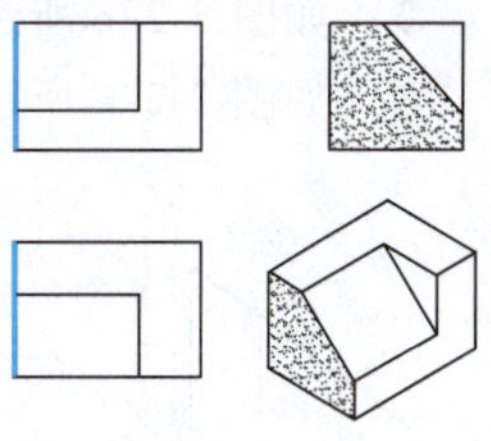

分析各位置平行面的投影，归纳出平行面投影特性如下：

1）平行面在所平行的投影面上的投影具有实形性。

2）平行面在另外两投影面上的投影具有积聚性，为平行于相应投影轴的直线。

3. 投影面倾斜面

与三个投影面都倾斜的平面称为投影面倾斜面，简称倾斜面。如图 3-21 所示，$\triangle ABC$ 与三个投影面都倾斜，其投影特性为三个投影 $\triangle abc$、$\triangle a'b'c'$、$\triangle a''b''c''$ 均具有类似性，不反映实形，也不反映该平面与投影面的倾角。

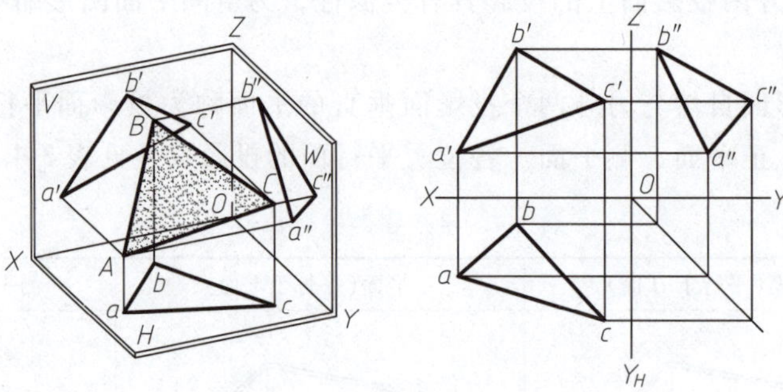

a)　　b)

图 3-21　倾斜面的投影特性

思考：

1）对垂直面如何获得实形？对倾斜面如何获得实形和对投影面的倾角？

2）自主设计一形体，确定好其在三投影面体中的摆放位置，使其表面上具有三种位置直线、三种位置平面。采用自主表达方式。

【例 3-8】　如图 3-22a 所示，已知平面图形的正面投影和水平投影，完成侧面投影。

分析：

1）判断空间平面图形的形状和位置。由图 3-22a 知，空间平面图形为与水平投影形状类似的八边形正垂面。

2）预判所求侧面投影的形状。由正垂面的投影特性可知，所求侧面投影具有类似性，形状为与水平投影形状类似的八边形线框。

3）确定求侧面投影的方法。对空间平面图形的每个顶点，依据点的投影规律，已知正面投影和水平投影求出侧面投影，最后顺次连线可得平面图形的侧面投影。

作图：

1）如图 3-22b 所示，顺次标记平面图形八个顶点已知的正面投影和水平投影。

2）如图 3-22c 所示，分别求出八个顶点的侧面投影 1″、2″、3″…8″。

3）如图 3-22c 所示，顺次连线 1″→2″→3″→…→8″→1″可得平面图形的侧面投影。

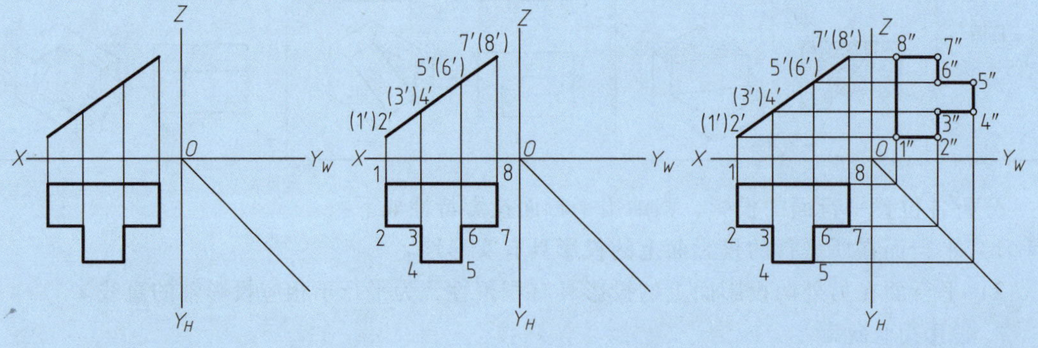

a)　　b)　　c)

图 3-22　完成平面图形的侧面投影

思考：

1）对该例题，可否按求出空间平面图形每段边线的侧面投影而完成作题？

2）如何求出每段边线的侧面投影？

3.3.2 平面上的直线和点

1. 平面上取直线

直线在平面上的几何条件是过平面上的两点；或者过平面上的一点且平行于平面上的一条已知直线。所以在平面上取直线，须在平面上取两已知点或者取一已知点和一条已知直线。

如图 3-23 所示，△*ABC* 决定平面 *P*，由于 *M*、*N* 两点分别在 *AB*、*AC* 上，故经过平面 *P* 上的 *M*、*N* 两点的直线 *MN* 必在平面 *P* 上。

如图 3-24 所示，相交两直线 *EF*、*ED* 决定一平面 *Q*，*M* 是 *ED* 上的一个点，过点 *M* 作 *MN*//*EF*，故取出平面 *Q* 上的一条直线 *MN*。

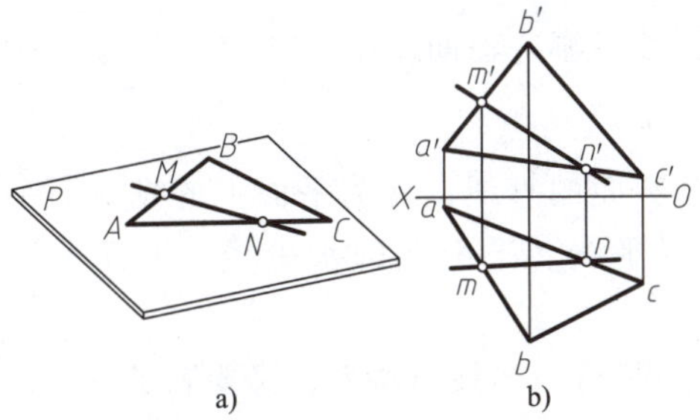

图 3-23 平面上取直线（一）

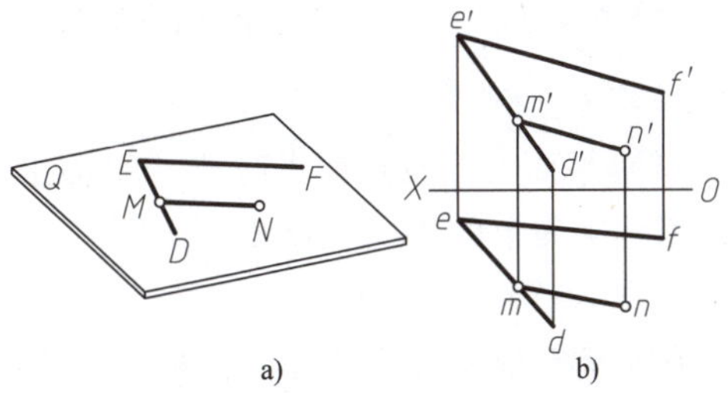

图 3-24 平面上取直线（二）

2. 平面上取点

点在平面上的几何条件是点在平面内的任一直线上。所以在平面上取点，必须先在平面上取过点的已知直线，然后在此直线上取点。

如图 3-24 所示，由于直线 *MN* 在平面 *Q* 上，因此点 *N* 在平面 *Q* 上。

【例 3-9】 如图 3-25 所示，已知 *K* 点在△*ABC* 上，求 *K* 点的水平投影。

分析：由图 3-25a 判断△*ABC* 为铅垂面。其上所有点的水平投影都积聚在其有积聚性的倾斜的水平投影直线上，所以 *K* 点不会例外。

作图：

1）依据点的投影规律，过点 *k'* 作 *OX* 轴的垂线，其与 *abc* 的交点即所求点 *k*，如图 3-25b 所示。

2）判断 *K* 点的水平投影的可见性，点 *k* 为不可见的投影，如图 3-25b 所示。

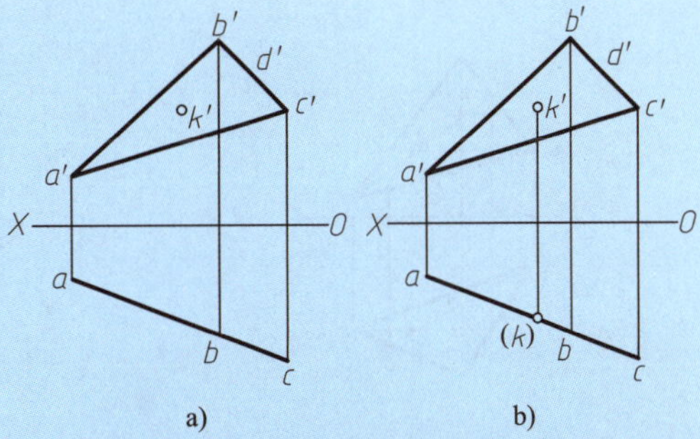

图 3-25 完成平面上 *K* 点的水平投影

【例 3-10】 如图 3-26 所示，已知 K 点在 $\triangle ABC$ 上，求 K 点的水平投影。

分析：由图 3-26a 知，$\triangle ABC$ 为倾斜面或者侧垂面，其实这并不重要，重要的是其水平投影不具积聚性，所以完成 K 点的水平投影，就不能如【例 3-9】充分利用点所在平面有积聚性的水平投影，需要采用在平面上取点的方法。

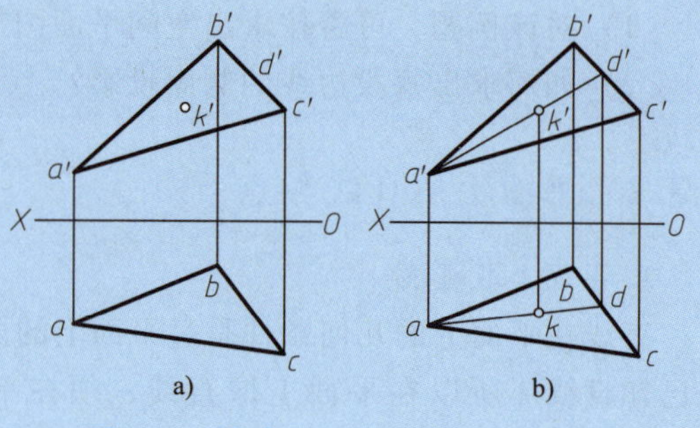

图 3-26 完成平面上 K 点的水平投影

作图：

1）如图 3-26b 所示，在 $\triangle ABC$ 上，取过点的辅助线。过 K 点作任意辅助线，如连接 AK 并延长交 BC 于 D 点，对辅助线 AD，首先作出其正面投影 $a'd'$，再作出其水平投影 ad。

2）在辅助线上取 K 点。由点 k' 作 OX 轴的垂线，交 ad 于一点，即所求点 k。

思考：在平面上作过点的辅助线能作多少条？使用哪些辅助线作图较方便？

3. 平面上取特殊直线

（1）平面上的投影面平行线　平面上平行于投影面的直线，称为平面上的投影面平行线，简称平面上的平行线。分为三种：平面上的正平线、平面上的水平线、平面上的侧平线。

在平面上取平行线的作图依据是：直线既要满足平行线的投影特性，又要满足直线在平面上的条件。

如图 3-27 所示，在 $\triangle ABC$ 上作水平线和正平线。如过点 A 在平面上作一水平线 AD，可先过点 a' 作 $a'd'//OX$［既满足水平线的投影特性（$a'd'//OX$），又满足直线在平面上的条件（过平面上的两点 A 和 D）］，再求出其水平投影 ad，$a'd'$ 和 ad 即为水平线 AD 的两面投影。

同理，如过点 C 在 $\triangle ABC$ 上作一正平线 CE，可先过点 c 作 $ce//OX$，再求出其正面投影 $c'e'$，$c'e'$ 和 ce 即为正平线 CE 的两面投影。

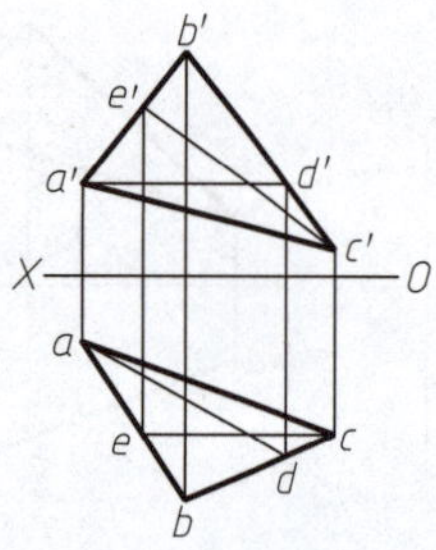

图 3-27 平面上的投影面平行线

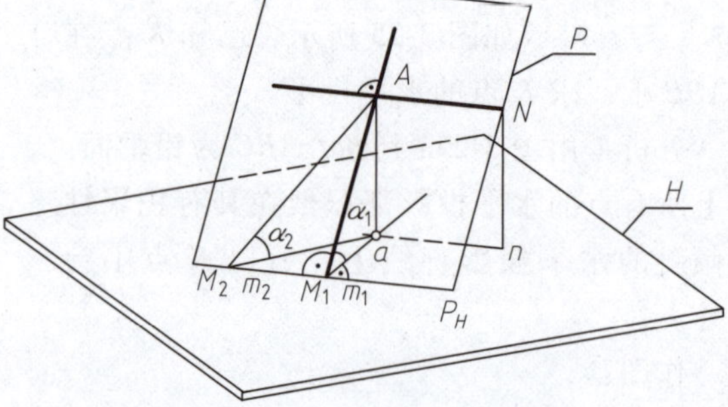

图 3-28 平面上的最大坡度线

（2）平面上的最大坡度线　平面上垂直于平行线的直线，称为该平面对相应投影面的最大坡度线。分为三种：平面上对 H 面的最大坡度线——垂直于面上水平线、平面上对 V

面的最大坡度线——垂直于面上正平线、平面上对 W 面的最大坡度线——垂直于面上侧平线。

从几何意义上讲，最大坡度线是平面上对某投影面倾斜角最大的直线，它对该投影面的倾角代表了平面对投影面的倾角。

如图 3-28 所示，过平面 P 上点 A 作水平线 AN，过点 A 作 $AM_1 \perp AN$（即 $AM_1 \perp P_H$），作任意直线 AM_2，AM_1、AM_2 对投影面 H 的倾角分别为 α_1、α_2。因为 $\sin\alpha_1 = Aa/AM_1$，$\sin\alpha_2 = Aa/AM_2$，且在 Rt$\triangle AM_1M_2$ 中，$AM_1<AM_2$，所以 $\alpha_1>\alpha_2$，即 AM_1 为平面上对 H 面的最大坡度线。又因为 $AM_1 \perp P_H$，$am_1 \perp P_H$（直角投影定理），α_1 符合二面角定义，所以 AM_1 对 H 面的倾角代表了平面对 H 面的倾角。

依据直角投影定理，最大坡度线的投影特性及几何意义是平面上对 H 面的最大坡度线，其水平投影垂直于水平线的水平投影，其倾角代表了平面对水平面的倾角 α；平面上对 V 面的最大坡度线，其正面投影垂直于正平线的正面投影，其倾角代表了平面对正平面的倾角 β；平面上对 W 面的最大坡度线，其侧面投影垂直于侧平线的侧面投影，其倾角代表了平面对侧平面的倾角 γ。

【例 3-11】 如图 3-29a 所示，求▱$ABCD$ 对 H 面的倾角 α。

分析：平面对 H 面的倾角，即为平面上对 H 面的最大坡度线对 H 面的倾角。

作图：

1）如图 3-29b 所示，过平面上任一点，例如点 A，作水平线 AF（af、$a'f'$）。

2）过平面上任一点，例如点 D，作水平线 AF 的垂线 DE（$de \perp af$）。DE 即为平面上对 H 面的最大坡度线。

3）用直角三角形法求出 DE 对 H 面的倾角即为平面对 H 面的倾角 α。

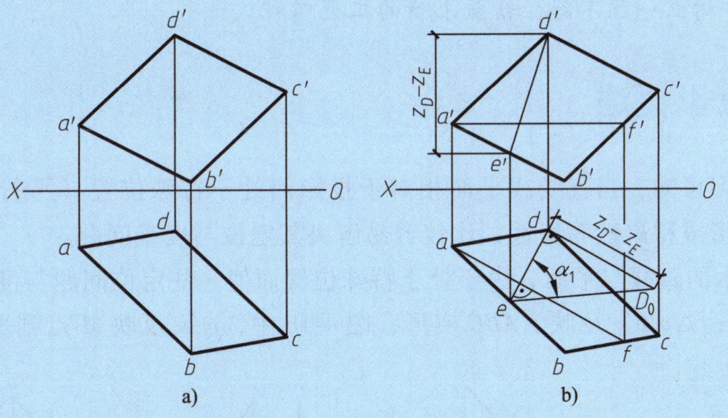

图 3-29　求平面对投影面的倾角

思考：

1）设图 3-29a 中，▱$ABCD$ 内有一圆，圆心为平行四边形的中心，直径 20mm，如何确定其投影椭圆的长、短轴？

2）设图 3-29b 中，▱$ABCD$ 为一斜坡，重物自 D 点自由滑下，重物滑落的路线是怎样的？

第4章 换面投影

本章导读

学习内容：

1）点的换面投影规律。

2）直线、平面换面投影的六个基本作图。

3）换面投影应用举例。

学习目标：

1）能够掌握点的换面投影规律。

2）能够掌握直线、平面的换面投影基本作图方法。

3）能够综合应用基本知识和方法，解决工程、科技等方面的定位和度量问题。

4）能够逐步养成认真负责、严谨细致的工作作风。

5）能够逐步树立一丝不苟、精益求精的工匠精神。

4.1 换面投影概述

由第3章学习可知，当直线或平面相对于投影面处于特殊位置（平行或垂直）时，其投影具有反映实形或积聚性等特性，比较容易解决其定位与度量问题。

如图4-1所示的直线与平面，由于处于特殊位置而使一些定位问题与度量问题易于直接解决。图4-1a中，△$a'b'c'$反映△ABC实形；图4-1b中，$m'k'$反映M点到矩形平面$ABCD$的

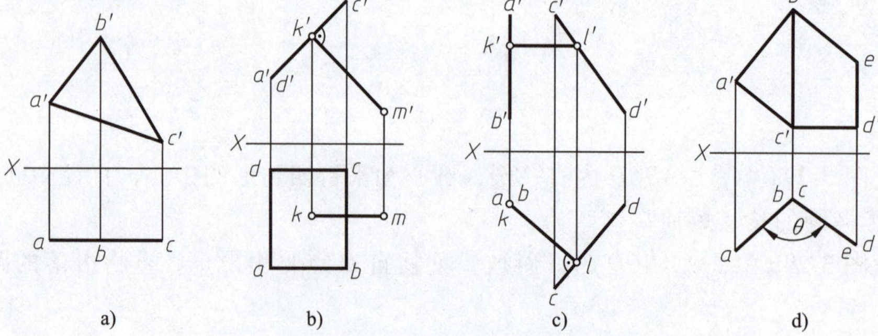

图4-1 几何元素处于有利于解题位置

距离 MK；图 4-1c 中，kl 反映交叉两直线 AB、CD 的距离 KL；图 4-1d 中，$\angle abe$ 反映两平面 $\triangle ABC$ 与 $\square BCDE$ 的夹角 θ。

如何使几何元素与投影面的相对位置处于有利解题位置呢？本章将引入换面投影方法来达到此目的。

4.1.1　换面投影的概念

如图 4-2a 所示，左侧三角形平面为正平面，所以正面投影反映其实形，右侧三角形平面为一铅垂面位置，所以在 V-H 两投影面体系中，正面、水平投影均不反映实形。现用垂直于 H 面且平行于右侧三角形平面的 V_1 面变换掉 V 面，那么在新的两投影面体系 V_1-H 中，右侧三角形平面成为 V_1 的平行面，其在 V_1 面上的投影反映该平面的实形。图 4-2b 所示为投影面展开图。如此，让几何元素保持空间位置不动，通过变换投影面，使几何元素相对于新的投影面体系处于有利于解题位置的方法称作换面投影方法，简称换面法。

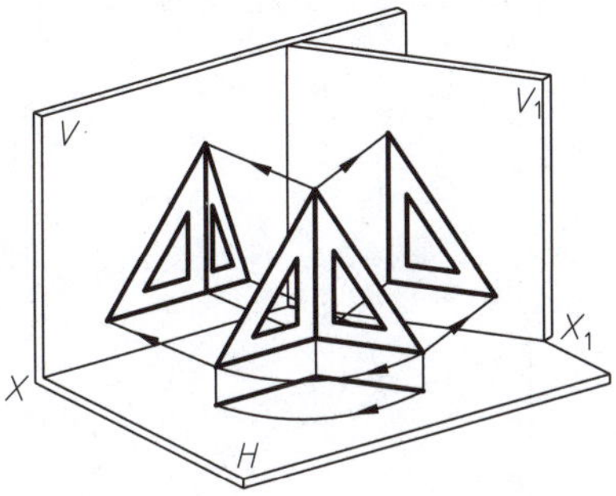

a)

b)

图 4-2　变换投影面的方法

由此可知，新投影面的选择应符合以下两个条件：

1）新投影面必须让空间几何元素处于有利于解题位置。

2）新投影面必须垂直于不变投影面，与其组成一个新的两投影面体系。

前一条件是解题需要。后一条件是应用两投影面体系中的投影规律所必需的。

4.1.2　点的换面投影规律

点是最基本的几何元素，下面首先研究点的变换规律。

如图 4-3a 所示，点 A 在 V-H 体系中，它的两个投影为 a'、a，若用一个与 H 面垂直的新投影面 V_1 代替 V 面，建立新的 V_1-H 体系，V_1 面与 H 面的交线称为新的投影轴，以 X_1 表示。由于 H 面为不变投影面，所以点 A 的水平投影 a 的位置不变，称之为不变投影。而点 A 在 V_1 面上的投影为新投影 a_1'。由图 4-3a 可看出，点 A 的各个投影 a、a'、a_1'之间的投影规律如下：

1）$aa_1' \perp X_1$ 轴，即不变投影和新投影之间的投影连线垂直于新投影轴。

2）$a_1'a_{X1}=a'a_X=z_A$，即新投影到新投影轴的距离等于原投影到原投影轴的距离。

如图 4-3b 所示，根据上述点的换面投影规律，可以完成点的换面投影作图，步骤如下：

1）根据作图需要在适当位置作新投影轴。用 V_1 面代替 V 面形成 V_1-H 体系。

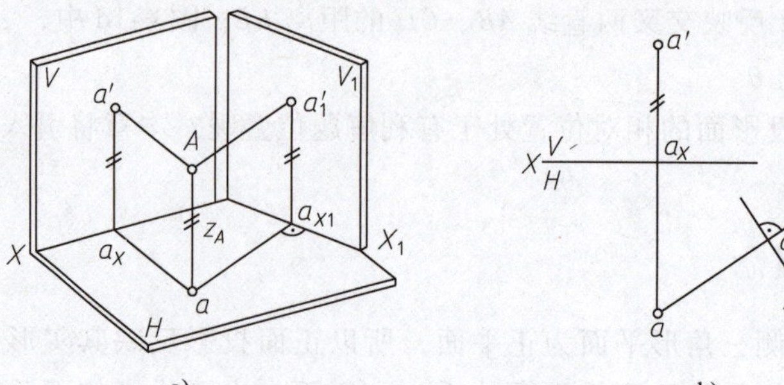

a)　　b)

图 4-3　点的一次变换（变换 V 面）

2）过点 A 作新投影轴 X_1 的垂线，得交点 a_{X1}。

3）在垂线 aa_{X1} 上截取 $a_1'a_{X1}=a'a_X$，即得点 A 在 V_1 面上的新投影 a_1'。

如图 4-4 所示，用一个垂直 V 面的新投影面 H_1 面代替 H 面，即用新的投影面体系 V-H_1 代替 V-H 体系。点 A 在 V-H 体系中的投影为 a'、a，在 V-H_1 体系中的投影为 a'、a_1，点 A 的各个投影 a'、a、a_1 之间的关系如下：

1）$a_1a' \perp X_1$ 轴。

2）$a_1a_{X1}=aa_X=Aa'=y_A$。

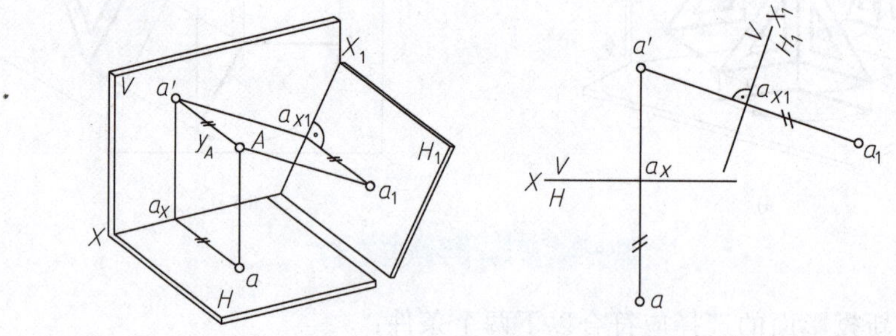

a)　　b)

图 4-4　点的一次变换（变换 H 面）

其作图步骤与变换 V 面时相类似。

在换面法实际应用时，有时变换一次还不能解决问题，必须变换两次或多次。二次变换的作图方法与一次变换的完全相同，只是将作图过程重复一次而已。如图 4-5 所示，为点的

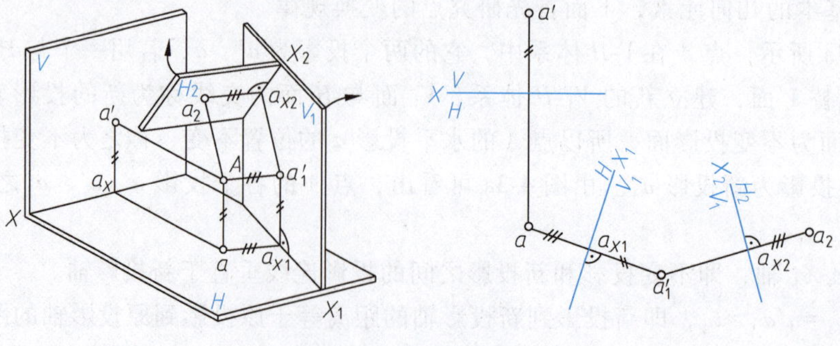

a)　　b)

图 4-5　点的二次变换

二次变换，其作图步骤如下：

1）先变换一次，以面 V_1 面代替 V 面，组成新体系 V_1-H，作出新投影。

2）在 V_1-H 体系基础上，再变换一次，这时如果仍变换 V 面就没有实际意义了，因此第二次变换应变换前一次变换中还未被代替的投影面，即以 H_2 面来代替 H 面组成第二个新体系 V_1-H_2。这时 $a_1'a_2 \perp X_2$ 轴，$a_2a_{X2}=aa_{X1}$。由此作出新投影 a_2。

多次换面时新投影面的选择原则：

1）一次换面只能变换一个投影面。

2）两个投影面交替变换，即 V-$H \rightarrow V_1$-$H \rightarrow V_1$-$H_2 \rightarrow V_3$-$H_2 \rightarrow \cdots$

一般情况下，往往需要一次或两次换面就能够解决问题。

4.2　换面投影基本作图

4.2.1　将倾斜线变换成平行线

如图 4-6a 所示，AB 为一投影面倾斜线，如要变换为正平线，须变换 V 面使新投影面 V_1 平行 AB，这样 AB 在 V_1 面上的投影将反映 AB 的实长，与轴的夹角反映直线对 H 面的倾角 α。作图如图 4-6b 所示，步骤如下：

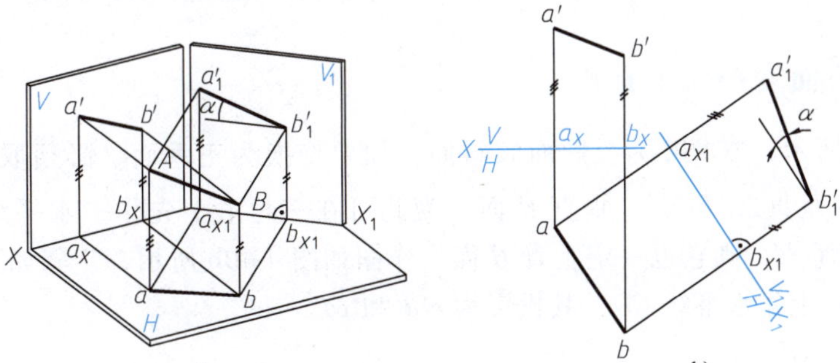

a)　　b)

图 4-6　倾斜线变换成平行线（求 α 角）

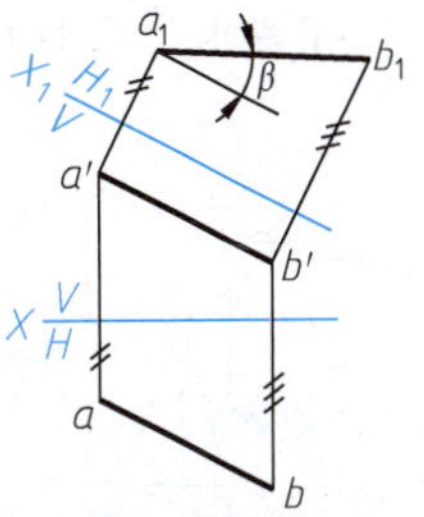

图 4-7　倾斜线变换成平行线（求 β 角）

1）作新投影轴 $X_1 /\!/ ab$（图解特点：新投影轴平行于直线不变投影）。

2）分别由 a、b 两点作轴 X_1 的垂线，与轴 X_1 交于 a_{X1}、b_{X1}，然后在垂线上量取 $a_1'a_{X1}=a'a_X$，$b_1'b_{X1}=b'b_X$，得到新投影 a_1'、b_1'。

3）连接 a_1'、b_1'得投影 $a_1'b_1'$，它反映 AB 的实长，与 X_1 轴的夹角反映 AB 对 H 面的倾角 α。

如果要求出 AB 对 V 面的倾角 β，则要求新投影面 H_1 平行 AB，作图时以 X_1 轴$/\!/a'b'$，如图 4-7 所示。

4.2.2　将平行线变换成垂直线

如图 4-8 所示，AB 为一水平线，要变换成投影面垂直线。根据投影面垂直线的投影特性，反映实长的投影必定为不变投影，只要变换正面投影，即作新投影面 V_1 垂直于 ab，作

图时作轴 $X_1 \perp ab$，则 AB 在 V_1 面上的投影重影为一点 $a_1'(b_1')$。

4.2.3 将倾斜线变换成垂直线

由上述两个基本问题可知，将投影面倾斜线变换成投影面垂直线，必须经过二次变换，第一次将投影面倾斜线变换成投影面平行线，第二次将投影面平行线变换成投影面垂直线。如图 4-9 所示，AB 为一投影面倾斜线，如先变换 V 面，使面 $V_1 /\!/ AB$，则 AB 在 V_1-H 体系中为投影面平行线，再变换 H 面，作面 $H_2 \perp AB$，则 AB 在 V_1-H_2 体系中为投影面垂直线。作图步骤如下：

1）先作轴 $X_1 /\!/ ab$，求得 AB 在 V_1 面上的新投影。

2）再作轴 $X_2 \perp a_1'b_1'$，得出 AB 在 H_2 面上的投影，这时 a_2 与 b_2 重影为一点。

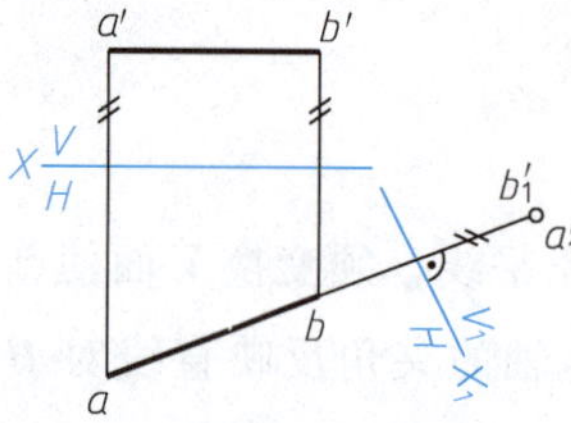

图 4-8 平行线变换成垂直线

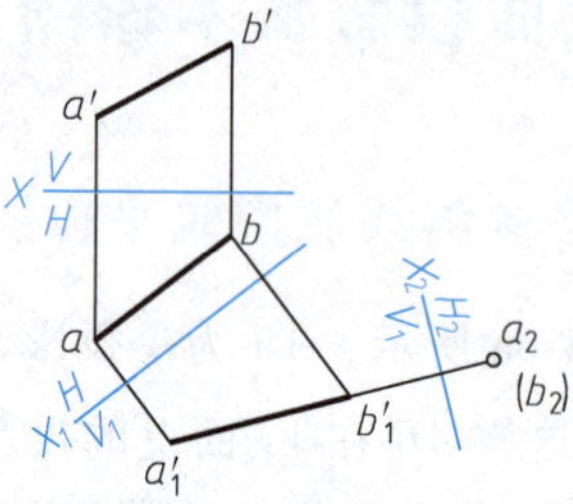

图 4-9 倾斜线变换成垂直线

4.2.4 将倾斜面变换成垂直面

如图 4-10a 所示，$\triangle ABC$ 为投影面倾斜面，如要变换为正垂面，必须取新投影面 V_1 代替 V 面，V_1 面既垂直$\triangle ABC$，又垂直 H 面，为此可在三角形上先作一水平线为基准，然后作面与该水平线垂直，则它也一定垂直 H 面。作图如图 4-10b 所示，步骤如下：

1）在$\triangle ABC$ 上作水平线 CD，其投影为 $c'd'$和 cd。

2）作轴 $X_1 \perp cd$。

3）作$\triangle ABC$ 在面 V_1 上的投影 $a_1'b_1'c_1'$，这时 $a_1'b_1'c_1'$重影为一直线，它与 X_1 轴的夹角就是$\triangle ABC$ 对 H 面的倾角 α_1。

如要求出$\triangle ABC$ 对 V 面的倾角 β_1，如图 4-11 所示，可在此平面上取一正平线 AE，作面

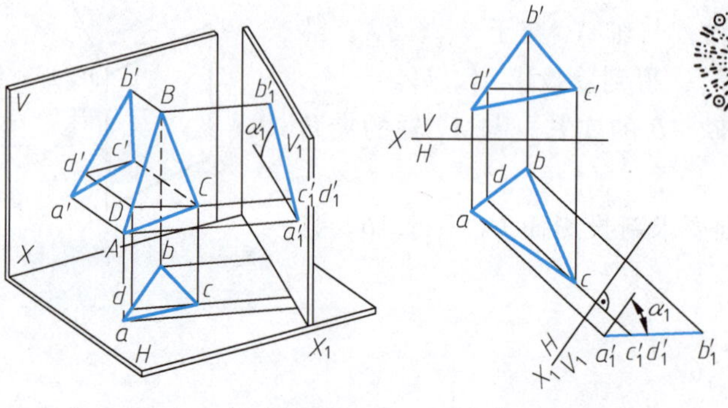

a) b)

图 4-10 倾斜面变换成垂直面（求 α_1 角）

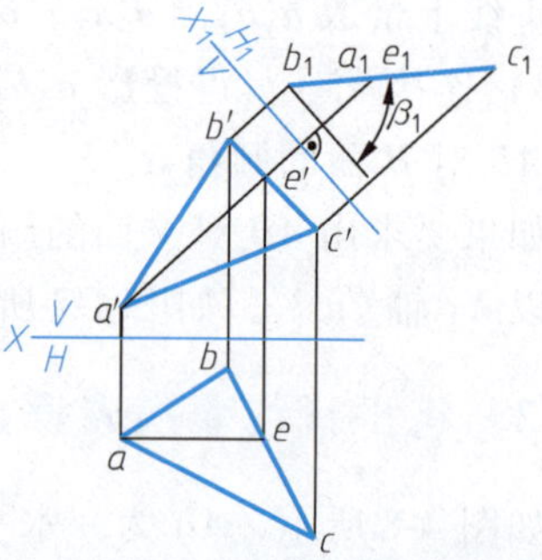

图 4-11 倾斜面变换成垂直面（求 β_1 角）

$H_1 \perp AE$，则$\triangle ABC$在面H_1上的投影为一直线，它与轴X_1的夹角反映该平面对V面的倾角β_1。

4.2.5 将垂直面变换成平行面

图 4-12 所示为垂直面$\triangle ABC$，要求变换成投影面平行面。根据投影面平行面的投影特性，重影为一直线的投影必定为不变投影，因此必须变换V面，使新投影面V_1平行$\triangle ABC$。作图时取轴$X_1 // abc$，则$\triangle ABC$在面上的投影$\triangle a_1'b_1'c_1'$反映实形。

4.2.6 将倾斜面变换成平行面

由前两种变换可知，将倾斜面变换成投影面平行面必须经过二次变换，即第一次将投影面倾斜面变换成投影面垂直面，第二次再将投影面垂直面变换成投影面平行面。如图 4-13 所示，先将$\triangle ABC$变换成垂直面，再变换其平行V_2面。具体作图步骤如下：

1）在$\triangle ABC$上取正平线AE，作新投影面$H_1 \perp AE$，即作轴$X_1 \perp a'e'$，然后作出$\triangle ABC$在面H_1上的新投影$a_1b_1c_1$，它重影成一直线。

2）作新投影面V_2平行$\triangle ABC$，即作轴$X_2 // b_1a_1c_1$，然后作出$\triangle ABC$在面V_2上的新投影$\triangle a_2'b_2'c_2'$。$\triangle a_2'b_2'c_2'$反映$\triangle ABC$的实形。

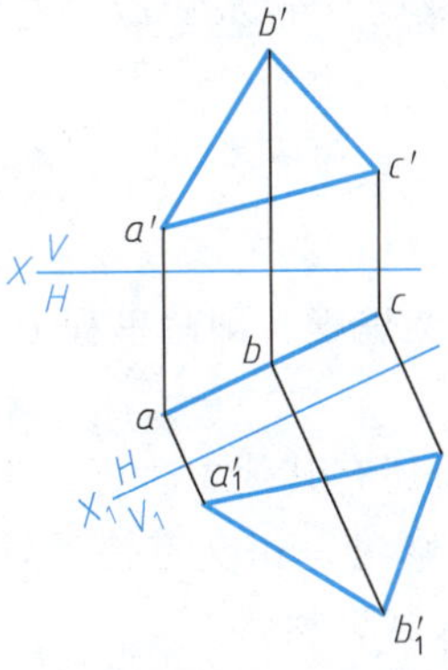

图 4-12 垂直面变换成平行面

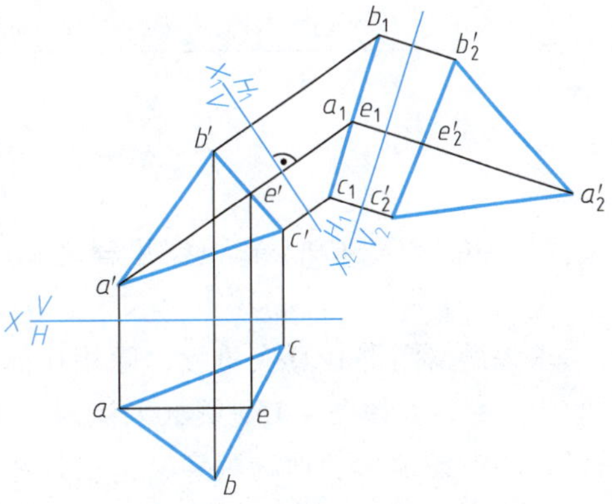

图 4-13 倾斜面变换成平行面

思考：六个基本作图的关键是什么？请加以理解每个基本作图的图解特点。

4.3 换面投影的应用举例

换面投影的最大应用就是把倾斜直线或者倾斜平面变换成特殊位置的直线或者平面，从而方便解决点、直线、平面之间的一些定位和度量问题。可以参考如下解题步骤：

（1）设计理想位置 根据已知条件和求解结果，设计已知直线或平面有利于解题的位置。

（2）选择合适作图 从六个基本作图中选择合适的一个。

（3）进行投影图解 根据基本作图的投影图解特点和点的两点换面投影规律进行图解作图。

【例 4-1】 高山滑雪是北京冬奥会雪上竞速运动，如图 4-14a 所示，为某运动员高山滑雪的投影路径，请求出此滑雪路径真实里程。比例 1：10000。

分析：由图 4-14a 分析投影路径，实际滑雪路径由 *AB*、*BC*、*CD* 三直线段组成，均为倾斜线段，可以采用第一个基本作图，将 *AB*、*BC*、*CD* 分别变换为平行线段，即可求解。

作图：如图 4-14b 所示。

1）将 *AB*、*BC*、*CD* 分别变换为平行线段，分别求出其真实里程。

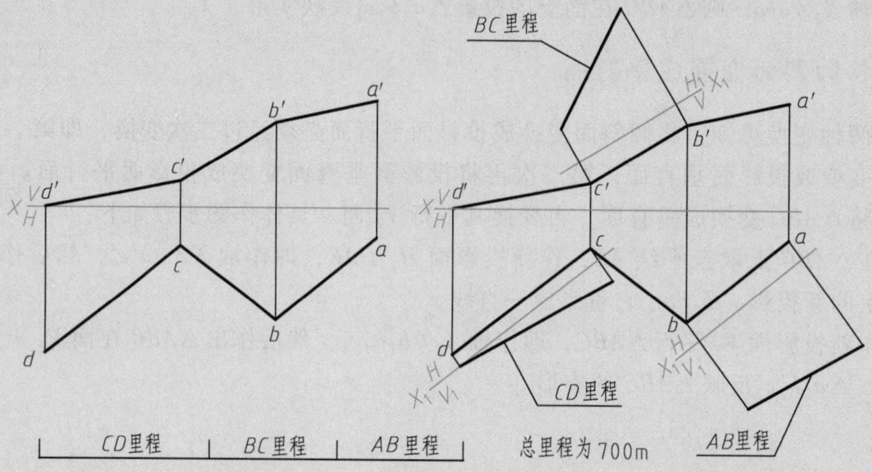

a)　　　　　　b)

图 4-14　求滑雪路径的真实里程

2）*AB*、*BC*、*CD* 三段真实里程之和，即为滑雪路径真实里程，即总里程为 700m。

思考：

求该题滑雪路径真实里程，除用换面投影方法外，是否还有其他方法可采用？

【例 4-2】 如图 4-15a 所示，计划自 *C* 处向公路段 *AB* 修建一相交道路，只考虑经济因素，不考虑地形、地物因素，请设计相交道路路径，并求其里程。

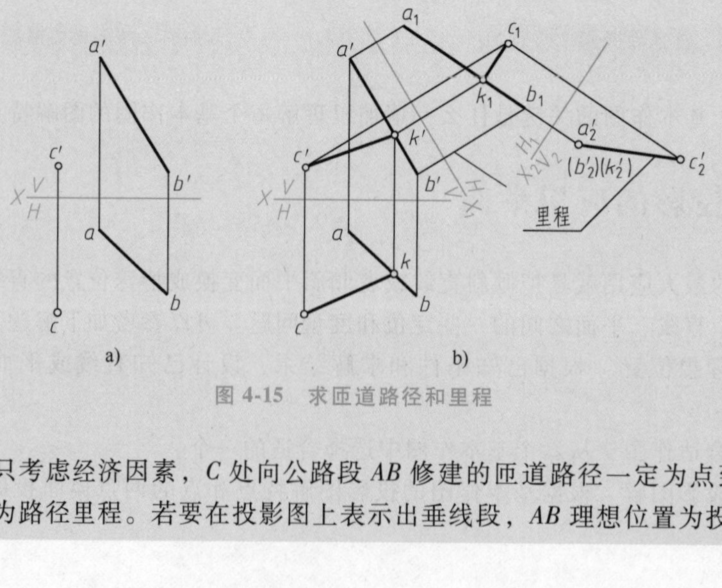

a)　　　　　　b)

图 4-15　求匝道路径和里程

分析：若只考虑经济因素，*C* 处向公路段 *AB* 修建的匝道路径一定为点到直线的垂线段，其实长即为路径里程。若要在投影图上表示出垂线段，*AB* 理想位置为投影面垂直线，

所以需要将 AB 由倾斜线经过两次换面成为垂直线，按第三个基本作图完成投影图解。

作图：如图 4-15b 所示。

1）将 AB 由倾斜线经过两次换面成为垂直线，C 点随之变换，则 $c_2'(k_2')$ 即为匝道路径 CK 的 V_2 面投影，其长度为匝道里程。

2）在 V_2-H_1 体系中，CK 为正平线，所以其 H_1 面投影 c_1k_1 平行于 X_2 轴，即垂直于 a_1b_1。由此将 c_1k_1 返回，得到匝道路径的正面投影 $c'k'$和水平投影 ck。

思考：本题可否经过一次换面求解？

【例 4-3】　如图 4-16a 所示，求交叉两直线 AB、CD 间的公垂线段及其实长。

分析：如图 4-16b 所示，若将公垂线段（在此用 MK 表示）表示在投影图上，两交叉直线之一（如 AB）须为投影面垂直线，随之 MK 成为投影面的平行线。因此需要将 AB 由倾斜线经过两次换面成为垂直线，按第三个基本作图完成投影图解。

作图：如图 4-16c 所示。

1）将 AB 经过二次变换成为垂直线，其在面 H_2 上的投影重影为有积聚性的点 $a_2(b_2)$。直线 CD 也随之变换，在面 H_2 上的投影为 c_2d_2。

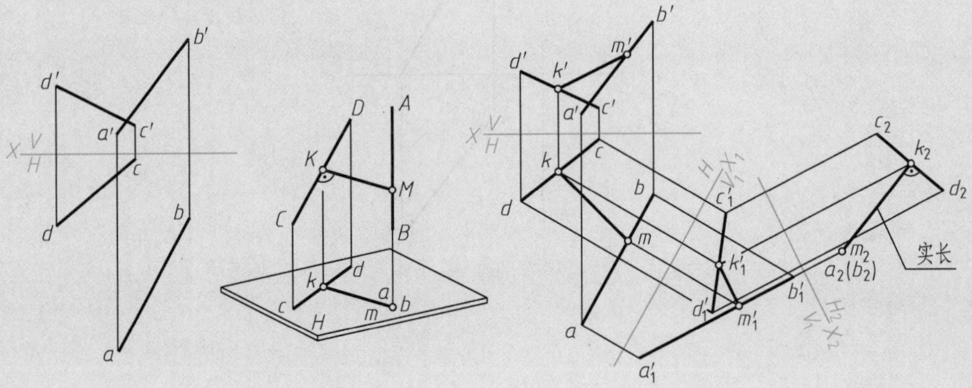

a)　　　　　　b)　　　　　　c)

图 4-16　求两交叉直线间的距离

2）从 $a_2(b_2)$ 作 $m_2k_2 \perp c_2d_2$，m_2k_2 即为 MK 在面 H_2 上的投影，它反映公垂线段的实长。

3）根据 m_2k_2、$m_1'k_1'$，返回求出公垂线段 MK 在 V-H 体系中的投影 mk、$m'k'$。

【例 4-4】　如图 4-17a 所示，求变形接头两侧面 $ABCD$ 和 $ABFE$ 之间的夹角。

分析：可以通过空间想象知，当两平面的交线垂直于投影面时，两平面在该投影面上的投影为两相交直线，它们之间的夹角即反映两平面间的夹角，所以有利于解题的理想位置是两侧面交线 AB 为投影面垂直线。因此可通过第三个基本作图，将 AB 两次换面成为垂直线。

作图：如图 4-17b 所示。

请依照第三个基本作图，自行分析图解步骤。

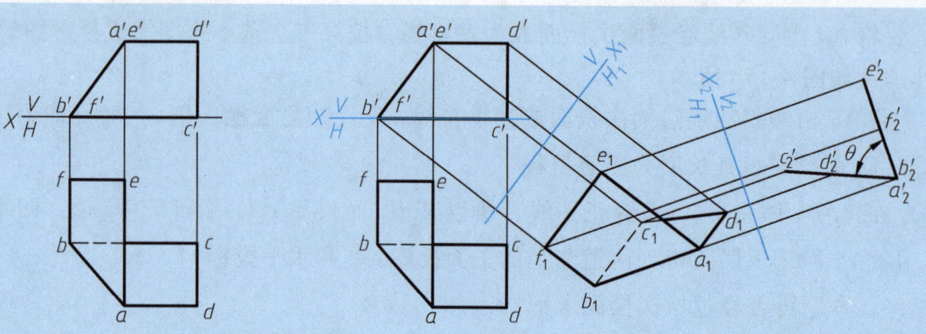

a)　　　　　　　　　　　　b)

图 4-17　求变形接头两侧面间的夹角

思考： 导线 *KL* 的电流方向如图 4-18 箭头所示，分析、思考如何确定 *M* 处的磁场方向。

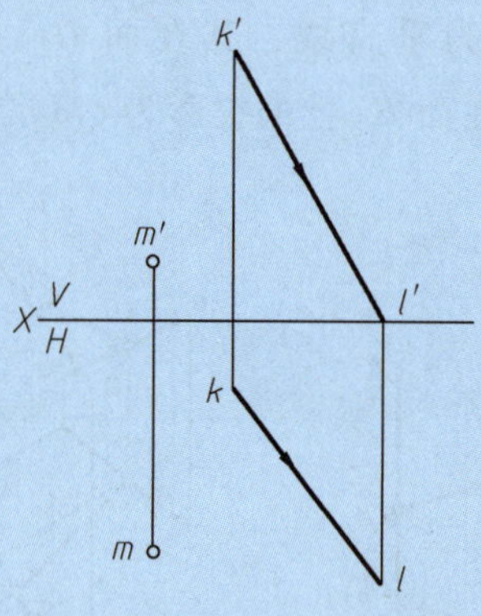

图 4-18　分析、思考如何确定 *M* 处的磁场方向

第5章 立体的投影

本章导读

学习内容：

1）基本立体的投影。

2）平面与立体相交。

3）立体与立体相交。

学习目标：

1）能够掌握立体投影作图及在立体表面上取点的方法。

2）能够掌握求立体表面截交线的方法。

3）能够掌握求立体表面相贯线的方法。

4）能够具备综合应用上述方法分析、解决复杂形体投影作图的能力。

5）能够养成认真负责、严谨细致的工作作风。

6）能够树立一丝不苟、精益求精的工匠精神。

5.1 基本立体的投影

5.1.1 立体投影概述

1. 立体分类

按围成表面的性质，立体分平面立体和曲面立体。平面立体均由平面围成的立体，如棱柱、棱锥等。曲面立体由曲面或平面与曲面围成的立体，如圆柱、圆锥、圆球等。

一个物体的形状无论多么复杂，都可以看作由几部分立体叠加组成，或者由一部分立体经过切割得到，所以说这些立体均为形体结构最为简单的立体，也被称为基本立体。

2. 立体作投影时的摆放位置原则

从理论上来说，立体以任何位置摆放于三投影面体系都能得到其三面投影，但为了方便看图和画图，一般让立体上尽可能多的线面成为特殊位置的线面，以此作为立体投影时的摆放位置。

3. 立体的投影规律

值得注意的是，立体作投影时的摆放位置一旦确定，其距离投影面的远近并不会影响三面投影的形状，因此，为了作图方便可以省略投影轴。投影之间的投影规律如下：

1）立体上任一点的正面投影与水平投影之间的连线，是竖直方向上的一条直线。

2）立体上任一点的正面投影与侧面投影之间的连线，是水平方向上的一条直线。

3）立体上任意两几何元素之间前后相对位置距离，在水平、侧面投影上都能得到反映。

思考：此立体投影规律与点的三面投影规律有何关系？作图时，如何保证第 3）条规律。

5.1.2 平面立体的投影

1. 棱柱

（1）摆放位置及投影分析　图 5-1a 所示为一正六棱柱，其顶面、底面均为水平面，它们的水平投影反映实形，正面及侧面投影积聚为直线。棱柱有六个侧棱面，前后棱面为正平面，它们的正面投影反映实形；水平及侧面投影积聚为一直线；棱柱的其他四个侧棱面均为铅垂面，其水平投影均积聚为直线，正面和侧面投影均为类似形。

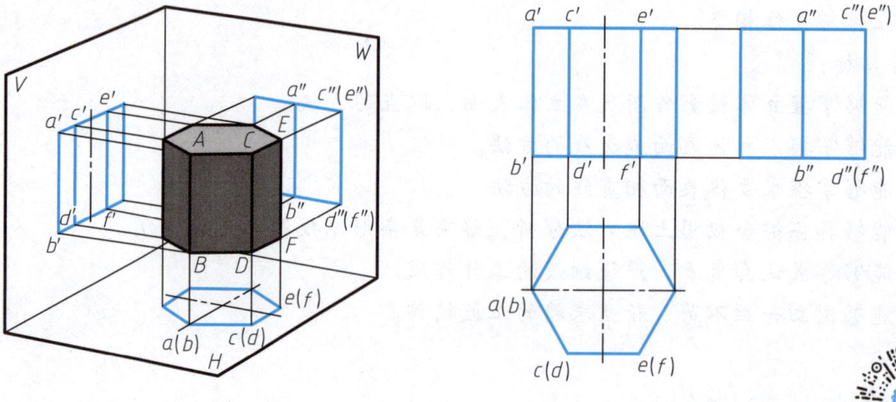

a)　　　　b)

图 5-1　正六棱柱的投影

棱线 AB 为铅垂线，其水平投影积聚为一点 $a(b)$，正面和侧面投影均反映实长，即 $a'b'=a''b''=AB$。顶面的边 CE 为侧垂线，侧面投影积聚为一点 $c''(e'')$，水平投影和正面投影均反映实长，即 $ce=c'e'=CE$。底面的边 BD 为水平线，水平投影反映实长，即 $(b)(d)=BD$，正面投影 $b'd'$ 和侧面投影 $b''d''$ 均小于实长。其余棱线和顶、底面边线的投影可自行分析。

（2）投影作图　如图 5-1b 所示，作图步骤参考以下：

1）画顶、底面的投影。依据水平面的投影特性，先画出顶、底面具有实形性的水平投影，再画具有积聚性的正面、侧面投影。

2）画棱线的投影。依据垂直线的投影特性，水平投影为有积聚性的点，在正六边形的六个顶点上，只需画出正面、侧面投影。

3）判别可见性。需要的话，还需判别棱线和顶、底面边线的投影可见性。

（3）表面上取点　在立体表面上取点的方法，取决于点在立体表面上的位置。

【例 5-1】 如图 5-2a 所示，已知正六棱柱体表面上点 M、N 的正面投影，完成它们的水平投影和侧面投影。

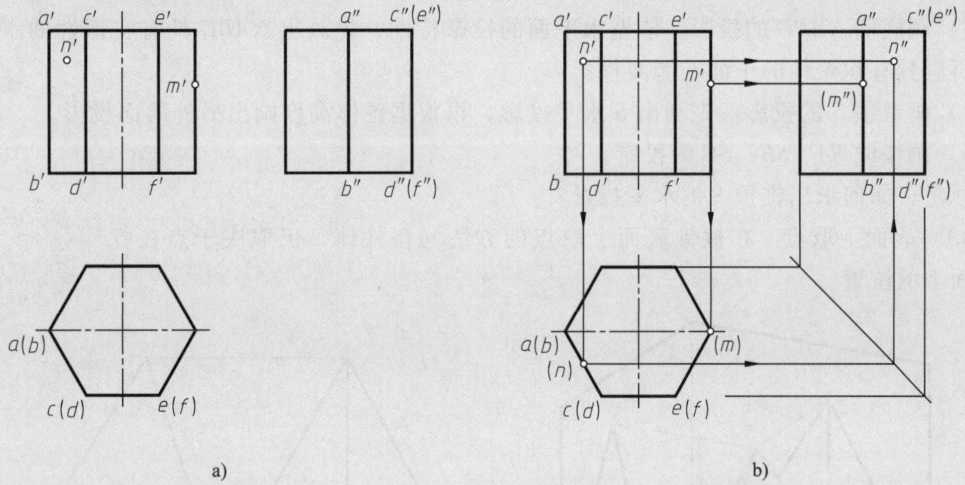

a)　　　　b)

图 5-2 正六棱柱体表面上点的水平投影和侧面投影

分析：已知点的一个投影，完成其余两面投影问题，就是在立体表面取点的问题。关键有三个步骤：首先由点的已知投影判断点的位置，然后由位置确定取点的合适方法，最后作图并判别可见性。

由 m'的位置，可以判断 M 点处于最右侧棱线上，所以完成 M 点其余两面投影，即取点的方法应是点属于直线的方法。对 N 点，由 n'的位置及 n'符号上未加（），可以判断 N 点必定在 $ABCD$ 棱面上，而其是特殊位置的铅垂面，水平投影具有积聚性，因此取 N 点的方法应是充分利用所在表面有积聚性的投影。

作图（见图 5-2b）：

（1）完成 M 点　水平投影在最右棱线有积聚性的水平投影点上，直接标记 m，同时判别 M 点作该投影时的可见性，因不可见，所以 m 上应加（）。侧面投影 m''必定在最右棱线的侧面投影直线上，依据立体投影规律的第二点，过 m 作水平方向上的投影连线即得，标记 m''的同时，判别 M 点作该投影时的可见性，因不可见，所以 m''上应加（）。

（2）完成 N 点　依据立体投影规律的第一点，过 n'作竖直方向上的投影连线，其与 $a(b)c(d)$ 的交点即 n，标记 n 的同时，判别 N 点作该投影时的可见性，因不可见，所以 n 上应加（）。依据立体投影规律的第二点，过 n'作水平方向上的投影连线。依据立体投影规律的第三点，如利用 N 点到 AB 之间前后方向相对位置距离，先自水平投影上量得 (n)-$a(b)$ 前后距离，再自 $a''b''$向前在水平投影连线上取得该距离，即得 n''，标记 n''的同时，判别 N 点作该投影时的可见性，因可见，所以 n''上不加（）。

2. 棱锥

（1）摆放位置及投影分析　图 5-3a 所示为一正三棱锥，锥顶为 S，其底面为△ABC，呈水平位置，其水平投影△abc 反映实形。棱面△SAB、△SBC 是一般位置平面，它们的各个投影均为类似形。棱面△SAC 为侧垂面，其侧面投影△$s''a''c''$积聚为一直线，正面和侧面投影为类似形。底边 AB、BC 为水平线，CA 为侧垂线，棱线 SB 为侧平线，SA、SC 为倾斜线，它们的投影可根据不同位置直线的投影特性进行分析。

（2）投影作图　如图 5-3b 所示，作图步骤参考以下：

1）画底面△ABC 的投影。依据水平面的投影特性，先画出△ABC 具有实形性的水平投影，再画具有积聚性的正面、侧面投影。

2）画锥顶 S 的投影。先画出 S 水平投影，再根据锥体高度画出另外两面投影。

3）画棱线 SA、SB、SC 的投影。

思考：如何求出锥顶 S 的水平投影？

（3）表面上取点　在棱锥表面上取点的方法同棱柱体，仍取决于点在立体表面上的位置。

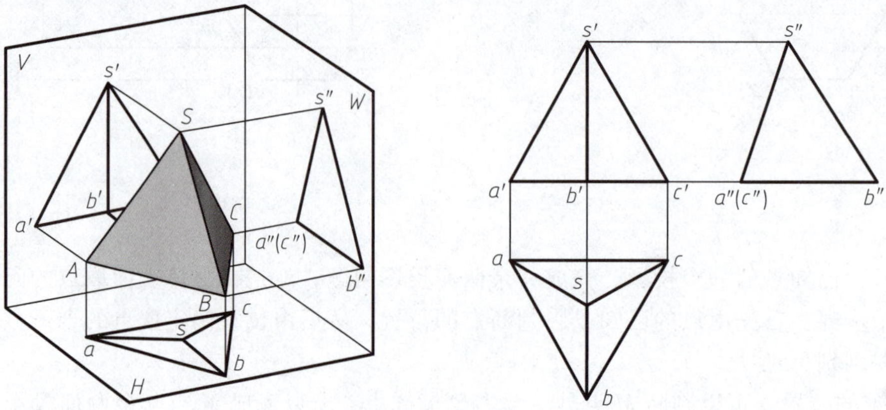

a)　　　　b)

图 5-3　正三棱锥的投影

【例 5-2】　如图 5-4a 所示，已知正三棱锥体表面上点 M 的正面投影和点 N 的水平投影，完成它们的其余两面投影。

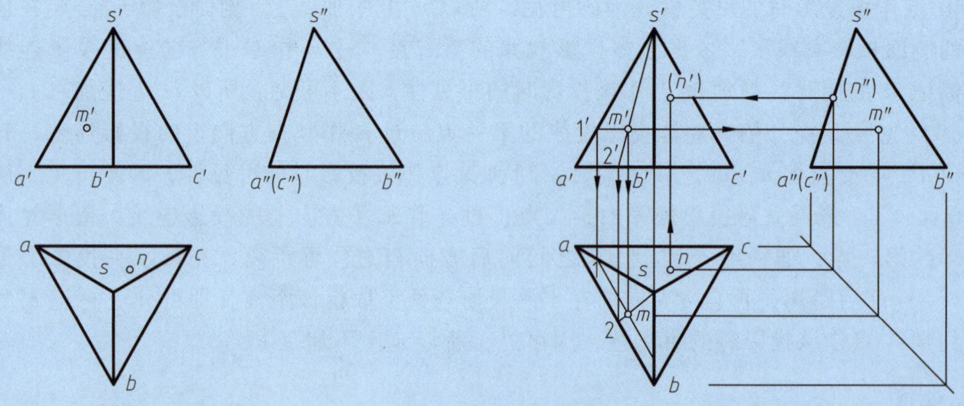

a)　　　　b)

图 5-4　正三棱锥体表面上点的其余两面投影

分析：由 m'、n 的位置，可以判断 M、N 点分别处于 SAB 棱面和 SAC 棱面上，而两者分别为一般位置平面和侧垂面，所以取 M 点的方法是在平面上取点的一般方法，即先取过点的直线，再在直线上取点；而取 N 点的方法是充分利用 SAC 棱面有积聚性的侧面投影。

作图（见图 5-4b）：

（1）完成 M 点 过点 M 在 $\triangle SAB$ 上作 AB 的平行线 $1M$，即作 $1'm' // a'b'$，再作 $1m // ab$，求出 m，再根据 m、m'求出 m''。也可过锥顶 S 和点 M 作一辅助线 $S2$，然后求出点 M 的水平投影 m，再由 m、m'求出点 M 的侧面投影 m''。

（2）完成 N 点 首先依据立体投影规律第三点，由 n 求出 n''，再由 n、n''可求出 (n')。

思考：综合【例 5-1】和【例 5-2】，归纳在平面立体表面上取点的方法。

5.1.3 曲面立体的投影

1. 圆柱

（1）摆放位置和投影分析 如图 5-5a 所示，圆柱的轴线垂直于 H 面，符合摆放位置原则。其上、下底圆为水平面，水平投影反映实形，其正面和侧面投影积聚为一直线。圆柱面的水平投影具有积聚性，为一圆，正面和侧面投影为相同的矩形。

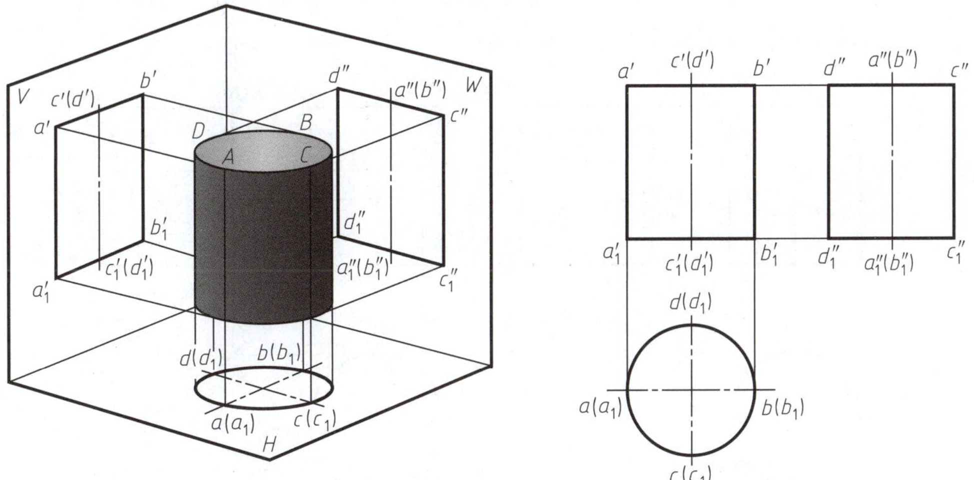

a) b)

图 5-5 圆柱的投影

注意在圆柱面上存在四个特殊位置：最左、最右两素线 AA_1、BB_1 和最前、最后两素线 CC_1、DD_1。需要明确四条特殊位置素线的投影：AA_1、BB_1 的水平投影为有积聚性的点，侧面投影与轴线侧面投影重合，规定不画出，正面投影 aa_1、bb_1 为决定圆柱面投影范围的外形轮廓线（即作正面投影时圆柱面可见部分与不可见部分的分界线的投影）。CC_1、DD_1 的水平投影为有积聚性的点，正面投影与轴线侧正面投影重合，规定不画出，侧面投影 cc_1、dd_1 为决定圆柱面投影范围的外形轮廓线（即作侧面投影时圆柱面可见部分与不可见部分的分界线的投影）。

还需注意以四条特殊位置素线作分界，圆柱面分左前、左后、右前、右后四个部分。自行分析这四个部分的各面投影。

（2）投影作图　如图 5-5b 所示，作图步骤参考以下：

1）先画轴线和中心线。

2）再画顶、底面圆的各投影。

3）后画圆柱面的各投影。

（3）表面上取点　若点处于特殊位置素线上，取点方法是点属于直线法；若点处于一般位置上，取点方法是充分利用圆柱面有积聚性的投影。

【例 5-3】 如图 5-6a 所示，已知圆柱体表面上点 M、N 的正面投影，完成点 M、N 的水平投影和侧面投影。

分析：点 M 处于圆柱面的一般位置上（左后 1/4 圆柱面），而圆柱面水平投影具有积聚性，所以取点 M 的方法是充分利用圆柱面有积聚性的水平投影。点 N 处于圆柱面的特殊位置（最后素线）上，所以取点方法是点属于直线法。

作图（见图 5-6b）：

1）完成点 M　依据立体投影规律第一点，过 m' 作竖直方向上的投影连线，其与左前 1/4 圆柱面有积聚性水平投影圆弧之间的交点为（m），依据立体投影规律第二点和第三点，由 m'、（m）求出 m''。

2）完成点 N　因为已明确点 N 所在最后素线的水平和侧面投影，所以依据立体投影规律第一点和第二点，由 n' 求出（n）和 n''。

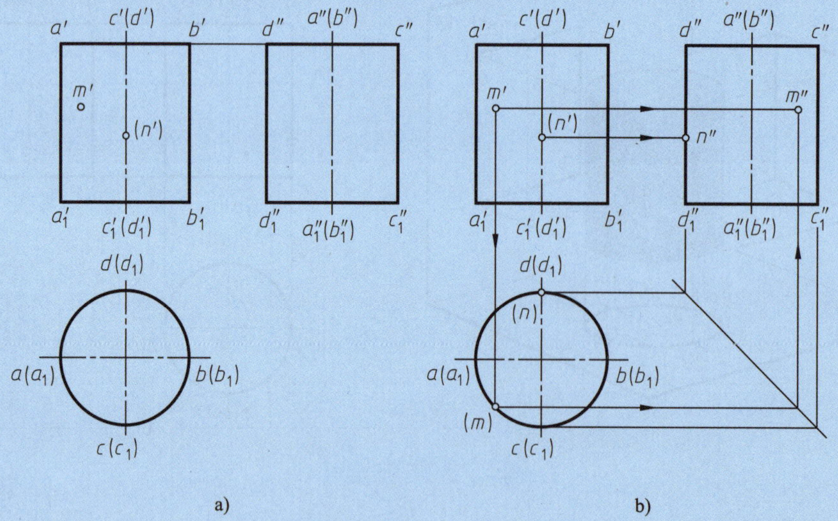

图 5-6　圆柱体表面上点的水平投影和侧面投影

2. 圆锥

（1）摆放位置和投影分析　如图 5-7a 所示，圆锥的轴线垂直于 H 面，符合摆放位置原则。其底圆为水平面，水平投影反映实形，其正面和侧面投影积聚为一直线。圆锥面的水平投影为圆，正面和侧面投影为相同的等腰三角形。

注意在圆锥面上存在四个特殊位置：最左、最右两素线和最前、最后两素线。参考圆柱，自行分析四条特殊位置素线的投影，以及以四条特殊位置素线作分界，圆锥面分成的四个部分和相应的各面投影。

（2）投影作图　如图 5-7b 所示，作图步骤参考以下：

1）先画轴线和中心线。

2）再画底面圆的各投影。

3）后画圆锥面的各投影。

（3）表面上取点　若点处于特殊位置素线上，取点方法是点属于直线法；若点处于一般位置上，取点方法有二：辅助素线法、辅助平行圆法。

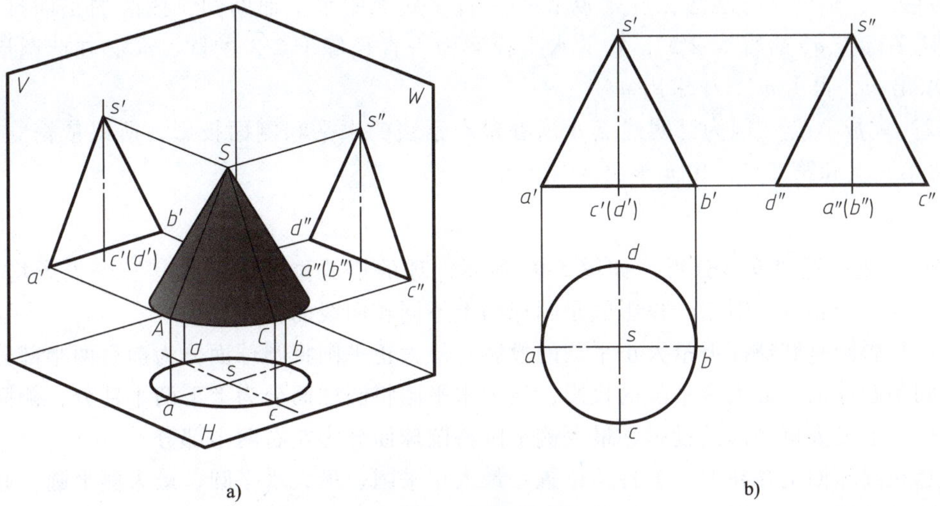

图 5-7　圆锥的投影

【例 5-4】　如图 5-8a 所示，已知圆锥体表面上点 *M* 的正面投影和点 *N* 的水平投影，完成点 *M*、*N* 的其余两面投影。

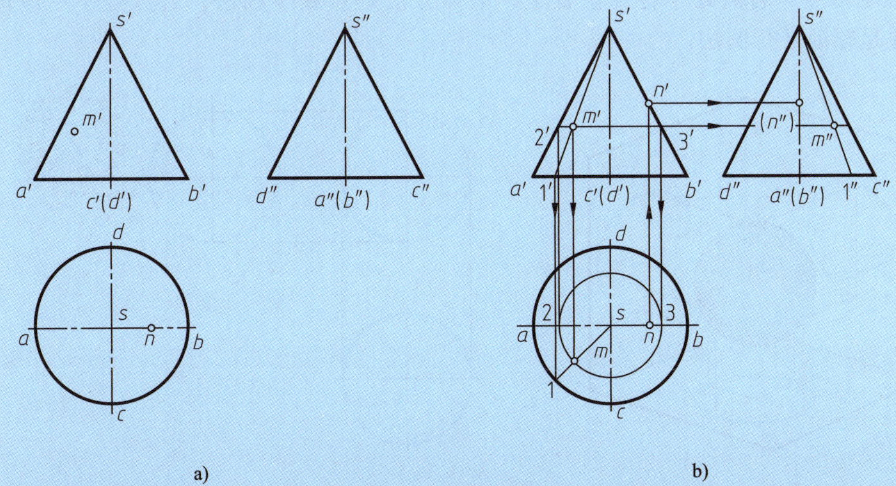

图 5-8　圆锥体表面上点的其余两面投影

分析：由 m'的位置，判断点 M 处于圆锥面的一般位置上（左前 1/4 圆锥面），而圆锥面各面投影均无积聚性，所以取点 M 的方法是辅助素线法或辅助平行圆法。由 n 的位置，判断点 N 处于圆锥面的特殊位置（最右素线）上，所以取点方法是点属于直线法。

作图（见图 5-8b）：

（1）完成 M 点

方法一：辅助素线法：过锥顶 S 和点 M 作一辅助线 $S1$，根据已知条件可以确定 $S1$ 正面投影 $s'1'$，然后求出它的水平投影 $s1$、侧面投影 $s''1''$，再由 m'根据点属于直线法求出 m 和 m''。

方法二：辅助平行圆法：过点 M 作一平行于底面的水平辅助圆，该圆的正面投影为过 m'且平行于 ab 的直线 $2'3'$，它的水平投影为一直径等于 $2'3'$的圆，m 必在此圆周上，由 m'求出 m，再由 m'、m 求出 m''。

（2）完成 N 点　因为已明确点 N 所在最右素线的水平和侧面投影，所以依据立体投影规律第一点和第二点，由 n 求出 n'和（n''）。

3. 圆球

（1）摆放位置和投影分析　如图 5-9a 所示，球的摆放位置随意，其三个投影均为圆，其直径与球直径相等，但三个投影圆是圆球面上不同转向线的投影。

正面投影圆是圆球面上最大正平圆的投影，最大正平圆将圆球面分为前后两半部分；水平投影圆是圆球面上最大水平圆的投影，最大水平圆将圆球面分为上下两半部分；侧面投影圆是圆球面上最大侧平圆的投影，最大侧平圆将圆球面分为左右两半部分。

注意在圆球面上存在的三个特殊位置：最大正平圆、最大水平圆、最大侧平圆。必须明确三个特殊位置。最大平行圆的另外两面投影及圆球面各部分的投影，请自行分析。

（2）投影作图　如图 5-9b 所示，作图步骤参考以下：

1）画各面投影圆的中心线。

2）画三个与圆球直径相等的圆。

（3）圆球面上取点　若点处于特殊位置上，取点方法是点属于圆法；若点处于一般位置上，取点方法是辅助平行圆法。

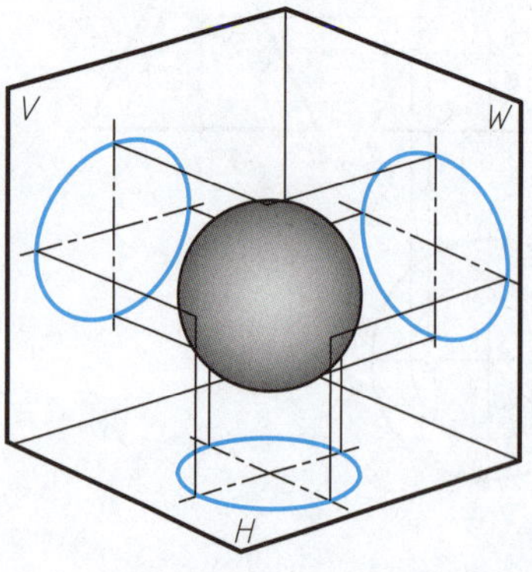

a)

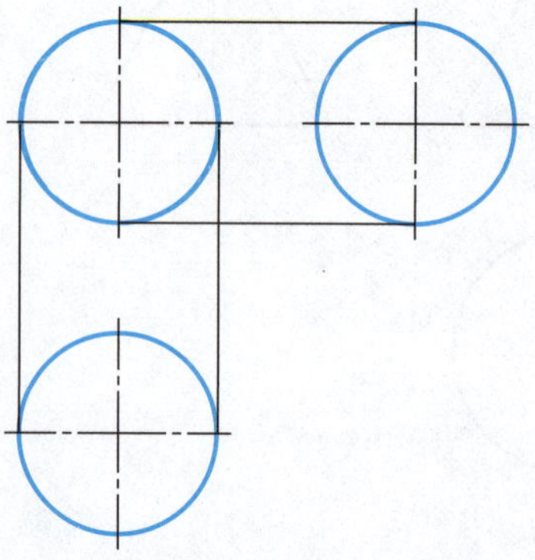

b)

图 5-9　圆球的投影

【例 5-5】　如图 5-10a 所示，已知圆球体表面上点 M 的正面投影和点 N 的水平投影，完成点 M、N 的其余两面投影。

分析：由 m 的位置，判断点 M 处于圆球面的一般位置上（左前上 1/8 圆球面），而圆球面各面投影均无积聚性，所以取点 M 的方法是辅助平行圆法。由 n' 的位置，判断点 N 处于圆球面的特殊位置（最大水平圆）上，所以取点方法是点属于圆法。

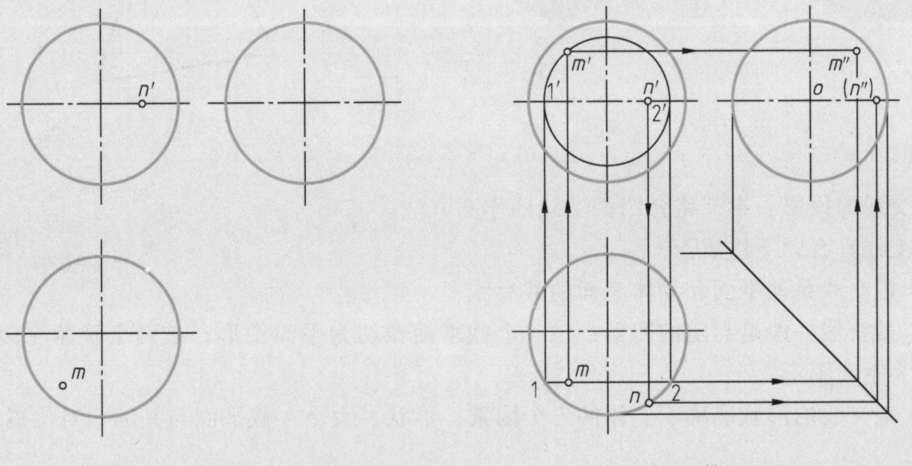

a)　　　　b)

图 5-10　圆球体表面上点的其余两面投影

作图（见图 5-10b）：

（1）完成 M 点　可过点 M 作一垂直于 V 面的辅助圆，它的水平投影为 12，正面投影为直径等于 $1'2'$ 的圆，m' 必定在该圆上，由 m 可求得 m'，由 m 和 m' 可求出 m''。显然，点 M 在前半球面上，因此从前向后看是可见的，同理，点 M 在左半球面上，从左向右看也可见。

（2）完成 N 点　因为已明确点 N 所在最大水平圆的各面投影，所以依据立体投影规律第一点和第二点，由 n 求出 n' 和（n''），点 N 在右半球面上，从左向右作投射时是不可见的。

思考：过 M 点在圆球面上还可作哪些辅助平行圆，以帮助求 M 点？

5.2　平面与立体相交

5.2.1　平面与立体相交概述

在工程上常会遇到平面与立体相交的情形。如图 5-11a 所示，车刀的刀头是由一个四棱柱被四个平面截切而成的；如图 5-11b 所示，桥台翼墙可以看作由四棱柱被三个平面截切而成。

如图 5-12 所示，平面与立体表面相交产生的交线称为截交线，平面称为截平面。由截交线围成的图形称为截断面。在画被截切立体的投影图时，必须在画出立体投影的基础上，

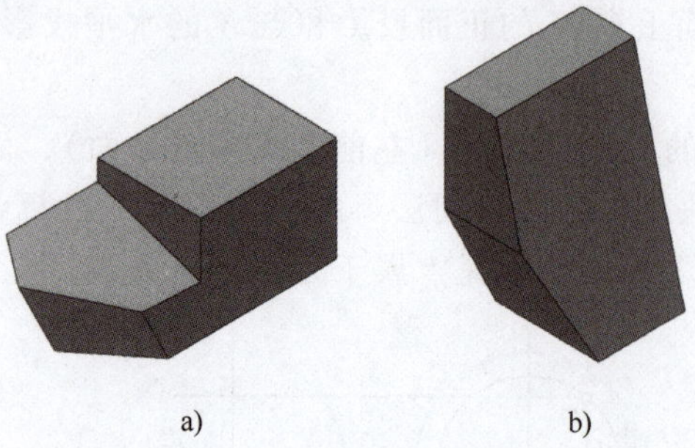

图 5-11 车刀与桥台翼墙

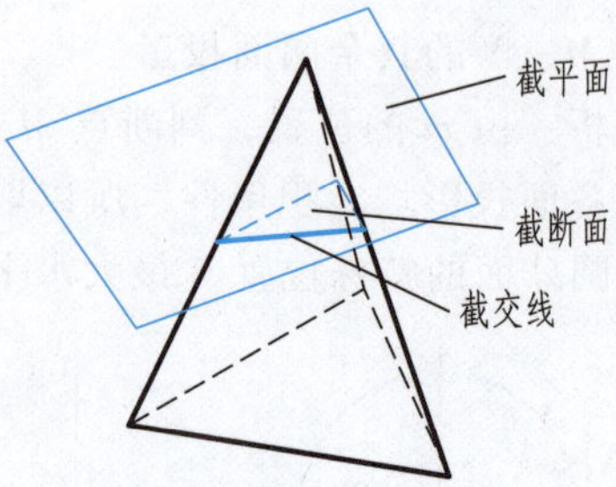

图 5-12 平面与立体相交

画出截交线的投影。本节将介绍截交线的作图方法。

截交线具有以下性质：

1）截交线是截平面和立体表面的共有线。

2）截交线一般是封闭的图形：被一个截平面截切为平面图形；被两个及两个以上截平面截切为空间图形。

3）截交线的形状取决于立体的三个因素：形状、大小、截平面与其的相对位置。

5.2.2 平面与平面立体相交

平面与平面立体相交，所得的平面立体截交线是由直线组成的封闭多边形，分以下两种情况：

1）一个截平面截切平面立体，截交线为平面多边形。如图 5-13a 所示，一个截平面截切正四棱锥，没有切到底面，切到了四个棱面，截交线为平面多边形Ⅰ Ⅱ Ⅲ Ⅳ。

2）两个及两个以上截平面截切平面立体，截交线为空间多边形。如图 5-13b 所示，两个截平面截切正四棱柱，切到顶面和四个棱面，截交线为空间多边形Ⅰ Ⅱ Ⅲ Ⅳ Ⅴ Ⅵ Ⅶ。

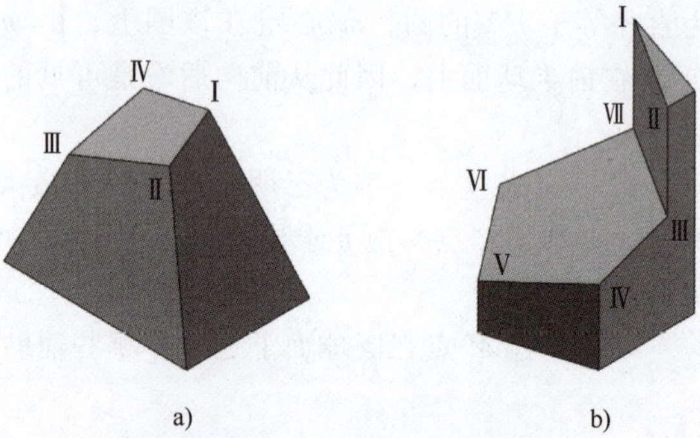

图 5-13 平面与平面立体相交

求平面立体截交线，就是求出截交线多边形的每段边线段的两个端点，而每段边线段的端点为平面立体表面上的点，所以求平面立体截交线的方法为在平面立体表面上取点。

【例 5-6】 如图 5-14a 所示，已知带切口的正四棱锥的正面投影，完成其水平投影和侧面投影。

分析：由图 5-14a 可以看出，基本体正四棱锥被一个正垂截平面截切掉锥顶形成切口。截平面将四个棱面全部切到，产生四段交线段：Ⅰ Ⅱ、Ⅱ Ⅲ、Ⅲ Ⅳ、Ⅳ Ⅰ，如图 5-14b 所示，所以截交线为平面四边形Ⅰ Ⅱ Ⅲ Ⅳ。切口可以认为由截交线组成。

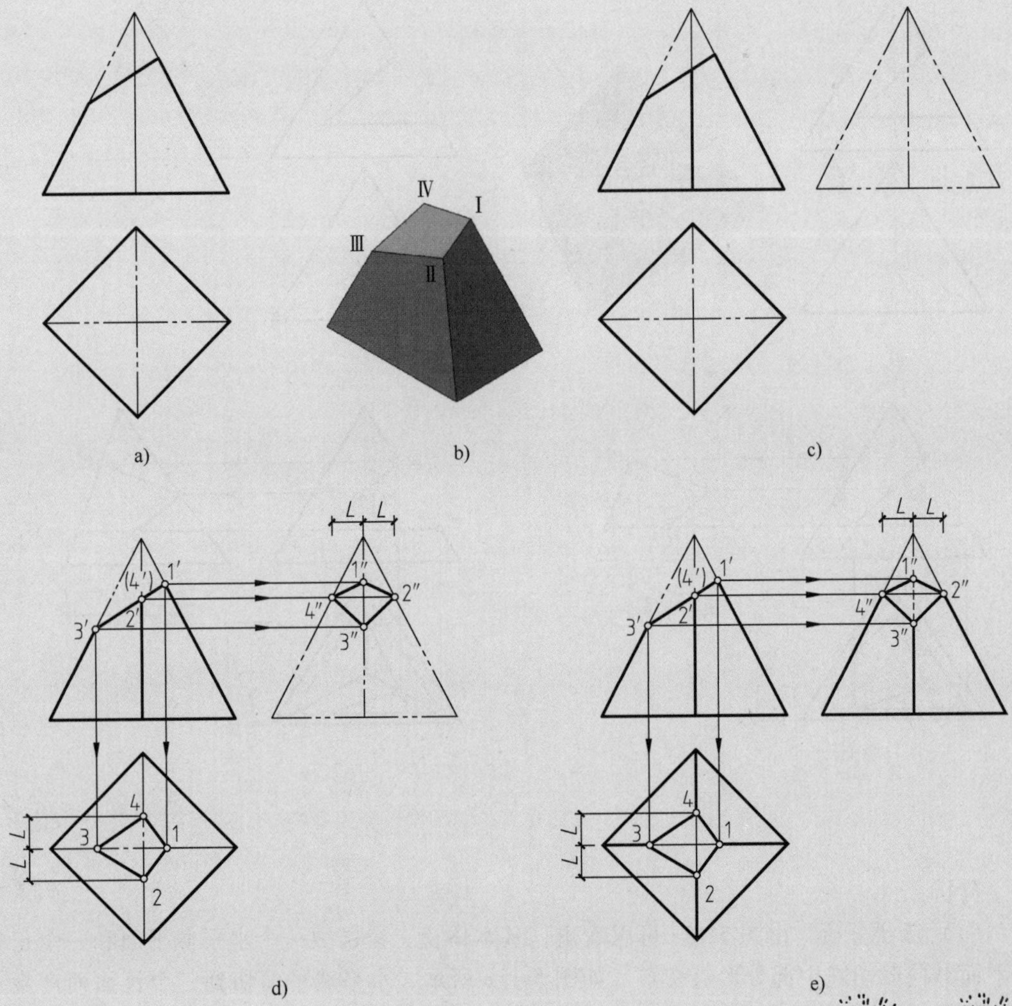

图 5-14　带切口正四棱锥的水平投影和侧面投影

作图：

（1）画基本体　仅需要画出正四棱锥的侧面投影，如图 5-14c 所示。

（2）画切口　画切口如图 5-14d 所示。

1）标记截交线顶点Ⅰ、Ⅱ、Ⅲ、Ⅳ的正面投影 1′、2′、3′、4′。

2）用点属于直线法由 1′、2′、3′、4′求出 1″、2、3″、4″及 1、2、3、4。

3）同面投影连线，得到截交线的水平投影 1234 和侧面投影 1″2″3″4″。注意连线之前务必做好可见性判别。

（3）补画应有轮廓线　补画未切走部分的相应轮廓线，如图 5-14e 所示。

仅对基本体的水平投影和侧面投影上各段轮廓线逐一分析和作图即可。注意补画时做好可见性判别。

【例 5-7】　如图 5-15a 所示，已知带切口的正三棱锥的正面投影，完成其水平投影和侧面投影。

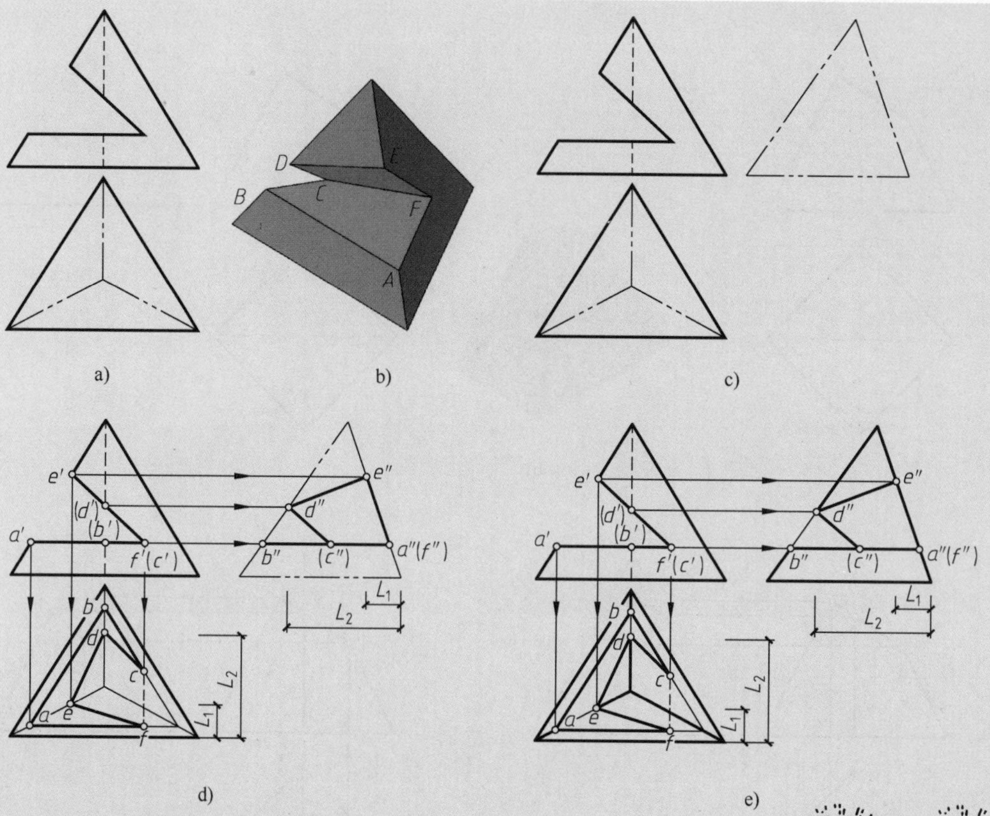

图 5-15　带切口正三棱锥的水平投影和侧面投影

分析：

（1）形状分析　由图 5-15a 可以看出，基本体正三棱锥被一个水平截平面和一个正垂截平面共同截切左中部分形成切口。如图 5-15b 所示，水平截平面切到三个棱面而产生三段交线段：*AB*、*BC*、*FA*；正垂截平面切到三个棱面而产生三段交线段：*CD*、*DE*、*EF*，所以产生的截交线为空间六边形 *ABCDEF*。切口可以认为由截交线 *ABCDEF* 和截断面之间的交线段 *CF*（*CF* 为水平截断面 *FABC* 和正垂截断面 *CDEF* 之间的交线）组成。

（2）投影分析　切口正面投影已知。因为各段交线段所在三个棱面的水平投影和侧面投影均无积聚性，所以切口的水平投影和侧面投影均需要求出。

（3）方法分析　完成切口水平投影和侧面投影的重点，就是用在三棱锥表面上取点的方法，求出顶点 *A*、*B*、*C*、*D*、*E*、*F* 的水平投影和侧面投影。注意各顶点所处位置。

作图：

（1）画基本体　仅需要画出正三棱锥的侧面投影，如图 5-15c 所示。

（2）画切口　画切口如图 5-15d 所示。

1）标记截交线顶点 *A*、*B*、*C*、*D*、*E*、*F* 的正面投影 a'、b'、c'、d'、e'、f'。

2）点 *A*、*E* 和 *B*、*D* 分别处于左方和后方棱线上，用点属于直线法由 a'、e'、b'、d' 求出 a''、e''、b''、d''及 *a*、*e*、*b*、*d*；点 *F* 在前方棱面上，该棱面为侧垂面，充分利用其有积聚性的侧面投影，由 f'求出 f''和 *f*。

为作图简单，也可先作出水平截平面对锥体全部截切产生的交线（为平行于锥体底面的等边三角形，交线段 AB、BC、FA 必在其上），然后在其投影上求得 ab、bc、fa 和 $a''b''$、$b''c''$、$f''a''$，最后用点属于直线法求 d、e 和 d''、e''。

3）同面投影连线，得到截交线的水平投影 $abcdef$、侧面投影 $a''b''c''d''e''f''$ 以及截断面之间交线段 CF 的水平投影 cf、侧面投影 $c''f''$。

注意：连线之前务必做好可见性判别。

（3）补画应有轮廓线　即补画未切走部分的相应轮廓线，如图 5-15e 所示。仅对基本体的水平投影和侧面投影上各段轮廓线逐一分析和作图即可；补画轮廓线时务必做好可见性判别。

5.2.3　平面与曲面立体相交

平面与曲面立体相交，所得的截交线或截交线线段有曲线和直线，分以下两种情况：

1）一个截平面截切曲面立体，截交线为平面曲线或平面曲线与直线或平面直线的封闭形。平面与圆柱相交的基本情况见表 5-1。

表 5-1　平面与圆柱相交的基本情况

截平面位置	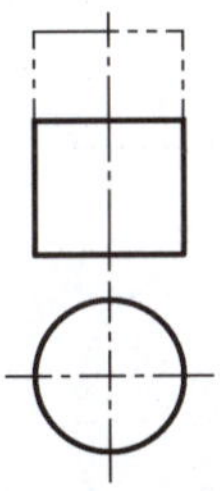 与轴线垂直	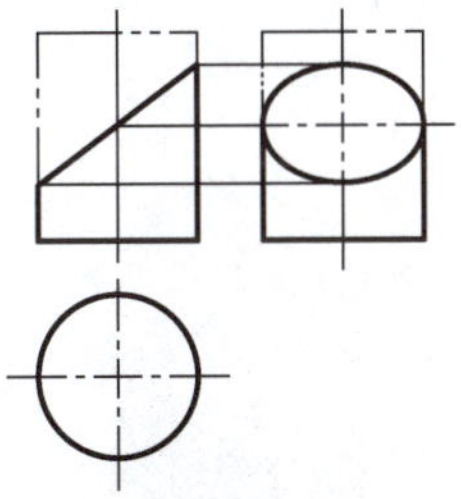 与轴线倾斜	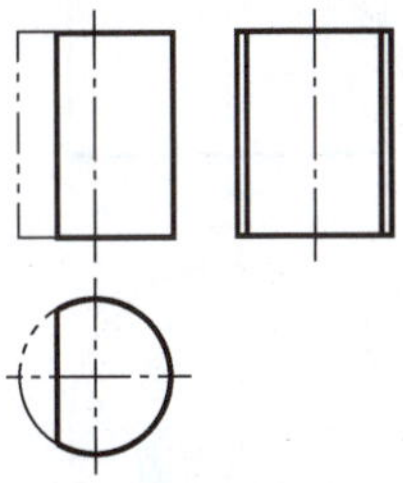 与轴线平行
空间形状	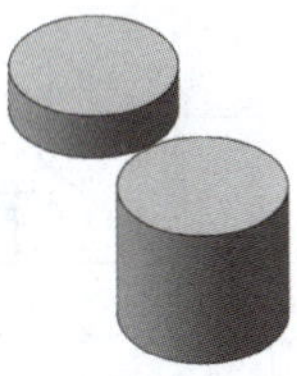		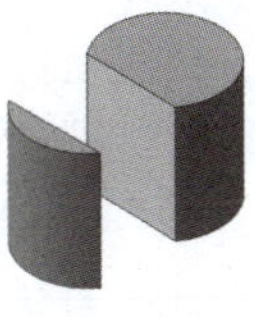
交线形状	圆	椭圆	两平行直线

2）两个及两个以上截平面截切曲面立体，截交线为空间曲线或空间曲线与直线或空间直线的封闭形。

同求平面立体截交线，求曲面立体截交线的方法归根结底是在曲面立体表面取点。具体作图时，可以采用以下两点策略：

1）若所求截交线或截交线线段的投影为直线或圆或圆弧，则直接作图。

2）若所求截交线或截交线线段的投影为非圆曲线，则通过求一系列点（包括特殊点和一般点）完成作图。

1. 平面与圆柱相交

【例 5-8】 如图 5-16a 所示，完成带切口圆柱体的水平投影和侧面投影。

分析：

（1）形状分析　由图 5-16a 可以看出，圆柱体被一个倾斜于轴线的正垂截平面截切左上部分而形成切口，属于圆柱体被截切的第二种基本情况，切口由截交线椭圆组成，如图 5-16b 所示。

（2）投影分析　截交线椭圆正面投影已知。因其全部处于圆柱面上，所以其水平投影也已知，重合在圆柱面有积聚性的水平投影圆周上。要完成带切口圆柱体的水平投影和侧面投影，重点是完成截交线椭圆的侧面投影。

（3）策略和方法分析　因为截交线椭圆为正垂椭圆，所以一般情况下其侧面投影仍为椭圆。应采用第二点策略，用在圆柱面上取点的方法，完成侧面投影作图。

作图：

（1）画基本体　仅需要画出圆柱的侧面投影，如图 5-16c 所示。

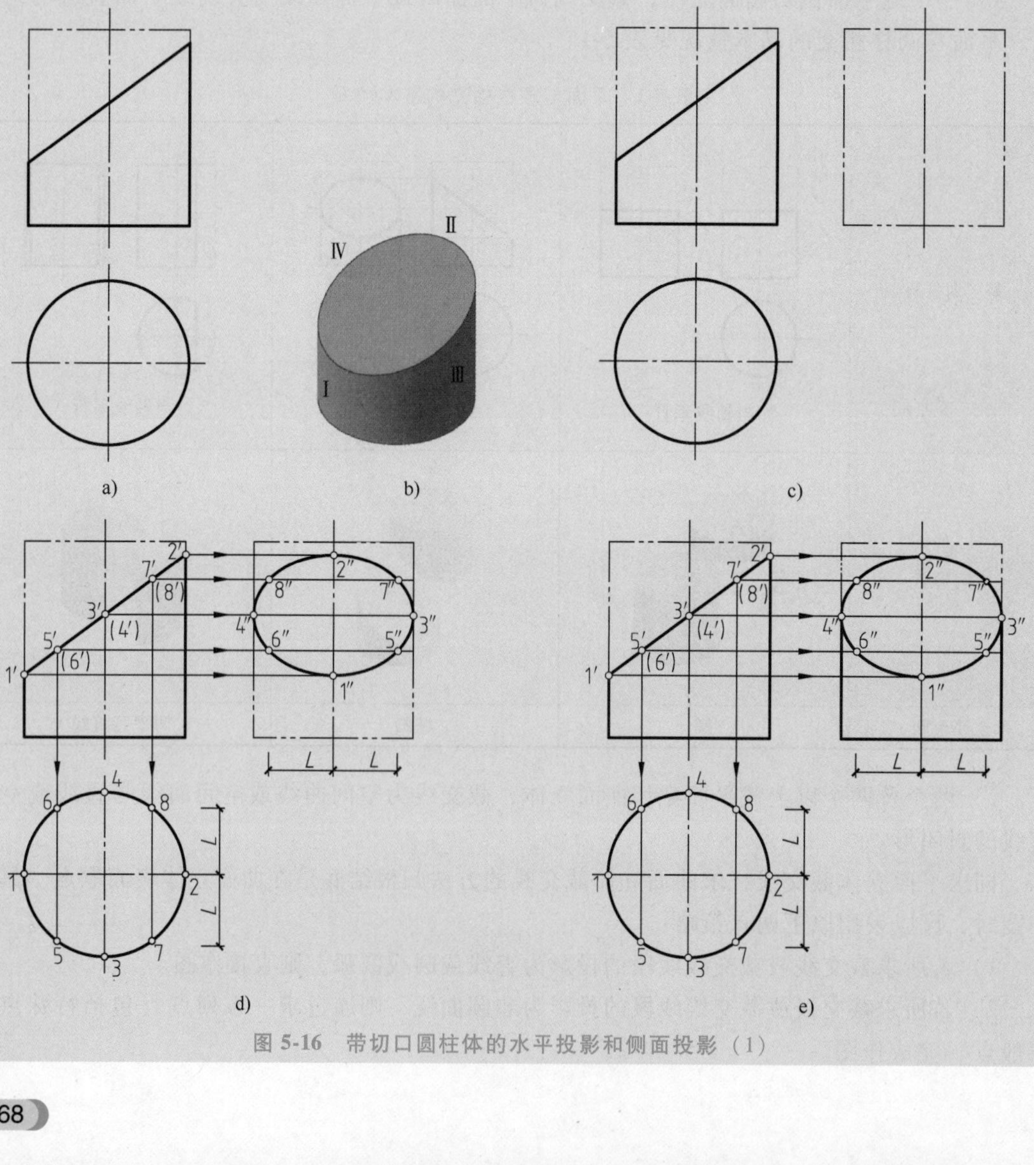

图 5-16　带切口圆柱体的水平投影和侧面投影（1）

（2）画切口　画切口如图 5-16d 所示。

1）求特殊点。标记最左最下点Ⅰ、最右最上点Ⅱ、最前点Ⅲ、最后点Ⅳ 的正面投影 1′、2′、3′、（4′）和水平投影 1、2、3、4；四个特殊点均处于圆柱面的特殊位置：最左、最右、最前、最后素线上，所以用点属于直线法求出侧面投影 1″、2″、3″、4″。

2）求一般点。标记一般点Ⅴ、Ⅵ、Ⅶ、Ⅷ的正面投影 5′、（6′）、7′、（8′）（位置较随意），充分利用圆柱面有积聚性的水平投影，求出 5、6、7、8；由 5′、（6′）、7′、（8′）和 5、6、7、8 求出 5″、6″、7″、8″。

3）投影连线。顺次连接 1″、5″、3″、7″、2″、8″、4″、6″、1″，得截交线侧面投影椭圆。注意：连线之前务必做好可见性判别。

（3）补画应有轮廓线　补画未切走部分的相应轮廓线，如图 5-16e 所示。

【例 5-9】　如图 5-17a 所示，完成带切口圆柱体的水平投影和侧面投影。

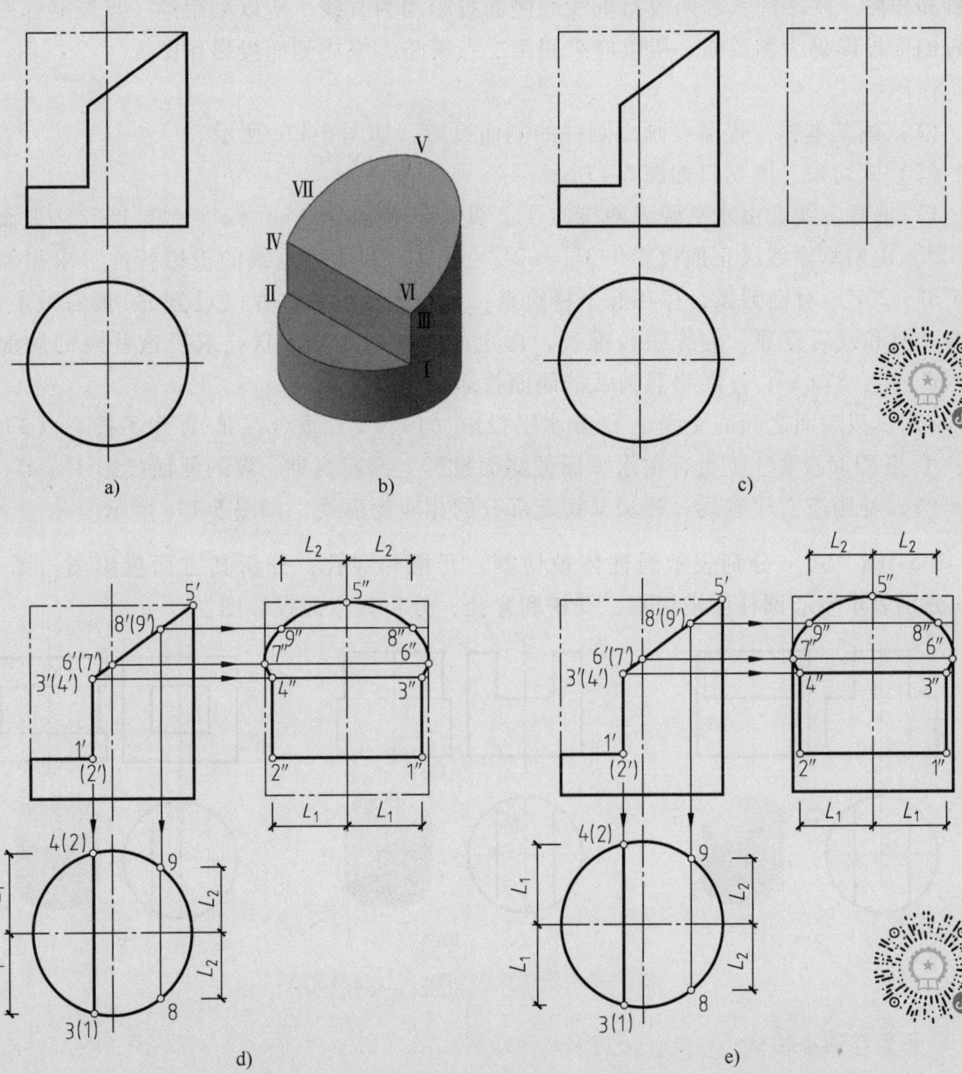

图 5-17　带切口圆柱体的水平投影和侧面投影（2）

分析：

（1）形状分析　由图 5-17a 可以看出，圆柱体被三个截平面截切左上部分形成切口。其中下方为水平截平面垂直于轴线截切，属于第一种基本情况，截交线线段为一段水平圆弧；中间为侧平截平面平行于轴线截切，属于第三种基本情况，截交线线段为两段铅垂素线段；上方为正垂截平面倾斜于轴线截切，属于第二种基本情况，截交线线段为一段椭圆弧。所以截交线为空间四边形，如图 5-17b 所示。切口由截交线和截断面之间交线（Ⅰ Ⅱ为水平和侧平截断面间的交线；Ⅲ Ⅳ为侧平和正垂截断面间的交线）组成。

（2）投影分析　切口正面投影已知。因各段截交线线段全部处于圆柱面上，所以其水平投影也已知，重合在圆柱面有积聚性的水平投影圆周上。要完成带切口圆柱体的水平投影和侧面投影，重点是完成截交线的侧面投影。

（3）策略和方法分析　因为多截平面截切，所以可以分截平面、分截交线线段逐一分析和作图。水平圆弧和两段铅垂线段侧面投影均为直线，所以采用第一点策略作图；椭圆弧侧面投影仍为椭圆弧，所以应采用第二点策略，完成侧面投影作图。

作图：

（1）画基本体　仅需要画出圆柱的侧面投影，如图 5-17c 所示。

（2）画切口　画切口如图 5-17d 所示。

1）求截交线。由水平圆弧两端点Ⅰ、Ⅱ的正面投影 1′、（2′），求 1、2，进而求得 1″、2″。由铅垂素线段正面投影 1′3′、（2′）（4′），利用铅垂线的投影特性，求得侧面投影 1″3″、2″4″。对椭圆弧，存在五个特殊点：最左最低点Ⅲ和Ⅳ（已知）、最右最上点Ⅴ、最前点Ⅵ和最后点Ⅶ，为作图较准确，再定两个一般点Ⅷ、Ⅸ；求得这些点的侧面投影 5″、6″、7″、8″、9″；连线得椭圆弧的侧面投影。

2）求截断面之间的交线。Ⅰ Ⅱ水平投影（1）（2）重合在Ⅲ Ⅳ水平投影（3）（4）上，Ⅰ Ⅱ侧面投影 1″2″重合在水平圆弧侧面投影上，连线Ⅲ、Ⅳ的侧面投影 3″、4″。

（3）补画应有轮廓线　补画未切走部分的相应轮廓线，如图 5-17e 所示。

图 5-18a、b、c 分别表示圆柱体被切割、开槽和穿孔，分析其三面投影图。图 5-19a、b、c 分别表示空心圆柱体被切割、开槽和穿孔，分析其三面投影图。

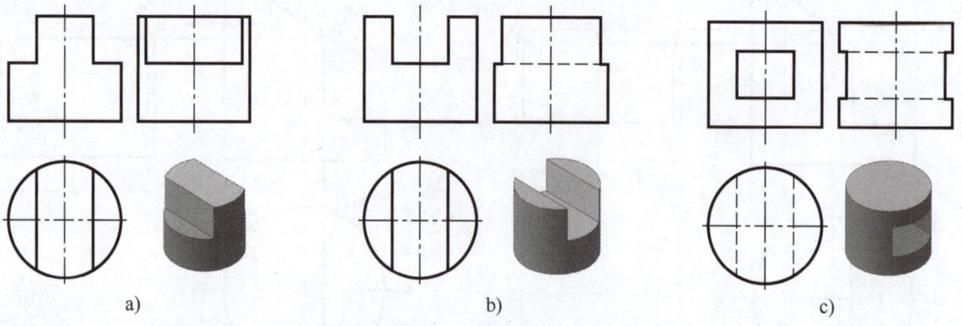

图 5-18　圆柱体被切割、开槽与穿孔

2. 平面与圆锥相交

根据截平面与圆锥轴线相对位置的不同，圆锥面上产生的交线有五种基本情况：圆、椭圆、抛物线、双曲线和两相交直线，见表 5-2。

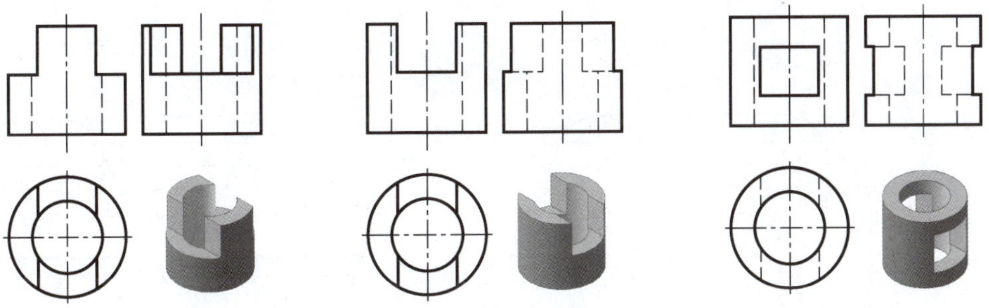

图 5-19　空心圆柱体被切割、开槽与穿孔

表 5-2　平面与圆锥相交的基本情况

截平面位置	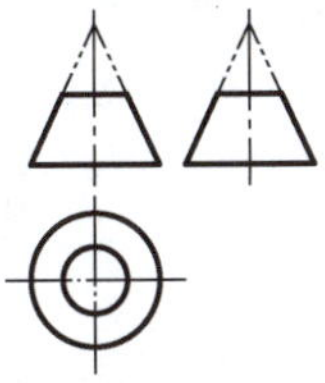 垂直于轴线	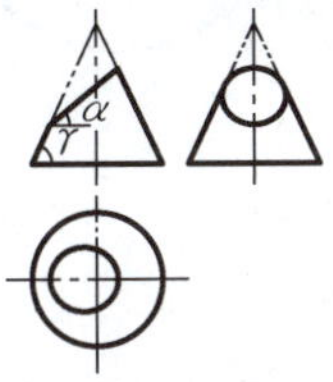 倾斜于轴线，$\alpha<\gamma$	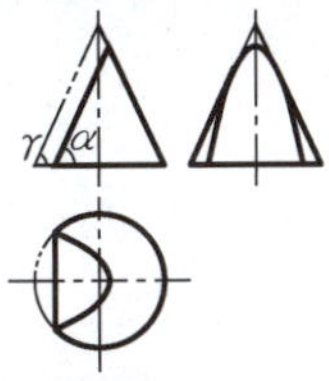 倾斜于轴线，$\alpha=\gamma$	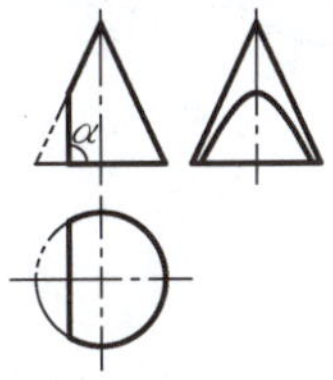 平行于轴线，$\alpha=90°$	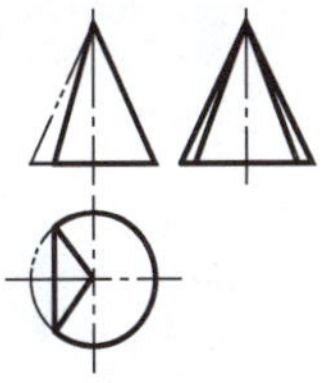 过锥顶
空间形状	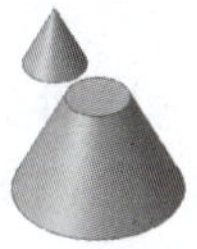	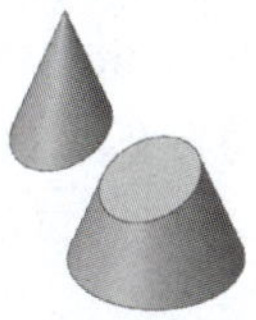	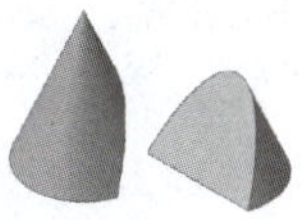	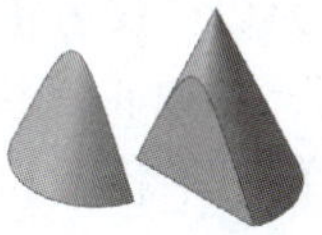	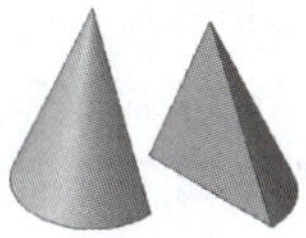
交线形状	圆	椭圆	抛物线	双曲线	两相交直线

【例 5-10】　如图 5-20a 所示，完成带切口圆锥体的水平投影和侧面投影。

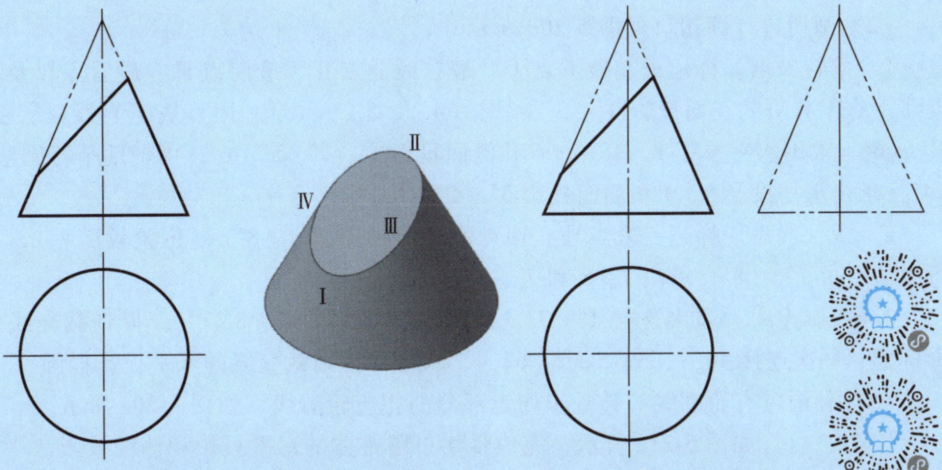

图 5-20　带切口圆锥体的水平投影和侧面投影（1）

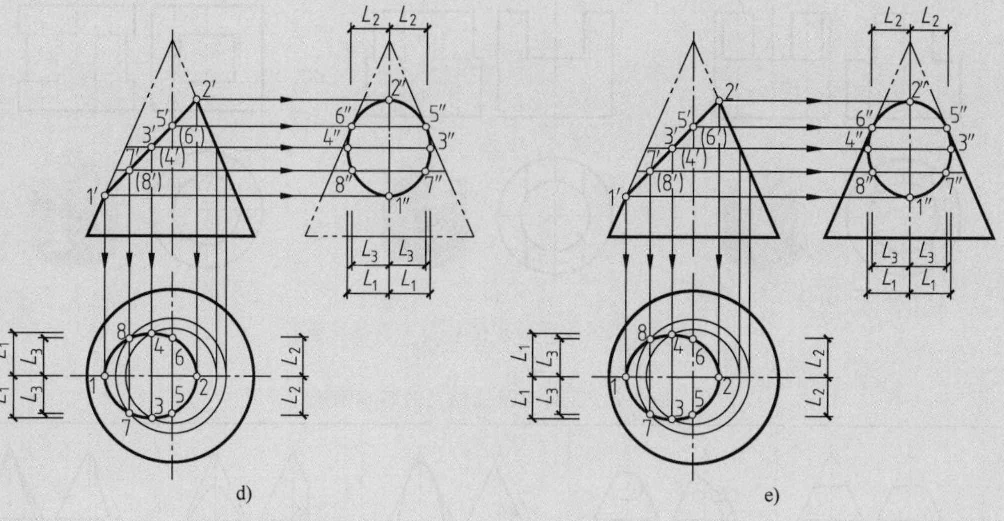

图 5-20　带切口圆锥体的水平投影和侧面投影（1）（续）

分析：

（1）形状分析　由图 5-20a 可以看出，圆锥体被一倾斜于轴线的正垂截平面截切左上部分，切掉锥顶而形成切口。显然属于圆锥体被截切的第二种基本情况，截交线为完整的正垂椭圆。可以认为切口仅由正垂椭圆组成，如图 5-20b 所示。

（2）投影分析　切口正面投影已知，为有积聚性的倾斜直线。因正垂椭圆全部处于圆锥面上，而圆锥面水平投影和侧面投影均无积聚性，所以切口的水平投影和侧面投影待求，均为具有类似性的椭圆。

（3）策略和方法分析　由（2）分析，应采用第二点策略，用在圆锥面上取点的方法，完成切口的水平投影和侧面投影作图。

作图：

（1）画基本体　仅需要画出圆锥体的侧面投影，如图 5-20c 所示。

（2）画切口　画切口如图 5-20d 所示。

1）求特殊点。标记最左最下点Ⅰ、最右最上点Ⅱ、最前点Ⅲ、最后点Ⅳ及最前最后素线上点Ⅴ和Ⅵ的正面投影 1′、2′、3′、（4′）、5′、（6′）。用点属于直线法，由 1′、2′、5′、（6′）求出水平投影 1、2、5、6 和侧面投影 1″、2″、5″、6″；用辅助平行圆法，由 3′、（4′）求出水平投影 3、4 和侧面投影 3″、4″。

2）求一般点。标记一般点Ⅶ、Ⅷ点的正面投影 7′、（8′）（位置较随意），用辅助平行圆法，由 7′、（8′）求出 7、8 和 7″、8″。

3）投影连线。顺次连接 1″、7″、3″、5″、2″、6″、4″、8″、1″，得到截交线的侧面投影椭圆；顺次连接 1、7、3、5、2、6、4、8、1，得到截交线的水平投影椭圆。

（3）补画应有轮廓线　补画未切走部分的相应轮廓线，如图 5-20e 所示。

【例 5-11】　如图 5-21a 所示，完成带切口圆锥体的水平投影和侧面投影。

分析：

（1）形状分析　由图 5-21a 可以看出，圆锥体被四个截平面截切左上部分，切掉锥顶

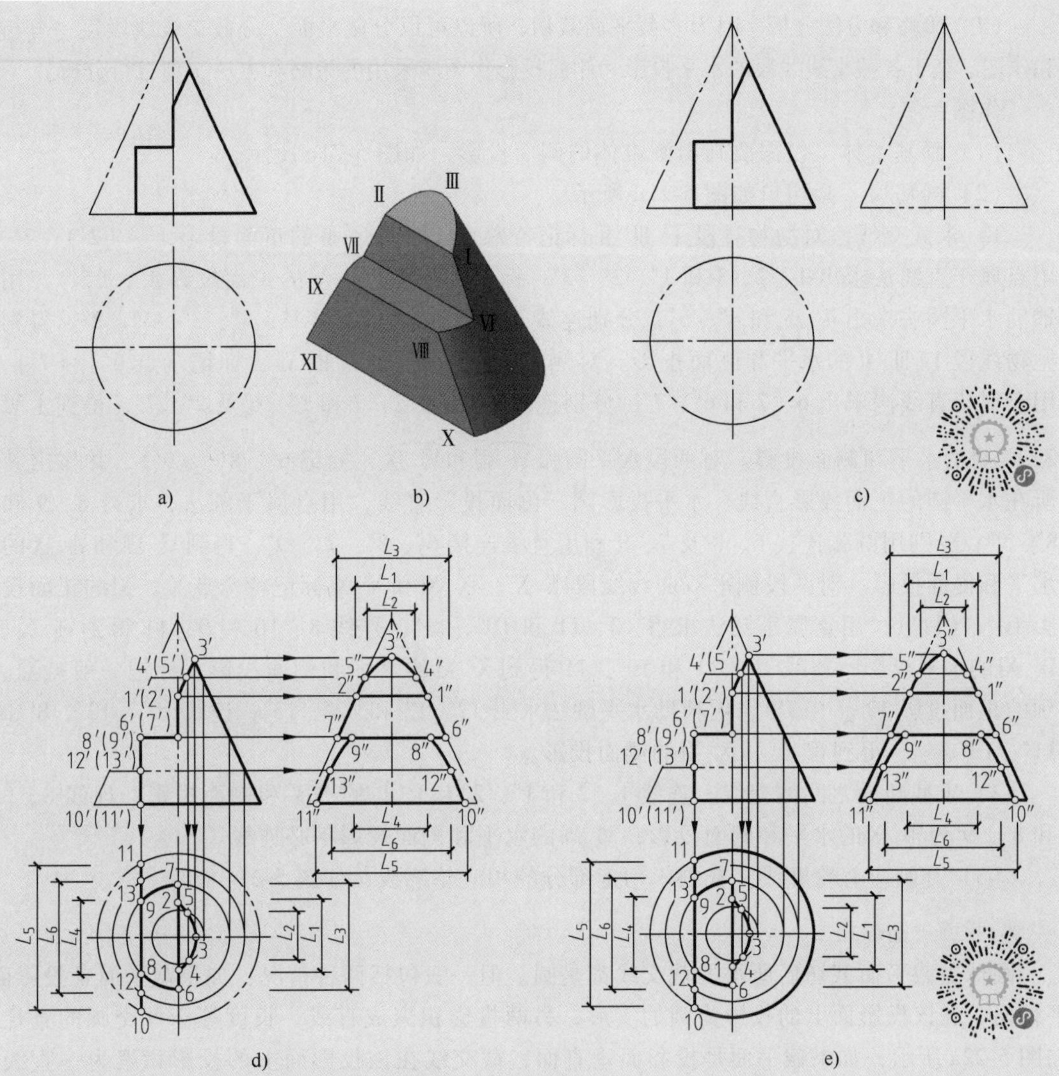

图 5-21　带切口圆锥体的水平投影和侧面投影（2）

而形成切口，切口形状如图 5-21b 所示。其中最上方为正垂截平面倾斜于轴线又平行于最左方素线截切，属于圆锥体被截切的第三种基本情况，截交线线段为一段抛物线Ⅰ Ⅲ Ⅱ；与该截切相邻的截切为侧平截平面通过锥顶截切，属于第五种基本情况，截交线线段为两段侧平素线段Ⅰ Ⅵ和Ⅱ Ⅶ；再往下方为水平截平面垂直于轴线截切，属于第二种基本情况，截交线线段为两段水平圆弧Ⅵ Ⅷ和Ⅶ Ⅸ；最下方为侧平截平面平行于轴线截切，属于圆锥体被截切的第四种基本情况，截交线线段为两段侧平双曲线线段Ⅷ Ⅹ、Ⅸ Ⅺ和一段直线段Ⅹ Ⅺ，所以截交线为空间八边形。切口由该截交线和截断面之间交线 Ⅰ Ⅱ、Ⅵ Ⅶ、Ⅷ Ⅸ组成。

（2）投影分析　切口正面投影已知。因各段截交线线段全部处于圆锥面上，而圆锥面的水平投影和侧面投影均无积聚性，所以各截交线线段的水平投影和侧面投影均需求出。

（3）策略和方法分析　因为多截平面截切，所以可以分截平面、分截交线线段逐一分析和作图。至于各截交线线段的水平投影和侧面投影作图应采用的策略和方法，请自行分析。

作图：

（1）画基本体　仅需要画出圆锥体的侧面投影，如图 5-21c 所示。

（2）画切口　画切口如图 5-21d 所示。

1）求截交线。对抛物线段Ⅰ Ⅲ Ⅱ标记特殊点Ⅰ、Ⅱ、Ⅲ的正面投影 1′、(2′)、3′，用点属于直线法求出 1、2、3 和 1″、2″、3″；标记一般点Ⅳ、Ⅴ的正面投影 4′、(5′)，用辅助水平圆法求出 4、5 和 4″、5″；分别连线 1、4、3、5、2 和 1″、4″、3″、5″、2″，得到抛物线段Ⅰ Ⅲ Ⅱ的水平和侧面投影。对侧平素线段Ⅰ Ⅵ和Ⅱ Ⅶ，标记端点 6′、(7′)，用点属于直线法求出 6、7 和 6″、7″；分别连线 1、6 及 2、7 和 1″、6″及 2″、7″，得到Ⅰ Ⅵ和Ⅱ Ⅶ的水平和侧面投影。对两段水平圆弧$\widehat{\text{Ⅵ Ⅷ}}$和$\widehat{\text{Ⅶ Ⅸ}}$，标记 6′、8′、(9′)，并作出其所在水平圆的正面投影直线、水平投影圆、侧面投影直线，用点属于圆法，求得 8、9 和 8″、9″；分别用圆弧连接 6、8 及 7、9 和用直线连接 6″、8″、7″、9″，得到Ⅵ Ⅷ和Ⅶ Ⅸ的水平和侧面投影。对两段侧平双曲线线段Ⅷ Ⅹ、Ⅸ Ⅺ和Ⅹ Ⅺ标记特殊点Ⅹ、Ⅺ的正面投影 10′、(11′)，用点属于圆法求得 10、11 和 10″、11″；连线 8、10 和 9、11 得到Ⅷ Ⅹ、Ⅸ Ⅺ的水平投影；连线 10、11 和 10″、11″得到Ⅹ Ⅺ的水平和侧面投影；标记一般点Ⅻ、ⅩⅢ的正面投影 12′、(13′)，用辅助水平圆法求出 12、13 和 12″、13″；连线 10″、12″、8″和 11″、13″、9″，得到Ⅷ Ⅹ、Ⅸ Ⅺ的侧面投影。

2）求截断面之间的交线。连线 1、2 和 1″、2″为Ⅰ Ⅱ的水平和侧面投影；连线 8、9 和 8″、9″为Ⅷ Ⅸ的水平和侧面投影；Ⅵ Ⅶ的水平和侧面投影不必连线。

（3）补画应有轮廓线　补画未切走部分的相应轮廓线，如图 5-21e 所示。

3. 平面与圆球相交

圆球被截平面截切后所得的截交线都是圆。但一般包括两种情况：如果截平面是投影面平行面，在该投影面上的投影为圆的实形，另两投影积聚成直线，长度等于截交圆的直径，如图 5-22a 所示；如果截平面是投影面垂直面，截交线在该投影面上的投影积聚为一直线，另两投影均为椭圆，如图 5-22b 所示。

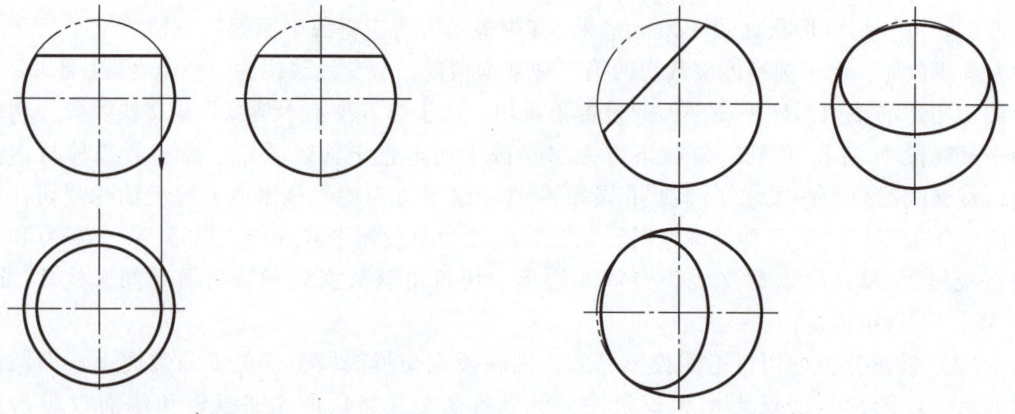

a)　　b)

图 5-22　平面与圆球相交

【例 5-12】 如图 5-23a 所示，完成带切口圆球体的水平投影和侧面投影。

分析：

（1）形状分析　由图 5-23a 可以看出，圆球体被一正垂截平面截切左上部分，切掉球冠而形成切口。显然属于圆球体被截切的第二种基本情况，截交线为完整的正垂椭圆。可以认为切口仅由正垂椭圆组成，如图 5-23b 所示。

（2）投影分析　切口正面投影已知，为有积聚性的倾斜直线。因正垂椭圆全部处于圆球面上，而圆球面水平投影和侧面投影均无积聚性，所以切口的水平投影和侧面投影待求，均为具有类似性的椭圆。

（3）策略和方法分析　由（2）知，应采用第二点策略，用在圆球面上取点的方法，完成切口的水平投影和侧面投影作图。

作图：

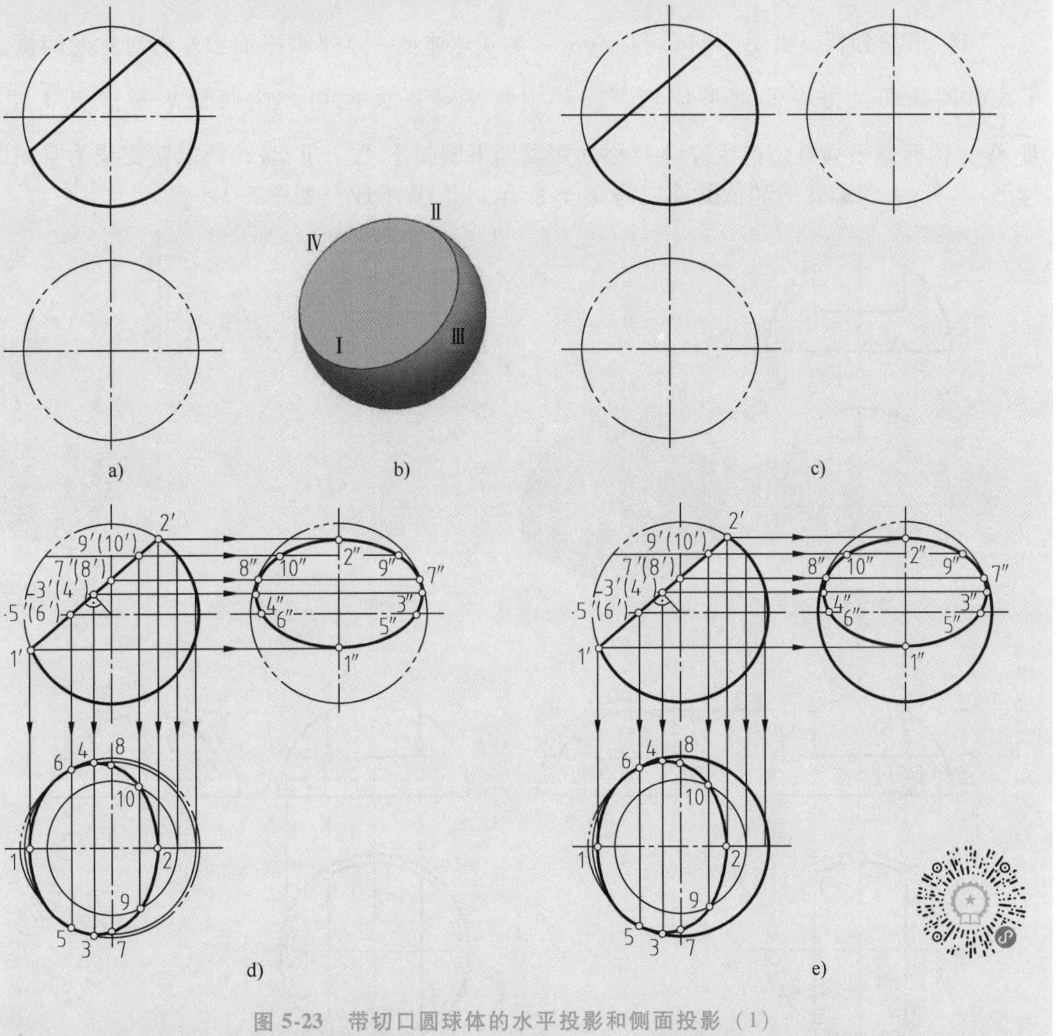

图 5-23　带切口圆球体的水平投影和侧面投影（1）

（1）画基本体　仅需要画出圆球体的侧面投影，如图 5-23c 所示。

（2）画切口　画切口如图 5-23d 所示。

1）求特殊点。标记最左最下点Ⅰ、最右最上点Ⅱ、最前点Ⅲ、最后点Ⅳ及最大水平圆上点Ⅴ和Ⅵ、最大侧平圆上点Ⅶ和Ⅷ的正面投影 1′、2′、3′、（4′）、5′、（6′）、7′、（8′）。用点属于圆法，由 1′、2′、5′、（6′）、7′、（8′）求出 1、2、5、6、7、8 和 1″、2″、5″、6″、7″、8″；用辅助平行圆法，由 3′、（4′）求出 3、4 和 3″、4″。

2）求一般点。标记一般点Ⅶ、Ⅷ的正面投影 9′、（10′）（位置较随意），用辅助平行圆法，由 9′、（10′）求出 9、10 和 9″、10″。

3）投影连线。顺次连接 1″、5″、3″、7″、9″、2″、10″、8″、4″、6″、1″，得到截交线的侧面投影椭圆；顺次连接 1、5、3、7、9、2、10、8、4、6、1，得到截交线的水平投影椭圆。

（3）补画应有轮廓线　补画未切走部分的相应轮廓线，如图 5-23e 所示。

【例 5-13】　如图 5-24a 所示，完成带切口圆球体的水平投影和侧面投影。

分析：

（1）形状分析　由图 5-24a 可以看出，半圆球体被一水平截平面和左右对称的两侧截平面共同截切上方中间而形成切口。其中水平截平面截切产生两段水平圆弧 $\overset{\frown}{\text{Ⅰ Ⅱ}}$、$\overset{\frown}{\text{Ⅲ Ⅳ}}$；两侧截平面截切产生左右对称的两段侧平圆弧 $\overset{\frown}{\text{Ⅰ Ⅳ}}$、$\overset{\frown}{\text{Ⅱ Ⅲ}}$，所以截交线为空间四边形。切口由该截交线和截断面之间交线Ⅰ Ⅳ、Ⅱ Ⅲ组成，如图 5-24b 所示。

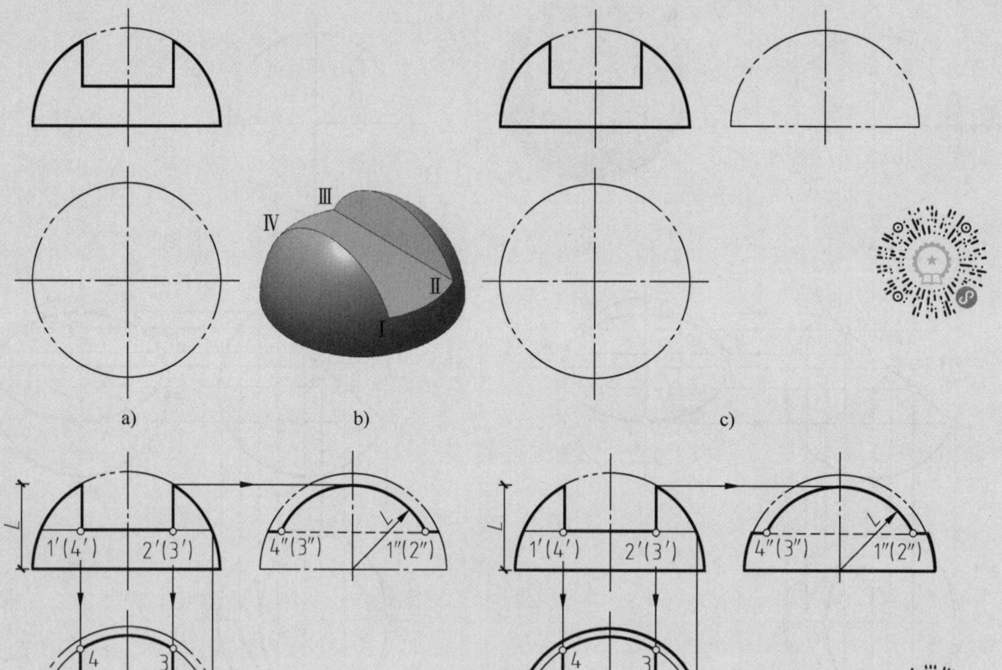

图 5-24　带切口圆球体的水平投影和侧面投影（2）

（2）投影分析　切口正面投影已知，为有积聚性的三段直线。因圆球面水平投影和侧面投影均无积聚性，所以切口的水平投影和侧面投影待求，其中水平圆弧$\widehat{\mathrm{I\ II}}$、$\widehat{\mathrm{III\ IV}}$的水平投影和侧面投影分别为圆弧和直线，侧平圆弧$\widehat{\mathrm{I\ IV}}$、$\widehat{\mathrm{II\ III}}$的水平投影和侧面投影分别为直线和圆弧。

（3）策略和方法分析　由（2）知，应采用第二点策略，直接完成切口的水平投影和侧面投影作图。

作图：

（1）画基本体　仅需要画出半圆球体的侧面投影，如图 5-24c 所示。

（2）画切口　画切口如图 5-24d 所示。

1）求截交线。标记 1′、（4′）、2′、（3′）；过水平圆弧$\widehat{\mathrm{I\ II}}$、$\widehat{\mathrm{III\ IV}}$作辅助水平圆，做出该圆的水平投影圆和侧面投影直线，在水平投影圆上取得Ⅰ Ⅱ、Ⅲ Ⅳ的水平投影圆弧$\widehat{12}$、$\widehat{34}$，同时在该圆内取得侧平圆弧$\widehat{\mathrm{I\ IV}}$、$\widehat{\mathrm{II\ III}}$的水平投影直线 14、23；以基本体侧面投影圆心为圆心、以 L 为半径画圆弧，得到侧平圆弧的侧面投影，同时画出Ⅰ Ⅱ、Ⅲ Ⅳ的侧面投影直线。

2）求截断面之间的交线。交线段Ⅰ Ⅳ、Ⅱ Ⅲ的水平投影重合，没必要作图，侧面投影重合在一起，因为是不可见的投影，所以画虚线。

（3）补画应有轮廓线　补画未切走部分的相应轮廓线，如图 5-24e 所示。

5.3　立体与立体相交

两立体相交，即相贯，在两立体表面产生的交线称为相贯线。整体称为相贯体。

在工程构造物中，常见两立体相贯产生相贯线的情况。图 5-25a 所示的涵洞口，由基础、端墙、侧墙、圆拱四个立体部分组成，其中基础与侧墙、圆拱与端墙、圆拱与侧墙相贯等相交产生相贯线；图 5-25b 所示管节中，相邻两段之间均产生相贯线。

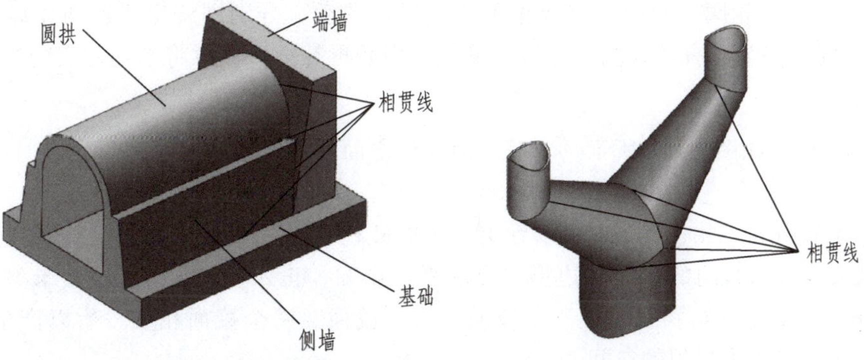

a)　　b)

图 5-25　涵洞口与管节相贯线实例

绘制工程图时，除画出两立体的投影轮廓线外，还需要画出相贯线的投影。

相贯线的类型有以下三种：

1）平面立体与平面立体相交产生的相贯线，称为平平相贯线，如图 5-26a、b 所示。

2）平面立体与曲面立体相交产生的相贯线，称为平曲相贯线，如图 5-26c 所示。

3）曲面立体与曲面立体相交产生的相贯线，称为曲曲相贯线，如图 5-26d 所示。

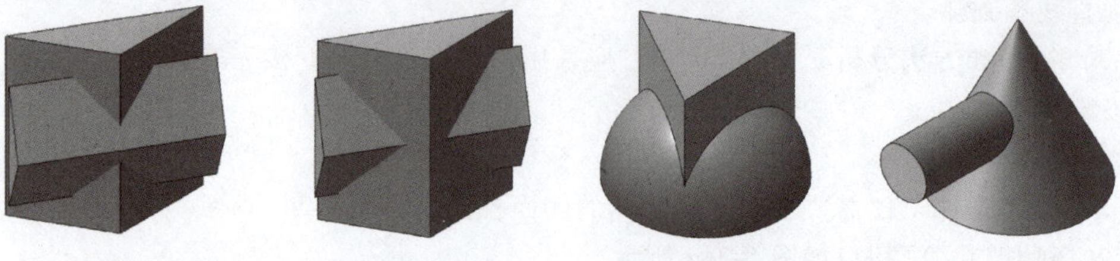

图 5-26　立体相贯类型及相贯线类型

5.3.1　平面立体与平面立体相交

1. 平平相贯线的性质

两平面立体相交产生的平平相贯线，一般为由直线段组成的封闭的空间多边形，如图 5-26a 所示的两三棱柱互贯，或者当甲立体的几个表面全部穿过乙立体的同一表面时，相贯线为由直线段组成的封闭的平面多边形，如图 5-26b 所示。

2. 平平相贯线的求法

平平相贯线上的每段相贯线线段，可以认为是甲立体的表面作为截平面，截切乙立体的表面产生的截交线线段。因此求平平相贯线的方法可以归纳为截交线法，即求平面立体表面上的截交线线段。

3. 平平相贯线作图原则

（1）相贯线的连线原则　只有位于甲立体同一表面上同时又位于乙立体同一表面上的两点才能相连。

（2）相贯线的可见性判别原则　相贯线线段所在的两部分表面都可见时其才可见，否则不可见。

（3）补画应有轮廓线原则　完成相贯线投影作图后，分别围绕甲、乙两立体的投影轮廓，逐一甄别哪些为应有轮廓线，并做可见性判别后再补全。注意将参加相交的棱线的投影画到贯穿点为止。

【例 5-14】　如图 5-27a 所示，求两平面立体之间的相贯线。

分析：

（1）形状分析　由图 5-27a 可以看出，正四棱柱自斜三棱柱上到下互相贯入且贯出，所以相贯线为一条封闭的空间多边形。由水平投影知，正四棱柱的 *GD* 棱面未参加相交，而 *DE*、*EF*、*FG* 分别与斜三棱柱三个棱面、三个棱面、两个棱面相交，所以产生八段交线段，因此相贯线为封闭的空间八边形。

（2）投影分析　因相贯线线段均由正四棱柱的棱面与斜三棱柱棱面相交产生，而正四棱柱各棱面水平投影均有积聚性，所以相贯线的水平投影已知，待求正面投影。

（3）方法分析　相贯线可以看作由正四棱柱的三个棱面作为截平面，截切斜三棱柱

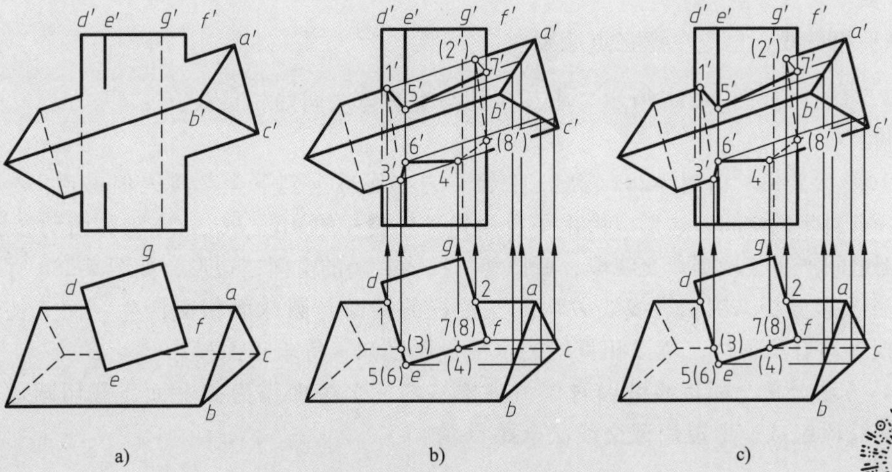

图 5-27　求两平面立体之间的相贯线

的棱面产生的截交线线段组成，所以用截交线法求相贯线。

作图：

（1）求相贯线　求相贯线如图 5-27b 所示。

1）标记截交线线段端点的水平投影。*A* 棱线与 *DE*、*FG* 棱面的交点为Ⅰ、Ⅱ，标记 1、2；*C* 棱线与 *DE*、*EF* 棱面的交点为Ⅲ、Ⅳ，标记（3）、（4）；*E* 棱线与 *AB*、*BC* 棱面的交点为Ⅴ、Ⅵ，标记 5、（6）；*F* 棱线与 *AB*、*AC* 棱面的交点为Ⅶ、Ⅷ，标记 7、（8）。

2）求出各交点的正面投影。由 1、2、（3）、（4），用点属于直线法，求出 1′、（2′）、3′、4′；由 5、（6），用在 *AB*、*BC* 棱面上取点的方法，求出 5′、6′；由 7、（8），用在 *AB*、*AC* 棱面上取点的方法，求出 7′、（8′）。

（2）连线并判别可见性　由水平投影，按照自左向右连接可见点，再自右向左连接不可见点，最后回到起点的原则，确定连接顺序为Ⅰ→Ⅴ→Ⅶ→Ⅱ→Ⅷ→Ⅳ→Ⅵ→Ⅲ→Ⅰ，所以正面投影连线顺序为 1′→5′→7′→（2′）→（8′）→4′→6′→3′→1′。判别可见性时，注意依据相贯线的可见性判别原则进行。

（3）补画应有轮廓线　分别围绕正四棱柱、斜三棱柱正面投影轮廓，逐一甄别哪些为应有轮廓线，并做可见性判别后再补全，如图 5-27c 所示。

5.3.2　平面立体与曲面立体相交

1. 平曲相贯线的性质

平面立体与曲面立体相交产生的平曲相贯线，一般为由直线段和平面曲线段或仅由平面曲线段组成的封闭的空间多边形。如图 5-26c 所示，三棱柱与半圆球相交的相贯线为由三段圆弧线段组成的封闭的空间三边形。

2. 平曲相贯线的求法

平曲相贯线上的每段线段，可以认为是平面立体的棱面作为截平面，截切曲面立体产生的截交线线段。因此求平曲相贯线的方法可以归纳为截交线法——求曲面立体表面上的截交线线段。

3. 平曲相贯线作图的原则

同平平相贯线，也应注意三点原则。

【例 5-15】 如图 5-28a 所示，求三棱柱与半圆球之间的相贯线。

分析：

（1）形状分析　由图 5-28a 看出，三棱柱自半圆球上到下全部贯入但未贯出，所以相贯线为一条封闭的空间多边形。由水平投影知，三棱柱的 *AB*、*BC*、*CA* 三棱面均参加相交，与圆球面之间产生三段圆弧交线段，所以相贯线为封闭的空间三边形，如图 5-28b 所示。

（2）投影分析　因相贯线线段均由三棱柱的棱面与圆球面相交产生，而三棱柱各棱面水平投影均有积聚性，所以相贯线的水平投影已知，待求正面投影。

（3）方法分析　相贯线可以看作由三棱柱的三个棱面作为截平面，截切圆球面产生的截交线线段组成，所以用截交线法求相贯线。

作图：

（1）求相贯线　求相贯线如图 5-28c 所示。

1）求三个贯穿点的正面投影。*A* 棱线与圆球面的交点为Ⅰ，标记 1，*B* 棱线与圆球面的交点为Ⅱ，标记 2，在圆球面上过Ⅰ、Ⅱ作辅助正平圆，由其求得 1′、2′；*C* 棱线与圆球面的交点为Ⅲ，标记 3，在圆球面上过Ⅲ作辅助正平圆，由其求得 3′。

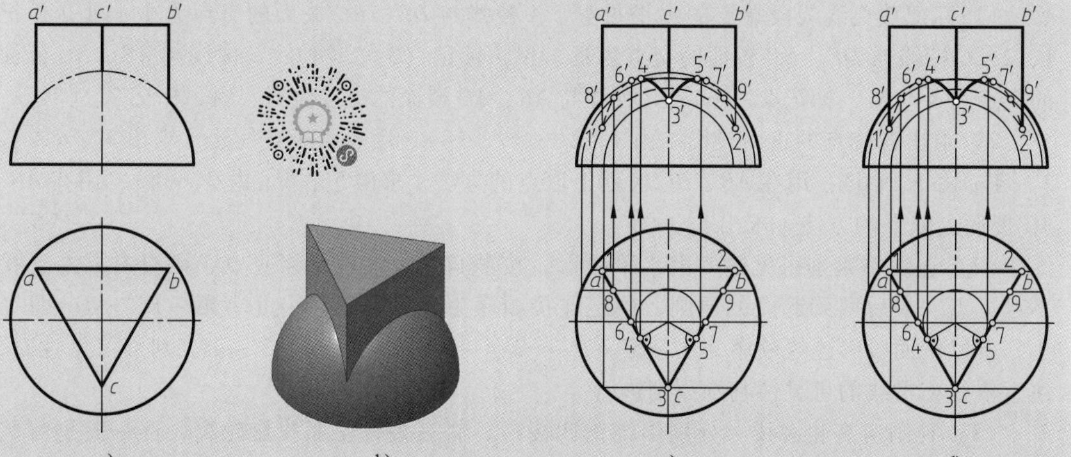

a)　　b)　　c)　　d)

图 5-28　求三棱柱与半圆球之间的相贯线

2）求相贯线线段的正面投影。*AB* 棱面作为正平截平面截切半圆球，与圆球面相交，交线为正平圆弧，正面投影即圆弧 $\widehat{1'2'}$。*AC* 棱面作为铅垂截平面截切半圆球，与圆球面相交，交线为铅垂圆弧 $\widehat{\text{Ⅰ}\ \text{Ⅲ}}$，其正面投影为椭圆弧，所以需要求其上一系列点：Ⅰ为最左、最后点；Ⅲ为最前点；标记 4，过Ⅳ作辅助水平圆，求得 4′，Ⅳ为最上点；标记 6，Ⅵ为处于圆球面最大正平圆上的特殊点，由 6 直接求得 6′；为作图较准确，标记 8，过Ⅷ作辅助正平圆，求出一般点 8′，Ⅷ为一般点；依次连接 1′、8′、6′、4′、3′，得到铅垂圆弧 $\widehat{\text{Ⅰ}\ \text{Ⅲ}}$ 的正面投影（注意连线时需做好可见性判别：1′6′部分为不可见投影；6′3′部分为可见投影）。*BC* 棱面与 *AC* 棱面左右对称，其截切及交线求法相同。

（2）补画应有轮廓线　分别围绕三棱柱和圆球的正面投影轮廓，逐一甄别哪些为应有轮廓线，并做可见性判别后再补全，如图 5-28d 所示。

5.3.3 曲面立体与曲面立体相交

1. 曲曲相贯线的性质

两曲面立体相交产生的曲曲相贯线，一般情况下，为封闭的空间曲线，如图 5-29a 所示的两不等径圆柱正交相贯线；特殊情况下为封闭的平面曲线，如图 5-29b 所示的两等径圆柱正交相贯线；个别情况下为不封闭的空间曲线，如图 5-29c 所示；或其他，如图 5-29d 所示。

2. 曲曲相贯线的求法

求一般情况下的曲曲相贯线，可根据两曲面立体本身的几何性质及其之间的相对位置，采用四种方法：积聚性法、表面取点法、辅助平面法、辅助球面法。

具体作图时，根据相交立体的投影分析，一般先求出相贯线上的特殊点，再用合适的方法求出相贯线上一般点，然后对一系列点连线。

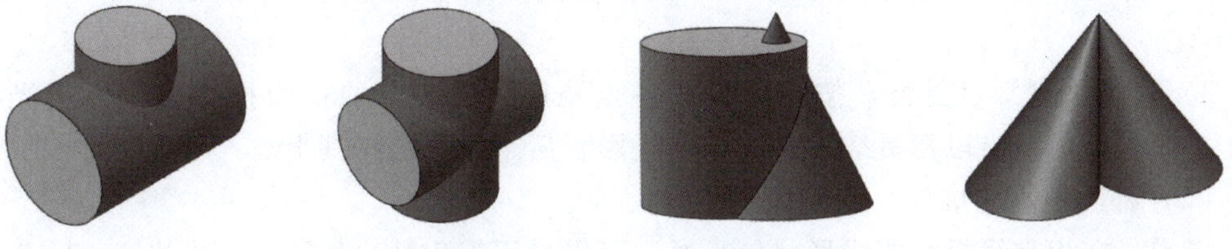

a)　　b)　　c)　　d)

图 5-29　曲曲相贯线性质

3. 曲曲相贯线作图的原则

同平平相贯线和平曲相贯线。

【例 5-16】　如图 5-30a 所示，求两正交圆柱的相贯线。

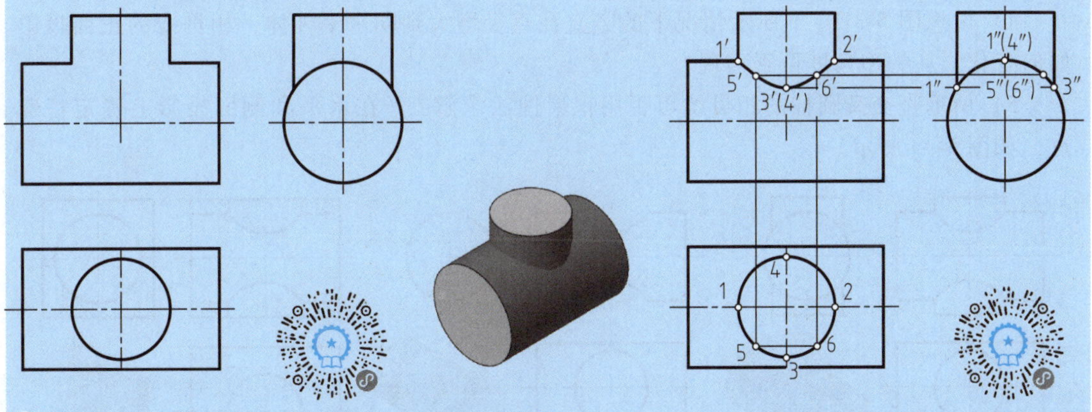

a)　　b)　　c)

图 5-30　利用积聚性法求两正交圆柱的相贯线

分析：

（1）形状分析　两圆柱正交即两轴线垂直相交。由图 5-30a 可以看出，竖直小圆柱自水平大圆柱上到下全部贯入但未贯出，所以相贯线为一条封闭的空间曲线，又因为相贯体具有左右、前后对称性，所以相贯线也左右、前后对称，如图 5-30b 所示。

（2）投影分析　相贯线为两圆柱面之间的共有线，相对于小圆柱面，在其 360°范围上，相对于大圆柱面，在其上半部分上，所以相贯线的水平投影在小圆柱面有积聚性的水平投影圆上，相贯线的侧面投影在大圆柱面有积聚性的侧面投影圆上（由小圆柱面侧面投影限定的一段圆弧），只有正面投影待求，预见为一非圆曲线。

（3）方法分析　由（2）投影分析，适合于利用积聚性法求相贯线。

作图（见图 5-30c）：

（1）求相贯线

1）求特殊点。在相贯线已知的正面投影和侧面投影上，标记最左最上点Ⅰ（1、1″）、最右最上点Ⅱ（2、2″）、最前最下点Ⅲ（3、3″）、最后最下点Ⅳ［(4)、(4″)］，依据立体投影规律，求得 1′、2′、3′（4′）。

2）求一般点。因相贯线前后对称，只需在前半段上定出两个一般点，如左右对称点Ⅴ和Ⅵ。在相贯线已知的正面投影和侧面投影上，标记Ⅴ（5、5″）、Ⅵ（6、6″），求得 5′、6′。

3）连线并判别可见性。按水平投影各点顺序，将各点的正面投影依次连成光滑曲线，正面投影为前半段相贯线可见的正面投影，后半段重合在其上。

（2）补画应有轮廓线　此例无此步骤。

提示：在相贯线投影曲线形状较小时，可以采用简化画法作图：只求出 1、2、3 三个特殊点后，即可连线。

思考：

1）【例 5-16】中相贯线投影曲线的凸向有何特点？

2）图 5-31 所示三种情况下的相贯线，其形状和作图方法是否同【例 5-16】？

3）图 5-31a 中，随着竖直圆柱体直径的增大，相贯线形状如何变化？（参考图 5-32）

4）设想图 5-31b、c 所示情况下的竖直孔直径增大到同水平柱体，相贯线的正面投影如何变化？从构型角度可否实现？

5）两垂直交叉圆柱的相贯线可否用积聚性法求解？（在水平和侧面投影上确定特殊点，如图 5-33 所示）

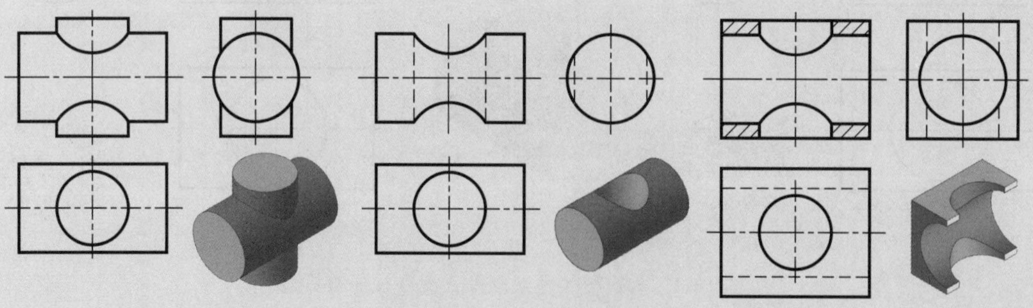

a)　　　b)　　　c)

图 5-31　两圆柱面正交产生交线的三种情形

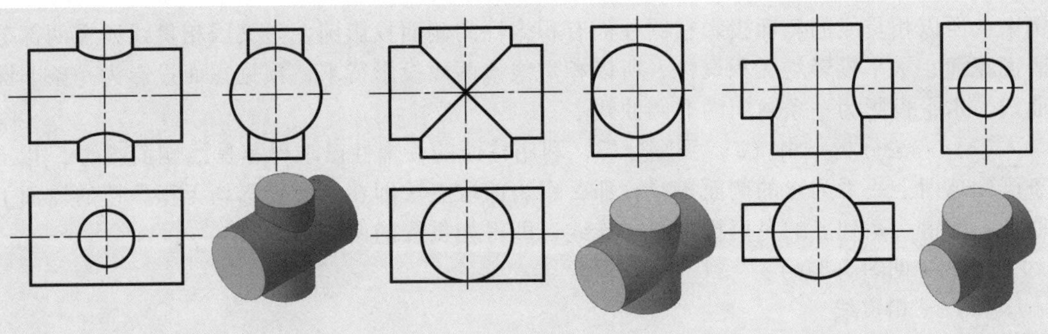

a)　　b)　　c)

图 5-32　两圆柱正交，直径的变化对相贯线的影响

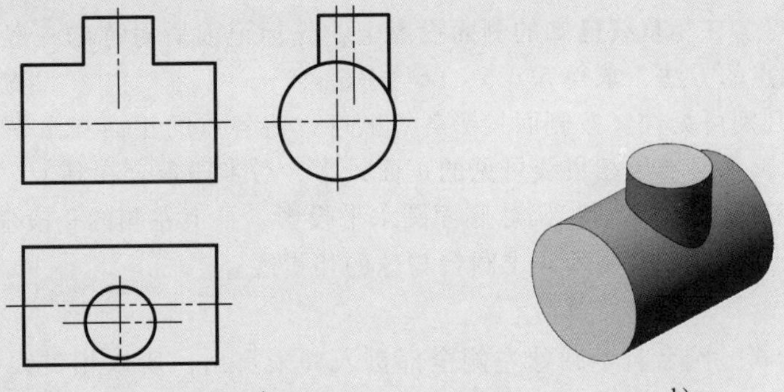

a)　　b)

图 5-33　两垂直交叉圆柱的相贯线

【例 5-17】　如图 5-34a 所示，求圆柱与圆球的相贯线。

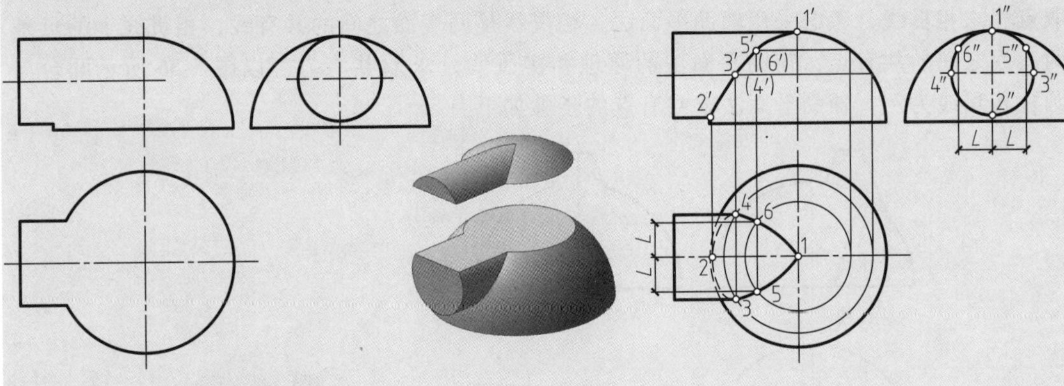

a)　　b)　　c)

图 5-34　表面取点法求圆柱与圆球的相贯线

分析：

(1) 形状分析　圆柱自半圆球左侧全部贯入并未贯出，所以相贯线为一条封闭的空间曲线，又因为相贯体具有前后对称性，所以相贯线也前后对称，如图 5-34b 所示。

(2) 投影分析　相贯线为圆柱面与圆球之间的共有线，相对于圆柱面，在其 360°范围上，所以相贯线的侧面投影在圆柱面有积聚性的侧面投影圆上。又因相贯线所在两部分表面正面、水平投影均无积聚性，所以相贯线该两面投影待求，预见正面投影为一条非圆曲线，水平投影为一条封闭的非圆曲线。

（3）方法分析　由（2）投影分析，利用柱面的积聚性已求得相贯线侧面投影，相当于已知球面上一系列点的侧面投影，那么用表面取点法即在三面投影均无积聚性的球面上取点，求得一系列点的另两投影，再连线，即得相贯线的两投影。

作图（见图 5-34c）：

（1）求相贯线

1）求特殊点。在相贯线已知的侧面投影上，先标记最上、最右点Ⅰ、最下最左点Ⅱ、最前点Ⅲ、最后点Ⅳ，后根据在圆球面上取点的方法，求得 1′、1、2′、2、3′、3、(4′)、4。

2）求一般点。在相贯线已知的侧面投影上，先标记前后对称的一般点Ⅴ、Ⅵ，后根据在圆球面上取点的方法，求得 5′、5、(6′)、6。

3）连线并判别可见性。按侧面投影各点顺序，将各点的正面和水平投影依次连成光滑曲线。正面投影为前半段相贯线可见的正面投影，后半段重合在其上。

（2）补画应有轮廓线　对半圆球底面圆水平投影，补上左侧的一段虚线圆弧。

【例 5-18】　如图 5-35a 所示，求圆台与球的相贯线。

分析：

（1）形状分析　圆台自半圆球左侧全部贯入并未贯出，所以相贯线为一条封闭的空间曲线，又因为相贯体具有前后对称性，所以相贯线也前后对称，如图 5-35b 所示。

（2）投影分析　相贯线为圆台面与圆球之间的共有线，相对于圆台面，在其 360°范围上，预见正面投影为一条非圆曲线，水平投影为一条封闭的非圆曲线。

（3）方法分析　因两部分表面各面投影均无积聚性，所以不适合用积聚性法和表面取点法求相贯线，考虑采用辅助平面法。相贯线是两表面之间的共有线，相贯线上的点是两表面之间的共有点，辅助平面法的原理和实质就是求取共有点。以图 5-36 所示圆台与圆柱相贯线为例，辅助平面法求共有点的步骤如下：

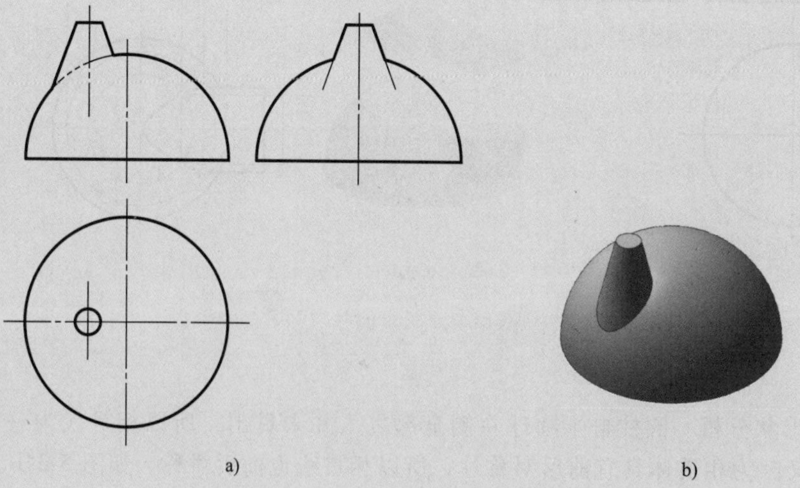

a)　　b)

图 5-35　辅助平面法求圆台与圆球的相贯线

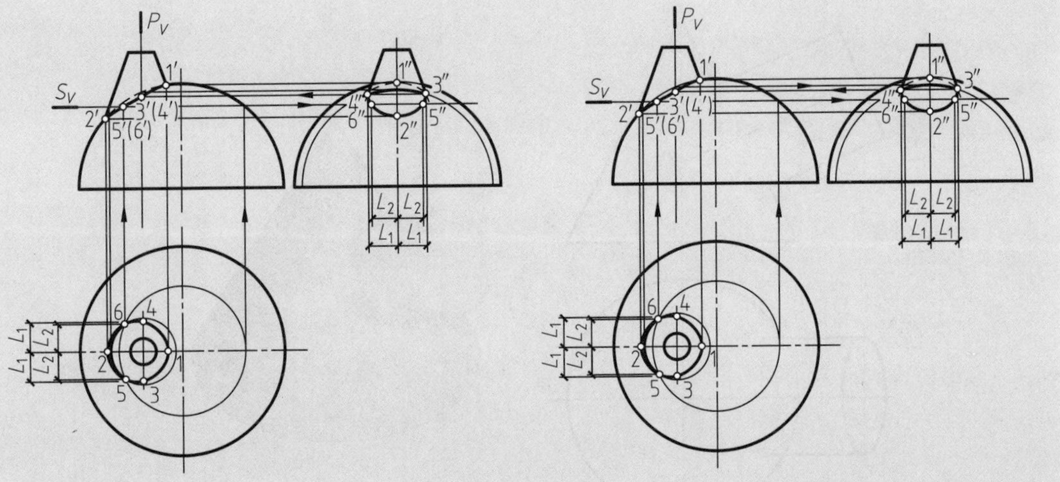

c)　　　　　　　　　　　　　　　　d)

图 5-35　辅助平面法求圆台与圆球的相贯线（续）

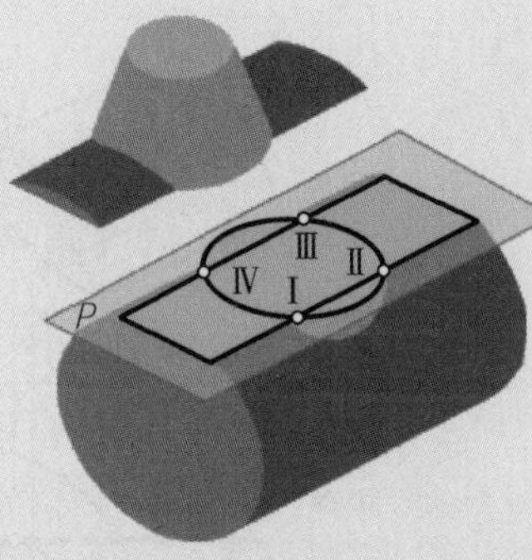

图 5-36　辅助平面法求相贯线

1）作一辅助平面 P，使其与两曲面体均相交。

2）分别作出辅助平面 P 与两已知曲面体表面的交线（其中与圆柱面的交线为矩形，与圆台面的交线为圆）。

3）两组交线的交点Ⅰ、Ⅱ、Ⅲ、Ⅳ，即为两曲面体表面上的共有点，也就是所求相贯线上的点。

为方便作图，一般应使辅助平面为特殊位置平面，并且两组交线的投影为直线或圆。

作图：

（1）求相贯线　求相贯线如图 5-35c 所示。

1）求特殊点。明确并标记最上最右点Ⅰ、最下最左点Ⅱ，求得 1、1″、2、2″。因最前最后的点一定在圆台面最前最后素线上，所以过此两条素线作辅助平面 P，用辅助平面法求出最前点Ⅲ（3″、3′、3）、最后点Ⅳ［4″、(4′)、4］。

2）求一般点。作辅助水平面 S，求得一般位置点Ⅴ、Ⅵ，由此求得 5″、5、6″、6。

3）连线并判别可见性。将各点的三面投影依次连成光滑曲线。正面投影为前半段相贯线可见的正面投影，后半段重合在其上。

（2）补画应有轮廓线　补画应有轮廓线如图 5-35d 所示。

1）在侧面投影上，圆台面最前最后两素线应画至其与圆球面的贯穿点Ⅲ、Ⅳ。

2）在侧面投影上，补画圆球面最大侧平圆侧面投影上方的一段虚线圆弧。

【例 5-19】　如图 5-37a 所示，求圆柱与圆锥斜交的相贯线。

分析：

（1）形状分析　圆柱自圆锥左侧斜交全部贯入并未贯出，所以相贯线为一条封闭的空间曲线，又因为相贯体具有前后对称性，所以相贯线也前后对称，如图 5-37b 所示。

（2）投影分析　如图 5-37b 所示，相贯线为圆柱面与圆锥之间的共有线，相对于圆柱面，在其 360°范围上，预见正面投影为一条非圆曲线，水平投影为一条封闭的非圆曲线。

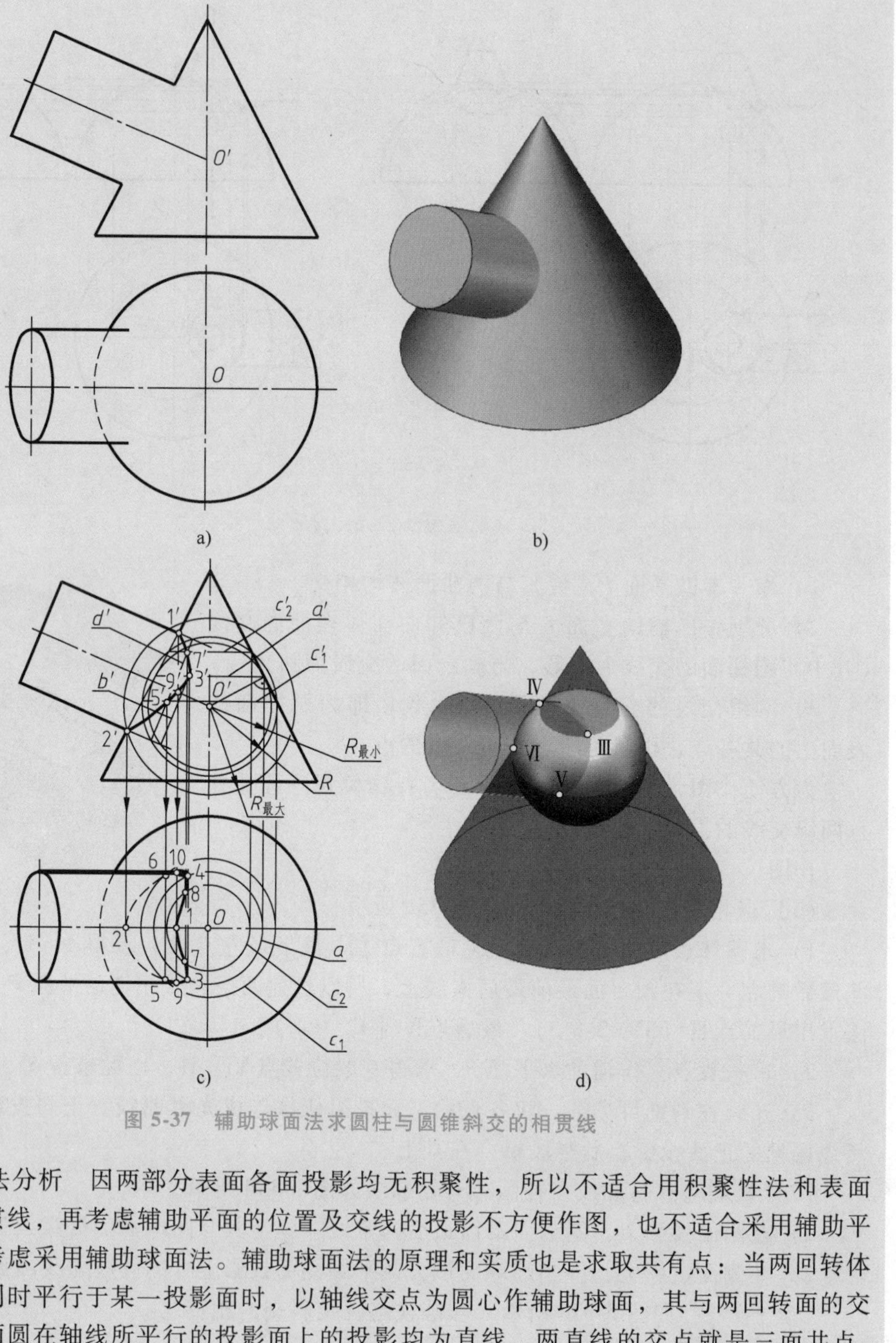

图 5-37　辅助球面法求圆柱与圆锥斜交的相贯线

（3）方法分析　因两部分表面各面投影均无积聚性，所以不适合用积聚性法和表面取点法求相贯线，再考虑辅助平面的位置及交线的投影不方便作图，也不适合采用辅助平面法。可以考虑采用辅助球面法。辅助球面法的原理和实质也是求取共有点：当两回转体轴线相交并同时平行于某一投影面时，以轴线交点为圆心作辅助球面，其与两回转面的交线均为圆，两圆在轴线所平行的投影面上的投影均为直线，两直线的交点就是三面共点，即为相贯线上的点。应用辅助球面法的条件是：

1）相交两立体均为回转体。

2）两回转体轴线相交。

3）两回转体的轴线同时平行于某一投影面。

作图（见图 5-37c、d）：

（1）求相贯线

1）求特殊点。因相贯线前后对称，所以可以明确并标记最上点Ⅰ、最下最左点Ⅱ，求得1′、1、2′、2，最前点Ⅲ（3、3′）、最后点Ⅳ（4、4′），图上省略对3′、4′的标注。其他特殊点和一般点通过辅助平面法求出。

2）求一般点。以轴线交点 O 为圆心，以 $R_{最小}$ 为半径作最小的辅助球面，其与圆锥面、圆柱面的交线圆分别为 A、B，两圆之间的交点为Ⅲ、Ⅳ；以轴线交点 O 为圆心，以 $R_{最小}$ 和 $R_{最大}$ 之间的 R 为半径作辅助球面，其与圆锥面的交线圆为 C_1、C_2，与圆柱面的交线圆为 D，之间的交点为Ⅴ、Ⅵ、Ⅶ、Ⅷ。图上省略对4′、6′、8′的标注。

3）连线并判别可见性　连线1′、7′、3′、5′、2′，得到相贯线的正面投影，进而得到相贯线上最前最后点Ⅸ、Ⅹ，依次连线1、7、3、9、5、2、6、10、4、8、1，得到相贯线的水平投影。

（2）补画应有轮廓线　在水平投影上，圆柱面最前最后两素线应画至其与圆球面的贯穿点9、10。

4. 曲曲相贯线的简化画法

相贯线的形状、大小、位置取决于相交两立体的形状、大小及相对位置，所以其是形体加工、施工后自然产生的。为了方便画图可以采用如下简化画法：

1）用圆弧表示正交、不等径两圆柱体（面）相贯线投影的非圆曲线，如图5-38所示。

2）用直线表示两形体（面）相贯线投影的较小非圆曲线，如图5-39所示。

3）用模糊画法表示两圆柱体（面）正交以外其他相贯线的投影作图，如图5-40所示。

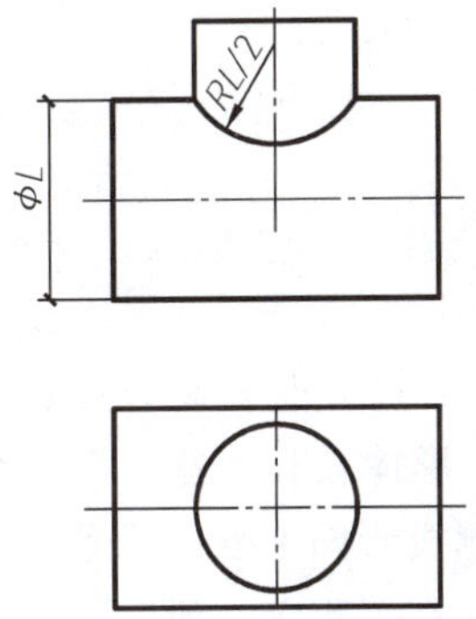

图5-38　用圆弧表示曲曲相贯线

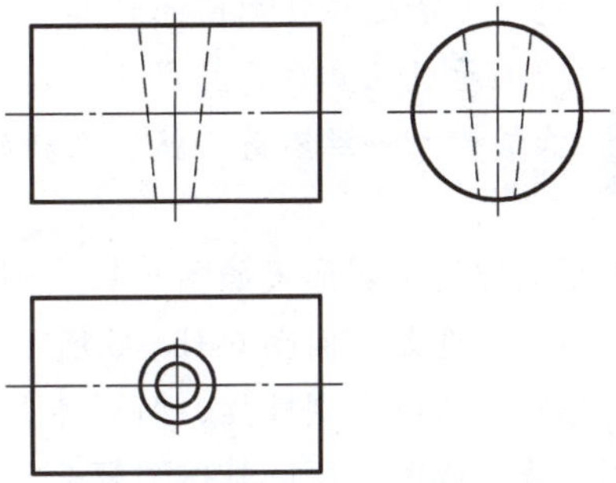

图5-39　用直线表示曲曲相贯线

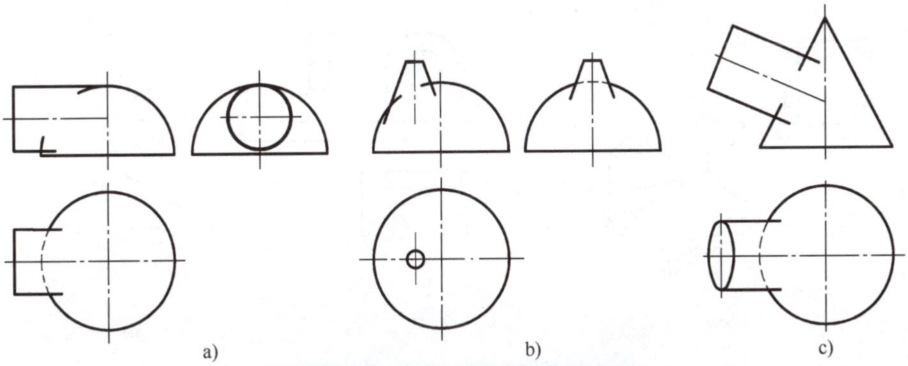

图5-40　用模糊画法表示曲曲相贯线

第6章

轴测投影

本章导读

学习内容：

1）轴测投影的基本知识。

2）圆及曲线的轴测投影作图方法。

3）常用轴测投影作图举例。

4）轴测图的选择。

学习目标：

1）能够掌握形体正等测、斜二测作图方法。

2）能够初步掌握形体正等测、斜二测徒手作图技能。

3）能够灵活选择轴测图的种类。

4）能够养成认真负责、严谨细致的工作作风。

5）能够树立一丝不苟、精益求精的工匠精神。

工程图样的主要形式如图 6-1a、c 所示，属于多面正投影图，其特点是作图方便、度量性好，但直观性差。而图 6-1b、d 所示的轴测投影图，同时表达了形体在长、宽、高三个方向上的形状，所以直观性强，但形体上原来的长方形平面，在轴测投影图上变成了平行四边形，圆变成了椭圆，所以其作图复杂、度量性差。因而轴测投影图在工程上一般仅作为正投影图的辅助形式，用来帮助人们认识形体的三维形象。

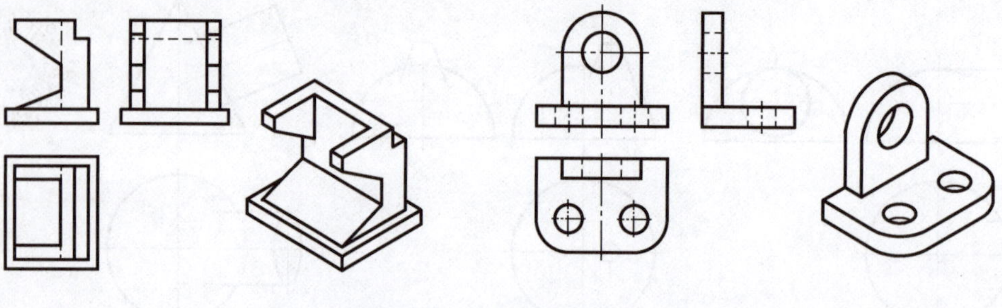

a)　b)　c)　d)

图 6-1　多面正投影图与轴测投影图的比较

6.1 轴测投影的基本知识

6.1.1 轴测投影的形成

轴测投影为单面投影。在单面投影中同时获得三维向度的投影有以下两种方法：

1. 正轴测投影

如图 6-2a 所示，形体上的三个坐标面 XOZ、XOY、YOZ 和轴测投影面 P 都倾斜，用垂直于轴测投影面 P 的投射方向 S 对形体做投射，所得的投影称为正轴测投影。

2. 斜轴测投影

如图 6-2b 所示，投射方向 S 与轴测投影面 P 倾斜。为了便于作图，通常取 XOZ 坐标面平行于 P 面，用倾斜于轴测投影面 P 的投射方向 S 对形体做投射，所得的投影称为斜轴测投影。

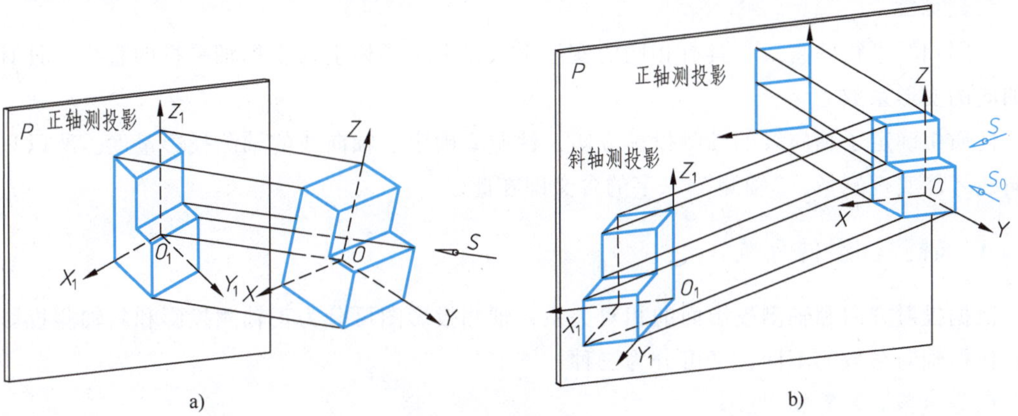

图 6-2 轴测投影的形成

6.1.2 轴测投影的轴间角及轴向变形系数

1）空间直角坐标轴 OX、OY、OZ 在轴测投影面 P 上的投影 O_1X_1、O_1Y_1、O_1Z_1 称为轴测投影轴，简称轴测轴，如图 6-3 所示。

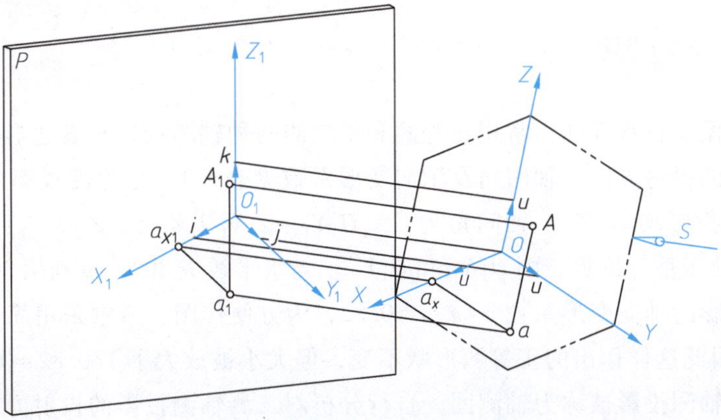

图 6-3 轴间角和轴向伸缩系数

2）轴测轴之间的夹角$\angle X_1O_1Y_1$、$\angle X_1O_1Z_1$、$\angle Y_1O_1Z_1$称为轴间角，如图6-3所示。

3）设在空间三坐标轴上各取相等的单位长度u，投影到轴测投影面上，得到相应的轴测轴上的单位长度分别为i、j、k，设$p=i/u$、$q=j/u$、$r=k/u$，则p、q、r分别称为X、Y、Z轴的轴向变形系数，如图6-3所示。

6.1.3 轴测投影的基本性质

轴测投影采用平行投影方法，所以其具备平行投影的性质。

1. 平行性

空间相互平行的直线，其轴测投影仍保持平行，那么形体上与坐标轴平行的直线（也称轴向线），其轴测投影必然平行于相应的轴测轴。

2. 定比性

空间相互平行的直线，具有相同的变形系数，那么形体上与坐标轴平行的直线，具有相应轴向的变形系数。

性质1确定了轴向线的轴测投影方向，性质2确定了轴向线的轴测投影量度。所以只有轴向线才能实现测量，“轴测”二字的含义即在此。

6.1.4 轴测投影的分类

根据投射方向和轴测投影面的相对关系，轴测投影图可分为正轴测投影和斜轴测投影两类。根据轴向系数的不同，又可分为三种：

1. 正（或斜）等轴测投影

$p=q=r$，简称正等测（或斜等测）。

2. 正（或斜）二等轴测投影

$p=q\neq r$或$p\neq q=r$或$p=r\neq q$，简称正二测（或斜二测）。

3. 正（或斜）三等轴测投影

$p\neq q\neq r$，简称正三测（或斜三测）。

6.2 常用轴测投影

考虑作图方便及直观性强，常用正等测和斜二测两种轴测投影来表达形体三维形象。

常用轴测图的投射方向、轴间角及轴向变形系数见表6-1，正等测投影的投射方向S的水平投影和正面投影均为45°，轴间角为$\angle X_1O_1Y_1=\angle X_1O_1Z_1=\angle Z_1O_1Y_1=120°$；作图时，一般使$O_1Z_1$轴处于垂直位置，则$O_1X_1$和$O_1Y_1$轴与水平线成30°，可利用30°三角板方便地作出；正等测投影的轴向变形系数$p=q=r=0.82$，为方便作图，通常采用简化的轴向变形系数$p=q=r\approx1$，因此这样作出的正等测形状不变，但大小被放大了$1/0.82\approx1.22$倍，按简化变形系数画出的轴测投影被称为轴测图。自行分析斜二测轴测投影的投射方向、轴间角及轴向变形系数、长方体的轴测投影和轴测图。

表 6-1　常用轴测图的投射方向、轴间角及轴向变形系数

轴测投影分类	投射方向 S（左前上至右后下）	轴间角与变形系数	长方体的轴测投影	长方体的轴测图
正等测	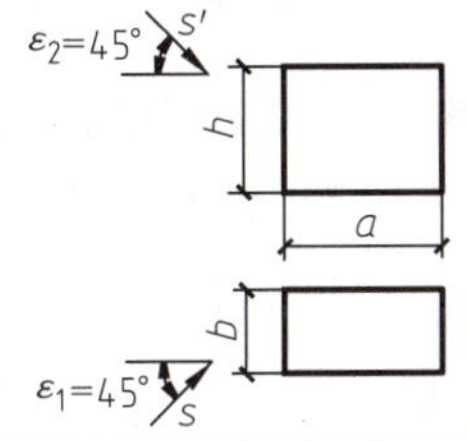	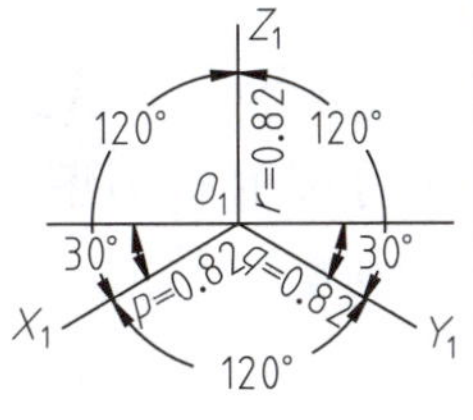	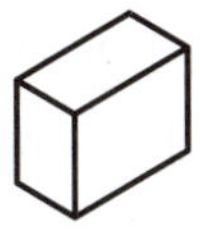 $p=q=r=0.82$	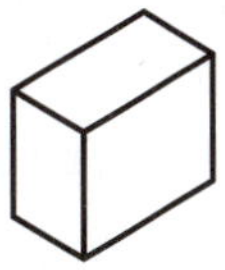 $p=q=r\approx1$
斜二测	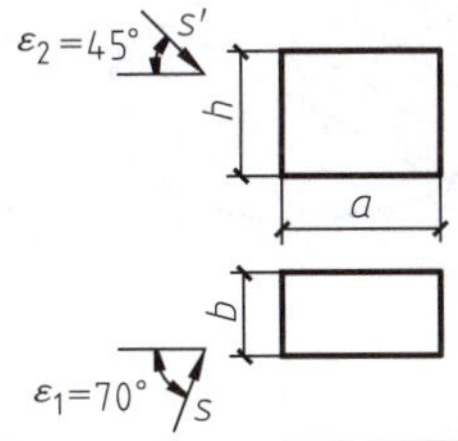	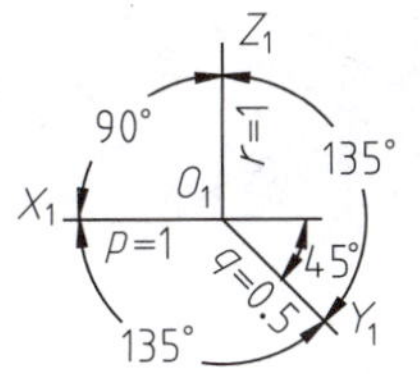	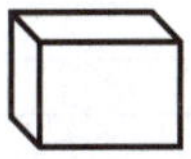 $p=r=1$　$q=0.5$	

6.3　圆及曲线的轴测投影

6.3.1　圆的轴测投影

表 6-2 所列为平行于坐标面（或在坐标面上）圆的常用轴测投影和轴测图。

表 6-2　平行于坐标面（或在坐标面上）圆的常用轴测投影和轴测图

轴测投影分类	投射方向 S（左前上至右后下）	轴测投影	轴测图
正等测	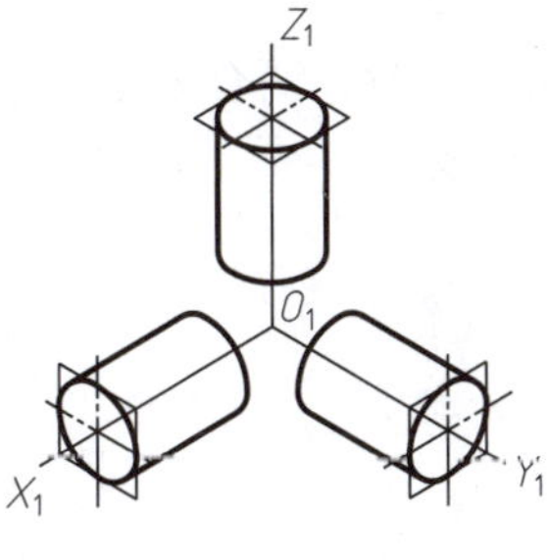	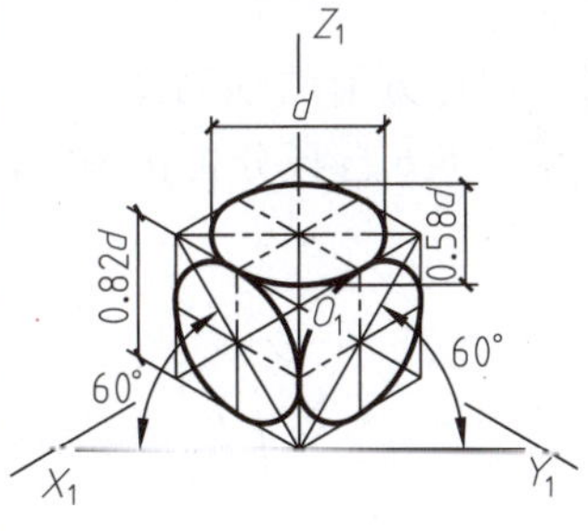	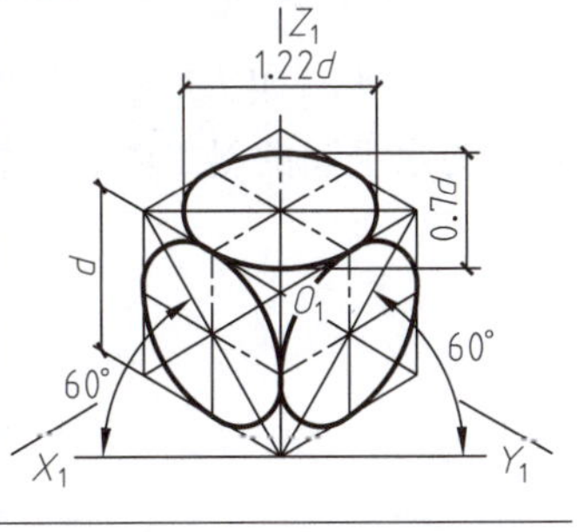
斜二测	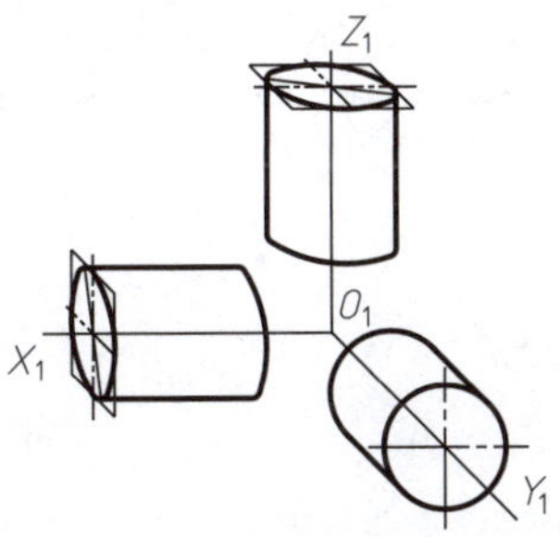	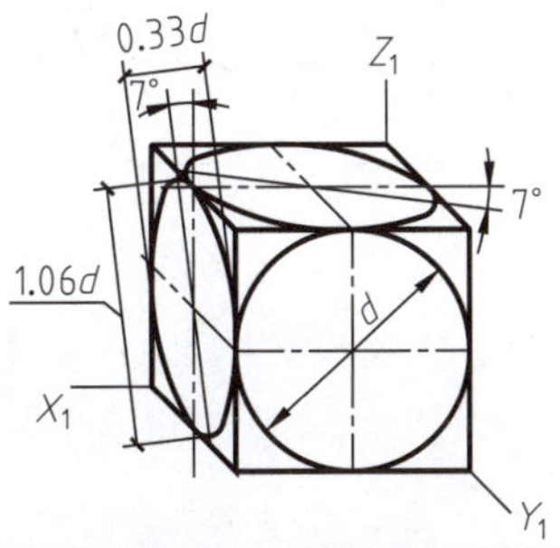	

1. 圆的轴测投影性质

1）圆面平行于轴测投影面，其轴测投影仍为大小不变的圆。

2）圆面不平行于轴测投影面，其轴测投影为椭圆。

2. 圆的轴测图（椭圆）作图

（1）平行弦法　即利用圆上平行于坐标轴的弦，来确定圆上一系列点的轴测投影，后依次顺滑连接成椭圆，如图 6-4 所示。所有圆的轴测图（椭圆）均适合于采用该法作图。

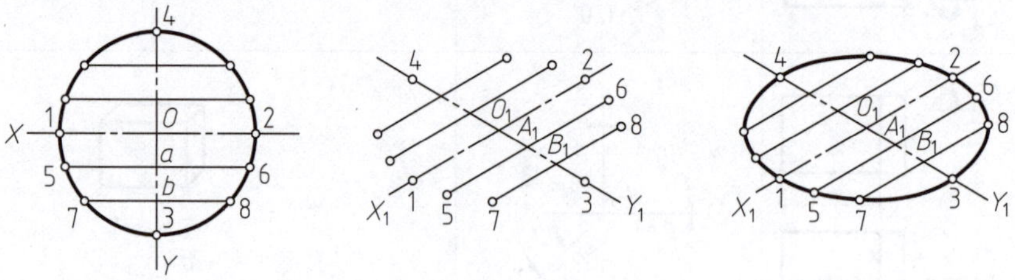

a)　　b)　　c)

图 6-4　圆的轴测图（椭圆）作图——平行弦法

（2）菱形法　当圆外切正方形的轴测图为菱形时，适合采用此法。图 6-5a 所示为水平圆的正等测图，请根据图 6-5 自行分析作图方法和步骤。

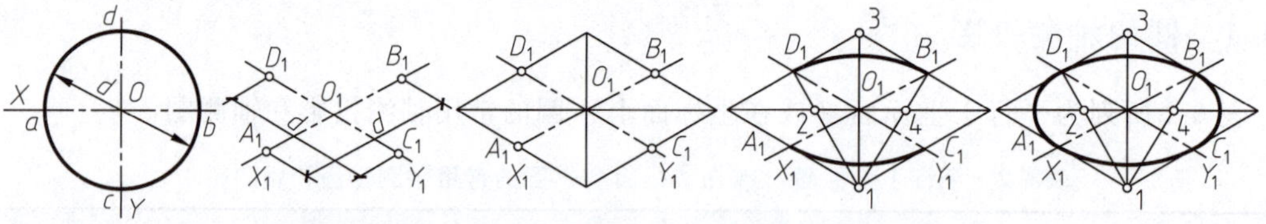

a)　　b)　　c)　　d)　　e)

图 6-5　水平圆的正等测（椭圆）作图——菱形法

（3）平行四边形法　当圆外切正方形的轴测图为平行四边形时，适合采用此法。图 6-6a 所示为水平圆的斜二测，请根据图 6-6 自行分析作图方法和步骤。

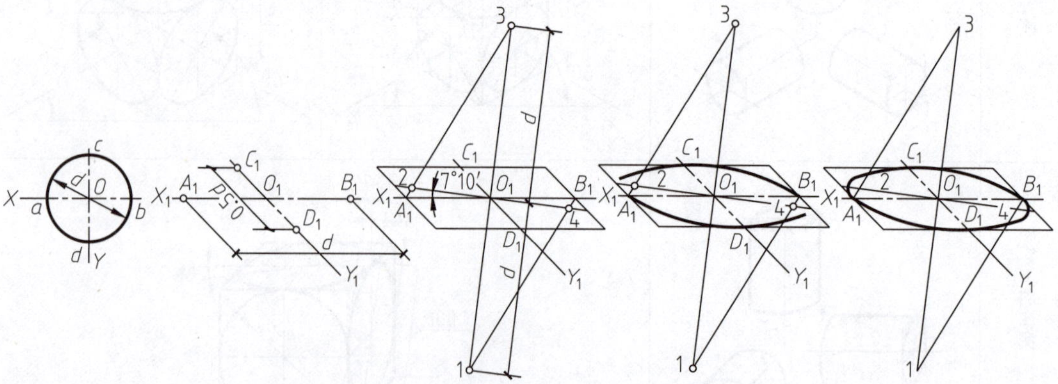

a)　　b)　　c)　　d)　　e)

图 6-6　水平圆的斜二测（椭圆）作图——平行四边形法

6.3.2 非圆曲线的轴测图作图

非圆曲线的轴测投影一般仍为非圆曲线，通常采用坐标法、包络法等作图。

1. 坐标法

坐标法，即求出非圆曲线上一系列点的轴测投影，然后依次顺滑连线，如图 6-7 所示，自行分析作图方法和步骤。

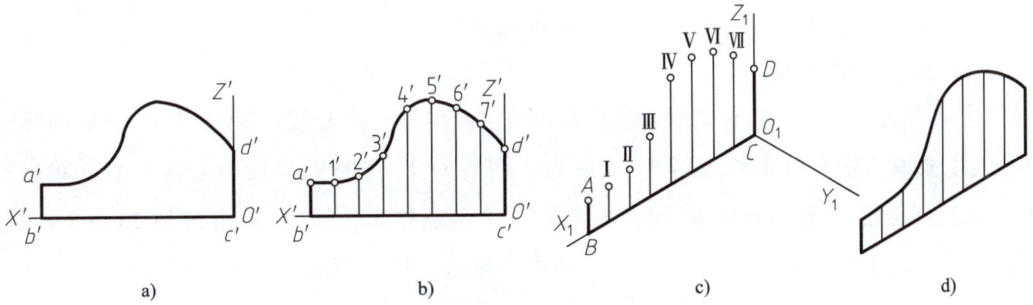

图 6-7 非圆曲线的轴测图作图——坐标法

2. 包络法

对于一般回转体，不能直接画出非圆轮廓，画出其上一系列纬圆的轴测投影，然后用包络法作出非圆轮廓曲线，如图 6-8 所示。

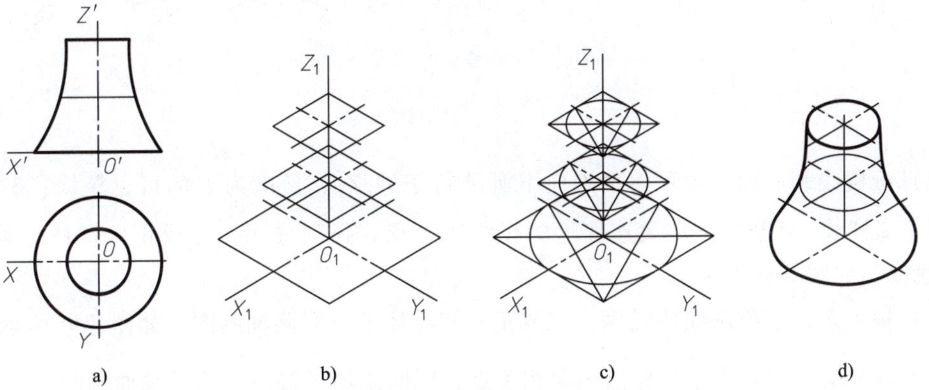

图 6-8 非圆曲线的轴测图作图——包络法

6.4 常用轴测图作图举例

根据形体正投影图作其轴测图，一般步骤如下：

1）确定空间坐标轴，在正投影图上画出坐标轴。为方便画图，将坐标轴设成垂直线。

2）选择轴测图类型，在轴测图上画出轴测轴。

3）画轴测图。根据形体特征，按轴测图性质，以坐标法为主，配合叠加法、切割法、端面法等方法作图。

4）擦去多余的作图线并描深。

为方便画图，也可省略坐标轴、轴测轴，按照规律方法直接画图。

【例 6-1】 对图 6-9a 两面投影图所示正六棱柱，画出正等测轴测图。

分析：见表 6-1 长方体，作轴测图时，尽量不要画虚线。所以为了减少不必要的作图线，先从顶面开始作图比较方便。

作图（见图 6-9）：

（1）确定空间坐标轴　在正投影图上画出坐标轴的投影，如图 6-9a 所示。

（2）画出轴测轴　画出轴测轴如图 6-9b 所示。

（3）画正六棱柱体：

1）画顶面。在 O_1Z_1 轴上取六棱柱高度 h，画出顶面中心线；在与 O_1X_1 平行的顶面中心线上截取六边形对角长度得 1、4 两点，在与 O_1Y_1 平行的顶面中心线上截取对边宽度，得 7、8 两点，如图 6-9c 所示；分别过 7、8 两点作 $23 // 65 // O_1X_1$，并使 23 = 65 = 六边形的边长，依次连接 1、2、3、4、5、6 各点，得六棱柱的顶面，如图 6-9d 所示。

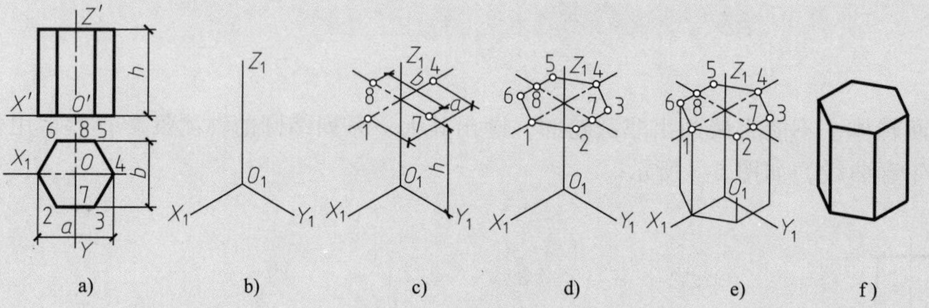

图 6-9　作正六棱柱体的正等测轴测图

2）画棱线和底面。过顶面顶点向下画平行于 O_1Z_1、长度为 h 的可见棱线：6 棱线、1 棱线、2 棱线、3 棱线，顺次连接这些棱线底端点，得到底面，完成正六棱柱正等测轴测图底稿，如图 6-9e 所示。

3）擦去多余的作图线并描深。完成正六棱柱体的正等测轴测图，如图 6-9f 所示。

本例轴测图作图采用了坐标法确定相关点，同时采用了端面法从顶端面画起。

【例 6-2】 对图 6-10a 三面投影图所示垫块，画出正等测轴测图。

分析：垫块是一带缺口的长方体，画轴测图时，可认为由基本体经切割而成。

作图（见图 6-10）：

（1）确定空间坐标轴　在正投影图上画出坐标轴的投影，如图 6-10a 所示。

（2）画出轴测轴　画出轴测轴如图 6-10b 所示。

（3）画形体

1）画基本体。如图 6-10b 所示。

2）画缺口。如图 6-10c、d 所示。

3）擦去多余的作图线并描深。如图 6-10e 所示，即得到形体的正等测轴测图。

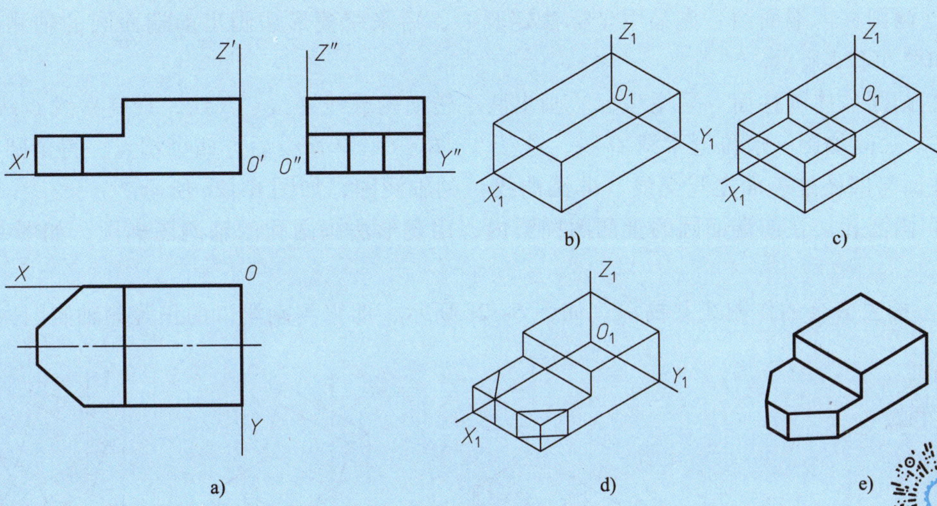

图 6-10 作形体的正等测轴测图

自行分析图 6-11 所示带缺口圆柱体的正等测轴测图作图步骤与方法。

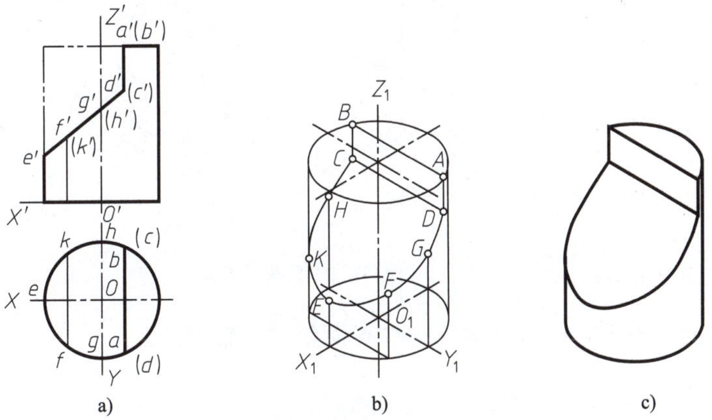

图 6-11 分析形体的正等测轴测图作图步骤和方法

【例 6-3】 对图 6-12a 三面投影图所示涵洞口，画出正等测轴测图。

分析：形体由三部分组成——长方体、四棱柱、圆筒。先用叠加法画出各部分主体，再画出圆筒中的圆孔。

作图（见图 6-12）：

（1）确定空间坐标轴　在正投影图上画出坐标轴的投影，如图 6-12a 所示。

（2）画出轴测轴　画出轴测轴如图 6-12b 所示。

（3）画形体轴测图

1）画长方体部分。坐标法配合端面法（先画顶面）画出长方体，如图 6-12b 所示。

2）画四棱柱部分。坐标法配合端面法或者切割法画出四棱柱，如图 6-12c 所示。

3）画圆筒部分。

① 画圆柱前端面圆。先采用坐标法定圆心，后采用菱形法画出前端面圆的轴测图椭圆，如图 6-12d 所示。

② 画圆柱体圆柱面。采用坐标法画出两条转向轮廓线 *A* 线、*B* 线，最高素线 *C* 线，*B* 线、*C* 线之间加画一般位置素线 *D* 线，连接 *A*、*B*、*C*、*D* 素线后方四个端点，得到圆柱体的圆柱面与四棱柱表面之间交线（非圆曲线）的轴测图，如图 6-12e 所示。

③ 画圆孔。在前端面圆的轴测图椭圆内，用菱形法画圆孔的轴测图椭圆，如图 6-12f 所示。

4）擦去多余的作图线并描深。如图 6-12g 所示，即得到涵洞口的正等测轴测图。

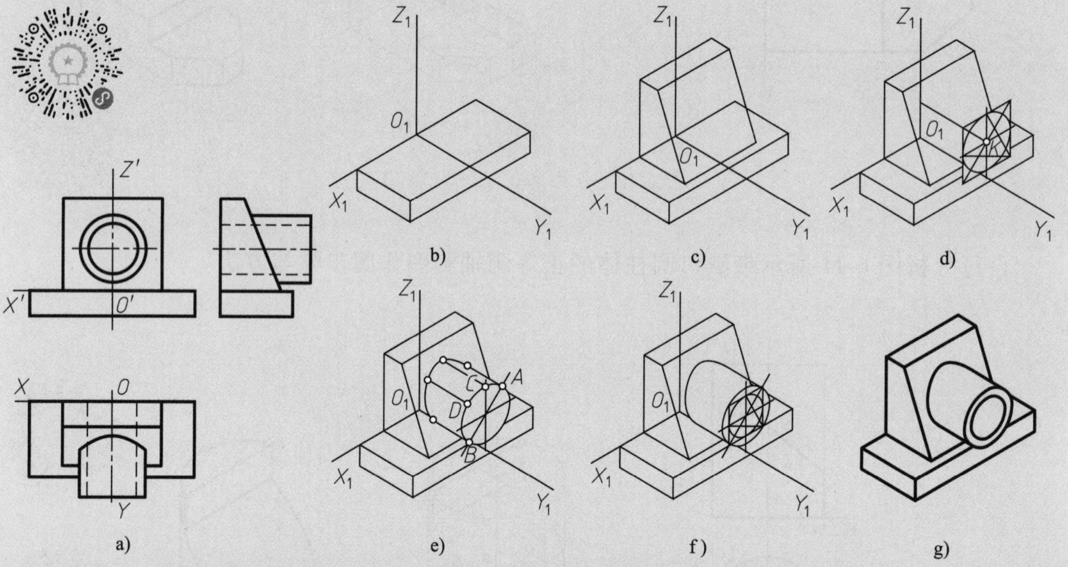

图 6-12　作涵洞口的正等测轴测图

【例 6-4】　对图 6-13a 所示涵洞口，作正面斜二测轴测图。

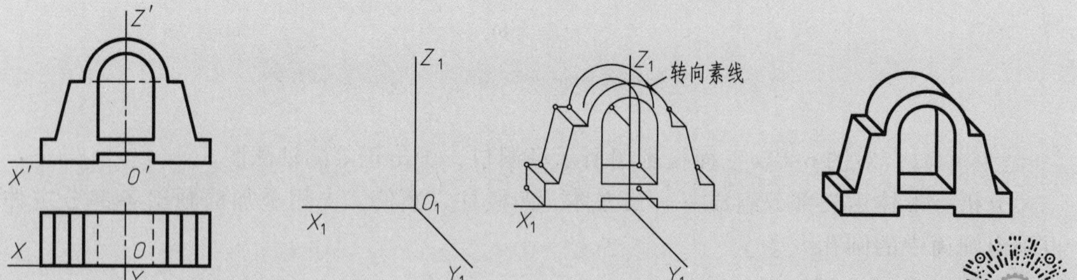

图 6-13　作涵洞口的斜二测轴测图

分析：涵洞口的前端面上有不同直径的圆弧，可选该端面作为 *XOZ* 坐标面，使其在斜二测轴测图中能反映实形，以方便作图。

作图（见图 6-13）：

（1）确定空间坐标轴　在正投影图上画出坐标轴的投影，如图 6-13a 所示。

（2）画出轴测轴　画出轴测轴如图 6-13b 所示。

（3）画形体轴测图　画形体轴测图如图 6-13c 所示。

1）画前端面。按实际形状、大小画出前端面。

2）画后断面。沿 O_1Z_1 轴向，按 $q = 0.5$ 定出后端面上各点及圆弧，并连线。

3）画上方半圆柱面的转向素线。

（4）擦去多余的作图线并描深　涵洞口的斜二测轴测图，如图 6-13d 所示。

6.5　轴测剖面图

为了清楚表达形体的内部结构形状，可假想用剖切平面将零件的一部分剖去，这种剖切后的轴测图称为轴测剖面图。

6.5.1　轴测剖面图的规定

1. 剖切平面

一般用两个互相垂直的、通过形体主要轴线或对称面的、平行于投影面或轴测坐标面的平面作为剖切平面，剖切掉形体的 1/4，以使轴测剖面图能同时表达形体的内、外形状，如图 6-14a 所示。尽量避免用一个剖切平面剖切整个零件，如图 6-14b 所示；尽量避免选择不正确的剖切位置，如图 6-14c 所示。

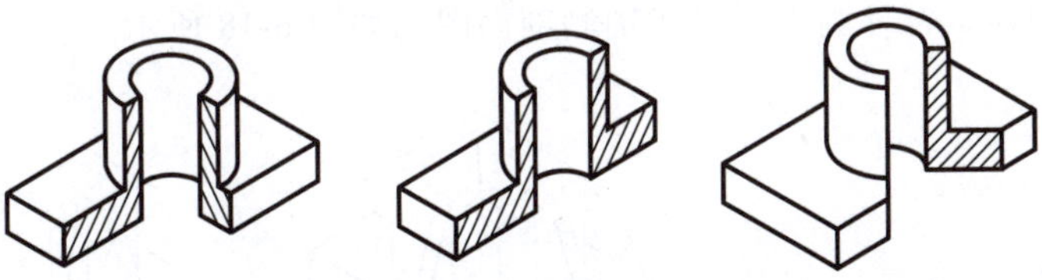

a)　　b)　　c)

图 6-14　轴测图剖切的正误方法

2. 剖面线或材料图例

在剖切断面即剖面上应画剖面线或材料图例。剖面线方向按截断面所平行的坐标面的轴向变形系数来确定，如图 6-15a 为正等测，图 6-15b 为斜二测。当筋板或薄壁件被纵向剖切时可不画剖面线，仅用粗实线将其与相邻结构分开。

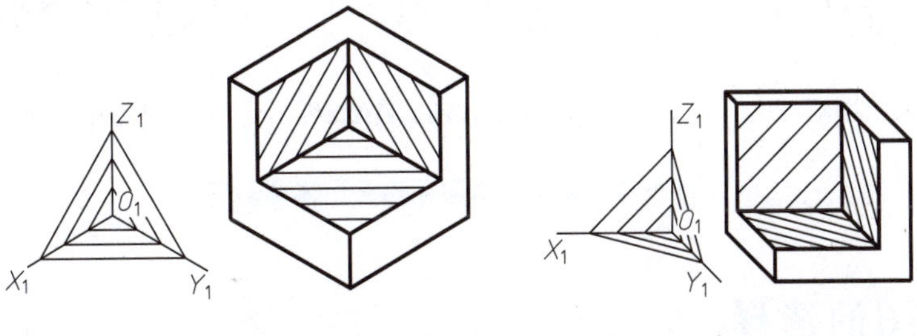

a)　　b)

图 6-15　轴测剖面图中的剖面线方向

3. 局部轴测剖面图

根据需要也可以将轴测图用一个剖切平面将某一局部切开，称为局部轴测剖面图。对于平行于坐标面的剖切断面按规定方向画剖面线，对于不规则的断裂面用波浪线和点表示，如图 6-16 所示。

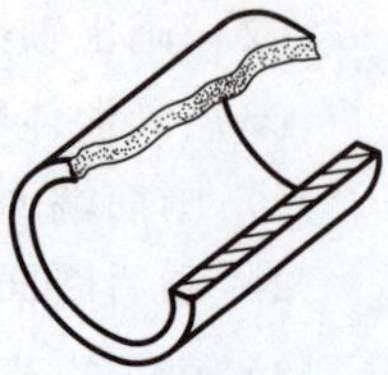

图 6-16　局部轴测剖面图

6.5.2　轴测剖面图的画法

1. 先剖后画

先画剖面图，再由内至外完成轴测剖面图，如图 6-17 所示。

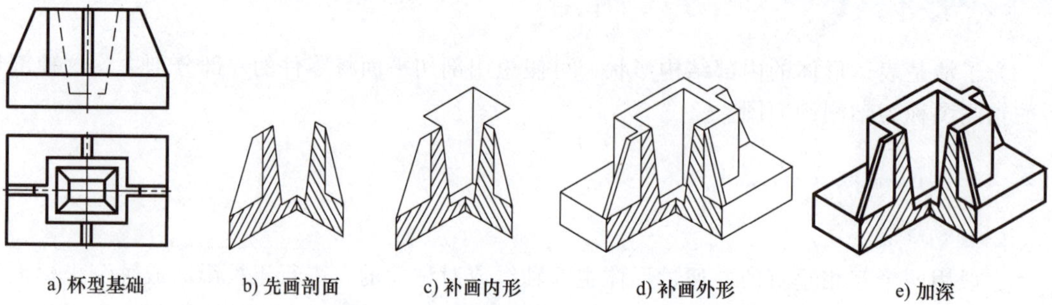

图 6-17　轴测剖面图画法——先剖后画

2. 先画后剖

先画外形后剖切，再补画内形完成轴测剖面图，如图 6-18 所示。

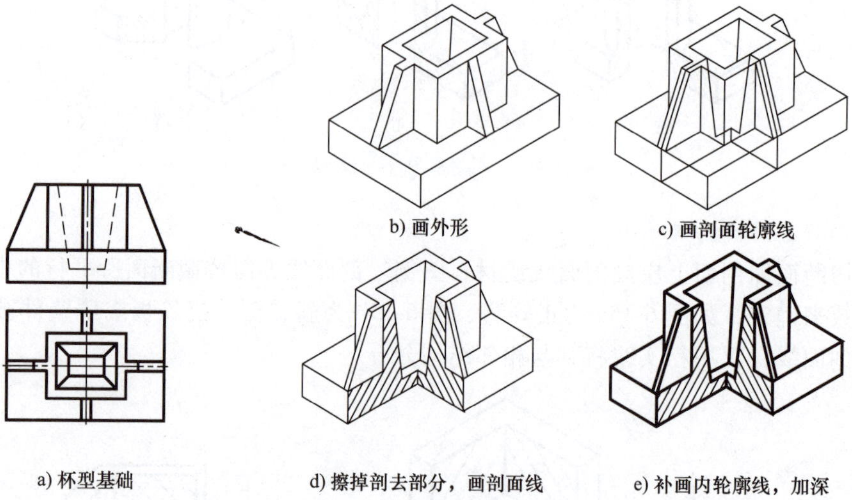

图 6-18　轴测剖面图画法——先画后剖

6.6　轴测图的选择

轴测图的选择应考虑三点：立体感强、表达清楚、作图简便。

6.6.1 轴测图类型选择

1）正等测立体感较强，三个轴间角易作图，所以作图简便，应用最广泛。

2）正二测更接近人的视觉印象，立体感最强，但三个轴间角不易作图，所以作图较麻烦，特别对有圆线的形体不宜采用。

3）斜二测立体感最差，但三个轴间角易作图，所以作图较简便，又因为平行于 XOZ 坐标面的平面能反映实形，所以特别适用于正面形状复杂或曲线多的形体。

6.6.2 轴测投射方向选择

轴测投射方向 S 在三投影面体系中的投影 s 、s'、s''分别与投影轴 OX、OY 的夹角统称为投影角，分别用 ε_1、ε_2、ε_3 表示，如图 6-19 所示。为此，可通过投影角在已知投影中按表达清楚的原则进行轴测图类型选择。

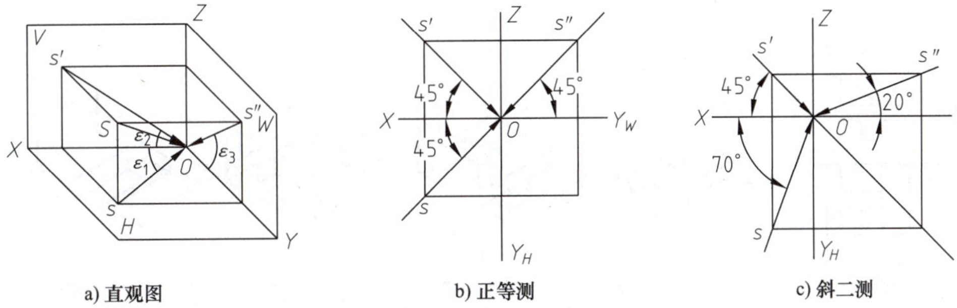

图 6-19 轴测投射方向的投影角

1. 尽量避免被遮挡

尽可能将隐蔽部分如孔、洞、槽等表达清楚。如图 6-20 所示，由于正等测与斜二测投射方向的 H 投影倾斜夹角不等，其结果也不相同，此例中斜二测表达更清楚。

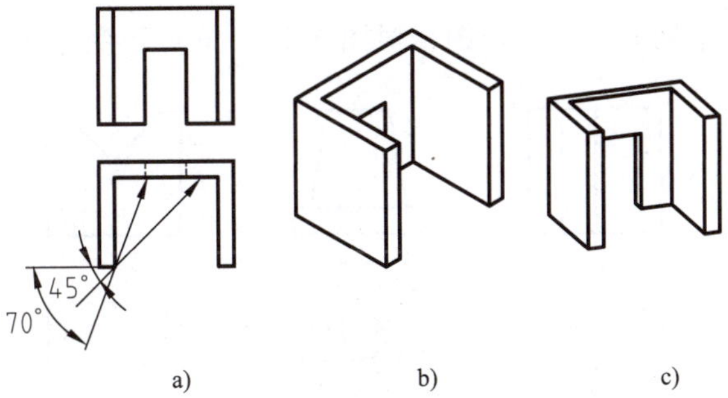

图 6-20 尽量避免被遮挡

2. 避免形体表平面投影积聚成直线

如图 6-21a 所示，因为轴测投射方向平行于上方四棱柱的右前与左后两棱面，所以两棱面正等测均积聚成一直线，致使轴测图缺少立体感，如图 6-21b 所示。图 6-21c 所示为斜二测。

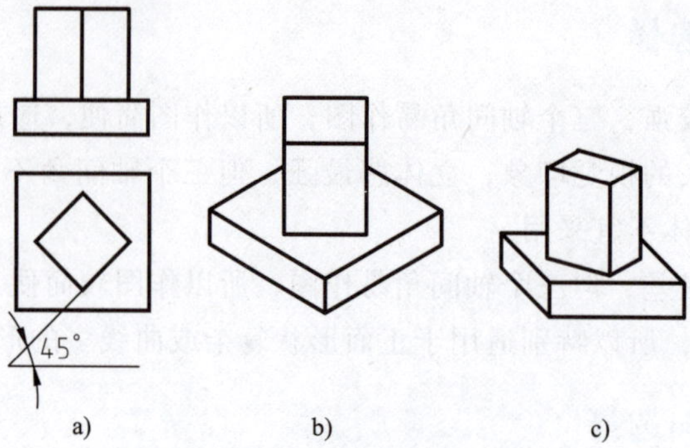

图 6-21 避免表平面投影积聚成直线

3. 按形体特征选择轴测投射方向

图 6-22 所示列出了四种不同投射方向所画出的形体正等测轴测图，分别形成了仰视、俯视、左视、右视的轴测图，可按主观意愿进行选择。

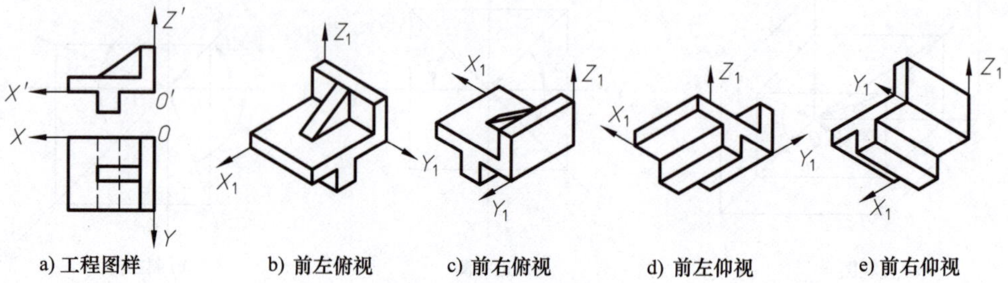

图 6-22 投射方向选择

思考：

1）自主查阅正二等轴测图的轴间角与轴向变形系数。

2）分析图 6-23 所示正投影图表达的三个形体形状，分别选择合适的轴测图并徒手表达空间形象。

3）为了方便选择轴测图种类与作图，对图 6-23b、c 可否变通摆放位置？

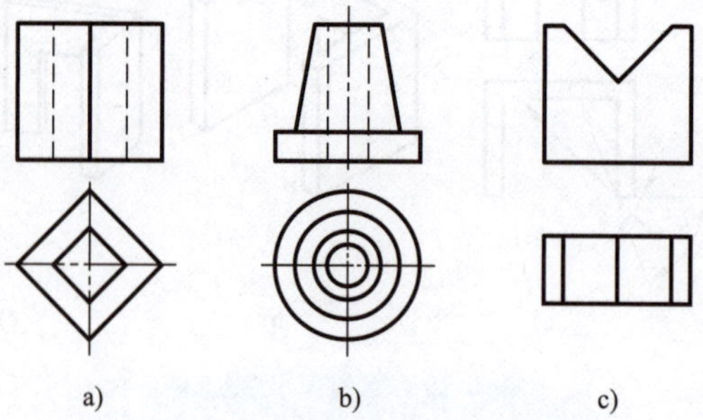

图 6-23 自主选择形体轴测图的种类

第7章 标高投影

本章导读

学习内容：

1）标高投影的基本知识。

2）点、直线、平面标高投影表示法。

3）交通工程常用地形面、同坡曲面标高投影表示法。

4）求平面与平面、平面与曲面、曲面与曲面交线的方法。

学习目标：

1）能够掌握点、直线、平面、曲面的标高投影表示法。

2）能够掌握求平面与平面、平面与曲面、曲面与曲面交线的方法。

3）能够具备综合应用基本知识和方法，图解道路坡面的开挖边界的能力。

4）能够具备综合应用基本知识和方法，探究性解决有关工程坡面较复杂问题的能力。

5）能够养成认真负责、严谨细致的工作作风。

6）能够发扬一丝不苟、精益求精的工匠精神。

7.1 标高投影概述

路桥工程与地形面关系密切，因为地形面很复杂，所以很难用三面投影将其形状表达清楚。于是人们对三面投影理论进行了改进，在形体的水平投影上加注某些特征点、线、面的高程数字，以高程数字代替立面图的作用，从而创新出一种适宜表达地形面的投影方法，即标高投影。在标高投影中，水平投影面 H 被称作基准面，空间点到基准面的距离被称作标高。规定：H 面上点的标高为零；H 面上方点的标高为正值；H 面下方点的标高为负值。标高单位一般为 m。

如图 7-1a 所示，空间点 A、B、C 的标高分别为+5、0、-3，在三点的水平投影 a、b、c 的右下方以角标形式加注标高数字，得到 a_5、b_0、c_{-3}，即为三点的标高投影。如图 7-1b 所示，画出三点的标高投影 a_5、b_0、c_{-3}，并加画表示距离和长度或高度的比例尺，即为三点的标高投影图。由点的标高投影可以确定该点在空间的位置。

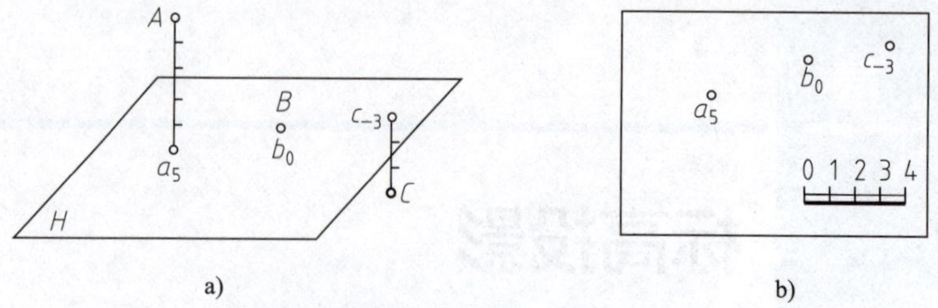

图 7-1　点的标高投影和标高投影图

7.2　直线的标高投影

7.2.1　直线的标高投影表示法

1. 两点表示法

一般情况下，直线的标高投影可以由直线的水平投影加注任意两点的标高投影来表示，如图 7-2 所示 *AB*、*CD*、*EF* 三直线段的标高投影。其中水平线 *EF* 上各点标高相同，所以称为等高线。

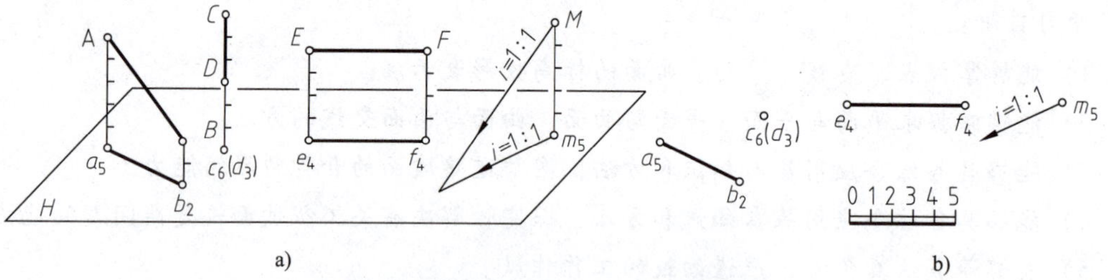

图 7-2　直线的标高投影和标高投影图

2. 任一点和坡度表示法

对于倾斜直线，其标高投影可以由直线上任一点的标高投影和坡度来表示，如图 7-2 所示过 *M* 点坡度为 1∶1 的直线。

7.2.2　直线段的实长和倾角

利用标高投影求直线段的实长和倾角，仍然采用正投影中的直角三角形方法。

如图 7-3a 所示，AB_0B 为空间直角三角形，如何将直角三角形图示在标高投影图上呢？

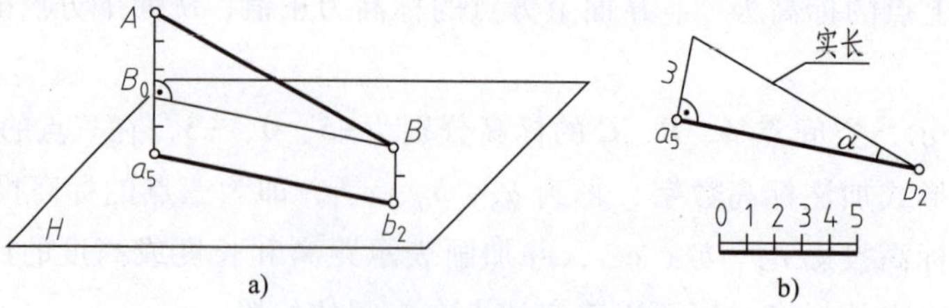

图 7-3　直线段的实长和倾角

如图 7-3b 所示，以直线段的标高投影（长度）为一直角边，以两端点的高程差为另一直角边组成直角三角形，那么斜边（长度）即为直线段实长，高差所对内角即为直线段对基准面的倾角 α。

7.2.3　直线段上的整数标高点

若直线段两端点标高非整数，当需要确定其上整数标高点时，那么可以采用定比分割法。

【例 7-1】　如图 7-4a 所示，已知直线段 AB 的标高投影 $a_{4.3}\ b_{7.8}$，求直线段上整数标高点。

分析：过 $a_{4.3}\ b_{7.8}$ 作基准面的辅助铅垂面，在其上可以作出空间的一系列整数标高等高线，还可以作出空间直线段 AB，两者之间的交点即为空间直线段 AB 上的整数标高点。利用定比分割法，即在 $a_{4.3}\ b_{7.8}$ 上求得各整数标高点的标高投影。

作图：假想将辅助铅垂面展开至基准面上，作图如图 7-4b 所示。

1）作与 $a_{4.3}\ b_{7.8}$ 平行的整数标高等高线，最低 4m，最高 8m。

2）过 $a_{4.3}$、$b_{7.8}$ 作 $a_{4.3}\ b_{7.8}$ 的垂线得到 A、B，连之即作出 AB。

3）求 AB 与 5、6、7 等高线的交点 C、D、E，即 AB 上的整数标高点。

4）由 C、D、E 返回 $a_{4.3}\ b_{7.8}$，即求出 AB 上的整数标高点的标高投影 c_5、d_6、e_7。

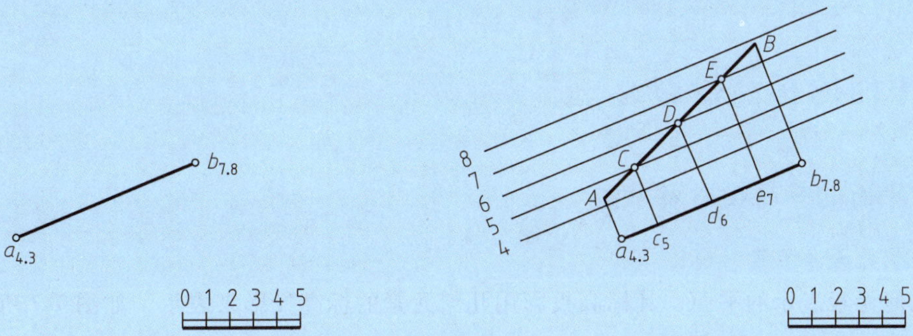

a)　　　　b)

图 7-4　直线段上的整数标高点

7.2.4　直线的坡度和平距

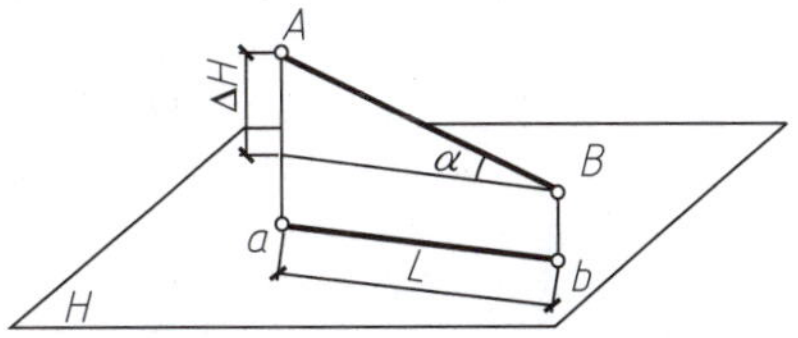

图 7-5　直线的坡度和平距

如图 7-5 所示，设直线段 AB 两端点高差 ΔH，水平距离 L，用 i、l 分别表示坡度和平距，则

$$i=\Delta H/L$$

$$l=L/\Delta H$$

即坡度可以看作直线上单位水平距离所对应的高程差，而平距可以看作直线上单位高差所对应的水平距离。平距和坡度互为倒数。

【例 7-2】　求图 7-6a 所示直线 AB 的坡度和平距，及其上 C 点的标高。

分析：求坡度和平距用数学计算法。求 C 点标高可以用数学计算法，也可以用图学

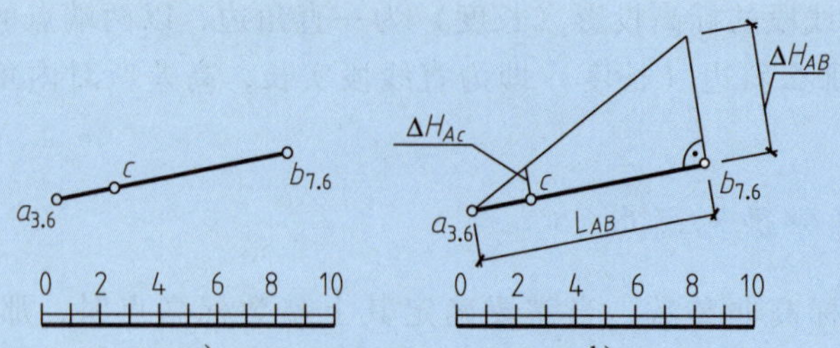

a) b)

图 7-6 求直线的坡度、平距及 C 点的标高

图解法。

计算：

两端点高差 $\Delta H_{AB}=4\text{m}$

两端点水平距离 $L_{AB}=8\text{m}$（用比例尺量得）

$i=\Delta H_{AB}/L_{AB}=4/8=1:2$

$l=L_{AB}/\Delta H_{AB}=2$

作图：用图学图解法求 C 点高程，如图 7-6b 所示。

在由 ΔH_{AB}、L_{AB} 组成的直角三角形中，过 c 点作 $a_{3.6}b_{7.6}$ 的垂线，得其长度 $\Delta H_{Ac}=1\text{m}$（用比例尺量得），那么 C 点标高为：$H_A+\Delta H_{Ac}=3.6\text{m}+1\text{m}=4.6\text{m}$

7.3 平面的标高投影

7.3.1 平面的标高投影表示法

1. 几何元素表示法

用几何元素表示的平面，其标高投影用几何元素的标高投影来表示，如图 7-7 所示。

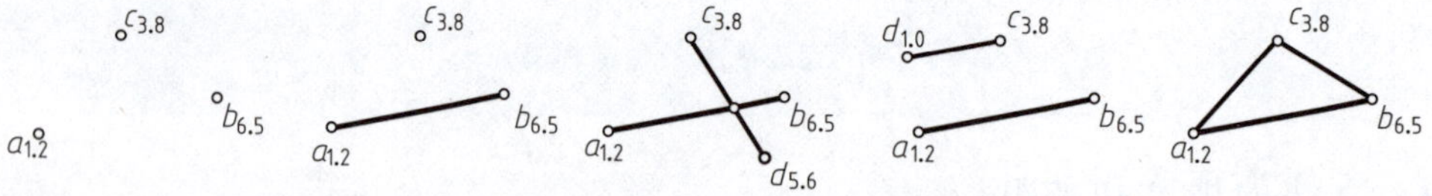

a) b) c) d) e)

图 7-7 几何元素表示平面

2. 等高线表示法

一般用平面上的一组整数标高等高线来表示，如图 7-8 所示。

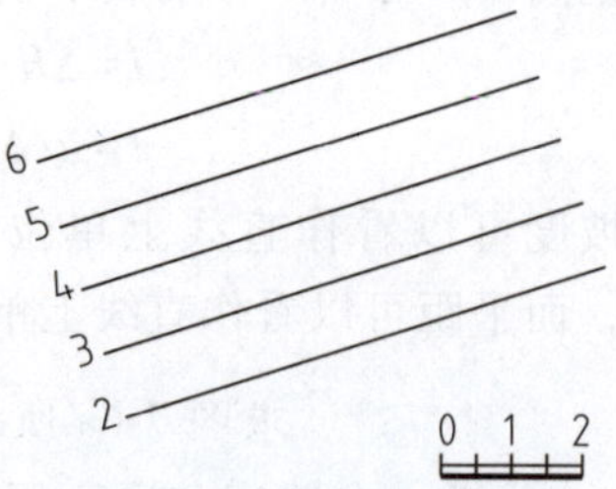

图 7-8 等高线表示平面

3. 坡度比例尺表示法

如图 7-9a 所示，在平面上，与等高线垂直的直线称为最大坡度线，简称坡度线。将坡度线的标高投影画成一粗一细双实线，并标记整数标高，称为坡度比例尺，用 P_i 表示。

如图 7-9b 所示，为坡度比例尺表示的平面的标高投影图。

如何将坡度比例尺表示的平面转换为一组整数标高等高线来表示呢？可以利用等高线与比例尺垂直的关系，如图 7-9c 所示，反之亦然。

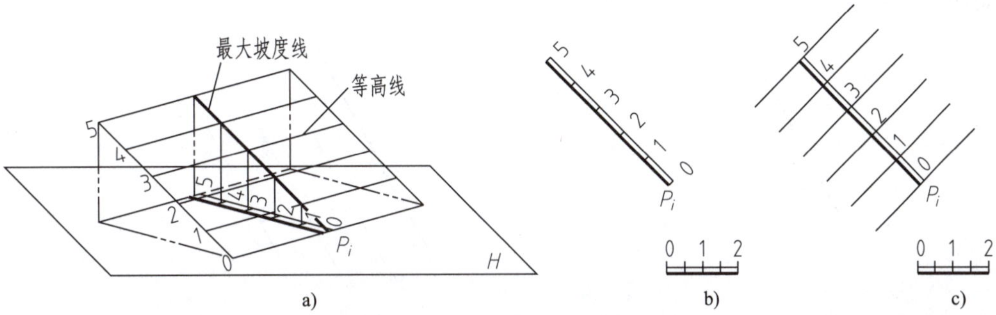

图 7-9 坡度比例尺表示平面

【例 7-3】 如图 7-10a 所示，已知△*ABC* 的标高投影，作出其坡度比例尺并求其对基准面的倾角 α。

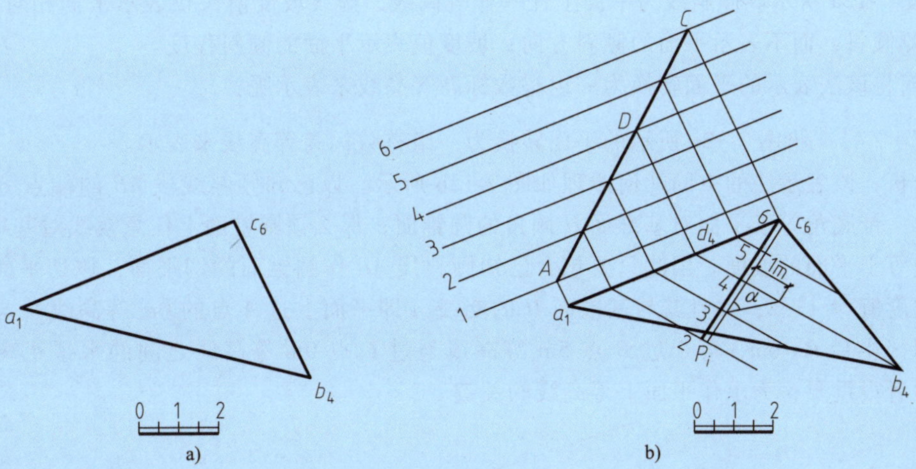

图 7-10 作平面的坡度比例尺并求倾角 α

分析：解决两个问题的关键是作出平面上的任一条等高线，例如 4m 等高线。

作图（见图 7-10b）：

（1）作整数标高等高线　利用定比分割法求得边线段 $AC(a_1c_6)$ 上的 4m 标高点 $D(d_4)$，连接 $BD(b_4d_4)$ 即为平面上的 4m 等高线，同时作出其他整数标高等高线。

（2）作比例尺　过平面上任一点例 $C(c_6)$ 点作整数标高等高线的垂线，用一粗一细双实线表示，并标记上整数标高数字 2、3、4、5、6，即得到坡度比例尺 P_i。

（3）求倾角 α　以平距和标高差 1m 作为直角边组成直角三角形，标高差 1m 直角边所对内角即倾角 α。

4. 一条等高线和坡度表示法

如图 7-11a 所示。等高线为平面上任一等高线，等高线和坡度箭头相互垂直，共同表示平面的倾斜方向，坡度值表示了平面的倾斜程度。

如何将该法表示的平面转换为一组整数标高等高线来表示呢？很简单，作与已知等高线平行（即与坡度箭头垂直），且平行间隔距离为平距的平行线，可得到系列整数标高等高线，如图 7-11b 所示。

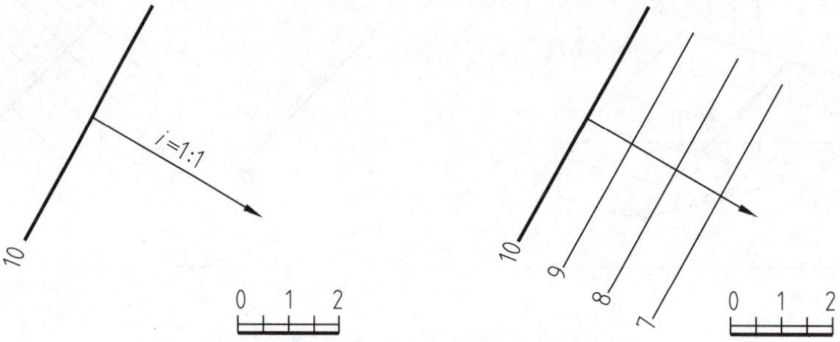

图 7-11　一条等高线和坡度表示平面

5. 一条倾斜线和坡度表示法

如图 7-12a 所示。倾斜线为平面上任一非等高线，虚线坡度箭头仅表示平面相对于倾斜线往哪侧倾斜，而不表示平面的倾斜方向；坡度值表示平面的倾斜程度。

如何将该法表示的平面转换为一组整数标高等高线来表示呢？

【例 7-4】 将图 7-12a 所示的平面转换为一组整数标高等高线来表示。

分析：该表示法的空间几何原理如图 7-12b 所示。以已知倾斜线段 *AB* 的端点 *B* 为顶点，作一锥底角等于平面对基准面 *H* 倾角的圆锥面，那么该圆锥面上任意素线对基准面 *H* 的坡度等于平面的坡度。因此只要包含已知倾斜线 *AB* 作圆锥面的切平面，该切平面必然满足坡度值 $i=1:2$，并且其与基准面 *H* 的交线（即平面上过 *A* 点的 0m 等高线）与圆锥面底圆（半径 $R=6$m，等于过 *B* 点 5m 等高线与过 *C* 点 0m 等高线之间的水平距离）相切。后者很重要，为求作平面上等高线的关键。

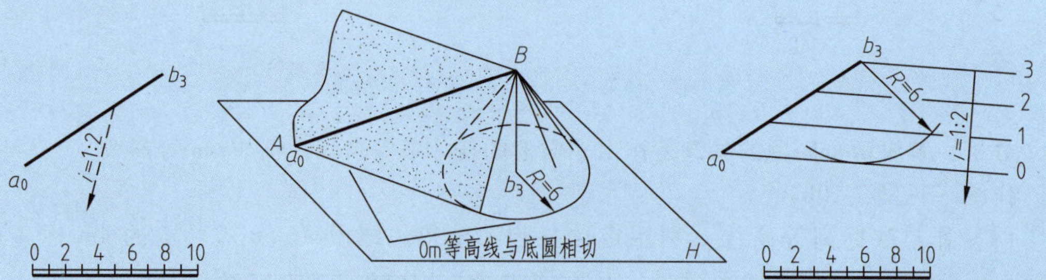

图 7-12　一条倾斜线和坡度表示平面

作图（见图 7-12c）：

（1）画圆弧　以 b_3 为圆心，以 $R=6$m 为半径画圆弧。

（2）作等高线　过 a_0 作圆弧切线，即为 0m 等高线；过 b_3 作 0m 等高线的平行线，即 3m 等高线；根据平距为 2m，作出 1m、2m 等高线。可以用该四条等高线来表示平面。

（3）作坡度　根据坡度与等高线垂直的关系，画出坡度箭头并标记坡度值 $i=1:2$，此为平面真正倾斜的方向。

思考：该题是否还存在其他解？该转换法是否适合任意倾斜线？

7.3.2　求两平面之间的交线

两平面之间的交线仍为直线，求交线的方法一般为辅助平面法。对标高投影而言，辅助平面法的几何原理如图 7-13a 所示，作一辅助水平面，例 H_{25}，其与 P、Q 两平面交线分别为 25m 等高线，两条相同 25m 等高线的交点为共有点 A，同理作另一辅助水平面，例 H_{20}，得到另一共有点 B，连接 A、B 两点得到 P、Q 两平面之间的交线。该法也可称作相同等高线交点法，适用于所有标高投影下求两面之间的交线。图 7-13b 所示，为求 P、Q 两平面之间交线的标高投影作图。

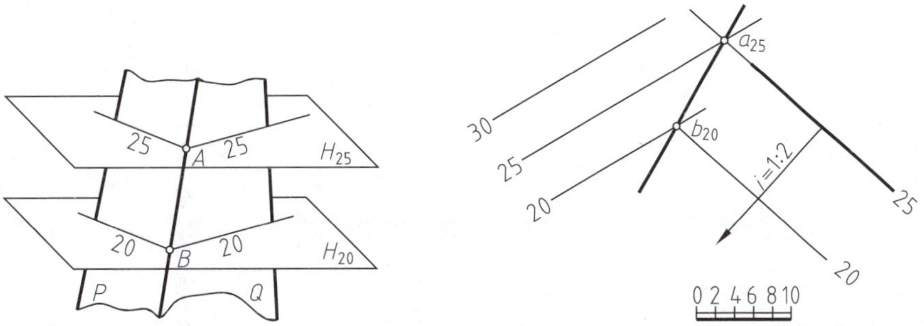

a)　　b)

图 7-13　求两平面之间的交线

【例 7-5】　如图 7-14a 所示，已知地坑坑底标高为 -3，以及各棱面斜坡的坡度。假设地面是一零标高水平面，求作地坑的平面图。

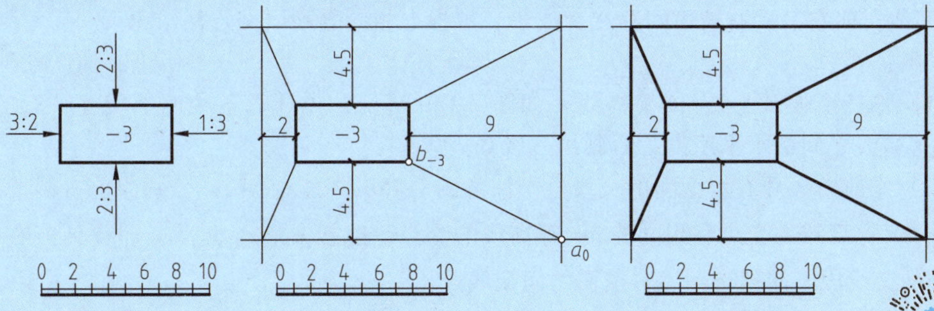

a)　　b)　　c)

图 7-14　求作地坑平面图

分析：显然地坑为四棱台状，可以认为其由坑口、坑底、棱面间四段交线段组成，其中坑底已知。坑口又由四段直线段组成，四段直线段为零标高地面与四个棱面之间的交线，所以一定是四个棱面上的 0m 等高线，因四个棱面均为由 -3m 等高线和坡度表示的平面，所以容易求出 0m 等高线；棱面间四段交线段为两平面之间交线，用相同等高线交点法也容易求出。

作图：

（1）作四个棱面上的 0m 等高线　如图 7-14b 所示，先计算各棱面上相互平行的 0m 与-3m 等高线之间的水平距离，后画出四段 0m 等高线。

（2）作四个棱面之间的交线段　注意图 7-14b 中的 a_0、b_{-3}，分别为前右两棱面上相同的 0m 等高线的交点和相同的-3m 等高线的交点，连接 a_0、b_{-3} 两点，即得到前右两棱面之间的交线段，同理得到其余棱面之间三段交线段。

（3）加深应有轮廓线　如图 7-14c 所示，粗实线即表示地坑的平面图。

【例 7-6】　如图 7-15a 所示，已知路堤堤顶 *ABCD*，标高由 0m 升至 3m，三坡面坡度如图 7-15 所示。假设地面为零标高的水平面，求作各坡面与地面间的交线及坡面间的交线。

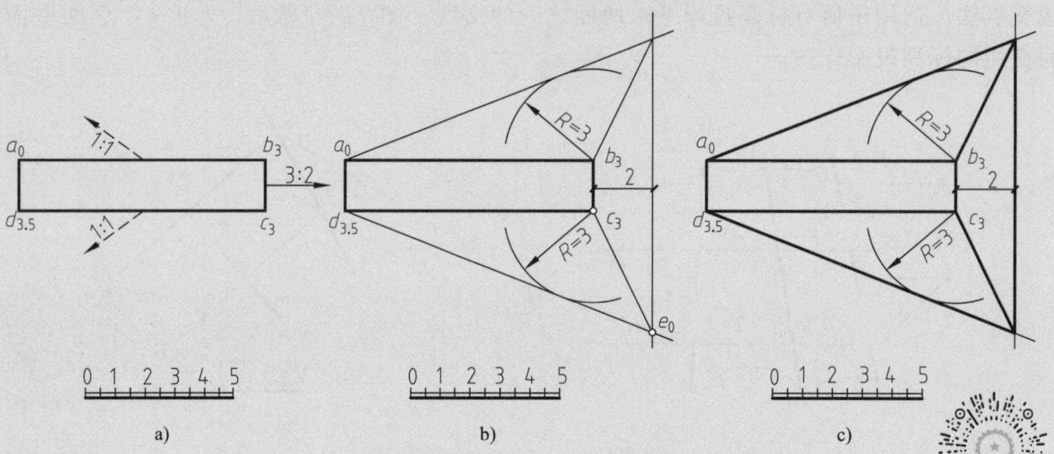

图 7-15　求堤坝各坡面与地面间的交线及坡面间的交线

分析：前后两坡面分别为由 *CD*、*AB* 倾斜线与坡度 1∶1 表示的平面，右坡面为由 3m 等高线 *BC* 和坡度 3∶2 表示的平面，三坡面与零标高地面之间的交线一定为三坡面上的 0m 等高线；前右、后右坡面间存在交线段，可根据相同等高线交点法求出。

作图：

（1）作三个棱面上的 0m 等高线　如图 7-15b 所示，先计算各棱面上相互平行的 3m 与 0m 等高线之间的水平距离，后画出三段 0m 等高线。

（2）作前右、后右坡面间的交线段　注意图 7-15b 中的 e_0、c_3，分别为前右两棱面上相同的 0m 等高线的交点和相同的 3m 等高线的交点，连接 e_0、c_3 两点，即得到前右两棱面之间的交线段，同理得到后右棱面之间交线段。

（3）加深应有轮廓线　如图 7-15c 所示，粗实线即为所求。

7.4　曲面的标高投影

7.4.1　曲面的标高投影表示法

用整数标高的水平面截切曲面，得到水平交线即整数标高等高线，画出整数标高等高线的标高投影，并标记等高数字即可表示曲面的标高投影，如图 7-16 所示的正立、倒立的正圆锥面的标高投影。

7.4.2　道路工程上的两种典型曲面

1. 同坡曲面

各处坡度都相等的曲面称作同坡曲面，正圆锥面为最简单的同坡曲面。如图 7-17 所示，道路在转弯处，无论路面有无纵坡，其两边边坡都是同坡曲面。

同坡曲面是如何形成的呢？如图 7-18a 所示，以一条空间曲线（路面边线）作为导线，让正圆锥锥顶沿此导线运动并保持轴线为铅垂线，正圆锥面的包络面就是同坡曲面。

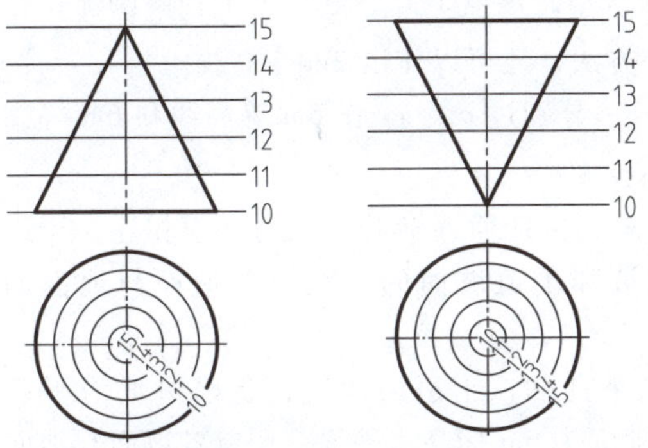

a)　　b)

图 7-16　曲面的标高投影

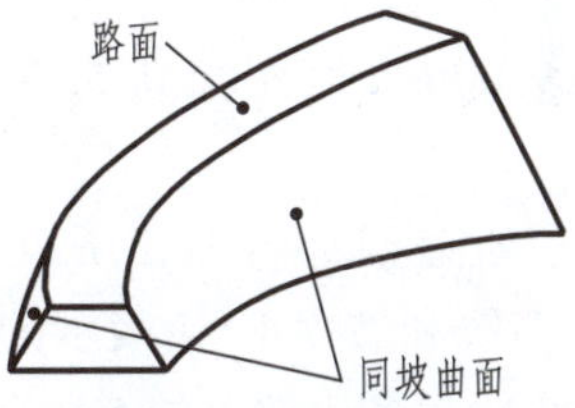

图 7-17　同坡曲面

【例 7-7】　如图 7-18b 所示，已知一弯曲倾斜道路路面边线，以及边坡坡度为 1∶2，试完成其边坡的标高投影。

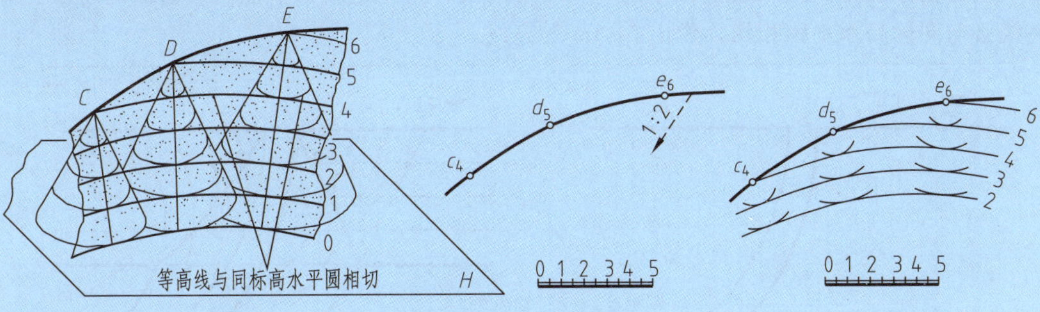

a)　　b)　　c)

图 7-18　求同坡曲面的标高投影

分析：因为道路弯曲，所以边坡为同坡曲面。根据曲面的标高投影表示法，同坡曲面的标高投影需要用其上一组整数标高等高线的标高投影，并标记等高数字来表示。因此，求同坡曲面边坡上的整数标高等高线是关键。

如何求同坡曲面边坡上的整数等高线？如图 7-18a 所示，过路面边线上的整数标高点 C、D、E 等作一系列水平面作为截平面，例如过 C 点的 4m 标高水平面，其与同坡曲面的交线为 4m 等高线，其与锥顶在 D、E 处圆锥面的交线为同标高的半径分别是 1 个平距、

2个平距的水平圆（等高线），因为同坡曲面与各圆锥面相切，所以前者等高线必与同标高水平圆相切，此为同坡曲面的特点，根据此特点可以解决求同坡曲面上等高线的问题。

作图（见图7-18c）：

（1）作4m等高线　以 d_5 为圆心、以4m与5m等高线之间的水平距离（1个平距）为半径画圆弧；以 e_6 为圆心、以4m与6m等高线之间的水平距离（2个平距）为半径画圆弧；过 c_4 点作上两段圆弧的公切线，得到4m等高线。

（2）作3m等高线　以 c_4 为圆心、以3m与4m等高线之间的水平距离（1个平距）为半径画圆弧；以 d_5 为圆心、以3m与5m等高线之间的水平距离（2个平距）为半径画圆弧；以 e_6 为圆心、以3m与6m等高线之间的水平距离（3个平距）为半径画圆弧；作上三段圆弧的公切线，得到3m等高线。同样的方法，还可以作出2m等高线。

（3）作5m、6m等高线　方法同（1）、（2），分别过 d_5、e_6 作5m等高线和6m等高线。如图7-18c所示，即为同坡曲面边坡的标高投影。

【例7-8】　图7-19a所示为一弯曲倾斜的匝道，由地面逐渐升高至与干道相连，干道顶面标高9.00m，地面标高5.00m，画出两边坡和干道坡面的交线及各坡面与地面的交线。

分析：匝道因为弯曲，所以两边边坡为同坡曲面，干道因为直，所以边坡为平面（由9m等高线和坡度1∶1表示的平面）。因为地面为5m标高水平面，所以各坡面与地面之间的交线即为各边坡上的5m等高线，而坡面之间的交线为曲线（曲面与平面相交产生的交线），仍由相同等高线交点法，先求出其上多个点再连线。

作图（见图7-19b）：

（1）求作各边坡上的整数等高线　将干道坡面由9m等高线和坡度1∶1表示转换为由一组整数标高等高线来表示，作出8~5m等高线；将匝道坡面依照同坡曲面的特征：等高线必与同标高水平圆相切，作出5~8m等高线。

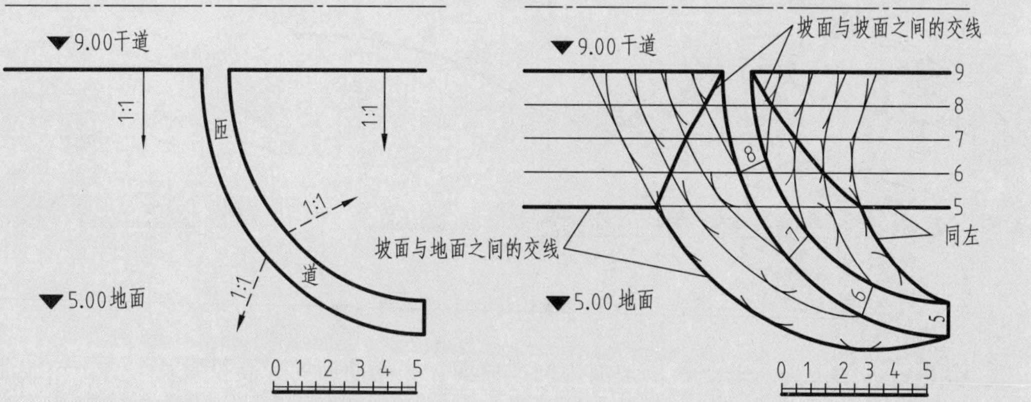

图7-19　求坡面与地面之间的交线及坡面之间的交线

（2）求作坡面与地面之间的交线　干道坡面与匝道坡面上的5m等高线相互限定以外部分为应有坡面与地面之间的交线，用粗实线表示。

(3) 求作坡面与坡面之间的交线　将干道坡面与匝道坡面上相同等高线 9m 与 9m 至 5m 与 5m 之间的交点连接，得到的两段曲线即为所求，也用粗实线表示。

思考：如何理解本例中干道坡面与匝道坡面上相同的 9m 与 9m 等高线的交点？

2. 地形面

地形面是不规则的曲面。如图 7-20a 所示，假想用一组整数标高的水平面截切地形面，那么交线为地形面上的一组整数标高等高线，同其他曲面的标高投影表示一样，画出等高线的水平投影并标记其高程，即得地形面的标高投影，如图 7-20b 所示。

地形面的标高投影，也称地形图，地形图在等高线的线型和标高标记上不同于其他曲面。国家标准规定：每隔四条等高线，有一条画成粗实线并标注标高值，称为记曲线；其余画成细实线，不标注标高值，称为首曲线。标高数字的字头应朝向上坡方向如图 7-21 所示。

地形图上等高线的特点如下：

1) 等高线一般是封闭曲线（在有限的地形范围内不封闭）。

2) 除悬崖、峭壁外，等高线不相交。

3) 等高线密处地势陡，等高线稀疏处地势平坦。

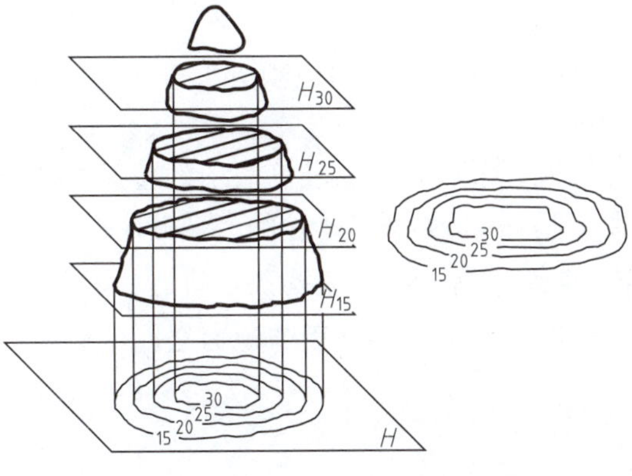

a)　　b)

图 7-20　地形面的标高投影

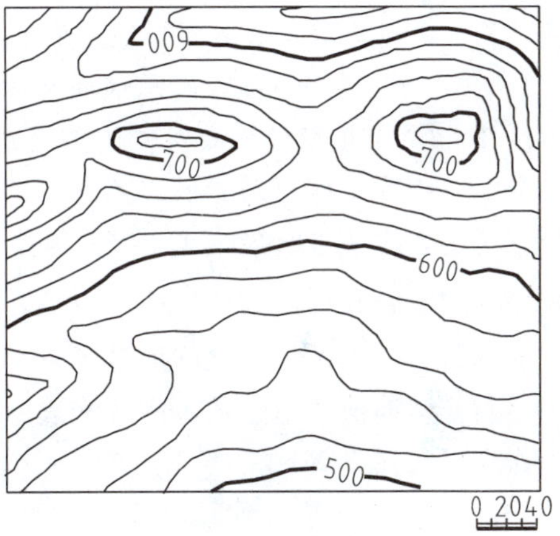

图 7-21　地形图

7.5　平面、曲面与地形面之间的交线

在道路工程上，经常遇到求解平面坡面或曲面坡面与地面之间交线的情况，方法仍是求两平面之间交线的相同等高线交点法。

【例 7-9】　求图 7-22a 所示的平面与地形面之间的交线。

分析：平面为由一条 25m 等高线和坡度 1∶3 表示的平面，要求其与等高线表示的地形面之间的交线，关键是将其转换成一组整数等高线来表示。

作图（见图 7-22b）：

(1) 求平面上合适的等高线　按平距为 3m，作出平面上的 26m、18～24m 等高线；考虑方便后面连线，插入平面上的 18.5m 等高线与之相适应，也插入地形面上相同的 18.5m 等高线，此法称作插入法求交点。

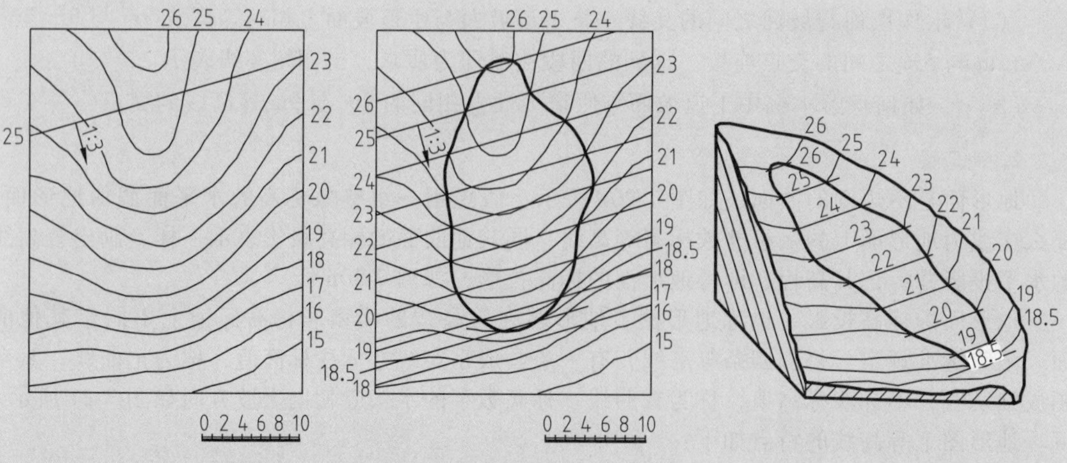

a) b) c)

图 7-22　求平面与地形面之间的交线

（2）连线　连接平面和地形面上相同等高线之间的交点，用粗实线表示，即得所求交线。图 7-22c 所示为求平面与地形面之间交线的空间情形。

【例 7-10】　在图 7-23a 所示地面上修筑一条直斜道路，两侧边坡填方坡度 1∶2，挖方坡度 1∶2。求填挖分界及两侧边坡与地面的交线。

分析：因为道路直斜，所以前、后两侧边坡均为一条倾斜线和坡度表示的平面边坡，并且左方为填方边坡（$T_{1:2}$）、右方为挖方边坡（$W_{1:2}$）。如图 7-23b 所示，由地形等高线和路面边线整数标高点可以明显看出，$A_5(a_5)$ 点为后侧边坡上填挖方之间的一个分界点，而前侧边坡上填挖方之间的分界点只能通过作图确定。至于坡面与地面之间的交线，关键是将其转换成一组整数等高线来表示。

作图（见图 7-23b）：

（1）求填挖分界　标记后侧边坡已知分界点 a_5，前侧边坡填挖分界点待求。

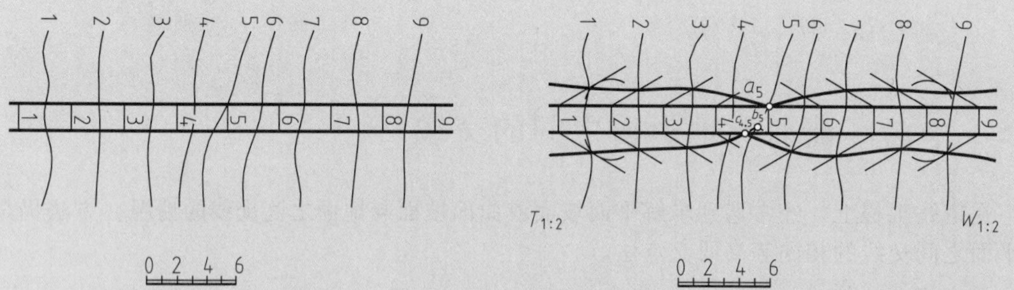

a) b)

图 7-23　求直斜道路填挖分界及两侧边坡与地面的交线

（2）求平面边坡等高线　对左填方坡，以路面边线上高处的点（例如 2m 标高点）为圆心，以 1 个平距（2m）为半径作圆弧，再过低处的点（例如 1m 标高点）作圆弧切线，即坡面上的（1m）等高线，其余等高线按照相互平行关系即可作出。对右挖方坡，以路面边线上低处的点（例如 8m 标高点）为圆心，以 1 个平距（2m）为半径作圆弧，再过高处的点（例如 9m 标高点）作圆弧切线，即得坡面上的（9m）等高线，其余等高线仍按照相互平行关系作出。注意前侧边坡与地面相同的 5m 等高线的交点 b_5 是在路面之下。

（3）连线　分别连接 a_5 与填挖方边坡上的相同等高线的交点，得到后侧边坡与地面之间的交线；连接 b_5 与前侧填方边坡上的相同等高线的交点，连线即为该坡面与地面之间的交线，而连线与路面边线的交点 $c_{4.5}$ 即是前侧边坡填挖分界点；连接 $c_{4.5}$ 与前方挖方边坡上的相同等高线的交点，连线即为该坡面与地面之间的交线。四段连线用粗实线表示。

【例 7-11】　求图 7-24a 所示管道 AB 与地面间交点，并完成管道 AB 的标高投影。

分析：求直线与平面或曲面之间的交点即贯穿点，在立体投影中已学习。对于本题，应适合采用辅助平面法，包含三个步骤：①求包含直线 AB 作辅助铅垂面；②求辅助铅垂面与地形面的交线，即地形断面轮廓线；③求 AB 与地形断面轮廓线的交点，即 AB 与地形面的交点。这些点是 AB 标高投影可见与不可见的分界点，由此可完成 AB 的标高投影。

作图：将辅助铅垂面沿 $a_{22.4}b_{24.6}$ 展平至基准面，可在其上作图，如图 7-24b 所示。

（1）作 AB　作 20~25m 等高线，再由 $a_{22.4}$、$b_{24.6}$ 作出 AB。

（2）作地形断面轮廓线　由地形面上等高线与辅助平面交点的标高投影，作出这些交点，连接各交点得到地形断面轮廓线。实质上在此仍然使用了相同等高线交点法求辅助平面与地形面的交线。

（3）求 AB 与地形断面轮廓线的交点　即图 7-24b 中 C、D、E、F 四点。

（4）完成 AB 的标高投影　C、D、E、F 四点将 AB 分成五段，其中 AC、DE、FB 在地形面之上，所以标高投影 $a_{22.4}c_{22.7}$、$d_{23.2}e_{24}$、$f_{24.2}b_{24.6}$ 为可见投影，用粗实线表示；其中 CD、EF 在地形面之下，所以标高投影 $c_{22.7}d_{23.2}$、$e_{24}f_{24.2}$ 为不可见投影，用虚线表示。

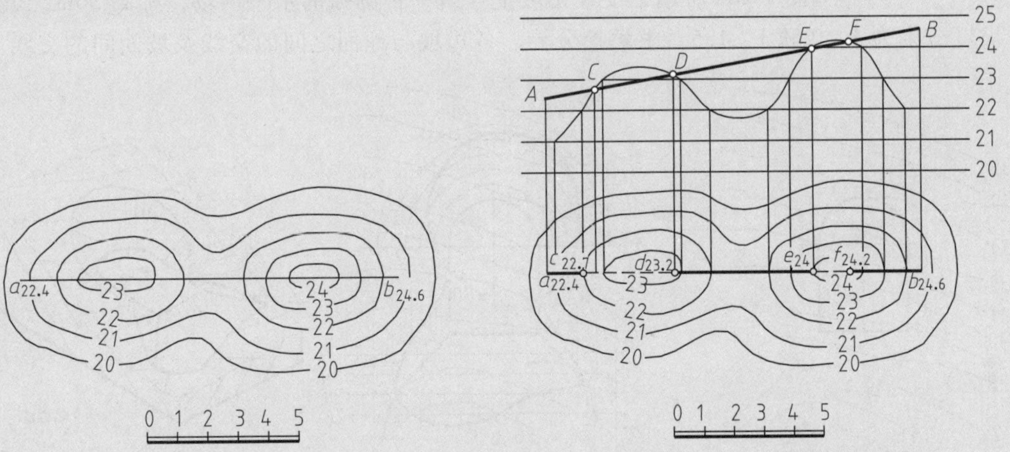

a)　　　　b)

图 7-24　求直线与地面之间的交线

【例 7-12】 在图 7-25a 所示地面上修筑一条弯曲平道路，路面标高 20m，两侧边坡填方坡度 1∶1.5，挖方坡度 1∶1。求填挖分界及两侧边坡与地面的交线。

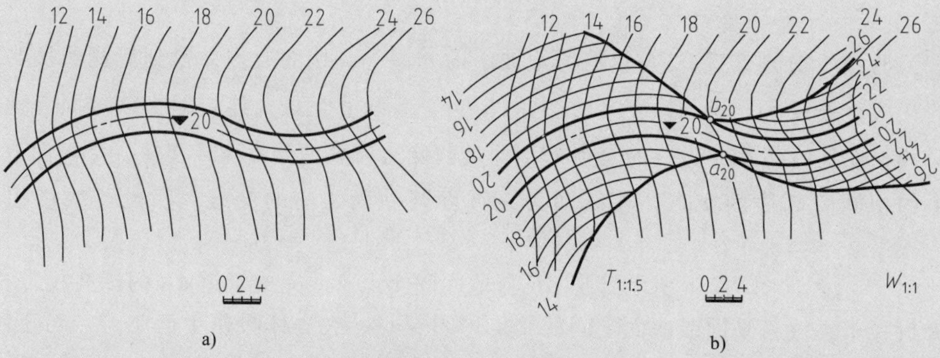

图 7-25 求弯曲平道路填挖分界及各边坡与地面之间的交线

分析：道路弯曲，所以前、后两侧边坡均为同坡曲面。又因为路面为标高 20m 的平面，所以路面边线为相应同坡曲面边坡上标高 20m 的一条整数等高线，据此其他等高线可求。地面 20m 等高线与边坡 20m 等高线的交点即为两侧边坡上的填挖分界；显然左方为填方边坡，右方为挖方边坡；边坡与地面之间的交线仍用相同等高线交点法求出。

作图（见图 7-25b）：

（1）标记填挖分界　前、后两侧填挖分界分别用点 $A(a_{20})$、$B(b_{20})$ 表示。

（2）作各坡面等高线　左填方两边坡根据平距 1.5m 及等高线之间的平行关系作出 14~19m 等高线；右挖方两边坡根据平距 1m 及等高线之间的平行关系作出 21~26m 等高线。

（3）求坡面与地面之间的交线　分别连接前侧 a_{20} 与左、右方边坡上相同等高线的交点，再分别连接后侧 b_{20} 与左、右方边坡上相同等高线的交点，得到四段坡面与地面之间的交线，用粗实线表示。

【例 7-13】 如图 7-26a 所示，要在山坡上修筑一带圆弧的水平广场，标高 30m，填挖方坡度分别为 1∶2 和 1∶1.5。求填挖分界、各边坡与地面之间的交线及坡面间的交线。

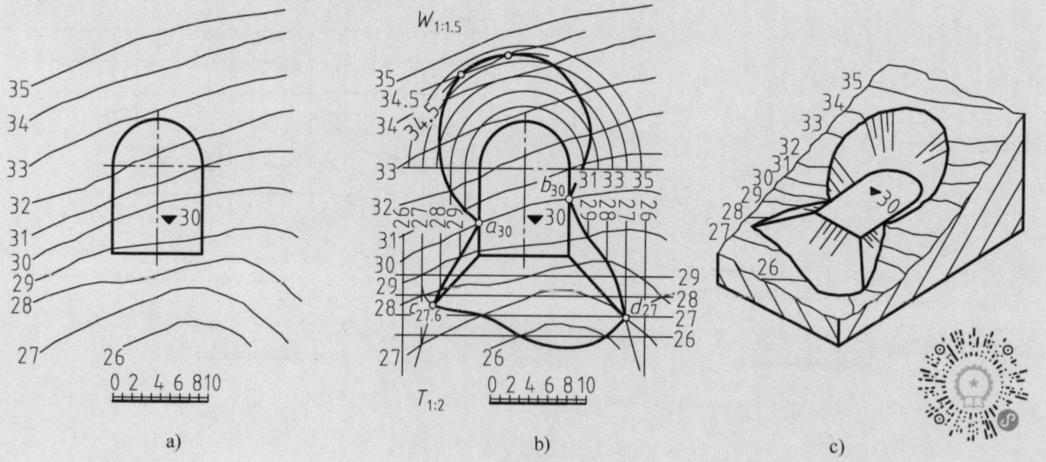

图 7-26 求广场填挖分界、各边坡与地面之间的交线及坡面间的交线

分析：广场由四段边缘线段围成——一段半圆、三段直线。因广场水平，所以一段半圆对应同坡曲面边坡且其为边坡上的一条 30m 等高线，三段直线对应平面边坡且其为相应边坡上的一条 30m 等高线；地面 30m 等高线与广场边缘线段的交点即边坡上的填挖分界；显然前方为填方边坡，后方为挖方边坡；边坡与地面之间的交线及坡面间的交线仍用相同等高线交点法求出。

作图（见图 7-26b）：

（1）标记填挖分界　前、后两侧填挖分界分别用点 $A(a_{30})$、$B(b_{30})$ 表示。

（2）求挖方边坡与地面之间的交线　作出后方同坡曲面上 31~35m 整数标高等高线，各圆心为已知半圆弧 30m 等高线的同心圆弧，各半径差值根据平距 1.5m 分别为 1.5m、3.0m、4.5m、6.0m、7.5m，同时作出用 30m 等高线和坡度 1∶1.5 表示的左侧平面边坡上的 31m、32m 整数标高等高线；求得两挖方边坡与地面相同等高线之间的交点；将填挖分界点 a_{30}、b_{30} 与相同等高线之间的交点相连，即为挖方边坡与地面之间的交线，用粗实线表示。

（3）求填方边坡与地面之间的交线　填方边坡为左、右、前三个均用 30m 等高线和坡度 1∶2 表示的平面边坡，根据 30m 等高线和平距 2m 分别作出三个边坡上的 26~35m 整数标高等高线；求得三个填方边坡与地面相同等高线之间的交点；将相应的相同等高线之间的交点相连，即为各挖方边坡与地面之间的交线，取三条交线中的有效部分用粗实线表示，即为挖方边坡与地面之间的交线。

（4）求各坡面之间的交线　只有填方三个平面边坡中存在两条坡面之间的直线交线，用相同等高线交点法，可方便作出，用粗实线表示。

思考：

1）解决【例 7-9】、【例 7-10】、【例 7-12】、【例 7-13】的关键点是什么？

2）结合图 7-26c，自行查阅资料，了解示坡线。如何在坡面的标高投影上画出示坡线？

3）道路坡面的形式有哪四种？自行设计一弯曲道路，求其坡面的填挖分界。

第3篇

形 体 构 型

第8章 组合体的视图

本章导读

学习内容：

1）画组合体的视图。

2）标注组合体的尺寸。

3）看组合体的视图。

学习目标：

1）学会用形体分析法分析切割式、叠加式组合体的形状。

2）明确画组合体视图的方法和步骤；明确标注组合体尺寸的基本要求、方法和步骤；明确看组合体视图的方法和步骤。

3）能够具备综合运用基本知识和方法，解决复杂工程形体看图与画图的能力。

4）能够具备灵活使用自主绘图方式，完成各环节绘图表达的能力。

5）能够养成认真负责、严谨细致的工作作风。

6）能够发扬一丝不苟、精益求精的工匠精神。

一个工程实体是由多种不同形状的结构物组成的。这些结构物可以由一个基本体经切割得到，或者由几个基本体经叠加得到，称为组合体。本章介绍组合体的画图、标注尺寸、读图等问题，为正确表达实际工程结构物打下基础。

8.1 组合体概述

8.1.1 组合方式

1. 切割式

组合体可由一个基本体经切割得到，如图 8-1a 所示。

2. 叠加式

组合体可由几部分形体经叠加得到，如图 8-1b 所示。对于叠加式组合体，有时某一或某几组成部分又可看作是切割式组合体，如此又可称作综合式组合体。另外，对于组合体的组合方式的认定，并没有一定的规则，可根据人为分析而定。图 8-2 所示的切割式组合体也可认为由底部四棱柱、右上部四棱柱及后上部三棱柱经叠加得到的叠加式组合体。

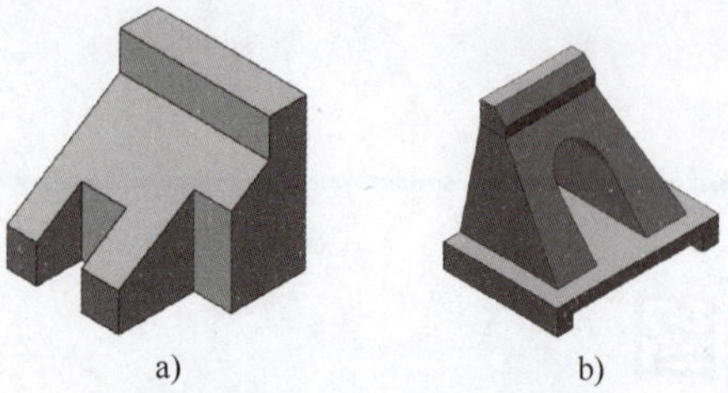

图 8-1　组合体的组合方式

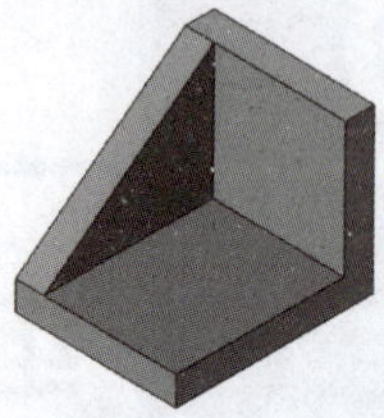

图 8-2　切割式组合体

8.1.2　组合体的视图及其投影规律

从本章开始，组合体的正面投影称为主视图，水平投影称为俯视图、侧面投影称为左视图，三者统称为三视图。

如图 8-3 所示，三视图之间的投影规律仍为第 5 章学习的立体的投影规律，对其进一步简练，归纳如下：

1）主视图、俯视图之间长对正。

2）主视图、左视图之间高平齐。

3）俯视图、左视图之间宽相等。

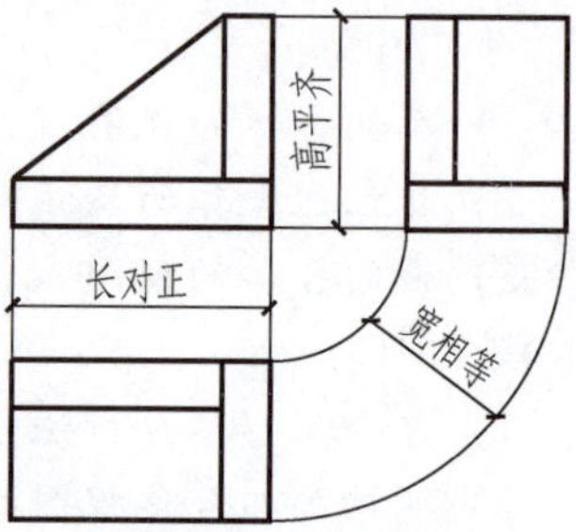

图 8-3　组合体的三视图

8.1.3　组合体相邻两部分形体之间的表面过渡关系

组合体相邻两部分形体之间的表面过渡关系可分为四种：相切（见图 8-4a）、相交（见图 8-4b）、平齐（见图 8-4c）、不平齐（见图 8-4d）。画图时，必须注意分析这些关系，才能不多线、不漏线；看图时，也必须看懂相邻两部分形体之间的表面过渡关系，才能够正确想象组合体的形状，如图 8-5 所示。

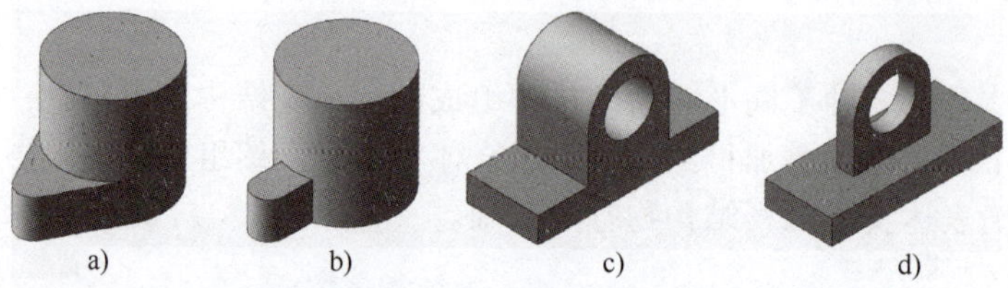

图 8-4　组合体相邻两部分形体之间的表面过渡关系

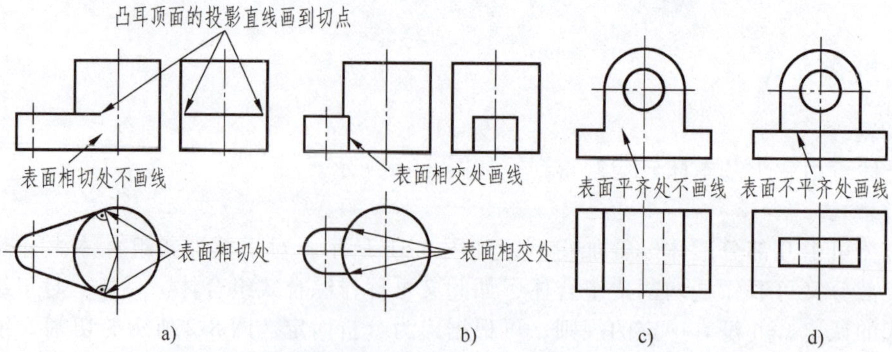

图 8-5　组合体相邻两部分形体之间的表面过渡关系作图

8.2 画组合体的视图

8.2.1 画切割式组合体的三视图

以图 8-6a 组合体为例，说明画切割式组合体三视图的方法、步骤。

1. 分析形状

组合体的形状一般采用形体分析法进行分析。对切割式组合体，需进行两方面的分析：

（1）分析基本体的形状　对该组合体，其基本体可看作一长方体，如图 8-6b 所示。

（2）分析截切顺序、切口及截断面的形状

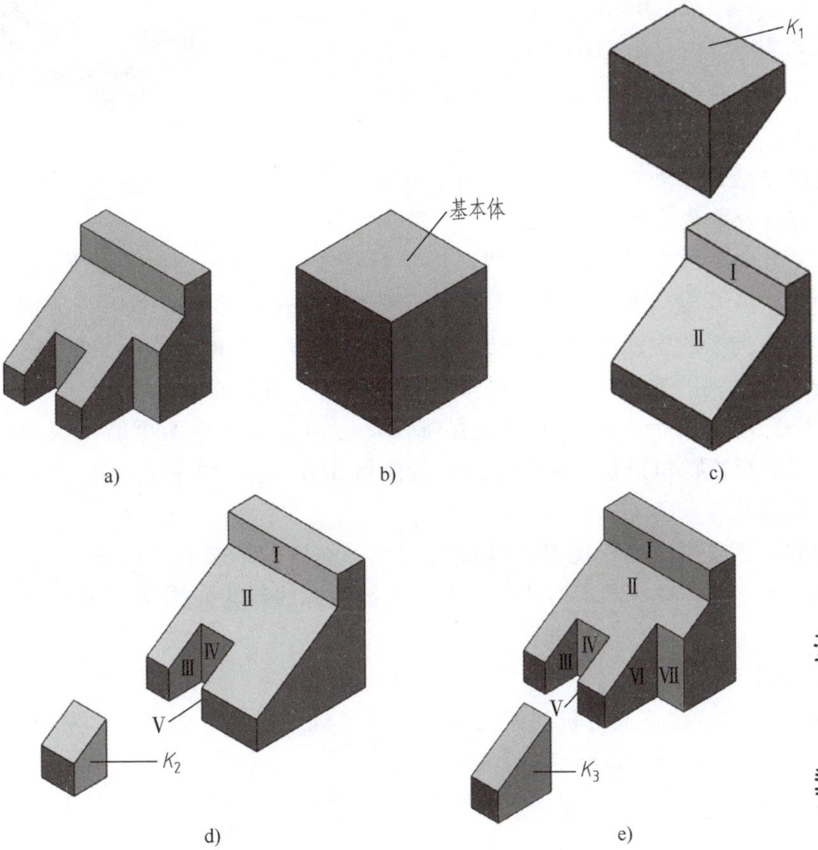

图 8-6　采用形体分析法分析切割式组合体形状

1）先用两个截平面截切掉 K_1 部分，产生 Ⅰ、Ⅱ 两截断面组成的切口，如图 8-6c 所示。

2）再用三个截平面截切掉 K_2 部分，产生 Ⅲ、Ⅳ、Ⅴ 三截断面组成的切口，如图 8-6d 所示。

3）最后用两个截平面截切掉 K_3 部分，产生 Ⅵ、Ⅶ 两截断面组成的切口，如图 8-6e 所示。

注意：随着截切，Ⅱ 截断面形状的变化。

2. 选择主视图

选择主视图需要遵循两点原则：优先原则、一般原则。

1）优先原则：在自然摆放位置下，一般选择明显大尺寸的方向作为长度方向画主视图，同时考虑各视图上的虚线尽量少。

2）一般原则：在自然摆放位置下，一般选择最能反映切口形状特征的方向作为主视图的投射方向画主视图，同时考虑各视图上的虚线尽量少。

两原则中的“自然摆放位置”，是指组合体的工作位置或放正位置。

如图 8-7 所示，对该组合体，可取目前放正的此位置作为自然摆放位置，在此位置下，可供选择的主视图投射方向有四个：*A*、*B*、*C*、*D*。比较 *A*、*B* 向和 *C*、*D* 向的尺寸大小，相差不大，所以不存在“选择明显大尺寸的方向作为长度方向画主视图”的情况。在此情况下，可以考虑使用一般原则。

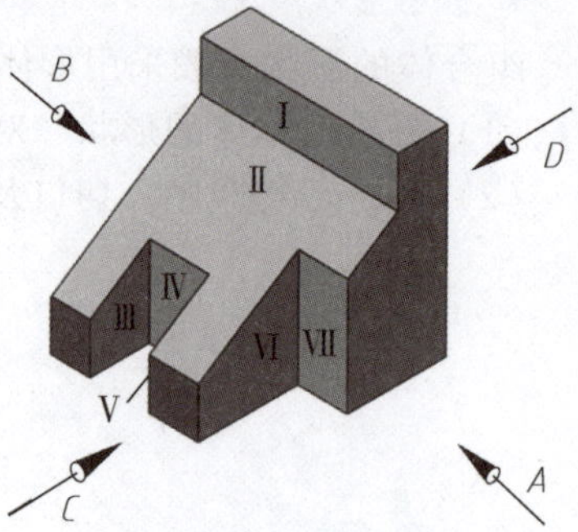

图 8-7　选择主视图

依据一般原则，分析 *A*、*B*、*C*、*D* 四个方向反映的切口形状特征数量及取舍情况：

1）*A*、*B* 方向下的主视图反映的切口形状特征数量相同，均为Ⅰ、Ⅱ两截断面组成缺口的形状特征，但 *B* 方向下主视图上虚线多，所以排除掉 *B* 方向，留下 *A* 方向。

2）*C*、*D* 方向下的主视图反映的切口形状特征数量也相同，均不反映各切口的形状特征，但 *D* 方向下主视图上虚线多，所以排除掉 *D* 方向，留下 *C* 方向。

3）再比较 *A*、*C* 两个方向。显然 *A* 方向较 *C* 方向下的主视图更能反映切口形状特征，即 *A* 方向为最能反映切口形状特征的方向，最终将 *A* 方向作为主视图的投射方向画主视图。

3. 画三视图（表 8-1）

（1）布置视图位置　用作图基准线确定三视图在图幅的幅长、幅宽方向的位置。通常以视图上的轴线、中心线、图形对称线、最大直线轮廓线作为作图基准线。

（2）画图

1）先画基本体。

2）再画各切口。按前面分析的截切顺序画各切口；画每一切口时，先画反映缺口形状特征的视图，再画切口上各截断面的其余视图。

3）最后整理图线。检查、擦掉多余线条后加深应有轮廓线。

表 8-1　画切割式组合体的三视图

(1)布置视图位置	(2)画基本体
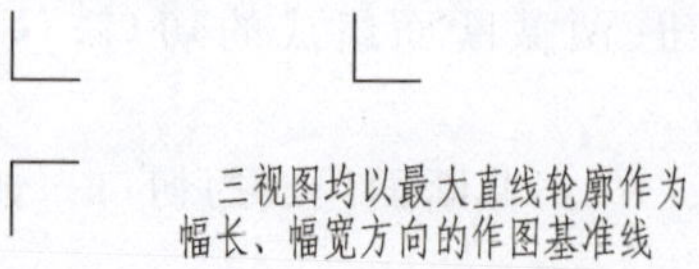	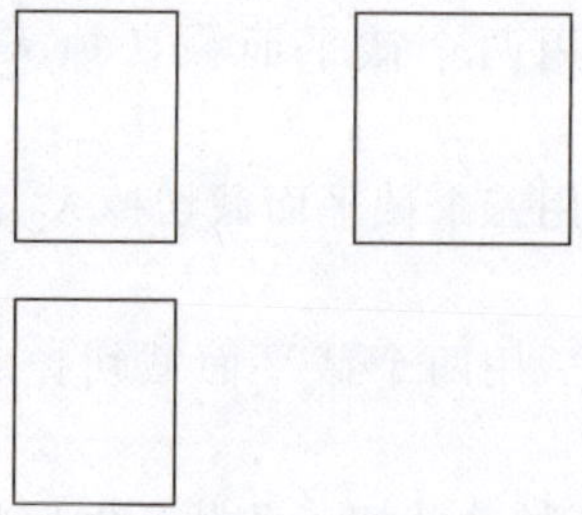

（续）

(3) 画Ⅰ、Ⅱ截断面切口

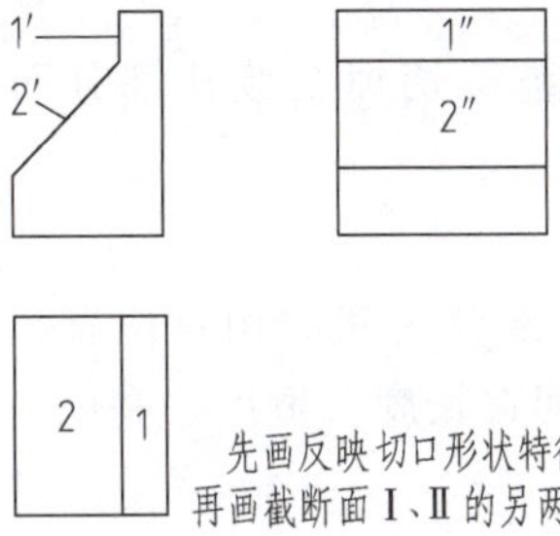

先画反映切口形状特征的主视图，再画截断面Ⅰ、Ⅱ的另两视图

(4) 画Ⅲ、Ⅳ、Ⅴ截断面切口

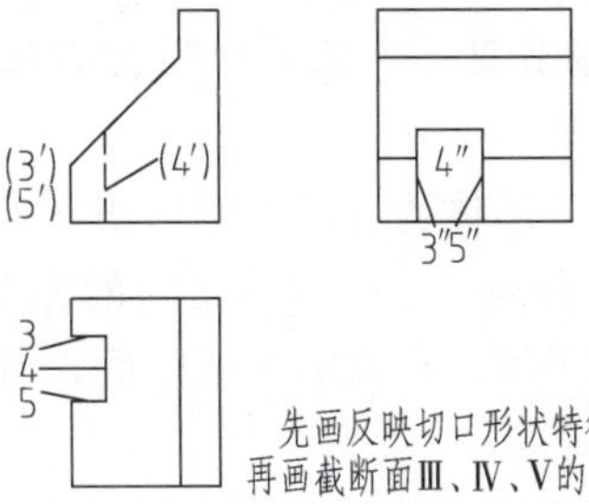

先画反映切口形状特征的俯视图，再画截断面Ⅲ、Ⅳ、Ⅴ的另两视图

(5) 画Ⅵ、Ⅶ截断面缺口

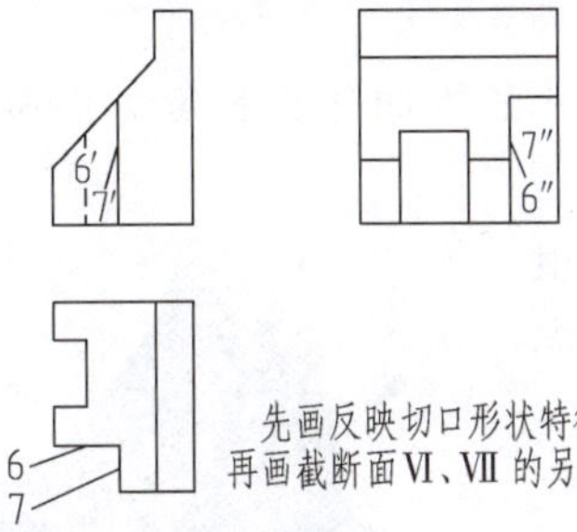

先画反映切口形状特征的俯视图，再画截断面Ⅵ、Ⅶ的另两视图

(6) 整理图线

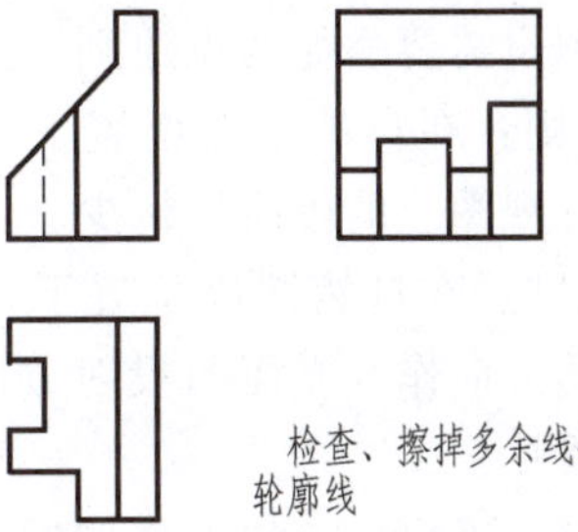

检查、擦掉多余线条后加深应有轮廓线

8.2.2　画叠加式组合体的三视图

以图 8-8a 所示涵洞口为例，说明画叠加式组合体三视图的方法、步骤。

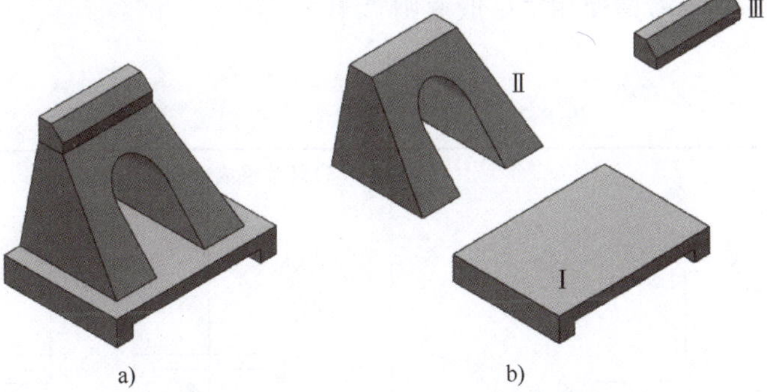

图 8-8　用形体分析法分析涵洞口的形状

1. 分析形状

用形体分析法分析叠加式组合体的形状，需进行三方面的分析。

(1) 分析各组成部分形体的形状（包括基本体形状和局部结构形状）　以涵洞口为例，可假想将其分成以下三个组成部分，如图 8-8b 所示：

1) 涵底部分Ⅰ——基本体为长方体（或认为是长方形板件），局部结构为底部的矩形切口。

2）端墙部分Ⅱ——基本体为长方体，局部结构为被截切掉三棱柱而产生的斜面，另外有一U形通孔。

3）缘石部分Ⅲ——基本体为长方体，局部结构为上部被截切掉三棱柱部分而产生的切口。

三组成部分形体均可以看作切割式组合体。

（2）分析各组成部分形体之间的相对位置　对于三组成部分之间的相对位置，通过轴测图可以大致了解；在确定主视图后，可明确三组成部分之间在长度、宽度、高度三个方向上的相对位置。

（3）分析相邻两部分形体之间的表面过渡关系　Ⅰ、Ⅱ两形体一侧表面平齐，另外三侧不平齐；Ⅱ、Ⅲ两形体三侧表面平齐，另外一侧相交。

2. 选择主视图

选择主视图也需要遵循两点原则：优先原则、一般原则。

1）优先原则：在自然摆放位置下，一般选择明显大尺寸的方向作为长度方向画主视图，同时考虑各视图上的虚线尽量少。

2）一般原则：在自然摆放位置下，一般选择最能反映组合体形状特征的方向作为立面图投射方向画主视图，同时考虑各视图上的虚线尽量少。

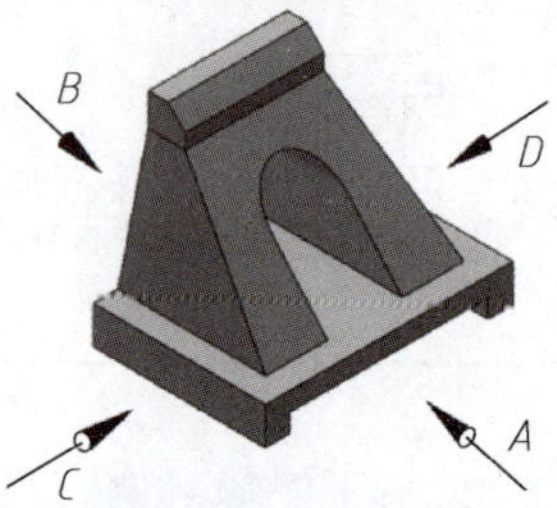

图 8-9　选择主视图

对该涵洞口，可取目前的工作位置作为自然摆放位置。在此位置下，可供选择的主视图投射方向有四个：*A*、*B*、*C*、*D*，如图 8-9 所示。比较 *A*、*B* 向和 *C*、*D* 向尺寸大小，依据“优先原则”，选择明显大尺寸的方向 *C*、*D* 向作为长度方向画主视图，又因 *A* 向下主视图较 *B* 向下主视图上虚线少，所以最终选择 *A* 向作为主视图的投射方向。

在此情况下，不必再考虑使用“一般原则”。

3. 画三视图（表 8-2）

表 8-2　画叠加式组合体的三视图

<table>
<tr><td>(1)布置视图位置
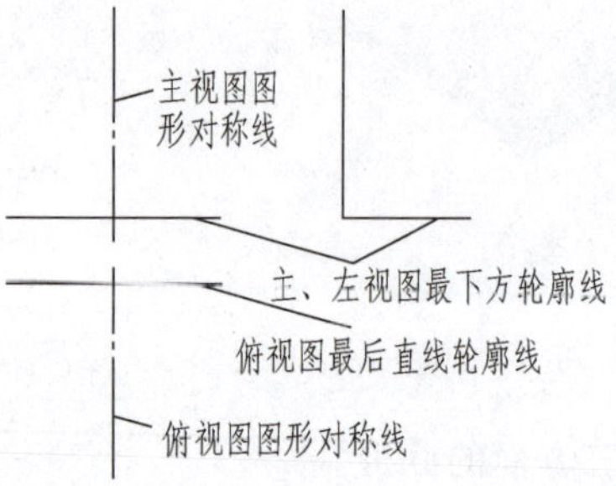
</td><td>(2)画各组成部分——涵底Ⅰ
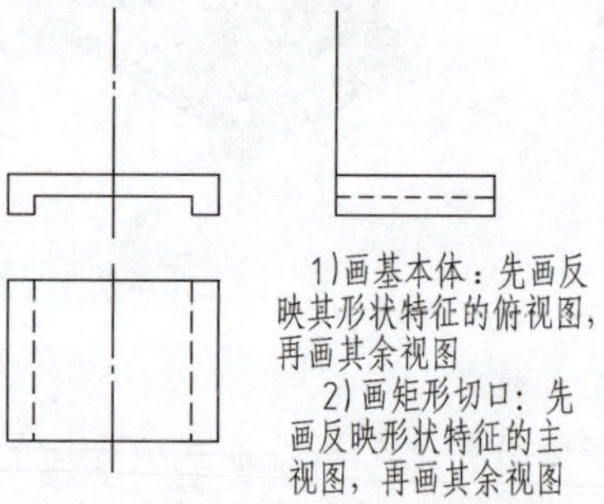
</td></tr>
</table>

（续）

（3）画各组成部分——端墙Ⅱ

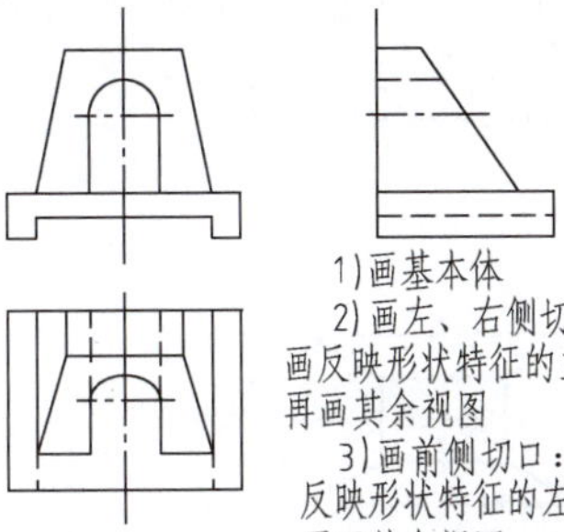

1)画基本体
2)画左、右侧切口：先画反映形状特征的主视图，再画其余视图
3)画前侧切口：先画反映形状特征的左视图，再画其余视图
4)画U形通孔：先画反映形状特征的主视图，再画其余视图

（4）画各组成部分——缘石Ⅲ

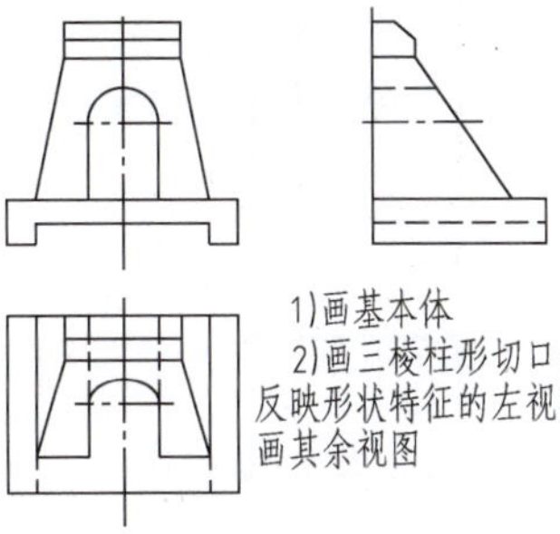

1)画基本体
2)画三棱柱形切口：先画反映形状特征的左视图，再画其余视图

（5）整理图线

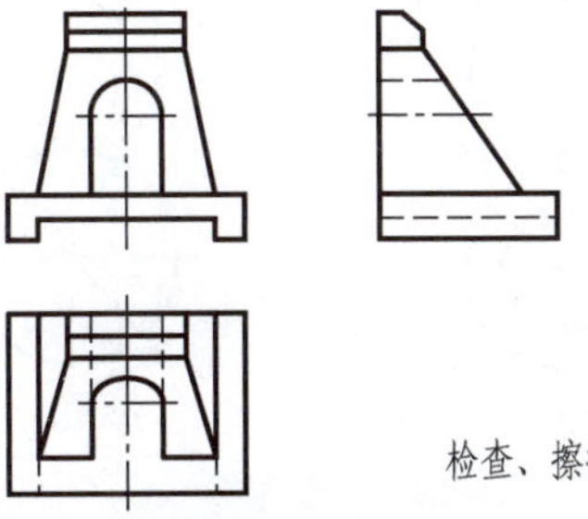

检查、擦掉多余线条后加深应有轮廓线

（1）布置视图位置　同切割式组合体。

（2）画图

1）画各组成部分形体。画每一组成部分形体时，先画基本体形状，再画局部结构形状；画基本体形状和局部结构形状时，先画反映形状特征的视图，再画其余视图。

2）整理图线。检查、擦掉多余线条后加深应有轮廓线。

8.3　标注组合体的尺寸

组合体的形状由视图来表达，而大小以及各组成部分之间的相对位置，则需要在图上标注尺寸来表达。

8.3.1　基本立体的尺寸标注

基本立体的尺寸标注是标注组合体各组成部分定形尺寸的基础。一般需标注长、宽、高尺寸。图8-10所示为常见基本立体的定形尺寸标注。

8.3.2　组合体尺寸的基本要求

1. 正确

要符合《道路工程制图标准》（GB 50162—1992）、《建筑制图标准》（GB/T 50104—2010）中有关尺寸标注的基本规定。

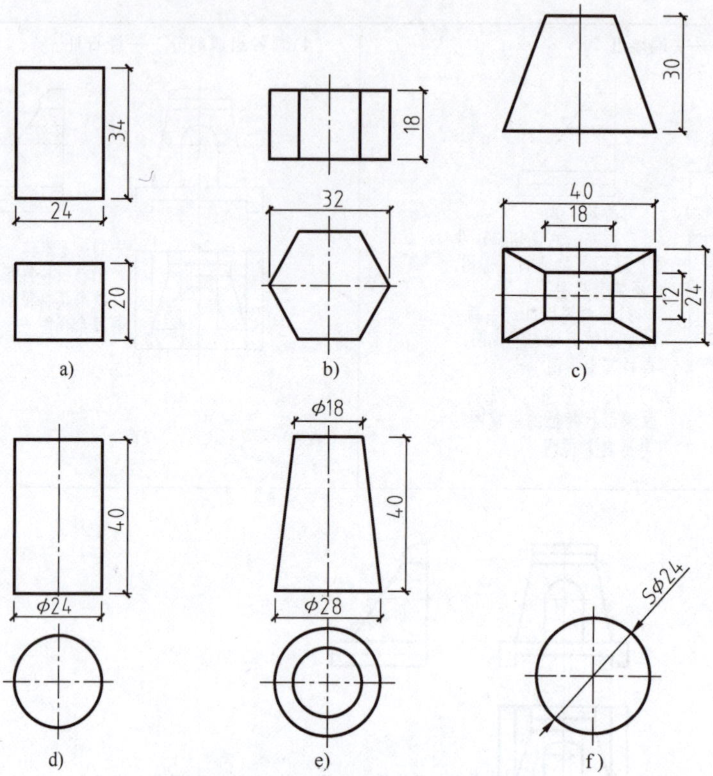

图 8-10 常见基本立体的定形尺寸标注

2. 完整

将确定组合体形状大小及相对位置的尺寸标注完整，以够用为度。

3. 清晰

尺寸标注应明显、集中、整齐，以便于看图。

（1）尺寸标注要明显　尽量将尺寸标注在反映形状特征的视图上，如图 8-10a、b、c 俯视图上标注的尺寸；尽量将尺寸标注在视图之外；尽量不在虚线上标注尺寸；不让任何图线穿过尺寸数字和符号。

（2）尺寸标注要集中　尽量将尺寸标注在一个或两个视图上，如图 8-10d、e 所示。

（3）尺寸标注要整齐　同一方向上相互平行的线性尺寸应自视图轮廓向外依次排列（从小尺寸到大尺寸），并且尺寸线与轮廓线间的间隔及尺寸线与尺寸线间的间隔大致相同，以 7mm 为宜，如图 8-10c 所示。

4. 合理

尺寸标注应满足设计、施工（加工）、测量、检验和维修的要求。

8.3.3　标注切割式组合体尺寸的方法、步骤

以图 8-6a 所示切割式组合体为例，说明标注尺寸的方法、步骤。

1. 分析形状

标注尺寸时，仍需用形体分析法分析组合体的形状。

（1）分析基本体的形状　如图 8-6 所示，为一长方体。

（2）分析截切用截平面的位置 如图 8-7 所示，在主视方向 A 已确定的情况下，各截平面的位置已明确确定：Ⅰ截断面对应侧平面的截平面，Ⅱ截断面对应正垂面的截平面；Ⅲ截断面对应正平面的截平面，Ⅳ截断面对应侧平面的截平面，Ⅴ截断面对应正平面的截平面；Ⅵ截断面对应正平面的截平面，Ⅶ截断面对应侧平面的截平面。

2. 选择尺寸基准

尺寸基准是标注截平面定位尺寸的起点或者称参照，需要对组合体在长、宽、高三个方向上分别选择一个尺寸基准，分别称为长度基准、宽度基准、高度基准。作为尺寸基准的要素通常有：结构对称面、大的回转结构的轴线、最大端平面。

选择时，可按结构对称面→大的回转结构的轴线→最大端平面的顺序进行。本例长度基准选最右端平面，宽度基准选最后端平面，高度基准选最下端平面，如图 8-11 所示。

3. 标注截平面的定位尺寸

根据截平面的位置，其定位尺寸的数量规律如下：

截平面为平行面——需用 1 个定位尺寸确定位置。

截平面为垂直面——需用 2 个定位尺寸确定位置。

截平面为倾斜面——需用 3 个定位尺寸确定位置。

为了尺寸标注明显，标注截平面的定位尺寸时，尽量标注在反映切口形状特征的视图上。如图 8-11 所示，本例各截平面定位尺寸标注如下：

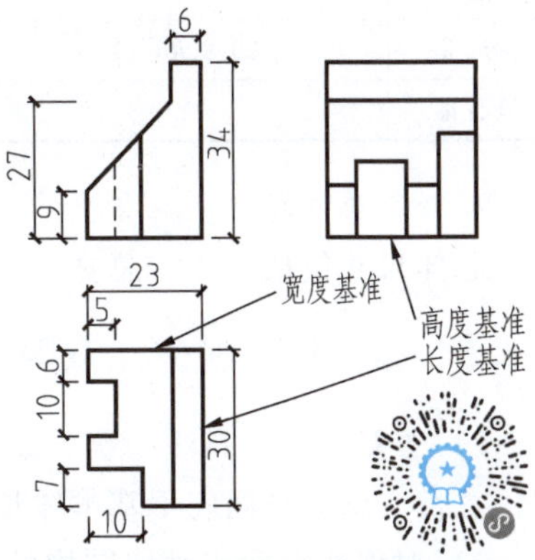

图 8-11 标注切割式组合体的尺寸

Ⅰ截断面对应侧平面的截平面——长度定位尺寸为 6。

Ⅱ截断面对应正垂面的截平面——高度定位尺寸分别为 9、27。

Ⅲ截断面对应正平面的截平面——宽度定位尺寸为 6。

Ⅳ截断面对应侧平面的截平面——长度定位尺寸在此间接标注 5，也可为 23−5。

Ⅴ截断面对应正平面的截平面——宽度定位尺寸在此间接标注 10，也可为 10+6。

Ⅵ截断面对应正平面的截平面——宽度定位尺寸在此间接标注 7，也可为 30−7。

Ⅶ截断面对应侧平面的截平面——长度定位尺寸在此间接标注 10，也可为 23−10。

4. 标注基本体的定形尺寸

标注长 23、宽 30、高 34。

8.3.4 标注叠加式组合体尺寸的方法、步骤

以图 8-9 所示叠加式组合体为例，说明标注尺寸的方法、步骤。

1. 分析形状

同画图，用形体分析法分析形状。

2. 选择尺寸基准

尺寸基准的选择要素及选择的顺序同切割式组合体。本例长度基准选左右对称面，宽度基准选三部分平齐的最后端平面，高度基准选基础的最下端平面，如图 8-12 所示。

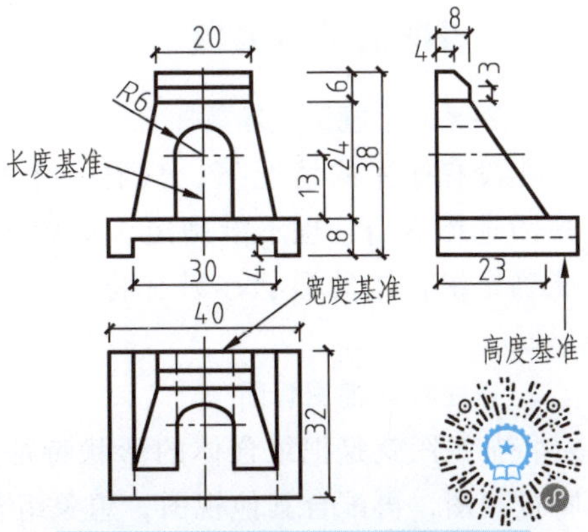

图 8-12 标注叠加式组合体的尺寸

3. 标注各组成部分形体的定形尺寸、定位尺寸

从理论上说，每一组成部分形体的定形尺寸包括三类：局部结构定形尺寸、局部结构定位尺寸（确定其在本部分上的位置）、基本体定形尺寸。若局部结构为截平面截切出的切口，则其定形尺寸和定位尺寸统为截平面的定位尺寸（确定截平面在本部分上的位置）。标注时，分别对每一组成部分形体分析定形尺寸和定位尺寸，并标注，见表 8-3。

表 8-3 涵洞口各组成部分形体的定形尺寸、定位尺寸及总体尺寸

结构	定形尺寸		定位尺寸			总体尺寸		
	局部结构定形、定位尺寸	基本体定形尺寸	长度	宽度	高度	总长	总宽	总高
涵底Ⅰ	30、4	40、32、8	0	0	0	40	32	38
端墙Ⅱ	20、8、$R6$、13	30、23、24	0	0	24+8			
缘石Ⅲ	4、3	20、8、6	0	0	24+8			

4. 标注总体尺寸

总体尺寸包括总长、总宽、总高三个尺寸。

8.3.5 标注尺寸时应注意的问题

1）重复尺寸，只注一次。如图 8-12 所示涵底Ⅰ切口 30 与端墙Ⅱ基本体长度定形尺寸 30，总长、总宽与涵底Ⅰ基本体长度、宽度即为重复尺寸。

2）对称截平面或对称结构的定位尺寸应合二为一标注。如图 8-12 所示涵底Ⅰ切口尺寸 30。

3）允许并尽可能将尺寸注成封闭尺寸链，以避免施工时进行尺寸计算。如图 8-12 所示的尺寸 8、24、6 的和等于 38。

8.4 看组合体的视图

画组合体的视图是根据形体画出其两视图或三视图从空间到平面的过程，而看图则是根据已有的两视图或三视图想象出形体空间形状从平面到空间的过程。两者比较，看图更难些，不过只要掌握了看图的基本要领和基本方法，看图也不是一件难事。

8.4.1 看图的基本要领

1. 联系几个视图一起看图

在没有标注的情况下，只看一个视图不能确定组合体的形状，有时虽有两个视图，但视图选择不当，也不能确定。如图 8-13 所示，只看主视图或只看主、俯两个视图，均不能确定组合体的形状，只有将主、俯、左三个视图联系在一起看图，才能确定组合体的形状。

2. 抓住特征视图看图

特征视图就是把组合体的形状特征反映最充分的那个视图，如图 8-13 所示的左视图。由特征视图，再配合其他视图，想象组合体的形状就变得容易。

组成组合体的各个形状特征，并非总是集中在一个视图上，而是可能每个视图上都有一

些，如图 8-14 所示，支架由底板和竖板两部分组成，俯视图反映底板部分的特征，左视图反映竖板部分的特征。

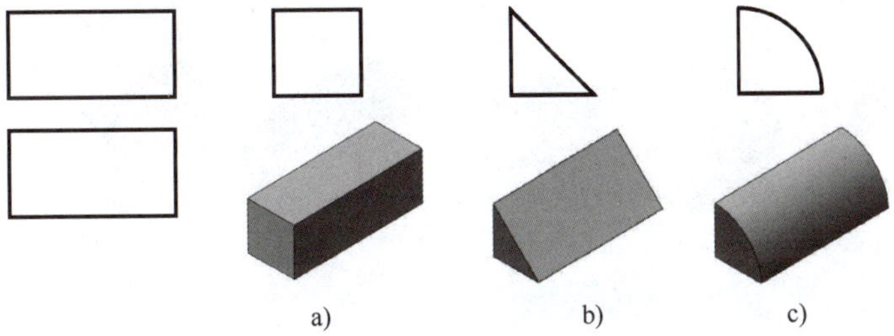

图 8-13　联系几个视图一起看图

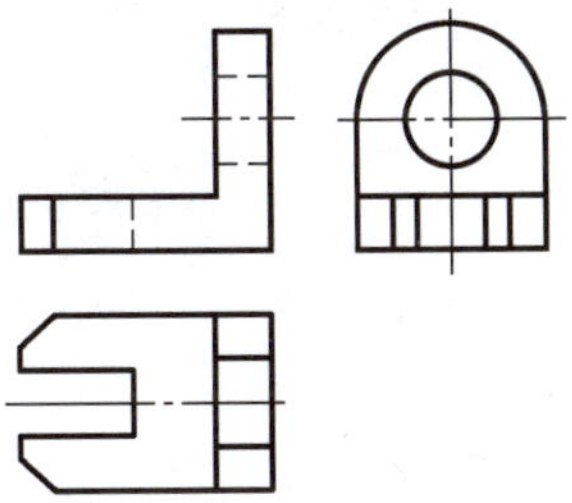

图 8-14　抓住特征视图看图

3. 抓住视图中反映组成部分形体之间表面过渡关系的图线

组成部分形体之间表面过渡关系不同，视图中的图线会不同。图 8-15a 所示三角形肋与底板及侧板的连接线是实线，说明它们的前面不平齐，因此，三角形肋在中间。而图 8-15b 中的连接线是虚线，说明它们的前面平齐，再根据俯、左两视图，可以肯定前后有两块三角形肋。

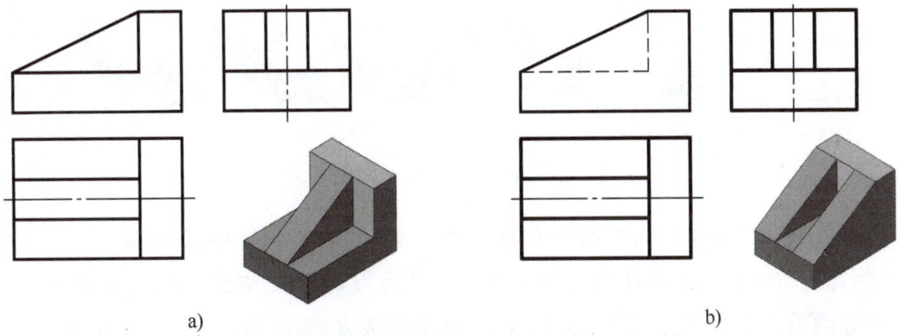

图 8-15　形体之间表面过渡关系的变化（一）

如图 8-16a 所示，根据两形体的交线的投影是斜直线，可以肯定它们是直径相等的两圆柱。如图 8-16b 所示，根据两形体在过渡处没有交线，可以肯定它们是粗细相同的方柱和圆柱。

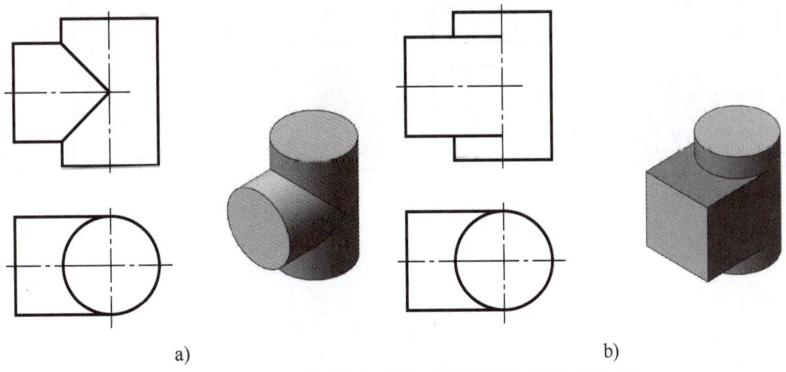

图 8-16　形体之间表面过渡关系的变化（二）

4. 清楚视图上线框、线条的含义

视图最基本的图素是线条。线条组成了许多封闭线框。为了能迅速、正确地构思出物体的形状，还必须注意分析视图上线框、线条的含义。

如图 8-17a、b、c、d、e、f 所示，给出一个圆形线框，根据这个线框，可以沿投射方向拉伸构思出圆柱、圆锥、圆球等物体。

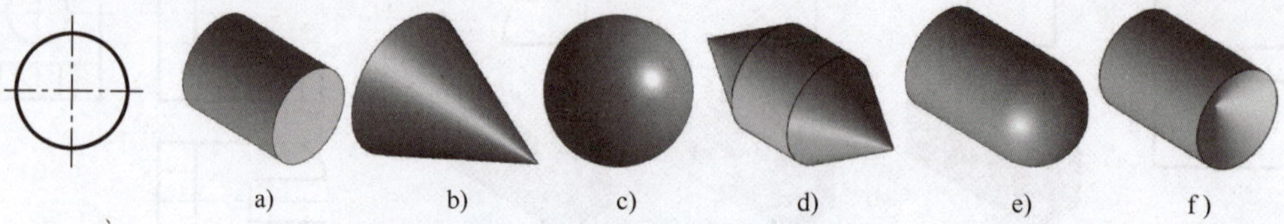

图 8-17　圆形线框可能的含义

如图 8-18 所示，给出一个长方形线框，根据这个线框，可以沿投射方向拉伸构思出三棱柱、圆柱头长方体、圆角棱形块等形体。

（1）线框的含义　由图 8-17 和图 8-18 可知，视图上的一个线框，可以代表一个形体，也可以代表物体上的一个连续表面，这个表面可以是平面、曲面或相切的平曲面。看图时还必须注意形体有空、实之别，表面有凹、凸、平、曲之分。

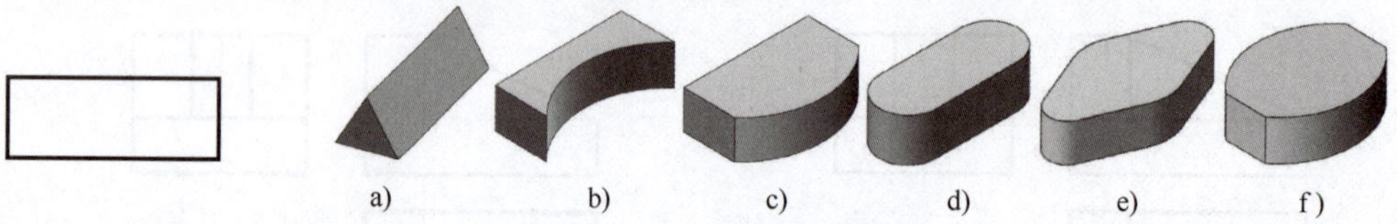

图 8-18　长方形线框可能的含义

（2）线条的含义　由图 8-17 和图 8-18 可知，构成视图上线框的线条，可以代表有积聚性的表面（平面、曲面或曲面和它的切平面），或线（棱线、交线、转向素线等）。

（3）相邻两线框的含义　视图上相邻两个线框表示组合体上不平齐的两个平面。如图 8-19a 所示的线框 *A*、*B*，表示两个平行错开的平面；图 8-19b 所示的线框 *C*、*D*，表示两个相交错开的平面；图 8-19c 所示的线框 *E*、*F*，表示两个相交的平面。

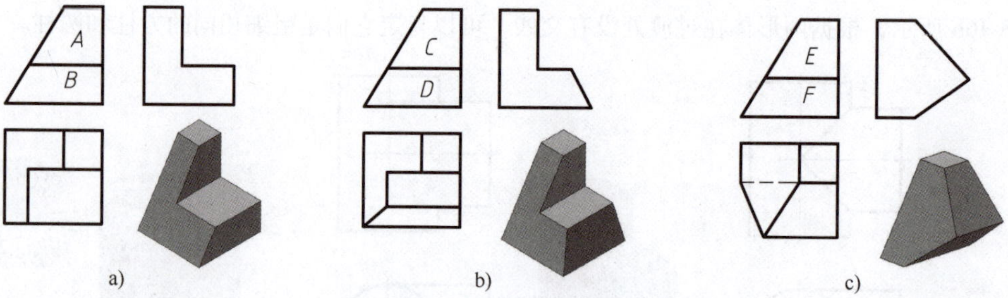

图 8-19　相邻两线框的含义

8.4.2　看图的基本方法

画组合体视图和标注尺寸时，均使用过形体分析法来分析组合体的形状，看图的一般方法也是形体分析法，另外切割式组合体看图时还需要使用线面分析法。

线面分析法是由组合体上平面（包括基本体的表平面和切出的截断面）和直线段的某

一投影，依据视图之间的投影规律，找到另外视图上对应的投影，最后再依据平面和直线的投影特性，分析出平面的空间位置和形状、直线空间位置的一种方法。

具体看图时，对于两种方法，可以根据组合体的组合方式有侧重地配合使用。

1. 看切割式组合体的视图方法

1）用形体分析法分析出基本体的形状；明显截切切出的截断面的位置。

2）用线面分析法分析出明显截切切出的截断面的形状；不明显截切切出的截断面的位置和形状；某些表平面的位置和形状。

【例 8-1】 已知图 8-20a 所示组合体的两视图，补画第三视图。

分析：首先用形体分析法和线面分析法，分析、想象出组合体形状，然后再补画左视图。

作图：

（1）分析、想象形状

1）分析基本体。将两视图缺口处补正，如图 8-20b 所示，由此可认为基本体为长方体，如图 8-20c 所示。

2）分析切口。先分析明显截切的截断面：如图 8-20b 所示，主视图上有一明显切口，根据经验可认为由一正垂面在此截切得一正垂截断面Ⅰ（此为形体分析）；由Ⅰ的主视图 1′入手（倾斜直线段），依据长对正投影规律，其俯视图为 1（五边形线框），所以依据平面投影特性，Ⅰ为与 1 形状类似的五边形的铅垂截断面（此为线面分析），如图 8-20d 所示。同理分析，Ⅱ为与 2′形状类似的四边形的铅垂截断面，如图 8-20e 所示。再分析不明显截切的截断面：由视图上还未分析过的线框入手，用线面分析法分析是否存在不明显的截切。由线框 3′→ 3，Ⅲ为与 3′形状完全相同的正平表平面，实际是基本体被截切后剩余的前方表平面；同理分析，Ⅳ为上方表平面，如图 8-20f 所示。至此分析出组合体上并不存在不明显的截切。

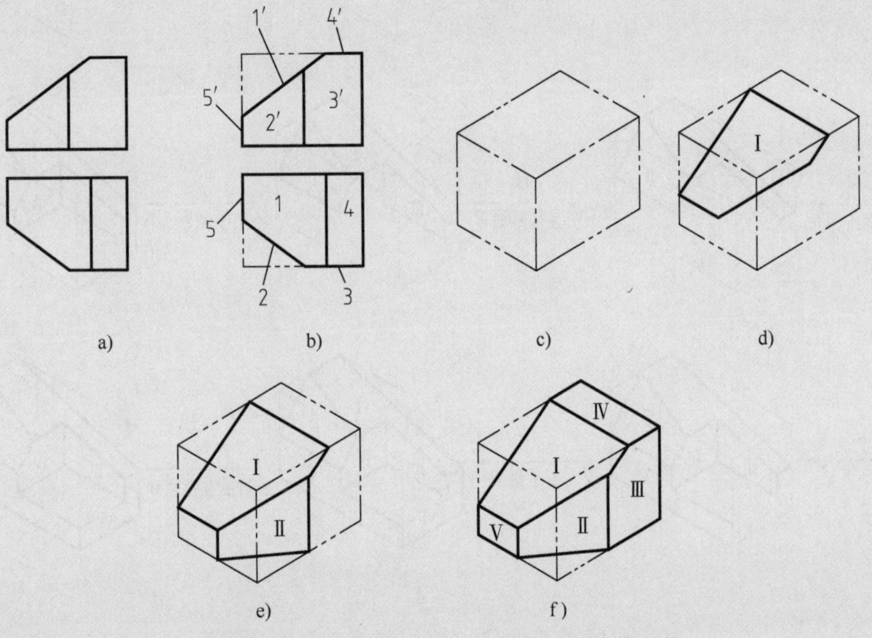

图 8-20 已知两视图，分析、想象组合体的形状

（2）补画第三视图　按照画切割式组合体视图的方法，画第三视图，如图 8-21 所示。

1）画基本体，如图 8-21b 所示。

2）画切口，如图 8-21c 所示。

3）补画应有轮廓线，如图 8-21d 所示。

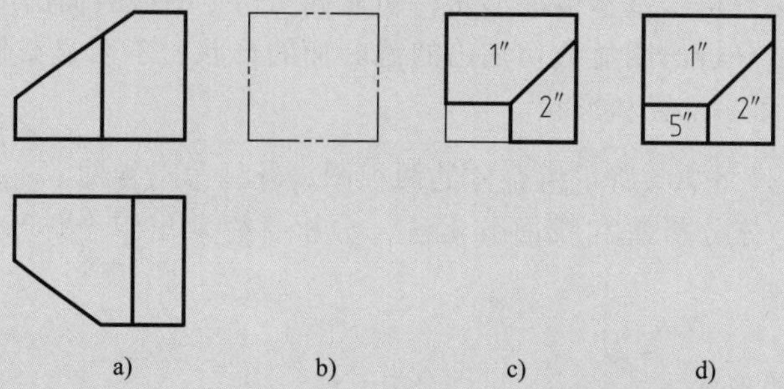

图 8-21　已知两视图，补画第三视图

【例 8-2】　已知图 8-22 所示组合体的两视图，补画第三视图。

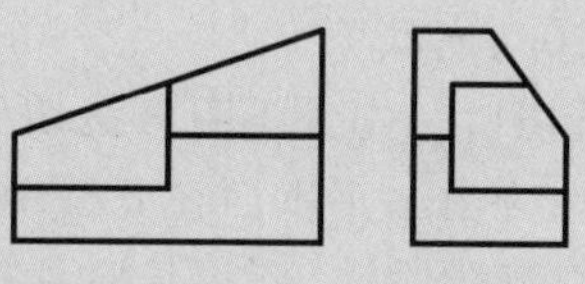

图 8-22　已知两视图

（1）分析、想象形状

1）分析基本体。由图 8-23a 分析基本体，如图 8-23b 所示。

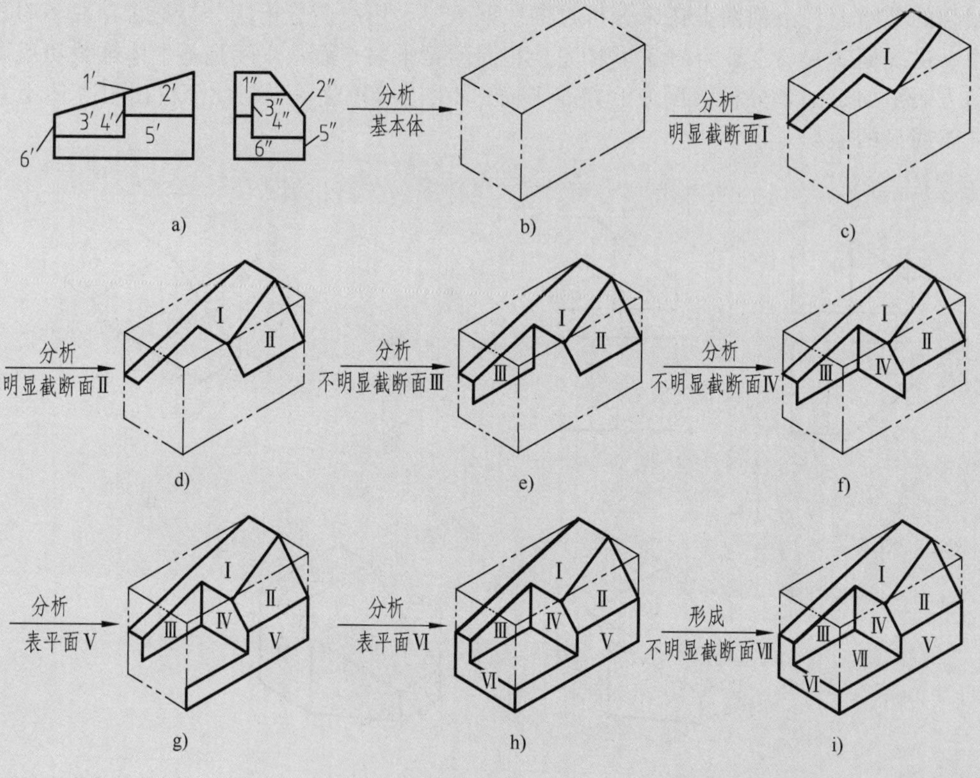

图 8-23　已知视图，分析、想象组合体的形状

2）分析切口。如图 8-23a 先分析明显截切的截断面，由线段入手找对应 1′→1、2′→2，分析得Ⅰ、Ⅱ，如图 8-23c、d 所示；再分析不明显截切的截断面，由线框入手找对应 3′→3、4″→4′、5′→5″、6″→6′，分析得Ⅲ、Ⅳ截断面和Ⅴ、Ⅵ表平面，如图 8-23e、f、g、h 所示，自然形成Ⅶ截断面，如图 8-23i 所示。

3）补画应有轮廓线。本例基本体上表平面全部被切掉，前方表平面被切，得Ⅴ，左方表平面被切，得Ⅵ，所以无须补画应有轮廓线。

（2）补画第三视图（见图 8-24）。

1）画基本体，如图 8-24a 所示。

2）画切口，先画明显截切的截断面Ⅰ（1）、Ⅱ（2）、Ⅲ（3）、Ⅳ（4），如图 8-24b 所示；再画不明显截切的截断面Ⅶ（7），如图 8-24c 所示。

3）补画应有轮廓线。本例无须补画。

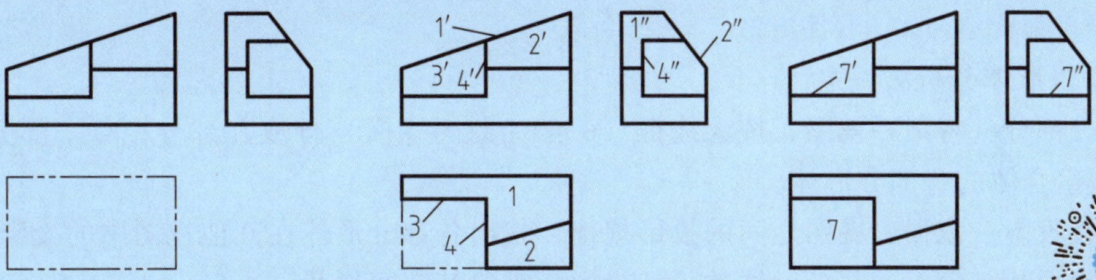

a)　　　　b)　　　　c)

图 8-24　已知两视图，补画第三视图

对于存在复杂截断面（一般边数≥7）的切割式组合体，为了在想象形状和补画第三视图时较为简便，也可以设计截切的顺序，让复杂截断面由简单截切得到。

图 8-25 所示组合体由已知主、俯两视图分析得，其基本体为长方体，被截切有三个缺口：左上切口Ⅰ为十边形的正垂截断面组成；右上切口为三个截断面组成切口；后方为一由三个截断面组成的矩形切口。其中左上切口Ⅰ的截断面较复杂，按照设计的截切顺序想象形状和补画第三视图如图 8-25 所示。

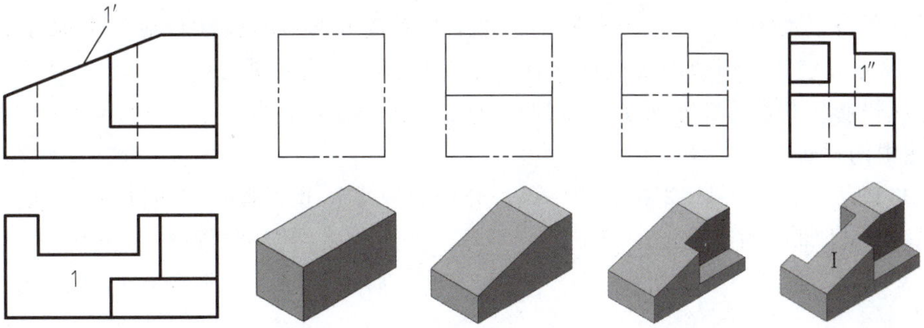

a)　　　　b)　　　　c)　　　　d)　　　　e)

图 8-25　对有复杂截断面的切割式组合体，按截切顺序想象形状和补画第三视图（一）

自行分析图 8-26 所示组合体的切口以及切口上的各截断面形状，按照设计的截切顺序想象形状和补画第三视图如图 8-26 所示。

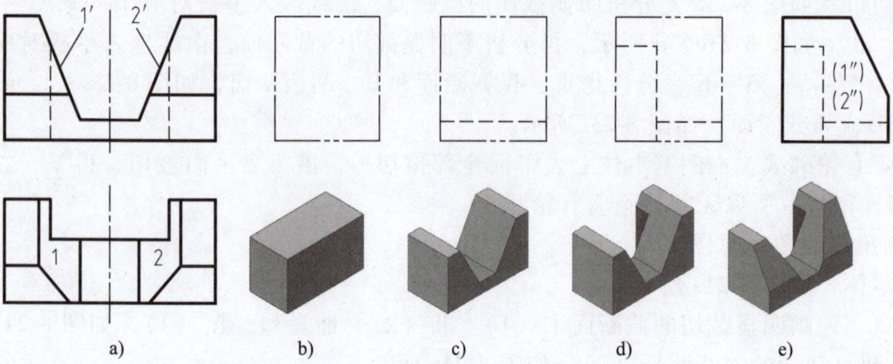

图 8-26　对有复杂截断面的切割式组合体，按截切顺序想象形状和补画第三视图（二）

2. 看叠加式组合体的视图方法

（1）以形体分析法为主

1）分部分：将某一视图，按大线框（一般为封闭线框）分成几部分，每一部分表示组成叠加式组合体的一部分形体。

2）找投影：依据三视图之间的投影规律，找出各部分形体在其他视图中的投影。

3）想形状：由每一部分形体的已知投影，想象其空间形状。

4）思关系：由相邻两部分形体之间的图线，分析两者之间的表面过渡关系。

5）看位置：由各部分形体在视图上的位置，分析各部分形体间相对位置。

6）合整体：由以上分析，综合想象整体。

（2）以线面分析法为辅　对切割式的组成部分形体，同上用看切割式组合体视图的方法进行看图。

【例 8-3】　已知图 8-27a 所示组合体的两视图，补画第三视图。

分析：按看叠加式组合体视图的方法，看图想象形状，然后补画左视图。

作图：

（1）分析、想象形状

1）分部分。如图 8-27b 主视图所示，将主视图按大的封闭线框分成三个部分 1′、2′、3′，每一部分分别表示组成叠加式组合体的部分形体 Ⅰ、Ⅱ、Ⅲ。

2）找投影。如图 8-27b 所示，依据三视图之间的投影规律，分别找出三个部分形体在俯视图中的投影 1、2、3。

3）想形状。由 1′→1、2′→2、3′→3，分别想象 Ⅰ、Ⅱ、Ⅲ 的空间形状，如图 8-27c 所示。其中，Ⅰ部分为切割式的组成部分形体，按切割式组合体看图想象形状。

4）思关系。如图 8-27c 所示，Ⅰ与Ⅱ左、前、后不平齐，右平齐；Ⅱ与Ⅲ 内外表面均相交。

5）看位置。由主视图看出三部分左右位置：Ⅰ、Ⅱ右平齐，Ⅲ在Ⅱ偏左；上下位置：自下往上分别是Ⅰ、Ⅱ、Ⅲ；由俯视图看出前后位置对称。

6）合整体。由上述 3）、4）、5）的分析，综合想象整体如图 8-27d 所示。

（2）补画第三视图　逐一画出左视图，如图 8-28 所示。

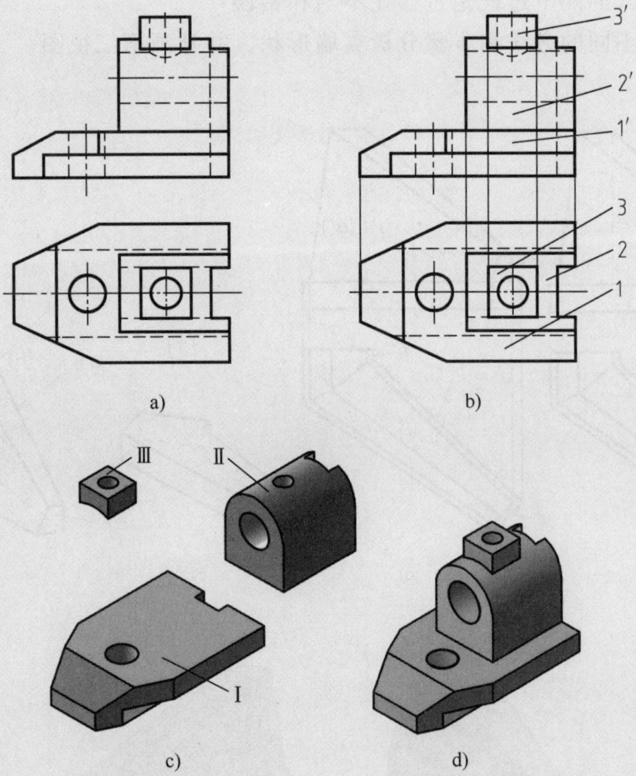

图 8-27　已知两视图，分析、想象组合体的形状

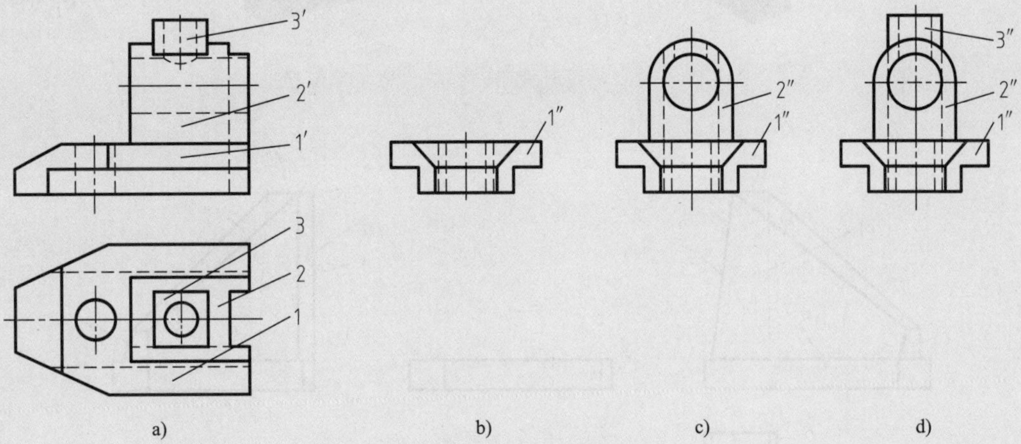

图 8-28　已知两视图，补画第三视图

探究思考：图 8-29a 所示为涵洞口翼墙，其结构复杂，可参考第 18 章认识其构造与功用。

（1）分析　分析图 8-29b～e 所示翼墙形状的方法与步骤，以及图 8-30 所示的补画第三视图的方法与步骤。

（2）判断　他人将翼墙作为哪一组合方式组合体进行看图与画图？

（3）评价　他人的两个过程是否存在不当和错误？

（4）探究　用不同的方法和步骤分析翼墙形状，并补画第三视图。

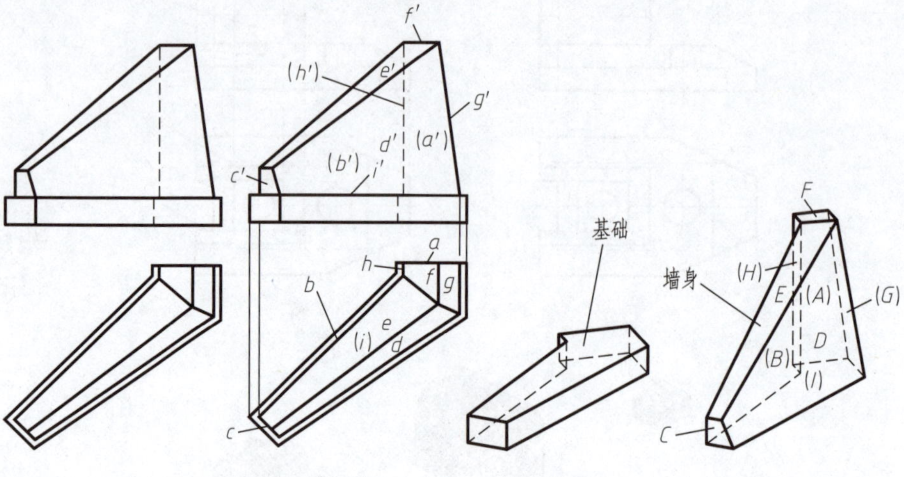

a)　　b)　　c)　　d)

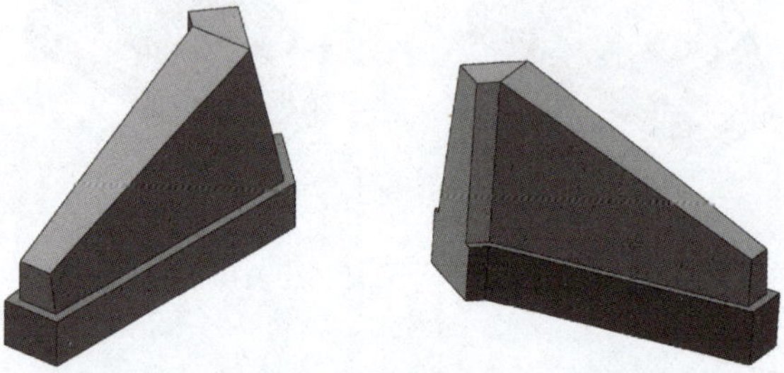

e)

图 8-29　已知翼墙两视图，分析、想象其形状

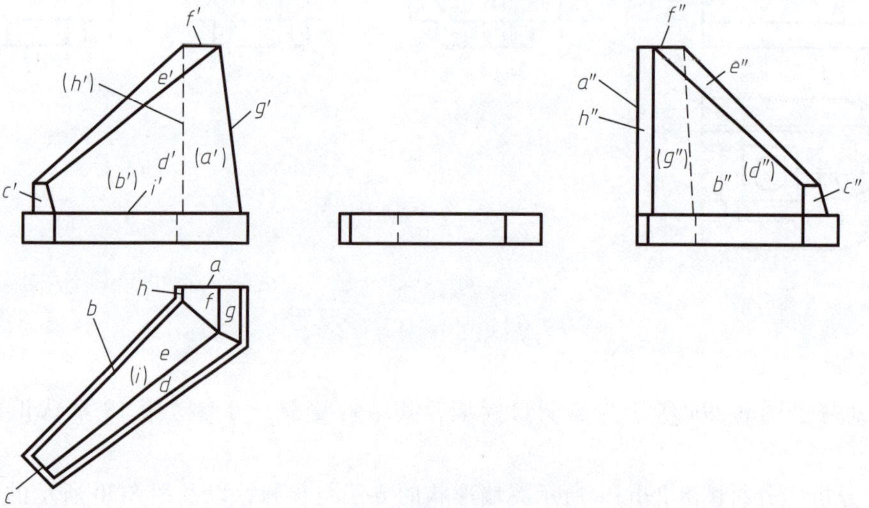

a)　　b)　　c)

图 8-30　已知翼墙两视图，补画第三视图

第9章 形体的创造性构型设计

本章导读

学习内容：

1）形体创造性构型设计的原则。

2）形体创造性构型设计的策略。

3）形体创造性构型设计的方法。

学习目标：

1）理解形体创造性构型设计的原则、策略和方法。

2）能够具备依据原则，综合运用策略，按要求或自主进行构型的能力。

3）能够具备灵活使用自主绘图方式，表达构型结果的能力。

4）能够具备创新意识、创造性思维能力，以及创新、创造性构型设计能力。

形体是广义上的组合体，形体构型设计为产品构型设计的基础。本章介绍形体的创造性构型设计，主要目的是增进学生的创造性思维意识、创造性思维能力以及创造性构型设计能力，为学生后续创造性、创新性设计工程形体打下基础。

9.1 形体创造性构型设计的原则

9.1.1 以基本立体构型为主

形体的构型设计主要以基本立体构型为主，以方便绘图和标注尺寸。一方面提倡所设计的形体应尽可能体现工程形体的结构形状和功能，另一方面又不强调必须工程化，所设计的形体也可以是凭自己创新、创造的，以更有利于增进学生的创造性思维能力。如图 9-1 所示形体，通过被截切的长方体和四个圆柱体表现一部卡车的外形，但并不是所有细节完全逼真。图 9-2 所示是圆柱、圆球、圆台组成的组合体，体现了特殊的相贯形式。

9.1.2 尽量符合工程实际，以方便施工制作

对产品而言，保证基本体间的连接稳定，即保证连接部分的力学性能。构型时须注意：两部分基本体组合时，避免出现点、线、面连接，如图 9-3a、b、c 所示；基本体被切割时，

避免出现多面共面及非贴合面，如图 9-4 所示，A 和 B 为共面，C 为非贴合面。

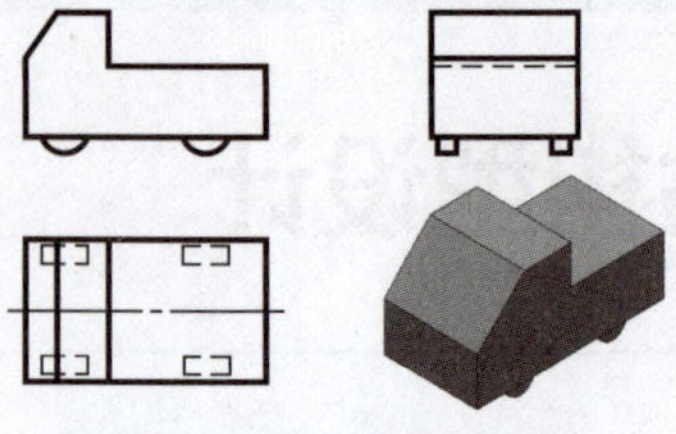

图 9-1　基本立体构型设计

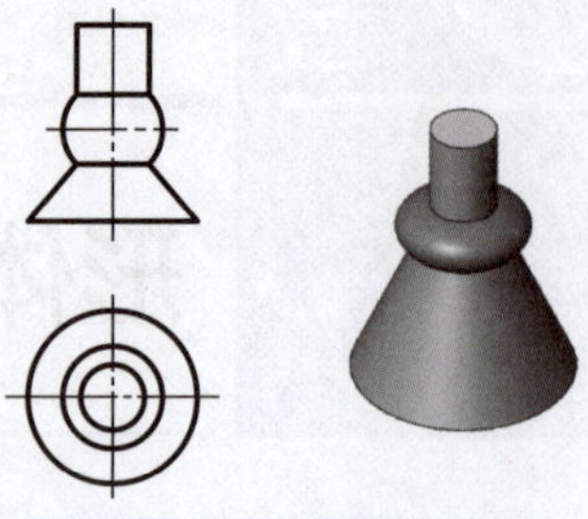

图 9-2　几何立体构型设计

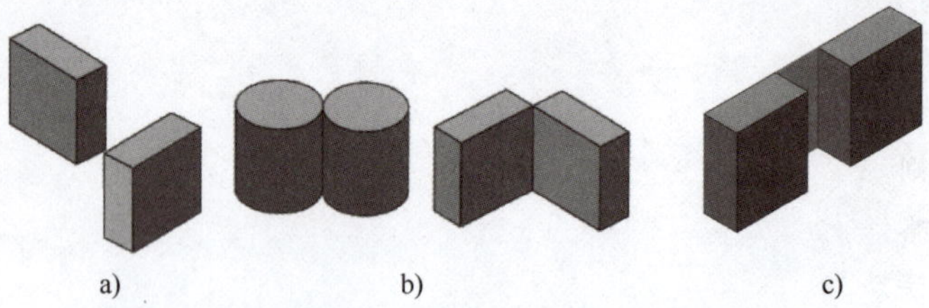

图 9-3　两部分基本体组合时，避免出现点、线、面连接

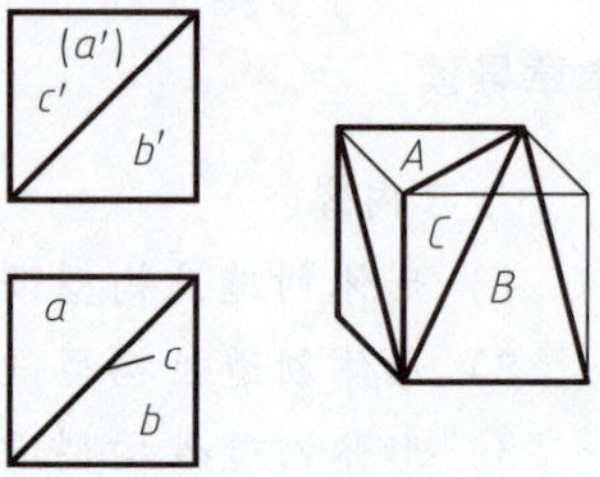

图 9-4　避免共面及非贴合面

9.1.3　力求多量、变通、新颖或独特

要求按图 9-5a 给定的俯视图设计形体（一面视图构型设计）。由于俯视图含六个封闭实线框，上表面可有六个表面，它们可以是平面或曲面，其位置可高可低可倾斜；整个外框可表示底面，可以是平面、曲面或斜面，这样就可以构想出多量方案。图 9-5b 所示方案均是由平面体构成的，由前向后逐步拔高，显得单调些；图 9-5c 所示方案中含有圆柱面，且高低错落，形式活泼，变化多样；而图 9-5d 所示方案采用圆柱切割而成，构思更新颖和独特。构思结果的新颖性和独特性就是创造性思维的特点。构成一个形体所用的基本体类型、组合方式和相对位置应尽可能多样和变化，并力求构想出打破常规、与众不同的新颖方案。

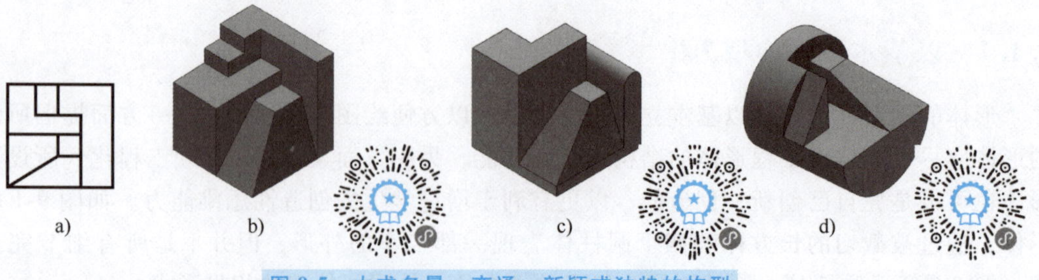

图 9-5　力求多量、变通、新颖或独特的构型

9.1.4　体现统一与变化、比例与尺度、对称与均衡、动与静等造型艺术法则

如图 9-6 所示，构型对称形体，使其重心落在支承面之内，会给人稳定、平衡感。

如图 9-7 所示，非对称形体应注意形体分布，也能获得力学和视觉上的稳定和平衡感。如图 9-8 所示小轿车的造型，显得静中有动，给人以形式美观、轻便、快速行驶的感觉。

还有其他许多造型艺术法则，例如节奏与韵律、对立与统一、对比与协调等可供借鉴，读者可参考有关文献。

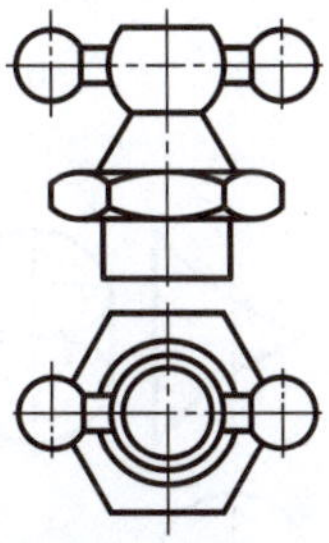

图 9-6 对称形体的构型设计

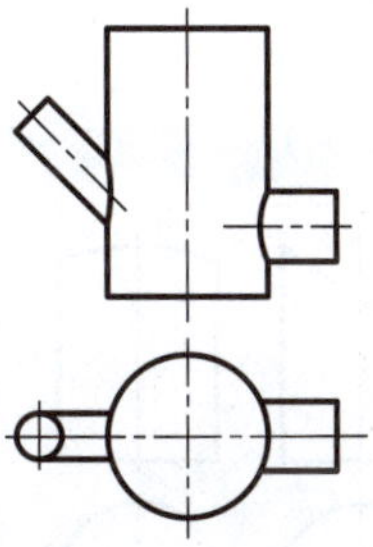

图 9-7 非对称形体的构型设计

图 9-8 小轿车的构型设计

9.2 形体创造性构型设计的策略

形体创造性构型设计的策略并无定论，依据以往的研究和教学经验提出六条构型教学策略，力求促进构型结果的多量性、变通性、新颖性或独特性，以突破创造性构型设计。各策略可以灵活地相互融合使用。

9.2.1 融入思维、软问发散

工程图学类课程传统思维为逻辑思维和形象思维中的想象思维的密切结合，基本特点是再造性和唯一性，显然不能够支撑创造性构型设计。创造性思维是逻辑思维与非逻辑思维的密切结合。非逻辑思维主要包括具有超越性的想象思维、具有旁通性的联想思维、具有多量性的发散思维、具有跳跃性的直觉思维、具有顿悟性的灵感思维、具有正反性的集中思维等形式。创造性思维的特点往往是由思维结果的多量性、变通性，最终产生思维结果的新颖性或独特性。在传统思维中融入创造性思维，以求新思维对创造性构型设计的促进和引导。

教学中面向学生设问的问题分为硬问题和软问题两类。硬问题是封闭式的认知性问题，用来奠定学生的知识基础，特点是答案唯一，而软问题则是开放式的创造性思维问题，特点是答案多量、变通、新颖或独特。一般情况下创造性构型设计训练的灵魂是设问开放式软问题并以软问题作为导向展开构型。例如软设问：水平投影为圆的形体有哪些？首先以流畅性的发散思维作为指导，运用想象思维，获得多量且流畅的构型结果，如图 9-9 所示；由此再以变通性的发散思维作为指导，运用联想（包括相似联想、相近联想、对比联想）与想象思维，获得多量且逐渐变通的构型结果，如图 9-10 所示；继续以新颖性、独特性发散思维作为指导，运用联想与想象思维，甚至直觉思维和灵感思维，可获得多量、新颖甚至独特的构型结果，如图 9-11 所示。

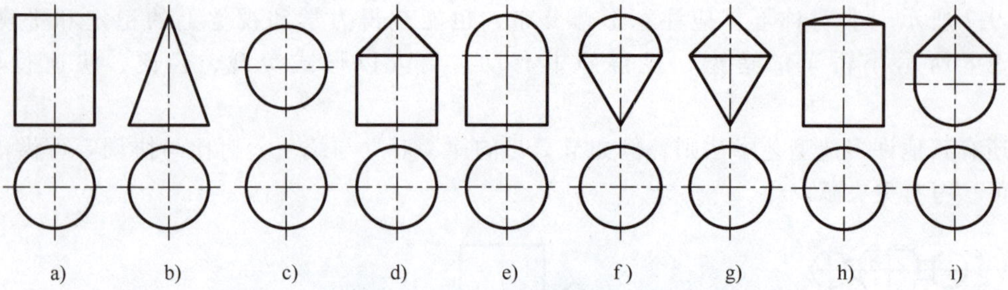

图 9-9　思维流畅性发散，获得多量且流畅的构型结果

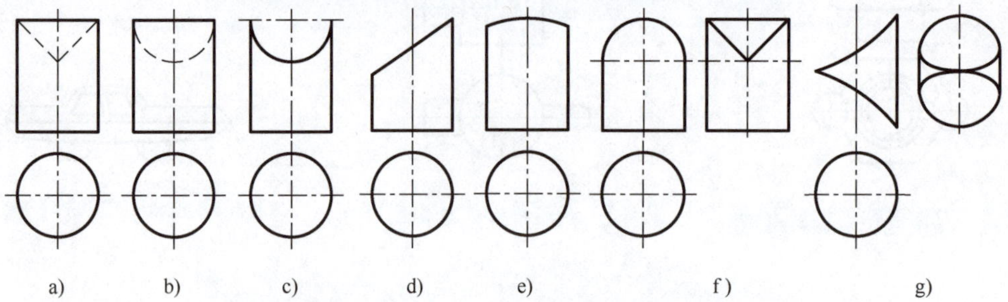

图 9-10　思维变通性发散，获得多量且变通的构型结果

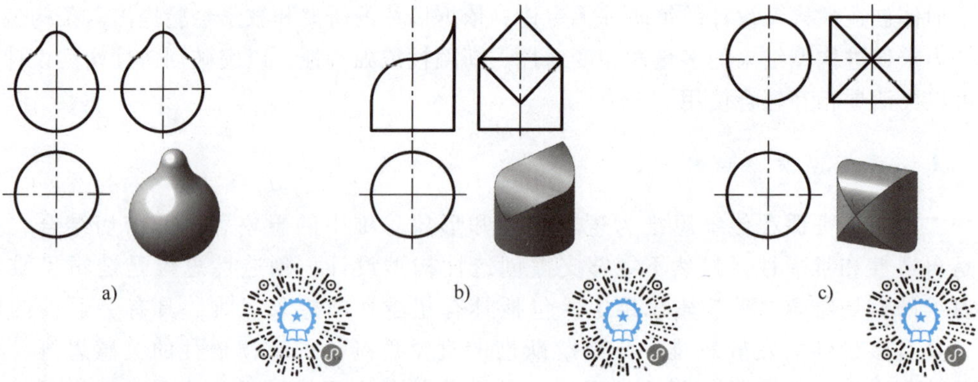

图 9-11　思维新颖性、独特性发散，获得多量且新颖甚至独特的构型结果

9.2.2　遵循原则、善于观察

首先观察是创造性思维活动的开端，其次观察为形象思维提供丰富的感性材料，再次观察能力是进行直觉思维和捕捉创造思维灵感的重要条件。在生活中，善于观察自然界的美好事物、美好形态；在学习中，善于观察形体或工程形体实物、模型、实体造型、存在视觉差错的二维和三维图形等，以提高观察能力，为创造性构型设计提供物化帮助。

观察事物时，坚持以下两点原则：

1）看与别人所看相同的东西，摆脱常规思维和视觉错觉而看出别人所没有看出的东西，如图 9-12 所示树干后方的树枝 a 和 b 的相对位置如何？再如图 9-13 所示公路修建的位置如何？

2）不随意下定论，应变换角度对比观察后或采用逻辑手段判断后再定论。如分析、评价图 9-14 所示两只铅笔是否一样？

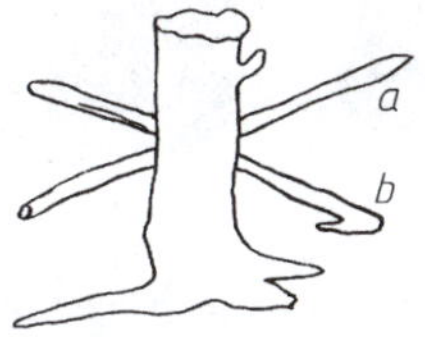

图 9-12　树干后方树枝的相对位置

图 9-13　公路修建位置

图 9-14　两只铅笔是否一样

9.2.3　同步读画、训练直觉

借课程的看组合体视图内容强化训练直觉思维，同时提高形象塑造能力和形象储备，为多量形体造型打下基础。如图 8-23 所示，已知两视图补画第三视图（课程传统题型）的第一步，即看图想象组合体形状：随看图分析同步画出基本体、各围成截断面和表平面的徒手轴测图，形体的空间形状逐渐呈现出来。这一形象塑造的过程，充分体现了直觉思维的特征：整体把握、直观透视与空间整合。强调采用二维视图→徒手轴测图→二维视图的形象塑造训练教学，且反复实践。

9.2.4　运用基法、激荡发散

基于已知两视图的基本体切割构型时，使用该策略。如由图 9-15a 所示两视图要求构型多量形体。必须首先利用形体分析法和线面分析法两个看图基本方法进行分析，通过同步读画、再造想象得图 9-15b、c、d 三种形体，表达形式自主；后由图 9-15c、d 形体凭直觉得到图 9-15e、f 形体；由图 9-15e 对比联想得图 9-15g 形体，由图 9-15g 再对比联想得图 9-15h 形体，图 9-15g、h 构型新颖；由图 9-15h 对比联想得到图 9-15i 形体，该构型更新颖、独特。

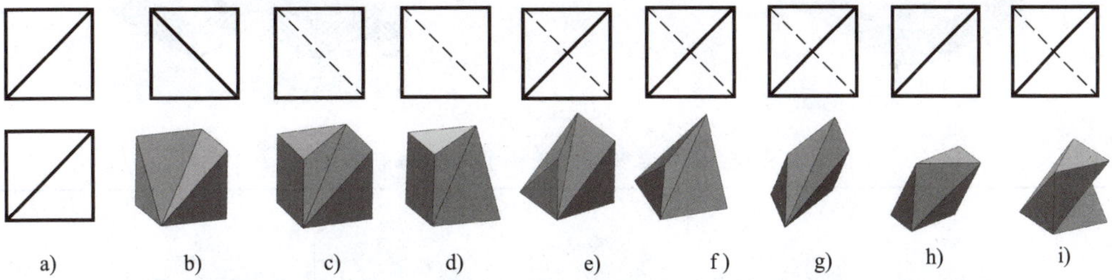

图 9-15　已知两视图的基本体切割构型时，运用看图基本方法激荡思维发散

9.2.5　变凹正平、换凸斜曲

如要求按图 9-16a 给定的俯视图构型多量形体。由俯视图包含的三个封闭线框，按照凹凸正斜，思维流畅发散构型出图 9-16b、c、d 所示平面形体；若一味构型平面形体显得单调，通过平曲变换，思维变通发散，将图 9-16b 或图 9-16c 或图 9-16d 形体上方平面设计成圆柱面，构型出如图 9-16e 所示形体，形状新颖；由图 9-16e 相似联想，对已有形体的下方平面设计成圆柱面、圆球面或认为叠加上半圆柱体或切割半圆球，构型出如图 9-16f、g 所示形体，高低错落，形式活泼，构思更新颖、更独特。

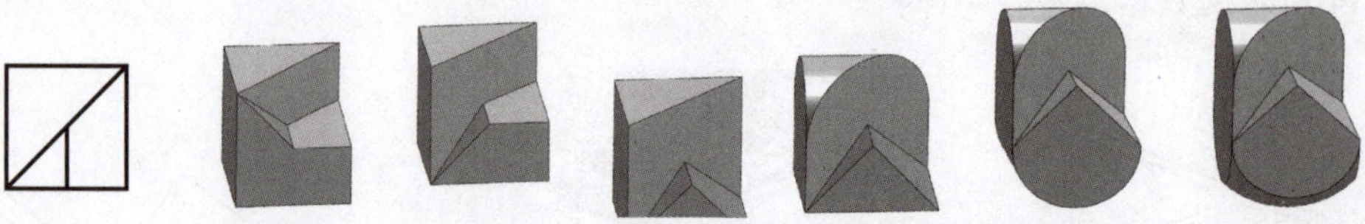

图 9-16　按照凹凸、平曲、正斜、变化构型

9.2.6　创造方法、助力构型

创造方法是把各种创造性思维方式演变成可操作的具体创造法则。其主要作用是帮助创造者具体运用各种创造性思维形式，帮助创造者克服习惯性思维障碍，大幅度提高创造效率和创造水平。在构型设计中，可用智力激励法、设问法、形态分析法、坐标法、TRIZ 方法等。

用组合法构型叠加式形体时可用形态分析法，例如对图 9-17 所示阀体零件进行创新设计。分析图 9-17 所示阀体零件的组成部分，认为由要素一、要素二、要素三和要素四组成，如图 9-18 所示；再发散各组成要素尽可能多的形状形态，见表 9-1；形态要素排列组合，能够获得至少 $5\times5\times5\times3=375$ 种形状的阀体；最后依据构型原则等集中思维可获得新颖的构型，例如 5（5）4）②和 5（5）5）③等组合，如图 9-19 和图 9-20 所示。

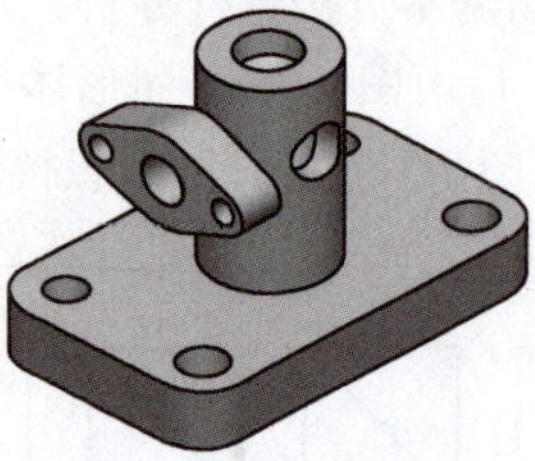

图 9-17　阀体零件

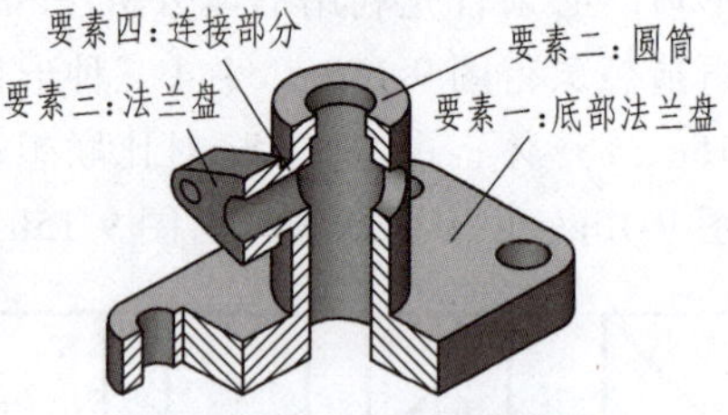

图 9-18　阀体零件的组成

表 9-1　阀体“产品基础构型”的形态分析

要素一	1 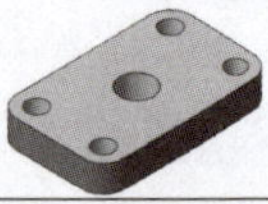	2 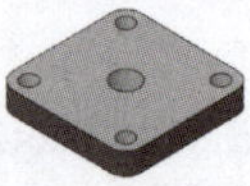	3 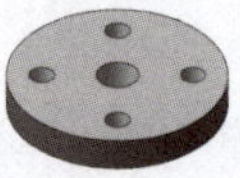	4 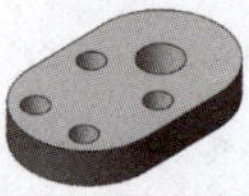	5 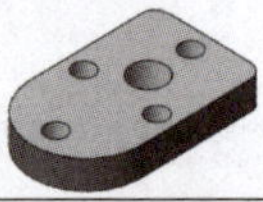	……
要素二	(1) 	(2) 	(3) 	(4) 	(5) 	……
要素三	1) 	2) 	3) 	4) 	5) 	……
要素四	① 	② 	③ 		……	

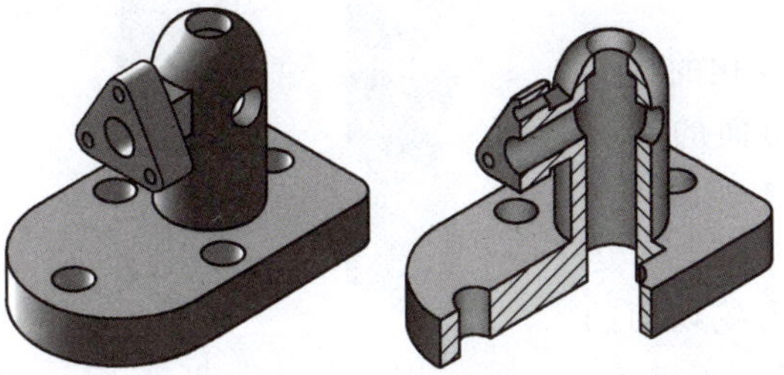

a) b)

图 9-19 5（5）4）②组合构型

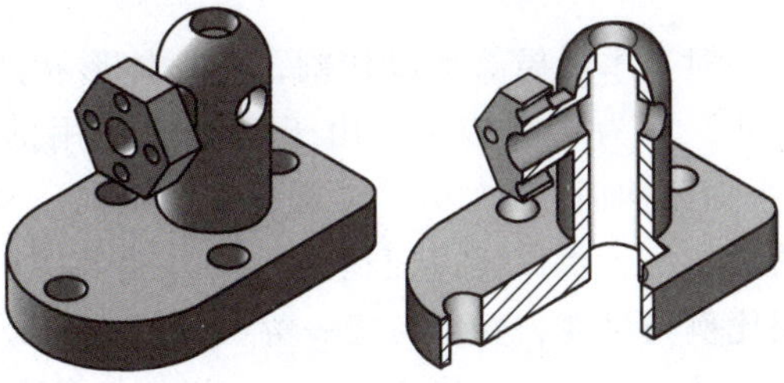

a) b)

图 9-20 5（5）5）③组合构型

9.3 形体创造性构型设计的方法

对棱柱、棱锥、圆柱、圆锥、圆球等基本形体，进行分割、切割、合并、仿形、变异等变形，可以设计出多量、新颖甚至独特的构型；对基本体进行变位变形、翻转变形，也可设计出新颖构型；对平面图形进行拉伸，可设计出具有特色的构型。具体构型时，对各方法可以灵活地相互融合使用。

9.3.1 分割

在某一基本体（母体）中分割出两个或多个子形体（子体），并进行叠加构型的方法，称为分割构型。分割构型原则：①必须有基本体（母体）；②尽量使用黄金比例分割，使构型更完美；③母体与子体必须同时存在；④母体与子体必须各自具有一定功能，且叠加成具有一定用途的形体；⑤可分割一次，也可分割多次。

如图 9-21a 所示长方体，沿不同线段切开并叠加，可设计一长椅。若对线段形状充分想象和联想发散，会得到多量、新颖甚至特异的长椅构型，如图 9-21 所示。

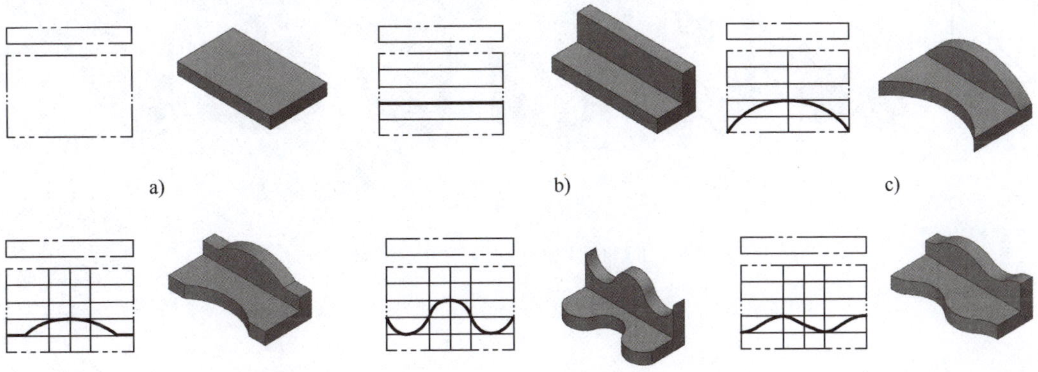

a) b) c)

d) e) f)

图 9-21 分割构型设计举例

9.3.2 切割

对基本体局部加以切割，使形体形状产生变化的构型方法，称为切割构型。由于切割时使用的截切面的形状（平面或曲面）、大小、位置、数量不同，基本体表面产生的截交线、相贯线可使造型千变万化。切割构型原则：运用比例与尺度、变化与统一等美学法则，既考虑挖切面的对比效果，又追求整体的统一，以使构型不凌乱、不琐碎。图 9-22 所示为对四棱柱体所做挖切构型。

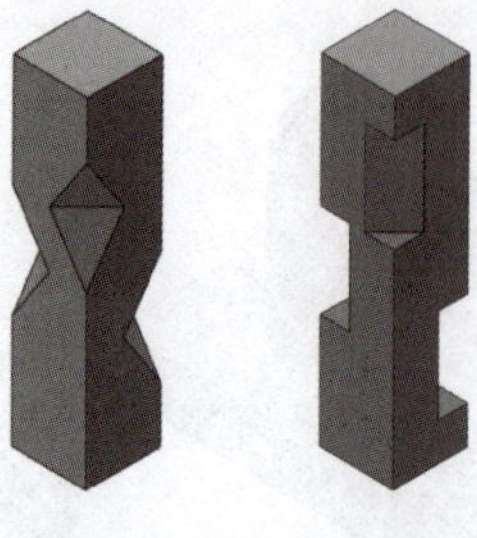

a) b)

图 9-22 切割构型设计举例一

【例 9-1】 请对图 9-23a 所示正方体进行切割构型，使构型符合图 9-23b 所示两视图，构型用三视图和三维模型表示。

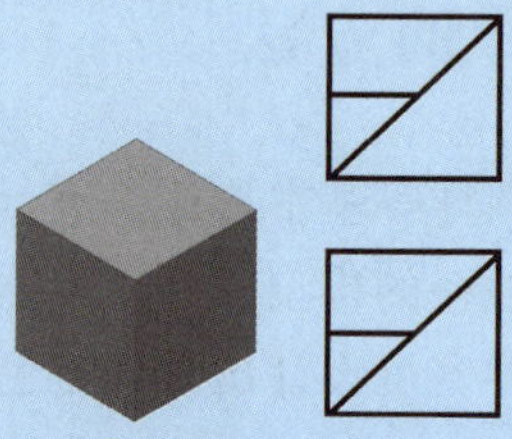

a) b)

图 9-23 切割构型设计举例二

使用上述 9.2.4 节和 9.2.3 节策略，得到图 9-24 所示多种构型。

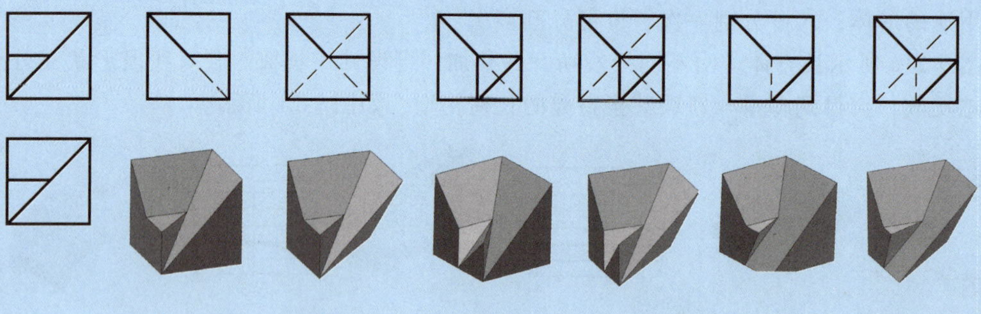

a) b) c) d) e) f)

图 9-24 切割构型设计举例二构型结果

9.3.3 合并

由不同的基本体通过表面过渡关系和相对位置的变化进行叠加构型的方法，称为合并构型。图 9-25 所示为给定一正四棱柱和四个圆柱所做合并构型。

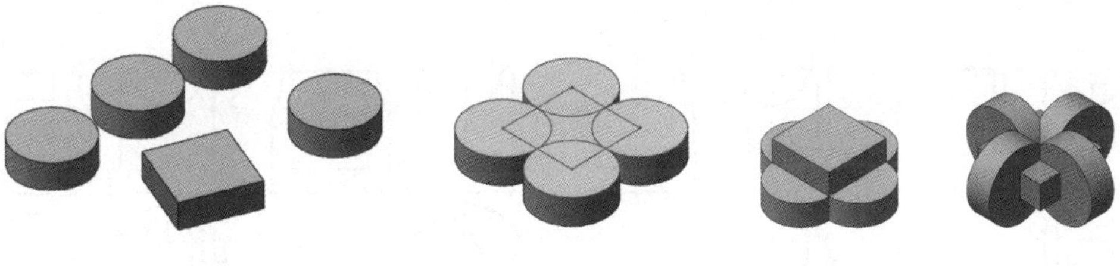

a)　　b)　　c)　　d)

图 9-25　合并构型设计举例一

【例 9-2】　请考虑合并构型法，使构型符合图 9-26a 所示两视图。

由以往画图、看图经验，很容易联想到该形体由竖直正八棱柱与前后水平正八棱柱叠加组成，构型如图 9-26b 所示；利用投影重合，想象增加一筋板，得图 9-26c 所示构型；由图 9-26c 相似联想，得图 9-26d 所示构型；由图 9-26d 对比联想，得图 9-26e 所示构型；由图 9-26d、e 相近联想，得图 9-26f 所示构型。由图 9-26c 、d、e 、f 受到启发，相似联想得图 9-26g 所示构型，当然其可以看作切割构型形体。

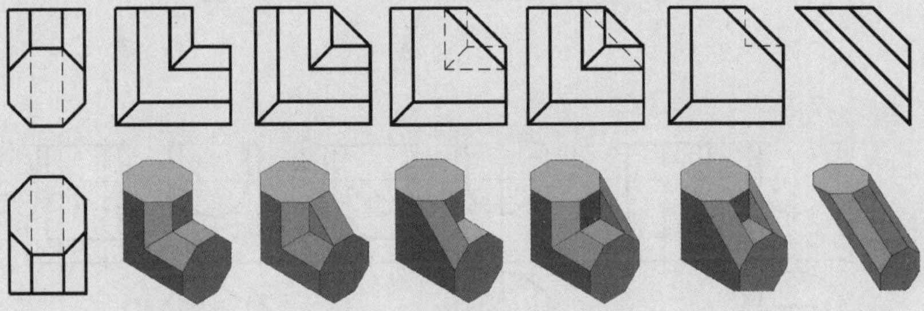

a)　　b)　　c)　　d)　　e)　　f)　　g)

图 9-26　合并构型设计举例二

9.3.4　仿形

仿照已知形体的结构特点，从基本体、孔槽等多个思路方向进行想象和联想发散，设计出多种形体形状的构型方法，称为仿形构型。

【例 9-3】　请分析图 9-27 所示两视图形体的结构特点，仿形构型设计。构型用三视图表达。

a)　　b)

图 9-27　仿形构型设计举例

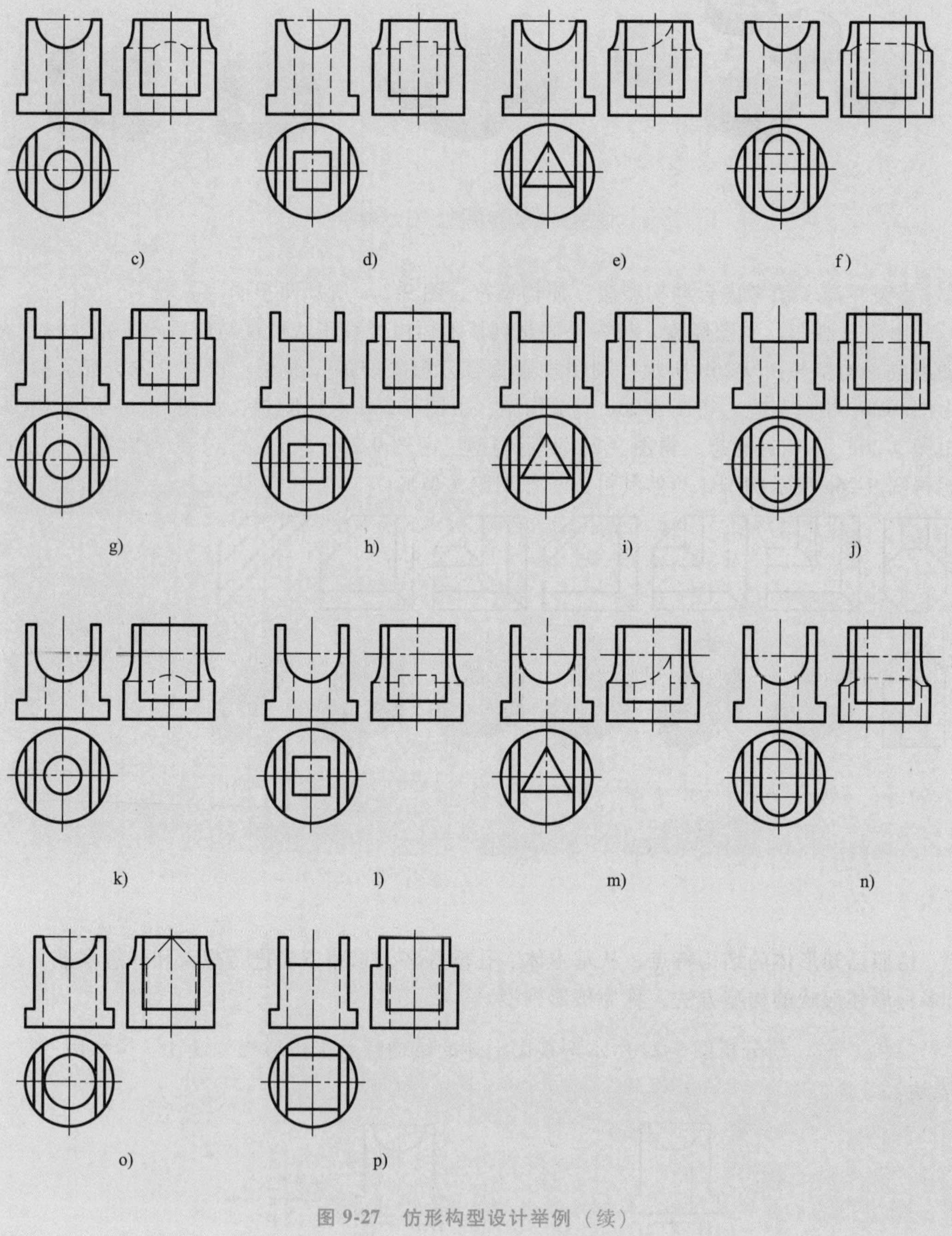

图 9-27　仿形构型设计举例（续）

9.3.5　变异

在不改变原形体力学结构的前提下，通过某一或某几个组成部分的形状变元、尺寸变元、位置变元、数量变元、关系变元等方式，进行构型的方法称为变异构型。

对图 9-28a 立柱基础的筋板部分做形状变元构型得图 9-28b，数量变元构型得图 9-28c。

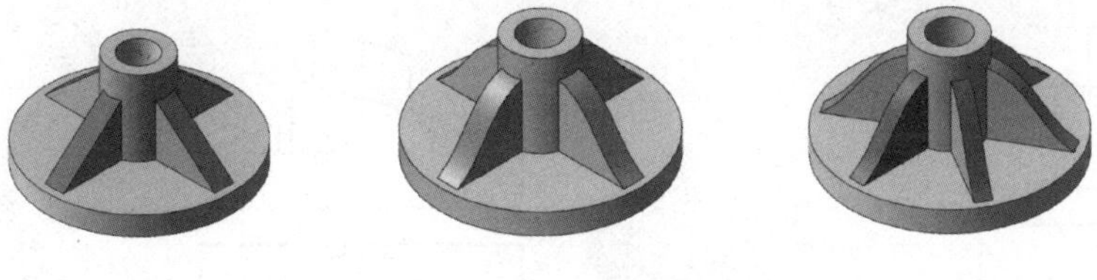

a)　b)　c)

图 9-28　变异构型设计举例

9.3.6　凹凸

对已有形体的某一部分或某几部分考虑凹凸变化所做构型的方法，称为凹凸构型。构型过程再使用平曲、正斜变化策略，能够设计出多量形体。

【例 9-4】　由图 9-29a 所示俯视图，按照凹凸构型方法，设计尽可能多的形体。对构型自主方式表达。

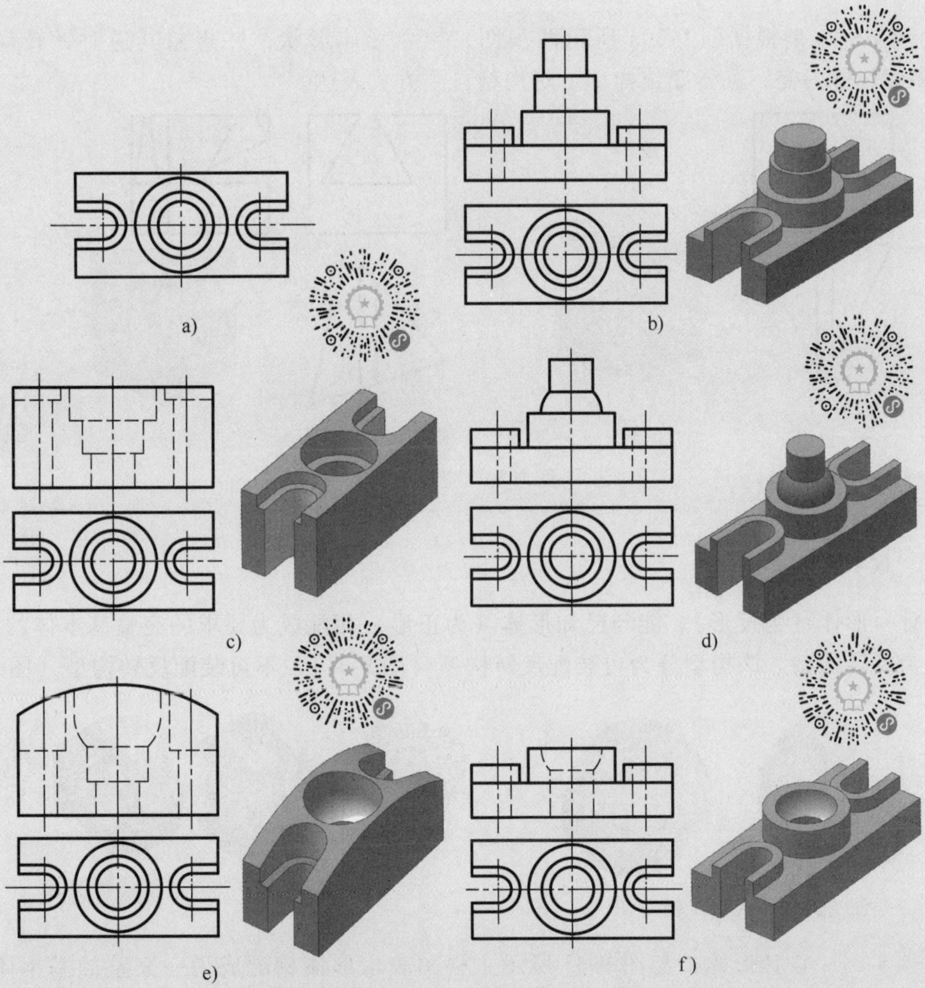

a)　b)　c)　d)　e)　f)

图 9-29　凹凸构型设计举例

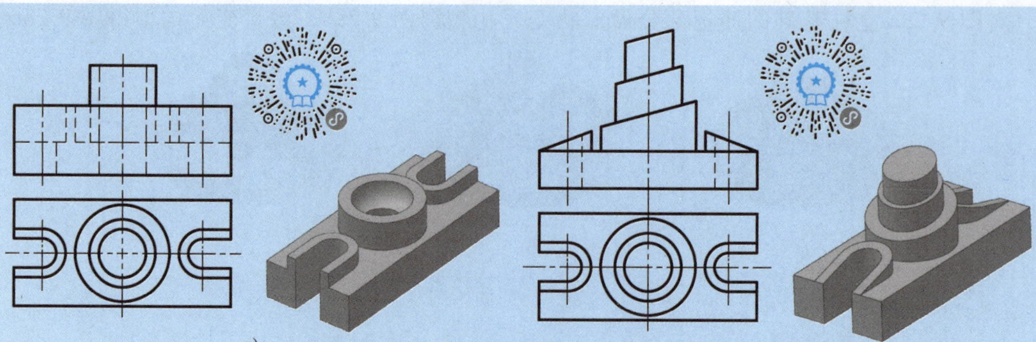

g)　　h)

图 9-29　凹凸构型设计举例（续）

9.3.7　变位

对切割式形体，将基本体按某方向旋转不同角度而截切面不变的构型方法，称为变位构型。构型时变位多个角度，能够设计出多量形体。

【例 9-5】　请根据图 9-30a 所示两视图，想象形体形状，并想象其逆时针转动 45°，但截平面位置不变，进行变位构型。对构型自主方式表达。

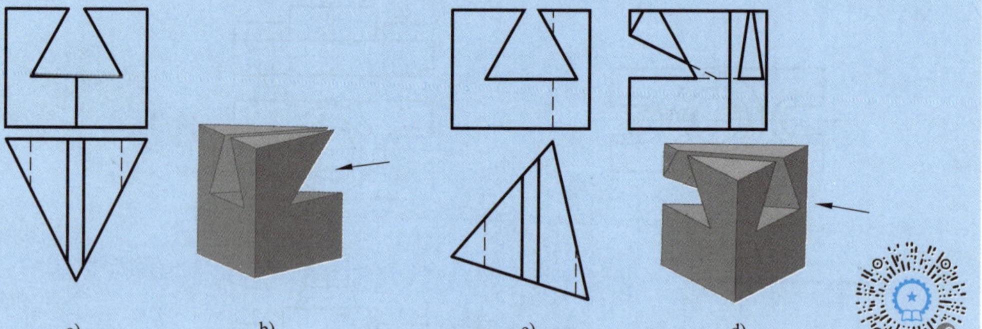

a)　b)　c)　d)

图 9-30　变位构型

9.3.8　反转

设计一形体（为反形），能与已知形体（为正形）相配成为要求的完整基本体的构型方法，称为反转构型。该构型分为可装配反转构型（图 9-31）、不可装配反转构型（图 9-32）。

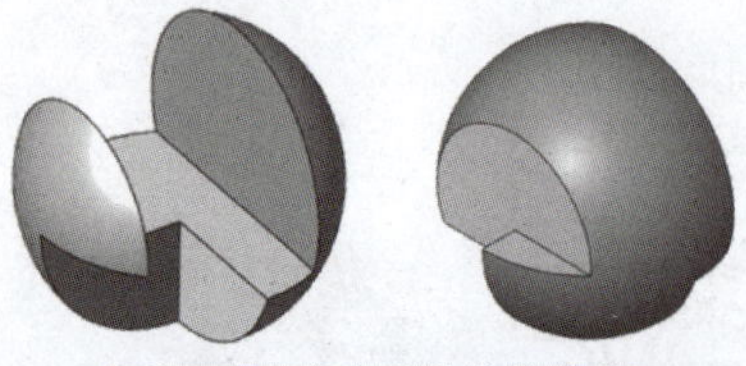

图 9-31　可装配反转构型

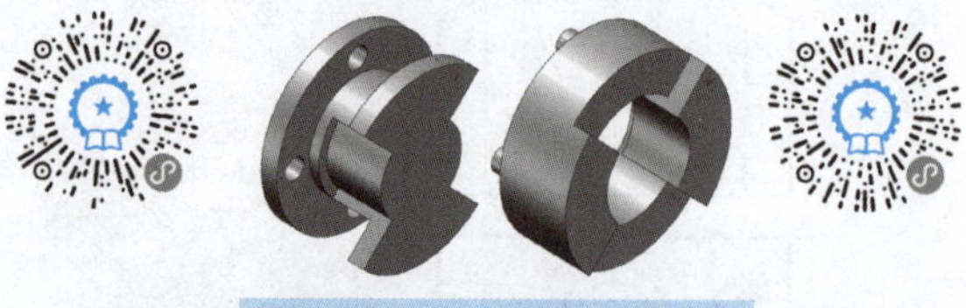

图 9-32　不可装配反转构型

【例 9-6】　设计形体，与图 9-33 所示主视图表示形体相配成为一完整的基本体。正形、反形用自主方式表达。

由已知形体主视图，结合已有的学习经验，在熟悉的柱、锥、球等基本体上挖切形状特征如图 9-33 所示的孔。

图 9-33　已知形体主视图

本例基本体使用圆柱，得到构型如图 9-34a 所示形体，为反形。再设计正形：首先如图 9-34b 所示，分离出空缺（切口）轮廓线，再分析并改变虚线称为可见投影粗实线，如图 9-34c 所示，最后结合要求的基本体形状补画应有轮廓线，如图 9-34d 所示。

若改变基本体形状或摆放位置，会得到更多量、新颖甚至特异构型。

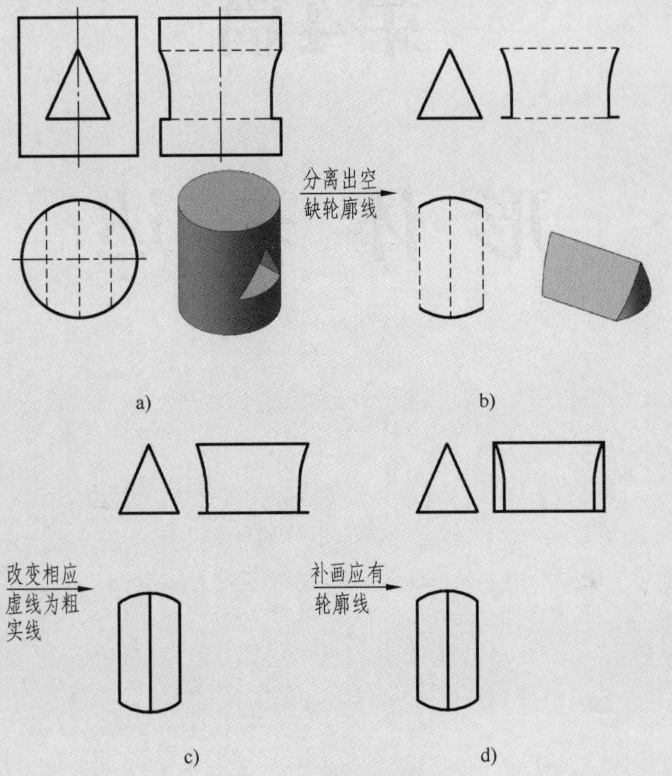

图 9-34　反转构型设计举例

9.3.9　拉伸

通过对平面图形拉伸所做的构型，称为拉伸构型，如图 9-35 所示。拉伸过程中，通过图形大小连续变化，或者拉伸并扭曲还能够设计出多量形体。

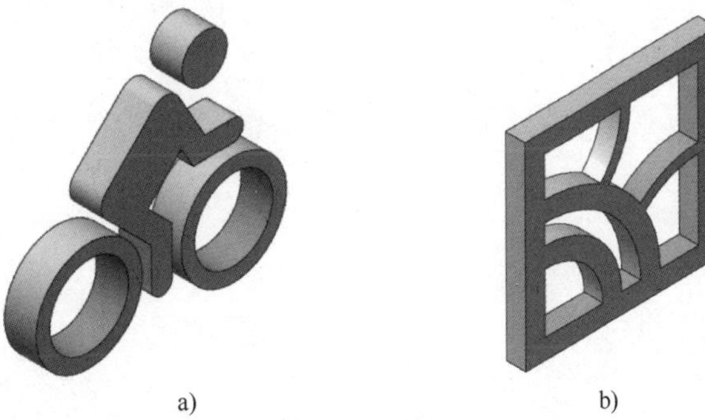

图 9-35　拉伸构型

探究思考：通过自主方式，认识创造性思维与创造性思维方法的不同，试用感兴趣的一种创造性思维方法进行形体构型设计。

第4篇

形 体 表 达

第10章 形体的视图表达

本章导读

学习内容：

1）基本视图。

2）向视图。

3）局部视图。

4）斜视图。

学习目标：

1）能够理解《技术制图 图样画法 视图》（GB/T 17451—1998）国家标准中四种视图的概念、配置、标注及适用情况。

2）能够理解四种视图表达方法从绘图到标注都必须严格执行国家标准的规定。

3）明确道路工程形体一般使用的视图有主视图、俯视图和左视图。

4）能够养成认真负责、严谨细致的工作作风。

5）能够发扬一丝不苟、精益求精的工匠精神。

6）能够不断强化懂法、执法、守法意识和观念。

形体的结构形状包括外部结构形状（各组成部分的形状特征及相对位置）、内部结构形状（孔、槽、内腔等）以及断面结构形状，国家标准《技术制图 图样画法 视图》（GB/T 17451—1998）中规定了表达形体外部结构形状的方法，即视图，包括基本视图、向视图、局部视图和斜视图四种。

10.1 基本视图

表示一个形体可有六个基本投射方向，如图 10-1a 所示的 *a*、*b*、*c*、*d*、*e*、*f* 方向，六个基本投影面垂直于六个基本投射方向。形体向基本投影面投射所得视图称为基本视图，如图 10-1a 所示。六个基本视图的投影面展开方式如图 10-1b 所示。六个基本视图的投影规律如图 10-2 所示。

画六个基本视图时应注意以下问题：

1）六个基本视图符合“长对正、高平齐、宽相等”的投影关系，即主、俯、仰、后视

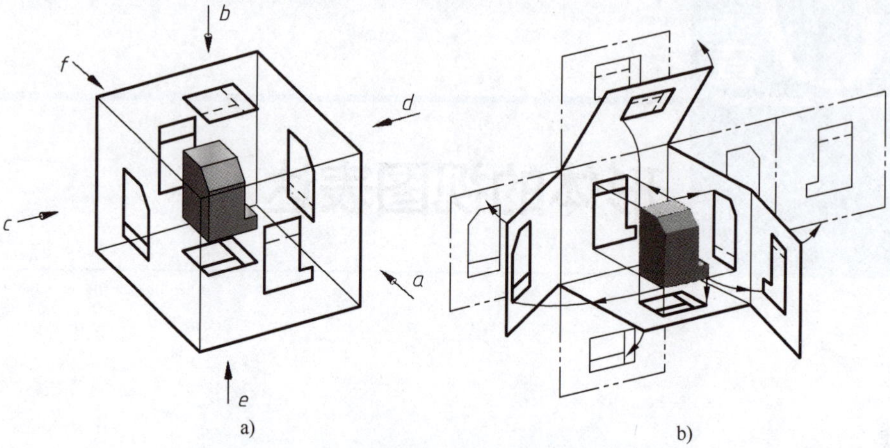

图 10-1　六个基本视图的形成及投影面的展开方式

图等长；主、左、右、后视图等高；左、右、俯、仰视图等宽的“三等”关系。

2）六个视图的方位对应关系，仍然反映形体的上、下、左、右、前、后的位置关系。尤其注意左、右、俯、仰视图靠近主视图的一侧代表形体的后面，而远离主视图的那侧代表形体的前面，后视图的左侧对应形体右侧。

3）用视图表达形体外部结构形状时，从六个基本视图中选择将各组成部分的形状特征反映清楚及相对位置表达清楚的必需的几个，没有必要全部采用。对道路工程和建筑工程形体，一般采用主视图（立面图）、俯视图（平面图）、左视图（侧面图）来表达外部结构形状。

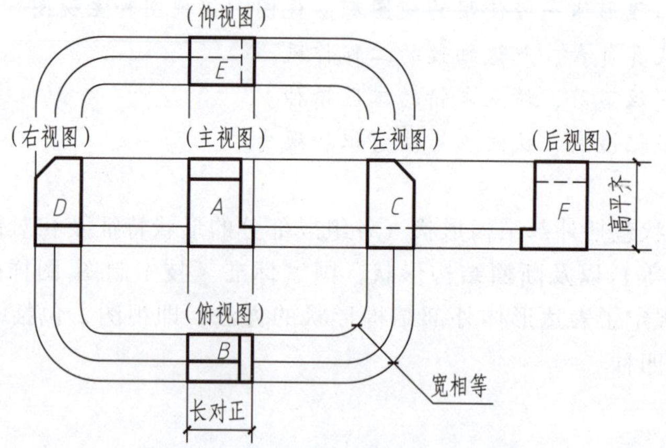

图 10-2　六个基本视图的投影规律

10.2　向视图

为了合理利用图纸，当不能按图 10-2 所示展开位置配置视图时，可自由配置，称为向视图，如图 10-3 所示。

向视图有两种标注形式：

1）如图 10-3a 所示，在视图上方标注大写拉丁字母，在相应视图附近用箭头指明投射方向，并标注相同的字母。此标注方式用于机械工程图样。

2）如图 10-3b 所示，在视图下方（也可在上方）标注图名。标注图名的各视图位置应根据需要按相应的规则布置。此标注方式常用于建筑与道路工程图样。

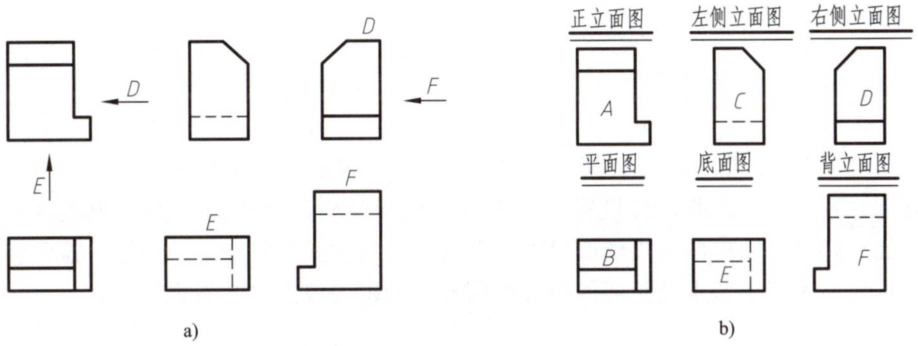

图 10-3　向视图的标注方法

10.3　局部视图

当只需表示形体上某一部分的形状时，可不必画出完整的基本视图，只需将该局部结构向基本投影面投射即可。这种将形体的某一部分向基本投影面投射所得视图称为局部视图。

如图 10-4 所示，画出支座的主、俯两个基本视图后，仍有两侧凸台的形状特征没有反映清楚，一般会考虑再画出左视图和右视图进行反映，但图中采用了 *A* 和 *B* 两个局部视图来代替左视图和右视图两个基本视图，这样可以做到画图简单、表达重点明确。

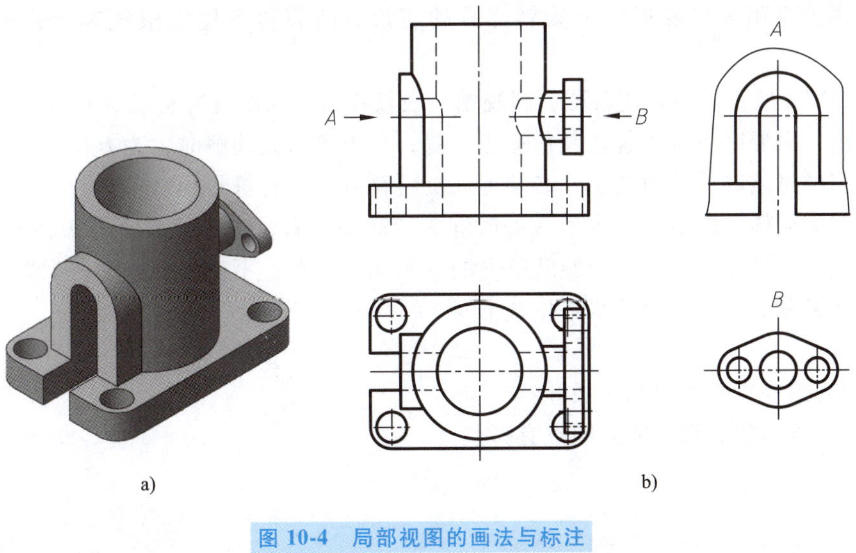

图 10-4　局部视图的画法与标注

由于局部视图所表达的只是形体某一部分的形状，故需要画出断裂边界，其断裂边界用波浪线表示（也可用双折线代替波浪线），如图 10-4 中的 *A* 向局部视图所示。

画波浪线时应注意以下几点：

1）波浪线不应与轮廓线重合或在轮廓线的延长线上。

2）波浪线不应超出物体轮廓线，不应穿空而过。

3）当表示的局部结构是完整的，且外形轮廓线封闭时，波浪线可省略不画，如图 10-4 中的 *B* 向局部视图所示。

10.4 斜视图

如图 10-5a 所示，当形体具有倾斜结构时，在基本视图上就不能反映该部分的实形，同时也不便标注其尺寸。为此，可设置一个平行于倾斜结构的垂直面（图中为正垂面 *P*）作为新投影面，将倾斜结构向该投影面投射，即可得到反映其形状特征的视图。这种将形体上的倾斜结构向不平行于基本投影面的新投影面投射所得的视图称为斜视图。

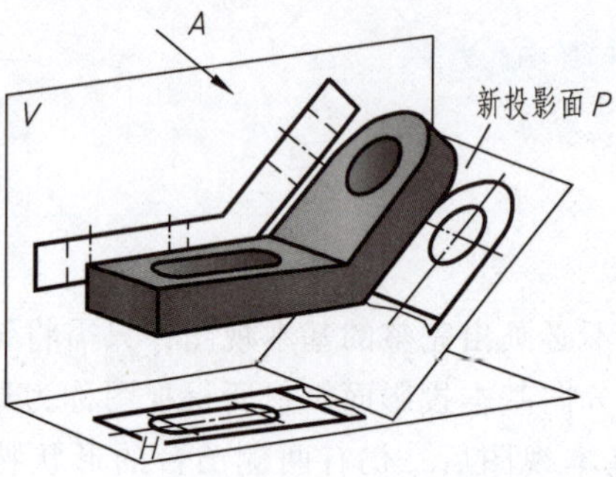

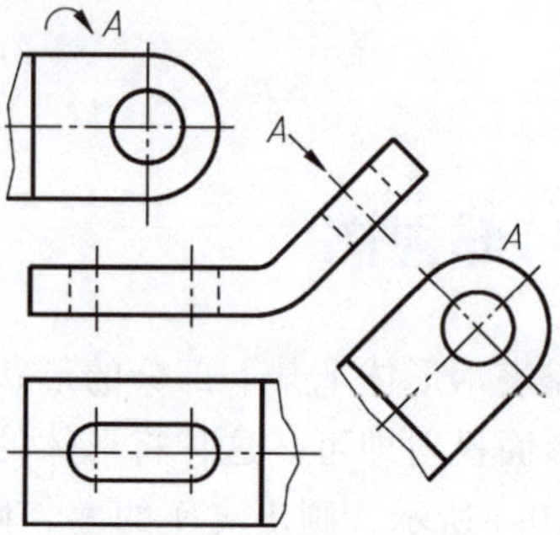

图 10-5　斜视图的产生与配置

斜视图主要用来反映形体上倾斜部分的实形，断裂边界用波浪线表示，用法同局部视图。

如图 10-5b 所示，为方便看图，斜视图一般按投射方向配置并标注，标注形式同向视图和局部视图；必要时也可配置在其他适当位置；在不致引起误解时，为方便画图，允许将图形旋转，但经过旋转后的斜视图，必须标注旋转符号，旋转符号用以字高为半径的细实线半圆弧加上代表旋转方向的箭头表示（顺时针旋转箭头在右，逆时针旋转箭头在左）；表示该视图名称的大写拉丁字母应靠近旋转符号的箭头端。注意：不论斜视图如何配置，箭头一定垂直于倾斜部分，字母一律按水平位置书写。

思考：

1）斜视图在新投影面如何展开？

2）局部视图与斜视图的异同点有哪些？

第11章

形体的剖面图表达

本章导读

学习内容：

1）全剖面图。

2）半剖面图。

3）阶梯剖面图。

4）旋转剖面图。

5）局部剖面图。

6）展开剖面图。

学习目标：

1）能够理解剖面图的概念。

2）能够明确并严格执行国家标准关于各种剖面图画图、标注等方面的规定。

3）能够养成认真负责、严谨细致的工作作风。

4）能够发扬一丝不苟、精益求精的工匠精神。

5）能够不断强化懂法、执法、守法意识和观念。

用视图表达形体外部结构形状时，有时因为内部结构形状不可见，所以其投影轮廓线用虚线表示，虚线表达有三点不足：表达结构形状不清楚；在其上标注尺寸不清晰；若形体内部结构较复杂，那么虚线与虚线、虚线与粗实线交错混杂，影响视图的清晰度。为此，国家标准规定采用表达清楚形体内部结构形状的方法，即剖面图。本章依据《道路工程制图标准》（GB 50162—92），同时参照《建筑制图标准》（GB/T 50104—2010）编写。

11.1 剖面图概述

11.1.1 剖面图的形成

如图 11-1a 所示，假想用剖切平面 P 沿形体前后对称面将其剖开，将观察者与剖切平面之间的部分移走，将剩余部分向立面图所在投影面做投射，得到如图 11-1b 所示投射图形。将其与原立面图 11-1c 对比可以看出，由于将形体剖开，圆孔、槽子等内部结构显露出来，所以原来不可见投影轮廓虚线成为可见投影轮廓粗实线，内部结构能够清楚地被表达。

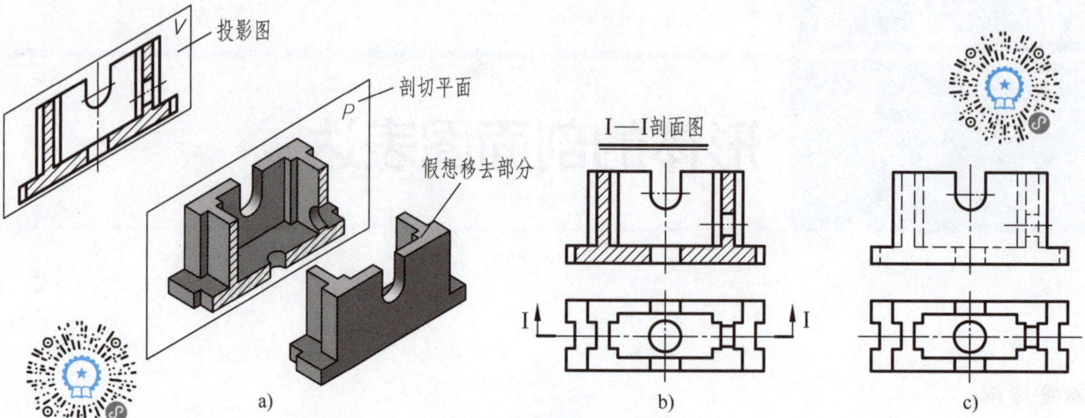

图 11-1　剖面图的形成

假想用剖切面（一般为平面，个别情况为曲面）将形体剖开，移去观察者和剖切面之间的部分，将剩余部分向基本投影面作投射，所得到的图形称为剖面图。

11.1.2　画剖面图的方法、步骤

1. 确定剖切平面的位置

画剖面图的目的一般是要清楚地表达形体内部结构形状，所以要让剖切平面经过孔的轴线、槽子的对称面，且为平行面或垂直面。图 11-2a 所示形体具有 U 型槽、矩形槽、圆孔及局部孔四类内部结构，为了在立面图上清楚地表达这些结构，将剖切平面 P 确定为经过孔的轴线、槽子对称面的位置，即沿形体前后对称面的位置进行剖切，如图 11-2b 所示。

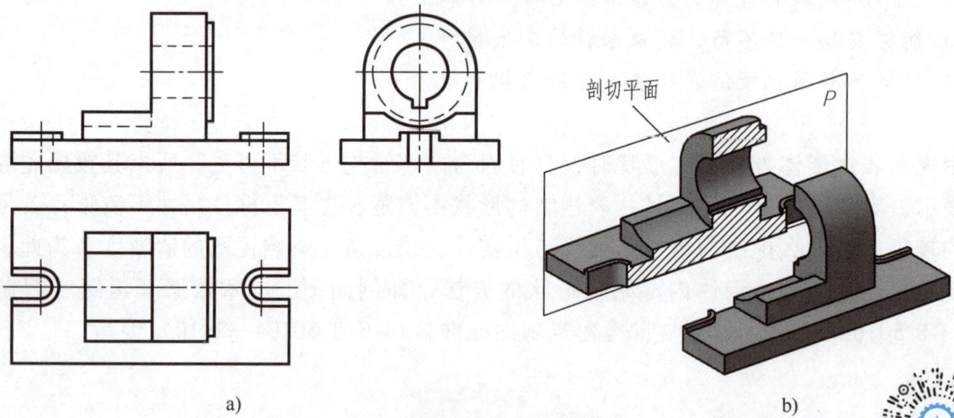

图 11-2　形体视图及其剖切平面的位置

2. 画剖面图图形

剖面图图形是剩余部分的投射图形，初学者可参考如下步骤画图。

1）画剩余部分的投射外轮廓线，为粗实线，如图 11-3a 所示。

2）画剩余部分的投射内轮廓线，为粗实线，如图 11-3b 所示。

3）画材料图例或剖面线，若要表示形体的制作材料，需要在剖面（剖切平面与形体构

造材料的接触面）上标明材料图例，见表 11-1；若只需区分剖面与非剖面，则在剖面上标明通用剖面符号（俗称剖面线）即可，一般情况下剖面线采用与水平倾斜成 45°、间隔均匀的细实线，如图 11-3c 所示。

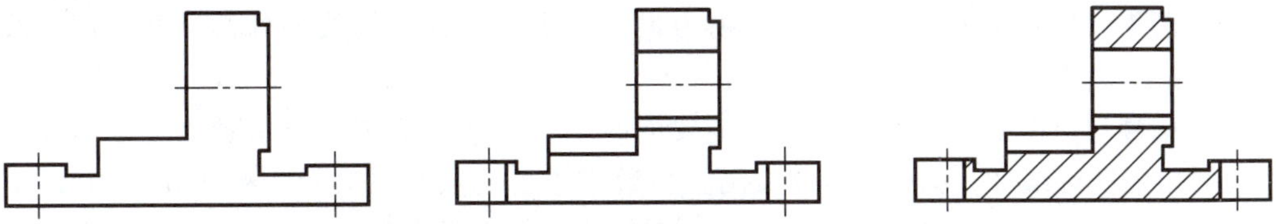

a)　　b)　　c)

图 11-3　画剖面图图形

表 11-1　常用材料图例

材料名称	材料图例	画法说明	材料名称	材料图例	画法说明
天然土 夯实土壤	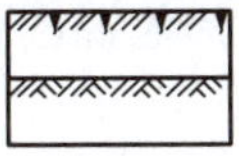	斜线为 45°细实线	水泥混凝土 钢筋混凝土	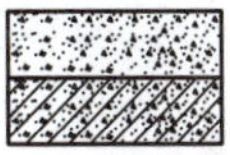	斜线为 45°细线，石子有棱角
天然砂石 浆砌片石	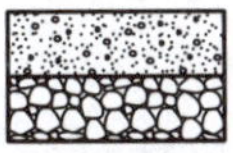	徒手画	水泥混凝土 水泥稳定砂砾	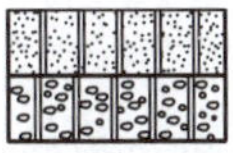	双竖直线为细实线，其余徒手画，砾石不带棱角
石灰土 石灰粉煤灰	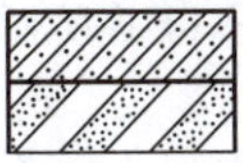	斜线为 45°细实线，其余徒手画，石灰、粉煤灰点在斜线相间处	细粒式沥青混凝土 粗粒式沥青混凝土	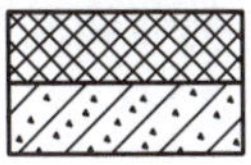	斜线为 45°细实线，粗粒石子涂黑
石灰粉煤灰 碎砾石 浆砌石块	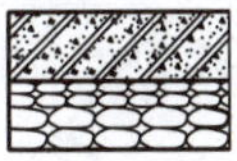	双斜线为 45°细实线，其余徒手画	水	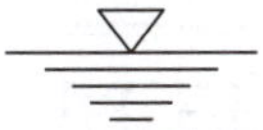	水面为长线，其余成倒三角形细平行线，间距 1mm
纵剖木材 横剖木材		徒手画	金属橡胶	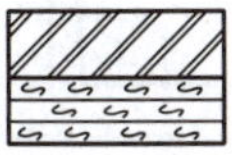	双斜线为 45°细实线，橡胶弹性用倒 S 形徒手画

3. 剖面图的标注

需要标注三项内容，如图 11-4 所示。

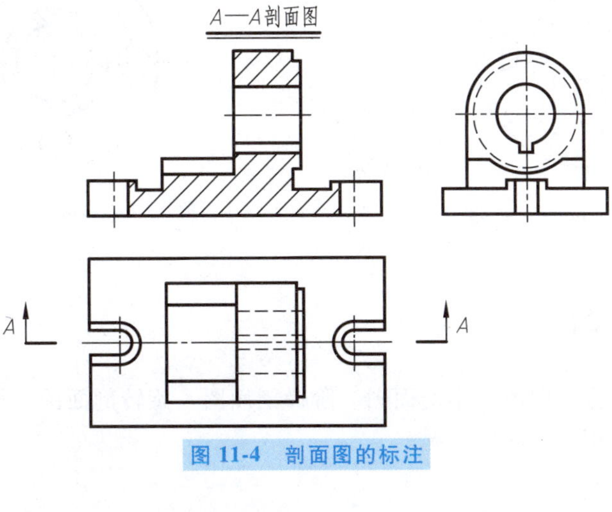

图 11-4　剖面图的标注

（1）剖切线　剖切面在与之垂直的投影面上的投影积聚成一条直线，这条直线可以表示剖切面的位置，称为剖切位置线，简称剖切线。在投影图中用断开的一对短粗实线表示，长度为 5~10mm。

（2）箭头　用箭头表示剖面图的投射方向。将箭头画在剖切线的外侧，并与剖切线垂直相交，长度为 4~6mm。

（3）编号　对复杂结构的形体，可能要同时剖切几次，为了区分清楚以方便看图，对每一次剖切要进行编号。编号用英文或阿拉伯数字或罗马数字来表示，标注在剖切线一侧，并在相应剖面图的上方标注编号名称“×—×剖面图”。编号名称“×—×剖面图”中的细短线长度为 5~10mm；为了美观，标准规定，还需在编号名称的底部画上上粗下细的两条等长平行的短线，两线间距为 1~2mm。

11.1.3　画剖面图应注意的问题

1）剖切是假想的，所以当将形体的某个视图表达为剖面图时，其他视图仍应按完整形状的投影画图。

2）在剖面图上尽量不要画虚线，但在不影响其清晰的情况下，允许画少量虚线，如图 11-5 所示 *A*—*A* 剖面图。

3）同一形体在同一图样上的各个剖面图，剖面线的倾斜与间隔应保持一致。当图形轮廓线为 45°时，可将剖面线画成 30°或 60°，但倾向同已有图形，如图 11-6 所示。

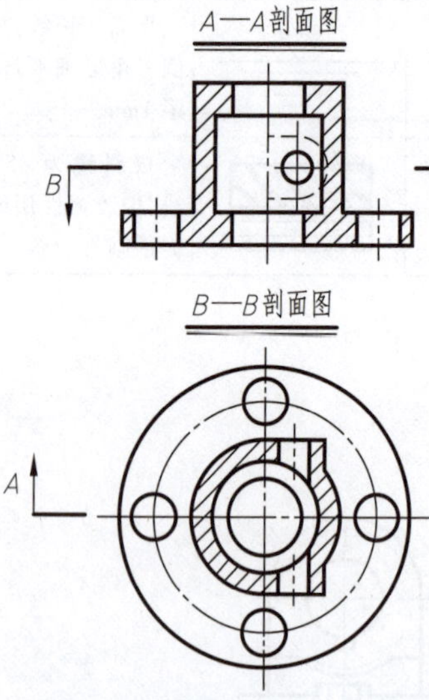

图 11-5　剖面图上允许画少量虚线

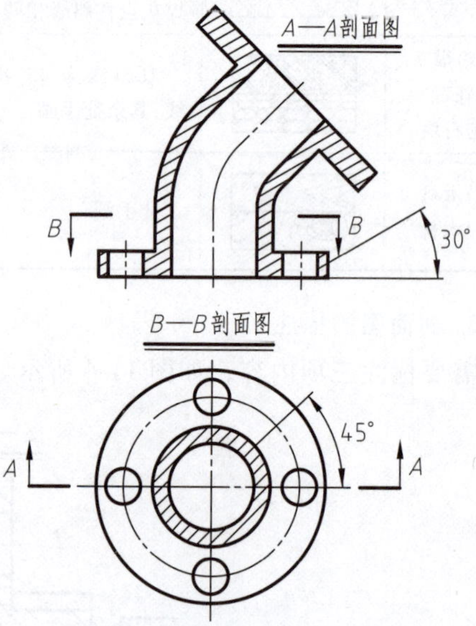

图 11-6　将剖面线画成 30°或 60°

11.2　剖面图的种类

剖面图分六类：全剖面图、半剖面图、阶梯剖面图、旋转剖面图、局部剖面图、展开剖面图。不同剖面图适用于不同的情况。

11.2.1 全剖面图

1. 形成

假想用一个剖切平面将形体全部剖开，得到的剖面图，称为全剖面图。图 11-1、图 11-3 和图 11-7 均为全剖面图。

2. 适用范围

全剖面图适用于表达外形结构比较简单而内部结构比较复杂的形体。

3. 画图应注意的问题

全剖面图一般都要标注三项内容。只有当剖切平面与形体的对称平面重合，且全剖面图又配置于基本视图的位置时，可以省略标注，如图 11-8 所示。

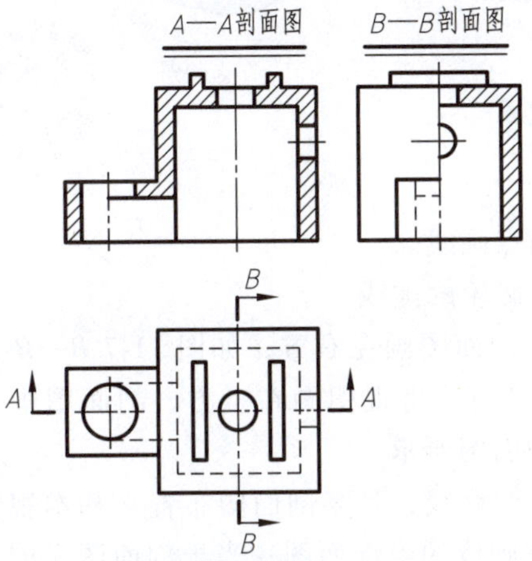

图 11-7 全剖面图

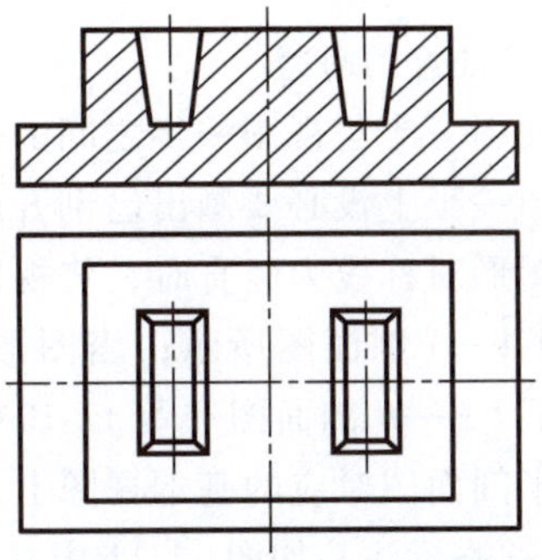

图 11-8 对全剖面图省略标注

11.2.2 半剖面图

1. 形成

需要在同一视图上表达形体的内外结构形状，而形体具有结构对称平面时，可以假想用一个剖切平面将形体剖开，移走观察者与剖切平面之间关于对称面为分界的一半得到的剖面图，称为半剖面图。其特征是以图形对称线作为分界，一半画成视图以表达外部形状，另一半画成剖面图以表达内部形状。

如图 11-9a 所示，用正平面的剖切平面 P_1 经过中间大竖向阶梯孔轴线进行剖切，再移走观察者与剖切平面之间关于对称面为分界的右侧一半，将剩余部分作投射，得到图 11-9b 所示半剖面图。画图时以立面图图形左右对称线（细点画线）为分界，左侧一半画成视图反映 U 型凸台形状特征，右侧一半画成剖面图表达竖向阶梯孔深度方向形状。

思考：图 11-7 侧面图，图 11-9b、c 平面图上半剖面图的表达重点是什么？如何画图？

2. 适用范围

半剖面图适用于形体内、外形需要在同一视图上表达和反映，且具有对称面（视图图形具有对称线）的形体。

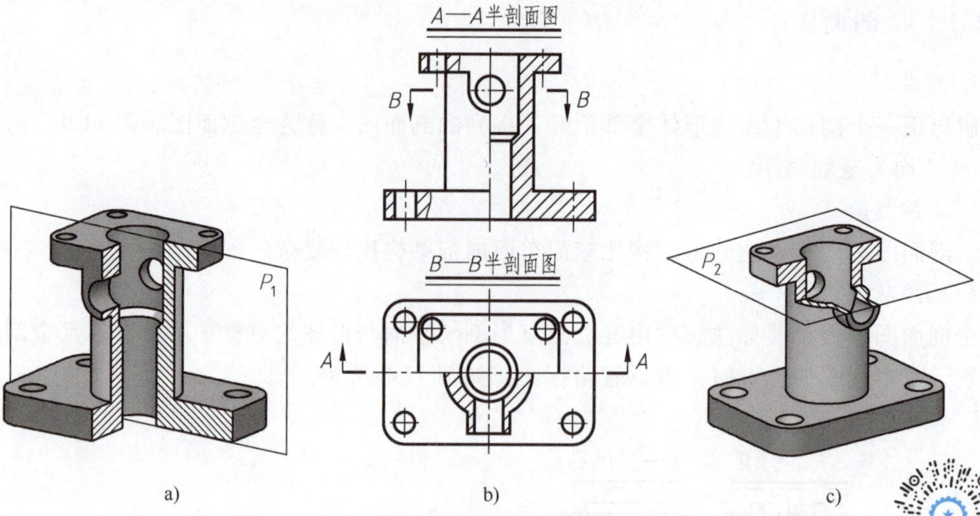

图 11-9　半剖面图

3. 画图应注意的问题

1）剖面图一半与视图一半之间的分界线应为细点画线。

2）视图一半上没必要画出已剖开内部结构的投影轮廓虚线。

3）当图形对称线为竖直时，将视图画在左方，剖面图画在右方，如图 11-7 *B*—*B* 剖面图和图 11-9 *A*—*A* 剖面图所示；当图形对称线为水平时，将视图画在上方，剖面图画在下方，如图 11-9 *B*—*B* 剖面图和图 11-10 锚环Ⅰ—Ⅰ剖面图所示。

4）当半剖面图对应的基本视图上只有一条图形对称线，且半剖面图布置于基本视图位置时，允许省略标注，如图 11-11 中立面图与侧面图画成的半剖面图；当半剖面图对应的基本视图上有两条图形对称线，且半剖面图布置于基本视图位置时，标注不能省略，如图 11-11 中Ⅰ—Ⅰ半剖面图。

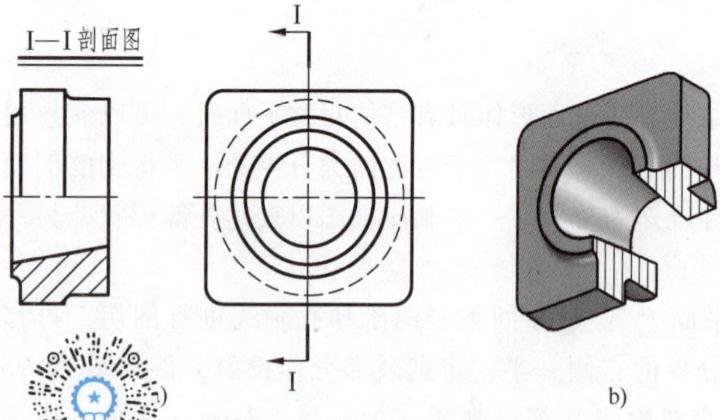

图 11-10　锚环半剖面图

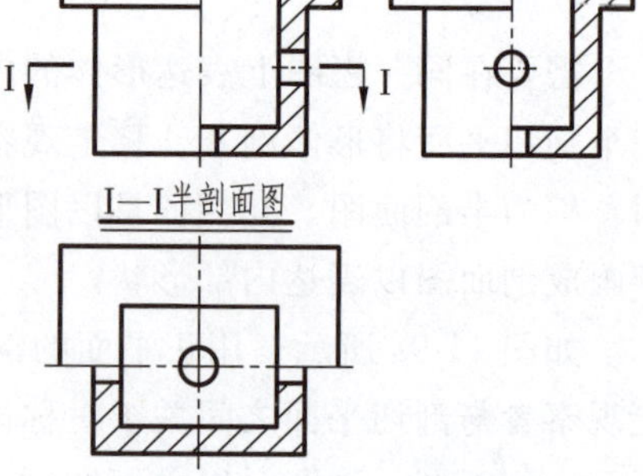

图 11-11　半剖面图的标注

11.2.3　阶梯剖面图

1. 形成

当形体内部结构层次较多，采用一个剖切平面不能把形体内部结构全部剖到时，可以假想用两个或两个以上相互平行的平行剖切平面来剖切物体，所得到的剖面图，称为阶梯剖面图。如图 11-12a 所示，用相互平行的正平剖切平面 P_1、P_2 经过形体上两类孔的轴线、两类 U 型槽的对称面进行剖切，得到 *A—A* 阶梯剖面图如图 11-12b 所示，将所有孔、槽深度方向形状均表达清楚。

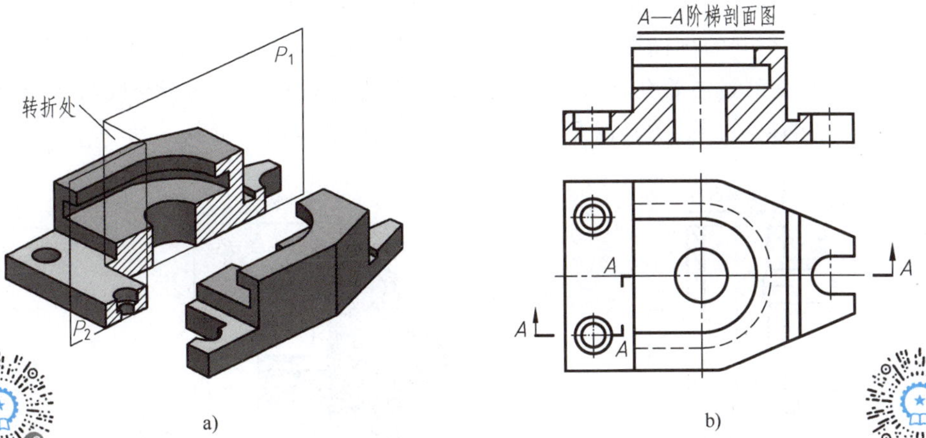

图 11-12　阶梯剖面图

2. 适用范围

阶梯剖面图适用于表达内部结构不在同一平面上的形体。

3. 画图应注意的问题

1）由于剖切平面是假想的，所以在阶梯剖面图上，不要画出相邻两个剖切平面转折处的投影，如图 11-13a 所示。

2）为方便看图，转折位置不应与图形轮廓线重合。

3）避免阶梯剖面图出现不完整的要素，如图 11-14 所示。

4）阶梯剖面图必须标注，并在相邻两剖切平面的转折处也要标注剖切线和编号，如图 11-12 和图 11-13 所示。

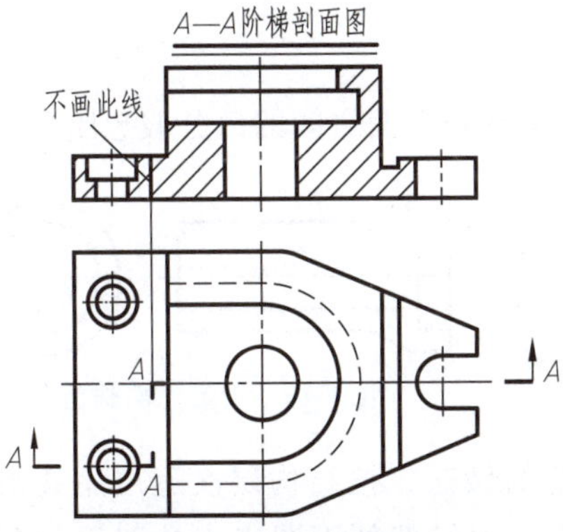

图 11-13　不画转折处的投影

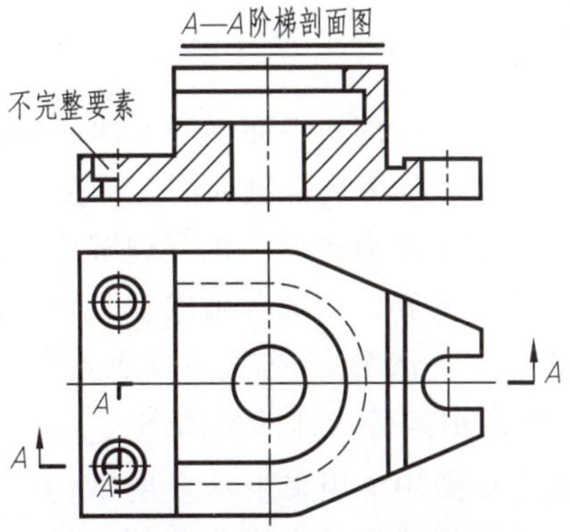

图 11-14　避免出现不完整的要素

11.2.4 旋转剖面图

1. 形成

用两个相交的剖切平面（一个为平行面，另一个为垂直面；交线与形体上一明显回转轴线重合）剖切形体后，并将被垂直剖切平面剖切的倾斜部分旋转到与选定的基本投影面平行，再进行投射得到的剖面图，称为旋转剖面图。如图 11-15 所示圆井，将其 *A—A* 剖面图画成用 P_1 正平面经过右管孔轴线、P_2 铅垂面经过左管孔轴线（两者交线与井身回转轴线重合）剖切得到的旋转剖面图，清楚表达三部分圆孔深度方向的形状。

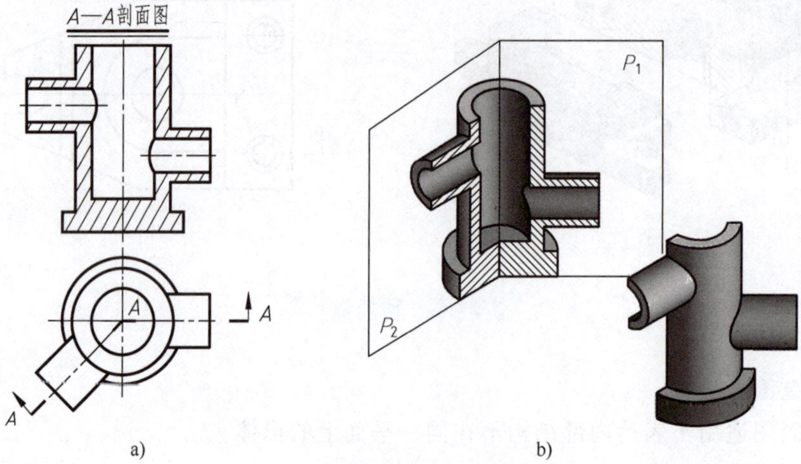

a)　　b)

图 11-15　圆井的剖面图

2. 适用范围

旋转剖面图适用于表达内部结构不在同一平面上，且具有回转轴线的形体。

3. 画图应注意的问题

先剖切、再旋转、后投影，对倾斜结构按旋转后的位置画图。

11.2.5 局部剖面图

1. 形成

用一个平行剖切平面剖开形体的局部，将观察者与剖切平面之间的部分假想断裂掉所得到的剖面图，称为局部剖面图。局部剖面图的特征是以波浪线（表示断裂边界，也可理解成凹凸不平断裂面的投影）作为分界，一部分画成剖面图以清楚表达内部结构形状，另一部分画成视图以表达外部结构形状，如图 11-16 所示沟管局部的剖面图。

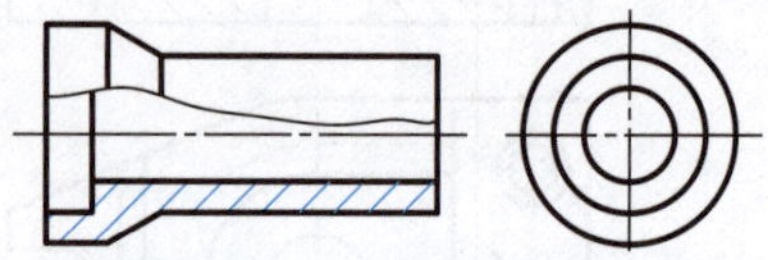

图 11-16　沟管局部剖面图

在专业图中常用来表示多层结构所用材料和构造的做法，按结构层次逐层用波浪线分开，故这种剖面图又称为分层剖面图。如图 11-17 所示用局部剖面图来表达路面的各构造层次。

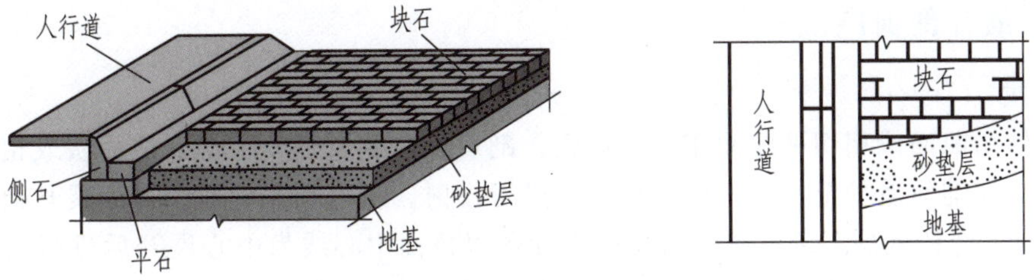

a) b)

图 11-17 路面结构层局部剖面图

2. 适用范围

1）形体需要保留大部分外形。如图 11-18 所示轴的局部剖面图。

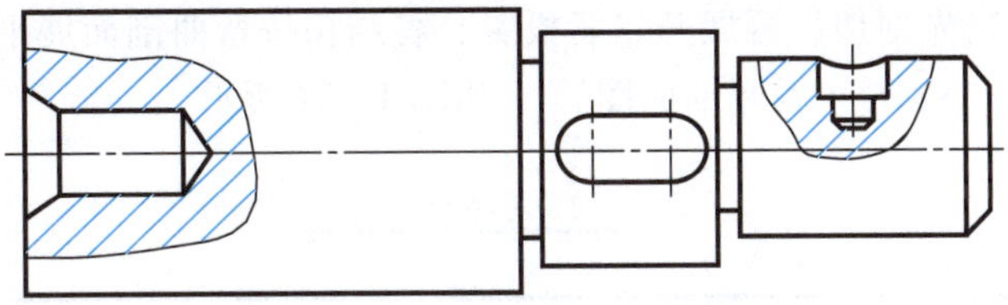

图 11-18 轴需要保留大部分外形

2）形体内、外形都需要在同一个视图上表达，但形体无对称面，所以不能采用半剖面图。如图 11-19 所示形体的局部剖面图。

3）形体内、外形需要在同一个视图上表达，形体有对称面，但因为轮廓线与对称线重合，所以不宜采用半剖面图。如图 11-20 所示三种形体的局部剖面图，自行分析具体情况。

3. 画图注意问题

1）局部剖切比较灵活，但应考虑看图方便，不应过于零碎。

2）波浪线表示形体断裂痕迹，所以应画在实体部分，不能超出视图轮廓线或画在中空部位；另外为方便看图，波浪线不能与图上其他轮廓线重合。

3）局部剖面图只是形体整个基本视图中的一部分，不需要标注。

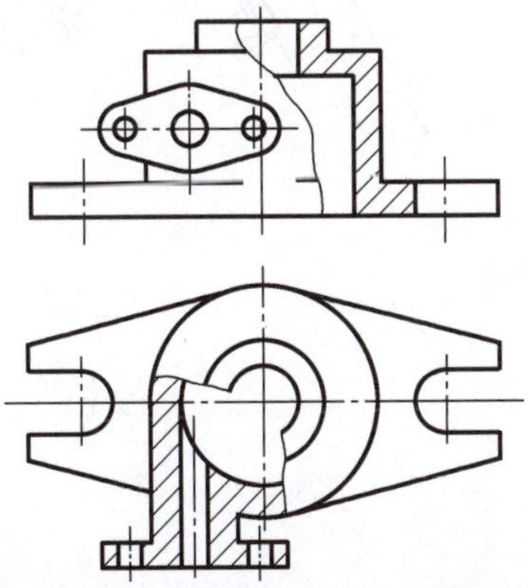

图 11-19 形体无对称面，不能采用半剖面图

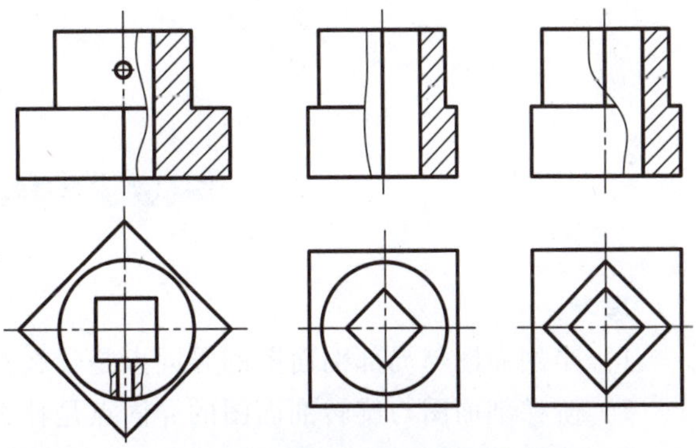

图 11-20 三种形体的局部剖面图

11.2.6 展开剖面图

1. 形成

对形体用曲面或相切平曲面作为剖切面，剖切后在剩余部分上得到曲面状或相切平曲面状的剖面，让剖面展平至与投影面平行，并进行投射，所得到的剖面图称为展开剖面图，如图 11-21 所示弯桥的展开剖面图。对弯桥立面图以桥面中心线为中心展开后进行绘制，由于对称，并采用了半剖面图，视图一半表达桥梁总体布置的外观，剖面图一半表达河床地质情况及桥台、桥墩在河床中的埋置情况。

2. 适用范围

展开剖面图适用于道路路线纵断面及带有弯曲结构的工程形体。

3. 画图注意问题

1）画图时，应当先剖切、再展开、后投影，各结构按弯曲剖面展平后的位置画图。

2）图名形式为“××图（展开剖面图）”，如图 11-21 所示。

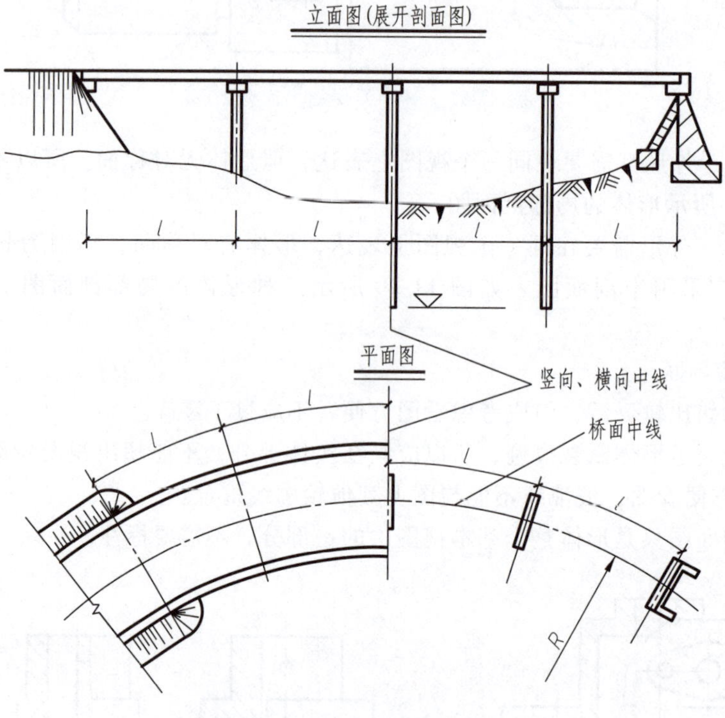

图 11-21　弯桥的展开剖面图

思考：

1）半剖面图与局部剖面图的异同点是什么？

2）阶梯剖面图与旋转剖面图的异同点是什么？

3）旋转剖面图与展开剖面图在画图上的异同点是什么？

4）分析图 11-22 所示混凝土构造池两视图，想象形体形状，综合、灵活应用视图、剖面图，将该形体内部、外部结构形状表达完整、清楚。

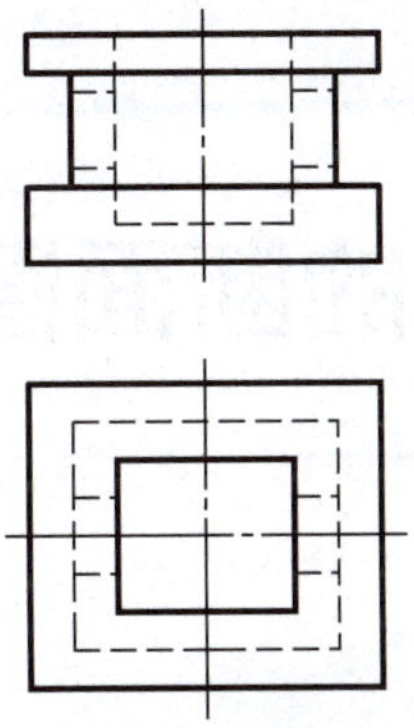

图 11-22　构造池两视图

第12章 形体的断面图表达

本章导读

学习内容：

1）移出断面图。

2）重合断面图。

3）中断断面图。

学习目标：

1）能够理解断面图的概念。

2）能够明确并严格执行国家标准关于各种断面图的画图、标注等方面的规定。

3）能够养成认真负责、严谨细致的工作作风。

4）能够发扬一丝不苟、精益求精的工匠精神。

5）能够不断强化懂法、执法、守法的意识和观念。

表达形体结构形状时，有些形体需要对某处断面形状表达、反映清楚，或者需表达其内形，但又无必要画出剖面图，为此，国家标准规定用断面图的表达方法。本章依据《道路工程制图标准》（GB 50162—92），同时参照《建筑制图标准》（GB/T 50104—2010）编写。

12.1 断面图概述

12.1.1 断面图的形成

假想用剖切平面将形体剖断后，仅画出被剖切处断面的形状，并在断面内画上材料图例（或剖面线），这种图形称为断面图。图 12-1c 为图 12-1a 所示立柱的两处断面图。

12.1.2 断面图与剖面图的区别

1. 作投射的对象不同

从图 12-1c 中可以看出，断面图只画出剖切断面的投影，是面的投影，而剖面图除了画出剖切断面形状外，还要画出形体被剖开后沿投影方向看到的整个剩余部分形体的投影，是体的投影，如图 12-1b 所示。

2. 标注不同

断面图也需要标注三项内容，但投射方向不用箭头表示，而是用编号相对于剖切线注写的位置来表示。如图 12-1c 所示，编号注写在剖切线下方，表示断面图的投射方向自上向下。

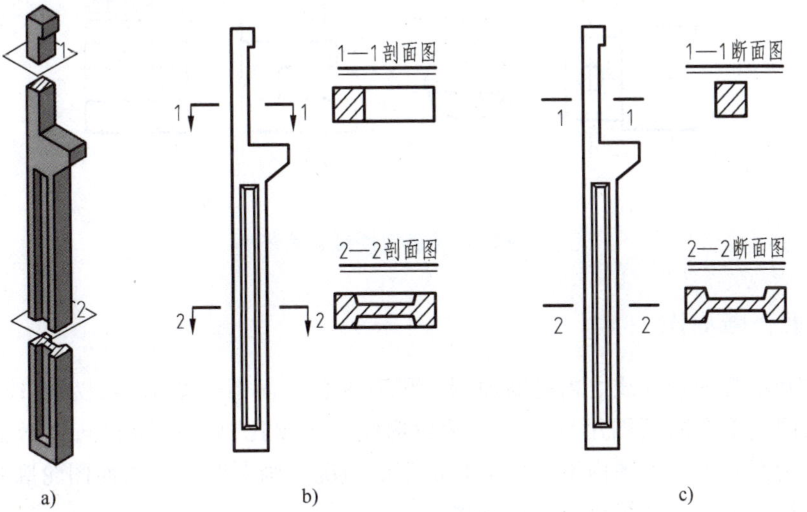

图 12-1　立柱断面图

12.2　断面图的种类

断面图分三类：移出断面图、重合断面图、中断断面图。不同的断面图适用于不同的情况。

12.2.1　移出断面图

画于基本视图轮廓线以外的断面图，称为移出断面图。图 12-2 所示为挡土墙的各处断

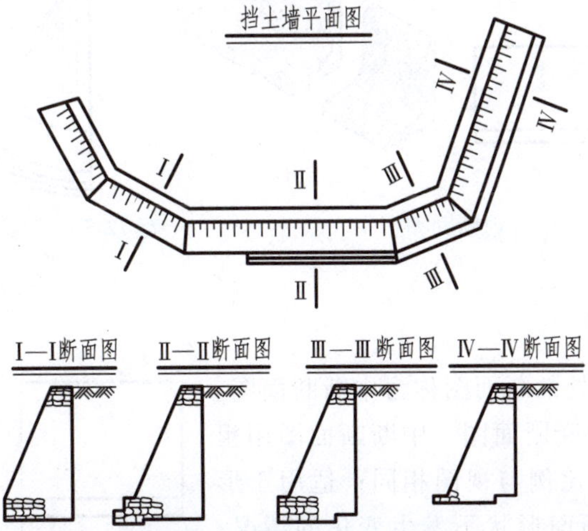

图 12-2　挡土墙移出断面图

面图。移出断面图可以配置在剖切线的延长线上或其他自由位置；用粗实线表示轮廓线；画图比例可以不同于视图；适用于断面图画于视图内会影响视图清晰的情况。

当画图出现完全分离的多个断面时，这些结构应按剖面图画出，如图 12-3 所示。

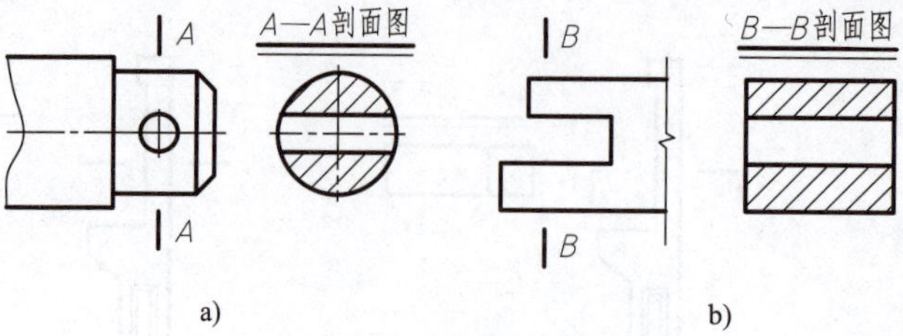

图 12-3　断面图按剖面图处理

12.2.2　重合断面图

重叠在基本视图轮廓线之内的断面图，称为重合断面图。图 12-4a 为图 12-4b 所示角钢的重合断面图。重合断面图用细实线表示轮廓线；画图比例与视图相同；不需要做任何标注；适用于断面图画于视图内不会影响其清晰的情况。画图时，若断面图轮廓线与视图轮廓线重合，则视图中的轮廓线仍应连续画出。

有时重合断面图轮廓线内直接画出材料图例会使视图表达更清晰。图 12-5 所示为桥台锥坡及挡土墙的重合断面图。

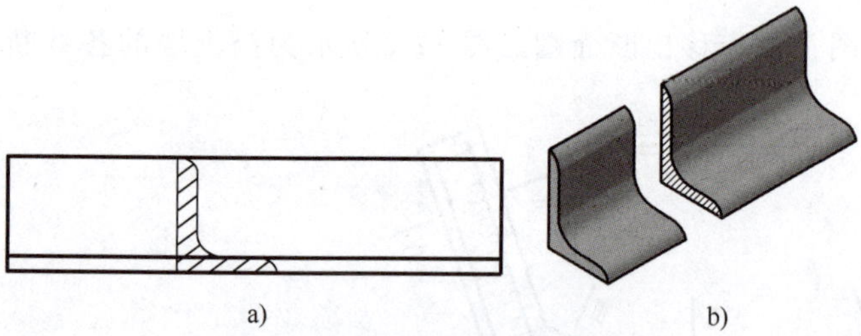

图 12-4　角钢重合断面图

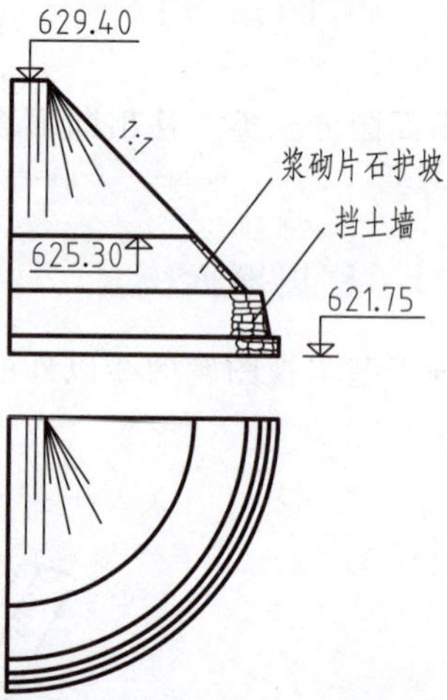

图 12-5　桥台锥坡及挡土墙的重合断面图

12.2.3　中断断面图

画在基本视图中断处的断面图称为中断断面图。图 12-6 所示为角钢的中断断面图。中断断面图用粗实线表示轮廓线；画图比例与视图相同；适用于形体较长且沿长度方向断面形状不发生变化的情况；不需要做任何标注。画图时，折断线应成对画出。

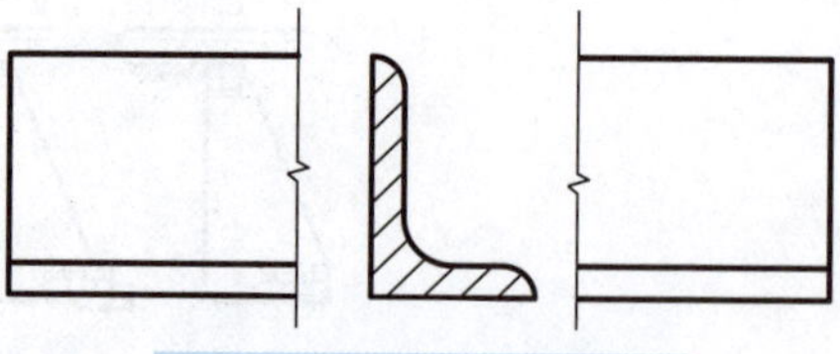

图 12-6　角钢中断断面图

探究思考：图 12-7a 所示为钢筋混凝土箱式桥梁表达方案。

1）请分析图 12-7b～f 5 个表达方案中断面图与剖面图的不同。

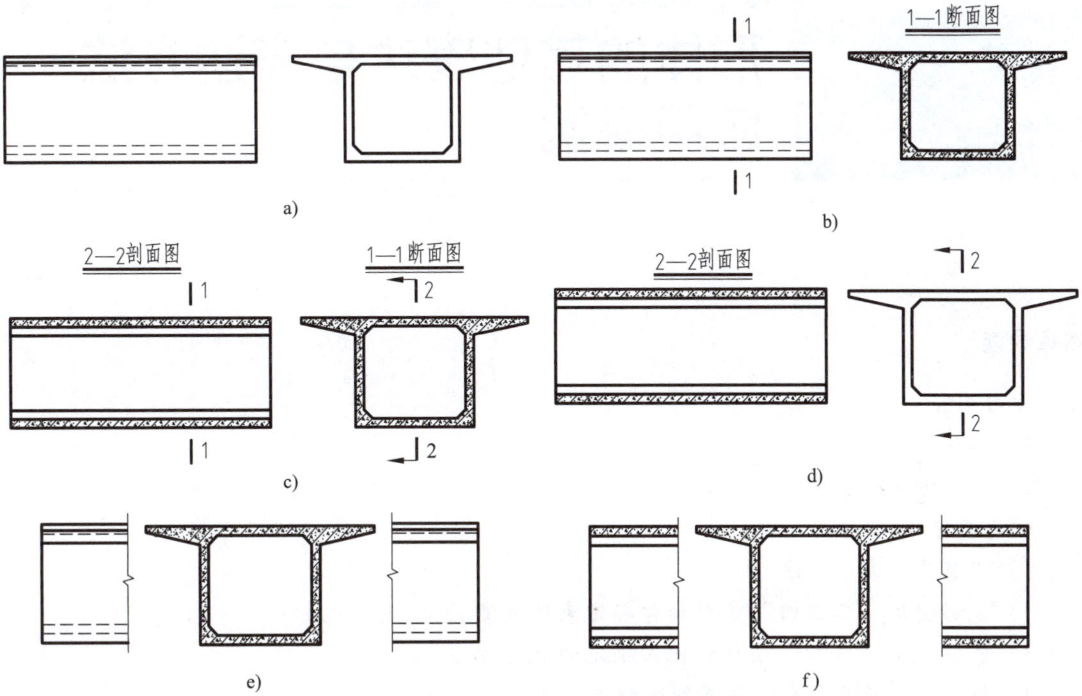

图 12-7 钢筋混凝土箱式桥梁表达方案

2）请结合第 11 章学习的剖面图和本章学习的断面图，分析图 12-7b～f 5 个表达方案，你认为哪个方案将桥梁构造形状、构造材料表达得更清楚，且画图简单？

第13章 形体的其他表达与表达方法应用举例

本章导读

学习内容：

1）其他表达方法。

2）表达方法应用举例。

学习目标：

1）了解其他表达方法。

2）能够使用“二三四”法对形体确定表达方案。

3）能够使用“二四”法评价他人确定的表达方案。

4）能够养成认真负责、严谨细致的工作作风。

5）能够发扬一丝不苟、精益求精的工匠精神。

6）能够不断强化懂法、执法、守法的意识和观念。

7）能够强化创新意识、创造性思维能力和探究性解决复杂问题的能力。

13.1 其他表达

通过前面学习视图、剖面图、断面图，可以帮助我们将形体的所有结构形状表达得完整、清楚，但为了画图简便，表达更为清晰，相关标准还规定了其他画法，画图时须遵守。下面介绍其他规定画法，以及道路工程制图方面的一些习惯画法。

13.1.1 其他规定画法与习惯画法

1）较大面积的断面材料图例可以简化。如图 13-1 所示，道路的横断面图，因面积较大，允许只在其断面轮廓的边缘画等宽剖面线。

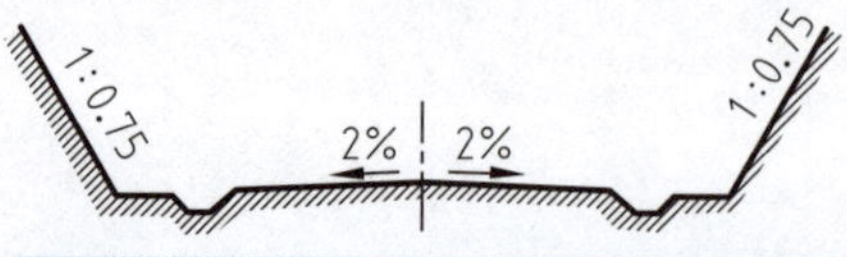

图 13-1 较大面积的剖面符号可以简化

2）薄板、圆柱状构件（如梁的横隔板、桩、柱、轴等），当剖切平面通过其对称中心线或轴线时，均不画剖面线，但允许画出材料断面图例，如图 13-2 所示。

3）表示构造物不同的构造材料时，可在同一剖面（断面）上画出材料分界线，如图 13-3 所示。需要表明构造材料时，用文字说明如图 13-3a 所示，或画上材料图例如图 13-3b

所示；或不需要表示构造材料时画上剖面线如图 13-3c 所示（注意将不同部位的剖面线区分开来）。

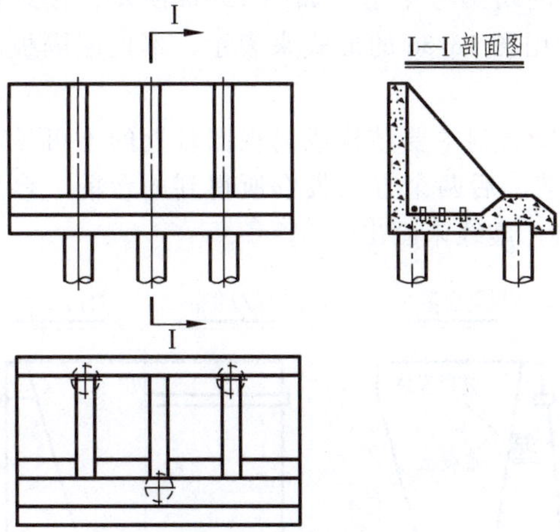

图 13-2 桩、筋板不画剖面线

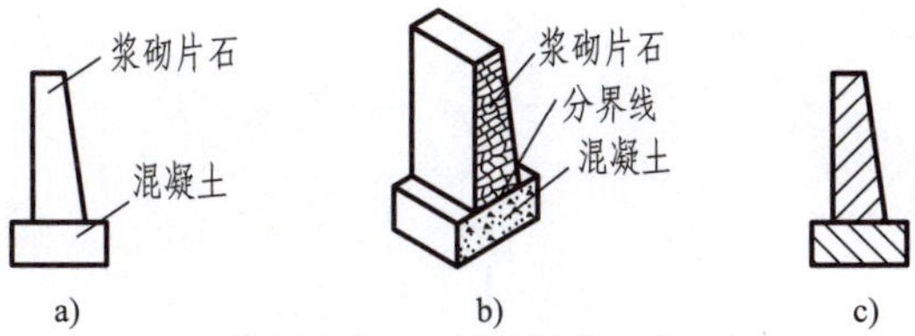

图 13-3 挡土墙材料分界线

4）在满足图形表达清楚的情况下，对于图样上实际宽度小于 2mm 的狭小面积的剖面，允许用涂色的办法代替剖面线或材料图例，也允许将全部面积涂黑，但邻接部分必须留出空隙，如图 13-4 所示。

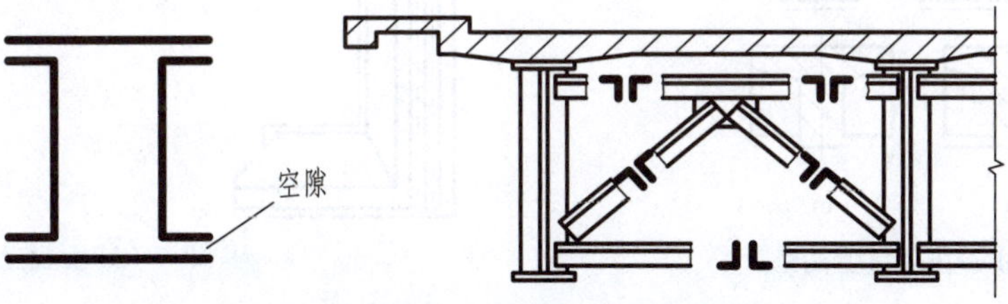

图 13-4 涂黑代替剖面线或材料图例

5）对称图形可采用绘制一半或 1/4 图形的方法表示，在图形的图名前，应标注“1/2”或“1/4”字样。在对称中心线（细点画线）的两端，需标注对称符号，对称符号应由两条平行的细实线组成，如图 13-5 所示。

6）当土体或锥坡遮挡视线时，可将结构视图画成剖切土体或锥坡的断面图，使被土体

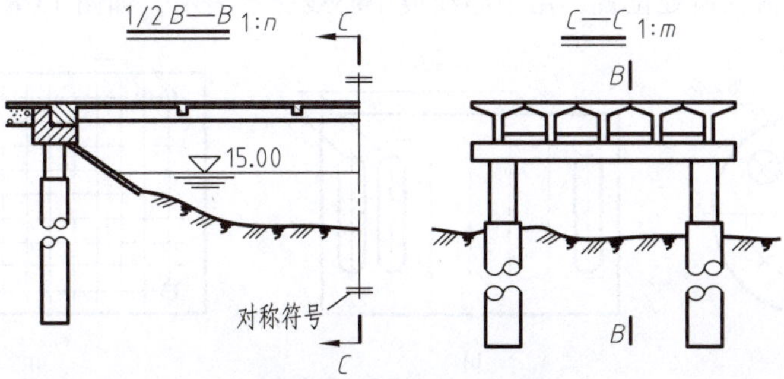

图 13-5 对称图形的表达

遮挡部分成为可见体以实线表示，如图 13-5 所示的河床及锥坡。

7）按习惯，剖面图上的被切断面以外的可见部分，可根据需要而决定取舍，这种图仍然称为剖面图，但不注写“剖面图”字样，仅注剖切编号字母。如图 13-6a 所示，按理论其 I — I 剖面应画成图 13-6b 的形式，但专业图常用图 13-6c 的形式来表示，不把端隔板画出来。再如图 13-5 中的 $C—C$，未把护坡画出。

8）当用虚线表示被遮挡的复杂结构图时，应仅绘制主要结构或离视图较近的不可见图线。如图 13-7 所示 U 型桥台的侧面图由从桥台的前、后两个方向投影所得到的台前、台后两个图合并而成，为表示主要结构，避免重叠不清，虚线未画出。

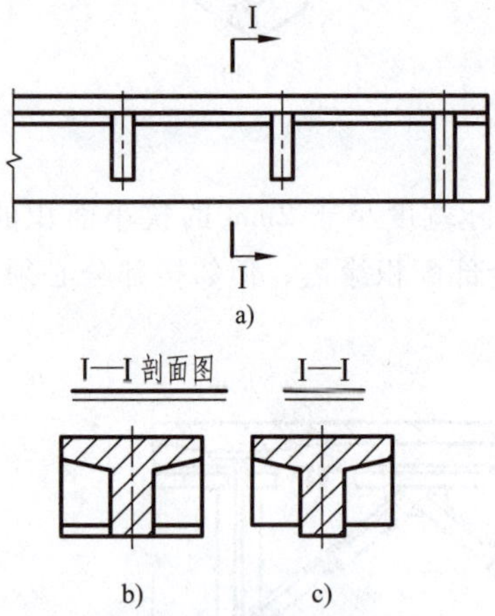

图 13-6　习惯画法

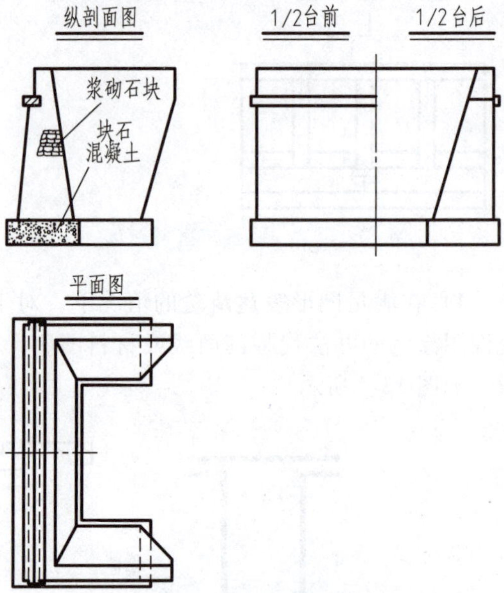

图 13-7　U 型桥台

13.1.2　常用的简化画法

在不影响生产、施工的情况下，为了节约绘图时间，可以采用国家标准规定的简化画法。现简要介绍几种常用的简化画法。

1. 相同要素简化画法

当形体上有多个完全相同且连续排列的构造要素时，可仅在其两端或适当位置画出完整图形，其他要素只需在所处位置，用中心线或中心线交点表示，如图 13-8 所示。

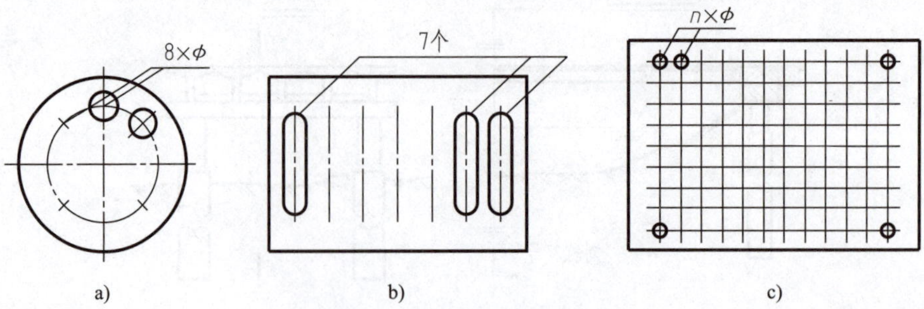

图 13-8　相同要素的简化画法

2. 折断线画法

只需表示形体的一部分形状时，可假想把不需要的部分折断，画出留下部分的投影，并在折断处画上折断线。对不同材料、不同形状的形体，折断线的画法也不同。各种构件折断线画法如图 13-9 所示。

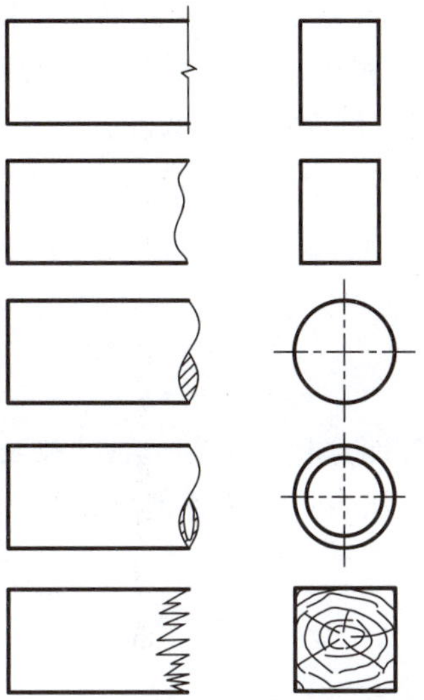

图 13-9 折断线的画法

3. 断开画法

当形体较长，且在长度方向断面形状无变化，或按一定规律变化时，将其中间断开缩断画出，两条折断线等长且成对出现，间距 4~5mm，如图 13-10 所示。注意：长度尺寸仍然标注总长尺寸。

4. 斜度不大的倾斜面的简化画法

对于斜度不大的倾斜面，如已在某视图中表达清楚，则在其他视图中可以只按小段画出，如图 13-11 所示。

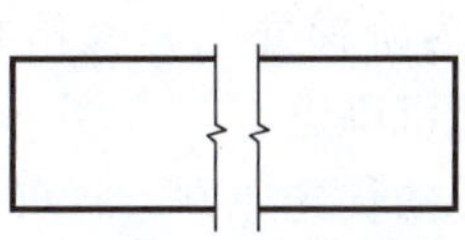

图 13-10 断开画法

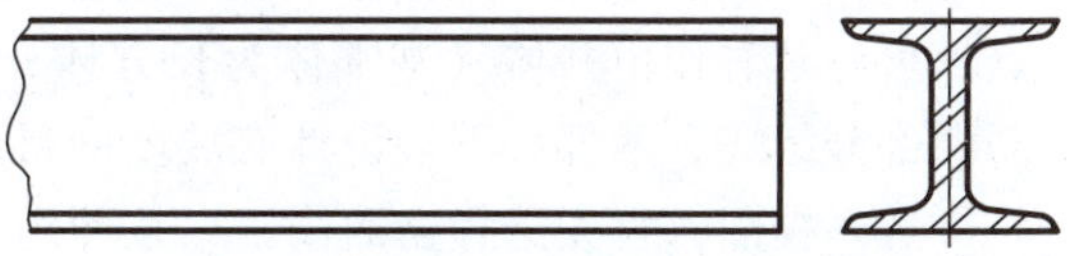

图 13-11 斜度不大的倾斜面的简化画法

13.2 表达方法应用举例

学习、掌握形体各种表达方法的目的就是针对形体具体结构形状，灵活、综合地选择各种表达方法，确定表达方案，将形体所有结构形状表达完整、清楚。

13.2.1 确定表达方案的两点原则

1. 首先考虑别人看图方便

将形体的外部、内部结构形状表达完整、清楚。

2. 其次考虑自己画图方便

用尽可能少数量和简单的图形组成表达方案。

13.2.2　确定表达方案的三个步骤

1）分析形体。用形体分析法分析清楚形体的基本体形状和局部结构形状。

2）选择视图。对一般形体按顺序选择基本视图、局部视图、斜视图，而对土建和道路形体通常只选择基本视图中的立面图、平面图、侧面图三个视图。

3）选择剖面图和断面图。

13.2.3　确定表达方案的四个重点

1）应将各组成部分形状特征反映清楚。

2）应将各组成部分相对位置表达清楚。

① 当方案中有 2 个及以上完整视图时，各部分相对位置一般已被表达清楚。

② 当方案中只有 1 个完整视图时，应想办法表达清楚各部分相对位置。

3）应将各内部结构孔、槽形状表达清楚。

① 应将孔、槽形状特征反映清楚。

② 应将孔、槽深度方向形状表达清楚。

4）应将结构形式、断面形状，构造材料表达清楚。应将连接部分的结构形式、组成板件和肋板断面形状，以及梁、板、柱、墙体的断面形状或构造材料表达清楚。

13.2.4　表达方法应用举例

依据两点原则，按照三个步骤，把握四个重点，可以方便确定工程形体的表达方案，简称“二三四”方法。也可用“二四”方法，分析、评价他人所定表达方案是否合理。

【例 13-1】 确定图 13-12a 所示沉井的表达方案。

分析形体：如图 13-12a 所示沉井，为在工业或工程上用来盛放液体（如污水、处理水等）的预制构造池，适用于放坡开挖造池时，空间不允许的情况。按照形体分析的观点，可将其看作由井体（基本体为长方体，局部结构形状为阶梯井孔）及阶梯井中的隔断两部分组成，两部分下端设计有坡度的目的是施工时方便沉降。

选择视图：首先选择立面图——按照组合体主视图选择的优先原则，将沉井按工作位置摆放，选择明显大尺寸的方向作为长度方向确定立面图；另外还选择平面图来反映井体部分的形状特征（井孔长方形形状特征），选择侧面图来反映隔断部分的形状特征，如图 13-12b 所示。

选择剖面图和断面图：因为沉井左右对称，立面图为对称图形，所以立面图可采用半剖面图（剖切平面经过井孔的前后对称面进行剖切，为正平面），视图一半表达井体外部结构形状，剖面图一半清楚表达井孔深度方向上的形状以及井体下部左右坡度；平面图不表达井孔深度方向上的形状，所以不必采用剖面图；左视图采用阶梯剖面图，表达重点一是清楚反映隔断形状特征，二是清楚表达井体下部前后坡度。对该沉井不必采用断面图的表达方法。在选择视图、剖面图和断面图中，注意表达方法的选择，考虑使绘图简单。使用“二三四”方法确定的表达方案如图 13-12c 所示。

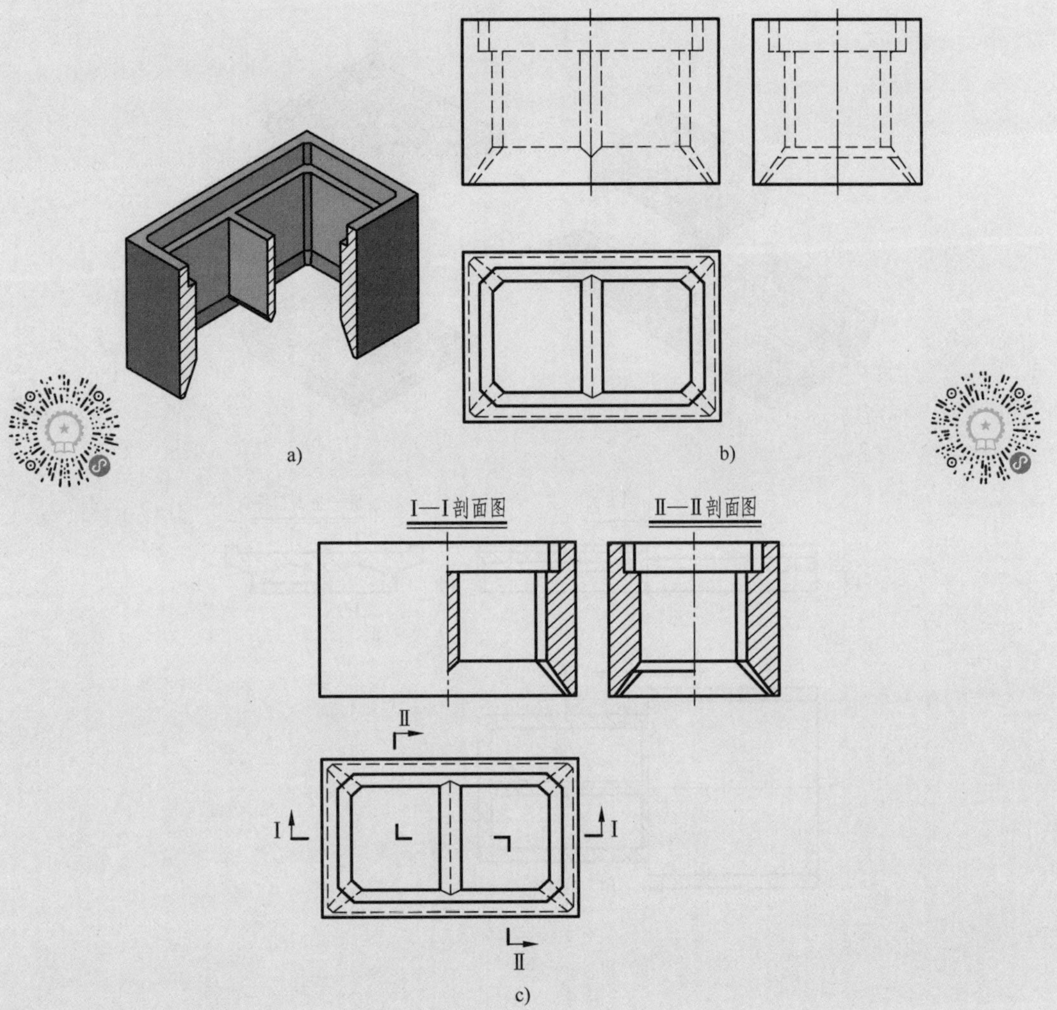

图 13-12　沉井

思考：对表达方案中的立面图和侧面图可否采用其他的剖面图？

【例 13-2】　分析图 13-13a、b 所示行车道板表达方案图 13-13c，评价其是否合理。

分析形体：行车道板是将桥墩、桥台之上的梁与桥面做成一体的钢筋混凝土预制构件。施工桥梁时，其适用于跨径小、承重小的梁桥，直接被使用。图 13-13a、b 表示其结构形状，按照形体分析的观点，可将其看作由下方梁格（包括纵梁、横梁、空格）和上方桥面两部分组成。

分析表达方案：把握四个重点，分析表达方案（图 13-13c）：

1）平面图采用半剖面图（剖切平面经过梁空格处，为水平面），视图一半反映桥面部分的平面形状特征，剖面图一半清楚反映梁格部分的平面形状特征；侧面图采用阶梯剖面图（两个剖切平面分别剖切两跨，为相互平行侧平面），清楚反映两部分侧面形状特征包括中横梁、端横梁。

2）三个视图均为完整视图，所以两组成部分三个方向相对位置已被表达清楚。

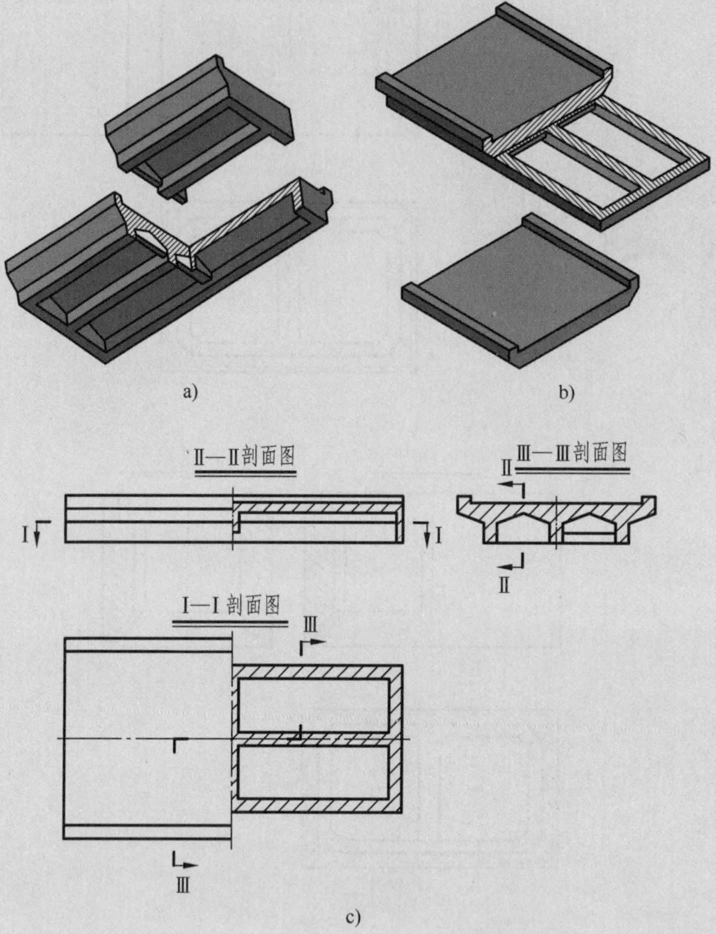

图 13-13　行车道板

3）因为道板纵向对称，立面图为对称图形，所以可将立面图采用半剖面图（剖切平面经过梁格孔的横向对称面剖切，为正平面），剖面图一半清楚表达空格纵向形状；空格形状特征由侧面图画成的阶梯剖面图清楚表达。

4）因为Ⅰ—Ⅰ、Ⅱ—Ⅱ剖面图，已将梁格部分的平面断面和侧面断面形状反映清楚，所以不必单独再画断面图。

评价表达方案：基于以上把握四个重点，对表达方案进行的分析，认为该方案将行车道板外部、内部结构形状表达完整、清楚，画图也不复杂。因此，其为一个合理的表达方案。

对形体确定表达方案是学习的重点，对结构较为复杂和多变的形体确定表达方案是学习的难点，往往存在两类典型问题：一是对各种表达方法理解不透彻，导致表达方法在方案中的应用混乱，甚至错误；二是方案数量单一，不能确定出最佳表达方案。对此，运用创造性思维方法——形态分析法确定表达方案。

【例 13-3】　确定图 13-14a 所示阀体的表达方案。

分析形体：按照形体分析的观点，阀体可以看作由四个部分组成：长方形法兰盘、大圆筒、菱形法兰盘、小圆筒。每一部分都具有局部结构形状也是内部结构形状的圆孔。因为组成部分的数量与孔的数量及种类多，加之菱形法兰盘、小圆筒以及大圆筒内共同的圆孔，与大圆筒壁上的两小圆孔不在同一平面上，所以该阀体为较复杂的结构形体。在此对其试用形态分析法确定表达方案。

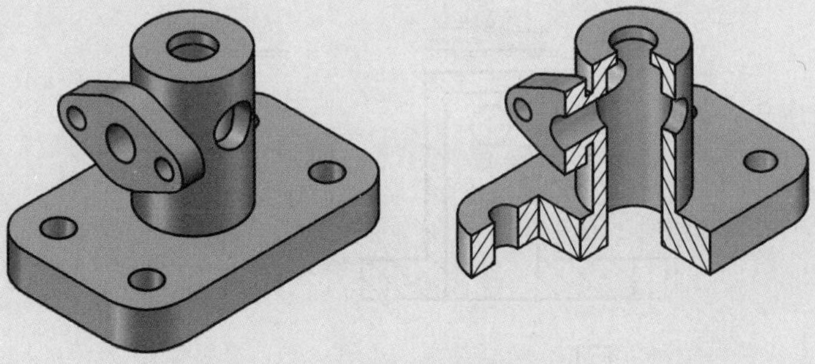

图 13-14　阀体

确定表达方案：

（1）分析、选择视图要素　以“明显反映各组成部分形状特征”为原则，从六个基本视图中，选择必需的几个，若形体具有倾斜的局部结构，还要选择常规性表达方法的斜视图，如图 13-15 中“分析、选择视图要素”所示。

（2）分析、选择表达方法形态　以“将外部、内部结构表达完整、清楚”为原则，对第一步选择的三个视图从基本视图、局部视图、剖面图、断面图等方面选择尽可能多的可以采用的各种表达方法形态，如图 13-15 中“分析、选择表达方法形态”所示。

（3）排列组合　三个视图可能采用的表达方法可以组成 1（1）①、1（1）②……至少为 4×4×4＝64 个表达方案。

（4）集中思维，确定最佳表达方案　依据确定零件表达方案的两点原则和四个重点，对多量方案进行“反向的”“量中求质”的“集中思维”，可以确定出 1 个或几个最佳表达方案，例如 2（2）③、2（3）④等。

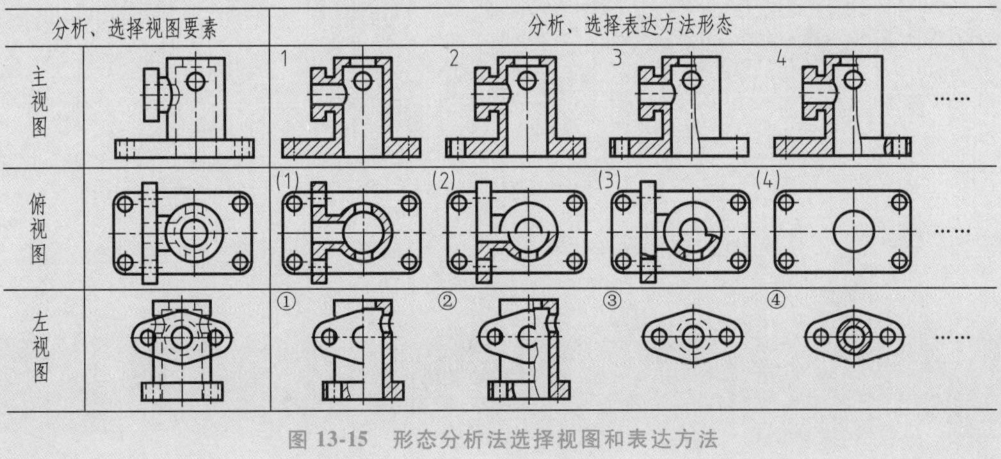

图 13-15　形态分析法选择视图和表达方法

完善最佳表达方案：例如对最佳表达方案补充必要的标注、规避表达重复等。例如对2（3）④补充必要的标注，如图13-16所示。

思考：

1）形态分析法解决问题的关键是什么？

2）使用形态分析法确定复杂形体表达方案的直接意义在于创新性、探究性地解决了形体表达中的一个难点问题。请思考其对你以后的学习、工作带来的启发和影响。

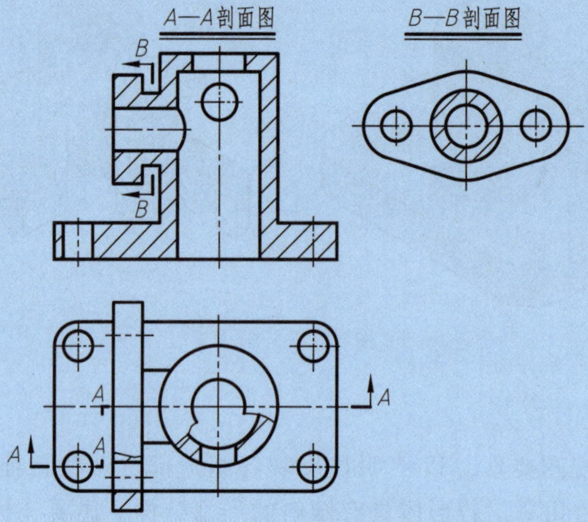

图13-16 完善表达方案2（3）④的标注

第5篇

工 程 图 样

第14章 道路路线工程图

本章导读

学习内容：

1）公路路线工程图。

2）城市道路路线工程图。

3）路面、排水及防护工程图。

4）道路沿线设施工程图。

学习目标：

1）明确相关工程图的图示方法。

2）明确相关工程图的图示内容。

3）能够自主分析和确定相关工程图样的画图方法、步骤。

4）能够具备画、看相关工程图样的基本能力。

5）能够强化认真负责、严谨细致的工作作风。

6）能够提升一丝不苟、精益求精的工匠精神。

7）坚定国家自信，树立实现交通强国的理想信念、责任担当，坚持创造、创新精神。

道路是一种供车辆行驶和行人步行的带状构造物，分为公路和城市道路两类。

道路的基本组成包括路基、路面、桥梁、涵洞、隧道、防护工程及排水设施等。道路工程具有组成复杂、纵竖横三向尺寸悬殊、形状受地形影响大和涉及学科广的特点。因此，道路工程图示方法与内容跟一般工程图样不完全相同，它是由表达道路整体状况的路线工程图和表达其各组成部分的单项工程图构成的综合图示系统。

道路工程图的内容极其庞杂，为了方便，本书将道路交叉口、桥梁、涵洞、隧道工程图分别另立章节，其余内容均在本章介绍。

14.1 公路路线工程图

2017年，党的十九大报告明确提出了建设交通强国的宏伟目标，这是以习近平同志为核心的党中央立足国情、着眼全局、面向未来作出的重大战略决策，是建设现代化经济体系的先行领域，是全面建成社会主义现代化强国的重要支撑，是新时代做好交通工作的总抓手。2019 年 9 月 19 日，中共中央、国务院印发了《交通强国建设纲要》，指出从 2021 年到 21 世纪中叶，分两个阶段推进交通强国建设；到 2035 年，基本建成交通强国；到 21 世纪中叶，全面建成人民满意、保障有力、世界前列的交通强国。2022 年 10 月 16 日召开的党的二十大又明确提出“建设现代化产业体系。坚持把发展经济的着力点放在实体经济上，推进新型工业化，加快建设制造强国、质量强国、航天强国、交通强国、网络强国、数字中国。”

建设交通强国的重大战略决策和目标，为新时代交通运输发展指明了方向，带来了前所未有的新机遇。习近平总书记在二十大报告中，对年青人提出了殷切期望，“青年强，则国家强。当代中国青年生逢其时，施展才干的舞台无比广阔，实现梦想的前景无比光明。”“广大青年要坚定不移听党话、跟党走，怀抱梦想又脚踏实地，敢想敢为又善作善成，立志做有理想、敢担当、能吃苦、肯奋斗的新时代好青年，让青春在全面建设社会主义现代化国家的火热实践中绽放绚丽之花。”作为公路交通工程青年人，须树立起坚定的国家自信与理想信念，担负起交通强国建设的时代责任和历史使命，也唯此，才能在未来公路规划、设计、建设与技术创造、创新中更好地实现自己的人生价值。

公路对推动国家经济发展、引导生产力布局、沟通城乡、保障社会稳定和国家安全发挥着支撑性基础作用，公路工程设计绘图始于公路路线。公路路线是以公路的中心线（简称中线）来表示的。由于受经济条件的制约，公路除满足相应等级的使用功能所必须具备的线型特征外，其形状必然受到地形、地物和地质等自然条件的综合影响，因此公路路线在平面上蜿蜒曲折，在竖向上起伏不平，总体来看，是一条空间曲线。公路路线设计的最终结果由路线平面图、路线纵断面图及路线横断面图三种图样进行图示。

14.1.1 路线平面图

1. 图示方法

路线平面图是对公路中线、沿线结构物及沿线周围区域的地形、地物，自上向下作投影得到的标高投影图。其作用是表达路线的方位，平面线型，沿线结构物的平面位置，沿线周围区域的地形、地物情况，一般图示宽度为路线两侧 100~200m。

2. 图示内容

图 14-1 所示为某公路 K120+500 至 K121+200 段的路线平面图，以其为例认识图示内容。

（1）地形部分

1）比例。路线平面图的地形是经过勘测而绘制的，可根据地形的起伏情况采用相应的比例。山岭重丘区一般采用 1：2000，微丘和平原区一般采用 1：5000。本图比例为 1：2000。

2）方位。公路走向和位置用指北针和坐标网格表示。指北针的箭头所指为正北方向；坐标网格的 *X* 轴向为南北方向（*X* 及坐标数字的字头方向为北方），*Y* 轴向为东西方向（*Y* 及坐标数字的字头方向为东方）。图中待建公路呈 S 形，为东西走向，位置在北方山丘的南山脚下。

3）地形。地形用等高线或者等高线与地形测点表示。图 14-1 用后者表示地形，其中等高线每隔四条画出一条计曲线，相邻两条等高线的标高差为 2m；图上用小“▼”表示地形测点，标高数值注在其右侧。

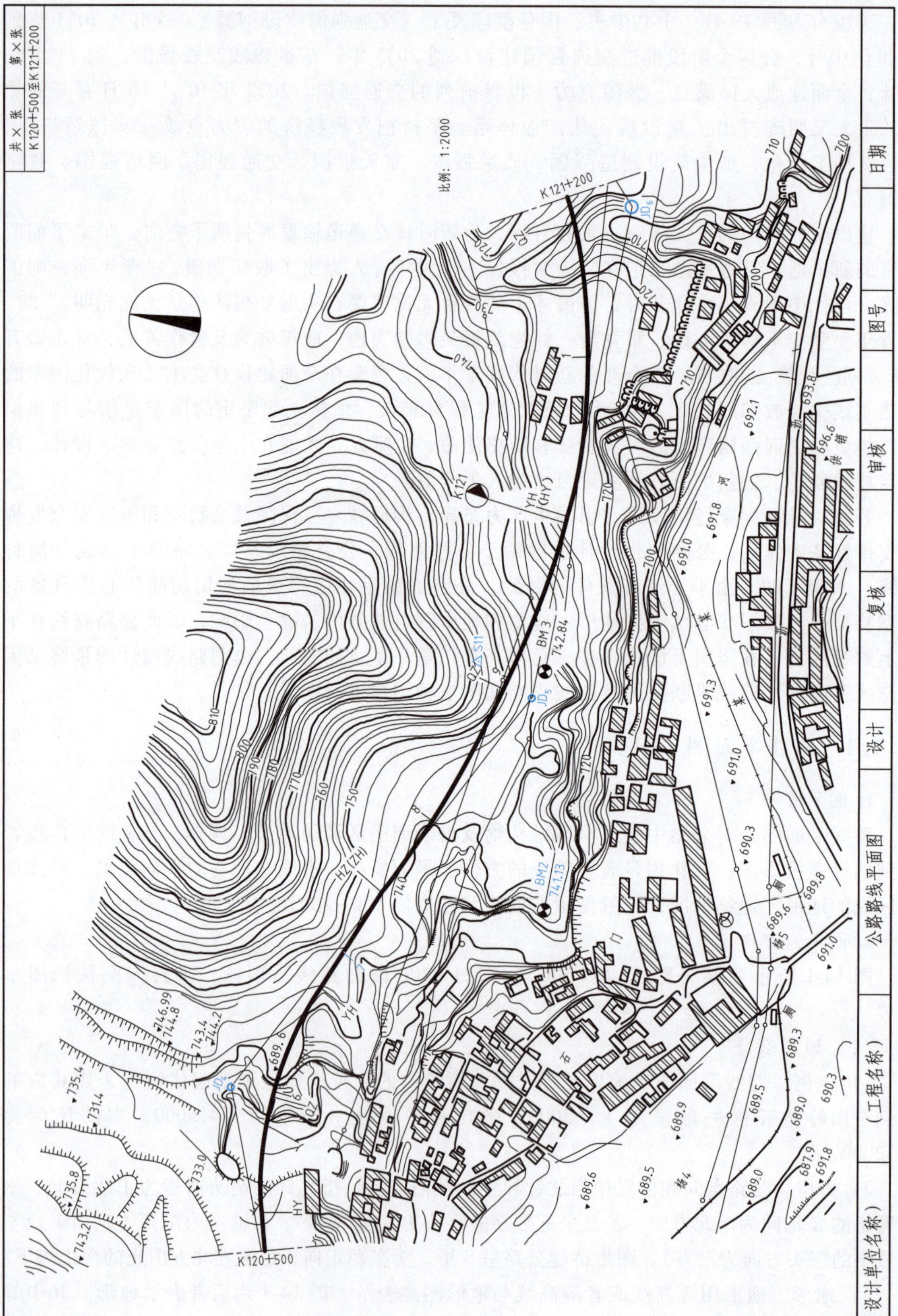

图 14-1 某公路路线平面图

4）地物和附属结构物。地物和道路附属结构物是用图例表示的，道路工程常用地物图例见表 14-1，道路工程常用结构物图例见表 14-2。图中山脚下河套地带有名为石门的村落，村落南面有一条河，河的南岸是一条沥青路面的旧路。

表 14-1　道路工程常用地物图例

名称	图例	名称	图例	名称	图例
机场		港口		井	
学校		交电室		房屋	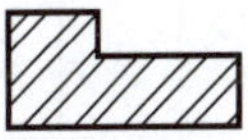
土堤	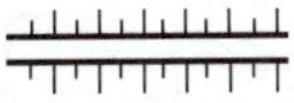	水渠	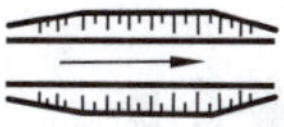	烟囱	
河流		冲沟	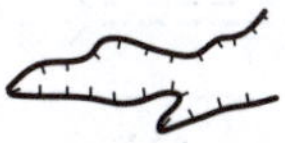	人工开挖	
铁路		公路		大车道	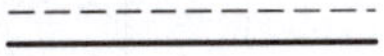
小路		低压电力线 高压电力线	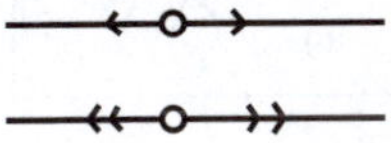	电讯线	
果园		旱地		草地	
林地	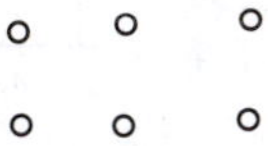	水田		菜地	
导线点		三角点		图根点	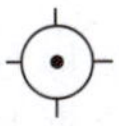
水准点	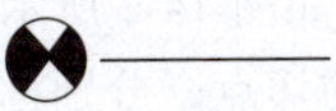	切线交点		指北针	

表 14-2　道路工程常用结构物图例

项目	序号	名称	图例
平面图	1	涵洞	
平面图	2	桥梁（大、中桥按实际长度绘制）	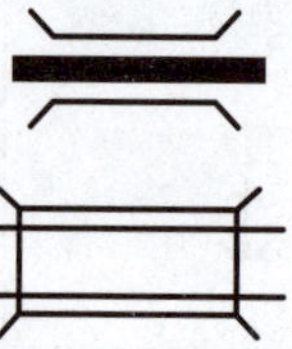
平面图	3	隧道	
平面图	4	养护机构	
平面图	5	隔离墩	
平面图	6	通道	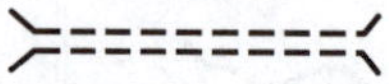
平面图	7	分离式立交 a）主线上跨 b）主线下穿	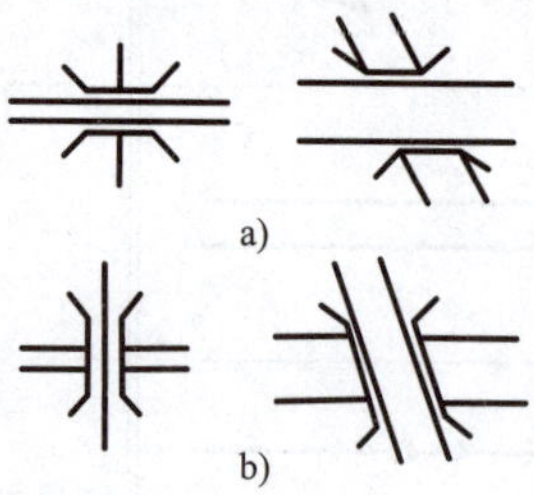 a) b)
平面图	8	互通式立交（采用形式绘制）	
平面图	9	管理机构	
平面图	10	防护栏	
纵面图	1	箱涵	
纵面图	2	盖板涵	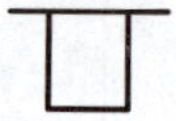
纵面图	3	拱涵	
纵面图	4	分离式立交 a）主线上跨 b）主线下穿	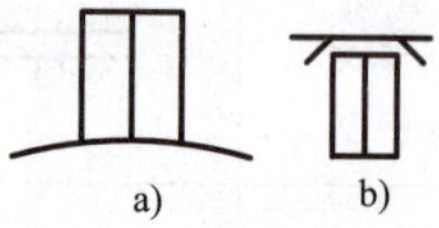 a) b)
纵面图	5	桥梁	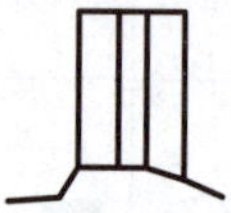
纵面图	6	箱形通道	
纵面图	7	管涵	
纵面图	8	互通式立交 a）主线上跨 b）主线下穿	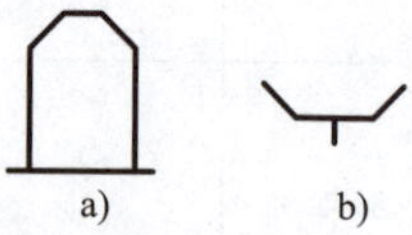 a) b)

（2）路线部分

1）设计路线。在路线平面图中以一条加粗实线表示公路的设计路线，即公路中线。

2）平曲线。路线的平面线型包含直线和曲线两类几何元素，曲线又包含缓和曲线与圆曲线；公路的使用功能决定了路线上的各种几何元素必须光滑连接。在平面图中，将直导线的交点称为角交点，标记为 JD，并沿前进方向按顺序将角交点编号，如图 14-2 所示；在每个角交点处需设置平曲线，若平曲线只包含圆曲线，圆曲线与前后直线的切点，分别称为直圆点、圆直点，分别标记为 ZY、YZ，把曲线中心点称为曲中点，标记为 QZ，如图 14-2 中 JD_1；为了使公路线型更顺畅，在圆曲线上再设置缓和曲线，那么平曲线上又增加缓和曲线，缓和曲线与前、后段直线的切点，分别称为直缓点、缓直点，分别标记为 ZH、HZ，将圆曲线与前、后段缓和曲线的切点分别称为缓圆点、圆缓点，分别标记为 HY、YH，如图 14-2 中 JD_2。

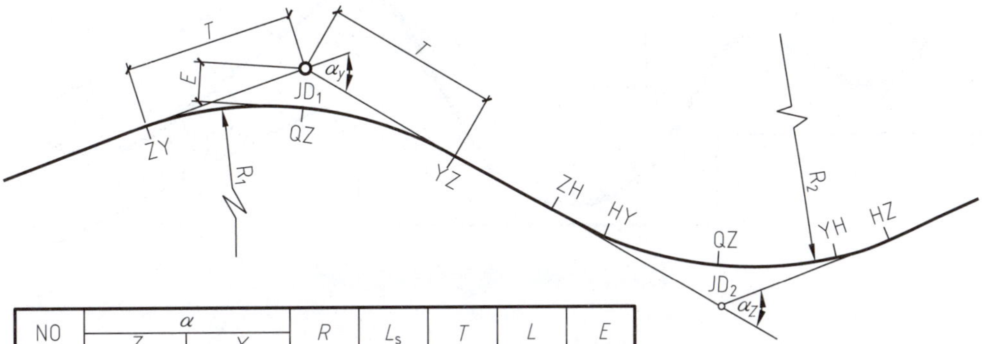

NO	α		R	L_s	T	L	E
	Z	Y					
JD_1		23°16′20″	8300		926.24	1800.17	61.85
JD_2	12°31′16″		5500	600.15	602.50	1200.35	32.91

图 14-2　平曲线几何元素

除上面控制曲线位置的点要素外，还有控制曲线形态的要素：α_z 为左转折角，α_y 为右转折角，圆曲线的设计半径 R、切线长 T、曲线长 L、外矢距 E，如果设置缓和曲线还有缓和曲线长 L_S，这些曲线要素须填入路线平面图的几何元素曲线表，如图 14-2 中曲线表，高等级公路还应列出导线点的坐标表。

3）里程桩。里程桩表示路线的平面长度，分为公里桩和百米桩，规定按路线前进方向（左小右大的顺序）布置桩号。公里桩号标注在路线前进方向的左侧，用桩位符号“◑”和公里桩位数字“K×××”表示，数字在符号上方；百米桩号标注在路线前进方向的内侧，用桩位符号“|”和百米桩位数字 1~9 表示。注意桩位数字字头随桩位符号的倾斜而倾斜。

4）结构物和控制点。平面图上还须标注出公路沿线的结构物和控制点，如桥梁、涵洞、控制点等。结构物用标准图例表示，见表 14-1；控制点分平面控制点和高程控制点，例如“△S11”为平面控制点，表示 S 系列第 11 号三角点，用于路面高程测量，例 $\frac{BM2}{741.13}$，为高程控制点的水准点，表示第 2 号水准点，高程为 741. 13m。

3. 画图注意问题

1）先画路线中心线，并标记平曲线点要素、里程桩位，再按等高线先粗后细画地形。

2）路线平面图应从左向右绘制，桩号为左小右大。

3）《道路工程制图标准》（GB 50162—92）规定，以加粗实线（1. 4*b*）绘制路线设计线。

4）平面图的植物图例，应朝上或向北绘制；每张图纸的右上角应有角标。

5）为了方便看图时拼接各段路线，在该段路线的起点和终点处画上接图线。接图线用垂直于路线的细点画线表示，并标记里程桩号（字头朝向前进方向），如图 14-3 所示。路线分段一般应在直线部分取整数桩号断开。

思考：自行分析公路路线平面图的画图方法、步骤。

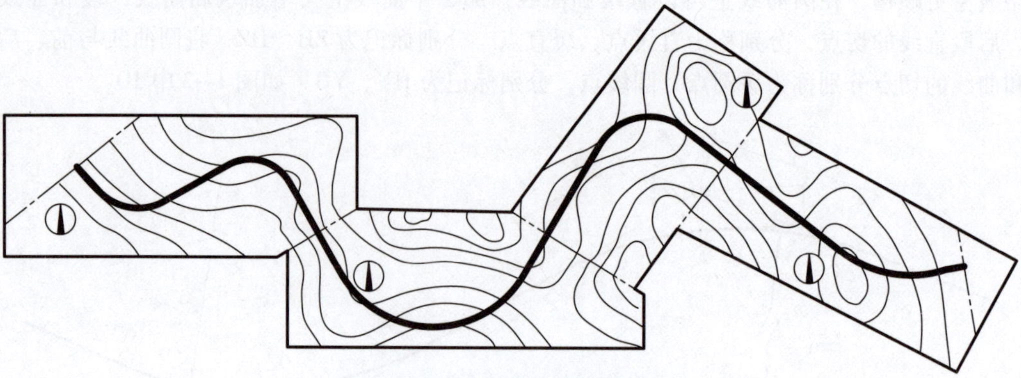

图 14-3　公路路线平面图图幅拼接

14.1.2　路线纵断面图

1. 图示方法

路线纵断面图是假想用铅垂面（平面或曲面或相切的平面与曲面），将公路沿中线剖切开来，然后将断面展开到同一平面上得到的断面图，如图 14-4 所示。

路线纵断面图的作用是图示路线的竖向线型、地面起伏、地质和沿线构造物等。纵断面图包括图样、测设数据表两部分内容。《道路工程制图标准》（GB 50162—92）第 3.2.1 条规定，图样应布置在图幅上部，测设数据应采用表格形式布置在图幅下部，高程标尺应布置在测设数据表上方左侧。

2. 图示内容

（1）图样部分

1）高程标尺。高程标尺既表示地面及路基的高程，又表示竖向画图比例。

2）画图比例。由于地形和设计线的高程变化比路线的纵向要小得多，所以为了清楚地表示出地形和设计线的竖向变化情况，须采用竖向比纵向更大的比例（一般 10 倍）。

3）地面线。图上不规则的细折线表示设计中线处的地面线，是剖切面与原地面的交线，绘制过程是将一系列中桩处的地面高程点连接起来。

4）设计坡度线。简称设计线，即图上的粗实线，它表示道路中线的竖向设计线型，是剖切面与设计道路的交线。由若干条坡度不等的直线段和竖向曲线两种几何元素构成。

设计线在纵坡变化处（变坡点），均须设置竖曲线，以利汽车平稳行驶。竖曲线分凸形和凹形两种，分别用“┌┬┐”和“└┴┘”符号表示，并将竖曲线的半径 R、切线长 T 和外矢距 E 等要素注于其上。如图 14-4 所示路线纵断面图，在 K127+520 处设有 $R=10000$m 的凹曲线。

5）沿线构造物。当路线上设有桥涵、通道、立交等人工构造物时，应在其相应设计里程和高程处，按图例绘制并注明结构物名称、种类、大小和中心里程桩号。如图 14-4 所示，K127+472 及 K127+932 里程处分别设有跨径为 2.0m、高 1.5m 的单孔石拱涵；K127+688 里程处设有后衙门中桥，该桥为预应力混凝土 T 型连续梁桥，共 4 跨，每跨 20m；K128+000 里程处设有预应力混凝土空心板桥，单跨 16m，共 2 跨。

（2）测设数据表　测设数据表一般包括地质说明、坡度及坡长、平曲线、填高、挖深、

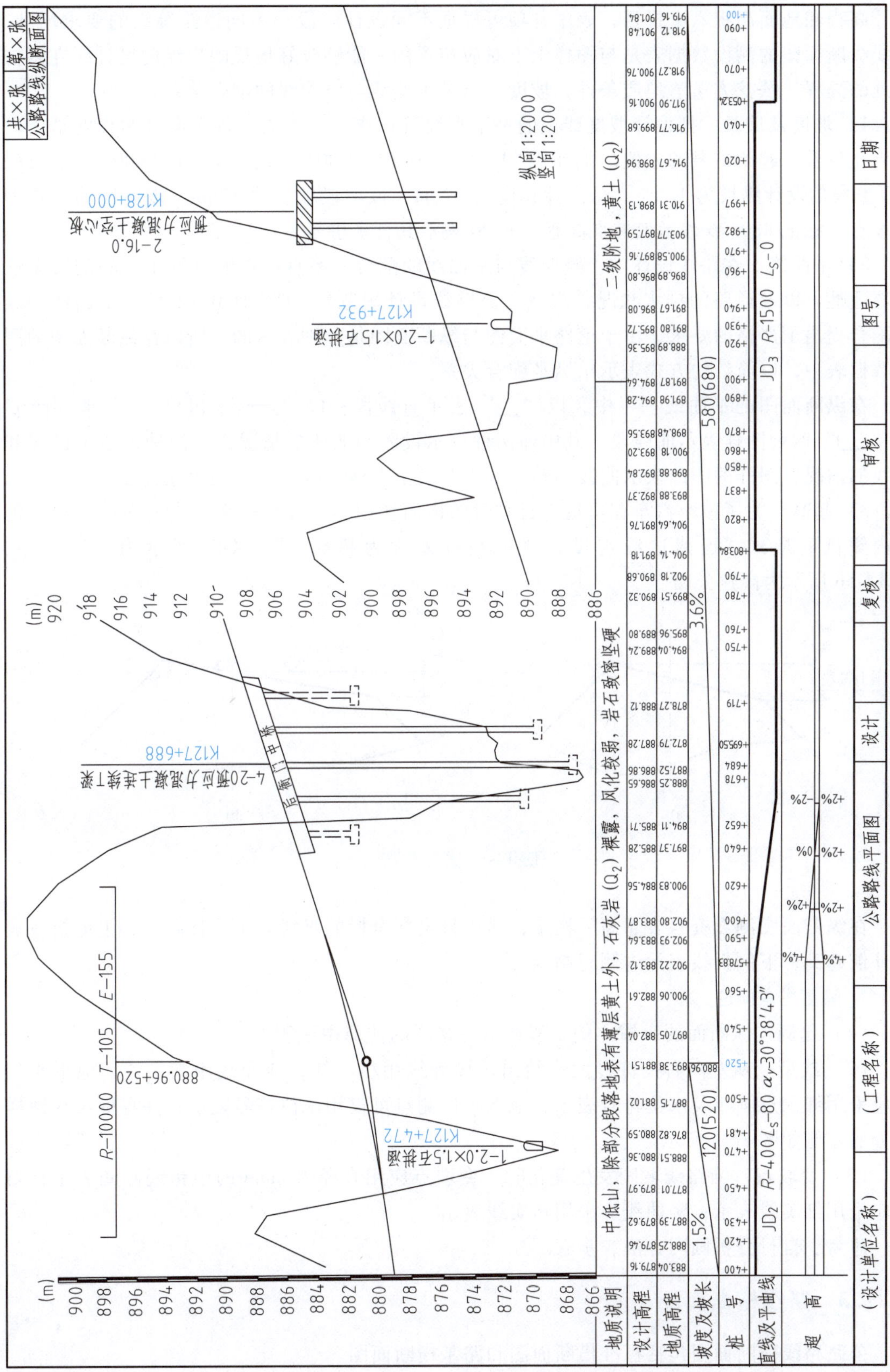

图 14-4 某公路路线纵断面图

设计高程和地面高程六个栏目，表中各项可根据不同设计阶段和不同道路等级的要求增减。路线纵断面图的测设数据表是与图样上下对应布置的，能够较好地反映出纵向设计线在各桩号处的高程、填挖方量、地质条件、坡度，以及平曲线与竖曲线的配合关系。

1）坡度及坡长。把设计坡度线上的一个直线段称作一个坡段。每个坡段的长度是该段的终止桩号与起始桩号的差值。例如，“1.5%/120（520.00）”表示从 K127+000 至 K127+520 坡段的设计纵坡为 1.5%，总设计长度为 520m，该坡段坡长为 120m，该坡段的终点即变坡点，标记 880.96 表示变坡点高程，+520 表示其百米桩号。

2）平曲线。在路线设计中，竖曲线与平曲线的配合关系直接影响着汽车行驶的安全性和舒适性，以及道路的排水状况，故《公路路线设计规范》（JTG D20—2017）对路线的纵平配合提出了严格的要求。由于道路平面图与纵断面图是分别表示的，所以在纵断面图的测设数据表中，以简约的方式表示出纵平配合关系。

在纵断面图的平曲线一栏中，以“▁”表示直线段；以“⌒”和“⌣”或“┌┐”和“└┘”四种图样表示曲线段，其中前两种表示设缓和曲线的情况，后两种表示不设缓和曲线的情况，图样的凹凸表示曲线的转向，上凸表示右转曲线，下凹表示左转曲线。

3）超高。为了减小汽车在弯道上行驶时的横向作用力，道路在平曲线处需设计成外侧高内侧低的形式，道路边缘与设计线的高程差称为超高，图 14-5a 所示为一般公路，图 14-5b 所示为高速公路。

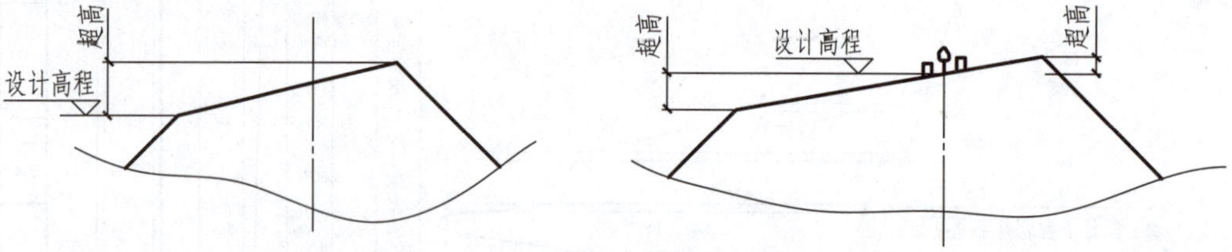

a)　　b)

图 14-5　公路超高

在纵断面图测设资料表超高一栏中，居中且贯穿全栏的直线表示设计高程，上侧折线表示外侧超高，下侧折线表示内侧超高。

3. 画图注意问题

（1）比例　纵断面的纵横比例一般在第一张图的注释中说明。

（2）线型　从左向右按桩号大小绘出，设计线用粗实线，地面线用细实线，地下水位线应采用细双点画线及水位符号表示；地下水位测点可仅用水位符号表示；高程标尺在图样部分的左侧如图 14-4 所示。

（3）变坡点　当路线坡度发生变化时，变坡点应用直径为 2mm 的中粗线圆圈表示；切线应采用细实线表示；竖曲线应采用粗实线表示。

思考：自行分析画图方法、步骤。

14.1.3　路线横断面图

公路路线横断面图包括标准横断面图和路基横断面图。

1. 标准横断面图

（1）图示方法　路线横断面图是假想用垂直于公路中线的剖切平面剖断公路得到的断面图，若忽略地形、地物，很多桩号处的横断面图是完全一样的，所以在设计路线时，只绘出具有代表性的横断面图，即标准横断面图。其主要作用是表达公路横断面的基本形式、横向各组成部分的横向布置关系。图 14-6 所示为某一级公路的两个标准横断面图，图 14-6a 所示为一般路基，图 14-6b 所示为超高段路基，两界碑之间宽度为公路用地范围。

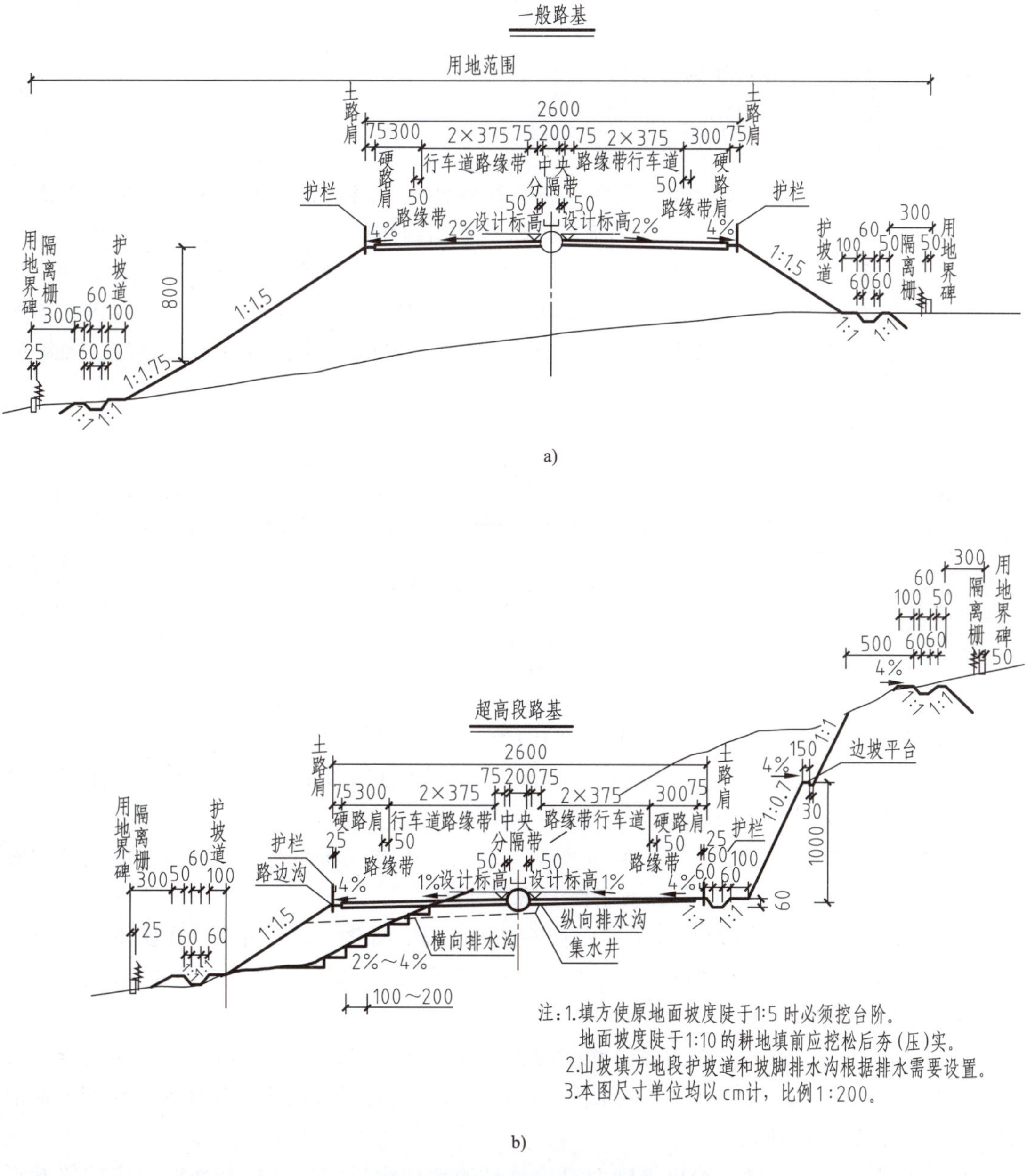

图 14-6　公路标准横断面图

（2）图示内容　在标准横断面图上，须表达清楚公路的横向组成，包括中央分隔带、路缘带、行车道、硬路肩、土路肩等，以及各横向组成部分的横向位置和尺寸大小。城市道路的标准横断面图还须表达出既有和待建的地下管线。

（3）画图注意问题

1）确定比例。一般横向与竖向采用相同比例，为清楚地表示竖向高差变化，竖向也可采用较大比例。

2）用细点画线画出竖向中线。

3）用粗实线画横向各组成部分。自竖向中线向两侧，先画路基横断面，再依次画出各横向组成部分。

4）用细实线曲线或折线画地面线。

5）标注尺寸和注写文字。

2. 路基横断面图

（1）图示方法　路基横断面图是在路线里程桩处假想用垂直于公路中线的剖切平面剖断公路路基得到的断面图，如图 14-7 所示。路基横断面图的作用：一是表达标准横断面与地形的关系、路基的形式、路基顶面标高、边坡坡度、排水设施的布置情况和防护加固工程的设计等；二是在每一里程桩（与纵断面桩号对应）处，根据测量资料和设计要求，顺次画出每一个路基横断面图，用来计算公路的土、石方工程量，作为设计概算、施工预算的依据。

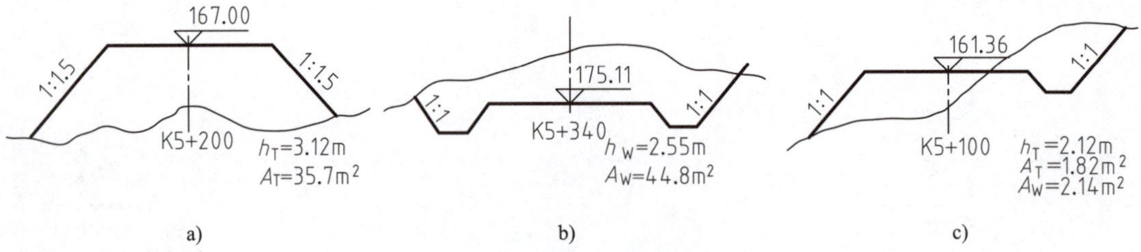

图 14-7　路基基本形式

公路路基断面按填挖条件的不同，可归纳为三种基本形式：

1）填方路基。也称路堤，如图 14-7a 所示，在图下注有该断面的里程桩号、中线处填方高度 h_T、断面的填方面积 A_T，以及断面上路面标高。

2）挖方路基。即路堑，如图 14-7b 所示，在图下注有该断面的里程桩号、路线处挖方高度 h_W、断面的挖方面积 A_W，以及断面上路面标高。

3）半填半挖路基。这种路基是前两种路基的综合，如图 14-7c 所示。在图下仍注有该断面的里程桩号、路中线处的填方高度 h_T 或挖方高度 h_W、断面的填方面积 A_T 或挖方面积 A_W，以及断面上路面标高。

（2）图示内容　路基横断面图由横断面设计线和地面线构成：横断面设计线包括车行道、路肩、分隔带、边沟、边坡、截水沟、护坡道等设施；地面线表示地面在横断面方向的起伏变化，如图 14-7 所示。

（3）画图方法、步骤　绘出纵断面对应桩号的地面线后按标准横断面所确定的路基形式和尺寸、纵断面图上所确定的设计高程，将路基顶面线和边坡线绘制出来，俗称戴帽子。

在每个横断面上须注明桩号，同时可注明填挖高度、填挖面积、路基宽度、超高等内容，也可从路基设计表查得。

（4）画路基横断面须注意的问题

1）路基横断面应按桩号从下到上、从左至右布置在一幅图纸内，如图 14-8 所示。若有多张路基横断面图，则应按桩号自小到大顺次布置在相邻并连续编号的图幅内，以便查找。

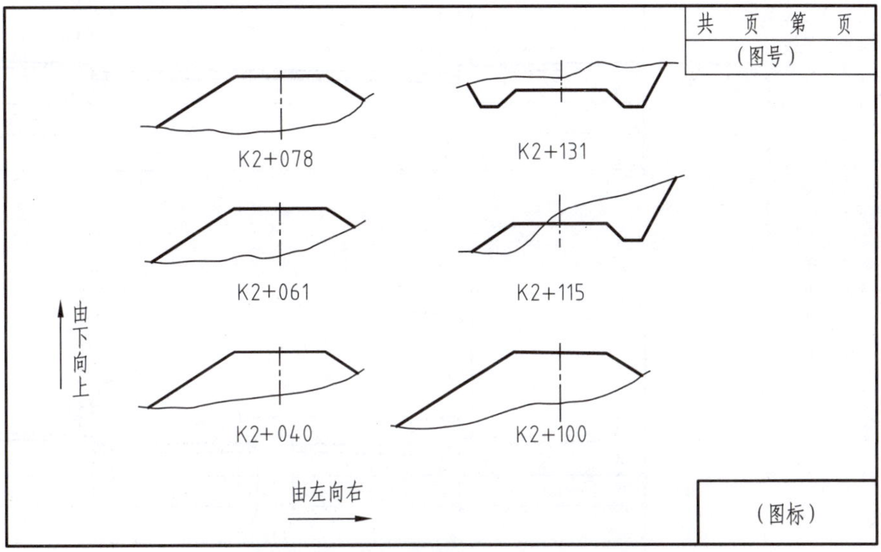

图 14-8 路基横断面图在一幅图纸内的布置

2）横断面图的地面线一律画细实线，设计线一律画粗实线。

3）在每张路基横断面图的右上角应写明图号、图纸序号及总张数。在最后一张图的右下角或下方绘制图标，如图 14-8 所示。

14.2 城市道路路线工程图

在城市里，沿街两侧建筑红线之间的空间范围为城市交通用地。城市道路主要包括机动车道、非机动车道、人行道、分隔带、绿化带、交叉口、交通广场及各种设施等，在交通高度发达的现代化城市，还建有架空高速道路、地下道路等。

城市道路路线的设计结果同公路路线的设计结果一样，都是通过平面图、纵断面图和横断面图来表达，并且三种图样的图示方法和内容也是一样的。城市道路所处地势一般比较平坦，又加上城市道路的设计是在城市规划和交通规划的基础上实施的，其交通性质和组成部分比公路复杂得多，因此体现在横断面图上城市道路比公路复杂得多。本节仅认识路线横断面图。

14.2.1 城市道路横断面布置的基本形式

根据机动车道与非机动车道的布置，城市道路横断面布置有四种基本形式，如图 14-9 所示。

1. “一块板”断面

“一块板”断面，也称单幅路横断面，把所有车辆都组织在同一车道上，但规定机动车在中间，非机动车在两侧，如图 14-9a 所示。

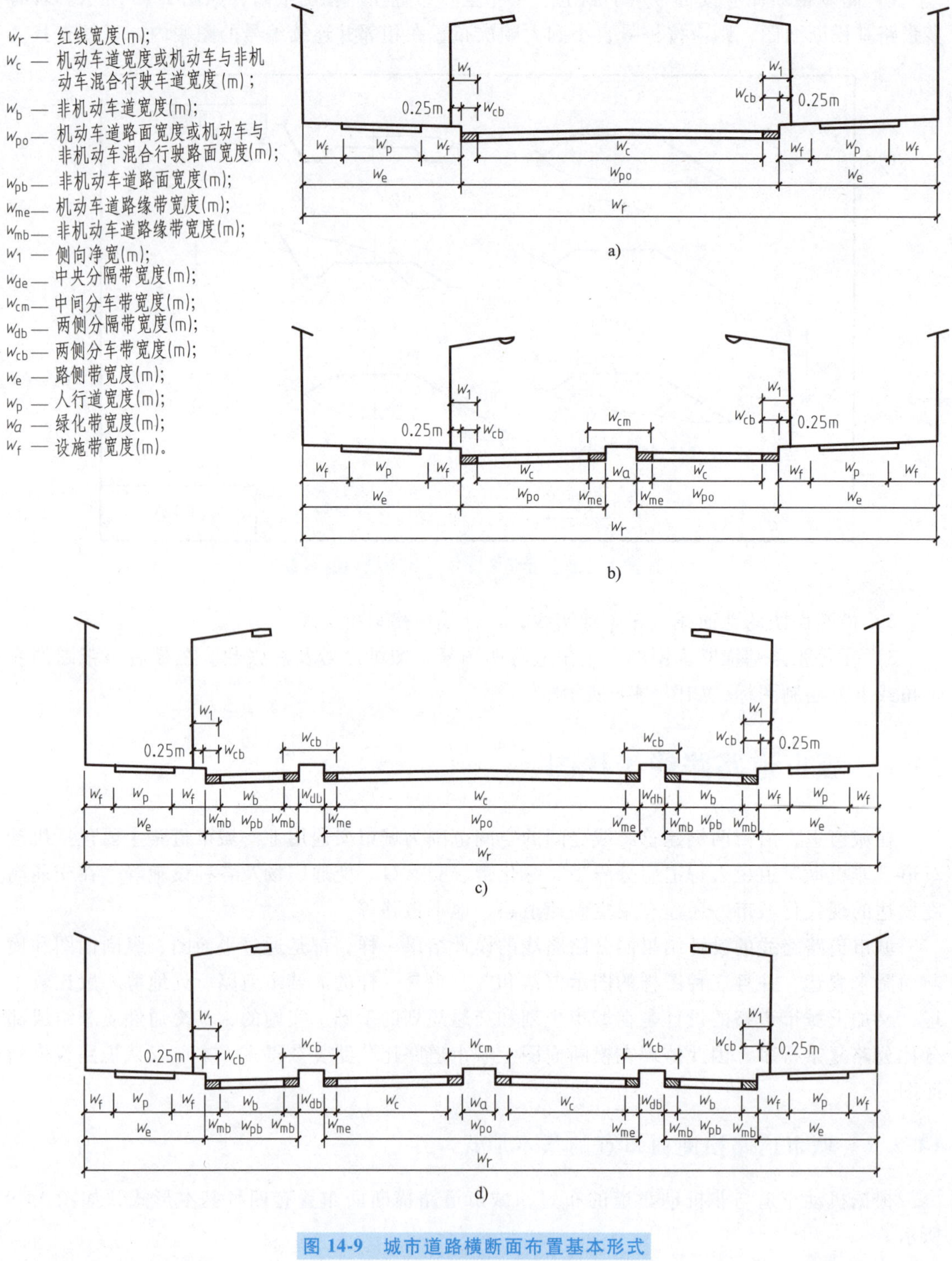

图 14-9 城市道路横断面布置基本形式

2. “二块板”断面

“二块板”断面，也称双幅路横断面，用一条分隔带把双向行驶车辆分隔在其两边，但机动车与非机动车仍在同一车道上，如图 14-9b 所示。

3. “三块板”断面

“三块板”断面，也称三幅路横断面，用两条分隔带把机动车与非机动车分割开来，但双向行驶的机动车仍在同一车道上，如图 14-9c 所示。

4. “四块板”断面

“四块板”断面，也称四幅路横断面，用三条中央分隔带把机动车与非机动车、双向行驶的机动车完全分割开来，道路通行能力和安全性最高，如图 14-9d 所示。

14.2.2 横断面图的图示内容

城市道路横断面设计的最后结果用标准横断面图表示。其主要作用是表达横断面的基本形式、横向各组成部分的横向布置关系。图 14-10a 所示为某城市道路的标准横断面图，画图比例为 1∶200，为了表示高差变化情况，纵向与横向可采用不同的绘图比例。图 14-10b 所示为路面、路肩、人行道设计大样图（大样图又称详图），画图比例为 1∶40。

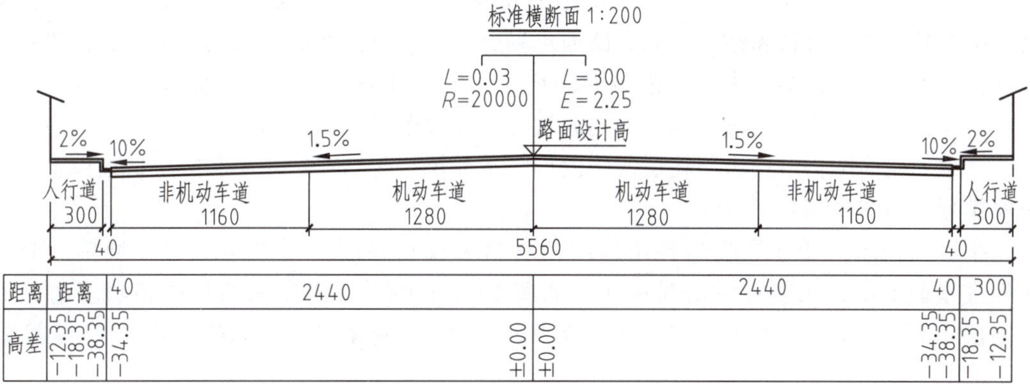

a)

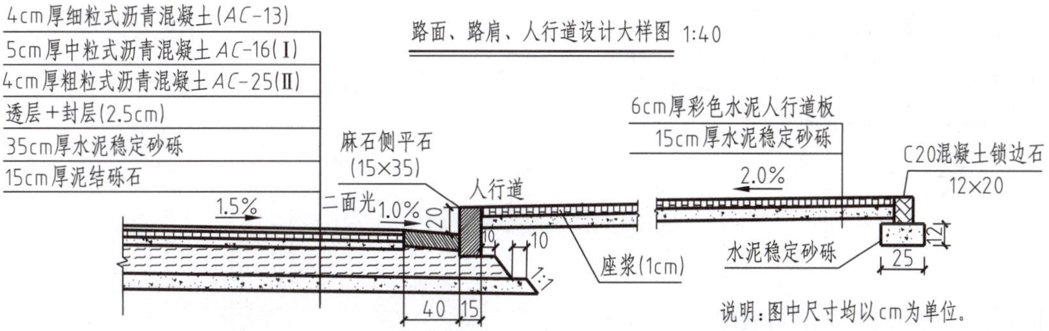

b)

图 14-10 某城市道路的标准横断面图

由图 14-10 可看出，该路段采用单幅路断面形式，并画出快、慢车行驶的机动车和非机动车车道，使机动车与非机动车分道单向行驶，两侧为人行道。人行道、非机动车道、机动车道及路缘带的宽度分别为 300cm、1160cm、1280cm 和 40cm，横向坡度为 2%、1%、1.5%。标注有路中央路拱竖曲线参数，路面中心、边缘，路缘带、人行道边缘的高差。路面、路肩、人行道用大样图表示，路基路面、人行道的材料、层次及厚度，在大样图上用竖直引出线标注。

当道路分期修建、改建时，除了需绘制近期设计横断面图，还要绘出远期规划设计横断面图。为了计算土石方工程量和施工放样，与公路横断面图相同，需绘出各个中心桩的现状横断面图，并加绘设计横断面图，标出中心桩的里程和设计高程，称为施工横断面图。

14.3 路面、排水及防护工程图

14.3.1 路面结构图

路面，是在路基顶面以上行车道范围内用各种不同材料分层铺筑而成的一种层状结构物。根据其使用的材料和性能不同，路面可划分为柔性路面和刚性路面两类。路面构造主要包括行车道宽度、路拱、中央分隔带和路肩，以上各部分的关系已在标准横断面上表达清楚，但是路面的结构和路拱的形式等内容需绘制相关图样予以表达。

典型的路面结构形式为磨耗层、上面层、下面层、联结层、基层和垫层，按由上向下的顺序排列，如图 14-11a 所示。

路面结构图的任务是表达各结构层的材料和设计厚度。当路面结构类型单一时，可在标准横断面上，用竖直引出线标注，如图 14-11b 所示。当路面结构类型较多时，可按各路段不同的结构分别绘制路面结构图，并标注材料符号（或名称）及厚度，如图 14-11c 所示。

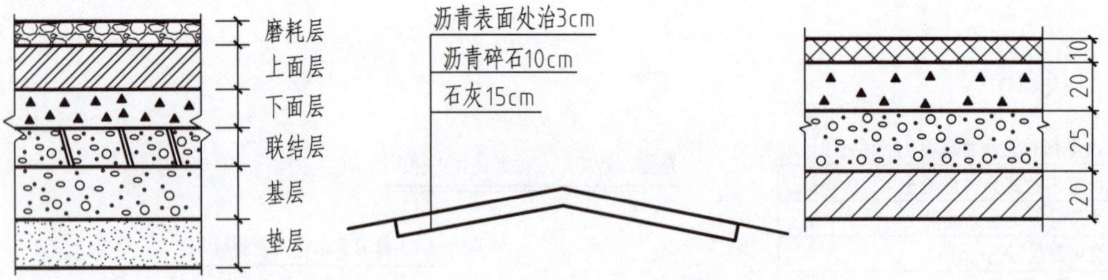

a) b) c)

图 14-11 路面结构及其表示

14.3.2 排水系统设计图

排水系统包括地面排水系统和地下排水系统，前者由排水沟、边沟、截水沟及急流槽等组成。其工程图的图示方法有两种：一是通过平面图、纵剖面图及横断面图来表达排水系统在全线的布设情况；二是通过路基排水防护设计图来表达排水设施的具体构造和技术要求。

1. 排水沟设计图

图 14-12 所示为道路排水沟设计图，其中包括三种排水沟的横断面形式、尺寸及衬砌要求。

2. 急流槽设计图

为减免山洪及泥石流危害，在陡坡或深沟地段设置的坡度较陡、水流不离开槽底的沟槽，称为急流槽。图 14-13 所示为某道路急流槽设计图。平面图、纵剖面图及横断面图表达了急流槽的结构形状、尺寸及各部分的构成材料。

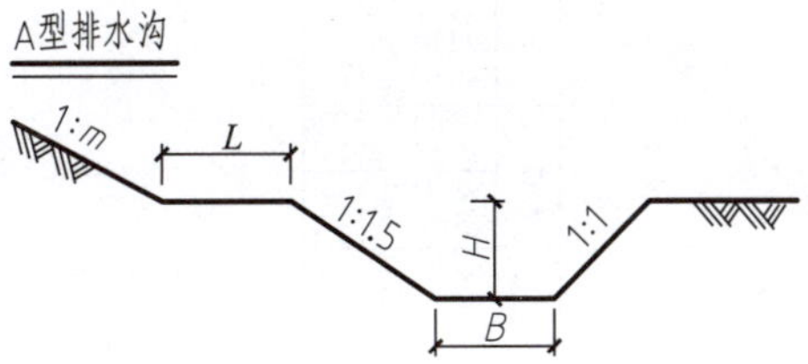

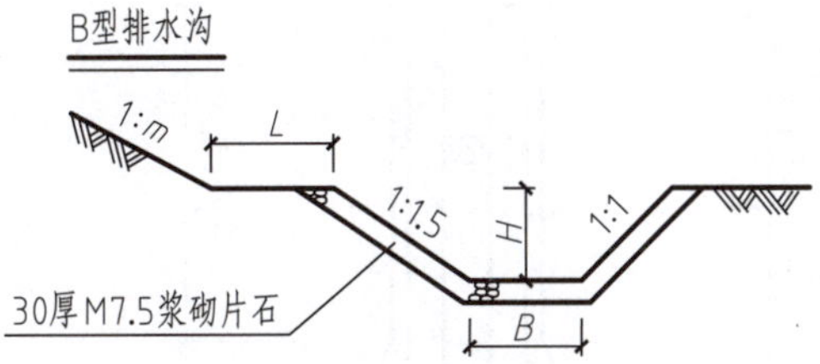

每延米B型排水沟加固工程数量

工程数量	B_1/m	B_2/m	B_3/m	B_4/m
	H=1.2, B=2	H=1.0, B=1.5	H=1.5, B=1.3	H=1.5, B=1.5
M7.5浆砌片石/m^3	1.713	1.302	1.544	1.704
挖土方/m^3	1.713	1.302	1.544	1.704

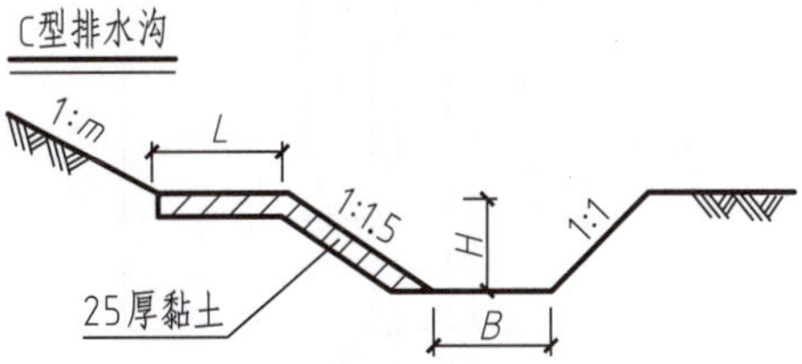

说明：
1. 图中尺寸以cm计。
2. 主线、被交道路及填土高度大于6.0m的匝道 L=2m，填土高度小于6.0m的匝道 L=1.0m。

图 14-12 排水沟设计图

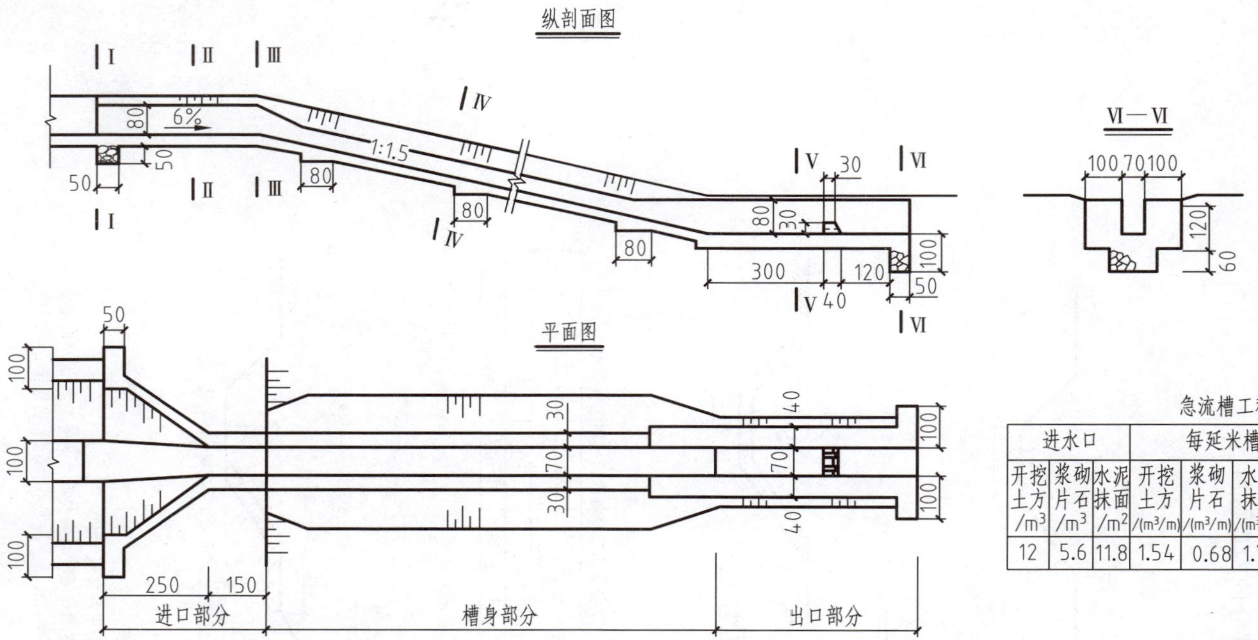

急流槽工程数量表

进水口			每延米槽身数量					出水口		
开挖土方/m³	浆砌片石/m³	水泥抹面/m²	开挖土方/(m³/m)	浆砌片石/(m³/m)	水泥抹面/(m³/m)	沥青麻筋m³/处	防滑平台/m³/个	开挖土方/m³	浆砌片石/m³	水泥抹面/m²
12	5.6	11.8	1.54	0.68	1.7	0.69	0.21	9	6.3	11.7

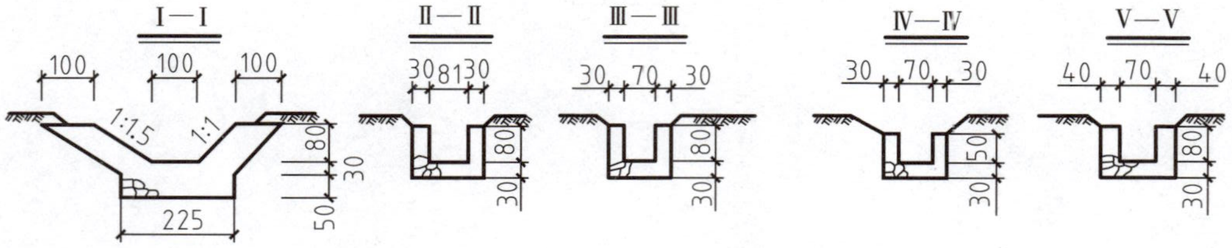

注:
1. 图中尺寸均以cm计。
2. 槽身转折处设伸缩缝(每5～8.0m一道)，并用沥青麻筋填满密实。
3. 进口接反压护道顶部排水沟，出口接平渠。
4. 采用M7.5浆砌片石砌筑M10砂浆勾缝。

（设计单位名称）	（工程名称）	某公路急流槽设计图	设计		复核		审核	图号	日期

图 14-13 某道路急流槽设计图

14.3.3　边坡护砌设计图

图 14-14 所示为某道路边坡护砌设计图。其图样部分表达了浆砌片石护坡和衬砌拱护坡的结构形式、尺寸和各部分的构成材料；工程数量表表达了每延米护砌使用材料的数量。

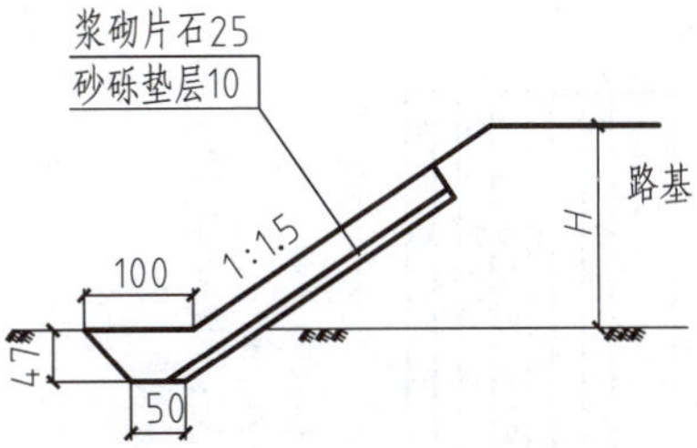

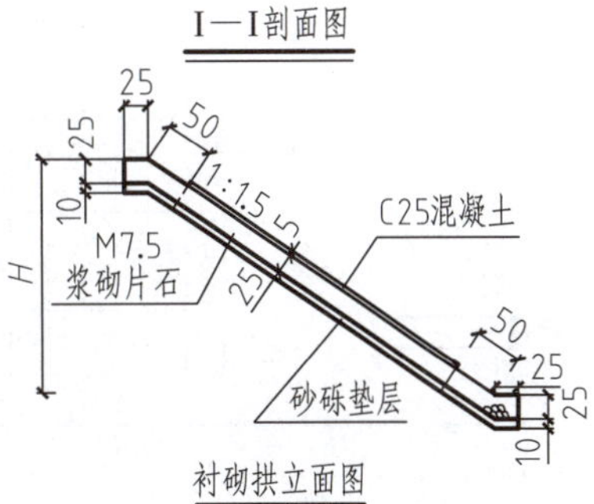

工程数量表

类别	M7.5浆砌片石 /(m³/m)	砂砾垫层 /(m³/m)	C25混凝土 /(m³/m)	植草 /(m³/m)	挖基土方 /(m³/m)
浆砌片石护坡	$0.47+0.45H$	$0.18H+0.04$			0.51+0.63
衬砌拱护坡	$0.06H+0.41$	$0.024H+0.16$	$0.018H+0.01$	$1.5(H-2)+1.95$	$0.102H+0.584$

说明：
1. 本图尺寸以cm计。
2. 当路基填土高度$H\geqslant3$m时，采用浆砌片石护坡或衬砌拱护坡，当$H<3$m时植草。

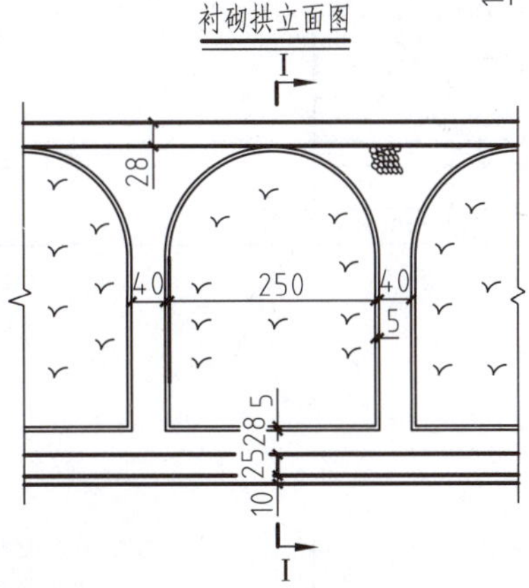

图 14-14　边坡护砌设计图

14.4　道路沿线设施工程图

道路沿线设施主要是指除了路线、路基、路面、桥梁、隧道、涵洞、交叉口、排水及防护以外的工程，如防护栏、隔离栅、里程碑、出入口等。该部分内容极其庞杂，该节仅以某高速公路防护栏设计为例（图 14-15），认识道路沿线设施工程图。

防护栏设计图由三部分组成：一是采用立面图、平面图和侧剖面图，表达出立柱与波形梁的拼装关系，图中对波形梁采用断裂画法；二是构件放大图，图中画出了钢波形梁、钢支承架、钢端头架和塑料立柱帽的大样图，均包含两个视图，以清楚表达各构件的形状和尺寸；三是说明部分，提出了相关的技术要求。

思考：

1）道路路线工程图与后续学习的其他工程图样，多是图示内容复杂且绘图烦琐的图样。绘制图样时，应先分析和确定绘图的方法、步骤再绘图，绘制过程还需进一步强化一种作风，提升一种精神，以保证图样图示完整、清楚和图面质量，使得别人读图方便。你认为是怎样的一种作风？怎样的一种精神？

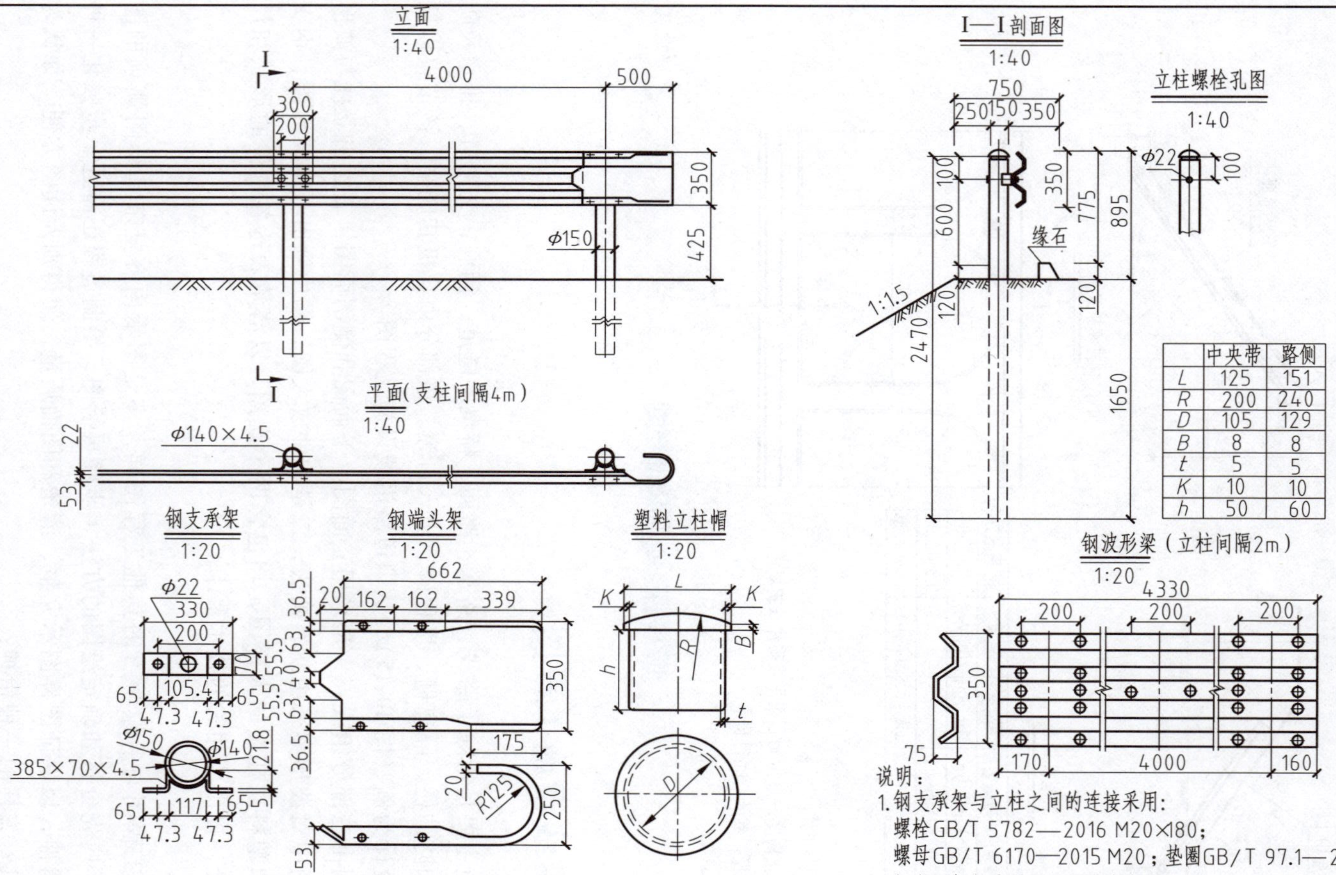

	中央带	路侧
L	125	151
R	200	240
D	105	129
B	8	8
t	5	5
K	10	10
h	50	60

说明：

1.钢支承架与立柱之间的连接采用：
螺栓GB/T 5782—2016 M20×180；
螺母GB/T 6170—2015 M20；垫圈GB/T 97.1—2002 20。

2.钢支承架与波形梁之间的连接采用：
螺栓GB/T 5782—2016 M16×30；
螺母GB/T 6170—2015 M16；垫圈GB/T97.1—2002 16。

3.立柱盖帽采用塑料加工。

4.本图所有尺寸均为mm。

（设计单位名称）	（工程名称）	某高速公路防护栏设计图	设计		复核		审核		图号		日期	

图 14-15　某高速公路防护栏设计图

2）截至2022年底，我国综合交通运输网络（包括公路、铁路、水路、航空等）总里程超600万km，其中全国公路通车总里程达535万km（2021年底为519.81万km），路网规模已居世界前列；高速公路通车里程达17.7万km（2021年底为16.1万km），居世界第一位；我国高速公路对20万以上人口城市覆盖率已超过98%，已经迈入世界高速里程强国。此外，我国还有重大工程持续推进，如2017年7月穿越沙漠戈壁无人区的京新高速公路全线贯通，成为继连霍高速后又一条进出新疆大通道，成为国家西部大开发的交通要道；举世瞩目的港珠澳大桥于2018年10月开通运营，成为集桥、岛、隧为一体的超级跨海工程；落实“一带一路”倡议的乌尉高速公路，其控制性工程的天山胜利隧道全长22.1km，为特长高寒高海拔公路隧道，于2018年开工，建设工期6年，建成后将成为世界最长的高速公路隧道。另外，在我国交通工程建设中，技术创新实现突破，以数字化地图、地质遥感、计算机辅助设计和仿真、北斗系统应用等为代表的公路勘察设计技术持续进步；软土、黄土、冻土及沙漠地区公路修筑技术不断成熟和完善；公路路面结构和材料技术经受住了时间和大交通量的双重检验；超大跨径桥梁以及山岭区超长隧道、海底沉管隧道、大直径盾构隧道等相关技术和装备不断取得突破。对以上内容你有怎样的感悟？是否坚信我国交通强国的建设目标一定能实现？

第15章 道路交叉口工程图与交通工程图

本章导读

学习内容：

1）平面交叉口工程图。

2）立体交叉口工程图。

学习目标：

1）明确各相关工程图的图示方法。

2）明确各相关工程图的图示内容。

3）能够自主分析和确定各相关工程图样的画图方法、步骤。

4）能够具备画、看相关工程图样的基本能力。

5）能够强化认真负责、严谨细致的工作作风。

6）能够提升一丝不苟、精益求精的工匠精神。

7）坚持创新促发展理念，坚持数字化、智能化交通工程建设，促进现代化交通基础设施体系高质量发展。

当道路与道路（或铁道）相交时，所形成的共同空间部分称为交叉口。根据通过交叉口的道路所处的空间位置，可分为平面交叉和立体交叉两大类。

15.1 平面交叉口工程图

平面交叉是指各相交道路中线在同一高程相交的道口。平面交叉的形式决定于道路系统规划交通量、交通性质和交通组织，以及交叉口用地及其周围建筑等。常见的平面交叉口形式如图15-1所示。

各形式平面交叉口设计的最终结果体现为平面图、纵断面图、交通组织图和竖向设计图四种工程图样。

15.1.1 平面图

图15-2所示为某平面交叉口的平面图。从图中可知，此交叉口的形式为X形。

a) 十字形

b) X字形

c) T字形

d) Y字形

e) 错位交叉

f) 复合交叉

图 15-1　常见的平面交叉口形式

1. 图示方法

同道路路线平面图，将相交道路、交叉口、地形地物等作水平投影。

2. 图示内容

（1）相交道路及交叉口

1）道路中心线用细点画线表示。各段道路里程分别标注在其各自的中心线上。由于北段道路是待建道路，因此其里程起点是道路中心线的交点。

2）图 15-2 所示两同心标准实线圆表示交通岛，同心点画线圆表示环岛车道中心线。

3）图 15-2 所示道路的地理方位用坐标网格表示，X 轴表示南北（左指北），Y 轴表示东西（上指东）。

4）道路交叉口处联结关系较复杂，为了清晰表达相交道路的平面位置关系和交通设施等，交叉口平面图的绘图比例较路线平面图大得多（图 15-2 所示比例为 1∶500），以便车

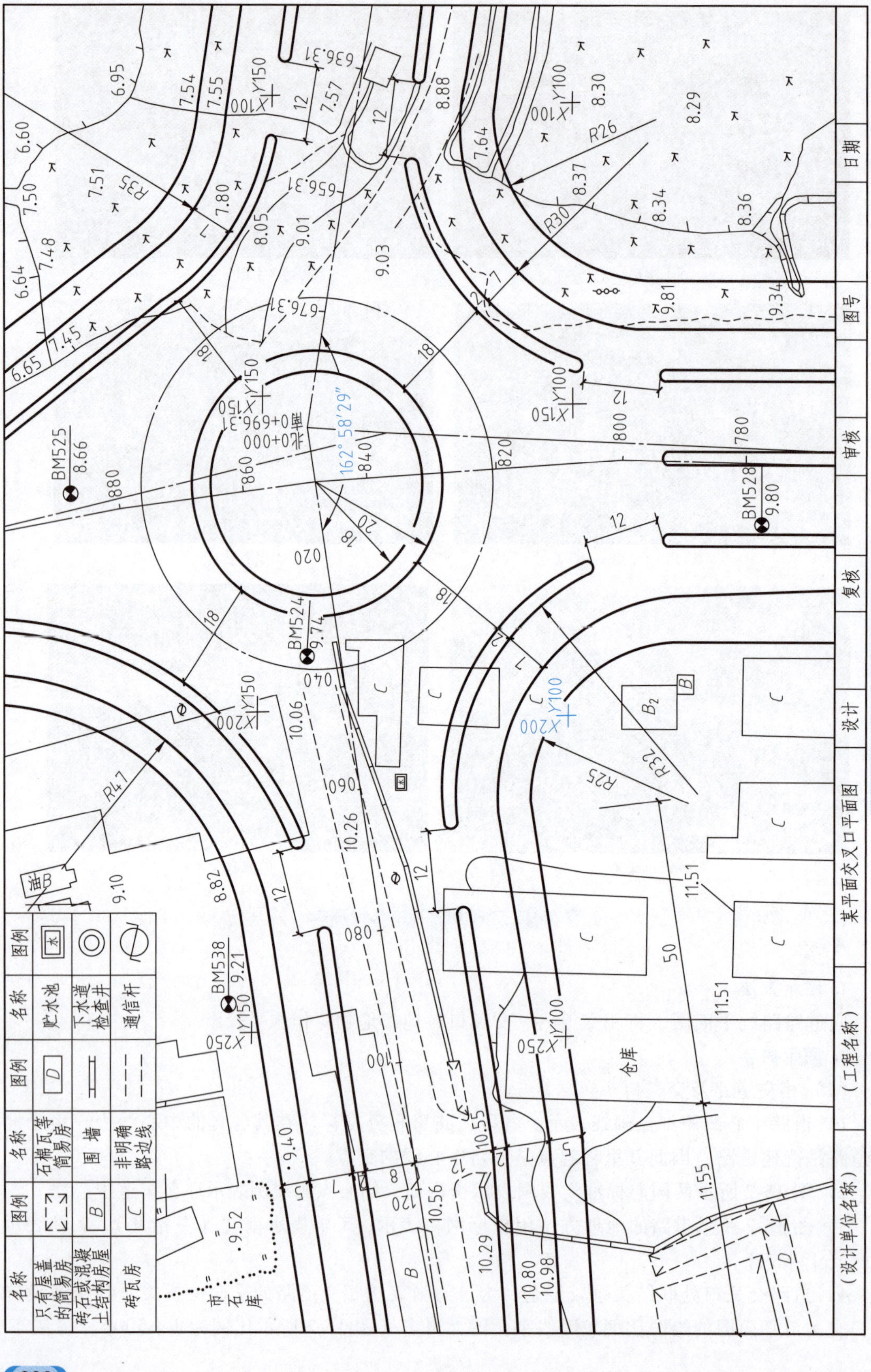

图 15-2　某平面交叉口的平面图

行道、人行道的分布和宽度等可按比例画出。由图 15-2 可知：待建北段道路为“三块板”断面形式，机动车道的标准宽度为 16m、非机动车道为 7m、人行道为 5m、中间两条分隔带宽度均为 2m。从桩号 195~245m（此桩号在图外）为机动车道宽度渐变段，右侧车道的附加宽度从 4m 渐变为零。

（2）地形和地物

1）该交叉口所处地段地势平坦，等高线稀疏，用大量的地形测点表示高程。

2）西段道路需占用沿路两侧一些土地。

3. 画图

同公路路线平面图。需注意以下问题：

1）交通岛或中心岛轮廓线、横向组成的机动车道、非机动车道、人行道、分隔带，均使用粗实线。

2）岛旁车道中线（路线）、相交道路中线（路线）均使用细点画线。

思考： 平面交叉口平面图与道路路线平面图的异同。

15.1.2　纵断面图

1. 图示方法

沿相交道路中线剖切分别画出的断面图为纵断面图。同公路路线纵断面图，主要作用是表示相交道路路线的竖向形状、地面起伏情况、设计坡度、设计高程、沿线路面结构形式等。

图 15-3 所示是某交叉口南北向相交道路的纵断面图。东西向道路由于是既有道路，故未给出其纵断面图。

2. 图示内容

同公路路线纵断面图，相交道路纵断面图的图示内容由数据表和图样两部分组成。

（1）数据表　一般表示路面形式、路面中线、道路里程等项数据，其中道路里程体现画图的纵向比例，并方便确定道路中线和地形线上点的纵向位置。

（2）图样　一般表示高程标尺、地形线、竖向设计线（即道路中线）、中心岛位置线，高程标尺体现画图的竖向比例，并方便确定道路中线和地形线上点的竖向位置。

3. 画图

同公路路线纵断面图。画图时须注意以下问题：

数据表外格线、竖向设计线、图标外格线均使用粗实线，其余使用细实线。

15.1.3　交通组织图

在道路交叉口平面图上用不同线型的箭线，标识出机动车、非机动车和行人等在交叉口处必须遵守的行进路线，这种的图样称作交通组织图。图 15-4 所示为某路口的交通组织图。

思考： 自行分析交通组织图的图示方法、内容及画图。

15.1.4　竖向设计图

为保证行车和排水畅通，须对交叉口处路面的竖向高程变化进行设计，并表达在平面交叉口的平面外轮廓线（粗实线）内，这样的图样称作竖向设计图。

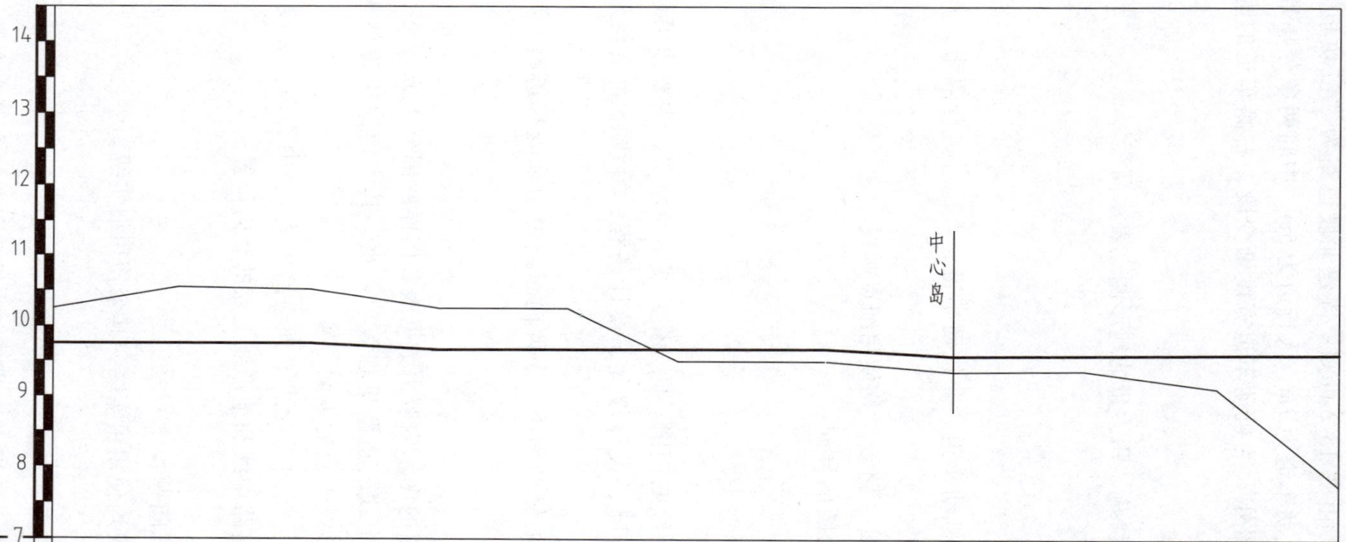

序号	项目		+140	+120	+100	+80	+60	+40	+20	北K0+000.00 / 南K0+696.31	+676.31	+656.31	K0+636.31
10	路面型式	设计铺砌	沥青混凝土										
9		原有铺砌											
8	排水设施 左侧边沟	设计标高	9.31	9.32	9.32	9.31	9.31	9.31	9.30	9.30	9.23	9.08	8.10
7		设计坡度	20 20 3.3‰	3.3‰ 20	20 3.3‰	3.3‰ 20	20 3.3‰	3.3‰ 20	20 3.3‰	3.3‰ 20	20 3.3‰	3.3‰ 20	
6	排水设施 右侧边沟	设计标高	9.35	9.34	9.34	9.33	9.33	9.33	9.32	9.32	9.25	9.10	8.12
5		设计坡度	20 20 3.3‰	3.3‰ 20	20 3.3‰	3.3‰ 20	20 3.3‰	3.3‰ 20	20 3.3‰	3.3‰ 20	20 3.3‰	3.3‰ 20	
4	路面中线	原地面	10.38	10.52	10.50	10.23	10.23	9.53	9.50	9.35	9.35	9.18	
3		设计标高	9.53	9.53	9.53	9.52	9.52	9.52	9.52	9.51	9.51	9.51	9.51
2		设计坡度											
1	道路里程		+140	+120	+100	+80	+60	+40	+20	北K0+000.00 / 南K0+696.31	+676.31	+656.31	K0+636.31

（设计单位名称）	（工程名称）	某交叉口纵断面图（南北向）	设计		复核		审核		图号		日期	

图 15-3 某交叉口纵断面图（南北向）

竖向高程变化在竖向设计图上的图示方法有以下三种：

1. 控制点与坡度法

该方法用于竖向高程变化较简单的交叉口，可仅标注控制点的高程、排水方向及其坡度，排水方向采用箭头表示，如图 15-5a 所示。

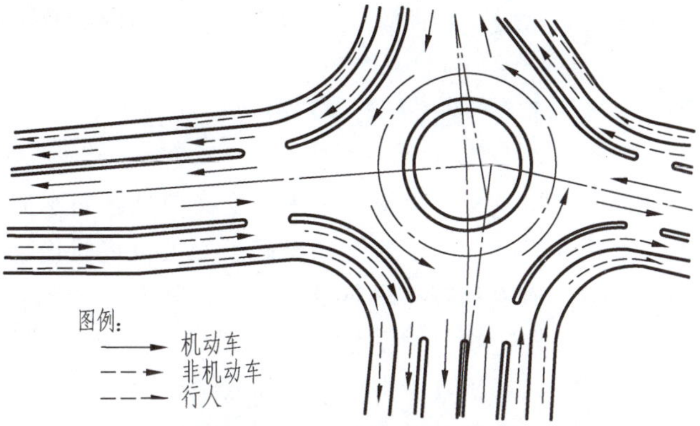

图 15-4 某路口的交通组织图

2. 等高线法

该方法也用于竖向高程变化较简单的交叉口。等高线宜用细实线表示，并每隔四条用中粗实线绘制一条计曲线，每条等高线上标注标高，如图 15-5b 所示。

3. 网格法

该方法用于竖向高程变化较复杂的交叉口。路面高程数值宜标注在网格交点的右上方并加括号。当各测点高程的整数部分相同时可省略整数位、小数点前可不加“0”定位，整数部分在图中注明，如图 15-5c 所示。对刚性路面，一般采用网格法，设计高程数值应注在板角处，并加注括号。在同一张图纸中，当设计高程的整数部分相同时可省略相同部分，但应在图中说明，道路中线用细实线或粗实线表示，如图 15-5d 所示。

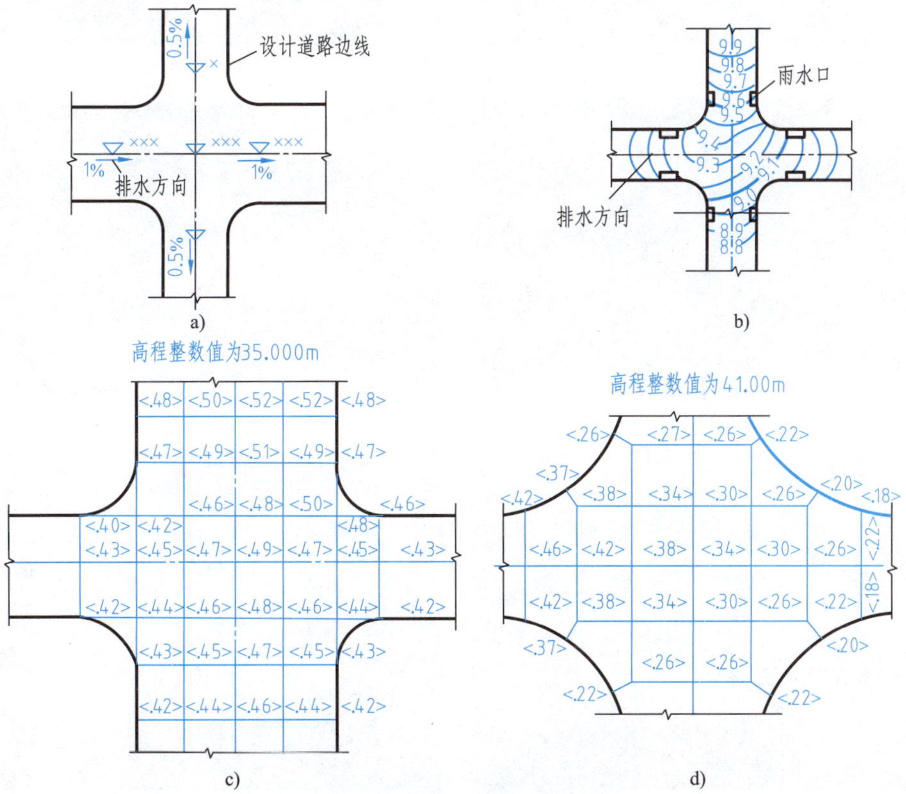

图 15-5 竖向设计图的图示方法

思考：自行分析竖向设计图的图示方法、内容及画图。

15.2　立体交叉口工程图

立体交叉口从根本上解决了平面交叉口处各向车流的冲突，既提高了通行能力、通行安全性及舒适性，又节约了能源，提高了交叉口现代化管理水平。立体交叉口由相交道路、跨线桥、匝道、通道和其他附属设施组成，其中匝道是连接相交道路，使相交道路上的车流可以相互通行的构造物，跨线桥是两条道路间的跨越结构物，有主线跨线桥和匝道跨线桥之分，通道是行人或机具等在横穿封闭式道路时的下穿式结构物。

立体交叉口的常见形式如下：

1）根据相交道路是否相互交通，立体交叉口分为分离式和互通式。图 15-6a 所示为分离式；互通式又分定向互通式和全互通式，图 15-6b 所示为定向互通式，图 15-6c 所示为全互通式。

a)

b)

c)

d)

e)

f)

图 15-6　立体交叉口的常见形式

2）根据行车、行人交通在空间的组织关系，可以将立体交叉口分为二层式、三层式和四层式，分别如图 15-6c、d、e 所示。

3）立体交叉口根据平面形状，可分为菱形（图 15-6f）、苜蓿叶形（图 15-6c）、喇叭形（图 15-6b、d、e），而且各种形式又可以有多种变形。

各形式立体交叉口设计的最终结果一般体现为平面图、纵断面图、线位数据图、连接部位设计图、鸟瞰图等工程图样。

15.2.1　平面图

图 15-7 所示为某立体交叉口平面图，其内容包括立体交叉口的平面设计形式、各组成部分的位置关系、地形地物以及建设区域内的附属构造物。从图 15-7 中可以看出，该立体交叉口的交叉方式为主线下穿式，平面几何图样为双喇叭形，交通组织类型为双向互通。

1. 图示方法

与道路平面图不同，立体交叉平面图既表示道路的设计中线，又表示道路的宽度、边坡和各路线的交接关系。

2. 图示内容

（1）比例　与路线平面图不同，立体交叉工程建设规模宏大，但为了读图方便，工程上一般将立体交叉主体尽可能布置在一张图幅内，故绘图比例较小，图 15-7 所示比例为 1：4000。

（2）平面设计形式　图 15-7 所示自右下至左上道路为相交道路（也称主线道路），自左向右道路为被交道路，该平面图所示为主线下穿二层式喇叭形全互通立体交叉口。

（3）地形地物　图 15-7 中用指北针与大地坐标网表示方位；用地形测点表示地形；城镇、高低压电线和临时便道等地物用相应图例表示。

（4）沿线结构物　沿线桥梁、涵洞、通道等结构物均按类编号，以引出线标注。

（5）各匝道关系　表示各匝道的位置、起止里程桩号和它们之间的相对关系。在平面图上，各匝道的里程计算和标注方法是：*A*—*A* 匝道和 *E*—*E* 匝道从它们的交点（*A*K0+000 或 *E*K0+000）开始，各自计算和标注里程，与它们后接的匝道以其交接点处的桩号为起始点连续计算里程。

3. 画图注意

1）先画指北针、坐标网格。

2）再画两相交道路、匝道。画相交道路、匝道时，可按下述顺序：

① 画中线，标记桩号。

② 画路面边线、示坡线。

3）画地形地物。

4）标注沿线结构物。

5）注写技术说明、图标等。

画图时，理解、熟悉各种图线的意义和使用线型，如图 15-8 所示。

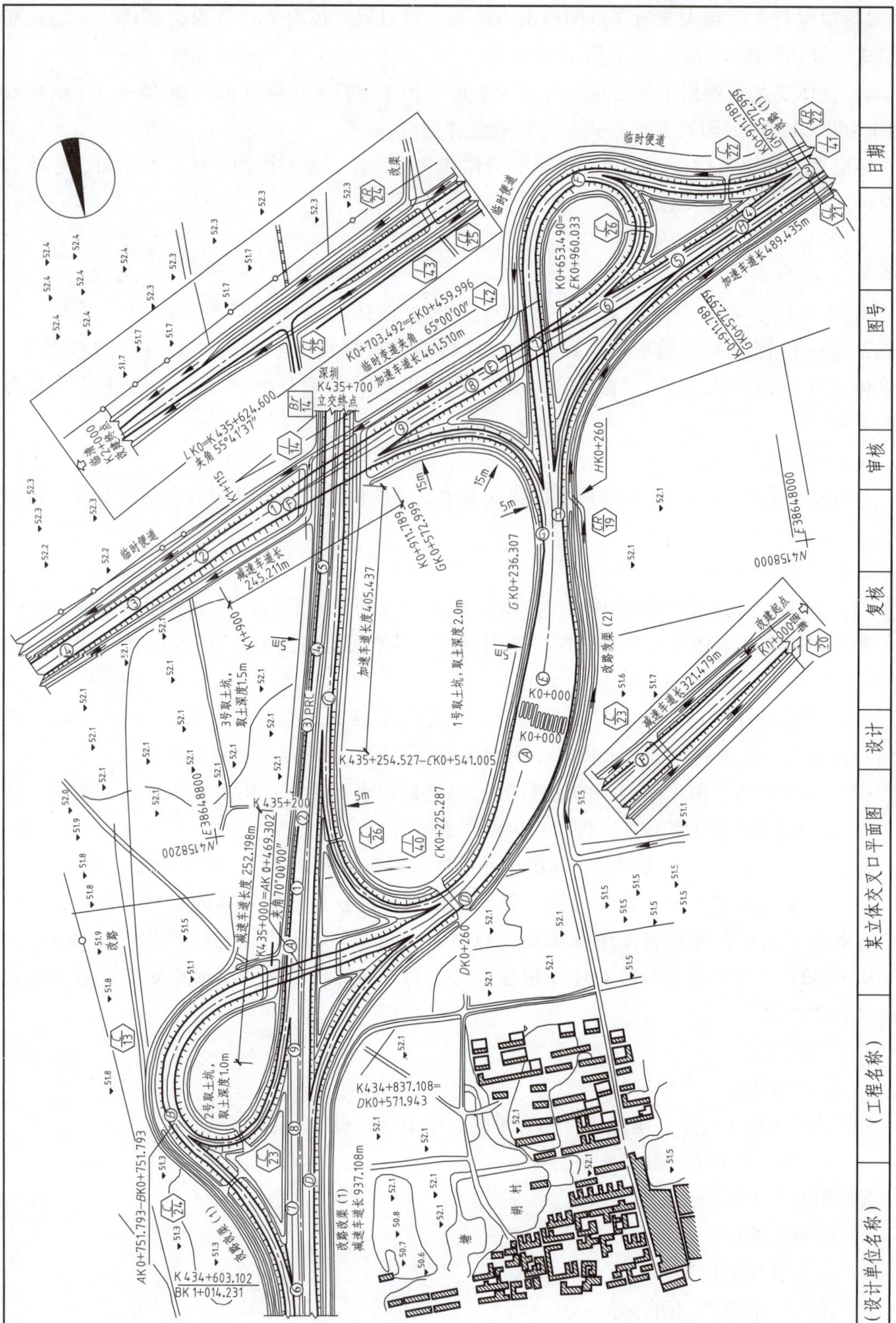

图 15-7 某立体交叉口平面图

15.2.2 纵断面图

立体交叉口纵断面图包括：主线（ML）、被交道路（Gr）和匝道（RA）的纵断面图。与路线纵断面图的图示方法相比较，立体交叉口纵断面图在图样部分和测设数据表中都增加了横断面型式这一内容，这样的图示方法更好地适应于立体交叉口横断面复杂多变的表达需要，也使道路横向与纵向的对应关系表达更清晰，如图 15-9 所示。

纵断面图中常见缩写词的意义见表 15-1。

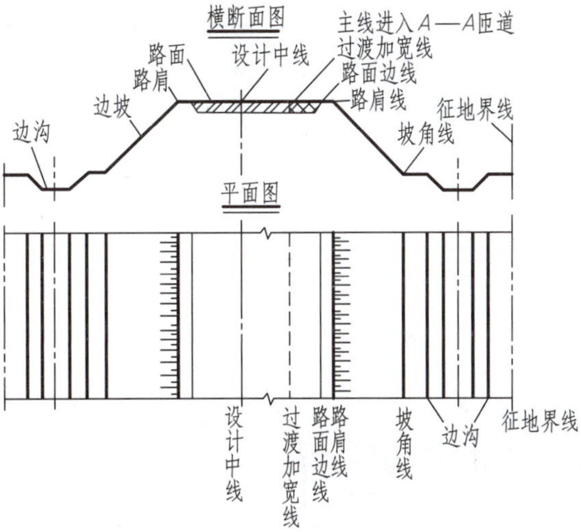

图 15-8 立体交叉口平面图的图线意义和线型

表 15-1 纵断面图中常见缩写词的意义

缩写	含义	缩写	含义
STA	桩号	PCC	同向平曲线公切点
HC	平曲线	PRC	反向平曲线公切点
VC	竖曲线	PVI	竖曲线变坡点
EL	设计标高	PVC	竖曲线起点
ML	主线	PVT	竖曲线终点
Gr	被交道路	C-RCP	钢筋混凝土圆管涵
RA	匝道	VP-RCP	钢筋混凝土箱形通道

15.2.3 线位数据图

将立体交叉口的全部平面测设数据标注在简化的平面示意图上，并在坐标表中给出主要线型控制点的坐标值，这种图样称为立体交叉口的线位数据图。其作用是为控制道路的位置和高程提供依据，也为施工放样提供方便，如图 15-10 所示。可将线位数据表示在不同的图样上。

15.2.4 连接部位设计图

连接部位设计图包括连接位置图、连接部位大样图、分隔带横断面图以及连接部位标高数据图。连接位置图是在立体交叉口平面图上，标示出两条道路的连接位置；连接部位大样图是用局部放大的图示方法，把立体交叉口平面图上无法表达清楚的道路连接部位，单独绘制成图；分隔带横断面图是将连接部位大样图上未表达清楚的道路分隔带的构造用更大的比例绘出。三个图样可以画在同一张图纸上，方便看图，如图 15-11 所示。连接部位标高数据图是在立体交叉口平面图上，标示出主要控制点的设计标高，如图 15-12 所示。

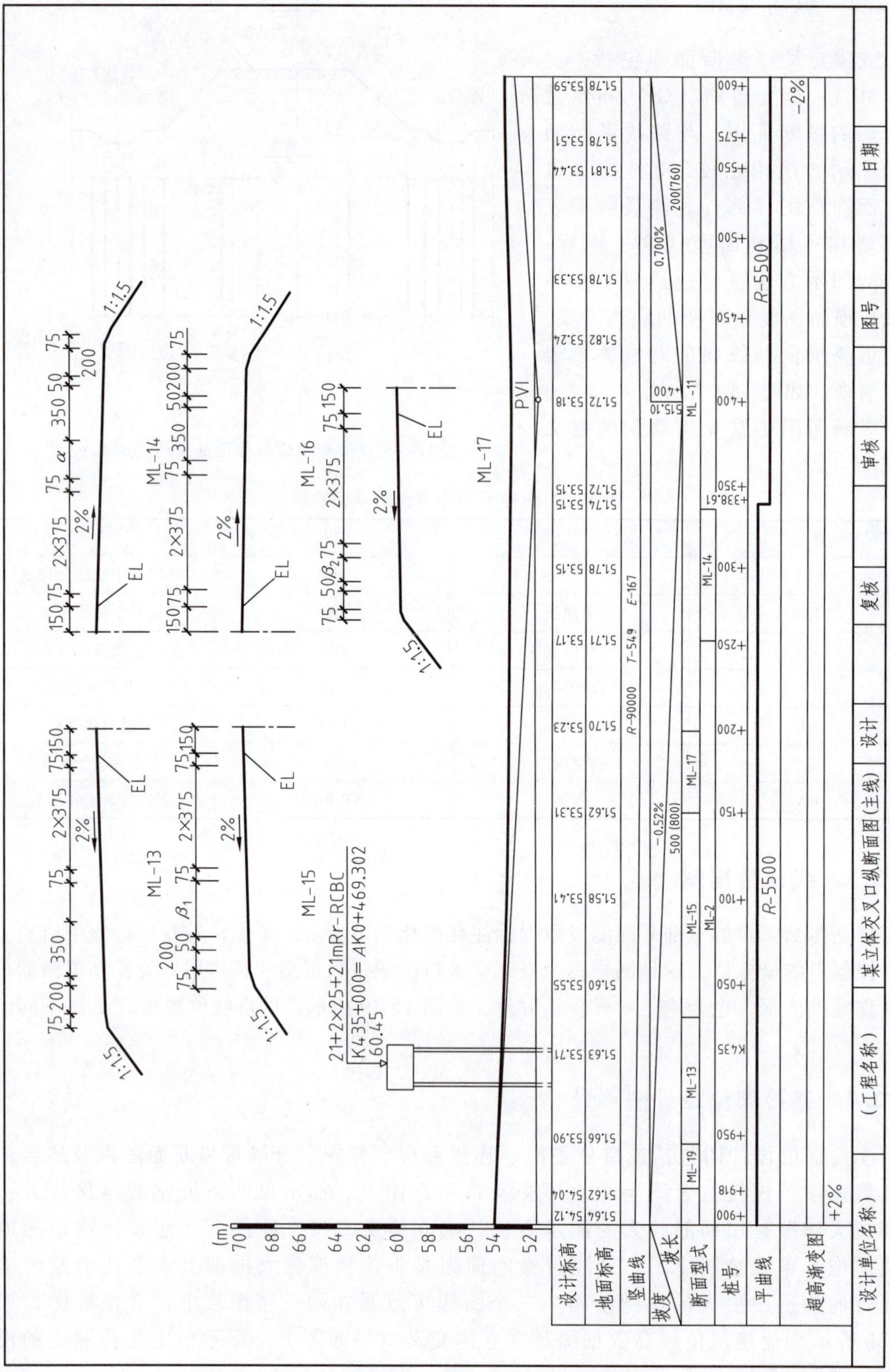

图 15-9 立体交叉口纵断面图（主线）

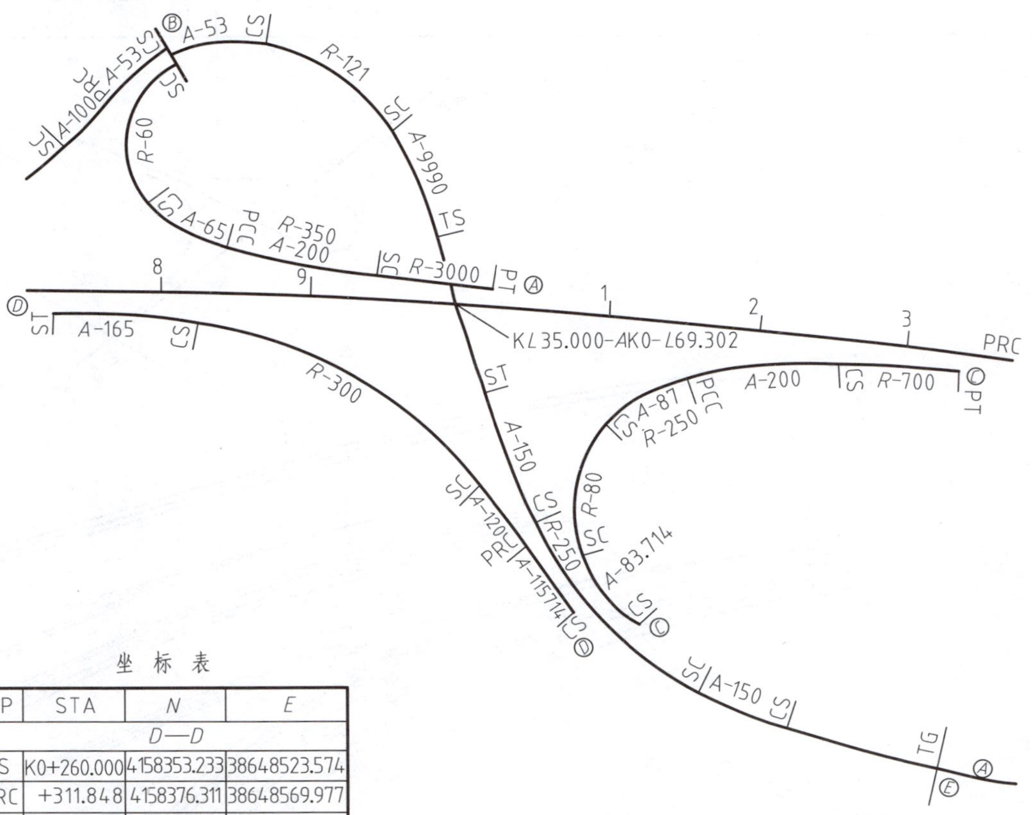

坐 标 表

NP	STA	N	E
	A—A		
BP	K0+000.000	4158139.760	38648377.152
CS	+102.220	4158231.253	38648422.637
SC	+169.720	4158287.647	38644459.581
CS	+319.302	4158369.683	38648581.998
ST	+409.302	4158384.996	38648670.554
TS	+516.450	4158396.890	38648777.040
SC	+598.930	4158415.176	38648857.031
CS	+721.594	4158511.343	38648924.510
SC	+751.793	4158541.323	38648922.767
CS	+862.343	4158576.890	38648831.481
PCC	+920.689	415832.417	38648794.979
SC	K1+021.640	4158438.337	38648758.676
PT	+098.909	4158364.435	38648736.130
EP	K1+274.273	4158196.053	38648687.123
	C—C		
CS	K0+225.287	4158318.730	38648505.255
SC	+283.687	4158344.639	38648556.940
CS	+373.811	4158312.740	38648636.195
PCC	+438.148	4158252.272	38648655.820
CS	+541.005	4158149.987	38648648.890
PT	+620.485	4158072.864	38648629.865

坐 标 表

NP	STA	N	E
	D—D		
CS	K0+260.000	4158353.233	38648523.574
PRC	+311.848	4158376.311	38648569.977
SC	+359.848	4158397.388	38648613.087
CS	+576.045	4158558.862	38648749.758
ST	+666.795	4158646.895	38648771.416

(设计单位名称)	(工程名称)	某立体交叉口线位数据图	设计		复核		审核		图号		日期	

图 15-10 某立体交叉口线位数据图

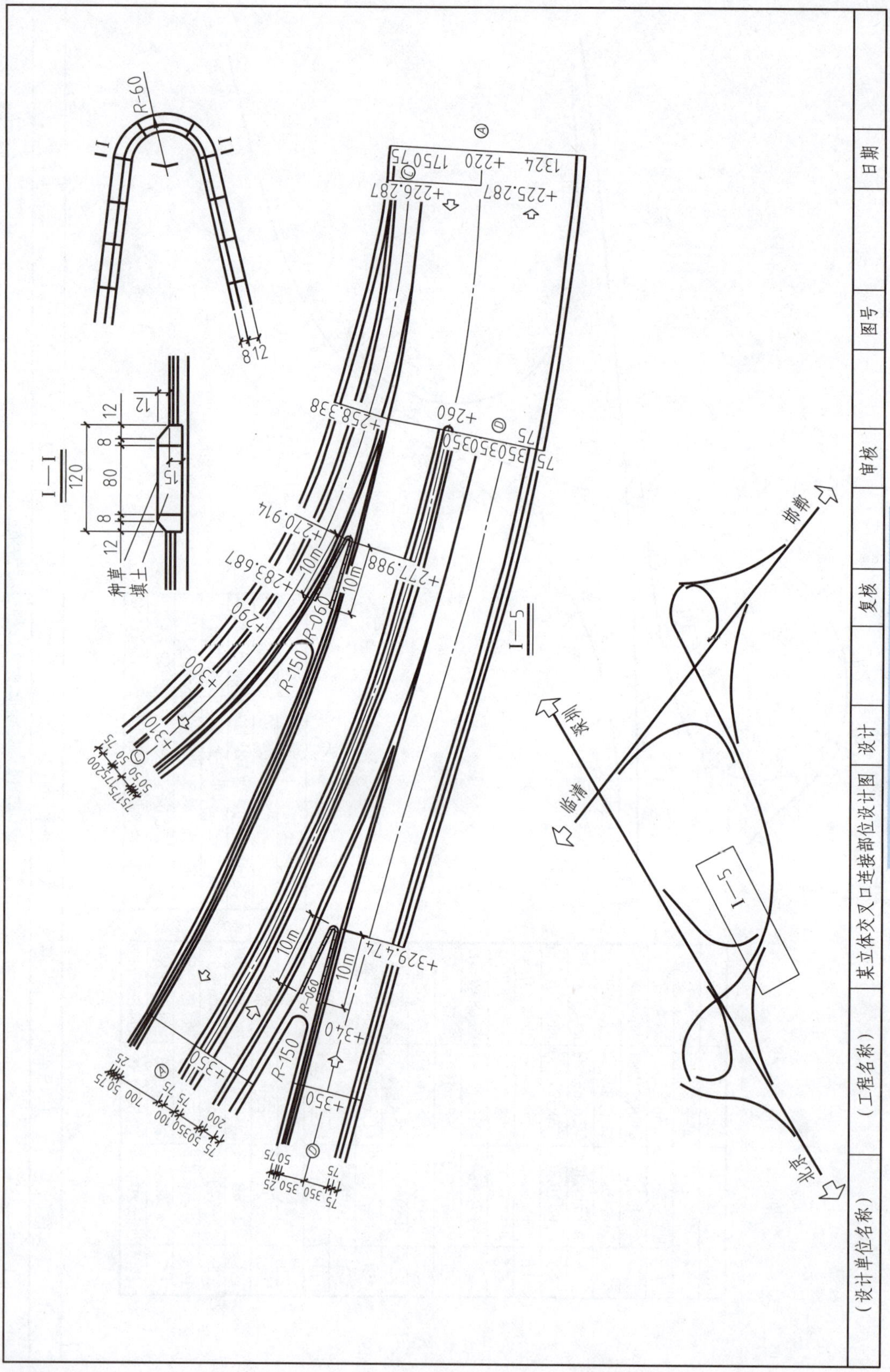

图 15-11 某立体交叉口连接部位设计图

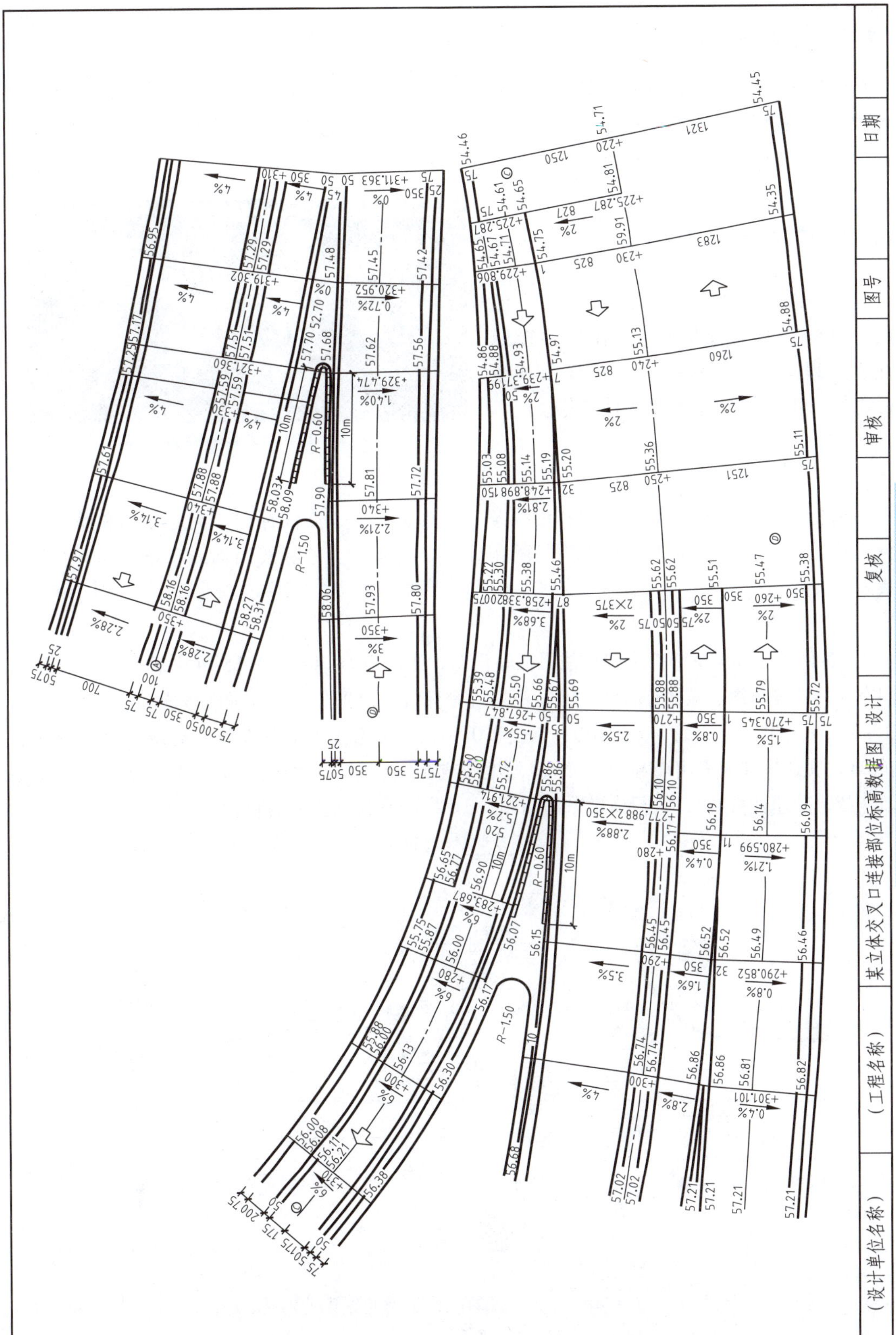

图 15-12　某立体交叉口连接部位标高数据图

15.2.5 鸟瞰图

鸟瞰图是对立体交叉口做出的透视图，现交通工程普遍采用图 15-13 所示立体交叉口的鸟瞰图，其以高视点表达立体交叉的全貌形象，以供审查设计和讨论方案。目前制作鸟瞰图的常用软件有 AutoCAD、3dMAX、Bridge Master 等。

15.3 交通工程图

随着高级公路和立体交叉工程的广泛使用，道桥工程技术人员在工作中会接触到交通工程图样，其包括交通标线图和交通标志图。本节简要介绍此两种图样。

图 15-13　立体交叉口鸟瞰图

15.3.1 交通标线

交通标线是由标画于路面上的各种线条、箭头、文字、立面标记、突起路标和路边线轮廓标等构成的交通安全标识，其作用是管制和引导交通。交通标线用标线布设图和标线设计图表示。

1. 标线布设图

图 15-14 所示为某立体交叉口标线平面布设图，比例为 1∶400，图 15-14 中表示了车分道线、导向车道线、停车线、减速让行线、人行横道线等标线的位置、线宽、虚线线段和间隙长度。如图 15-14 所示“0.1 分道线、实线 6.0、空档 9.0”，表示分道线线宽为 0.1m、虚线线段长 6m、间隙长 9m。交通标线应采用线宽为 1~2mm 的虚线或实线绘制，双线间净距为 1~2.5mm（中心黄色双实线、减速让行线），人行横道采用间隔为 1~2mm 平行细实线绘制。

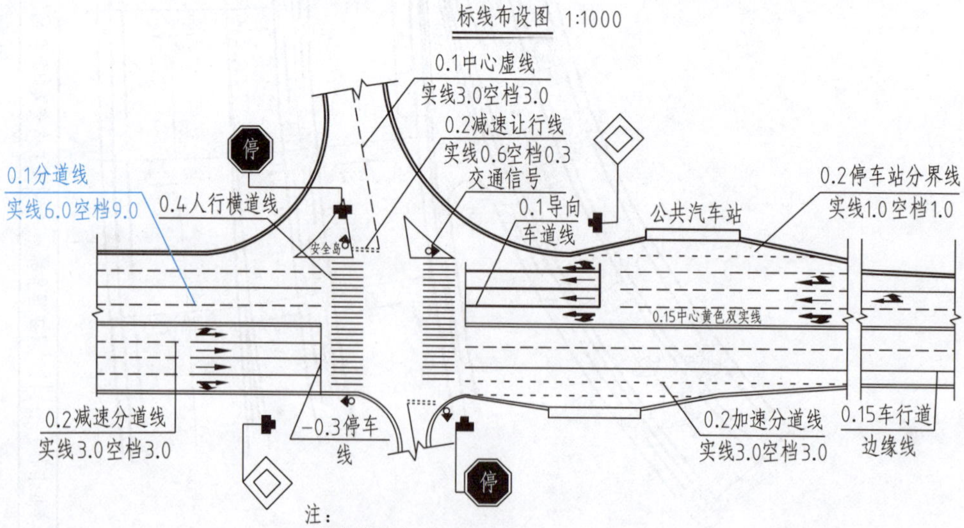

注：
1. 图中单位以m计。
2. 标志和标线布局符合《道路交通标志和标线 第2部分：道路交通标志》(GB 5768.2—2022) 标准。

图 15-14　某立体交叉口标线平面布设图

2. 标线设计图

图 15-15 所示为标线设计图，包括道路入口标线布设图（图 15-15a），入口标线大样图（图 15-15b）及导向箭头大样（图 15-15c），该导向箭头适用于设计行车速度为 60～80km/h 的道路。

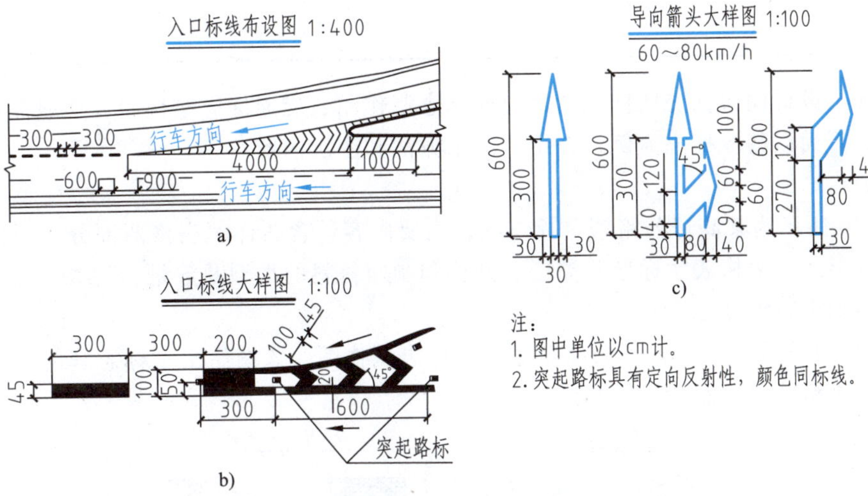

图 15-15 某立体交叉口标线设计图

15.3.2 交通标志

交通标志是应用图形符号和文字符号传递特定信息，用以进行交通管理、指导行人和车辆行进的标识。我国的交通标志分主标志和辅助标志两大类，而主标志按功能分为警告标志、禁令标志、指示标志和指路标志四种。辅助标志附设在主标志下，对主标志进行辅助说明。

交通标志的尺寸及画法见表 15-2。交通标志的支承方式有单柱式、双柱式、悬臂式、门架式及附着式（将标志直接标注在结构上），见表 15-3。

表 15-2 标志的尺寸与画法

规格种类	形式与尺寸/mm	画法	规格种类	形式与尺寸/mm	画法
警告标志	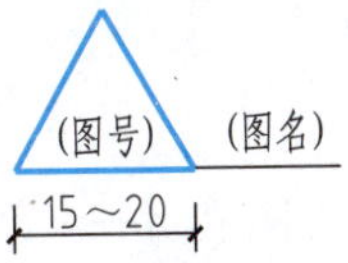	等边三角形采用细实线绘制，顶角向上	指路标志	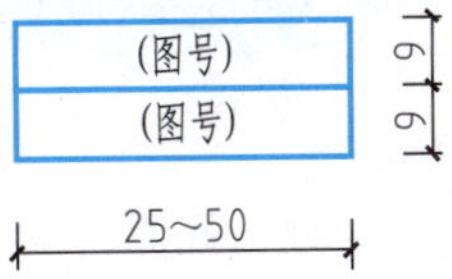	矩形采用细实线绘制
禁令标志	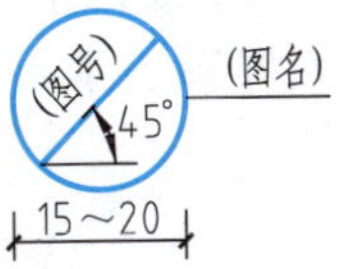	圆采用细实线绘制，圆内斜线采用粗实线绘制	高速公路指路标志	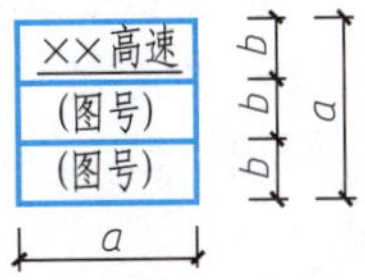	正方形外框采用细实线绘制，边长为 30～50mm。方框内粗、细实线间距 1mm。$b=a/3$
指示标志	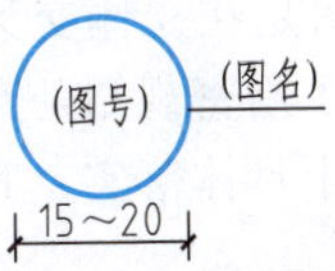	圆采用细实线绘制	辅助标志	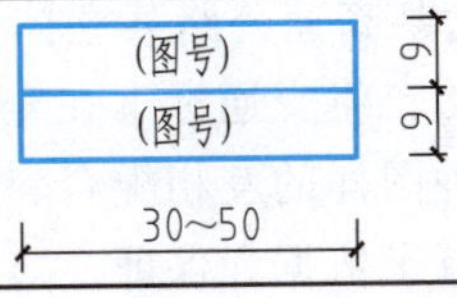	长边采用粗实线绘制，短边采用细实线绘制

表 15-3　标志支撑图画法

名称	单柱式	双柱式	悬臂式	门架式	附着式
画法		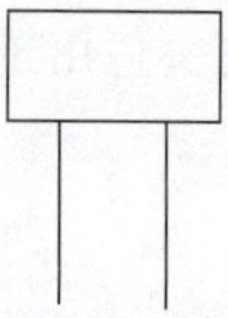	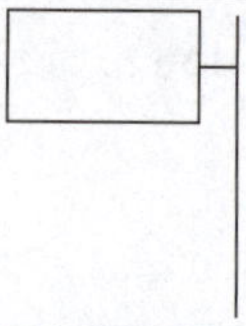	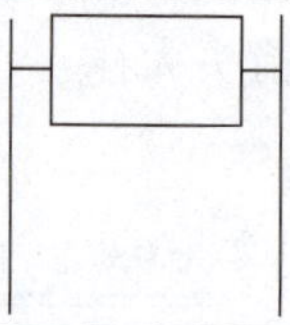	将标志直接标注在结构上

交通标志设计图包括交通标志图、交通标志制作图、交通标志结构图、交通标志位置图四种图样。下面以禁令标志为例，介绍其图示方法和图示内容。

1. 交通标志图

图 15-16 所示为某高速公路禁令标志图，主要内容包含图样、表格两部分：图样部分表达各标志的形式；表格表示标号、类型、颜色和制作材料的类型及数量。

2. 交通标志制作图

图 15-16 所示画出了某高速公路禁令交通标志制作图，该图给出了标志牌的尺寸，并表示了用网格法精确地绘制标志的办法。

标志号		1	2
类型		禁止超车标志	禁止鸣喇叭标志
颜色	底色	白色	白色
	符号	黑色	黑色
	字色		
	边框	红色	红色
标志材料		铝合金料	铝合金料
柱子数量		1	1
柱子材料		钢管	钢管

图 15-16　某高速公路交通标志设计图、制作图

3. 交通标志结构图

图 15-17 所示为某高速公路禁令标志结构图，图中利用标志立面图和 *A*—*A* 剖面图两个图样表示出禁令标志设备的形状、结构和尺寸；用标志牌立面、平面和侧面三个图样，表示出禁令牌的尺寸及其与立柱的连接关系；抱箍、法兰盘等零件均用大样图表示得极其详尽；其他技术要求在附注中给出。

4. 交通标志位置图

图 15-18 所示为某高速公路某立体交叉口交通标志位置图，此图是在立体交叉口平面图上用引出标注的方法，将交通标志在全线的布设位置、类型等进行了周密规划与布置。

到此，通过四种图样的互相配合，交通标志才可以在工程实践中具体落实，其质量、数量和造价才真正具有了依据和保证。

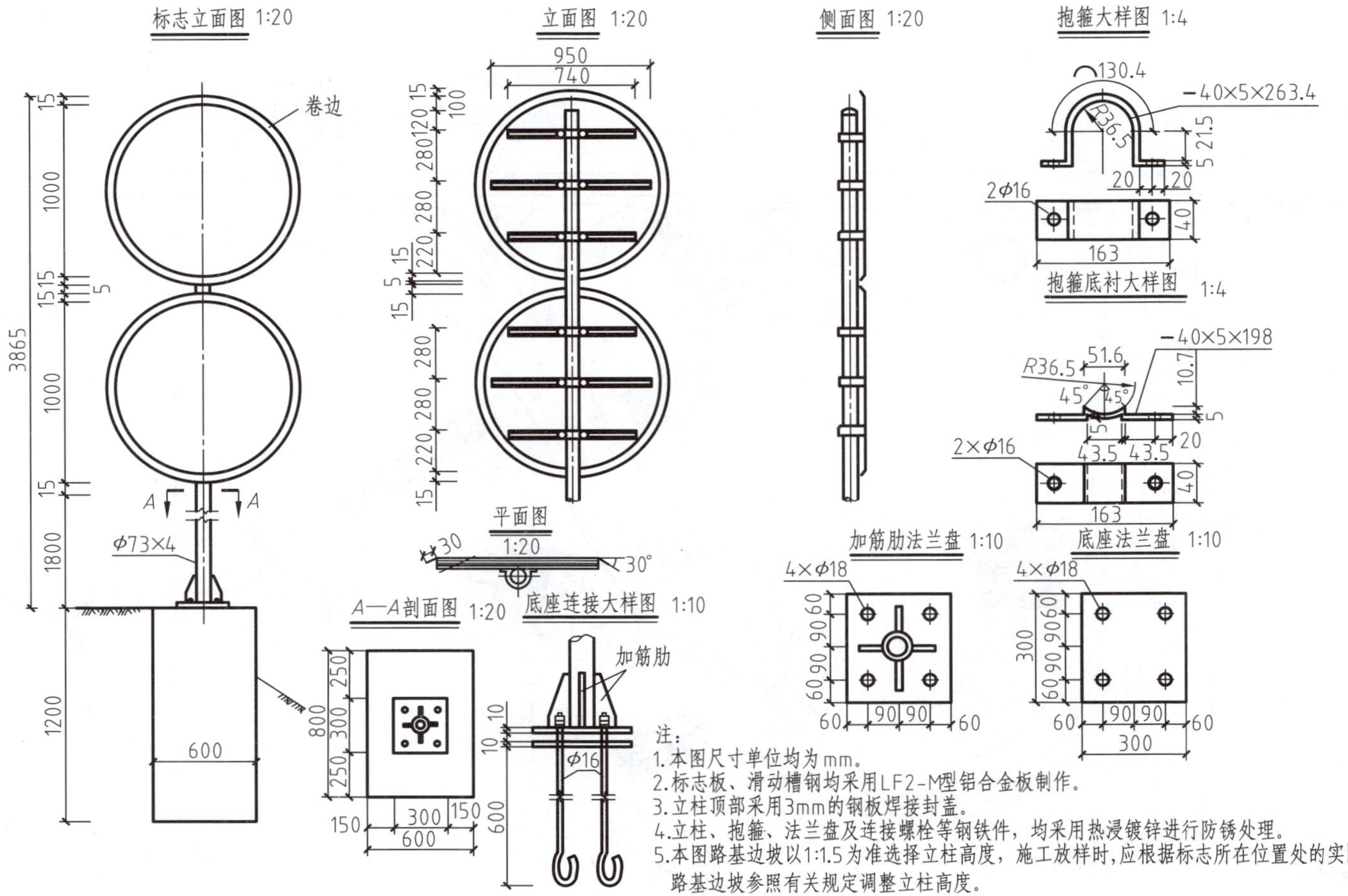

注：
1.本图尺寸单位均为mm。
2.标志板、滑动槽钢均采用LF2-M型铝合金板制作。
3.立柱顶部采用3mm的钢板焊接封盖。
4.立柱、抱箍、法兰盘及连接螺栓等钢铁件，均采用热浸镀锌进行防锈处理。
5.本图路基边坡以1:1.5为准选择立柱高度，施工放样时，应根据标志所在位置处的实际路基边坡参照有关规定调整立柱高度。

（设计单位名称）	（工程名称）	某高速公路交通标志结构图	设计		复核		审核		图号		日期	

图 15-17 某高速公路禁令标志结构图

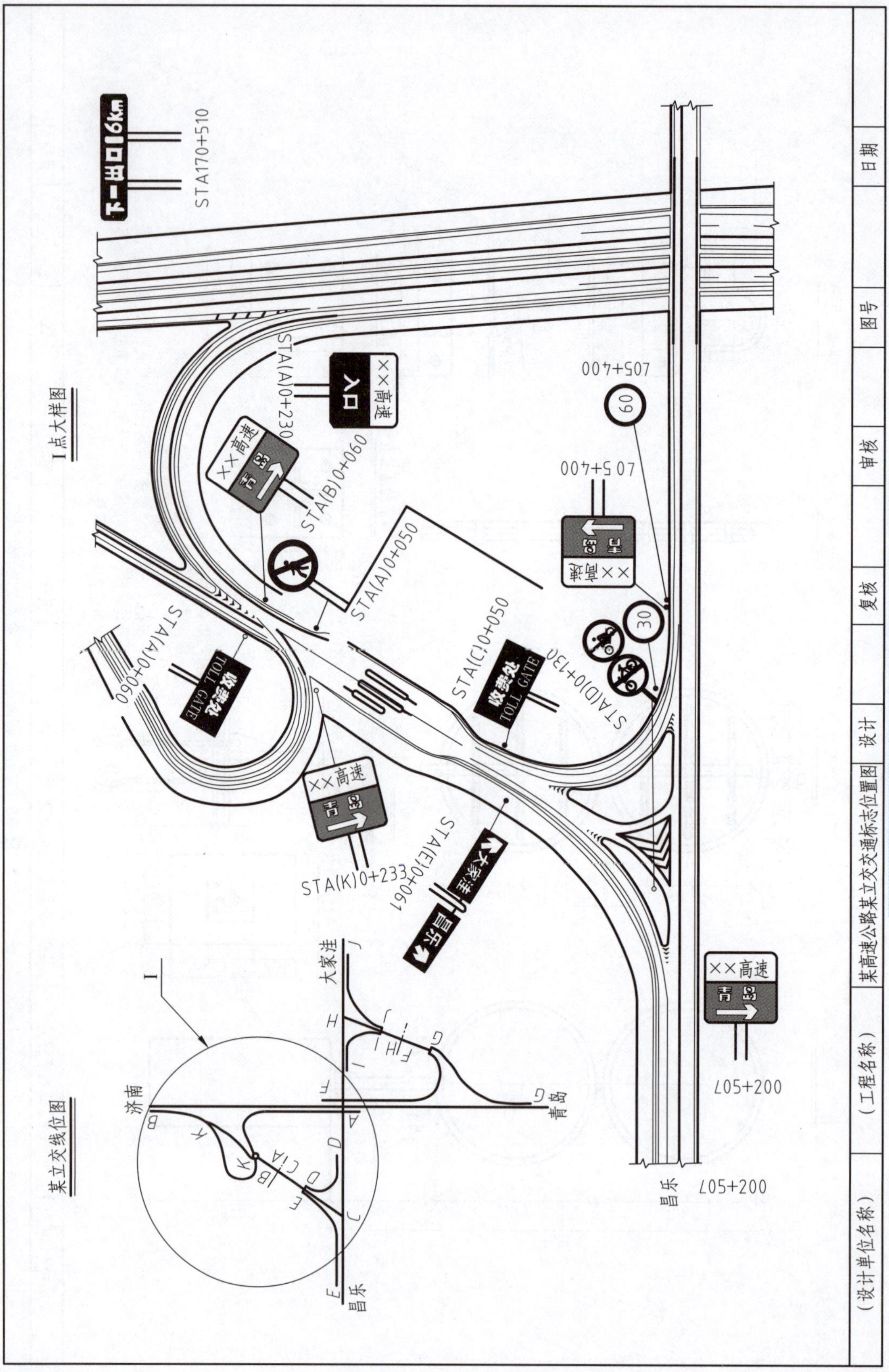

图 15-18 某高速公路某立体交叉口交通标志位置图

思考：

1）城市道路（包括道路、平面交叉口与立体交叉口）工程设计、绘图必须遵守《城市道路交通工程项目规范》（GB 55011—2021）、《道路工程制图标准》（GB 50162—92）。除此以外，还需要执行哪些标准和规范？

2）公路、城市道路（包括立体交叉口）是重要的道路交通基础设施之一。纵观我国道路交通工程发展的历史，道路交通基础设施体系建设呈现出一种人的认识观念与科学技术相互交织的发展过程。早期在有限建设能力和资金能力基础上，基础设施体系构成只包含了最基本的部分——道路主体；当面临道路交通安全问题后，交通标志、交通标记、交通监控系统等成为基础设施体系中不可或缺的内容；当面临道路交通环境问题后，隔音墙、交通环境监控设备等成为基础设施体系中的新成员；与现代科学技术相应用，与可持续发展战略相适应，支持与土地资源和环境资源规划相结合的交通规划决策支持系统和信息采集管理系统、更加充分发挥交通设施功能的交通诱导系统、强化交通信息资源整合的综合交通信息系统等成为基础设施体系中的重要成员。2023 年 6 月，中电信数字城市科技有限公司“雄安新区容东片区数字道路智能化项目”入选 2023 年中国数字化转型优秀案例，国家级新区雄安新区作为首批交通强国建设试点地区，数字化、智能化交通建设被提高到了新的高度。党的二十大报告关于“加快构建新发展格局，着力推动高质量发展”中，明确指出“优化基础设施布局、结构、功能和系统集成，构建现代化基础设施体系。”你认为构建区域或区域间现代化道路交通基础设施体系，在已有体系的基础上，还需要在哪些方面加强创新性的建设与完善？

第16章 钢筋混凝土结构图与钢结构图

本章导读

学习内容：

1）钢筋混凝土结构图。

2）钢结构图。

学习目标：

1）明确各相关工程图的图示方法。

2）明确各相关工程图的图示内容。

3）能够自主分析和确定各相关工程图样的画图方法、步骤。

4）能够具备画、看各相关工程图样的能力。

5）能够强化认真负责、严谨细致的工作作风。

6）能够提升一丝不苟、精益求精的工匠精神。

7）能够深厚家国情怀，发扬科学家精神，做到爱岗敬业、尊重生命。

钢筋混凝土结构件是由钢筋和混凝土两种不同的材料按一定的方式结合成整体共同承受荷载的结构，如桥梁工程中的钢筋混凝土桥梁、桥台、桥墩、桥桩等，隧道和涵洞工程中的拱圈等。表达这些结构件的图样称为钢筋混凝土结构图。

钢结构件是由型钢作为基本构件，采用焊接或铆接或螺栓连接的方法，按照一定的构造要求连接起来承受荷载的结构，如桥梁工程中的钢结构梁等。表达这些结构件的图样称为钢结构图。

16.1 钢筋混凝土结构图

16.1.1 钢筋概述

1. 钢筋在构件中的分类

根据钢筋在整个结构中的作用不同，钢筋主要分受力钢筋、箍筋、架立钢筋、分布钢筋及其他钢筋，如图 16-1 所示。

（1）受力钢筋　也称主筋，用来承受主要拉（压）力。

（2）箍筋　也称钢箍，用来固定受力钢筋位置，并承受一部分斜拉力和剪力。

（3）架立钢筋　一般用于钢筋混凝土梁中，用来固定箍筋的位置，与主筋连成钢筋骨架。

（4）分布钢筋　一般用于钢筋混凝土板或高梁结构中，用来固定受力钢筋的位置，并使荷载分布给受力钢筋和防止混凝土收缩及温度变化出现裂缝。

（5）其他钢筋　因构件构造或施工安装要求而配置的构造筋，如腰筋、预埋锚固筋等。

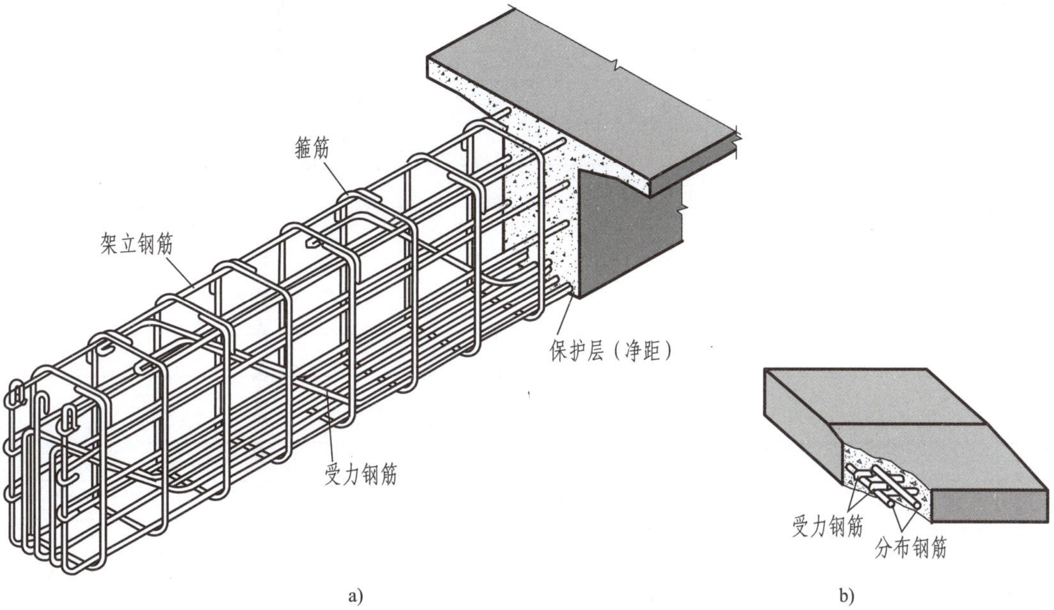

图 16-1　钢筋的作用分类

2. 钢筋的种类和符号

按生产工艺、机械性能及加工条件的不同，在钢筋混凝土结构件中使用的钢筋种类与符号见表 16-1。

表 16-1　钢筋种类与符号

钢筋种类	符号	公称直径 d/mm	屈服强度标准值 f_{yk}
HPB300	Φ	6～14	300
HRB400	Φ（带横线）	6～50	400
HRB500	Φ（带双横线）	6～50	500

3. 钢筋的弯钩和弯折

对于受力钢筋，为了增加它与混凝土的黏结力，在钢筋的端部做成弯钩，弯钩的形式有半圆弯钩（180°）、斜弯钩（45°）和直弯钩（90°）三种，如图 16-2 所示。下料时钢筋的实际长度要比端点分别长出 6.25d、4.87d 及 3.50d，这时钢筋的长度要计算其弯钩的增长数值。

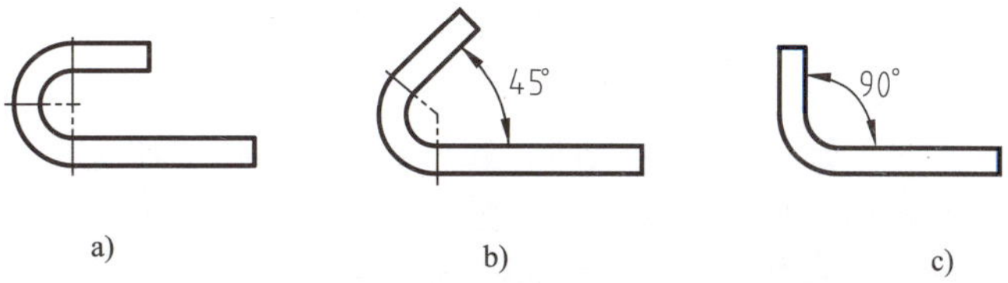

图 16-2　钢筋弯钩

根据结构受力要求，有时需要将部分受力钢筋进行弯折，这时弧长比两切线之和短些，其计算长度应减去折减数值。

为了避免计算，钢筋弯钩的增长数值和弯折的折减数均编有表格备查。表 16-2 所列为光圆钢筋弯钩增长修正值；表 16-3 所列为光圆钢筋弯折折减修正值。

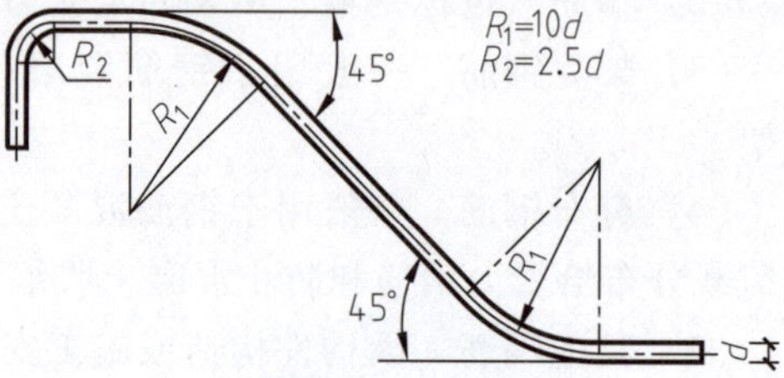

图 16-3　钢筋弯折

表 16-2　光圆钢筋弯钩增长修正值　　（单位：mm）

钢筋直径	180°弯钩	45°弯钩	90°弯钩	钢筋直径	180°弯钩	45°弯钩	90°弯钩
6	38	29	21	18	113	88	63
8	50	39	28	19	119	93	67
10	60	49	35	20	125	98	70
12	75	59	42	22	138	107	77
14	88	68	49	24	150	117	84
16	100	78	56				

表 16-3　光圆钢筋弯折折减修正值　　（单位：mm）

钢筋直径	45°弯折	90°弯折	钢筋直径	45°弯折	90°弯折
6	3	6	18	8	19
8	3	9	19	8	20
10	4	11	20	9	21
12	5	13	22	9	24
14	6	15	24	10	26
16	7	17			

带弯钩和弯折的钢筋，下料长度=端部长度+弯钩增长修正值+弯折折减修正值。例如，对图 16-4 所示的①号Φ22 钢筋，查表 16-2、表 16-3 计算下料长度为

$$下料长度=[266+85\times2+33\times2+13.8\times2+(-0.9\times4)]\text{cm}=526\text{cm}$$

4. 钢筋的保护层

为防止钢筋锈蚀及加强钢筋与混凝土之间的黏结力，钢筋必须全部被包裹在混凝土中。因此，钢筋边缘与混凝土表面之间要具有一定厚度的保护层。保护层的厚度称为净距。设计钢筋混凝土结构时，有关净距可查阅相应的国家规范。

16.1.2　钢筋混凝土结构图

钢筋混凝土结构件设计结果需要构件构造图和钢筋结构图两类图样来表达。

1. 构件构造图

构件构造图也称模板图，其一般用立面图、平面图、侧面图三个基本视图表达构件的形状和大小，不表达内部钢筋的配置情况。

2. 钢筋结构图

图 16-4 所示为钢筋混凝土 T 梁的钢筋结构图，其主要表达构件内部钢筋的布置情况。

立面图 1:50

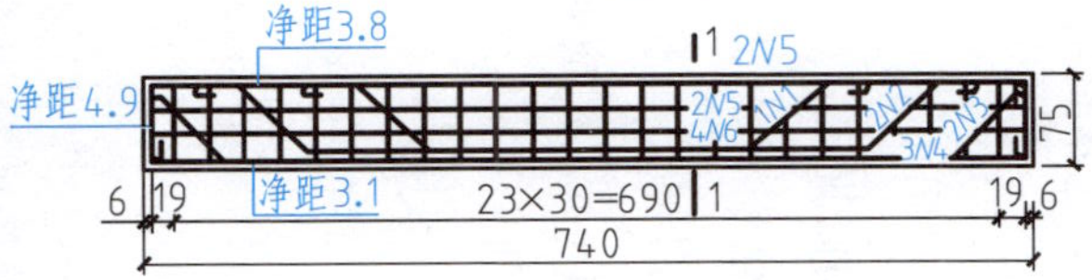

钢筋成型图 1:50

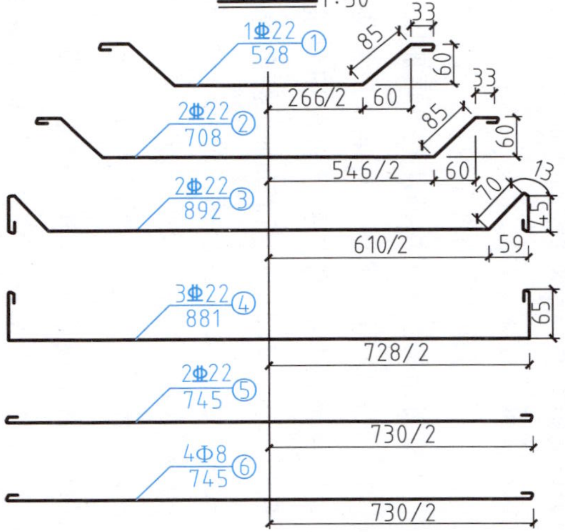

1—1断面 1:20

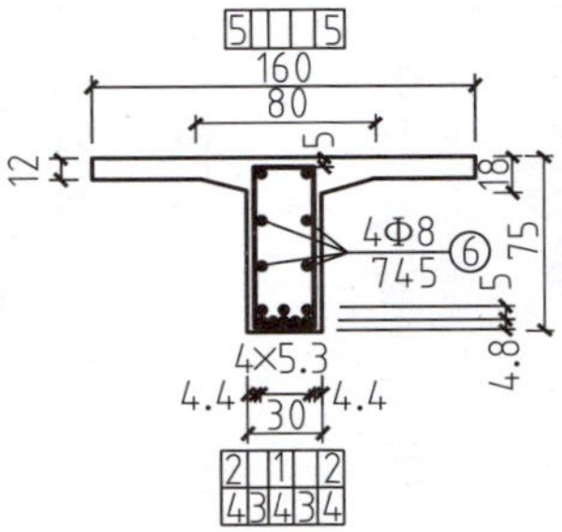

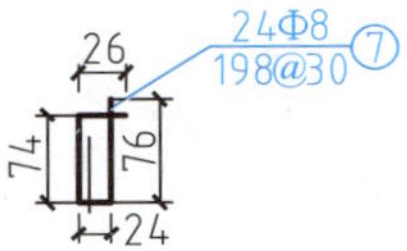

钢筋数量表

编号	钢号和直径/mm	长度/cm	根数	共长/m	每米质量/(kg/m)	共重/kg
①	Φ22	528	1	5.28	2.984	15.76
②	Φ22	708	2	14.16	1.984	42.25
③	Φ22	892	2	17.84	2.984	53.23
④	Φ22	881	3	26.43	2.984	78.87
⑤	Φ22	745	2	14.90	0.888	13.23
⑥	Φ8	745	4	29.80	0.395	11.77
⑦	Φ8	198	24	47.52	0.395	18.77
总计						233.88
绑扎用铅丝0.5%						1.17

说明：
1. 本图尺寸除钢筋直径以mm计，其余均以cm计。
2. 本图中②、④、⑤号钢筋焊接成钢筋骨架，焊接时采用双面焊，焊缝长度不小于5倍钢筋直径。

（设计单位名称）	（工程名称）	T梁钢筋结构图	设计		复核		审核		图号		日期	

图 16-4　T 梁钢筋结构图

（1）图示方法　假想混凝土为透明体，能看清内部钢筋，画出立面图、断面图和钢筋成型图（若构件为板件，需画出立面图与平面图或仅画出平面图）。

（2）图示内容

1）立面图和断面图，主要表达钢筋的布置情况，两图又合称为配筋图。为了表达清楚，往往对断面图采用较大画图比例。画图时，结构外形轮廓画成细实线，钢筋则画成粗实线（箍筋也可画成中粗实线），以突出钢筋的表达。而在断面图中，钢筋被剖切后，用小黑点表示。钢筋弯钩的净距尺寸都比较小，画图时不能严格按照比例来画，可以适当夸大画出。同理，在立面图中钢筋重叠时，也要适当夸大画出。

2）钢筋成型图，也称钢筋详图，其是表达每号钢筋形状、编号、钢号、直径、根数、局部尺寸、下料长度的图样，是钢筋成型加工的依据。画图时，一般将成型图画于立面图的下方且比例相同及长对正，以方便画图和看图。

3）钢筋编号和尺寸标注。对形状、钢号、直径、尺寸相同的钢筋，用阿拉伯数字进行编号，称为钢筋编号。钢筋编号在图上的标注有以下三种形式：

在成型图上，例如$\frac{2\text{⌀}22}{708}$②其中②表示 2 号钢筋，2⌀22 表示直径为 22mm 的 HRB400 钢筋共 2 根，708 表示每根钢筋的断料长度为 708cm；在立面图上，例如 2N5，2 表示根数，N5 表示 5 号钢筋；在断面图上，将钢筋编号注于对应的细实线方格内。

图上需标注的尺寸包括构件外形尺寸、净距、梁端钢筋中心距混凝土外表面距离、钢筋间距、总间距、钢筋端部尺寸，请自行分析。

钢筋直径的尺寸单位采用 mm，其余尺寸单位均采用 cm，图中无须注出单位，但可以在说明中注明。

4）钢筋数量表。在钢筋结构图中，一般还附有钢筋数量表，内容包括钢筋的编号、直径、每根长度、根数、总长及质量等。

5）说明。钢筋结构图中，一般配有必要的文字说明，说明中除对图中的尺寸单位、参数及局部细节进行说明外，还需对结构在施工中的注意事项加以强调或规定。

钢筋作为主要建筑材料，被广泛用于房屋、桥梁、道路等土建工程建设。值得注意的是多年来屡禁不止的“瘦身钢筋”问题。通过对废旧钢筋采用加热、拉长等工艺，直径 8mm 的钢筋被拉伸为 7.7mm、7.5mm、7.3mm，甚至是 7.1mm，相应每吨质量偏差可达 80~300kg。这不是实验室里的工艺检测，而是“瘦身钢筋”的真实生产过程。根据我国相关规定，钢筋的延伸率不能超过 4%，而“瘦身钢筋”大多为 6%~8%，有的甚至超过 10%。将“瘦身钢筋”用于工程建设，由于“瘦身钢筋”已突破拉伸安全极限，带来的危害是工程结构物抗震性和承重力严重下降，在自然灾害、撞击、超载等因素发生时，往往会给生命财产带来巨大灾难。这既是商家商业道德的缺失，也是钢筋使用单位监管的不力，更是双方对民众生命权的亵渎。因此，在工程施工管理、监理等相关工作中，让如何提高我们的生命敬畏度与假冒伪劣钢筋的辨识能力，自觉成为职业素养、职业情操和职业能力的重要部分。

16.2 钢结构图

16.2.1 钢结构概述

钢结构在交通工程领域主要用于大跨度桥梁。图 16-5 所示为上海外白渡桥，其是我国主持，英国设计，于 1908 年 1 月完成建造并通车的当时国内第一座全钢结构铆接桥梁，也是目前国内仅存的不等高桁架桥。外白渡桥因其丰富的历史和独特的设计，不仅成为上海市的地标性标志之一，同时也成为上海市现代化与工业化的象征。在上海市城建档案馆内已经泛黄的外白渡桥正式设计图纸，虽然手工绘制而成，但线条却是工工整整，每一数据都不差分毫。这些图纸是老桥的“出生证明”与护身符，是老桥如何做到“修旧如旧”的最权威依据。尽管在现代桥梁设计中，外白渡桥建造过程中所采用的铆接技术已经很少被使用，但是外白渡桥每次大修都会对所有铆钉逐一检测，对每根超期服役的钢桁架进行健康检查，受损部件将被更换，油漆剥落的部位将被除锈，并涂刷与原本色彩没有偏差的防水油漆。图 16-5 所示 2009 年 3 月大修完成并复位的外白渡桥，桥的寿命将有望再延长 50 年以上。

图 16-6 所示为杭州钱塘江大桥，其是中国桥梁专家茅以升主持全部结构设计，是我国自行设计、建造的第一座双层铁路、公路两用钢结构桁架铆接特大梁桥。大桥总工程师罗英曾出过一个上联：“钱塘江桥，五行缺火。”欲征下联，始终无人应对。抗日战争时期，为阻挡日本侵略军，钱塘江大桥于 1937 年 12 月 23 日被炸断，茅以升曾挥泪写下了“斗地风云今变色，炸桥挥泪断通途，五行缺火真来火，不复原桥不丈夫”的诗句。1953 年 9 月，大桥得到全面修复，至今一直未进行过技术上的大修，2000 年曾进行过一次规模最大的维修，也仅是更换了公路桥的桥面板。

图 16-5 上海外白渡桥

图 16-6 杭州钱塘江大桥

下面以图 16-7 所示的钢桁架梁（简图）为例来认识其组成、作用和构造。

钢桁架梁分为五大组成部分：主桁架、上平纵联、下平纵联、横联、桥门架。主桁架是钢桁架主要承重结构，它由上弦杆、下弦杆、斜杆和竖杆共同组成。上平纵联保证钢桁架的侧向稳定且承担作用于桥上的水平力，也称为上风架。下平纵联的作用是保证钢桁架的侧向稳定且承担作用于桥上的水平力，同时与主桁架共同承受主要荷载，也被称为下风架。横联是两片主桁架之间横向连接的部分，用以增加钢桁架的抗扭刚度。桥门架也叫端横联，设在梁的末端，处于支座上，将上、下平纵联承受的水平力传递到桥梁支座上。

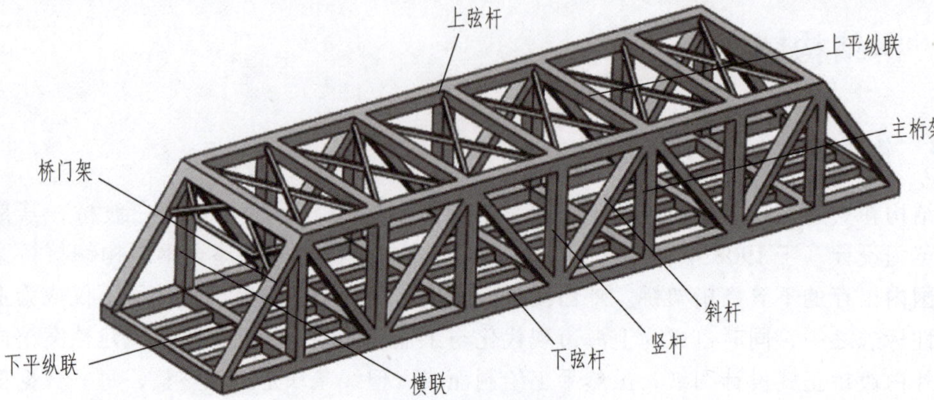

图 16-7　钢桁架梁

各部分又由若干杆件组成，每一杆件由型钢直接下料得到或将型钢与型钢经连接得到（本例由扁型钢与扁型钢经焊接的工艺得到），各杆件再经连接得到钢结构（本例由杆件与节点板经高强螺栓连接的工艺得到）。

钢结构图通常应有总图、节点构造图、杆体图及零件图，本章重点介绍总图和节点构造图。

16.2.2　总图

钢结构总图通常采用单线（粗实线）示意图或简图表示，用以表达钢结构形式、各杆件的计算长度等，如图 16-8 所示，为跨度 64m 下承式钢桁架梁示意图，包括如下内容：

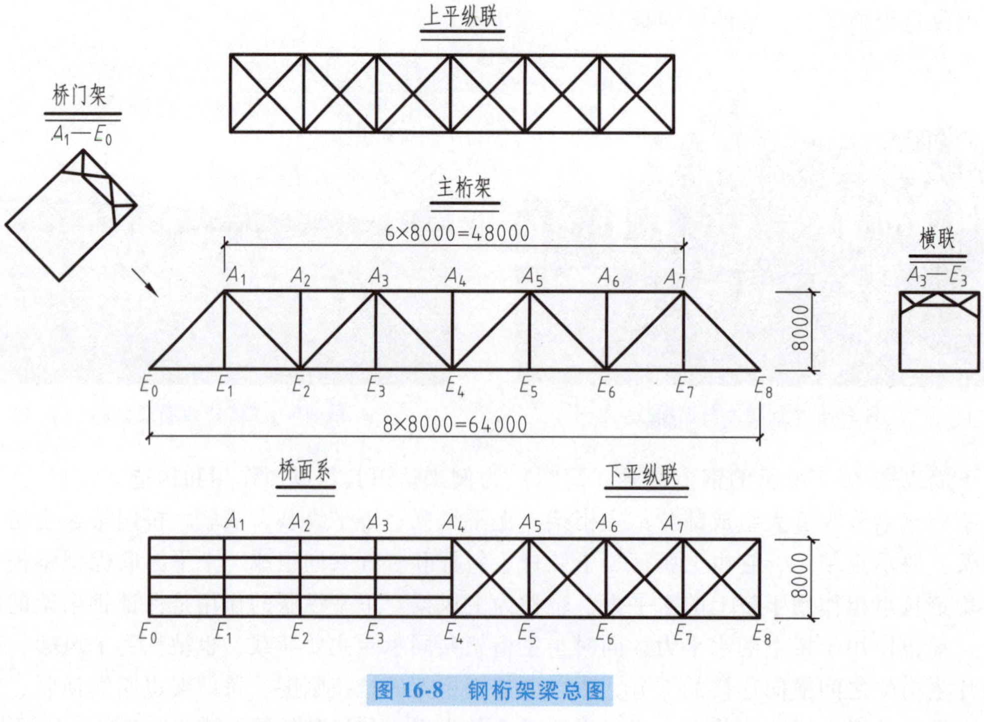

图 16-8　钢桁架梁总图

1. 主桁架图

主桁架图是桥梁纵方向的立面图，表示前后两片主桁架的形状和大小。

2. 上平纵联图

上平纵联图是上平纵联的平面图，通常画在主桁架图的上面，表示桁架顶部的上平联的结构形式。

3. 下平纵联图

下平纵联图是下平纵联的平面图，通常画在主桁架图的下面，它的右边一半表示下平纵联的结构形式，也称为下风架，它的左边一半表示桥面系的纵横梁位置和结构形式。

4. 横联图

横联图是钢桁架梁的横断面图，它表示两片主桁架之间横向联系的结构形式，图 16-8 中表示了 A_3—E_3 处的横联结构形式。

5. 桥门架图

桥门架图是采用辅助斜投影法，反映桥门架 A_1—E_0 的实形。

16.2.3 节点构造图

节点是钢结构中较复杂的部分，节点构造图表述了该节点处各杆件的连接结构。图 16-9 所示为钢桁架梁的下弦节点 E_2 的构造。

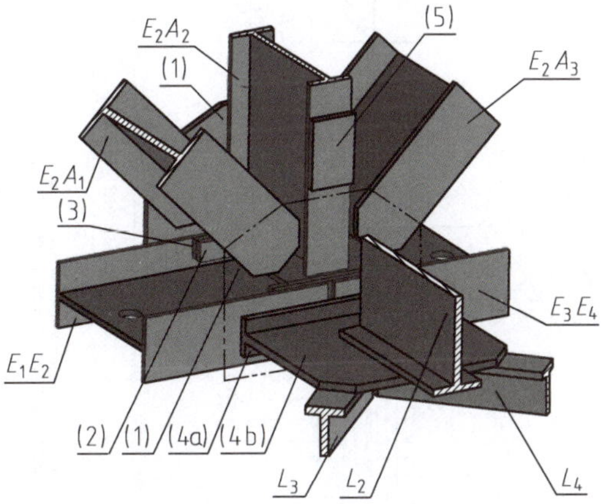

图 16-9 下弦节点 E_2 的构造

下弦节点 E_2 是通过两块节点板（1）（前面一块节点板用双点画线表示）、接板（2）、填板（3）和高强度螺栓将主桁架的下弦杆 E_1E_2、E_3 E_4，斜杆 E_2A_1、E_2A_3 和竖杆 E_2A_2 连接组成。节点 E_2 除了连接主桁架上述的交汇杆件外，还通过接板（4a）、（4b）、填板（5）和角钢（图中没有画出）把横梁 L_2（采用局部断裂画法，为三块钢板焊接得到的 H 型杆件）和下平纵联 L_3、L_4 连接起来。

表示节点详细构造的图叫作钢结构节点构造图，简称钢结构节点图或节点详图。其除采用常用的视图外，还配合用剖面图、断面图、斜视图、拆卸画法等方法来表示，钢节点图的尺寸单位一律采用 mm，常用比例为 1∶20~1∶10。

图 16-10 所示是钢结构节点 E_2 构造图。

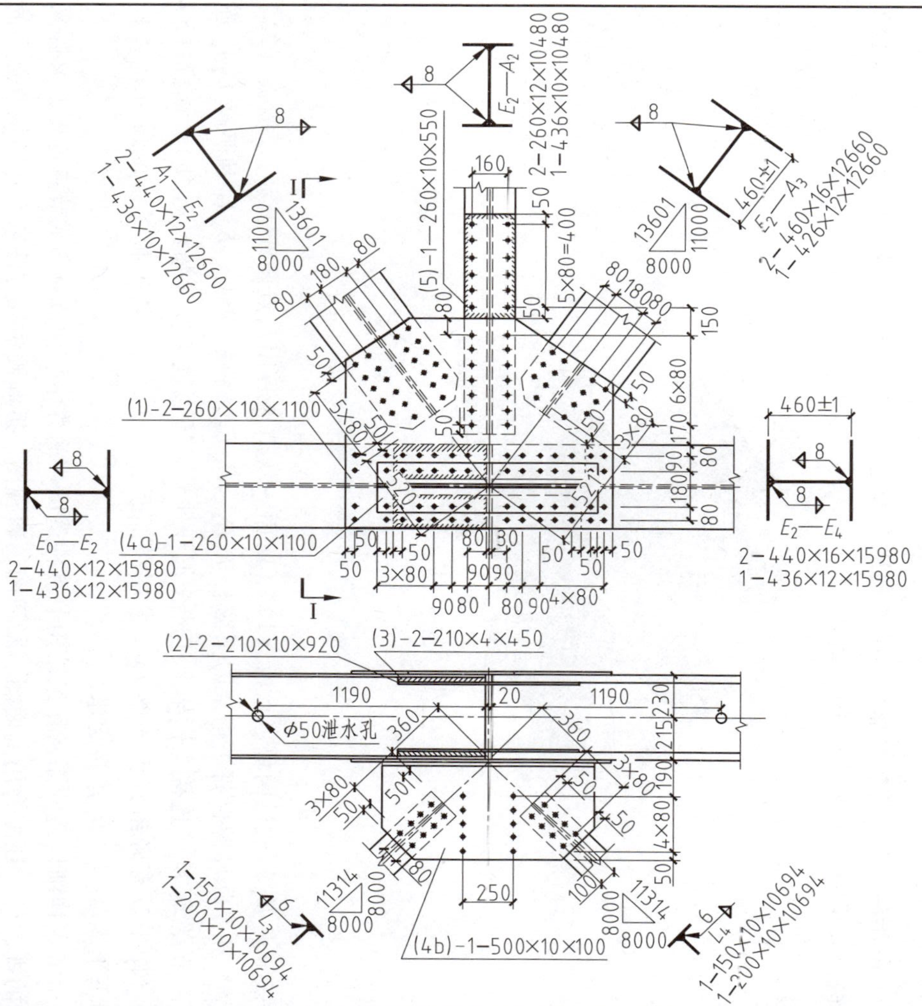

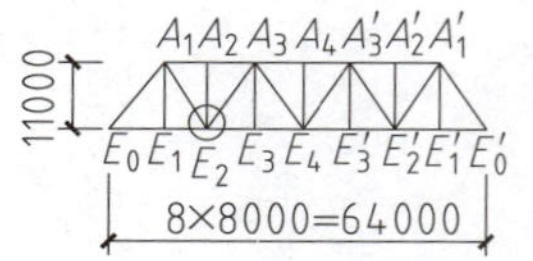

I—I剖面图

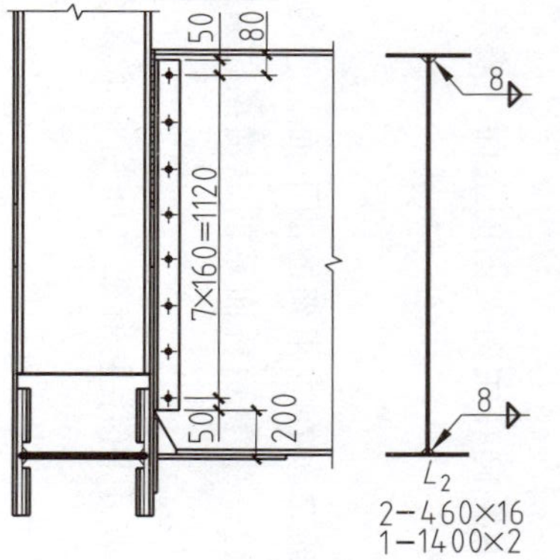

说明：

1. 本图尺寸均以mm计。
2. 图中 ✦ 符号：表示 ϕ22 的高强度螺栓孔；焊缝高度有8mm和6mm，都是半自动焊。
3. 未注明长度的焊缝，均全长焊接。
4. 材料：16锰钢。
5. 各构件细部尺寸，在构件图中表达。

（设计单位名称）	（工程名称）	钢结构节点构造图	设计		复核		审核		图号		日期	

图 16-10　钢结构节点 E_2 构造图

1. 立面图

立面图是节点图的主要投影图。其采用拆卸画法，拆掉横梁 L_2 和下平纵联 L_3、L_4，表示主桁架各杆件（竖杆、斜杆、下弦杆）与节点板之间的连接位置和螺栓连接方法；表示接板（4a）与节点板（1）之间的连接位置和螺栓连接方法；表示主桁架各杆件的装配定位尺寸和螺栓的连接定位尺寸，如斜杆 E_2A_1、E_2A_3 的装配定位尺寸分别为 520、521，E_2A_1 上螺栓连接定位尺寸有 80、180、80、50、5×80＝400、50；表示与该节点相邻的各节点间的距离尺寸，如 8000、11000、13601。

2. 平面图

平面图同立面图，采用拆卸画法，拆卸竖杆、斜杆、横梁，表示横梁 L_2，下平纵联 L_3、L_4 与接板（4b）之间的连接位置和螺栓连接方法；表示下弦杆翼缘与接板（2）、填板（3）、节点板、接板（4a）之间的构造层次关系；表示下平纵联 L_3、L_4，横梁 L_2 的装配定位尺寸及螺栓连接定位尺寸，如 L_3 相关尺寸有 360 以及 50、3×80、50、80；表示与下弦杆相关的定形、定位尺寸，如 ϕ50、1190、20 等；表示该节点与下平纵联上相邻节点间的距离尺寸，如 8000、8000、11314。

3. 侧面图

侧面图采用剖面和拆卸画法，拆卸掉斜杆，下平纵联 L_3、L_4，表示竖杆、横梁、接板（4b）之间的连接位置和连接方法，即通过角钢，借助于节点板和填板（5），采用高强度螺栓连接成一体；表示连接用角钢的装配定位尺寸和螺栓的连接定位尺寸，相关尺寸有 200、80、50、7×160＝1120、50。

4. 断面图

在三个视图周围，用加粗实线示意画出各杆件的断面图，表示各杆件的断面形状，除下平纵联 L_3、L_4 为 T 型杆件外，其余均为 H 型；各杆件型钢数量和规格尺寸，例如 2－460×16×12660、1－426×12×12660，表示斜杆 E_2A_3 是由两块宽、厚、长分别为 460mm×16mm×12660mm 和一块宽、厚、长分别为 1460mm×12mm×12660mm 的钢板，通过焊接组成 H 型杆件；各杆件型钢之间的连接方法，图 16-10 中的各杆件均由扁型钢经焊接得到，采用标注法以表明焊缝形式和尺寸，为双面三角焊，焊缝高度 8mm 和 6mm。

5. 主桁架图

在图 16-10 的右上方位置画出主桁架图，用细实线圆圈表明节点构造图所表达节点的位置。

图 16-11 所示为加拿大魁北克省圣劳伦斯河上的魁北克大桥。魁北克大桥是一座宽 29m、高 104m、长 986. 9m、边跨径各长 156. 97m、中间主跨径长 548. 64m 的钢结构桁架桥。其 176. 77m 的悬臂支承着 195. 1m 长的中间悬吊段构成中间主跨，迄今为止，该桥仍保持着世界第一的悬臂梁桥跨径记录。

1903 年，加拿大建设方聘请了当时著名的美国桥梁建筑师特奥多罗·库帕为工程设计与施工监督工程师。库帕将最初设计方案中的主跨净距 487. 70m 延伸为 548. 64m，理由是这样可以有效避免桥墩与春季浮冰的撞击，同时还能缩短工期、减少成本。1907 年 8 月 29 日灾难发生了，如图 16-12 所示。下午五点半工人收工，正在桁架上有序向岸边走去，突然一声巨响，犹如放炮一般，南端锚跨的某一下弦杆件首先在重压下弯曲变形，导致南端的整个

图 16-11　魁北克大桥

图 16-12　魁北克大桥一次垮塌

锚跨、悬臂跨，以及已接近完工的中间悬吊跨，共重 19000t 的钢材 15s 内垮塌，发出的巨响传至 10km 外。当时 86 名工人中有 75 人罹难，或被弯曲的钢筋压死，或是落水淹死。事故后加拿大政府派出专家组进行调查，结果显示大桥的设计存在明显缺陷，即库帕将主跨径加长后忽视了修正自重的必要性，致使桥梁自重增加了 18%，结果架设后下弦杆件受压力过大；施工过程中的监管工作也有很大的问题，表现为在几年的桥梁建造期内库帕只进现场三次，被委派的年轻的现场工程师面对工程中后期的材料远超预算、铆钉孔错位、杆件扭曲等问题，未及时解决。

1913 年，政府接手事故后桥梁重建工作，使新桥主要受压构件的截面面积比原设计增加了一倍以上，然而不幸的是悲剧再次发生。1916 年 9 月，由于悬臂安装时一个锚固支撑构件断裂，桥梁二次垮塌，如图 16-13 所示，中间段再次落入圣劳伦斯河中，并导致 13 名工人丧生。

1922 年，在新魁北克大桥竣工不久，加拿大的七大工程学院即后来的“The Corporation of the Seven Wardens”一起出钱将建桥过程中垮塌的残骸钢材全部买下，并决定用这些钢材打造成一枚枚戒指，发给每年从工程系毕业的学生。但由于当时技术的限制，桥梁残骸钢材无法被打造成戒指。因此，这些学院用其他钢材代替，打造出了体现桥梁垮塌残骸的“工程师之戒”，如图 16-14 所示。这一枚枚戒指要被戴在右手小拇指上，既是用来纪念这起事故和在事故中逝去的生命，也是对工程师工作的警示，警示工程师须以高度的责任心投入工程设计与建设，能够做到爱岗敬业，尊重生命与科学，敢于质疑权威。

图 16-13　魁北克大桥二次垮塌

图 16-14　工程师之戒

与以上形成鲜明对比的是中国科学家精神。2021 年 5 月 28 日，习近平总书记在两院院士大会中国科协第十次全国代表大会上的讲话中指出“一代又一代科学家心系祖国和人民，不畏艰难，无私奉献，为科学技术进步、人民生活改善、中华民族发展作出了重大贡献。”科学家“胸怀祖国、服务人民的爱国精神，勇攀高峰、敢为人先的创新精神，追求真理、严谨治学的求实精神，淡泊名利、潜心研究的奉献精神，集智攻关、团结协作的协同精神，甘为人梯、奖掖后学的育人精神”，是伟大建党精神的时代观照，是大德、公德、品德在科技界的生动写照，正在全社会汇聚正能量、振奋精气神，激励更多人报国为民，赓续创新奋斗的精神血脉。

思考：

1）什么是中国科学家精神的核心标签？

2）什么是中国科学家精神的精髓？

3）如何理解中国科学家精神？

第17章

桥梁工程图

本章导读

学习内容：

1）钢筋混凝土梁桥工程图。

2）斜拉桥工程图。

学习目标：

1）明确各相关工程图的图示方法、图示内容。

2）能够具备自主分析和确定各相关工程图样的画图方法、步骤的能力。

3）能够具备画、看各相关工程图样的能力。

4）能够强化认真负责、严谨细致的工作作风。

5）能够提升一丝不苟、精益求精的工匠精神。

6）发扬爱国精神、团结协作精神、抗洪精神、企业家精神，坚定国家和民族自信。

桥梁是道路跨越河海、沟壑及道路时必不可少的工程结构物。21 世纪以来，世界桥梁界流传着一句话“70 年代看欧美，90 年代看日本，21 世纪看中国”。目前我国公路桥梁总数近 80 万座，铁路桥梁总数超过 20 万座，已成为世界第一桥梁大国，并且还在不断刷新着世界桥梁的设计与建设记录，如世界最长跨海大桥——港珠澳大桥、世界最长高铁桥——丹昆特大桥、世界首座双层六线钢桁架铁路斜拉桥——新白沙沱长江特大桥、世界第一座全钢管混凝土桁架梁——干海子特大桥、世界第一座上承式推力转体式铁路钢管混凝土拱桥——北盘江大桥……这些桥梁均创造了一项甚至多项世界纪录，充分体现了我国的经济实力和桥梁建设的创新能力。

无论哪种形式的桥梁，工程图样都包括桥位平面图、桥位地质断面图、桥梁总体布置图、构件结构图等。本章学习常见钢筋混凝土梁桥和斜拉桥工程图样的图示方法、内容及画图。

17.1 钢筋混凝土梁桥工程图

17.1.1 桥位平面图

图 17-1 所示为某桥的桥位平面图。桥位平面图是对桥梁、道路路线及周围地形地物作

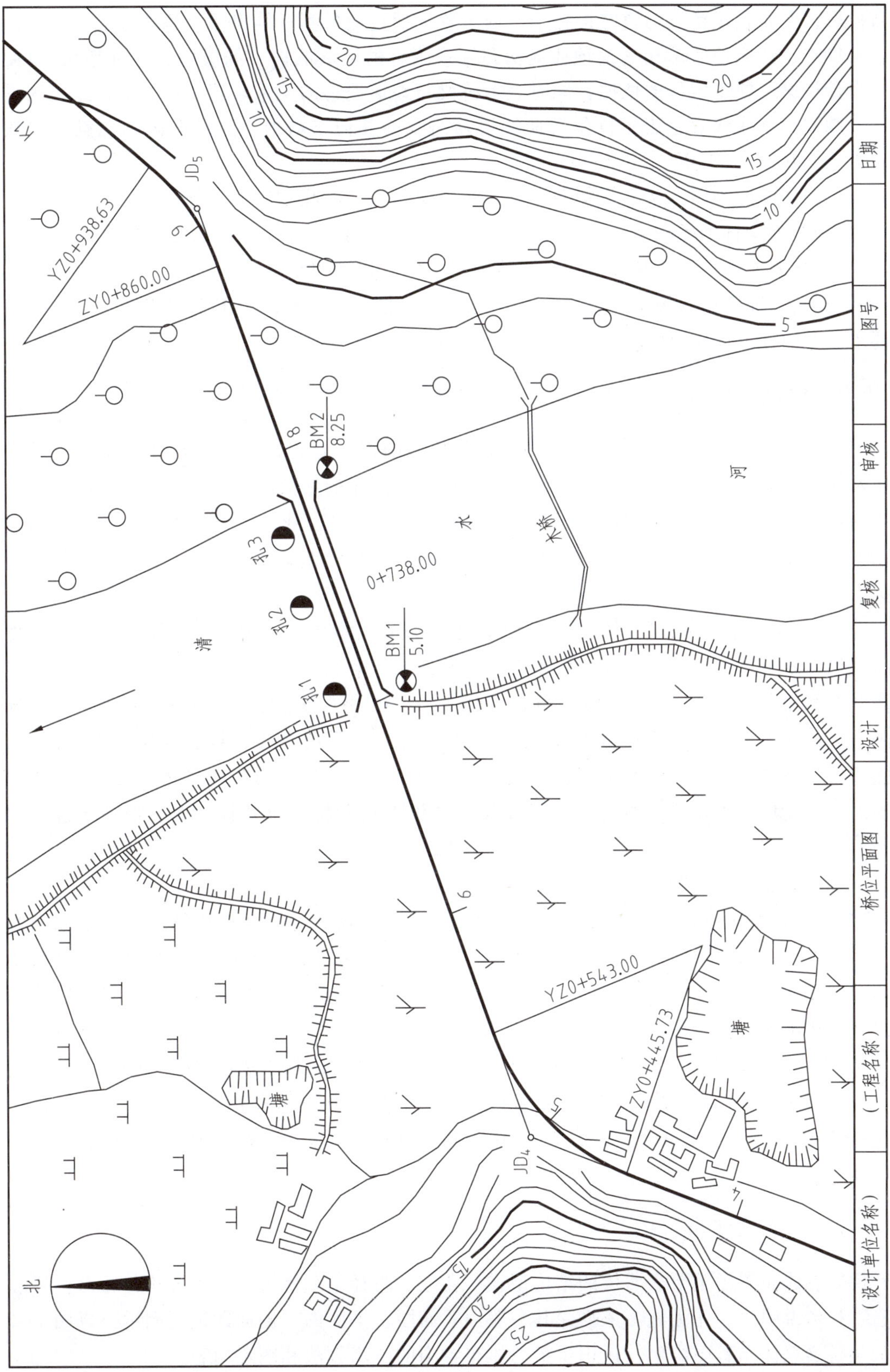
日期
图号
审核
复核
设计
桥位平面图
（工程名称）
（设计单位名称）
北
JD5
JD4
YZ0+938.63
ZY0+860.00
BM2
8.25
BM1
5.10
孔3
孔2
孔1
0+738.00
YZ0+543.00
ZY0+445.73
清
水
河
木桥
塘
塘

图 17-1　桥位平面图

标高投影，主要表示桥梁与道路连接的平面位置。通过地形测量绘出桥、桥位处的道路、河流、水准点、河床地质钻孔（或地质电探孔）及附近的地形地物（如房屋、老桥等），以便作为设计桥梁、施工定位的依据，同时表示桥梁与地形地物的关系。若桥位处道路路线为平曲线，则需绘制曲线表，表示桥位处曲线道路路线的几何参数值。这种图画图比例一般较小，为 1∶500、1∶1000、1∶2000。

桥位平面图的画图方法、步骤同道路路线平面图，但需注意以下问题：

1）桥位处用标准图例表示桥梁，并标注河床地质钻孔（或地质电探孔）的位置。

2）河床断面线、河床地质层次分界线使用粗实线或中粗线。

3）桥位平面图中的植被、水准符号等均应以正北方向为准，而图中文字方向则可按路线要求及总图标方向来决定。

17.1.2　桥位地质断面图

图 17-2 所示为某桥桥位地质断面图。桥位地质断面图是根据地质钻探和水文调查所得地质水文资料，通过桥面中线剖切，画出的桥位所在河床的断面图。桥位地质断面图图示了河床断面线、地质情况、水位线（包括最高水位线、常水位线和最低水位线）、地质钻孔（或地质电探孔），以便作为设计桥梁上部结构、墩、台、基础和计算土石方工程数量的依据。

图 17-2 所示标注的最高水位为桥位处百年一遇的洪水位。如图 17-3a 所示，1998 年夏天，我国暴发了震惊中外的 986 特大洪水，包括长江、嫩江、松花江等。危难之际，在中国共产党坚强领导下，军民一心严防死守、顽强战斗，抒写了一幕幕感天动地、可歌可泣的雄壮画面。经此大考，我们不但战胜了洪水，也形成了“万众一心、众志成城，不怕困难、顽强拼搏，坚韧不拔、敢于胜利”的抗洪精神，成为中华民族新的精神丰碑。图 17-3b 所示为当时长江流域被洪水淹没并冲毁的某桥梁。请思考灾后桥梁重建设计时，最高水位如何确定？

画图时注意以下问题：

1）为了清楚表示河床、地质、水文在竖向的变化情况，通常竖向画图比例大于纵向画图比例，如图 17-2 所示，地形高度的比例采用 1∶200，水平方向比例采用 1∶500。某桥梁总体布置图如图 17-4 所示，桥位地质断面图也可画于其中，但河床断面线、河床地质层次分界线使用细实线。

2）图 17-2 所示的 3 个地质电探孔，均用单粗实线分别加编号 CK_1、CK_2、CK_3 表示，并表示孔口标高、钻孔深度，如 CK_1 的 1.15/15.00 表示孔口标高 1.15m、钻孔深度 15.00m。若桥位处的地质孔为钻孔，可以用双粗实线分别加编号 ZK_1、ZK_2、ZK_3 表示。

17.1.3　桥梁总体布置图

桥梁总体布置图主要表明桥的结构型式、孔数、跨径、总体尺寸、主要构件相对位置和标高、技术说明等，作为施工依据，其一般用立面图、平面图、侧面图进行图示。以图 17-5 所示某桥梁总体布置图为例，认识桥梁总体布置图的图示方法和图示内容。

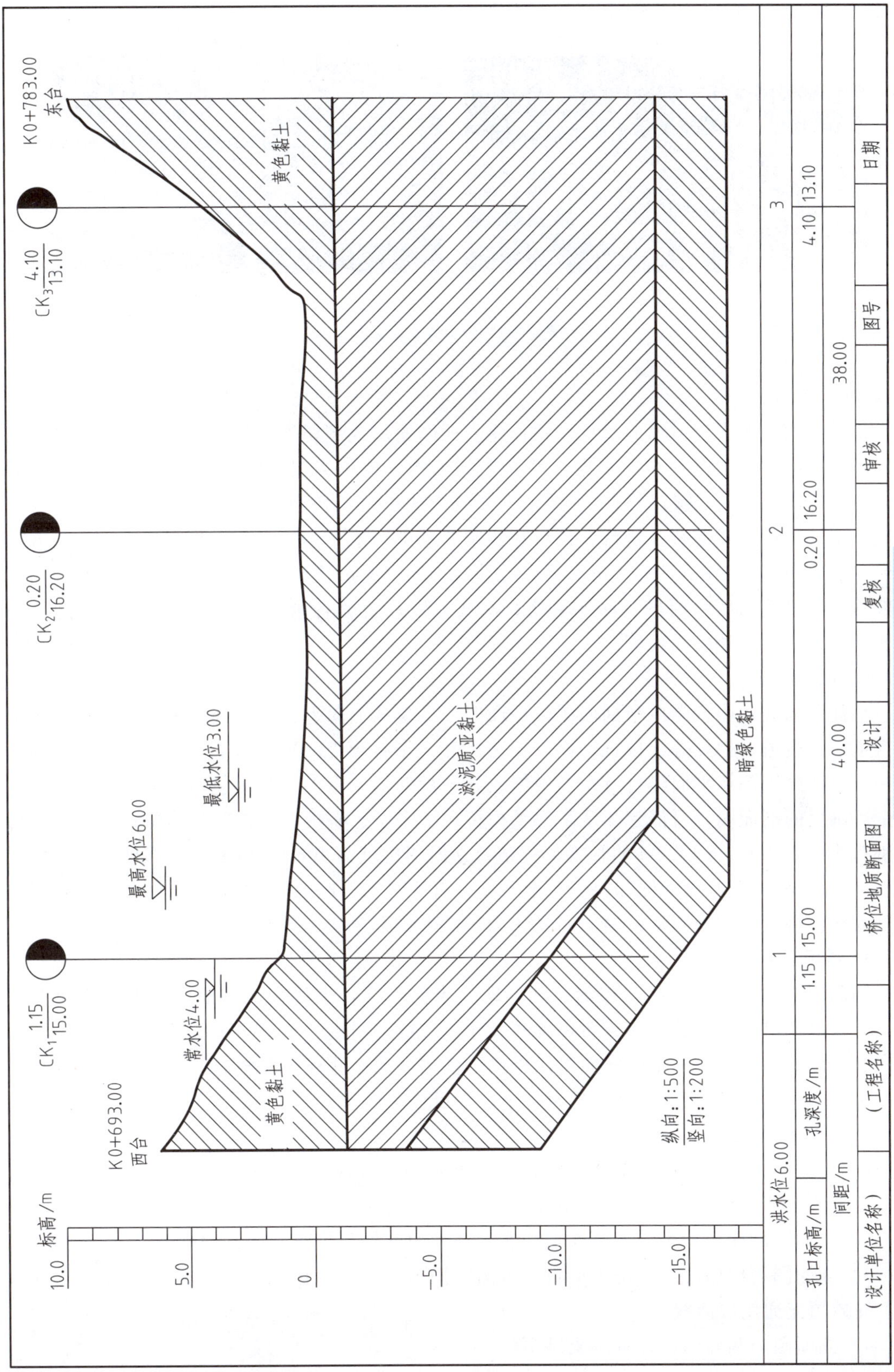

图 17-2　某桥桥位地质断面图

a)

b)

图 17-3　986 特大洪水

1. 立面图

桥梁结构一般设计成纵向对称，往往将立面图图示成剖切平面经过桥面中线纵向剖切的半剖面图。通过剖面图一半图示梁、桥面上部结构，该桥为三孔钢筋混凝土空心板简支梁桥，总长度 34.90m；通过视图一半图示下部结构的桥台、桥墩、桥桩，桥中设有两个柱式桥墩，两端为重力式混凝土桥台，桥台和桥墩的基础均采用钢筋混凝土预制打入桩和长方形承台（也称桩基），中孔跨径 13m，两边孔跨径 10m；通过立面图一半图示附属结构的护栏、锥坡等；通过该图图示河床、河床地质、水文，以及桥梁各重要部位，如桥面、梁底、桥墩、桥台、桩尖等处的高程等。

2. 平面图

平面图同立面图也画成半剖面图。平面图一半是从上向下投影得到的桥面俯视图，图示车行道、人行道、栏杆等的位置，以及相关尺寸，车行道宽 10m，人行道宽度 2×2m。剖面图一半是假想用剖切平面经过台帽、墩帽上方进行剖切，将上部结构包括桥面、梁板、支座剖走后画出的剖面图，可清楚图示下部结构桥台、桥墩、桥桩、立柱的平面位置和形状。桥墩桩基为宽 2.8m、长 14.7m 的长方形；结合立面图桥桩为 40cm×40cm 的方形桩，每个桥台下设计有 20 根，结合侧面图知每个桥墩下设计有 30 根，桩的纵、横向分布尺寸可见立面图和侧面图；桥墩立柱为圆形，横向间隔 3.2m 布置 5 根。

3. 侧面图

侧面图一般采用中跨和边跨剖面图各取一半的组合，也称为侧剖面图。图示桥面上护栏、人行道、机动车道的横向分布位置和尺寸；人行道与机动车道路面坡度；立柱、桥桩的横向分布位置和尺寸；桥梁的横向组成板块；各构件的一些横向和竖向尺寸；墩帽的两端各有一个 20cm×30cm 的抗震挡块，是为防止空心板移动而设置的。

4. 画图注意问题

1）立面图剖面图一半未剖切到桩，可假想河床地质透明用粗实线表示；立面图一半处在河床下的下部结构台、墩、桩仍用虚线表示。

2）立面图剖面图一半剖切平面剖切实心杆件的立柱与桩时，按不剖画图。

3）立面图与侧面图上，由于梁板、桥面断面形状太小，画出其材料图例不方便，可以不填充或填充通用坡面线。

4）立面图与侧面图上，省略支座不画。

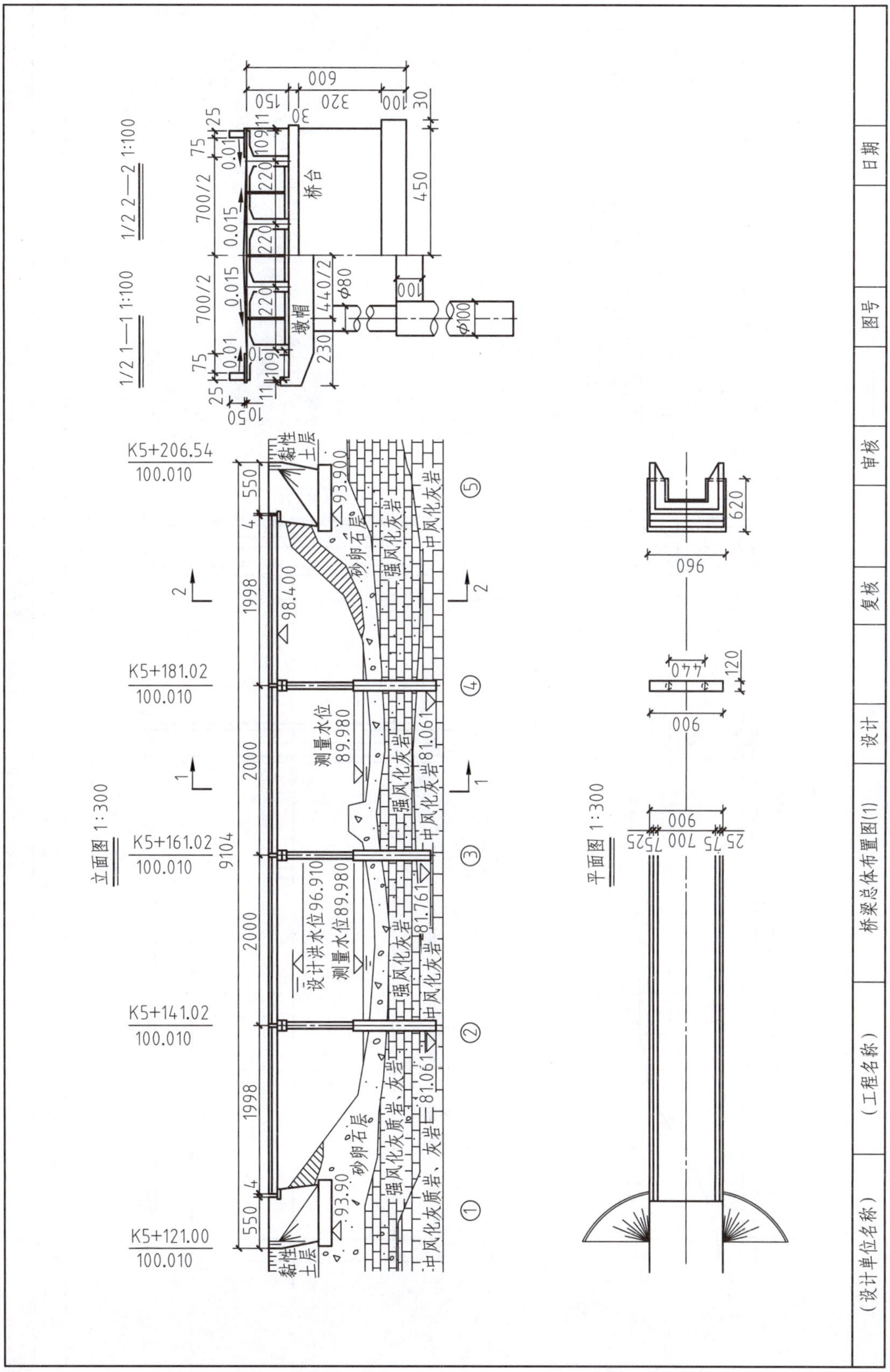

图 17-4　某桥梁总体布置图（1）

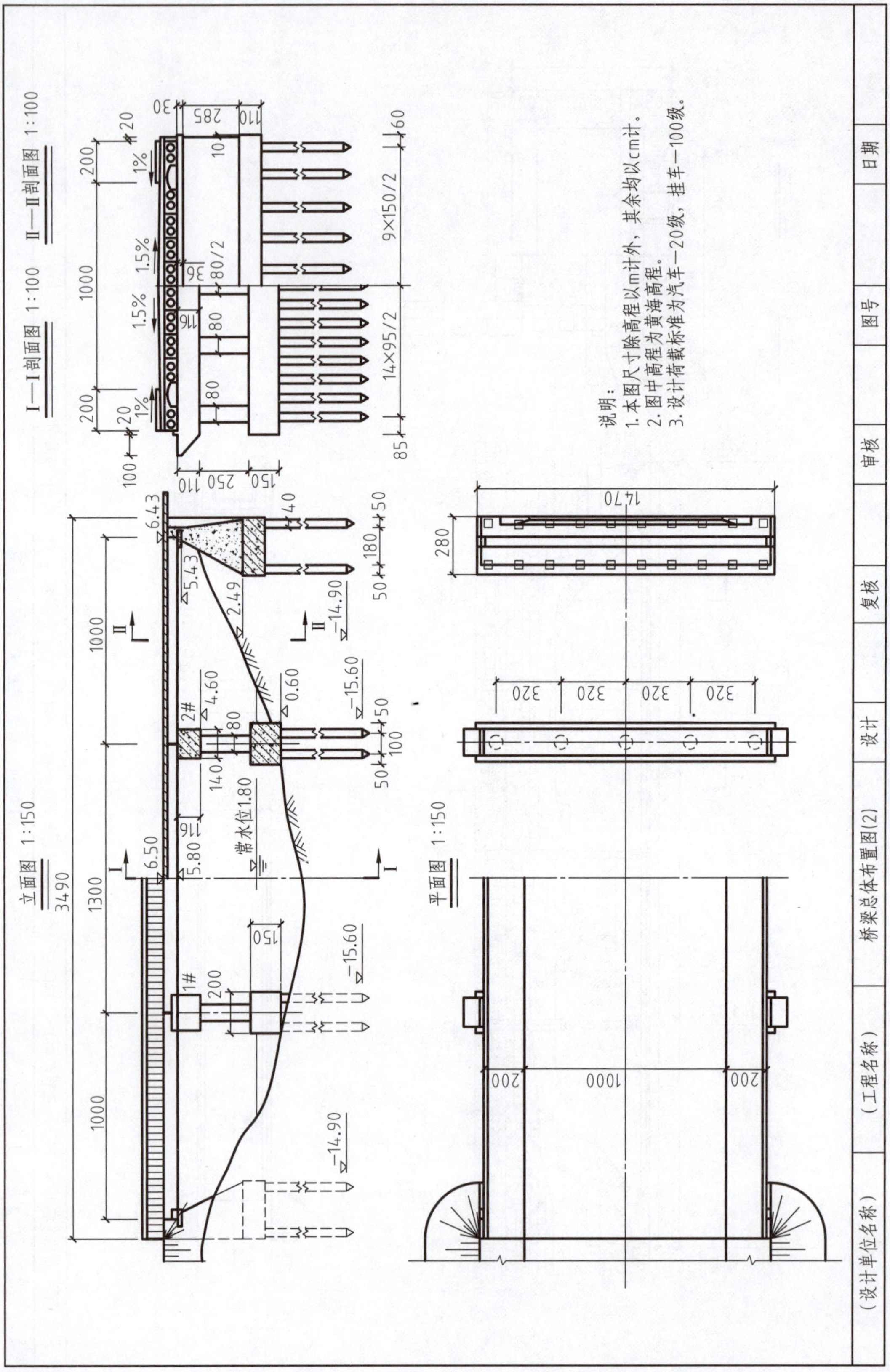

图 17-5 某桥梁总体布置图（2）

17.1.4 构件结构图

钢筋混凝土梁桥的构件有桥台、桥墩、桩、主梁、栏杆等。在桥梁总体布置图中，对这些构件的表达主要是构件数量和相互之间的横向、纵向及竖向相对位置。所以对构件进行施工制作不是依据桥梁总体布置图，而是依据能够详细表达构件结构形状、大小、构造材料与钢筋配置的构件结构图，包括构件构造图和钢筋结构图。

1. 钢筋混凝土空心板结构图

钢筋混凝土空心板是桥梁上部结构中最主要的受力构件，它两端搁置在桥墩和桥台上。

图 17-6 所示为中跨 13m、边跨为 10m 的空心板构造图，整个桥宽由 10 块板拼成，按不同位置分为三种：中板（中间共 6 块）、次边板（两侧各 1 块）、边板（两边各 1 块）。该构造图由立面图、平面图和断面图组成。主要图示空心板的形状、构造和尺寸。三种板的厚度相同，均为 55cm，故只画出了中板立面图；由于三种板的宽度和构造不同，故分别绘制了中板、次边板和边板的平面图，中板宽 124cm，次边板和边板宽均为 162cm；因为各梁板纵向对称，所以立面图和平面图均只画出了一半；三种板均分别绘制了跨中断面图，清楚表达断面形状和详细尺寸；另外还画出了板与板之间横向拼接的铰缝大样图。

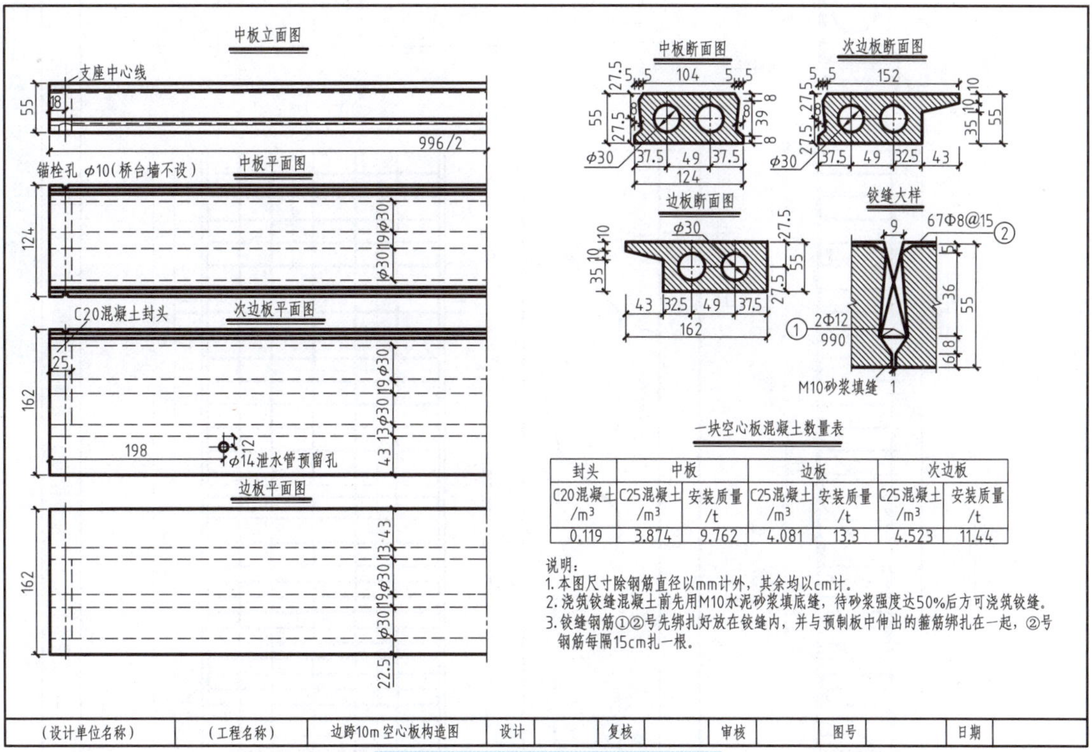

图 17-6 边跨 10m 空心板构造图

图 17-7 所示为边跨 10m 边板钢筋结构图，包括配筋图、钢筋结构图、尺寸与钢筋编号以及钢筋明细表。其中配筋图由立面图、平面图、断面图组成，立面图用Ⅰ—Ⅰ纵剖面图图示；由于板中有弯起钢筋，所以绘制了跨中横断面Ⅱ—Ⅱ和跨端横断面Ⅲ—Ⅲ。思考立面图用Ⅰ—Ⅰ纵剖面图图示的原因。画图时注意：因为梁板纵向结构对称，所以绘制板件结构

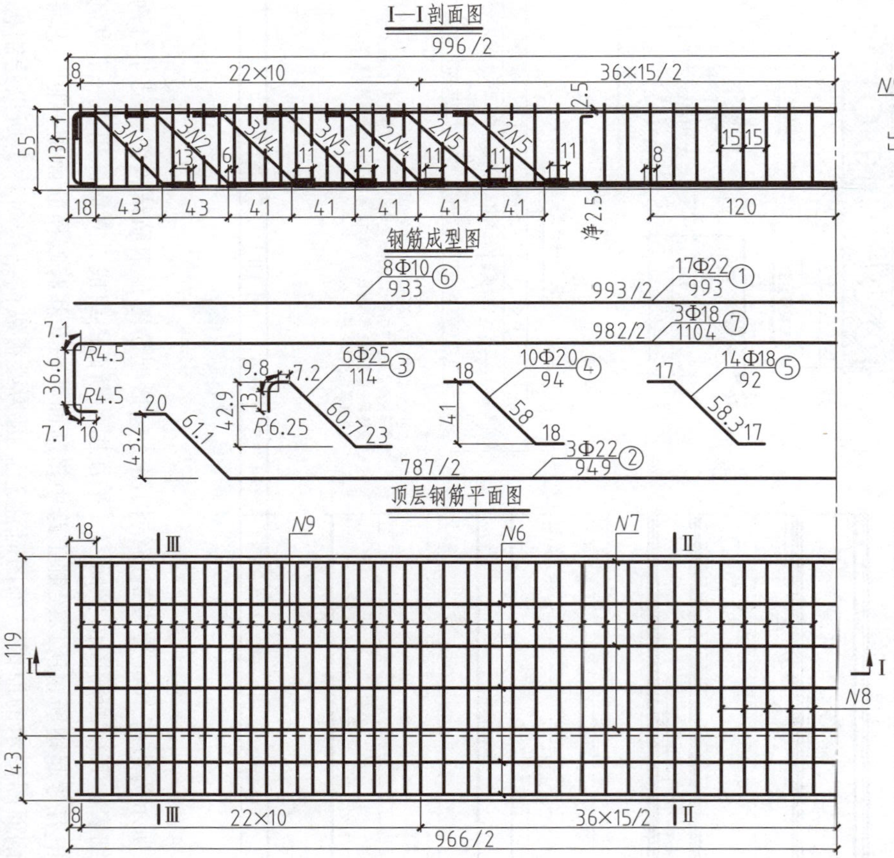

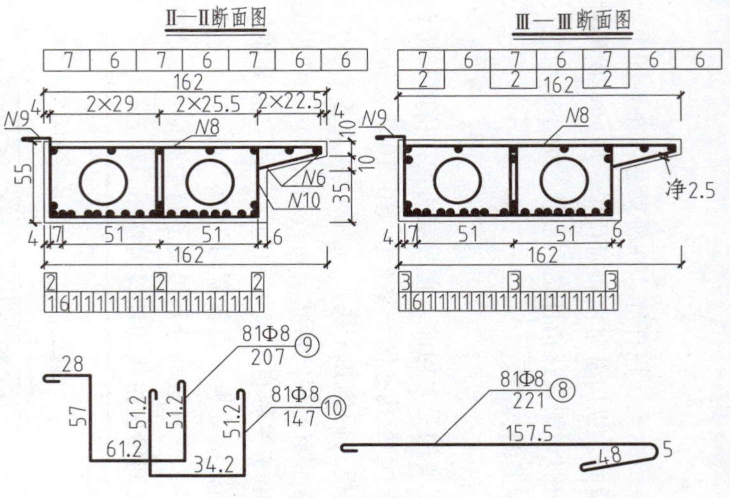

一块板钢筋明细表

编号	直径/mm	每根长度/mm	根数	总长/m	质量/kg
1	Φ22	993	17	168.8	503
2	Φ22	949	3	28.5	85
3	Φ25	114	6	6.8	26
4	Φ20	94	10	9.4	23
5	Φ18	92	14	12.9	26
6	Φ10	993	8	79.4	49
7	Φ18	1104	3	33.1	66
8	Φ10	22	81	179	71
9	Φ8	207	81	167.7	66
10	Φ8	167	81	135.3	53

说明：

1. 本图尺寸除钢筋直径以mm计外，其余均以cm计。
2. 焊接钢筋均采用双面焊。
3. N8与N9、N10钢筋对应设置，N10钢筋弯直深入人行道。

（设计单位名称）	（工程名称）	边跨10m边板钢筋结构图	设计		复核		审核		图号		日期	

图 17-7　边跨 10m 边板钢筋结构图

图和各板件钢筋结构图时，考虑合理利用图纸，可以以该向图形对称线为分界只画一半。

2. 桥台图

桥台属于桥梁的下部结构，由台帽、台身、基础（包括承台和基桩）组成。

图 17-8 所示为重力式 U 形混凝土桥台的构造图，其图示方法同三视图，其中立面图一般按道路前进方向自左向右布置，侧面图采用 1/2 台前与 1/2 台后的组合，为清楚图示台帽、台身、基础的构造材料，将立面图画成全剖面图。若桥台横向尺寸较大，为合理使用图纸可将平面图画一半或使用折断画法，侧面图使用折断画法。

桥台的构造图主要图示台身、台帽、承台部分的形状、大小及构造材料；台身、台帽、承台部分的相对位置；桩的纵、横向分布位置；桩与基础的连接情况。台帽和基础两部分为钢筋混凝土结构部分，需要单独绘制钢筋结构图，其同梁板用立面图、断面图以及钢筋详图来表达，所以在此省略。

3. 桥墩图

桥墩属于桥梁的下部结构，由墩帽、立柱、基础（包括承台和基桩）组成。

图 17-9 所示为桥墩的构造图，主要图示桥墩各部分的形状和尺寸，其中考虑合理使用图纸和作图方便，立面图一般按桥梁横向自左向右布置，同时将立面图、平面图画出一半，基桩采用折断画法；平面图采用Ⅰ—Ⅰ剖面图可以清楚图示承台、立柱、基桩的形状。由图 17-9 可见承台为长为 1500cm、宽为 200cm 的长方形，桩截面尺寸为 40cm×40cm 的方形，分两排交错布置，施工时先将预制桩打入地基，下端到达设计深度（高程）后，再浇筑承台；桩的上端深入承台内部 80cm，用虚线图示；承台上有五根直径 80cm、高 250cm 圆形立柱；立柱上面是墩帽，墩帽的全长为 1650cm、宽为 140cm，高度在中部为 116cm，在两端为 110cm，有一定的坡度，目的是使桥面形成 1.5%的横坡；墩帽的两端各有一个 20cm×30cm 的抗震挡块，是为防止空心板移动而设置的。桥墩各部分均为钢筋混凝土结构，应分别画出钢筋结构图。

图 17-10 所示为墩帽钢筋结构图，由立面图Ⅰ—Ⅰ、Ⅱ—Ⅱ横断面图、Ⅲ—Ⅲ横断面图以及钢筋详图组成。由于墩帽内钢筋较多，所以横断面图的比例更大。墩帽内共配有 8 种钢筋；在顶层有 6 根①号钢筋；在底层有 2 根②号钢筋、2 根③号弯起钢筋；为了增强墩帽的刚度，在两侧各布置了 7 根⑥号箍筋；⑦号箍筋布置在墩帽的两端，且尺寸依截面的变化而变化。

4. 桩图

图 17-11 所示为钢筋混凝土桥墩基桩钢筋结构图。该桩全为钢筋混凝土预制正方形桩，分两截。因其高度方向形状简单且单一，所以一般不画构件构造图，只画钢筋结构图。该钢筋结构图图示方法和内容已熟悉，其特点是由于桩的高度尺寸较大，为了合理布图，通常将桩水平放置，并且断面图画成中断断面。由断面图可知：为方便施工，将总长为 17m 的基桩分为上下两节。上节桩内布置的主筋为 8 根①号钢筋，桩顶端有钢筋网Ⅰ和钢筋网Ⅱ共三层，在接头端预埋 4 根⑩号钢筋。下节桩内布置的主筋为 4 根②号钢筋、4 根③号钢筋，一直通到桩尖部，⑥号钢筋为桩尖部位的螺旋形钢筋。④、⑤号钢筋为大小两种方形的箍盘，套叠在一起放置，每种箍筋沿桩方向有三种间距，④号箍筋从两端到中央的间距依次为 5cm、10cm、20cm，⑤号箍筋从两端到中央的间距依次为 10cm、20cm、40cm。

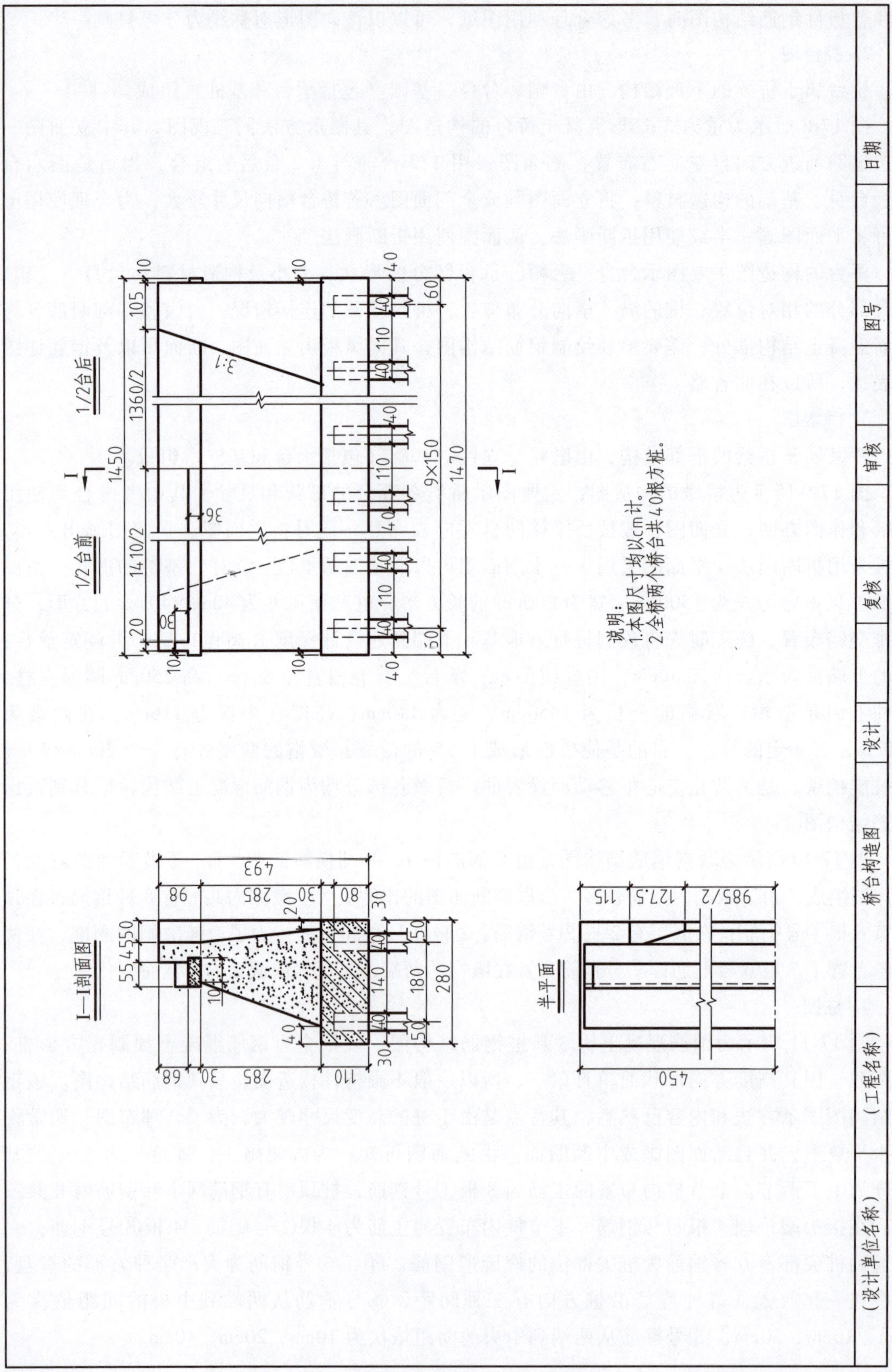
1/2台后
1/2台前
3:1
1450
1360/2
1410/2
1470
9×150
说明：
1.本图尺寸均以cm计。
2.全桥两个桥台共40根方桩。
I—I剖面图
493
半平面
450
985/2
127.5
115
（设计单位名称）
（工程名称）
桥台构造图
设计
复核
审核
图号
日期

图 17-8　桥台构造图

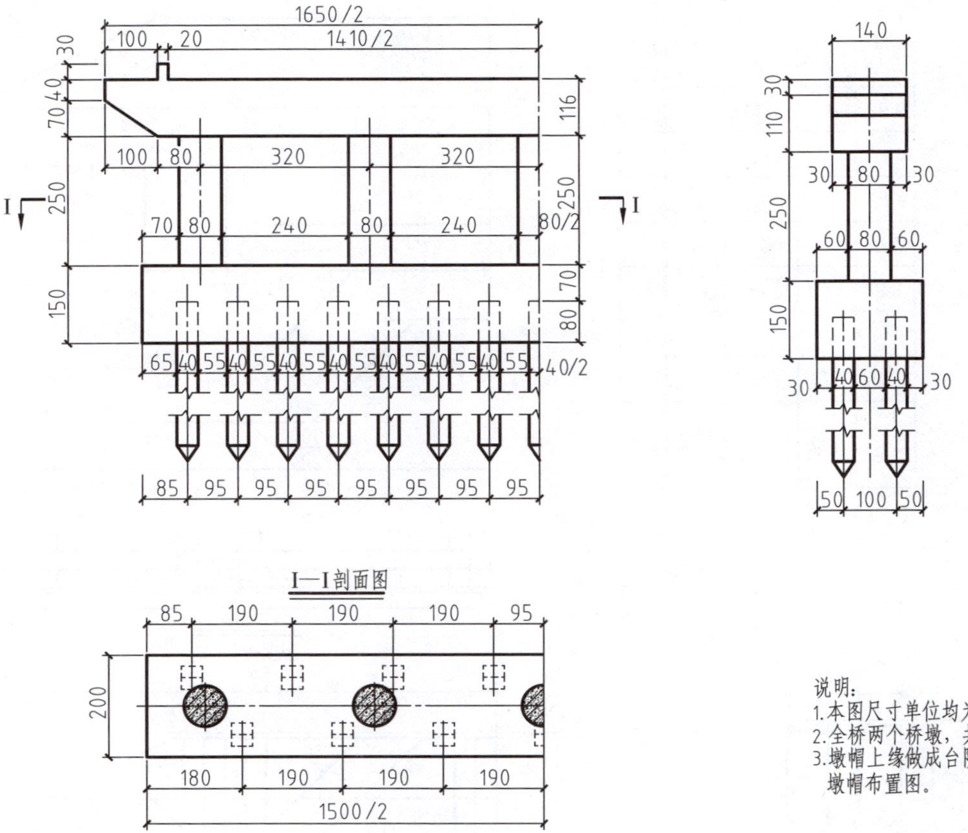

说明：
1.本图尺寸单位均为cm。
2.全桥两个桥墩，共60根方桩。
3.墩帽上缘做成台阶形，具体详见墩帽布置图。

（设计单位名称）	（工程名称）	桥墩构造图	设计		复核		审核		图号		日期	

图 17-9　桥墩构造图

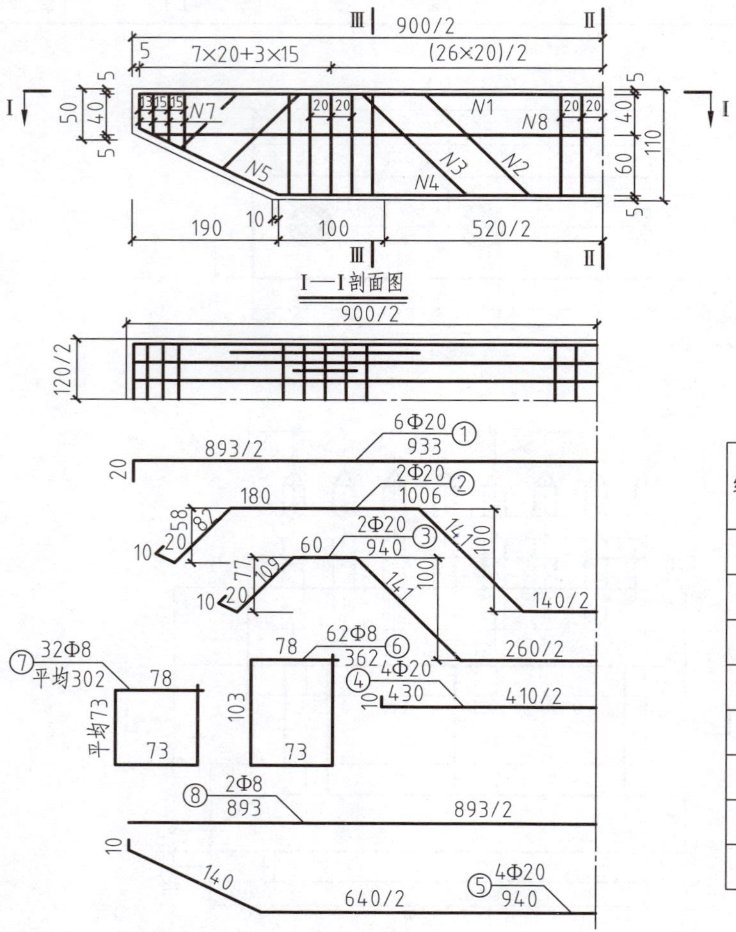

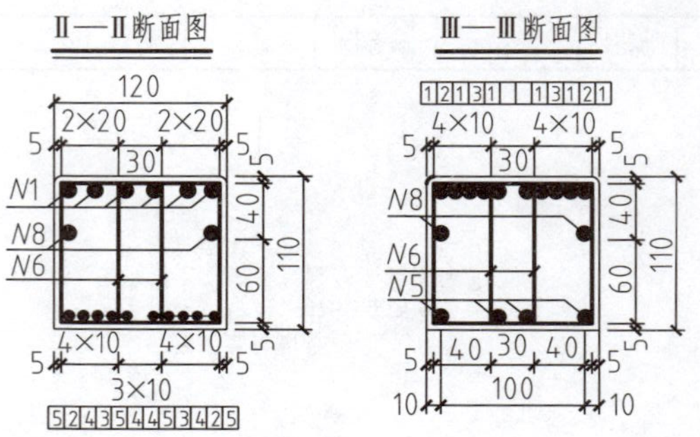

钢筋明细表

编号	直径/mm	每根长/cm	根数	总长/m
1	20	933	6	56.0
2	20	1006	2	20.2
3	20	940	2	18.8
4	20	430	4	17.2
5	20	940	4	37.6
6	8	362	62	224.4
7	8	平均302	32	96.6
8	8	893	2	17.9

材料表

直径/mm	总长/m	总质量/kg
20	149.8	369.4
8	418.7	165.4
合计		534.8

说明：
本图尺寸除钢筋直径以mm计外，其余均以cm计。

（设计单位名称）	（工程名称）	墩帽钢筋结构图	设计		复核		审核		图号		日期	

图 17-10　墩帽钢筋结构图

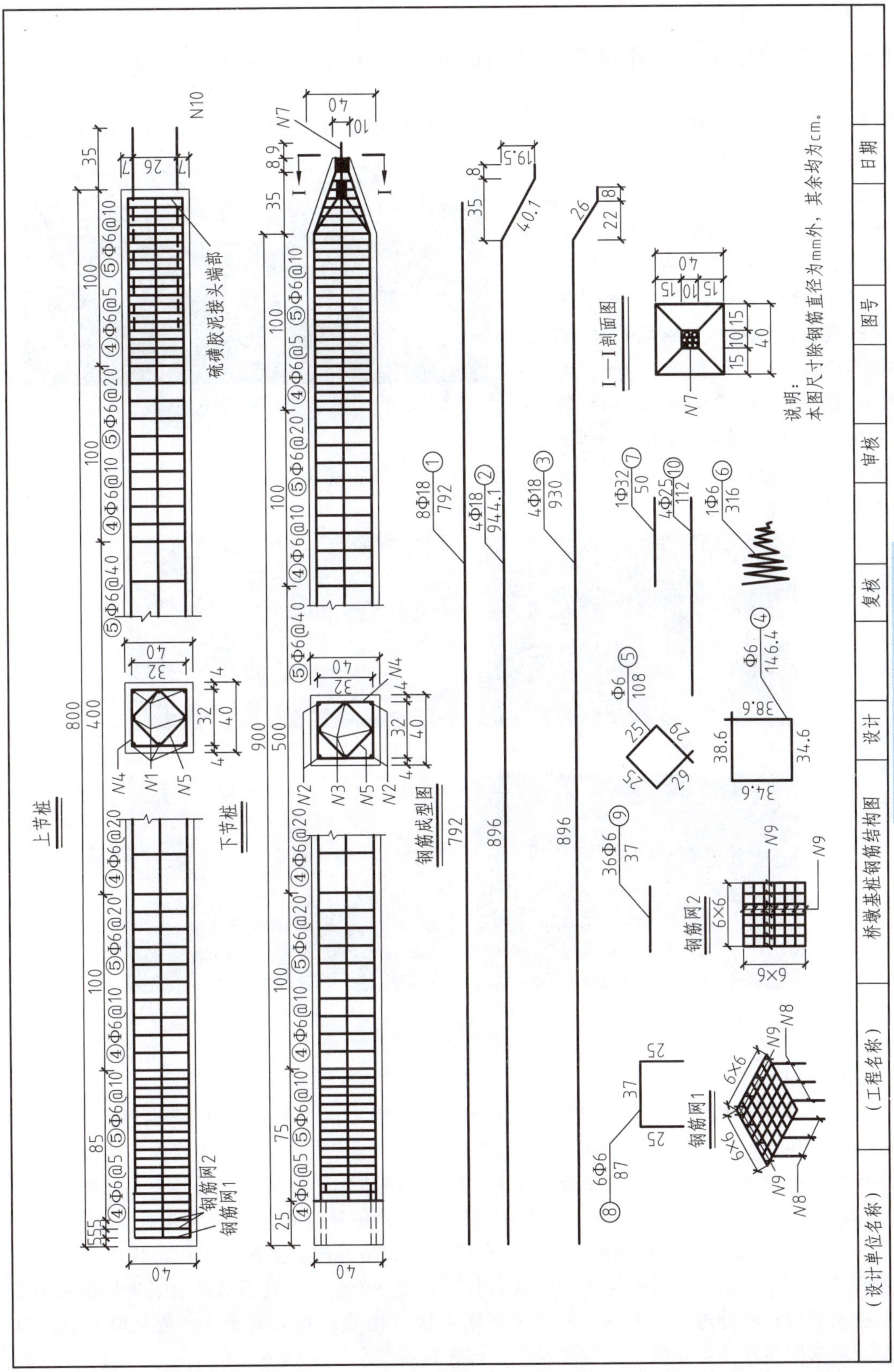

图17-11　桥墩基桩钢筋结构图

17.2 钢筋混凝土斜拉桥工程图

随着建筑材料与预应力技术的发展，斜拉桥以外形轻巧、简洁美观、跨越能力大而成为现代桥梁的常见桥型之一。如图 17-12 所示，斜拉桥主要由主梁、索塔和斜拉索三大部分组成。主梁一般采用钢筋混凝土结构、钢-混结构或钢结构，索塔大多采用钢筋混凝土结构，而斜拉索则采用高强钢丝或钢纹线制成。索塔形式有门式（图 17-13a）、A 式（图 17-13b）、钻石式（图 17-13c）、独柱式（图 17-13d）等。

图 17-12　斜拉桥组成

在此仅认识图 17-14 所示双塔三跨式钢筋混凝土斜拉桥总体布置图，其主要图示桥的总体轮廓和主要尺寸，以及各部件的结构特征和相互位置关系。

a)　b)　c)　d)

图 17-13　斜拉桥索塔形式

1. 立面图

立面图图示了桥梁全貌，两边引桥部分断开省略不画。总长度 1152m，跨径分布为 80m+90m+190m+432m+190m+90m+80m 的七孔一联。由于桥梁实际尺寸较大，绘图时采用较小比例，并仅画桥梁结构的主要外形轮廓。图 17-14 中钢筋混凝土梁用其顶、底面的投影（粗实线）表示，主塔也用两侧面的投影粗实线画出，每根拉索则用中实线表示，图 17-14 中尺寸 2%表示桥面纵坡，横隔梁、人行道和栏杆均省略不画。主跨的下部结构由承台和钻孔灌注桩组成，上面的主塔固结于下面承台上，形成一个整体，使荷载能稳妥地传递到地基上。桩基采用折断处理。立面图还图示了河床起伏（地质资料另有图，此处从略）及水文情况，根据标高尺寸可知桩基的埋置深度、梁底和通航水位的标高尺寸。

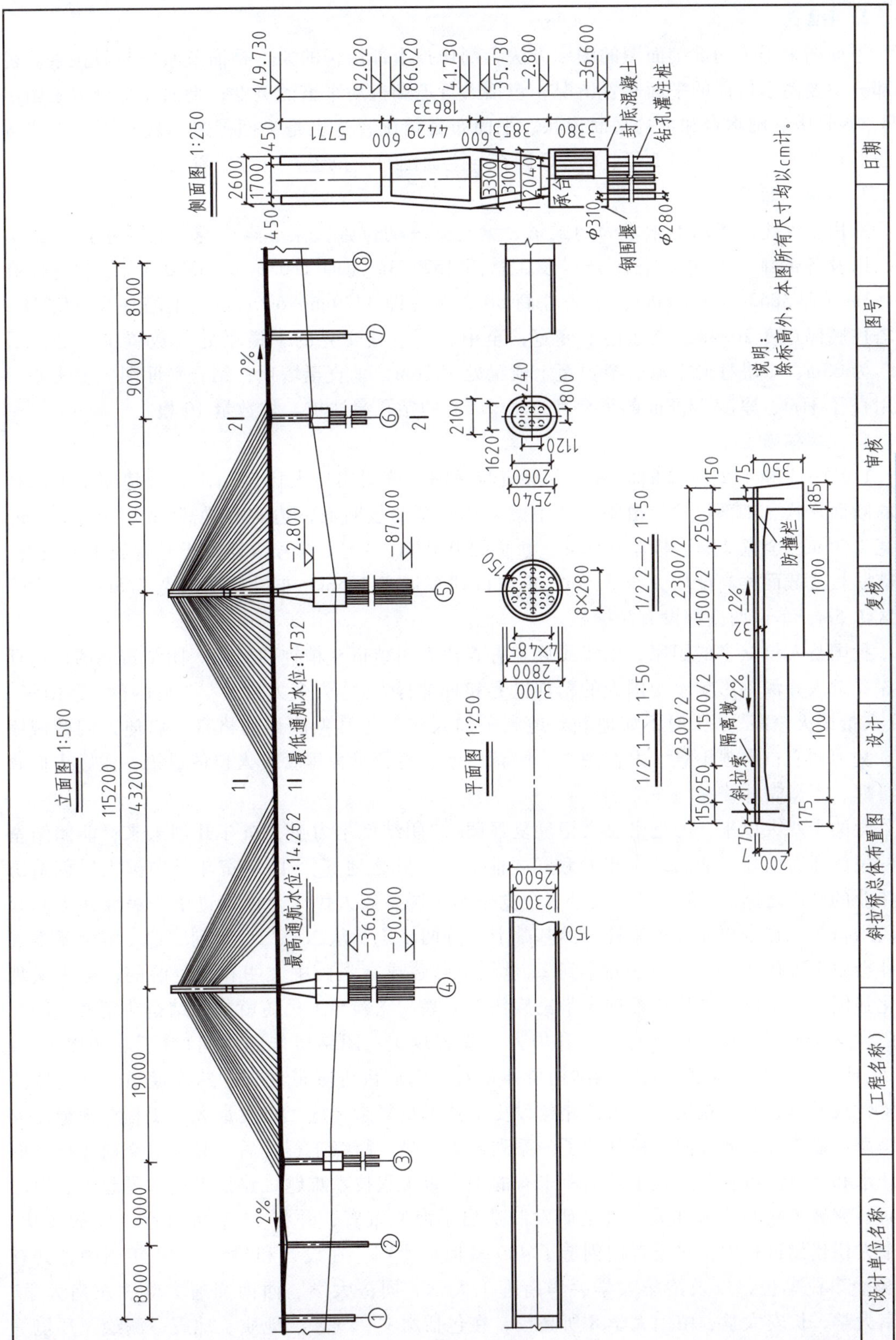

图 17-14 双塔三跨式钢筋混凝土斜拉桥总体布置图

2. 平面图

平面图采用了局部剖面图的图示方法，剖切掉上部结构的梁、桥面及索塔与斜拉索。视图部分主要图示桥面的平面布置情况，包括人行道和机动车道的宽度；剖面图部分清楚图示5号、6号墩基础承台和桩的平面形状、平面布置情况，这也是平面图采用较立面图大比例画图的目的所在。另外将5号、6号墩画在与立面图对应位置，以方便看图。

3. 索塔正面图

采用较大比例图示了索塔为门式塔、梁与索塔的位置关系、索塔与承台及桩的位置关系，以及各部细部尺寸。塔柱分三段，总高152.53m（即18633cm－3380cm），下塔柱高44.53m（即3853cm+600cm），中塔柱高50.29m（即4429cm+600cm），上塔柱高57.71m；下塔柱底部宽度20.4m，逐步向上变宽，至中、下塔柱交界的下横梁处（放置主梁处）最宽，为33m，中塔柱向上略收窄，至上横梁处宽26m，垂直至塔顶；结合平面图，看出基础采用直径31m、厚度33.8m的承台和直径2.8m的钻孔灌注桩，桩数量19根。

4. 主梁横断面图

1/2 1—1和1/2 2—2断面图为主梁横断面图。该图用更大比例画出，清楚图示上部构造的断面形状、细部尺寸。由图可知主梁采用轻型肋板断面，边实心梁高2m、顶宽1.5m、底宽1.75m、全宽23m、板厚0.32m、桥面厚0.07m；3号、6号墩处由于悬臂施工的需要，根部肋板式截面梁高度增大至3.5m，单向机动车道宽7.5m，非机动车道宽2.5m，拉索锚固区1.5m，车道两侧都设有防撞栏。

我国是人口众多的国家，中华民族是有着伟大团结奋斗精神的民族，团结奋斗的价值理念深深融入并深刻影响着中国人的精神世界和日常行为。“人多力量大”“人心齐，泰山移”“众人拾柴火焰高”“天时不如地利，地利不如人和”等耳熟能详的格言，启迪人们精诚团结、勠力同心；自强不息、发奋图强、励精图治、锲而不舍等脍炙人口的成语，激励人们顽强拼搏、不懈奋斗。

党的十八大以来，习近平总书记反复强调：“团结就是力量，奋斗开创未来；能团结奋斗的民族才有前途，能团结奋斗的政党才能立于不败之地。”“团结奋斗是中国人民创造历史伟业的必由之路。”党的二十大号召全党全军全国各族人民为全面推进中华民族伟大复兴而团结奋斗，在全面建成小康社会的基础上，分两步走：从二〇二〇年到二〇三五年基本实现社会主义现代化；从二〇三五年到21世纪中叶建成富强民主文明和谐美丽的社会主义现代化强国。以中国式现代化推进中华民族伟大复兴。党领导人民铸就的团结奋斗精神，印刻在广大交通工程科技工作者身上，升华为“集智攻关、团结协作的协同精神”。2018年10月24日，世界总体跨度最长、钢结构桥体最长、海底沉管隧道最长的跨海通道——港珠澳大桥建成通车，举国欢庆。作为公路建设史上技术最复杂、施工难度最大、工程规模最庞大的跨海通道工程，港珠澳大桥创造了一系列世界之最。超级工程背后，凝聚着交通建设者们的汗水和智慧。沉管隧道施工是前所未有的世界级工程技术难题，建设者们从零起步、潜心钻研，突破了核心技术难关，自主研发制造出了海底沉管，并将33节沉管逐一安放成功。整个大桥建设过程中，建设者们创造了400多项新专利。在设计和建造的14年当中，共有21家企事业单位，以及清华大学、华南理工大学、同济大学、西南交通大学、东南大学、南京大学、长安大学、中山大学8所高校，在包括水文、气象、地质、地震、测绘、环境等各方面展开了51项专题研究。在清华大学土木工程系教授李克非眼里，港珠澳大桥作为

“世纪工程的完工，超级难题的解决”，是千千万万的人努力的结果。

探究思考：

1）自主了解港珠澳大桥海底隧道标准管节为何种构件，思考设计结果应该通过哪些工程图样进行三维、二维图示。二维图示时应该采用哪些表达方法将其图示完整清楚。

2）胡应湘，香港合和实业有限公司主席。1983 年，他最早提出了兴建“内伶仃大桥”的设想，他希望通过建桥，把香港和粤西的天堑变成通途，刺激粤西经济的发展，甚至带动内地西部地区的整体发展。2001 年，胡应湘对此前的方案做了优化调整，提出建设港珠澳大桥的宏伟计划。2002 年 8 月，他又提出具体实施方案。由于多方面的反对，甚或阻挠，加之当时我国也没国力建海上桥梁，于是这一提议又搁置了好几年。直到 2009 年，经过反复研究、论证、筹备，港珠澳大桥才正式开工建设。9 年之后，2018 年 10 月，港珠澳大桥全线通车。为了这一天，胡应湘坚持了整整 35 年，他用一个爱国商人的良心，为祖国支撑起了这座震惊世界的跨海桥梁。两地经济发展高度融合，实现了他互相带动和促进的预言，他有一句口头禅“国家经济好，香港才有前途”。

胡应湘心胸开阔，眼光长远，大搞内地急需的基建项目，放弃了很多赚钱的机会。20 世纪 80 年代，他投资 20 亿元，与广州市政府合作建设中国大酒店，新合成公司在 20 年期满后，把大酒店移交给广州市，开创了 BOT 模式先河并把当时处于世界领先水平、具有强大竞争力的“滑模”技术和设备捐赠给广东省。1988 年，他投资 200 亿建沙角电厂，为广东提供了四分之一的电力。1992 年，他投资 30 亿，建造虎门大桥，该大桥是一座集多处桥隧为一体的群体工程，桥址位于当年鸦片战争古战场，所以中方坚持自主建筑，面对外国人的技术封锁与冷嘲热讽，我国建筑师发扬团结协同精神、敢于拼搏精神、大胆创新精神，在五年内成功拿出了建设方案，比同时期外国人建造同类大桥的时间减少了两年。1997 年，他投资的广深高速公路建成开通，这是内地第一条合资兴建的高速公路，对粤港乃至整个珠三角地区经济、社会发展带来巨大推动力。由他负责牵头，在民间集资 150 亿港元，用于港珠澳大桥建设。从 1981 年到 2021 年，他先后投资 500 亿，在内地大搞基建，发展交通和能源事业。他投资兴建的项目都非常赚钱，足以让他日进斗金，例如 2019 年上半年，虎门大桥收入 6.79 亿元，日进 300 万，被称为“中国最赚钱的大桥”，但他的承诺是所有项目，在收回建设成本后，将项目捐给国家，绝不据为己有。他不仅是一位成功的企业家，也是一位热心公益的慈善家，对我国和世界在科教领域的慈善事业发展做出了巨大的贡献。

胡应湘在发展自身产业的同时，始终心怀报国之志，注重国家层面的基础设施建设和科教事业发展，努力把长远规划一步步变成现实。他不是一个简单的商人，他把爱国放在心头并付诸实际行动中，他用实际行动诠释了一名真正的爱国企业家的过人胸怀，是拥有海纳百川之胸怀的大格局者。

请思考新时代中国企业家应该具备怎样的企业家精神？

第18章

隧道、涵洞工程图

本章导读

学习内容：

1）隧道工程图。

2）涵洞工程图。

学习目标：

1）明确各相关工程图的图示方法、图示内容。

2）能够具备自主分析和确定各相关工程图样的画图方法、步骤的能力。

3）能够具备画、看各相关工程图样的基本能力。

4）能够强化认真负责、严谨细致的工作作风。

5）能够提升一丝不苟、精益求精的工匠精神。

6）能够发扬劳动精神、劳模精神、北斗精神、“两路”精神，坚定建设交通强国的理想信念、责任担当。

隧道是道路穿越山岭或水底的工程结构物。现代综合交通运输体系的全面建成，交通强国战略目标、“一带一路”倡议的实现，离不开公路、铁路、水路交通设施建设，因而也就离不开隧道工程与地下工程。

涵洞是狭而长的宣泄小量流水的工程结构物。它与桥梁的区别在于跨径的大小。根据《公路工程技术标准》（JTG B01—2014）的规定，凡单孔跨径小于5m、多孔跨径总长小于8m的桥梁可设计为涵洞。

隧道与涵洞虽然形体较长，但中间断面形状很少变化，因此它们所需要的工程图样比桥梁工程图要少。

18.1 隧道工程图

隧道工程图包括四大部分：隧道工程地质图、隧道线型设计图、隧道结构构造图及相关的隧道附属工程图。本节重点介绍隧道线型设计图、隧道结构构造图。

18.1.1 隧道线型设计图

1. 平面图

图18-1所示为某隧道平面图，其图示方法为基本视图。图示内容有：用指北针与坐标

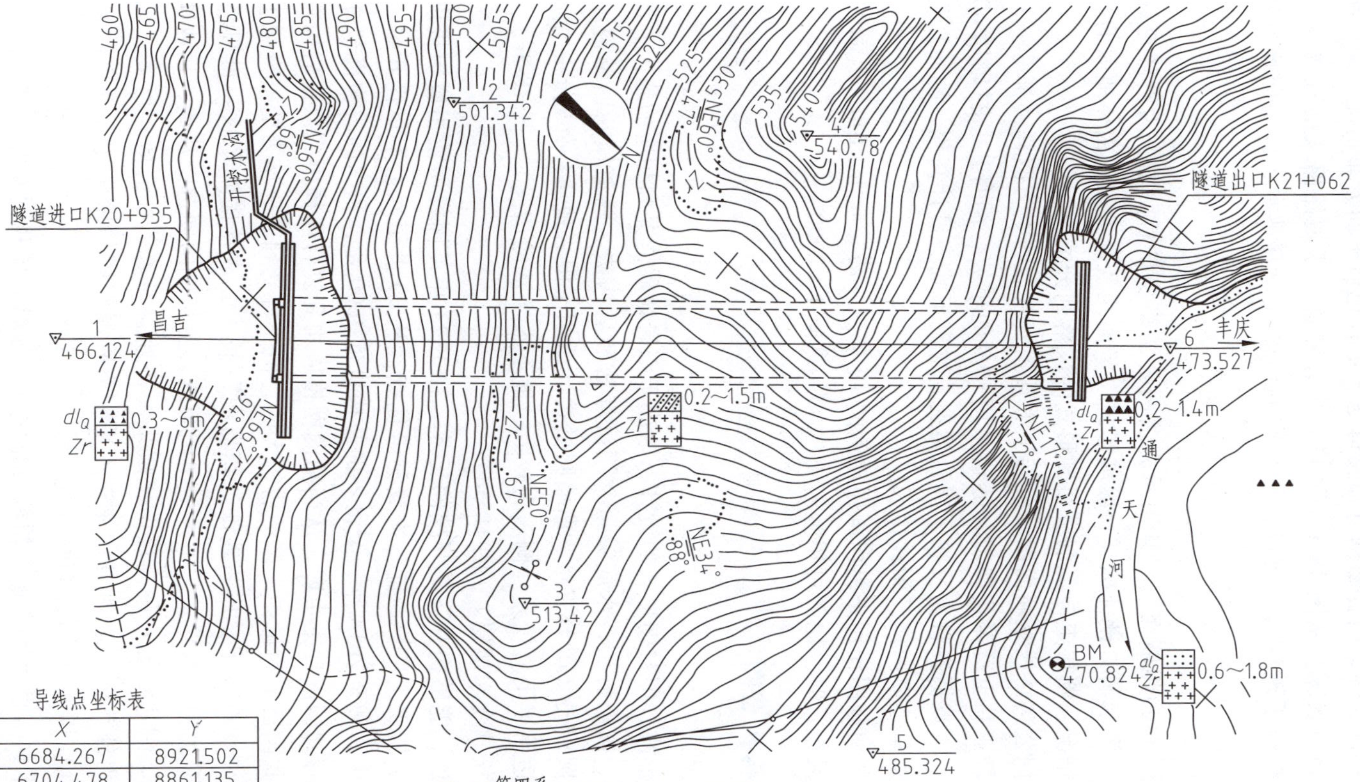

导线点坐标表

点号	X	Y
1	6684.267	8921.502
2	6704.478	8861.135
3	6759.398	8907.476
4	6746.754	8827.476
5	6814.512	8890.125
6	6810.478	8814.018

图例：
- al_q4 第四系坡积层
- dl_q4 第四系冲积层
- 轻亚黏土
- 碎石土
- 卵石土
- Zr 震旦系花岗岩
- 花岗岩
- NE60° 78° 节理产状
- 岩层界线

(设计单位名称)	(工程名称)	某隧道平面图	设计		复核		审核		图号		日期	

图 18-1 某隧道平面图

网格表示隧道平面方位；用纵向轴线与投影轮廓虚线表示平面线型；进出洞口平面位置与里程桩位，进口里程桩号 K20+935，出口桩号 K21+062；用等高线表示地形，用标准图例表示导线控制点和高程控制点等，结合图例可知隧道地区工程地质平面分布情况、地质年代、节理产状地物状况及地质状况。从图 18-1 中还可看出，隧道位于道路路线的直线段；因为隧道出口端山体地形略高于进口端，所以在进口端洞门处设计有排水沟。绘图比例可选 1∶500 或 1∶1000。

2. 纵断面图

图 18-2 所示为某隧道纵断面图，其图示方法同公路路线纵断面图，为沿隧道纵向中线剖切作断面图。主要图示洞口设计标高、纵坡形式、竖曲线及其大小、山体地面的起伏、地质围岩类别的分布情况、断层走向、洞身衬砌形式的段落划分情况。

隧道纵断面图同公路路线纵断面图，包括下方数据资料表与上方图样两部分。从图样部分看出山体地质为轻亚黏土覆盖花岗岩，隧道采用+3%的单坡，洞身拱顶衬砌厚 60cm，洞门的侧面也得以表示。数据资料表反映了围岩类别、衬砌形式、设计高程、地面高程及对应的里程桩号。最下边是地质图例及附注说明。

画图时注意：竖向画图比例是纵向画图比例的 10 倍。一般竖向 1∶100、纵向 1∶1000。当高差甚大，隧道又较长时，比例可用竖向 1∶200、纵向 1∶2000。

18.1.2 隧道结构构造图

1. 横断面图

隧道的横断面形式，即衬砌形式的设计，取决于围岩地质情况和相应的施工方法，如山岭隧道常用矿山法、掘进机法；水底隧道常用沉埋法和盾构法。隧道横断面结构形式如图 18-3 所示，有直墙圆拱式（图 18-3a）、曲墙圆拱式（适用于围岩地质条件较差的情况）（图 18-3b）、仰拱式（适用于围岩较差、侧压力较大、地下水丰富的情况）（图 18-3c）、盾构法圆式（适用于施工松软含水地层）（图 18-3d）。

盾构法施工隧道，能够提升隧道开挖的工效。自 1823 年英国发明使用盾构机以来，由于其自动化程度高、施工速度快、能一次成洞等优点，从 20 世纪六七十年代开始，被逐渐用于地铁隧道建设中。截至 2018 年，全世界的盾构机近 3000 台，我国的盾构机超过了 1500 台，从引进国外品牌到国内自主生产，从当初的网格盾构到复合盾构再到双模盾构直到超大盾构、异形盾构，我国已成为世界上第一盾构大国，但一直受到开仓换刀的安全隐患这一世界性技术难题的制约。2016 年，广州地铁“衡盾泥”技术，成功破解了这一世界性技术难题，惊喜了业内，也惊艳了世界。它不只是中国制造，更是中国创造，从此，让地铁盾构施工的光辉“隧”月，到达了另一种高度。该成果经济效益显著，社会效益巨大，应用前景广阔。该技术为国内外首创，达到国际领先水平。衡盾泥泥膜护壁带压开仓工法目前已在 100 多个项目上成功应用并且获得 100%成功。

“衡盾泥”技术这一世界地铁建设领域的杰作，充分彰显了我国新时代“爱岗敬业、争创一流，艰苦奋斗、勇于创新，淡泊名利、甘于奉献”的劳模精神、劳动精神、工匠精神。70 多年来，在中国共产党领导下，广大劳动群众始终站在时代前列，积极投身社会主义革命、建设、改革的伟大实践，辛勤劳动、诚实劳动、创造性劳动，在革故鼎新、自强不息的奋斗中，在筚路蓝缕、胼手胝足的实干中，铸就了改天换地、彪炳史册的人间奇迹。70 多

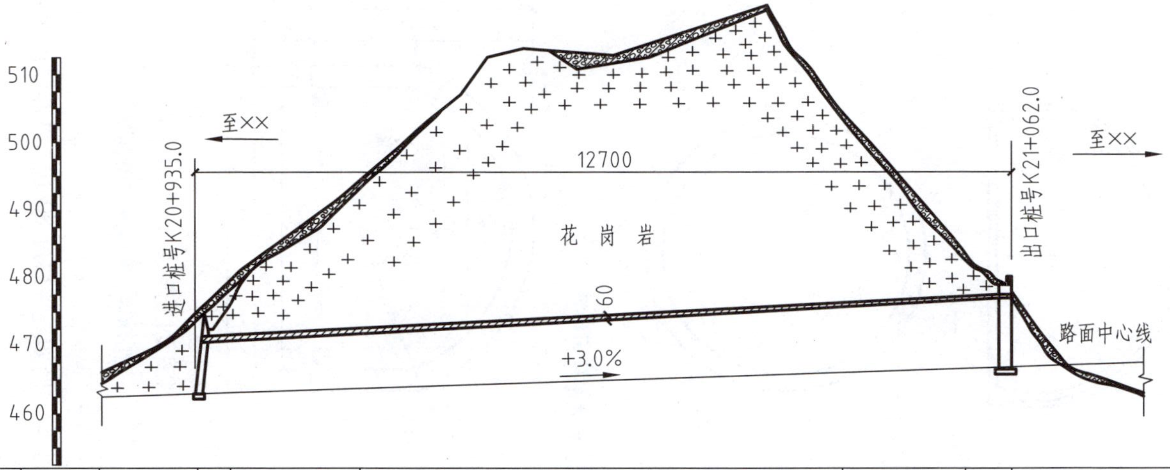

1 围岩类别			Ⅳ	V	Ⅳ		
2 衬砌形式		明洞	直墙式变截面圆拱	直墙式等截面圆拱	直墙式变截面圆拱	明洞	
3 坡度/% 坡长/m				+3.0% 350			

6 里程桩号	5 地面高程	4 设计高程
K20+923	474.44	470.50
+923	476.81	470.71
+938.60	476.81	470.84
+935	481.92	470.93
+938.60	484.74	471.05
+942.40	488.17	471.71
+946	490.63	471.29
+950	493.52	471.42
+954	496.27	471.55
+959	499.95	471.17
+976	514.16	472.23
+980	519.48	472.35
+984.58	520.63	472.48
K21+000	519.43	475.29
K21+022.90	526.13	573.63
+058.31	486.89	474.69
+059.50	486.37	474.73
+062	483.70	474.81
+064	480.88	474.87
+067	479.25	474.96
+070	477.49	475.05
+078	472.69	475.29
+090	470.31	475.65

图例：轻亚黏土　花岗岩

说明：

1. 本图尺寸以cm计，高程以m计。
2. 衬砌型式为直墙式单心圆拱。
3. 设计高程为路面中心。

(设计单位名称)	(工程名称)	某隧道纵断面图	设计		复核		审核		图号		日期	

图 18-2　某隧道纵断面图

年沧桑巨变，中华民族迎来了从站起来、富起来到强起来的伟大飞跃，我们的党、我们的国家、我们的人民在奋斗中收获了更多自信和勇气，打赢了人类历史上规模最大的脱贫攻坚战，历史性地解决了绝对贫困问题，如期全面建成小康社会，实现了第一个百年奋斗目标，而今又迈上了全面建设社会主义现代化国家，实现第二个百年奋斗目标的新征程，以中国式现代化全面推进中华民族伟大复兴。

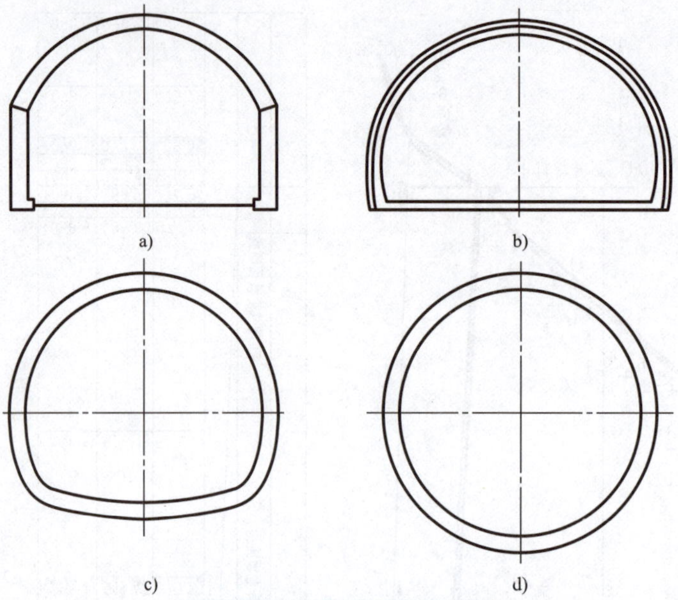

图 18-3 隧道横断面结构形式

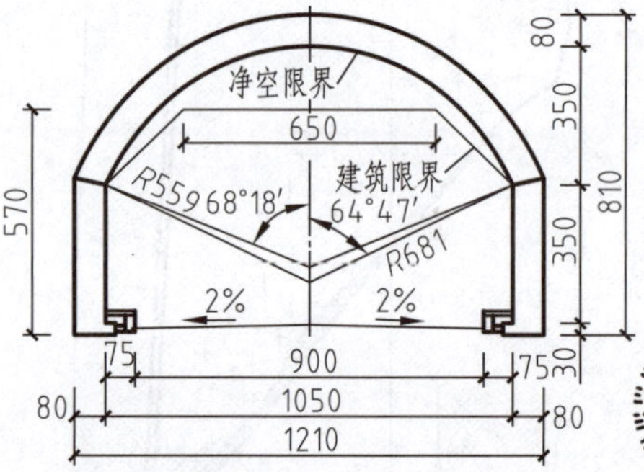

说明：

本图尺寸除高程以m计外，其余均以cm计。

图 18-4 某隧道横断面图

图 18-4 所示为某隧道横断面图，其图示方法是用垂直于隧道纵向轴线的剖切平面剖切洞身画得的断面图。图示横断面形式：图中为直墙圆拱式，圆拱衬砌内轮廓由一段半径 559cm、两段半径 681cm 的圆弧组成。图示空间限界：净空限界是指隧道衬砌内轮廓线所包围的空间限界，包括通风、照明、消防、通信等设备所占空间，而建筑限界是指为保证隧道内各种交通的正常运行与安全，《公路工程技术标准》（JTG B01—2014）规定的在一定宽度和高度范围内不得有任何障碍物的空间限界，图中由尺寸 570cm、650cm、350cm 限定。图示相关尺寸等，例如直墙厚度 80cm、拱部厚度 80cm 等。

画图时注意如下问题：

1）画图重点为衬砌内轮廓线。

2）难点为由三段圆弧组成的拱部衬砌内轮廓线，请自行分析画图方法，有几种方法？

3）为了不影响横断面图的清晰，对建筑限界线用细实线图示。

2. 隧道洞门图

隧道的洞门形式很多，常用的如图 18-5 所示，有端墙式（图 18-5a）、翼墙式（图 18-5b）、环框式（图 18-5c）、柱式（图 18-5d）、削竹式（图 18-5e）、突出式（图 18-5f）。

a)　b)　c)　d)　e)　f)

图 18-5　隧道洞门形式

洞门设计一般会考虑美观、醒目、协调，给人以美感，同时会考虑安全等因素。因此洞口构造图是隧道工程图的主要图样之一。

隧道洞门一般使用立面图、平面图、侧面图三个视图进行图示。图 18-6 所示为端墙式洞门的隧道洞门图。

（1）立面图　立面图图示方法是以洞门正面作为正立面所作的基本视图。主要图示洞门结构形式、衬砌形式以及各细部尺寸。洞门墙顶高出的凸起部分称为顶帽；墙顶部的倾斜虚线从左往右下坡是洞顶排水沟，用 2%以及箭头图示排水沟底的纵坡大小及流水方向；洞口衬砌断面采用直墙尖顶三心圆拱，由半径为 385cm 和 585cm 的三心圆拱和两直边墙组成，边墙及圈拱厚均为 45cm，洞口净空尺寸高为 740cm、宽为 790cm；洞内路面采用 1.5%的双向横坡，路面各分层采用虚线分隔，洞口路堑边坡均为 1∶0.5 的斜面，其坡脚距洞中心线每边为 500cm，因为洞门前两侧路堑边坡和路面遮挡的原因，用虚线图示洞门端墙和隧道底面的不可见轮廓线。

（2）平面图　平面图图示方法为对洞门自上向下所作的基本视图，并采用折断画法，仅画出洞门外少部分的投影。主要图示各坡面的倾斜方向以及相邻坡面间的交线，洞门顶帽的形状、排水沟的平面形状，洞门口两外侧边沟的位置（边沟断面图 18-6 中未示出）。由于

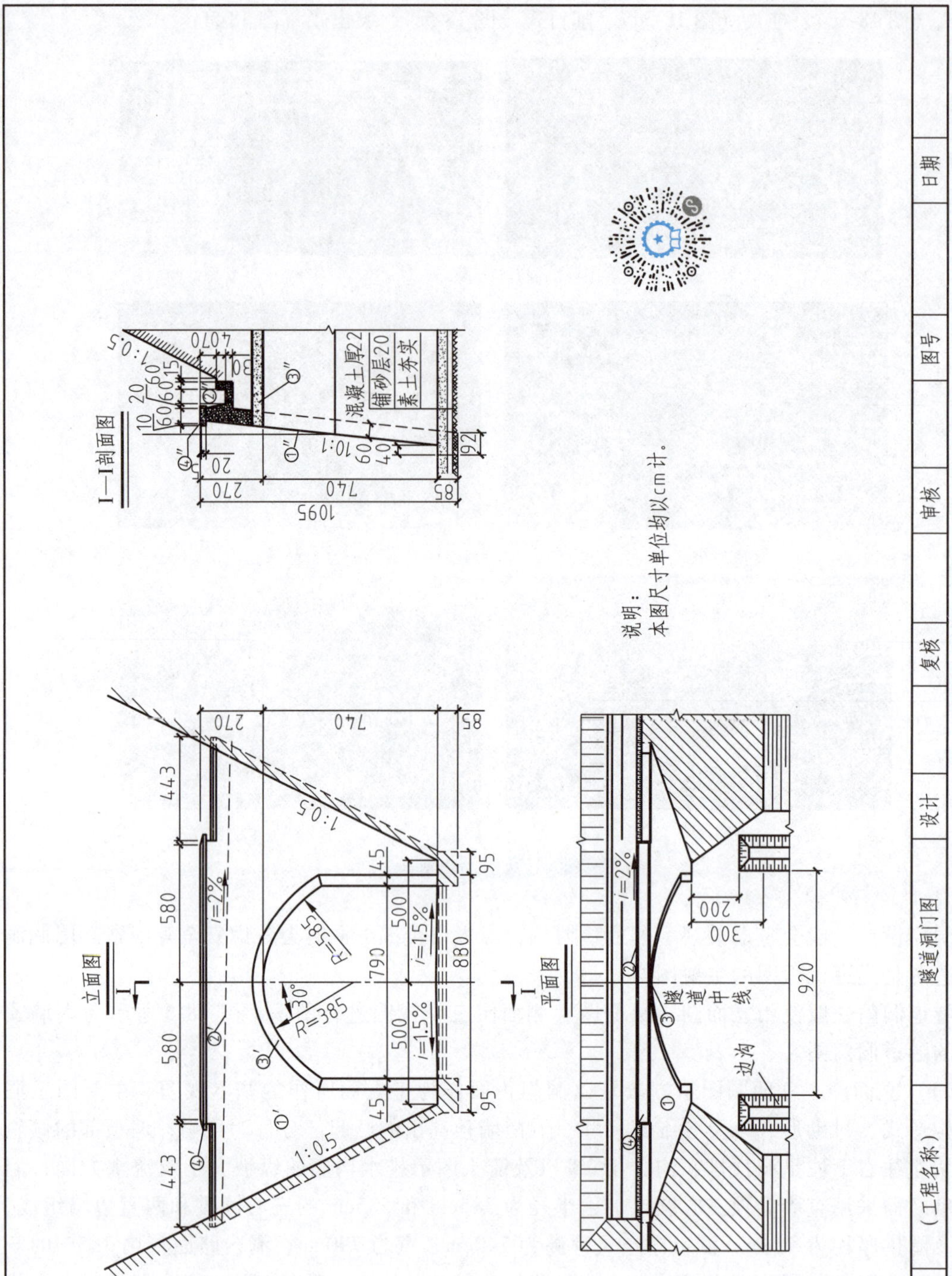

图 18-6 端墙式洞门的隧道洞门图

洞门端墙仰斜，因此平面图中没有产生积聚。

（3）侧面图 侧面图通常使用剖切平面经过隧道纵向轴线剖切洞门及靠近洞门的一小部分画出的侧立剖面图，并采用折断画法，只保留靠近洞门的一小部分。主要图示洞门端墙坡度和厚度，拱圈和路面的构造材料和层次，顶帽和洞顶排水沟断面形状、断面尺寸与构造材料。从图 18-6 中可以看出，洞顶上部山体仰坡为 1∶0.5，洞顶排水沟及顶帽的断面形状、尺寸详细图示，构造材料为浆砌片石，洞身衬砌为混凝土材料，端墙仰坡为 10∶1，端墙厚 60cm，端墙基础底宽 92cm，埋深 85cm，长见立面图为 95cm+45cm，路面构造层次为 22cm 厚的混凝土、20cm 厚的铺砂层，其下为夯实素土。

画图时注意以下问题：

1）画图重点为洞门衬砌内轮廓线；难点为由三段圆弧组成的拱部衬砌内轮廓线，请自行分析画图方法。

2）对平面图上各坡面图示出示坡线，让图示更清楚。

3. 避车洞图

通常当隧道不设人行道时，应设置避车洞。避车洞有大、小两种，是供行人和隧道维修人员及维修小车避让来往车辆而设置的，它们沿路线方向交错设置在隧道两侧的边墙上。一般小避车洞每隔 30m 设置一个，大避车洞每隔 150m 设置一个。

（1）避车洞布置图 图 18-7 所示为某隧道避车洞布置图。立面图采用纵剖面图的示意图，以清楚图示大小避车洞的形状特征与纵向排列位置。平面图采用断面的示意图，图示两侧避车洞纵、横向布置情况。为节省图幅，纵横方向可采用不同比例。

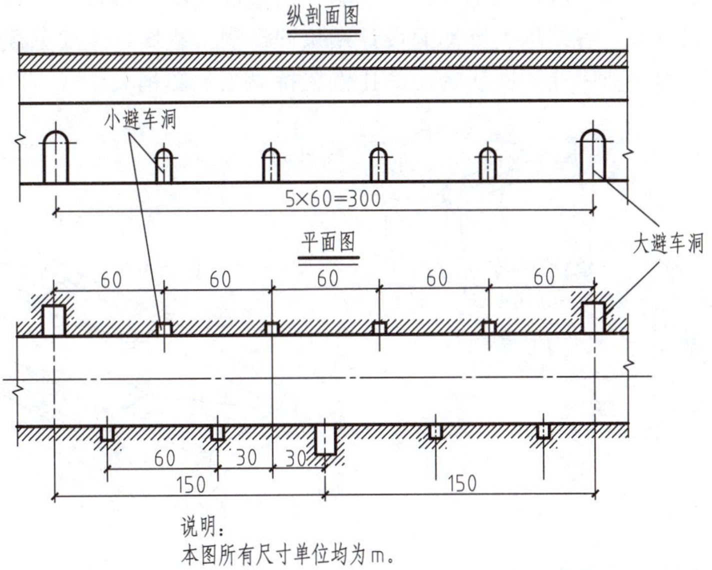

图 18-7 某隧道避车洞布置图

（2）避车洞的构造详图 图 18-8 所示为某隧道避车洞的构造详图。立面图采用剖面图，平面图与侧面图采用断面图，清楚图示避车洞的构造形状、详细尺寸及构造材料。请分析Ⅲ—Ⅲ断面图形状与尺寸，确定拱部内外圆弧轮廓如何画图。

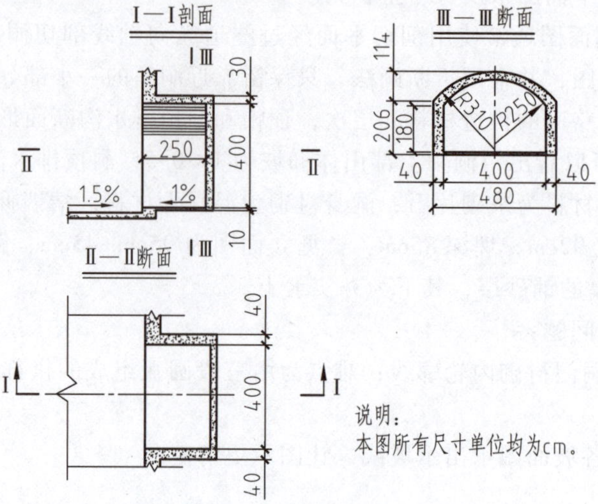

图 18-8　某隧道避车洞的构造详图

18.2　涵洞工程图

涵洞常见构造形式有圆管涵（图 18-9）、盖板涵（图 18-10）、拱涵（图 18-11）。各结构类型涵洞由基础、涵身、洞口三部分组成。洞口由端墙基础、端墙、缘石、洞口铺砌与截水墙、锥坡或翼墙组成。各结构类型涵洞设计结果即涵洞工程图，主要是涵洞构造图。涵洞工程体积较桥梁工程小，因此画图所选用的比例较桥梁工程图稍大。

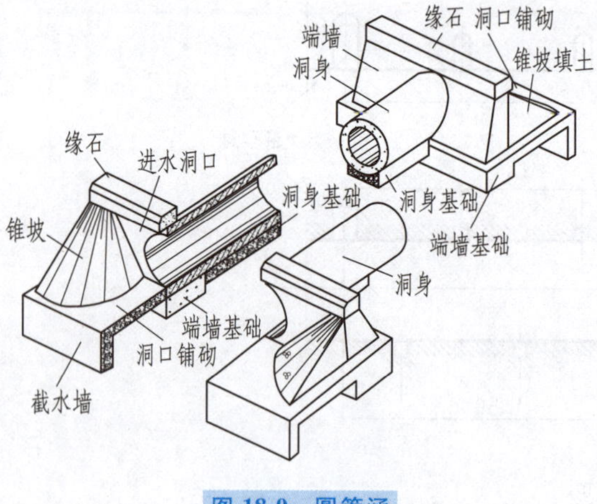

图 18-9　圆管涵

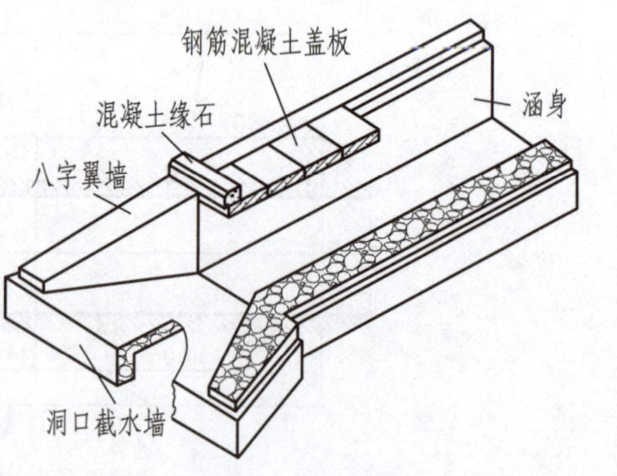

图 18-10　盖板涵

各构造形式的涵洞构造图图示方法基本相同，包括三个基本视图：立面图以纵剖立面图图示，平面图以基本视图或半剖面图（共四种）图示，侧面图以洞口正立剖面图图示，配合必要的涵身断面图、翼墙断面图、大样图（盖板涵）、钢筋结构图（钢筋混凝土结构部分，可以单独另画图）等详图进行图示。

18.2.1　钢筋混凝土圆管涵构造图

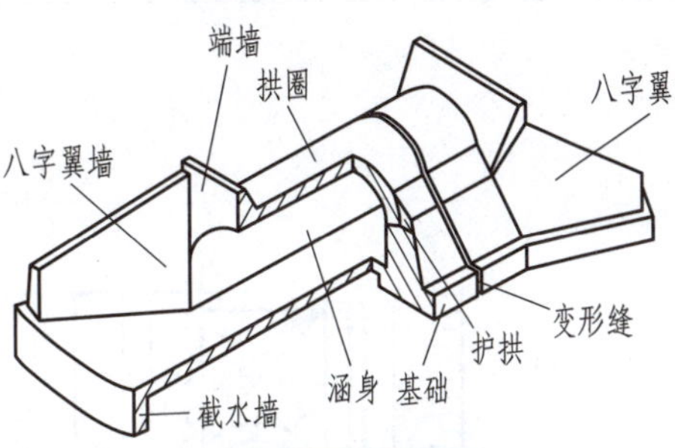

图 18-11　拱涵

图 18-12 所示为钢筋混凝土圆管涵构造图。

1. 立面图

立面图以水流方向作为纵向（与路线前进方向垂直），使剖切平面经过纵向轴线进行全部剖切得到的纵剖半立面图。主要图示洞身形状与大小，该圆管涵管径 75cm，壁厚 10cm，涵身长为 10.60m，加上洞口铺砌 2×1.375m，涵洞总长为 13.35m；涵底基础为厚度 20cm 的浆砌片石构造，涵顶防水层厚 15cm；洞底有 1% 的纵向坡度，方便水流；洞口构造的立面形状、尺寸及相互位置，如洞口两侧设有坡度为 1∶1.5 锥形护坡，洞口铺砌与截水墙为厚度 30cm 的浆砌片石构造，端墙基础为断面（53+10）cm、40cm 的混凝土构造；缘石断面形状、尺寸及构造材料等；涵顶上部覆土厚度不小于 0.5m，路基边坡坡度为 1∶1.5。

2. 平面图

平面图为假想断裂掉涵洞两侧以外路基部分，并且假想上部覆土透明而得到的透明平面图。主要图示涵身基础宽度 60cm；涵身中心桩号；洞口各部分平面形状、大小及相互位置。

3. 侧面图

同隧道洞门图的立面图，剖切平面在进出水洞口前垂直于涵洞纵向轴线剖切，画得的洞口正面剖面图。主要图示圆管形状与大小，同时还图示出缘石、端墙、基础、截水墙等的相互位置和侧面形状及大小，地面线以下不可见轮廓用虚线图示。

画图时注意以下问题：

1）因为该构造形式涵洞的涵身（圆管）及基础构造简单，所以省略了涵身断面图，涵身断面形状可以看侧面图。又因为该构造形式涵洞进出洞口的构造与大小完全相同，所以图 18-13 只图示一个洞口工程量。

2）涵洞平面图图示方法可有四种：①基本平面图，如图 18-13、图 18-14 所示；②透明平面图，如图 18-12 所示；③透明平面图与剖面图：以涵洞纵向轴线为分界将平面图一半图示成假想涵身上方的覆土不存在或透明的透明平面图，另一半图示成沿台身基础顶面剖切的剖面图；④基本平面图与透明平面图：以道路中线为分界将平面图一半图示成基本平面图，另一半图示成透明平面图。设计绘图时灵活使用。

18.2.2　钢筋混凝土盖板涵构造图

图 18-13 所示为钢筋混凝土盖板涵构造图。

1. 立面图

图示方法同图 18-12，为纵剖立面图。主要图示涵身（涵台）纵向、竖向的形状与大小，该涵为明涵洞，涵顶无覆土，路基宽 12m 即盖板（也称行车道板）的长度，也是涵身的长度，加上洞口铺砌，涵洞总长为 17.20m，洞口两侧为八字翼墙，洞高进水口 210cm，出水口 216cm，跨径 300cm；路面横坡，以及八字翼墙与洞身的连接关系；盖板的纵向排列数量为 24 块；涵底进出水洞口处标高分别为 685.19m、685.13m；涵顶、涵底、基础、地

纵剖半立面图

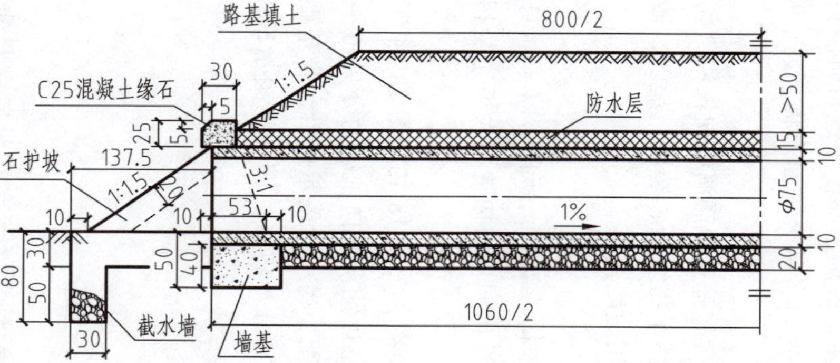

侧面图

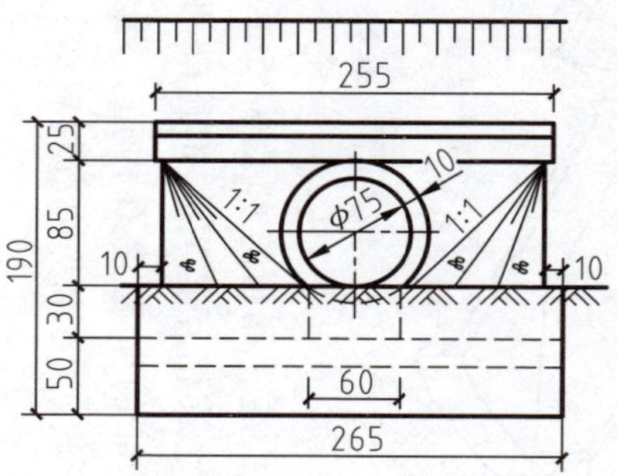

半平面图

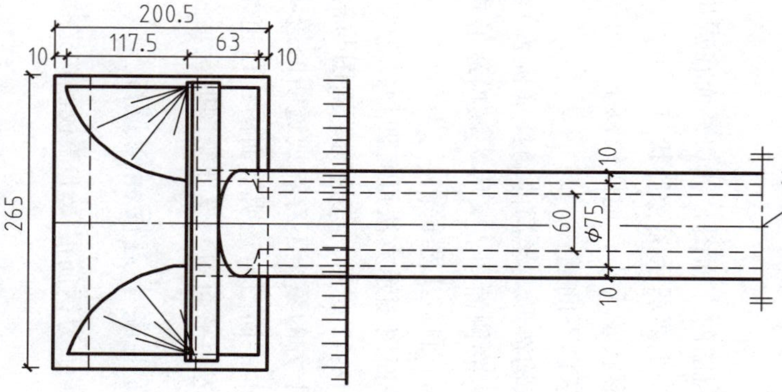

洞口工程数量表(一端)

管径/cm	C25混凝土缘石/m^3	水泥砂浆砌片石墙身/m^3	水泥砂浆砌片石基础/m^3	干砌片石护坡/m^3
75	0.191	0.552	2.200	0.275

说明：
1. 本图尺寸以cm为单位。
2. 洞口工程数量指一端，即一个进水口或一个出水口。

（设计单位名称）	（工程名称）	钢筋混凝土圆管涵构造图	设计		复核		审核		图号		日期	

图 18-12 钢筋混凝土圆管涵构造图

基、截水墙的构造厚度与材料，例如洞底铺砌厚 30cm，采用 M7.5 砂浆砌片石或 C20 混凝土，基础厚度 60cm，构造材料为浆砌片石；翼墙的形状，顶面坡度为 1∶1.5，构造材料为 C20 混凝土。

2. 平面图

平面图为假想断裂掉涵洞两侧以外路基部分而得到的基本平面图。主要图示涵身厚度 50cm；基础宽度 90cm；翼墙的平面形状、位置；翼墙基础的平面形状；路基边缘线及示坡线；路基断裂线；涵身中心桩号为 K81+302.4；为方便施工，对八字翼墙的Ⅱ—Ⅱ位置进行剖切，以便放样或制作模板。

3. 侧面图

图示方法同图 18-12，为洞口正面剖面图。主要图示洞口形状与大小，进水洞口高 210cm、出水洞口高 216cm、净跨径 236cm，同时还图示出缘石、盖板、八字翼墙、基础等的相对位置和它们的侧面形状。地面线以下不可见轮廓用虚线图示。

4. 详图

（1）涵身断面图　通过涵身断面图Ⅰ—Ⅰ清楚图示地基、涵身基础、涵身（包括涵底与涵台）、盖板的相互位置，以及构造材料与尺寸。

（2）大样图　通过 *A* 点大样图清楚图示盖板、涵台、翼墙三者之间的相互位置、构造情况与尺寸；盖板之上路面的构造层次、厚度与构造材料。

（3）翼墙断面图　用Ⅱ—Ⅱ、Ⅲ—Ⅲ、Ⅳ—Ⅳ断面图图示不同位置处翼墙及其基础的断面形状、尺寸。

画图时注意：当进出水洞口形状相同，仅大小不一样时，需在括号内标注不同的尺寸。

18.2.3　石拱涵构造图

图 18-14 所示为单孔石拱涵构造图。

1. 立面图

立面图的图示方法同图 18-12 圆管涵、图 18-13 盖板涵，为纵剖立面图。主要图示内容为涵身的内部结构、洞高、洞长、涵底标高，基础纵向形状以及斜八字翼墙立面形；由于为台阶式洞口，进出水洞口 40cm×25cm 的矩形台帽下为帽墙；考虑地基不均匀沉降，洞身每间隔 4.0~6.0m 设一道 2cm 的变形缝；涵台基础、涵底、洞口铺砌、截水墙的构造尺寸及构造材料。

2. 平面图

平面图的图示方法同图 18-13 盖板涵，为基本平面图。主要图示内容为两洞口各组成部分，包括台帽、帽墙、斜八字翼墙、翼墙基础、洞口铺砌的平面形状、尺寸及相互位置；洞身内壁轮廓虚线（为使图面清晰，可省略洞身其余轮廓虚线）；道路包括中心、路基边线及示坡线；道路中线与涵洞纵向轴线相交处作为涵洞中心标记中心桩号。另外由于翼墙各肢互不相同，图 18-14 中也表达清楚，较短一肢的长度 L_1，较长一肢的长度为 L_2，襟边均为 20cm。

3. 侧面图

侧面图的图示方法同图 18-12 圆管涵、图 18-13 盖板涵，为洞口正面剖面图。主要图示内容为该台阶式洞口的台帽、帽墙的台阶侧面形状及详细尺寸；拱圈厚度、半径及起拱线位置。

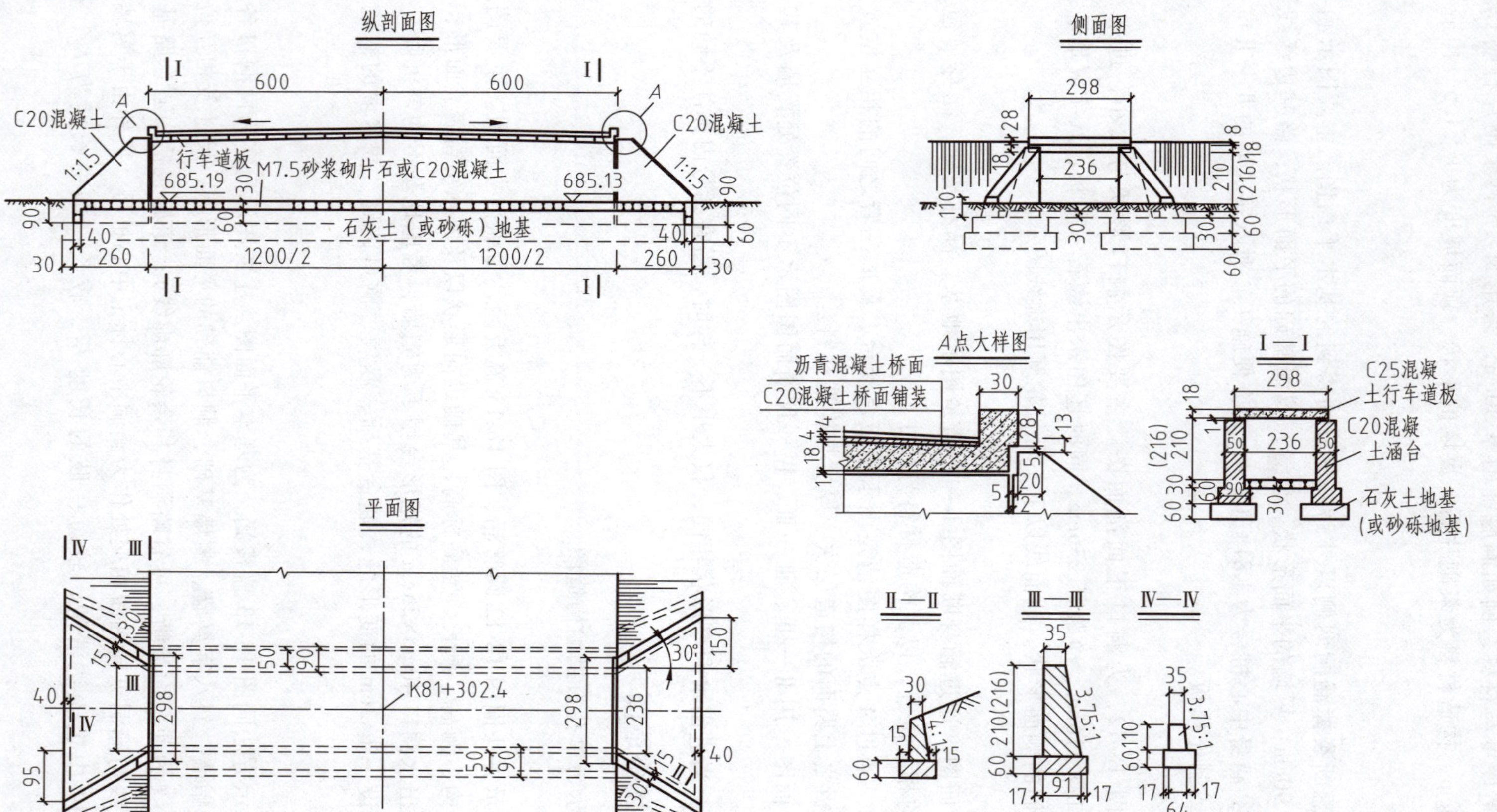

说明：
1. 本图尺寸单位除标高以m计外，其余均以cm计。
2. 括号内尺寸为出水口台高。
3. 行车道板一般构造图及钢筋布置另图表达，本图中未示出。

（设计单位名称）	（工程名称）	钢筋混凝土盖板涵构造图	设计		复核		审核		图号		日期

图 18-13　钢筋混凝土盖板涵构造图

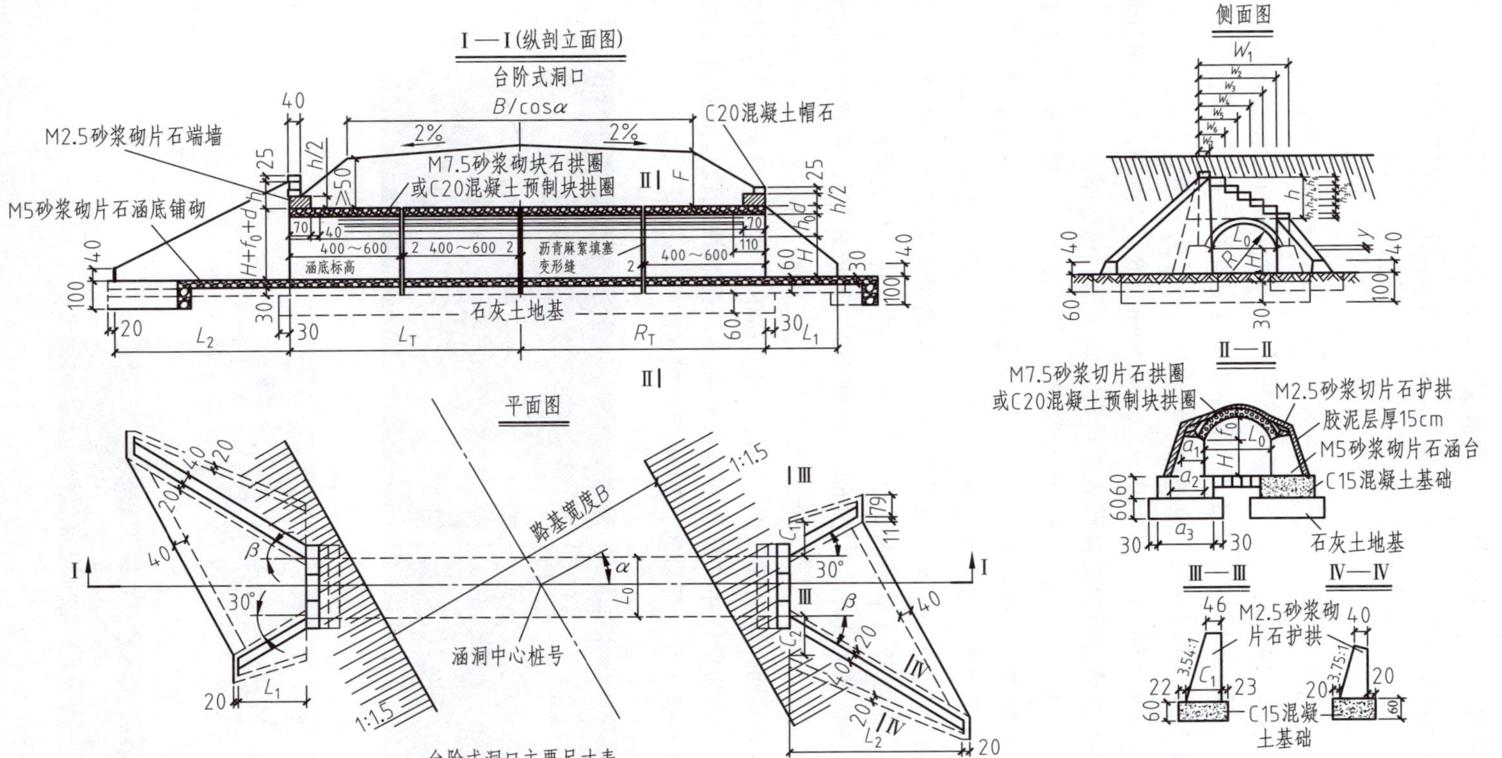

台阶式洞口主要尺寸表

L_0 /m	α	β	H /cm	f_0 /cm	d /cm	x /cm	y /cm	r /cm	h /cm	h_1 /cm	h_2 /cm	h_3 /cm	h_4 /cm	h_5 /cm	h_6 /cm	W_1 /cm	W_2 /cm	W_3 /cm	W_4 /cm	W_5 /cm	W_6 /cm	W_7 /cm	C_1 /cm	C_2 /cm	L_1 /cm	L_2 /cm
1.5	30°	30°	120	50	25	23	10	81	84	28	28	28				250	190	125	65				101	125	201	620
2.0	30°	30°	100	67	25	23	10	108	100	25	25	25	25			300	240	180	120	60			100	129	198	655
			150																				114	143	262	784
3.0	30°	30°	200	100	30	28	12	163	132	33	33	33	33	31	42	400	320	240	160	80			140	177	376	1092
			250																				154	191	441	1229
	45°	15°	200						188	32	31	31	31			400		286	229	171	114	57	140	178	389	1386

说明：

1. 本图尺寸单位除标高以m计外，其余均以cm计。
2. 石灰土地基：石灰:土＝3:7。

（设计单位名称）	（工程名称）	石拱涵构造图	设计		复核		审核		图号		日期

图 18-14 石拱涵构造图

4. 详图

（1）涵身断面图　在Ⅱ—Ⅱ位置处剖切，画出涵身断面图。图示涵台的断面形状（直角梯形截面）、构造尺寸及构造材料，上底宽 a_1，下底宽 a_2，涵台高 H；拱圈、护拱、基础、地基的构造形状、尺寸及构造材料；矢跨比为 f_0/L_0，拱圈外缘设护拱及胶泥层防水。

（2）翼墙断面图　用Ⅲ—Ⅲ、Ⅳ—Ⅳ断面图分别图示翼墙后端部、中部及其基础的断面形状、尺寸及构造材料，以方便施工。

（3）洞口主要尺寸表　洞口主要尺寸表图示图中各可变尺寸。本图适合净跨径 1.5m、2.0m、3.0m，$\alpha=30°$、45°情况。根据施工具体需要，要求一涵一图，结合工程地质及地理环境直接套用。在尺寸表中，所缺的项是指在相应的净跨径及斜交角条件下，不同台高所对应的台阶式洞口帽墙的阶数不同，相应的尺寸也不同。缺项指该尺寸为多余。

设 $F=200\text{cm}$、$H=150\text{cm}$、$a_1=80\text{cm}$、$a_2=110\text{cm}$、$a_3=150\text{cm}$、$B=1200\text{cm}$，路面横向坡度 $i=2\%$、$L_0=200\text{cm}$、$\alpha=30°$，请自行分析画图方法步骤，画出涵洞构造图。

图 18-15a 所示的深中通道地处粤港澳大湾区核心区域，横跨珠江口东西两岸，联通深圳、广州、中山三地，为粤港澳大湾区核心枢纽工程，是继港珠澳大桥之后，粤港澳大湾区又一重大交通基础设施，为国家“十三五”规划重大工程项目。深中通道全长 24km，包括与中山市相连的西部桥梁部分，长 17.2km，以及与深圳市相连的东部海底隧道部分，长 6845m，其中沉管段长 5035m，由 32 个管节和 1 个最终接头组成，是世界上最长、最宽的钢壳混凝土沉管隧道。每个标准沉管长 165m、宽 46m、高 10.6m、重近 8 万 t。最终接头示意图如图 18-15b 所示，设置于 E23 与 E24 管节之间，长 5.1m、宽 46m、高 9.75m、重 1600t，它是靠 8 个千斤顶和海水压力共同作用完成顶推，实现无缝对接的，其是沉管隧道的关键控制性节点工程。关键控制性工程为伶仃洋大桥和海底沉管隧道，控制性工程包括中山大桥、东人工岛、西人工岛。2023 年底工程全部贯通，2024 年建成通车。

a)

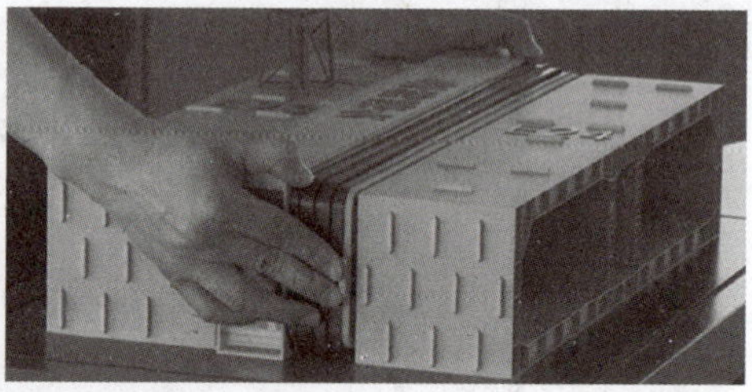

b)

c)

图 18-15　深中通道

深中通道实现了多个世界第一。例如，集“桥、岛、隧、水下互通”于一体，是当前世界上建设难度最高的跨海集群工程；伶仃洋大桥是世界最大跨径海中钢箱梁悬索桥和世界最高的海中大桥，抗风能力达到世界领先水平；隧道为世界首例双向八车道钢壳混凝土沉管隧道；创下热拌环氧沥青钢桥面单日铺装的世界纪录；为世界最长最宽钢壳混凝土沉管隧道；沉管与最终接头的运输、沉放使用了世界首创的沉管浮运安装一体船；E32 管节为超宽、变宽管节，横断面最宽处为 55.46m，打破了超宽、变宽沉管管节在浮运安装方面的世界纪录；海底隧道最终接头，采用整体预制、水下管内推出实现合龙为世界首创；建设者量身打造了自升式碎石铺设整平船，对海底基床进行夯实硬化，铺出一条 50m 宽的世界最宽海底“石板路”，确保沉管的平稳着落和高精度对接。

思考：

1）参考图 18-15b 所示，深中通道海底隧道标准管节为钢板混凝土构件，分析其与港珠澳大桥海底隧道标准管节在构造和二维表达两个方面的异同。

2）沉管完成对接后，因为浮力仍处在不稳定的状态，使用世界最大的供料锁固回填船，最短时间内在沉管上用石块堆起一座梯形山，有效防止沉管在海水中侧移，如图 18-15c 所示。基于对该海底隧道结构和构造的了解，其设计线型应该通过哪些工程图样进行图示？对各图样，你会采用怎样的表达方法？

3）深中通道首次利用了北斗导航系统，配合沉放安装控制系统，实现了管节间毫米级的高精度安装。独立的卫星导航系统，是政治大国、经济大国的重要象征。我国的北斗导航系统，从 1994 年立项到 2000 年建成北斗一号系统，从 2012 年正式提供服务到 2020 年服务全球，26 年间，中国北斗人始终秉持航天报国、科技强国的使命情怀，探索出一条从无到有、从有到优、从有源到无源、从区域到全球的中国特色发展道路，从而使我国成为继美国、俄罗斯之后世界上第三个拥有自主全球卫星导航系统的国家。北斗人在建设北斗系统过程中孕育出来的“自主创新、开放融合、万众一心、追求卓越”的新时代北斗精神，已成为“两弹一星”精神、载人航天精神的血脉赓续，不断激励新时代北斗人继续前行。二十大报告提出“加快实现高水平科技自立自强”，对此，具有完全自主产权的中国北斗导航系统、新时代北斗精神，带给我们怎样的思索？

深中通道技术和设备的一系列创造、创新，充分而又生动地阐释了二十大报告中“必须坚持科技是第一生产力、人才是第一资源、创新是第一动力”的论述，集中彰显了广大交通工程建设者对“两路”精神的不断传承和发扬，也反映了我国交通建设的强大实力。党的十八大以来，京新高速、港珠澳大桥、西成高铁秦岭隧道群、洋山港集装箱码头、青岛港全自动化集装箱码头、长江口深水航道治理、深中通道等我国重大交通建设工程捷报频传、鼓舞人心，中国路、中国桥、中国高铁等成为举世瞩目的中国名片。今日之中国，公路成网，铁路密布，高铁飞驰，巨轮远航，飞机翱翔，邮路畅通，高速铁路、高速公路、城市轨道交通、港口万吨级泊位等规模均跃居世界第一，交通运输实现了从小到大、从大向强的历史性转变，实现了从整体滞后到瓶颈制约到初步缓解再到基本适应的历史性跨越。在全面建设社会主义现代化国家的新征程上，全体交通人将继续传承和发扬历久弥新的“两路”精神，坚定理想信念，不断锐意进取、攻坚克难、开拓创新，为加快建设交通强国而勇往直前。

参 考 文 献

[1] 和丕壮，王鲁宁. 交通土建工程制图［M］. 北京：人民交通出版社，2001.
[2] 谢步瀛，袁果. 道路工程制图［M］. 5版. 北京：人民交通出版社股份有限公司，2017.
[3] 汪谷香，邓晓杰. 道路工程制图与CAD［M］. 3版. 北京：人民交通出版社股份有限公司，2019.
[4] 王兰美，贾鹏，殷昌贵. 画法几何及工程制图［M］. 4版. 北京：机械工业出版社，2024.
[5] 秦骏伦. 创造学与创造性经营［M］. 北京：中国人事出版社，1996.
[6] 庄寿强. 地质创造学导论［M］. 徐州：中国矿业大学出版社，2000.
[7] 何克抗. 创造性思维理论［M］. 北京：北京师范大学出版社，2000.
[8] 陈锦昌，陈炽坤，孙炜. 构型设计制图［M］. 2版. 北京：高等教育出版社，2018.
[9] 李晨霞，沈常宇，康娟. 光学原理课的课程思政改革探索［J］. 大学教育，2021，10：98-100.
[10] 和丕壮，王鲁宁. 交通土建工程制图习题集［M］. 北京：人民交通出版社，2001.
[11] 陈锦昌，丁川，陈亮. 构型设计制图习题集［M］. 2版. 北京：高等教育出版社，2018.
[12] 王兰美，贾鹏. 画法几何及工程制图习题集［M］. 4版. 北京：机械工业出版社，2024.
[13] 袁果，刘政. 道路工程制图习题集［M］. 5版. 北京：人民交通出版社股份有限公司，2017.
[14] 快资讯. 交通运输部：中国高速公路通车里程居世界第一［EB/OL］.（2021-08-25）［2023-05-21］. https：//www. 360kuai. com/pc/99f48424ec87016ac？cota=3&kuai_so=1&tj_url=so_vip&sign=360_57c3bbd1&refer_scene=so_1.
[15] 个人图书馆. 中国桥梁世界之最［EB/OL］.（2019-08-18）［2022-12-20］. http：//www. 360doc. com/content/19/0818/16/7107999_855673214. shtml.
[16] 中国日报网. “衡盾泥”：破解盾构施工世界难题的“中国创造”［EB/OL］.（2019-04-15）［2023-3-28］. http：//cx. chinadaily. com. cn/exchange/partners/77/rss/channel/cn/columns/ruv4j9/stories/WS5cb43174a310e7f8b1576991. html.
[17] 豆丁建筑. 城市道路建设的必要性 城市道路建设的发展前景［EB/OL］.（2017-09-05）［2023-05-28］. https：//jz. docin. com/p-2009917192. html.
[18] 豆丁网. 外白渡桥百年见证［EB/OL］.（2012-10-12）［2023-05-24］. https：//www. docin. com/p-496668823. html.
[19] 360百科. 魁北克大桥［EB/OL］.［2023-5-23］. https：//baike. so. com/doc/8550473-8871112. html.
[20] 人民网. 赓续创新奋斗的精神血脉：科学家精神述评［EB/OL］.（2022-10-12）［2023-05-25］. http：//theory. people. com. cn/n1/2021/1012/c40531-32250386. html.
[21] 共产党员网. 力保安澜 人民至上：抗洪精神述评［EB/OL］.（2021-10-27）［2023-06-25］. https：//www. 12371. cn/2021/10/27/ARTI1635315611655184. shtml.
[22] 共产党员网. 在平凡的岗位上创造不平凡的业绩：劳模精神述评［EB/OL］.（2021-09-23）［2023-05-28］. https：//www. 12371. cn/2021/09/23/ARTI1632391537997219. shtml.
[23] 人民政协网. 深中通道海底隧道顺利合龙 实现多个世界首创［EB/OL］.（2023-06-11）［2023-06-12］. http：//www. rmzxb. com. cn/c/2023-06-11/3359851. shtml.
[24] 共产党员网. 中国共产党人的精神谱系 自主创新 追求卓越：新时代北斗精神［EB/OL］.（2021-12-10）［2023-06-15］. https：//www. 12371. cn/2021/12/10/ARTI1639097380979763. shtml.

习 题 集

1-1　在下列尺寸线上，标出尺寸数字。

（1）标注直线尺寸（数值从图上按 1∶1 比例量取，并取整数）　（2）标注角度尺寸（用量角器度量量取，并取整数）

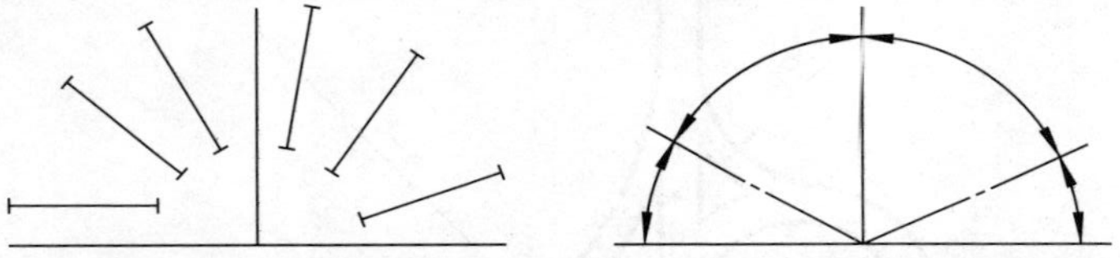

1-2　改正下列尺寸标注中的错误，将正确的注在右边图中。

（1）

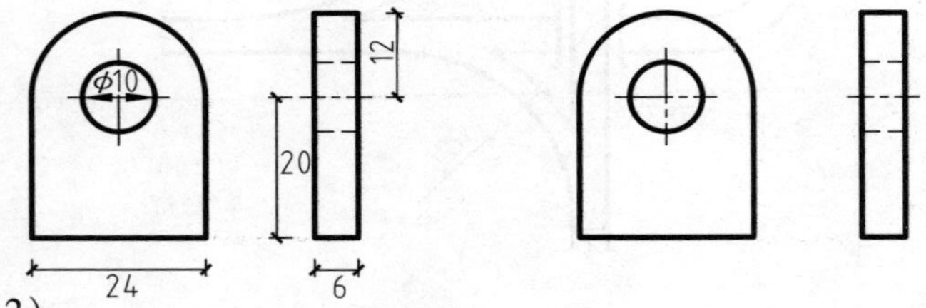

（2）

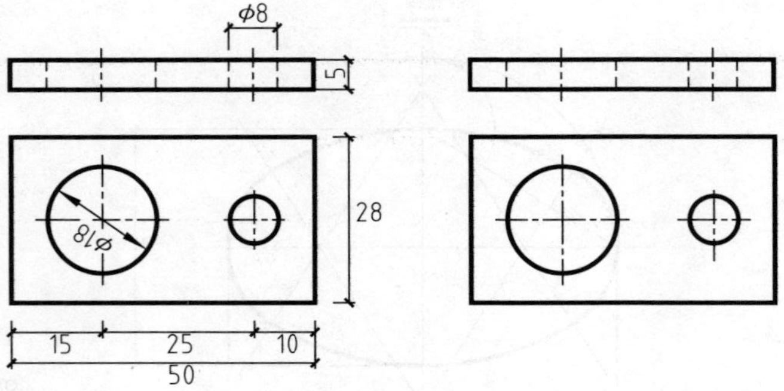

1-3　图纸练习。

（1）

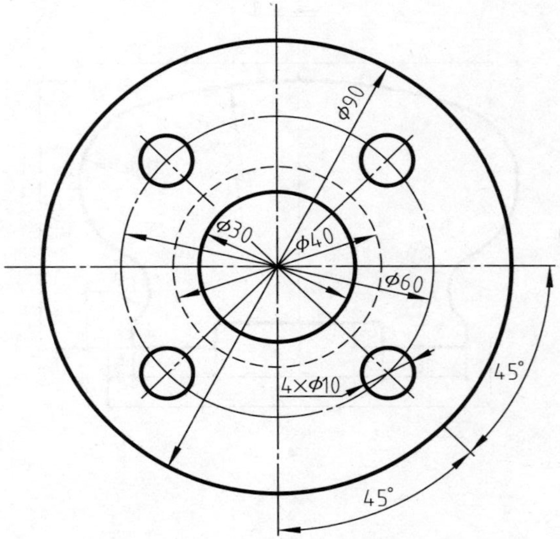

（2）

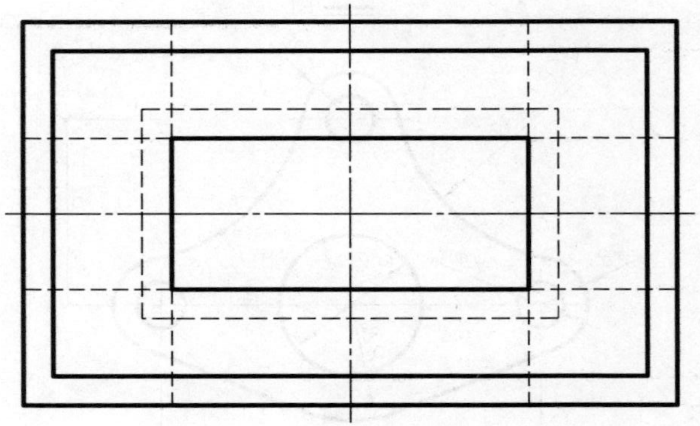

2-1 画平面图形，并标注尺寸。

（1）

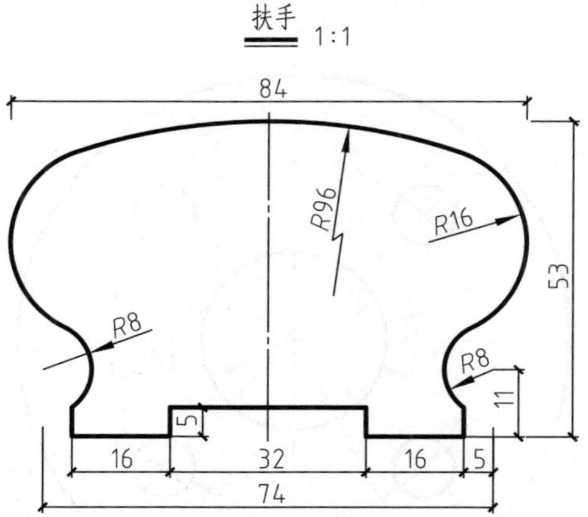

（2）

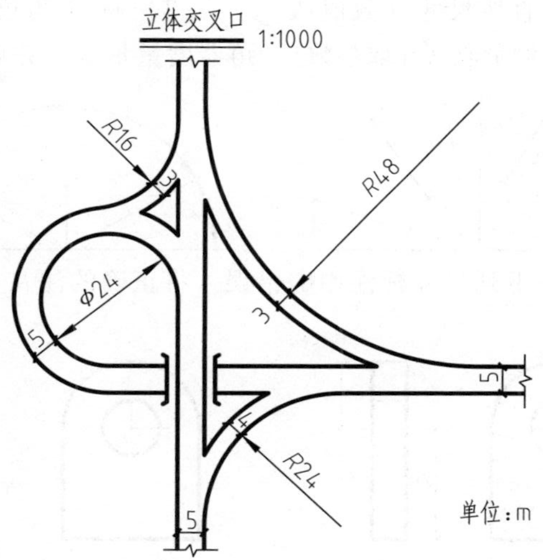

（3）

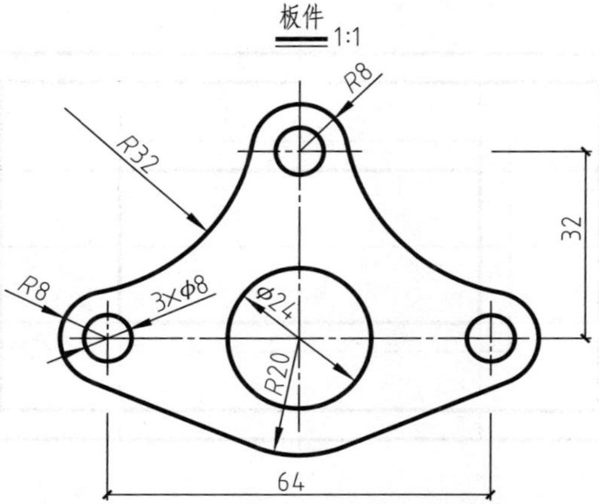

（4）

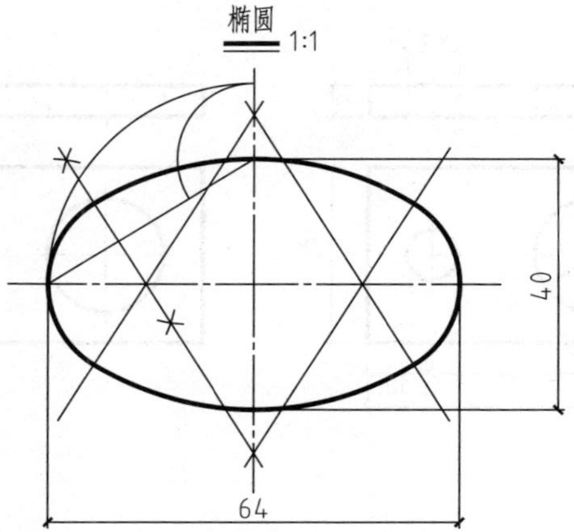

第 2 章	制图方法	专业班级		姓名		学号		日期		评阅	

3-1　已知 A、B、C、D 四点的两面投影，求其第三投影，并将各点的坐标取整数量出，填入右表中。

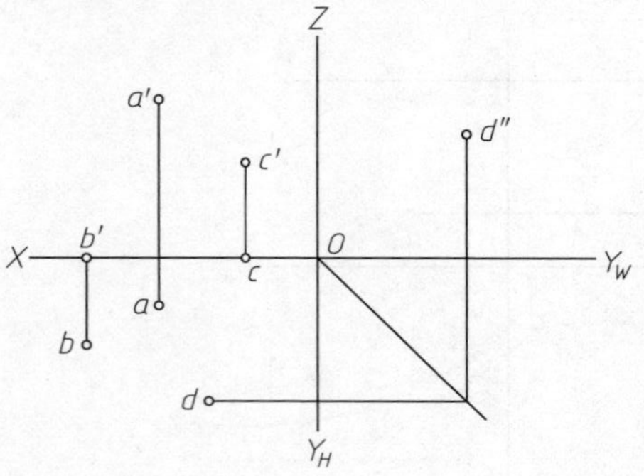

单位:mm

点	A	B	C	D
X				
Y				
Z				

3-2　已知 A、B 两点的三面投影，试判断其相对位置。

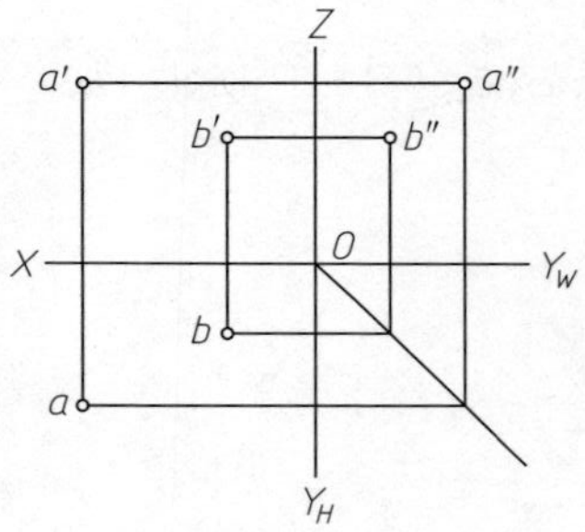

填出：A在B点之左右（　　）方；
A在B点之前后（　　）方；
A在B点之上下（　　）方。

3-3　已知 B 点的三面投影，并知 A 点在 B 点之前、下、右各 10mm，求作 A 点的三面投影。

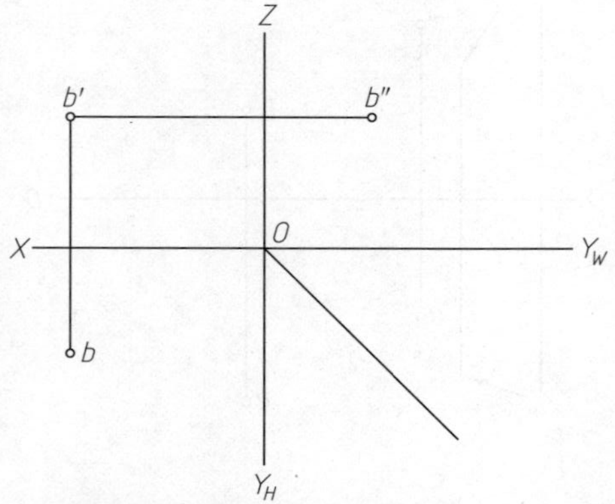

3-4　已知 A（30，25，15），B 点在 A 点之正上方 10mm，C 点在 B 点之正后方 10mm，求 A、B、C 各点的三面投影，并表示各重影点的可见性。

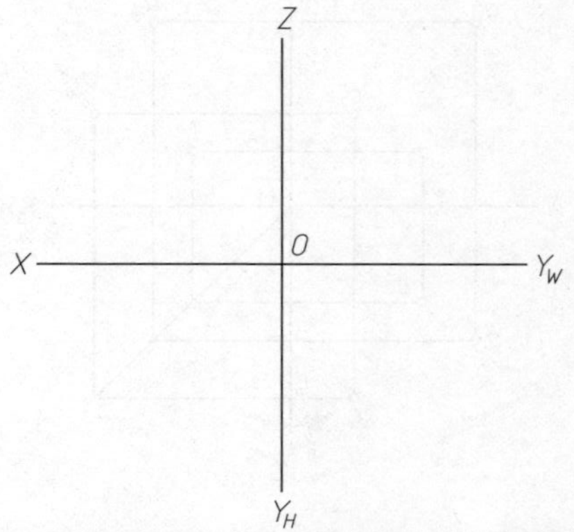

3-5　已知 M、N 两点的三面投影，试判断 N 点相对于 M 点的相对位置。

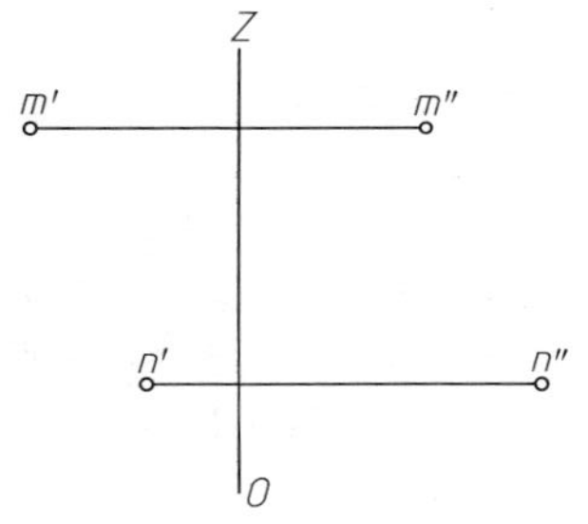

N点在M点之(　)方、(　)方、(　)方。

3-6　求 A、B 两点的 H 面投影，并将两点同面投影相连，你认为得到的是什么的投影？

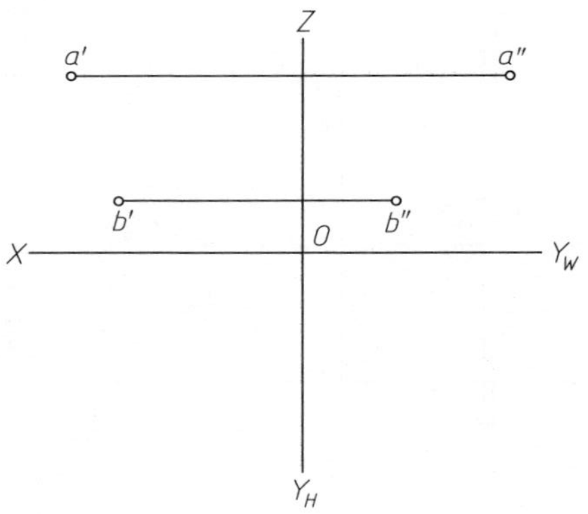

3-7　将 A、B、C 三点的同面投影相连，你认为得到的是什么的投影？

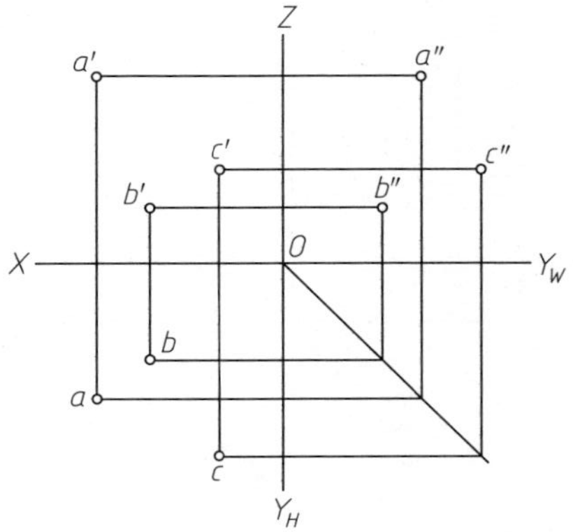

3-8　求空中两球 A、B 在光线 S 照射下，在地面上的落影 AO、BO 的两面投影。

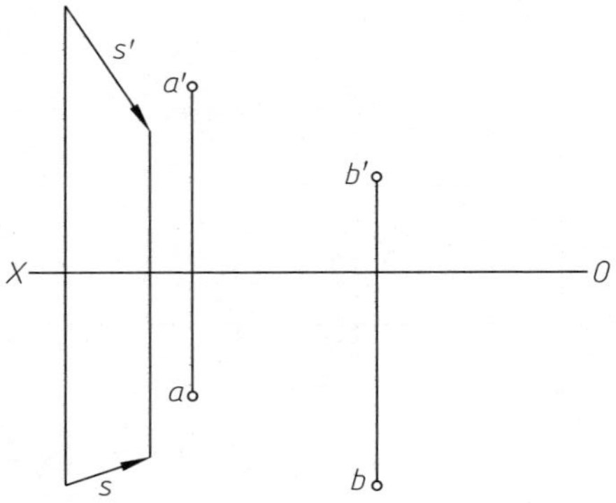

第 3 章	几何元素的投影	专业班级		姓名		学号		日期		评阅	

3-9　已知直线 AB 上 K 点的 V 面投影，试求 K 点的 H 面投影。

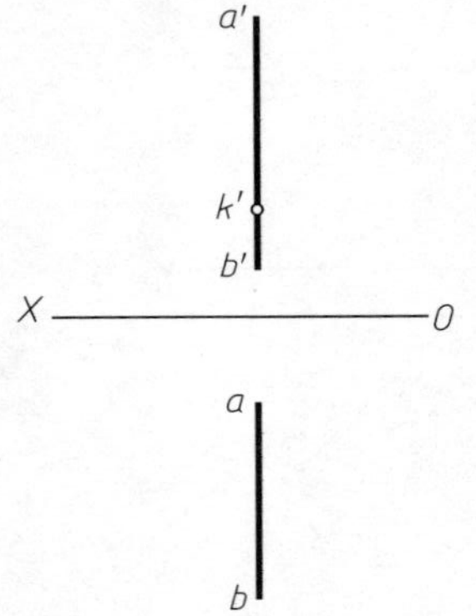

3-10　根据直线的两面投影图，判断空间直线相对于投影面的位置。要求作出具体判断。

AB是______线　CD是______线　EF是______线　GH是______线　MN是______线

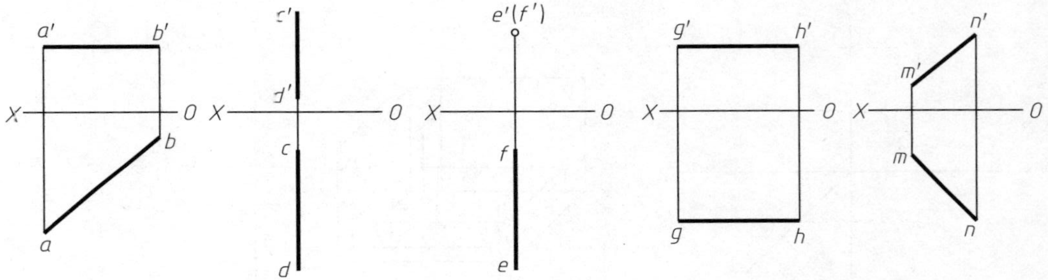

3-11　试在直线 AB 上求一点 K，使其至 V 面的距离为 15mm。

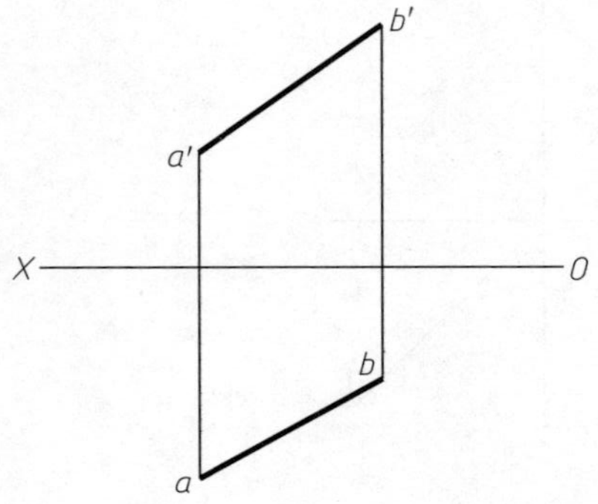

3-12　求三棱锥表面六直线段的 W 面投影。试将六直线段与投影面的相对位置填入右表内。要求作出具体判断。

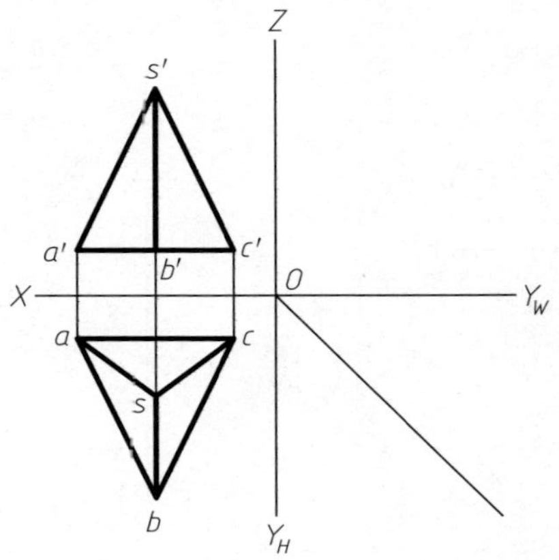

直线	相对于投影面的位置
SA	
SB	
SC	
AB	
AC	
BC	

3-13　已知 A、B 两点的立体图，试画出线段 AB 的三面投影图。

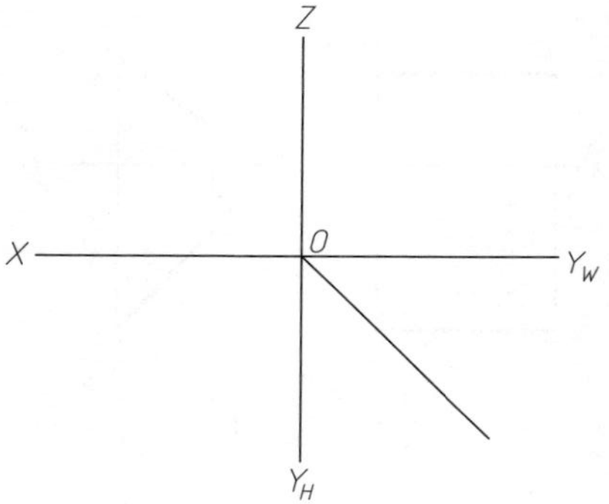

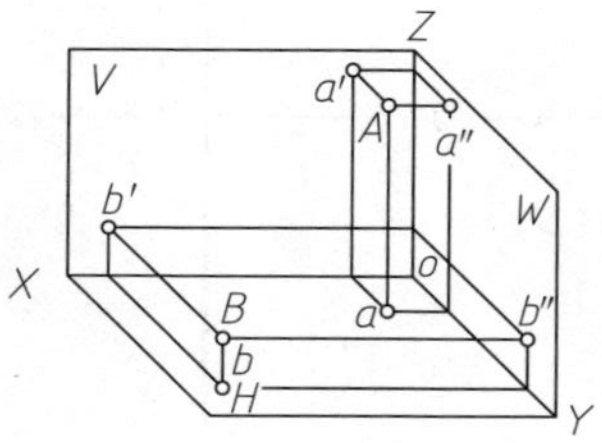

3-14　已知水平线 AB 的水平投影，且知 AB 距 H 面 20mm，试补全水平线 AB 的三面投影。

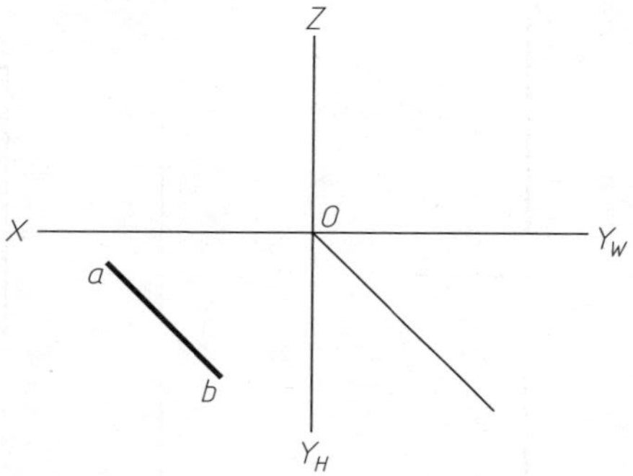

3-15　已知 AB 为水平线，它对 X 面的倾角 β 为 30°，实长为 20mm，B 点在 A 点右前方，试补全 AB 的三面投影。

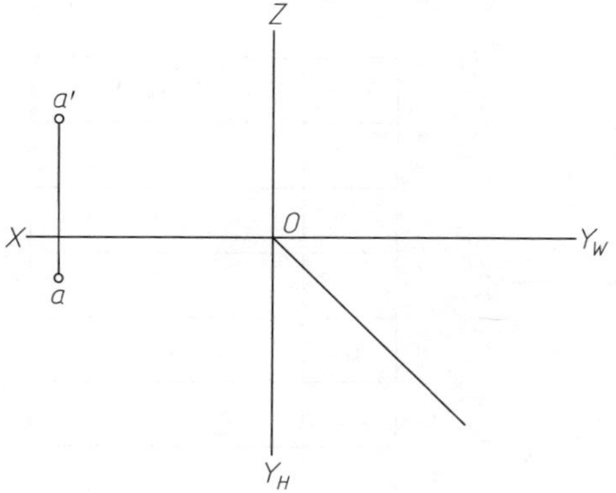

3-16　已知 AB 为铅垂线，试求其 W 面投影。

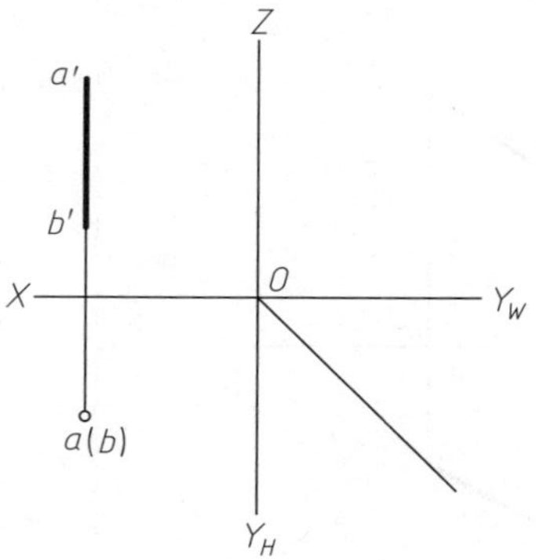

3-17　求点 A 到直线 CD 之间的距离。

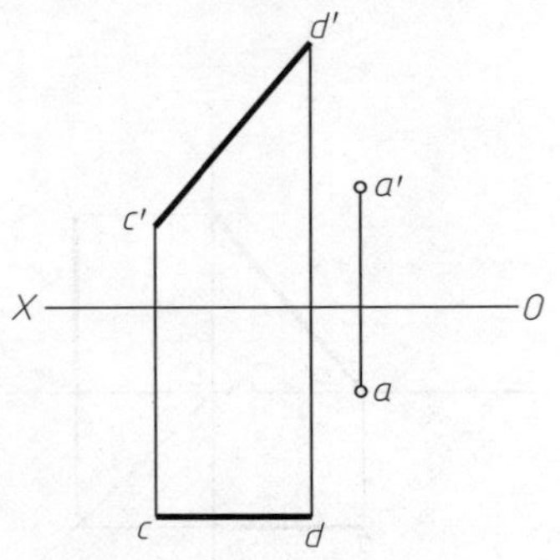

3-18　求两管道 AB、CD 之间最短连接管道 MN 的位置和长度，M、N 分别在 AB、CD 上。

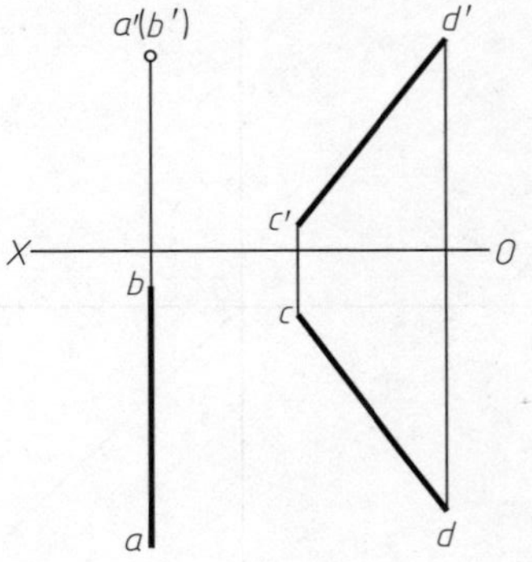

3-19　补全两管道 AB、CD 的两面投影。

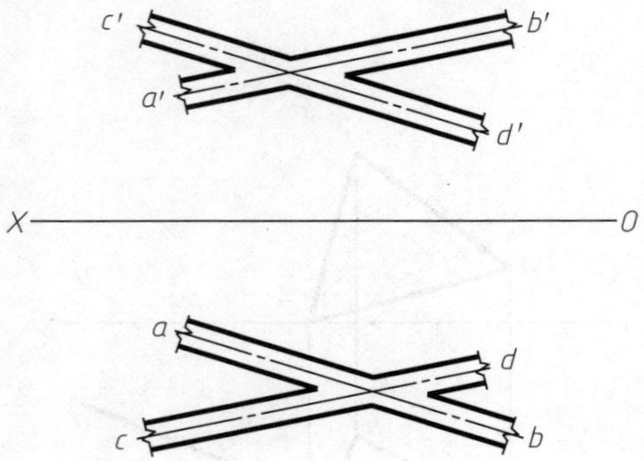

3-20　自 E 点开一倾斜的矿井巷道与隧道 AB 连接，连接处 C 距 B 点 100m，试定出巷道位置、长度及其与水平之间的倾斜角度。（比例 1：10000）

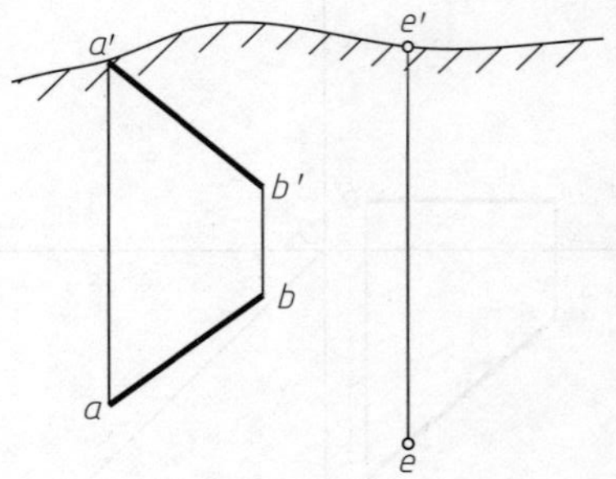

3-21　已知 *A*（29，4，12），*B*（16，28，26），*C*（6，4，3），试完成△*ABC* 三面投影图。

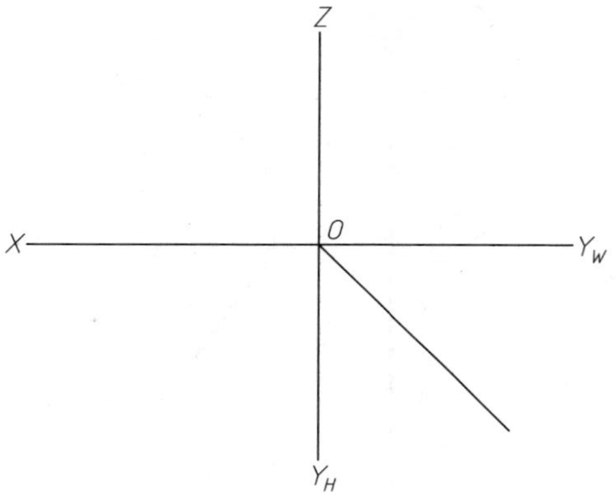

3-22　以 *AB* 为一边，作等边△*ABC* 为正平面。

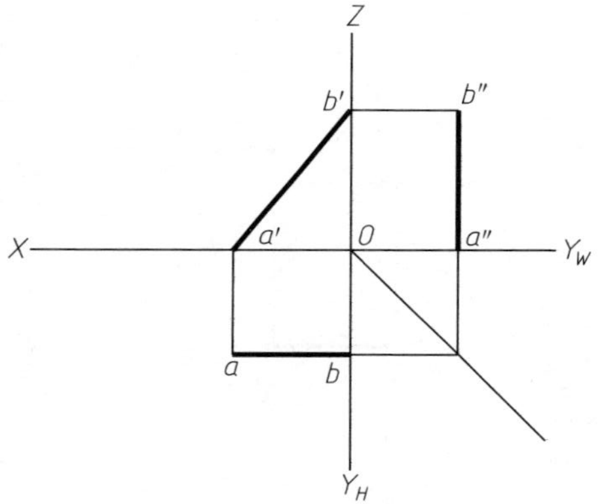

3-23　以 *AB* 为一边，作正方形 *ABCD* 为铅垂面。

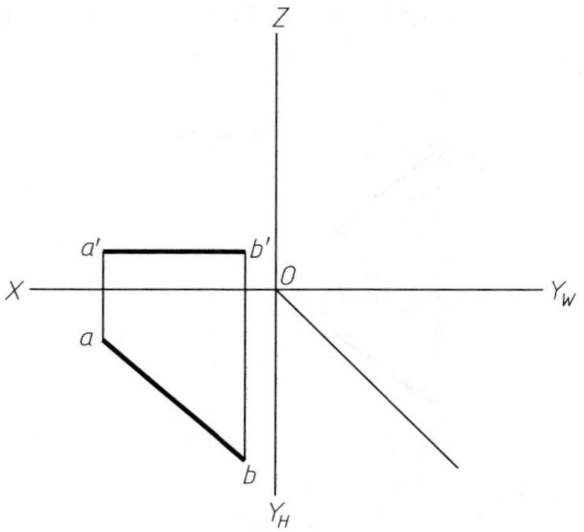

3-24　已知直线 *MN* 在平面△*ABC* 上，试求出 *MN* 的正面投影。

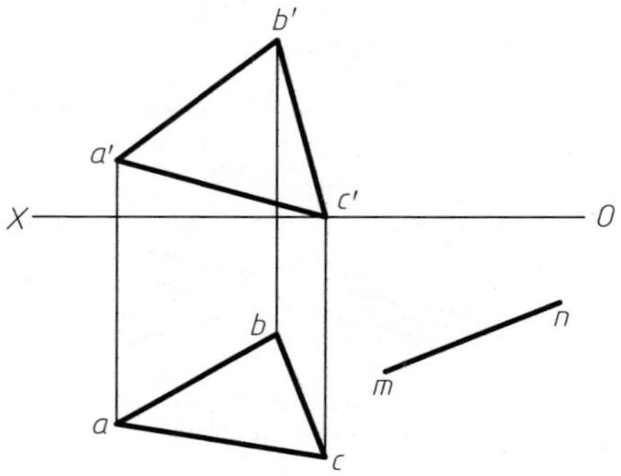

第 3 章	几何元素的投影	专业班级		姓名		学号		日期		评阅	

3-25 已知平面图形 *ABCDE* 的对角线 *AC* 为正平线，试补全其水平投影。

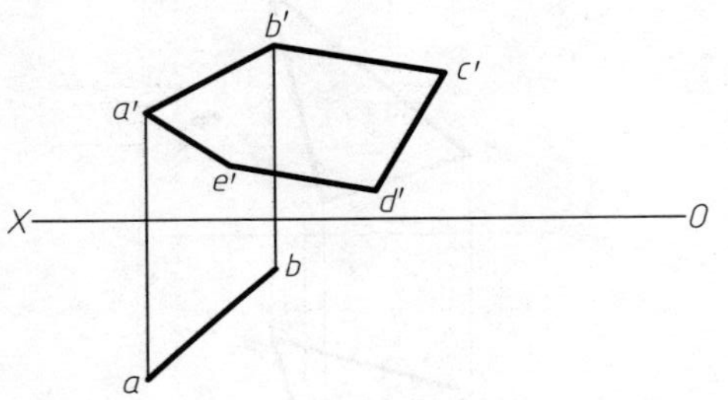

3-26 已知▱*ABCD* 的 *AD* 边平行于 *V* 面，*BC* 边平行于 *H* 面，试完成该平面的 *V* 面投影。

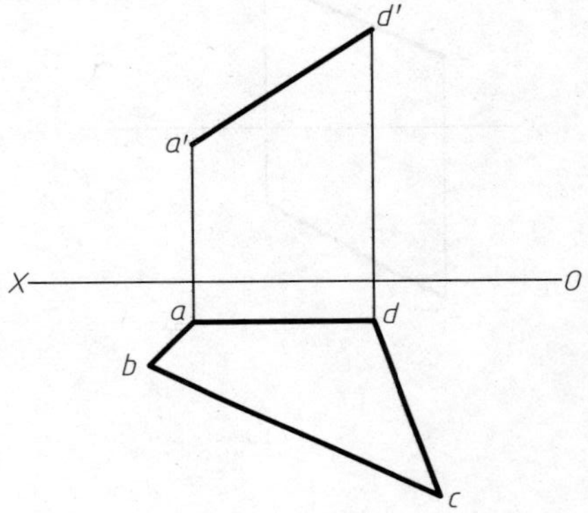

3-27 求△*ABC* 平面对 *H* 面的倾角 *α*。

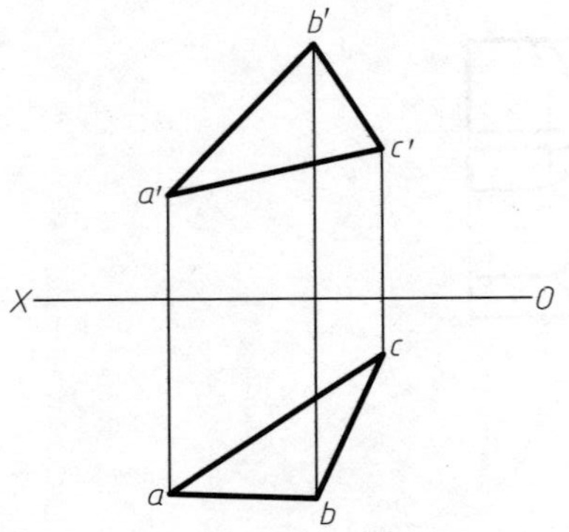

3-28 小球 *Q* 从空中自由下落至平板 *P*，试求小球在平板上的下落路线。

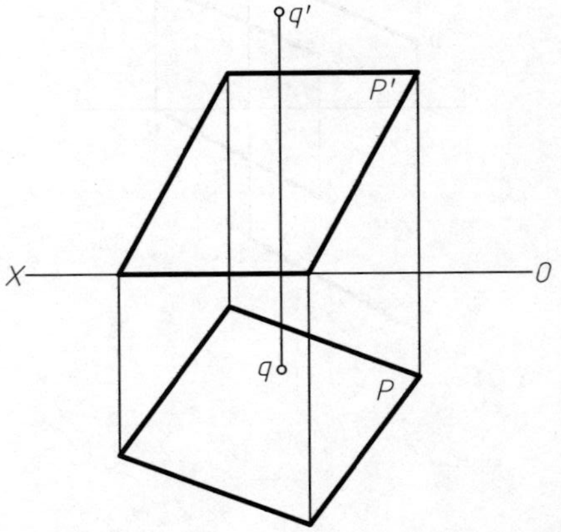

第 3 章	几何元素的投影	专业班级		姓名		学号		日期		评阅	

4-1　求直线 *AB* 的实长，以及对 *H* 面的倾角 α。

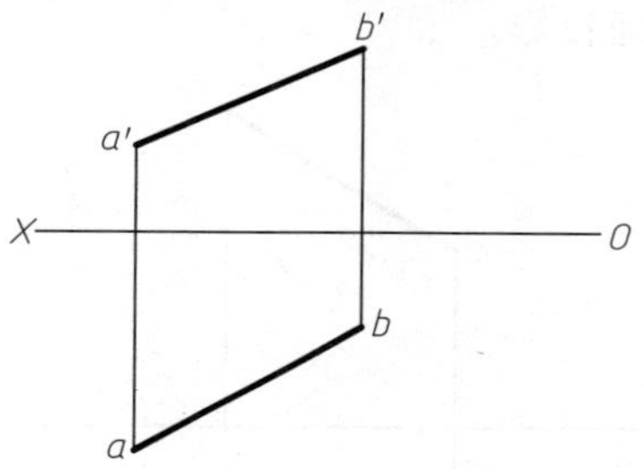

4-2　求平面 *ABC* 对 *V* 面的倾角 β_1，以及其实形。

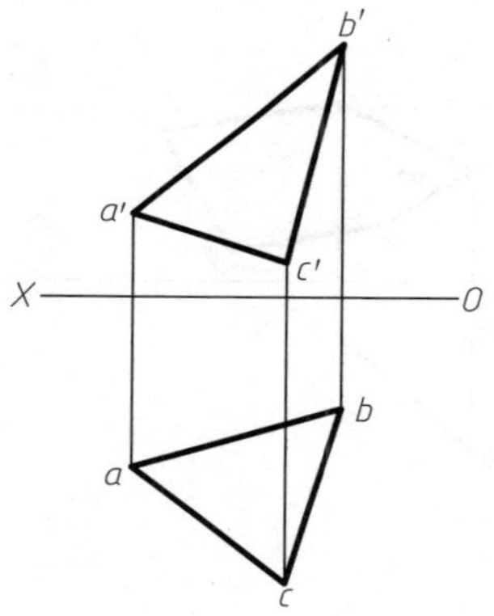

4-3　求两平行管道 *AB*、*CD* 之间的真实距离。

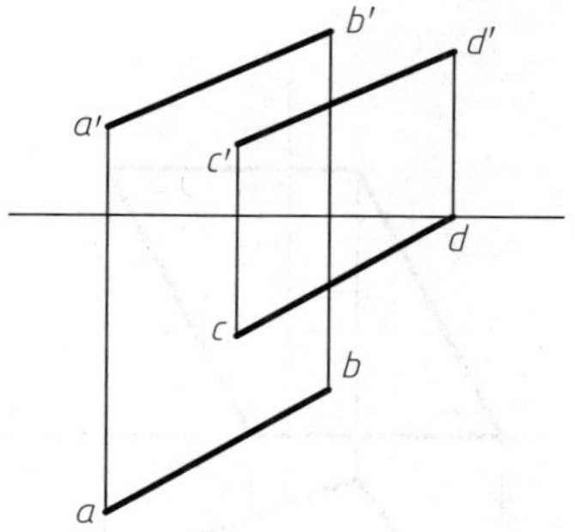

4-4　求飞机挡风屏 *ABCD* 与玻璃面 *CDEF* 之间夹角 θ 的真实大小。

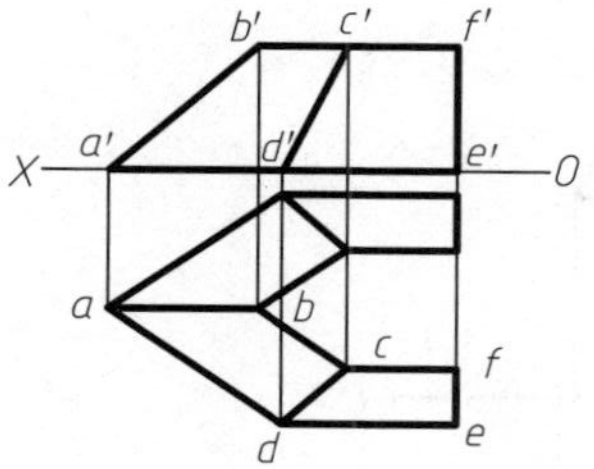

4-5　过 A 处作直线道路 AB 交道路 CD 于 B，使 $\angle ABC=60°$。

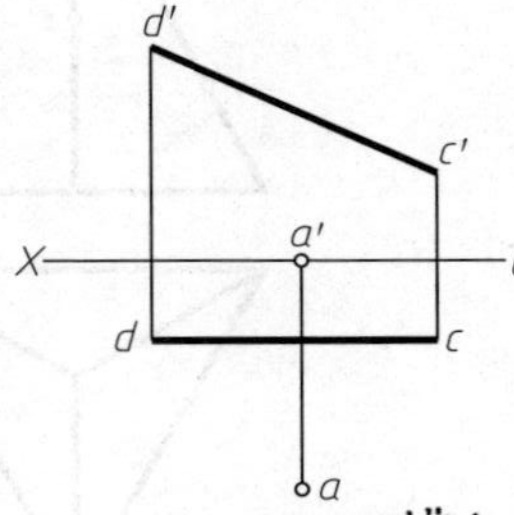

4-6　计划自 C 处向公路 AB 修建相交道路 CD，不考虑地形地物等因素，但需考虑成本要低的因素，请设计 CD 的路径，并求其里程。

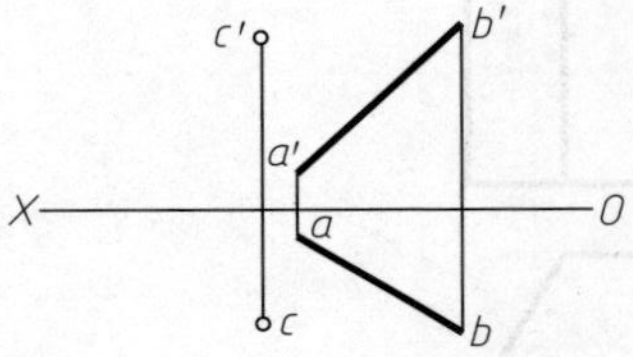

4-7　AB 与 CD 为立体交叉口处的两条道路。现计划在 AB 路上安装测速装置以检测 CD 路上行驶车辆的车速，测速装置与行驶车辆距离越近，检测越准确，请设计测速装置的位置 M，并求出检测的最近距离。

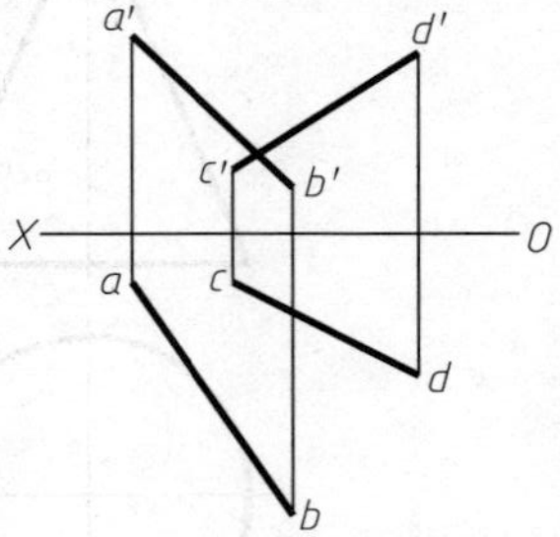

4-8　用半径为 1.5m 的弯管连接两条已知管道 AB 和 CD。试求作弯管。画图比例为 1∶100。

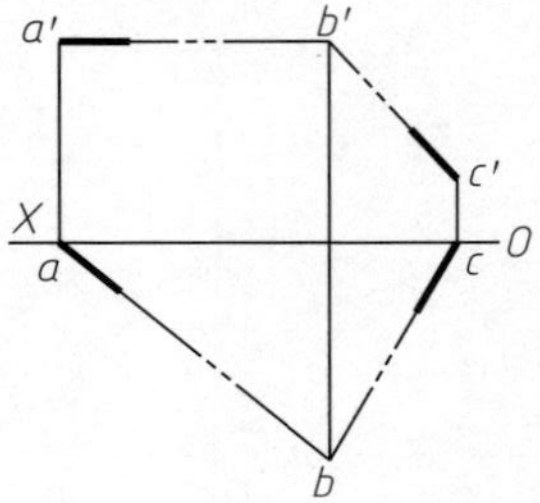

5-1　补全正六棱柱体及其表面上各点的其他投影。

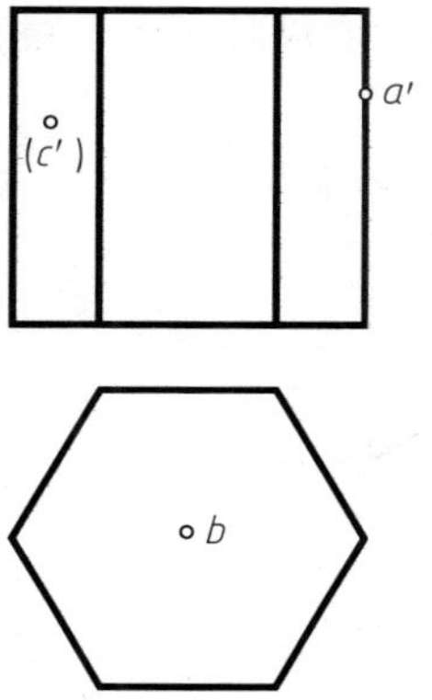

5-2　补全三棱锥体及其表面上各点的其他投影。

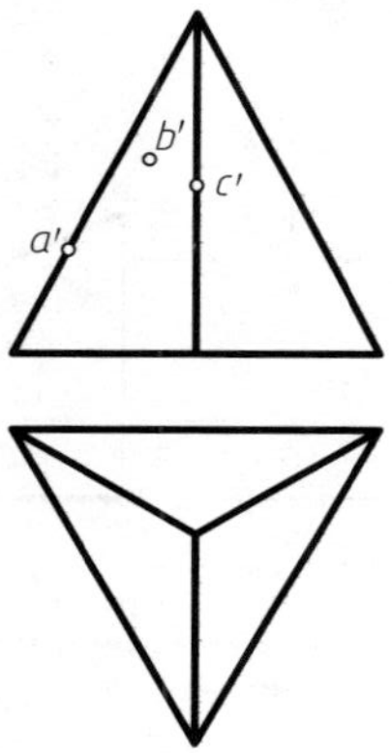

5-3　补全圆柱体及其表面上各点的其他投影。

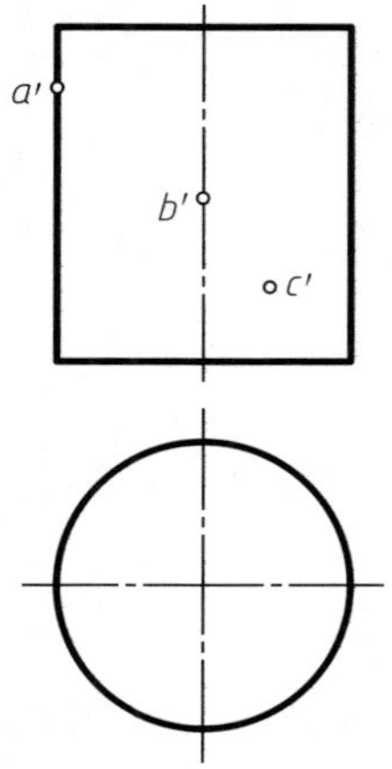

5-4　补全圆锥体及其表面上各点的其他投影。

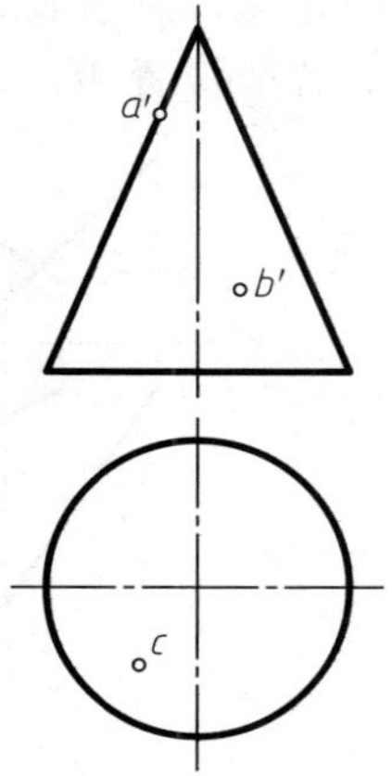

第 5 章	立体的投影	专业班级		姓名		学号		日期		评阅	

5-5　补全圆球体及其表面上各点的其他投影。

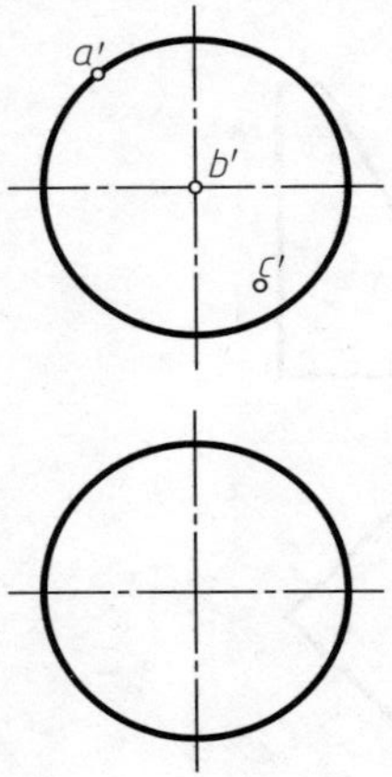

5-6　补全四棱柱及其表面上各点的其他投影。

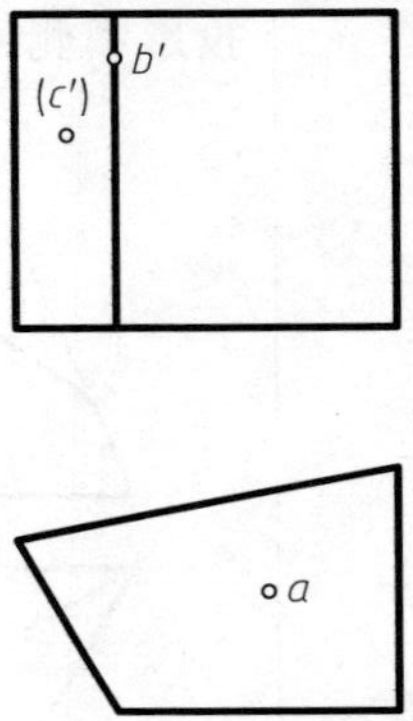

5-7　补全四棱锥及其表面上无记名各点的其他投影。

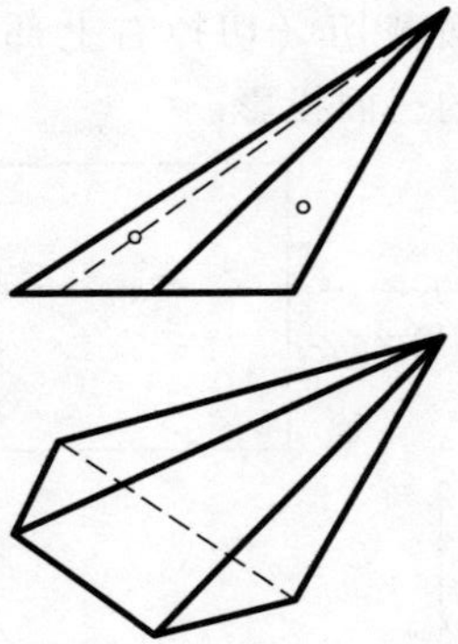

5-8　补全立体的其他投影，并求其表面上 M 球的下落轨迹。

5-9　完成正六棱柱体被截切后的水平投影和侧面投影。

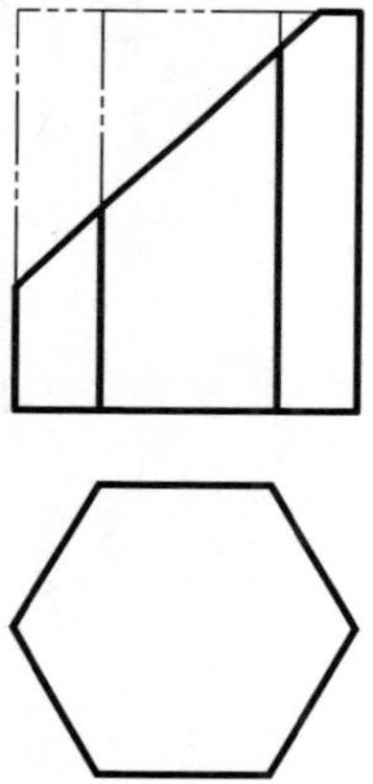

5-10　完成正三棱锥体被截切后的水平投影和侧面投影。

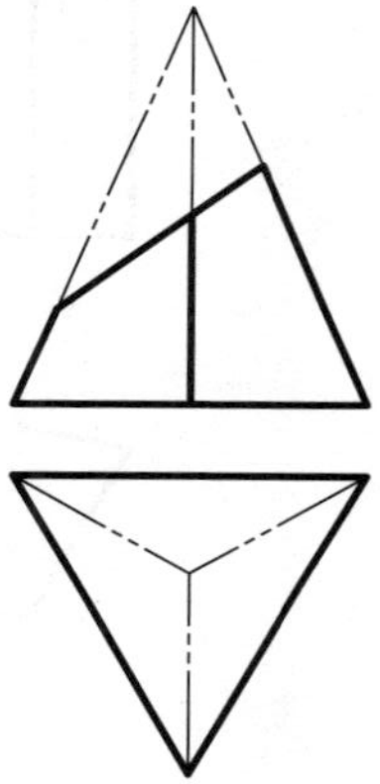

5-11　完成四棱柱被截切后的水平投影和侧面投影。

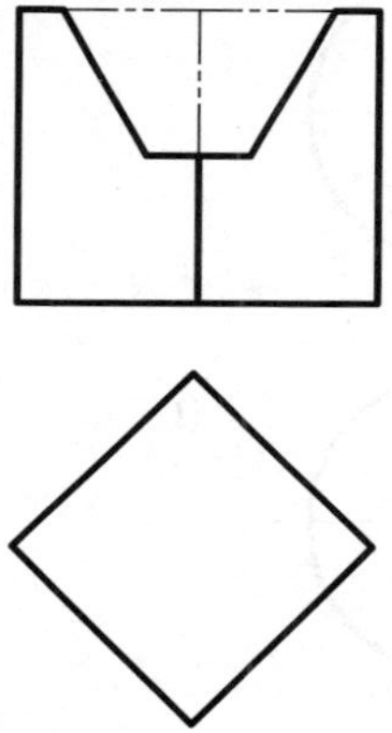

5-12　完成三棱锥被截切后的水平投影和侧面投影。

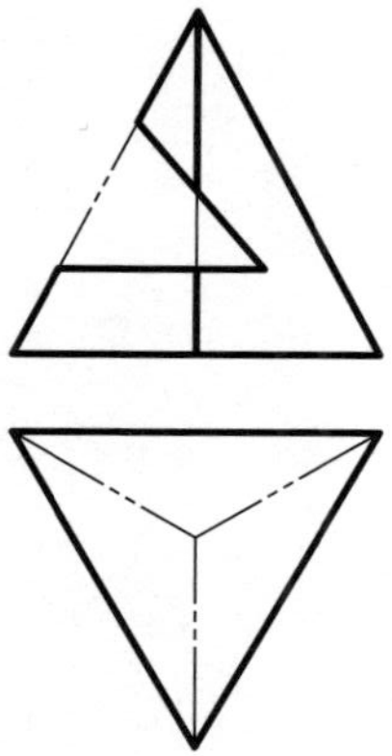

5-13　设计一平面立体，让图示形状特征的孔洞穿过立体，并画出带孔洞立体的三面投影图。

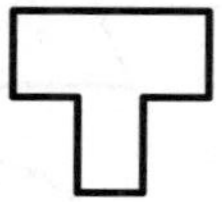

5-14　过平面立体表面上的 M、N 两点用正垂截平面截切（切掉右上部分），完成被截切立体的三面投影。

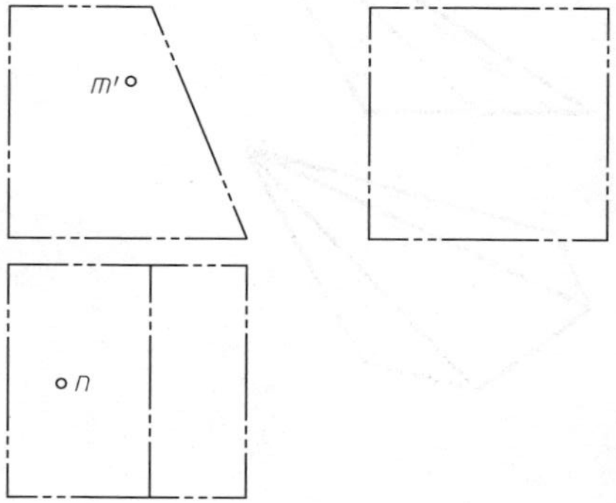

第 5 章	立体的投影	专业班级		姓名		学号		日期		评阅	

5-15　自行设计一平面立体及其摆放位置，使其表面具有三种位置的垂直线。用三面投影表示之。

5-16　自行设计一平面立体及其摆放位置，使其表面具有三种位置的平行线。用三面投影表示之。

5-17　自行设计一平面立体及其摆放位置，使其表面具有全部七种位置的直线。用三面投影表示之。

5-18　自行设计一平面立体及其摆放位置，使其表面具有三种位置的垂直面。用三面投影表示之。

5-19 完成圆柱体被截切后的水平投影和侧面投影。

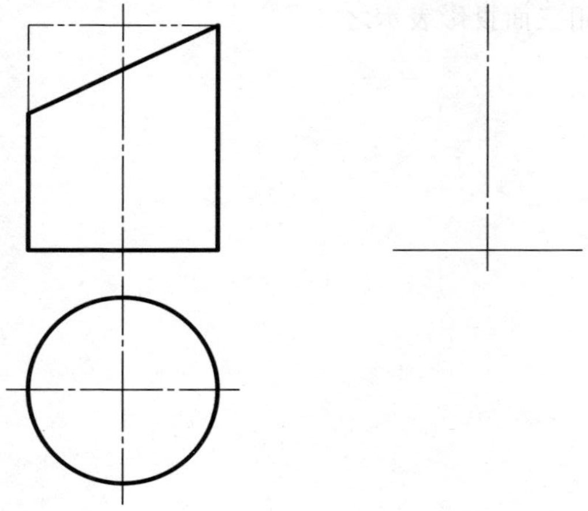

5-20 完成圆锥体被截切后的水平投影和侧面投影。

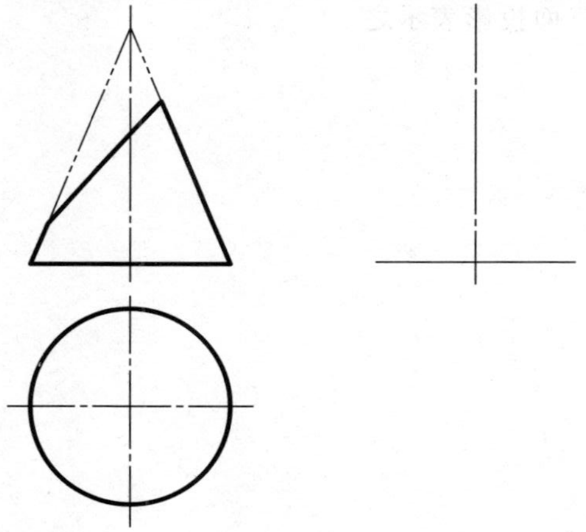

5-21 完成圆柱体被截切后的水平投影和侧面投影。

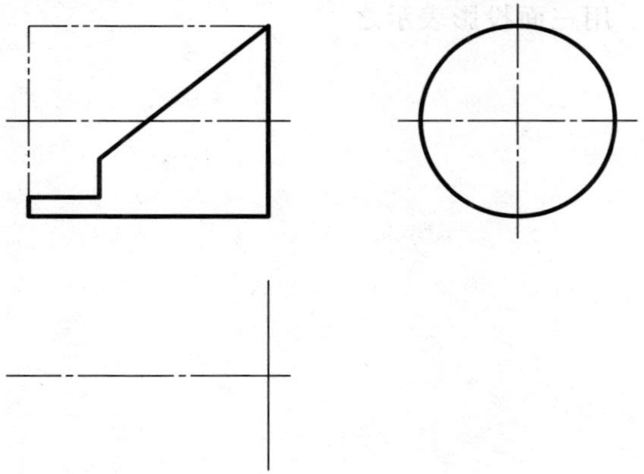

5-22 完成圆锥体被截切后的水平投影和侧面投影。

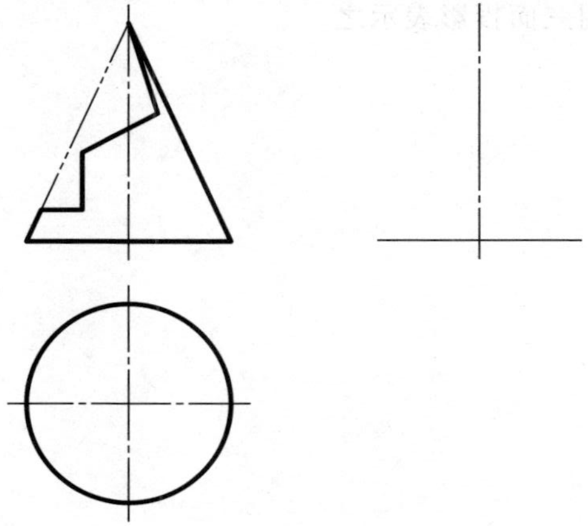

第 5 章	立体的投影	专业班级		姓名		学号		日期		评阅	

5-23　完成圆球体被截切后的水平投影和侧面投影。

5-24　完成被截切形体的正面投影和水平投影。

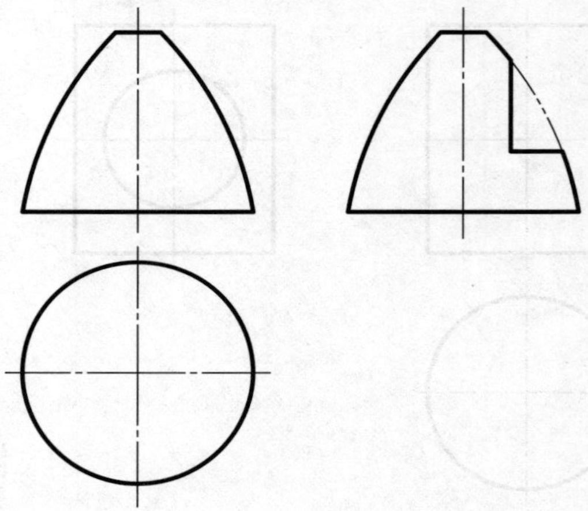

5-25　完成被截切形体的水平投影。

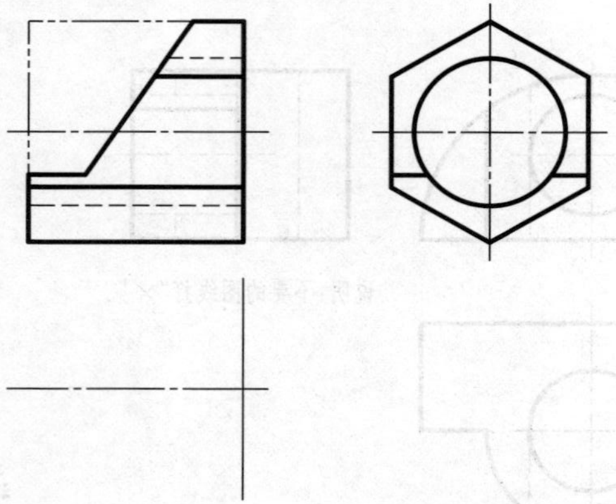

5-26　自行设计一组合曲面立体被截切，完成三面投影。

5-27　求两圆柱的交线。

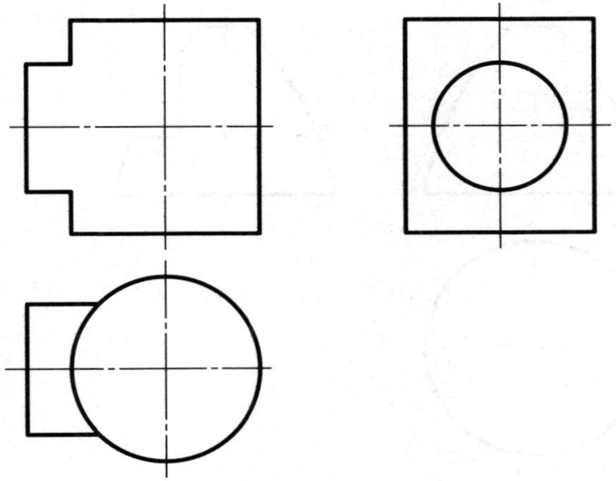

5-28　分析形体表面上的交线，并完成投影。

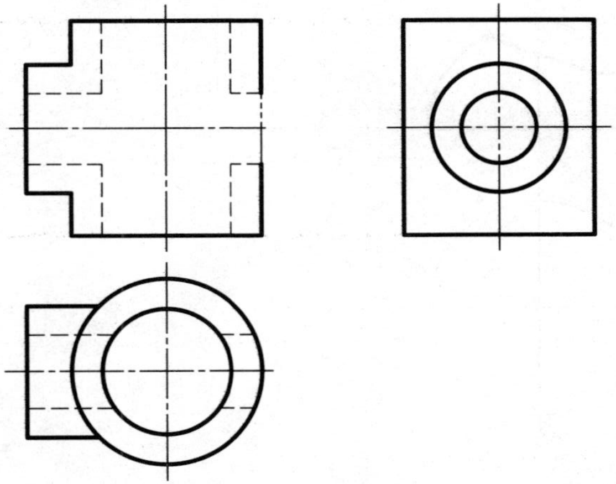

5-29　分析形体表面上的交线，并完成投影。

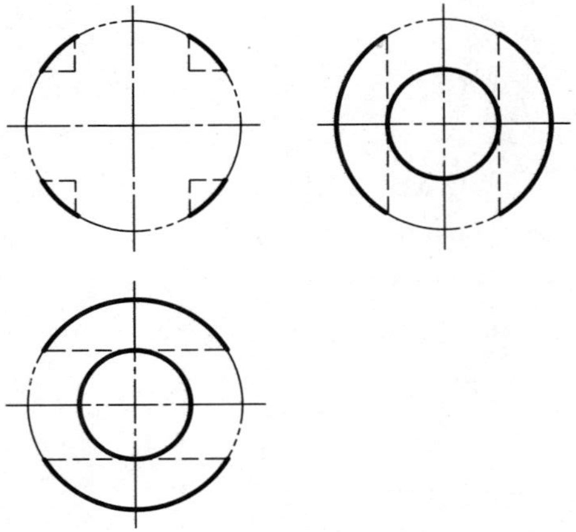

5-30　分析形体表面上的交线，判断作图是否正确，若错误请改正。

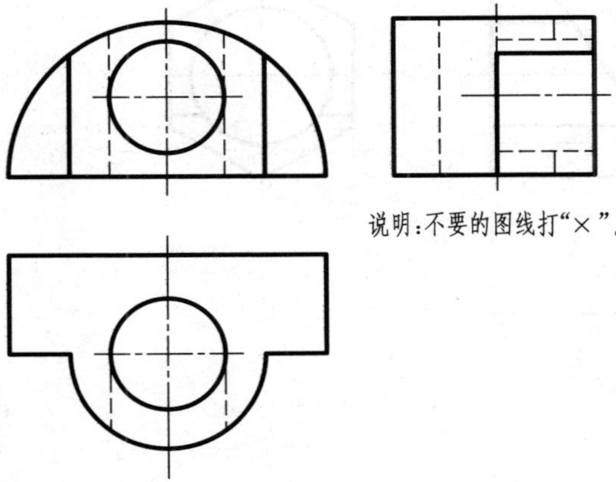

说明：不要的图线打“×”。

第 5 章	立体的投影	专业班级		姓名		学号		日期		评阅	

5-31　分析形体表面上的交线。用表面取点法完成两面投影。该题可否用辅助平面法？

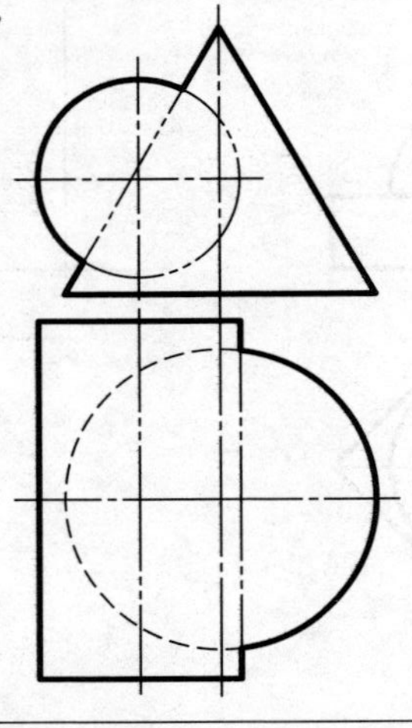

5-32　对 5-31 题目中形体表面上的交线，用模糊画法完成两面投影。

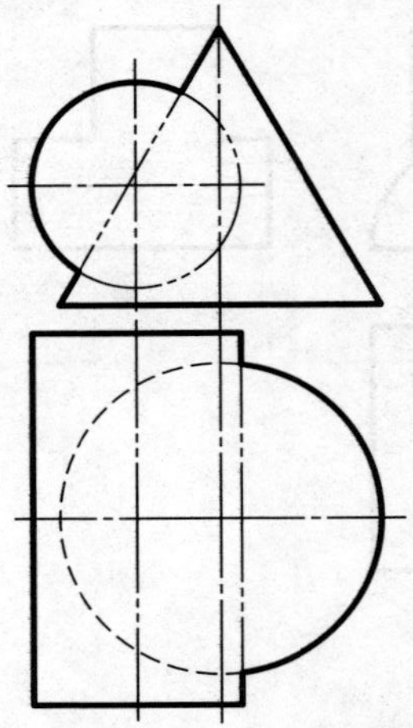

5-33　分析形体表面上的交线，用辅助平面法完成两面投影。该题可否用表面取点法？

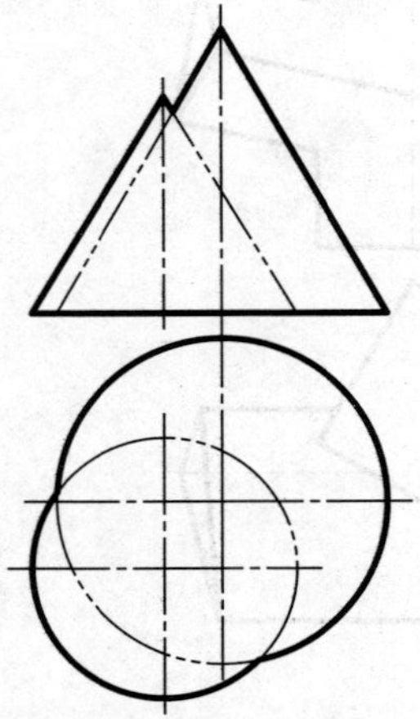

5-34　对 5-33 题目中形体表面上的交线，用模糊画法完成两面投影。

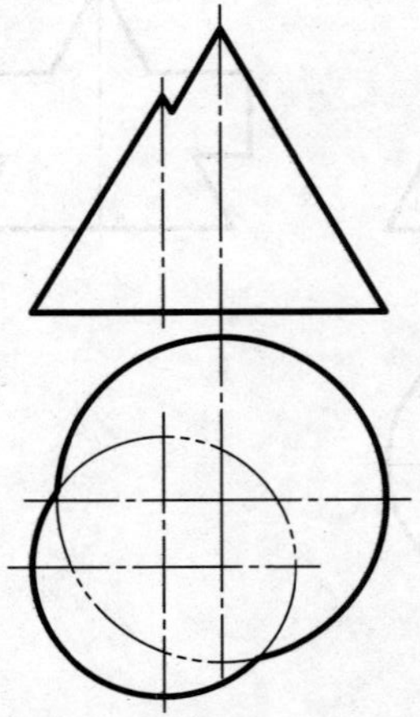

5-35　分析组合形体，补全表面交线的各面投影。

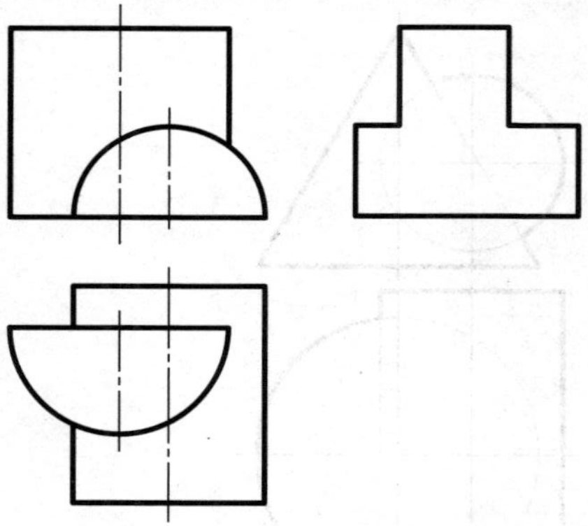

5-36　分析组合形体，补全被截切形体的各面投影。

5-37　分析组合形体，补全表面交线的各面投影。

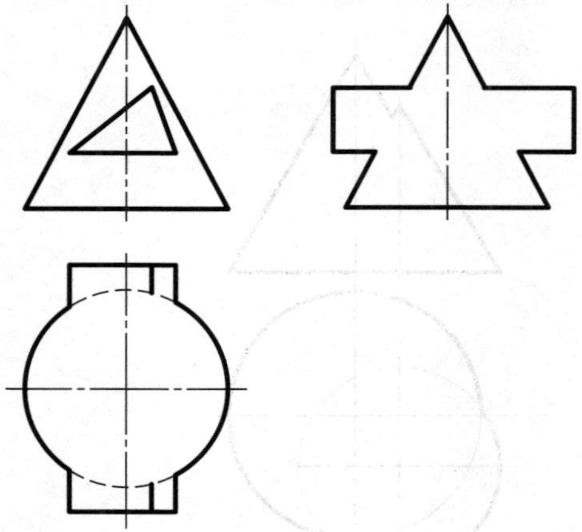

5-38　分析组合形体，补全表面交线的各面投影。

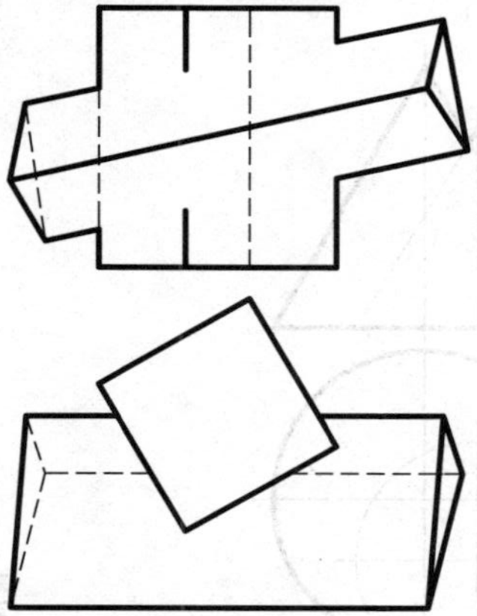

5-39 分析组合形体，补全表面交线的各面投影。

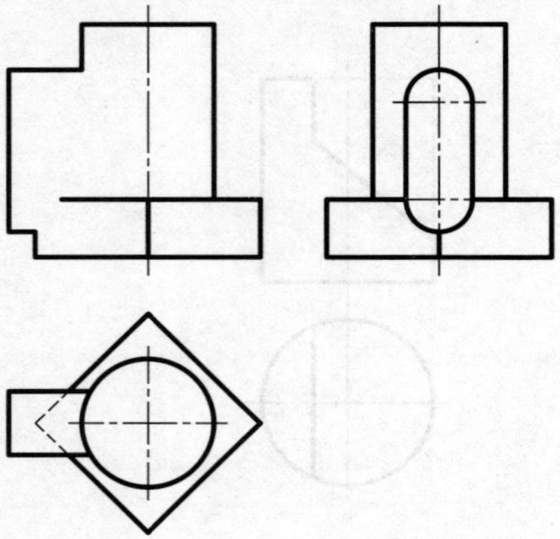

5-40 分析组合形体，补全表面交线的各面投影。

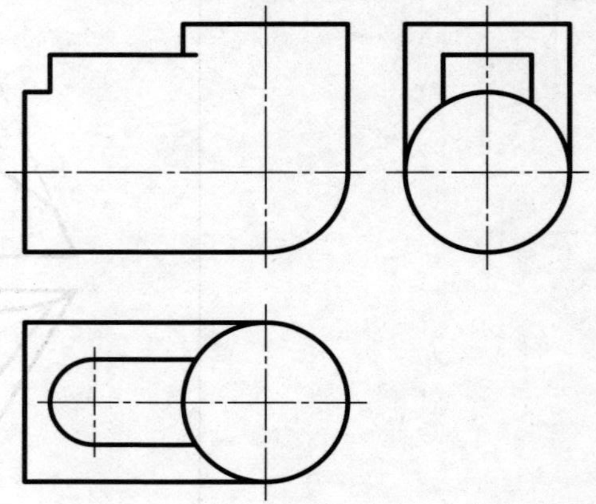

5-41 分析形体表面上的交线，探究方法，完成交线的正面投影。

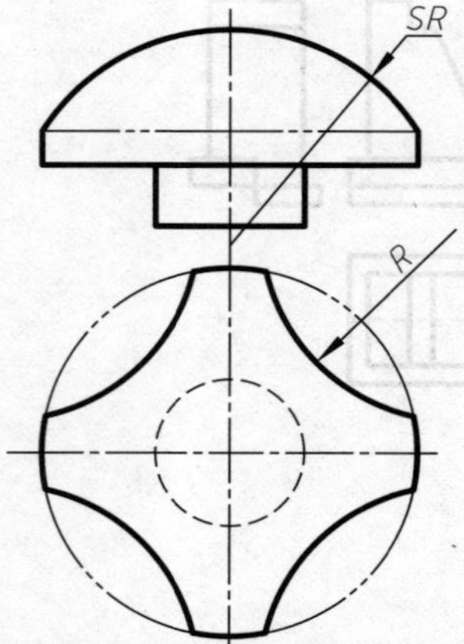

5-42 自主设计一生活形体或工程形体，要求形体表面包含截交线和相贯线，用三面投影表示之。

6-1　画出形体的正等测图。

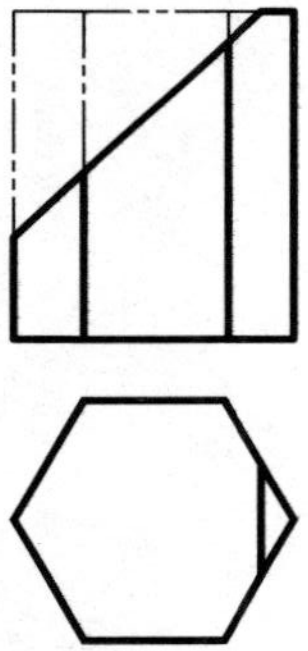

6-2　画出形体的正等测图。

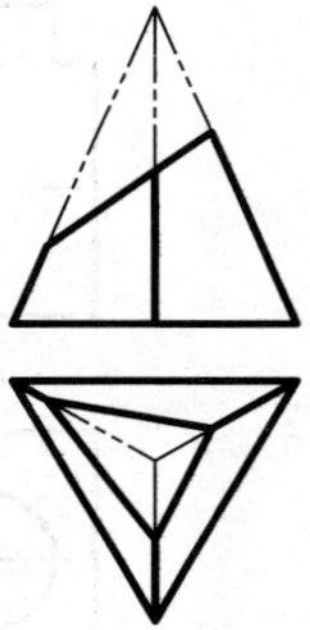

6-3　画出形体的正等测图。

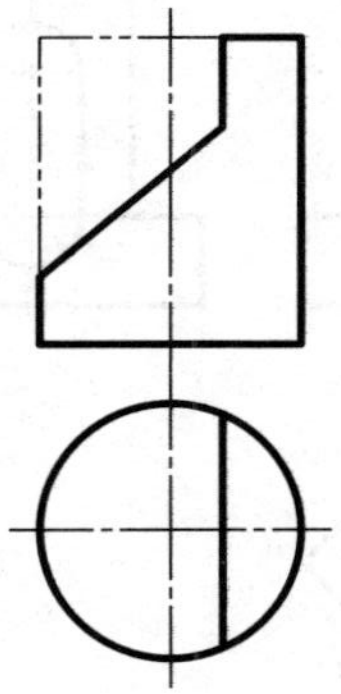

6-4　画出形体的正等测图。

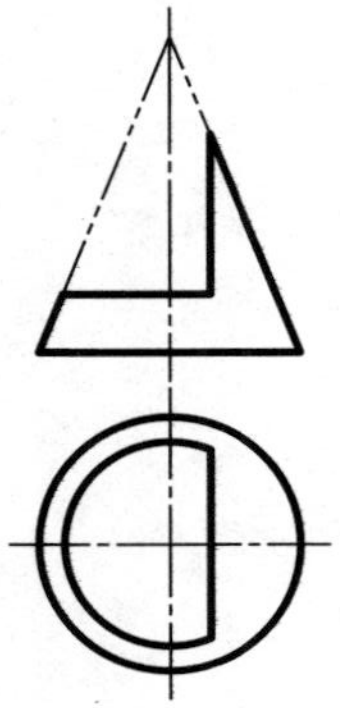

6-5　画出桥墩的正等测图。

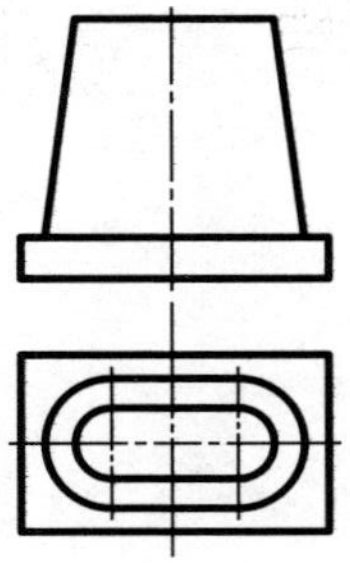

6-6　画出挡土墙的正等测图。

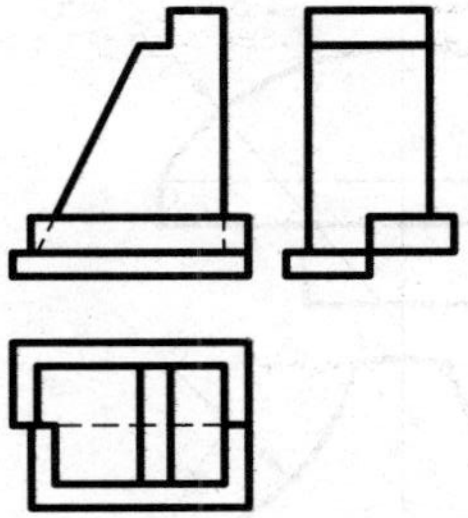

第 6 章	轴测投影	专业班级		姓名		学号		日期		评阅	

6-7　画出挡土墙的斜二测图。

6-8　画出涵洞的斜二测图。

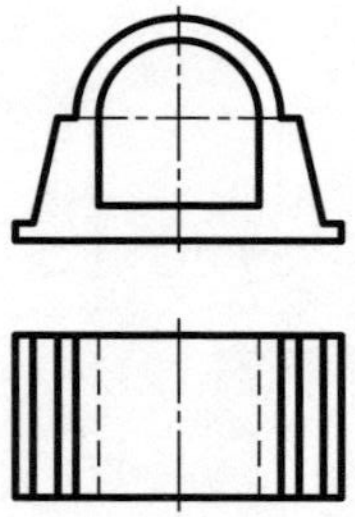

6-9　自主选择轴测图种类、绘图方式，画出形体的轴测图。

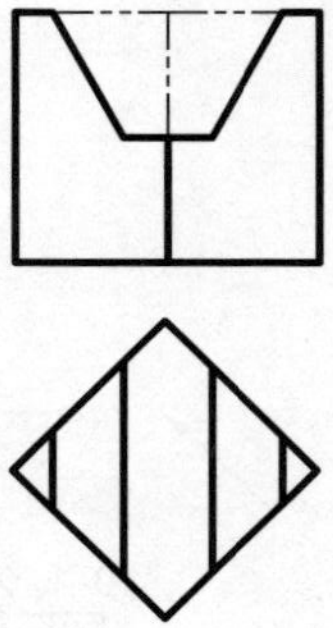

6-10　自主选择轴测图种类、绘图方式，画出圆形门洞的轴测图。

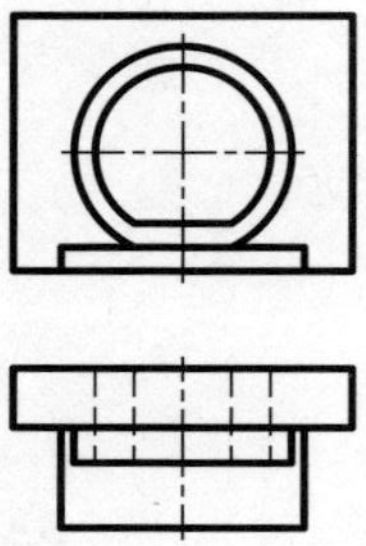

6-11　画出柱头结构的仰视正等测图。

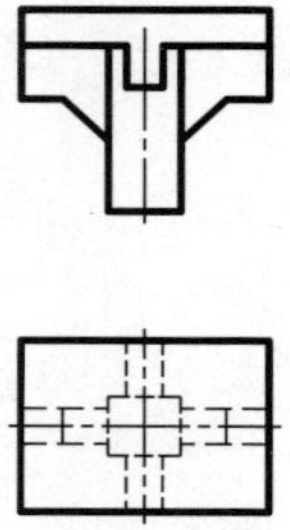

6-12　画出沉井的剖切正等测图。

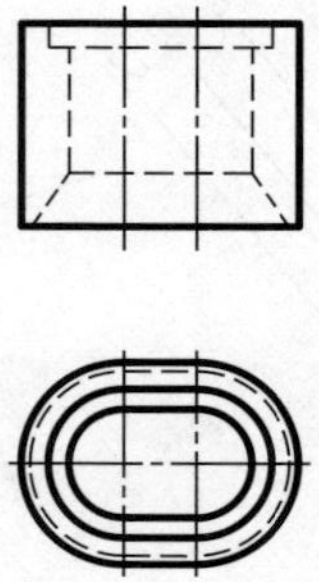

7-1　求直线上标高为 3.6m 的点 B 及整数标高点。

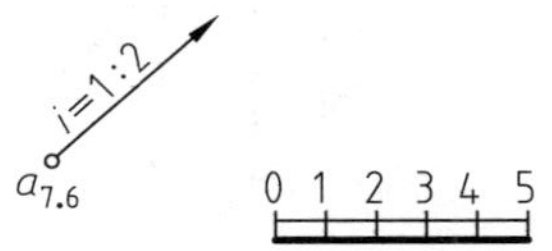

7-2　求平面 ABC 上标高为 59.5m 的等高线。

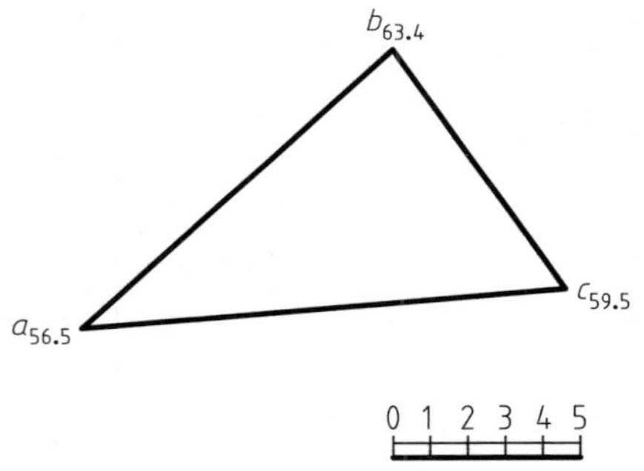

7-3　求两平面之间的交线。

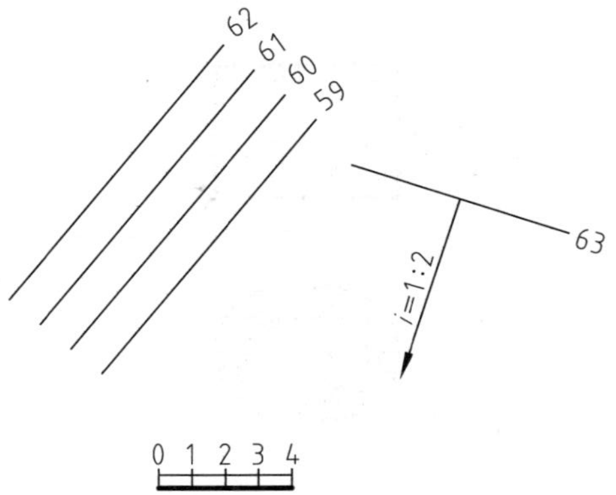

7-4　求两平面之间的交线。

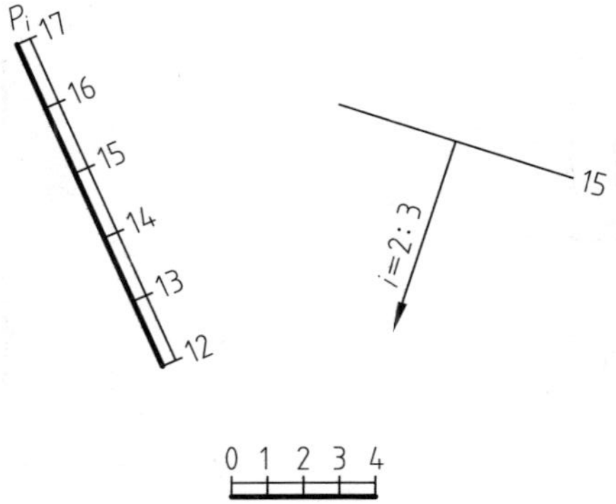

第 7 章	标高投影	专业班级		姓名		学号		日期		评阅	

7-5　求标高为+3m 的三角形堤坝各坡面与地面（标高为零）间的交线，以及各坡面之间的交线。

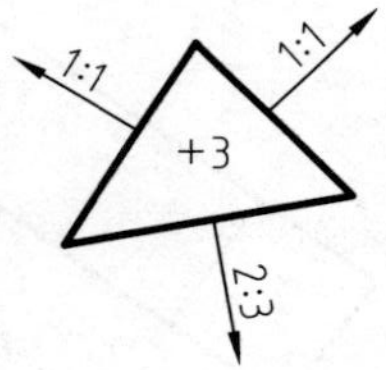

7-6　地面、河底、坝顶的标高以及各坡面坡度如下图所示。求河坡面与坝顶之间的交线。河坡面、坝坡面与河底之间的交线，以及各坡面之间的交线。

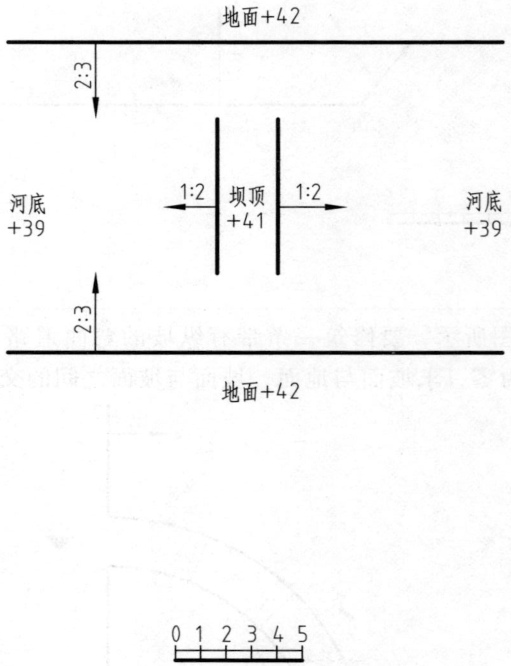

第 7 章	标高投影	专业班级		姓名		学号		日期		评阅	

7-7 P 平面由直线 AB 和坡度 1∶1 确定，Q 平面由过 A 点的坡度为 1∶2 的直线以及平面坡度 4∶5 确定，求作两平面与 H 面的交线，以及两平面之间的交线。

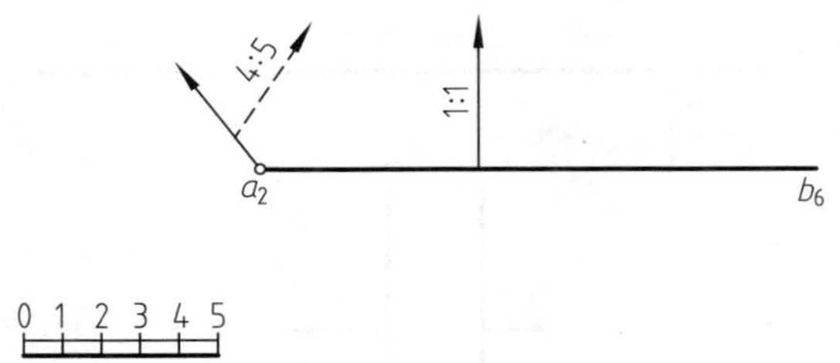

7-8 求斜引道的坡面与地面（标高为零）之间的交线，以及各坡面之间的交线。

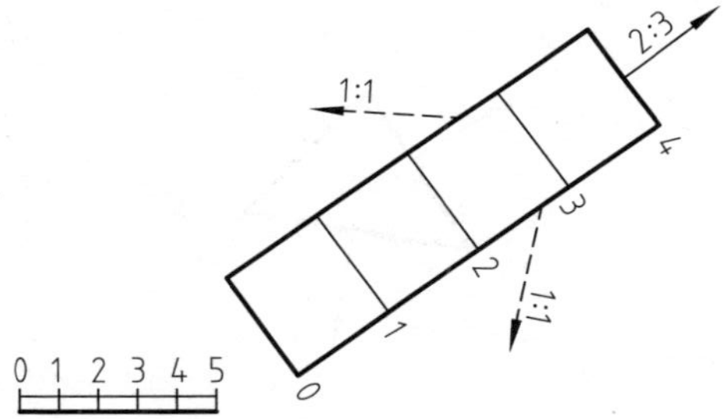

7-9 如图所示，要修筑一条带有纵坡的弯曲道路与干道相连，设地面标高为零，求坡面与地面，坡面与坡面之间的交线。

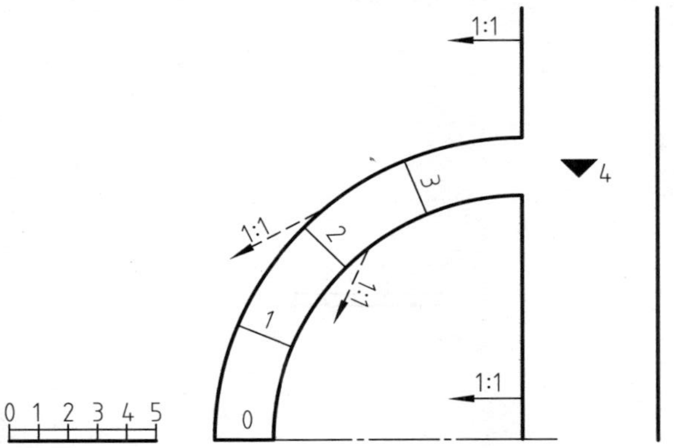

7-10 如图所示，要修筑一条带有纵坡的道路，其填方边坡坡度为 1∶2，挖方边坡坡度为 1∶1.5，求填挖边界及坡面与地面之间的交线。

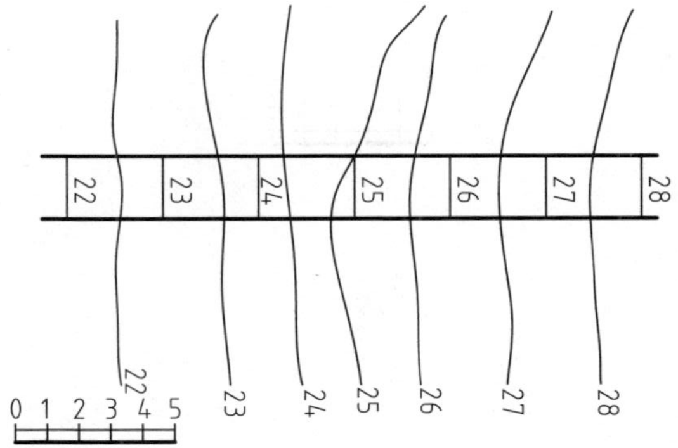

第 7 章	标高投影	专业班级		姓名		学号		日期		评阅	

7-11　完成管道 AB 的标高投影。

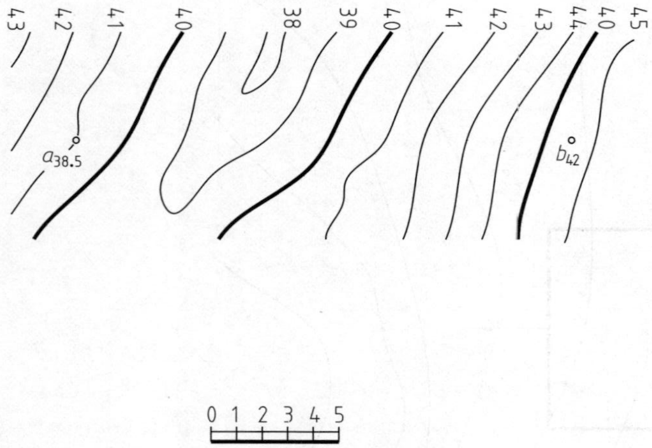

7-12　如图所示，修筑一条平曲道路，其填方边坡坡度为 1∶1，挖方边坡坡度为 1∶1.5，求填挖边界线。

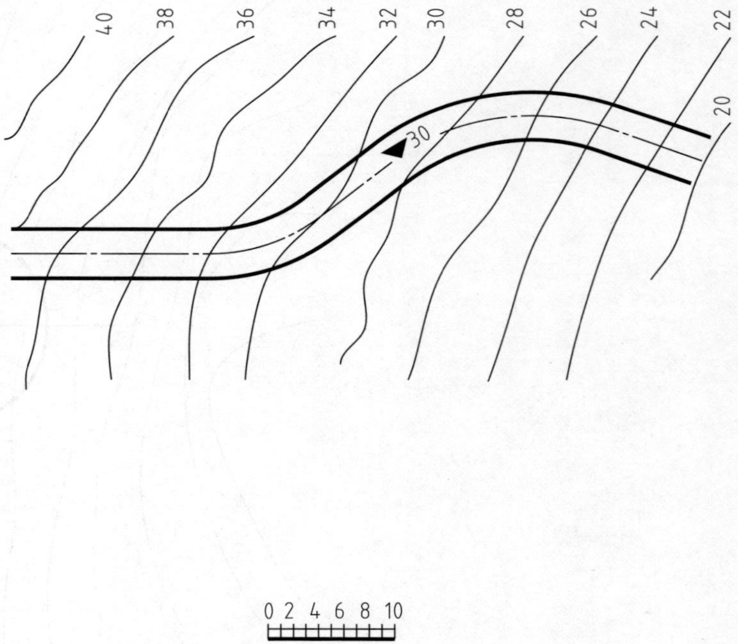

第 7 章	标高投影	专业班级		姓名		学号		日期		评阅	

7-13 如图所示，修筑如下广场，求填挖边界线，并画上示坡线。

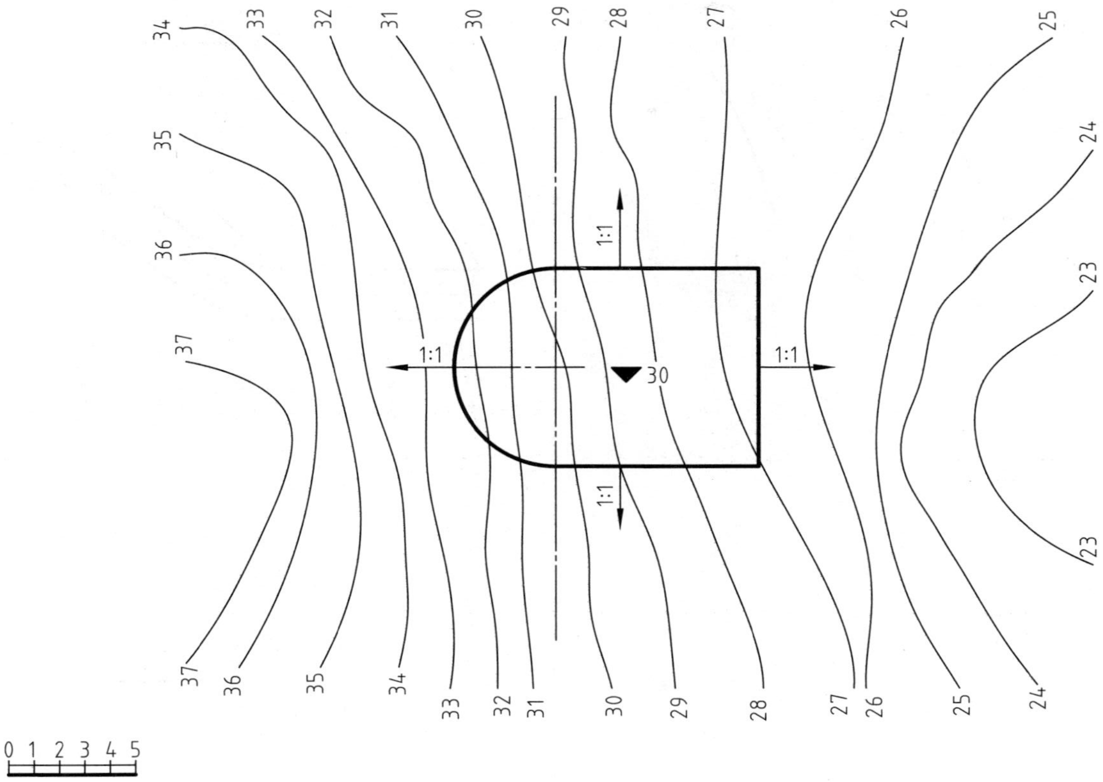

第 7 章	标高投影	专业班级		姓名		学号		日期		评阅	

8-1 用形体分析法分析横梁结构，画出三视图并标注尺寸。尺寸按 1∶1 量取，取整数。

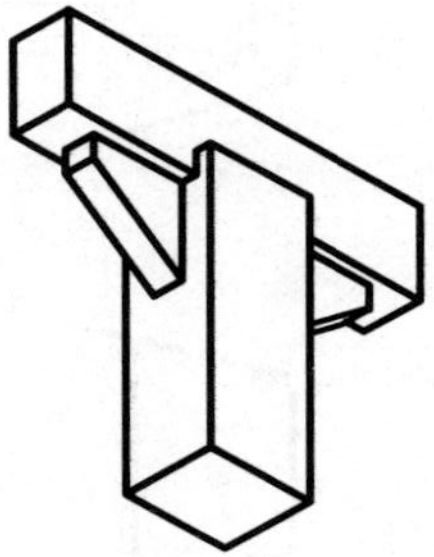

8-2 用形体分析法分析桥台结构，画出三视图并标注尺寸。尺寸按 1∶1 量取，取整数。

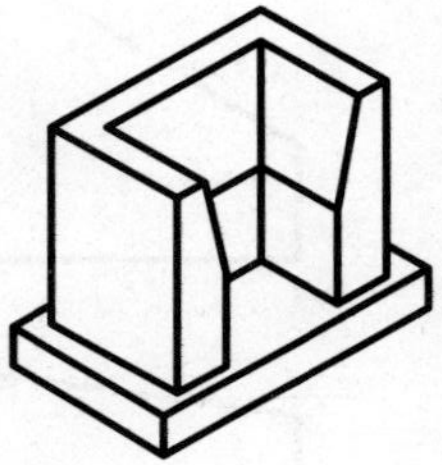

8-3 用形体分析法分析形体结构，画出三视图并标注尺寸。尺寸按 1∶1 量取，取整数。

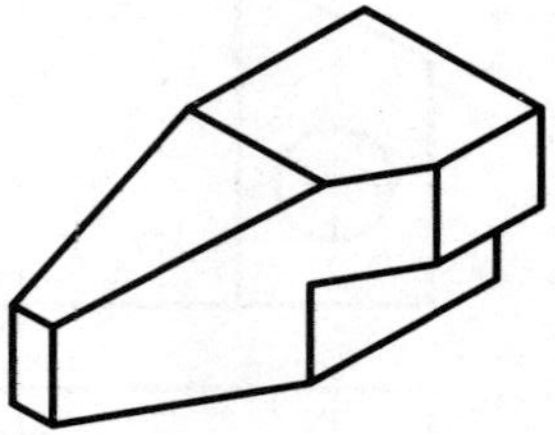

8-4 自主设计一切割式形体，用轴测图表示，画出三视图并标注尺寸。尺寸按 1∶1 量取，取整数。

第 8 章	组合体的视图	专业班级		姓名		学号		日期		评阅	

8-5 已知两视图，想形状，补画左视图。

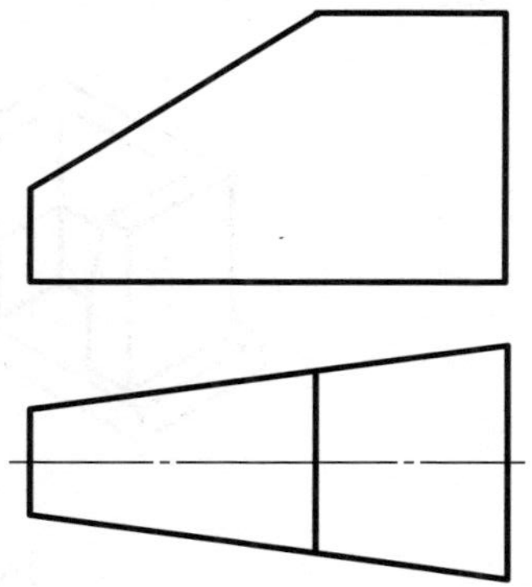

8-6 已知两视图，想形状，补画左视图。

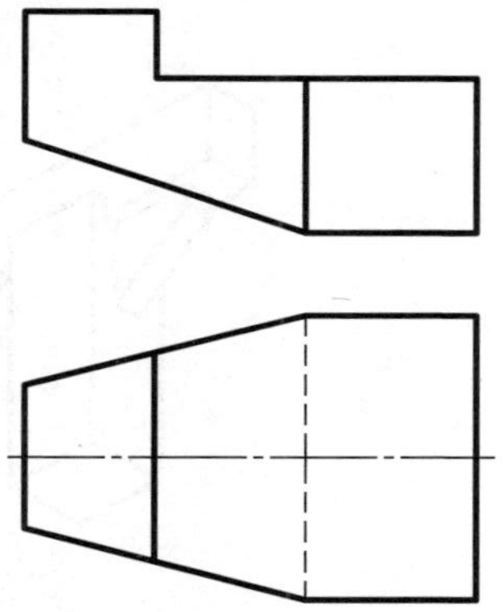

8-7 已知两视图，想形状，补画左视图。

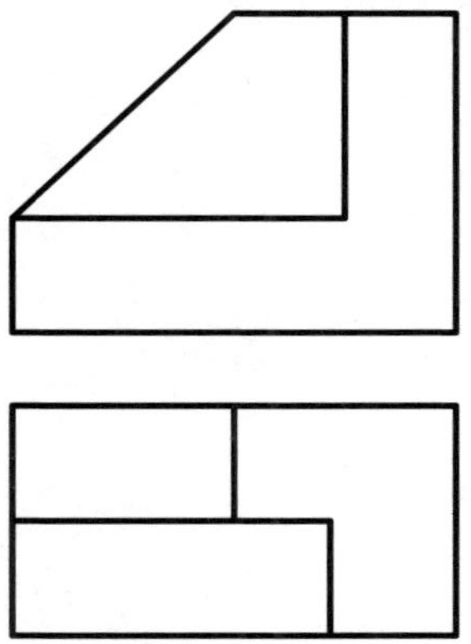

8-8 已知两视图，想形状，补画左视图。

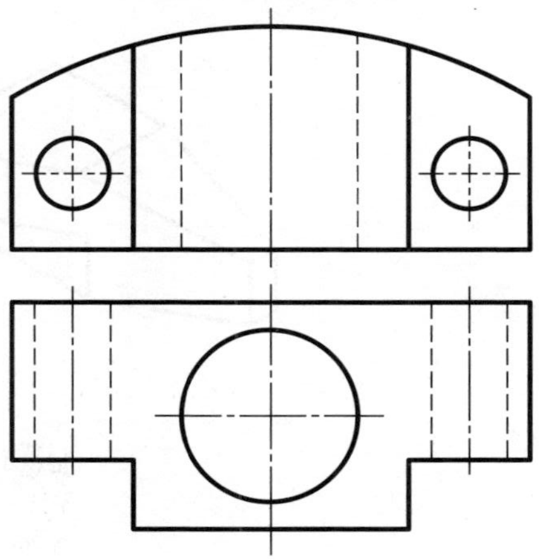

第 8 章	组合体的视图	专业班级		姓名		学号		日期		评阅	

8-9　已知两视图，想形状，补画左视图。

8-10　已知两视图，想形状，补画主视图。

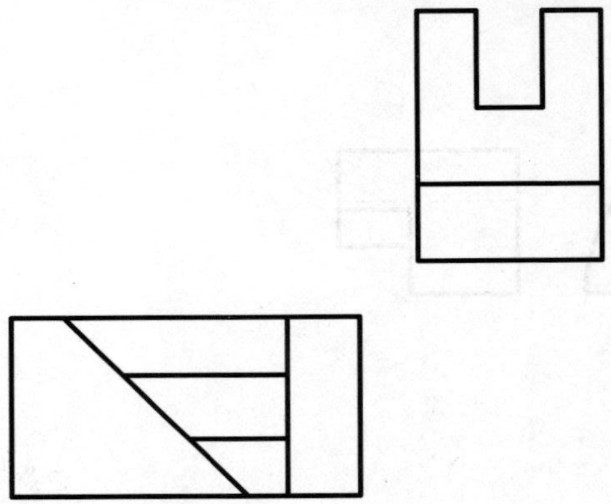

8-11　已知两视图，想形状，补画左视图。

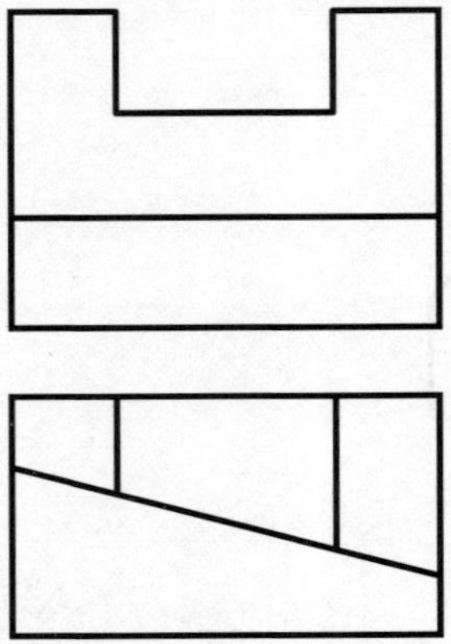

8-12　已知两视图，想形状，补画俯视图。

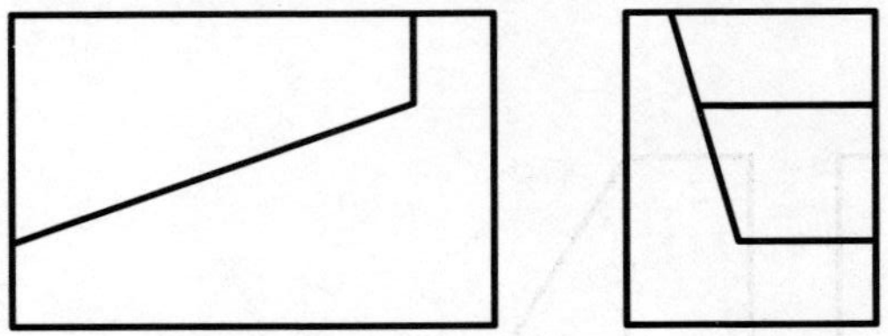

8-13　已知两视图，想形状，补画俯视图。

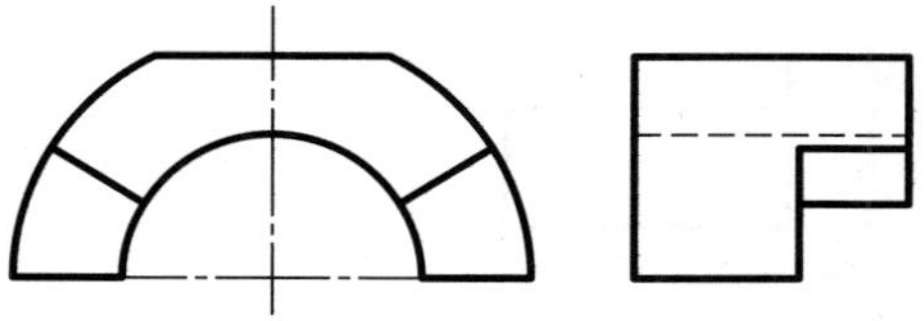

8-14　已知两视图，想形状，补画俯视图。

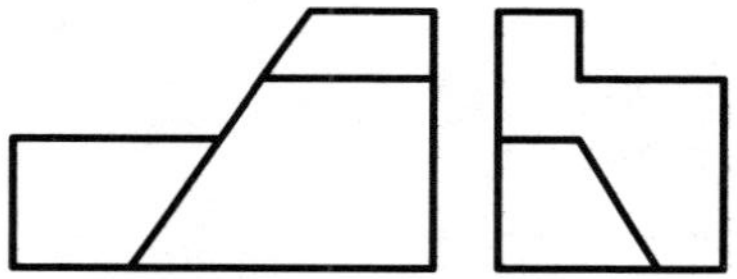

8-15　已知两视图，想形状，补画俯视图。

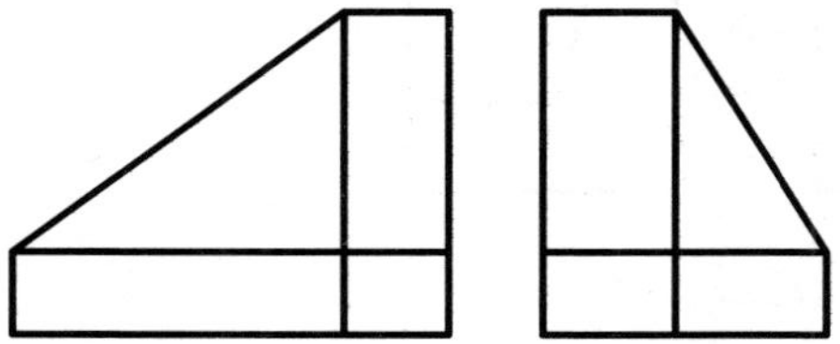

8-16　已知两视图，想形状，补画俯视图。

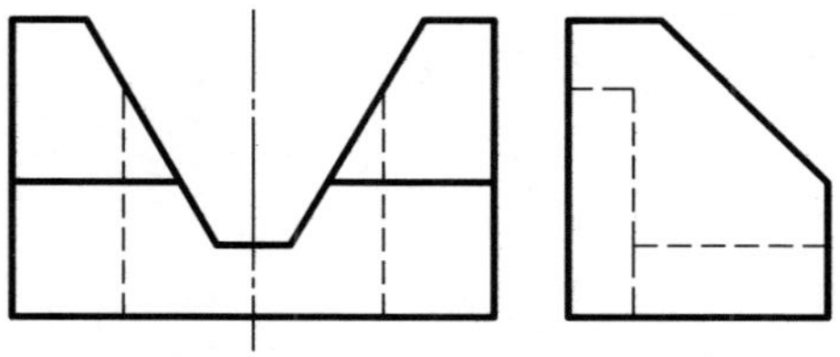

第 8 章	组合体的视图	专业班级		姓名		学号		日期		评阅	

8-17　已知两视圈，想形状，补画俯视图。

8-18　已知两视图，想形状，补画俯视图。

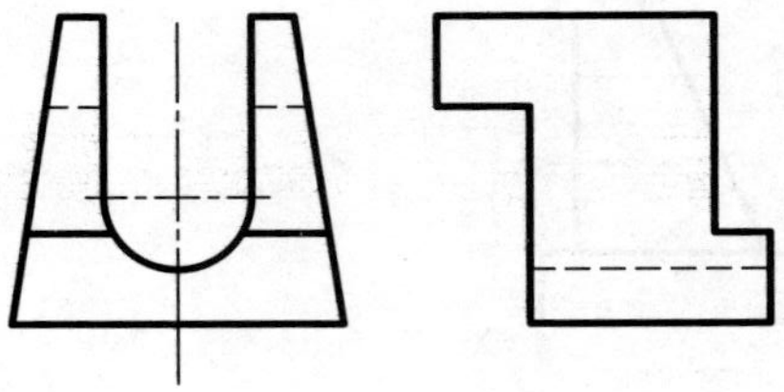

8-19　已知两视图，想形状，补画俯视图。

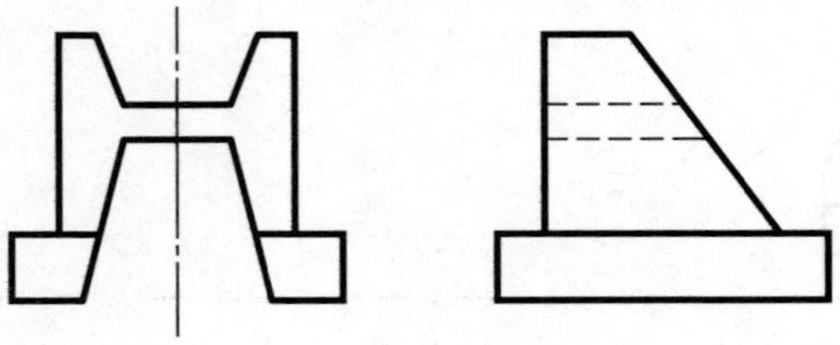

8-20　已知两视图，想形状，补画左视图。

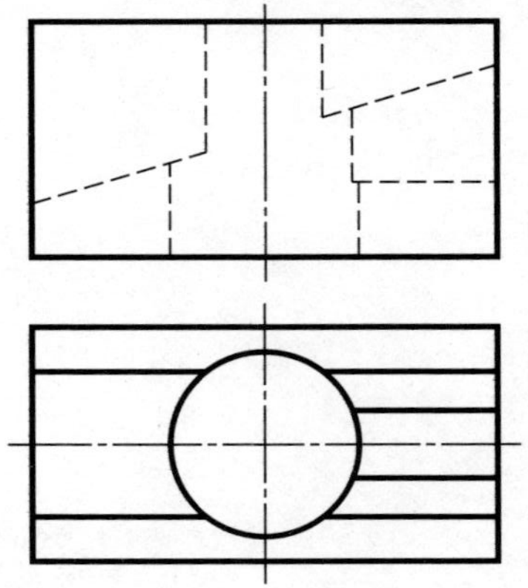

第 8 章	组合体的视图	专业班级		姓名		学号		日期		评阅	

8-21　已知涵洞口两视图，想形状，补画俯视图。

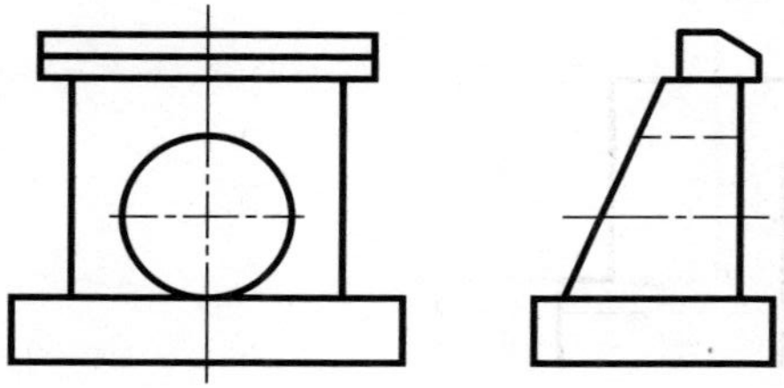

8-22　已知两视图，想形状，补画左视图。

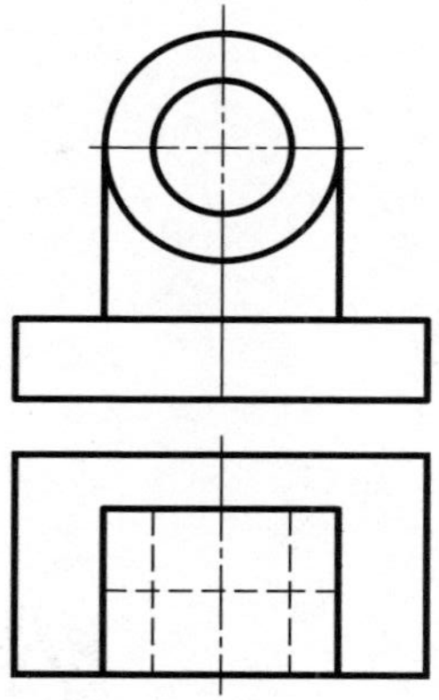

8-23　已知两视图，想形状，补画左视图。

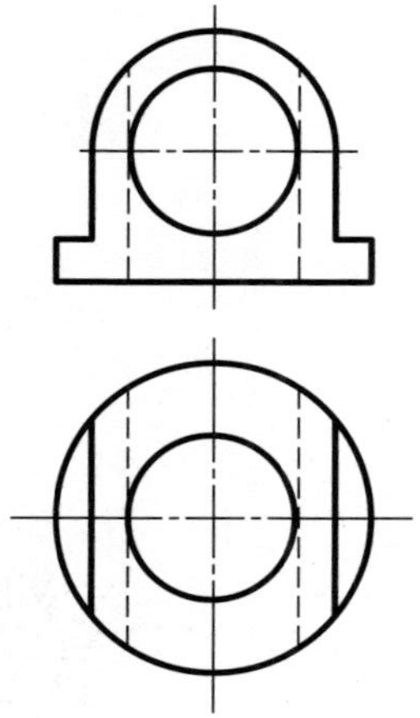

8-24　已知两视图，想形状，补画左视图。

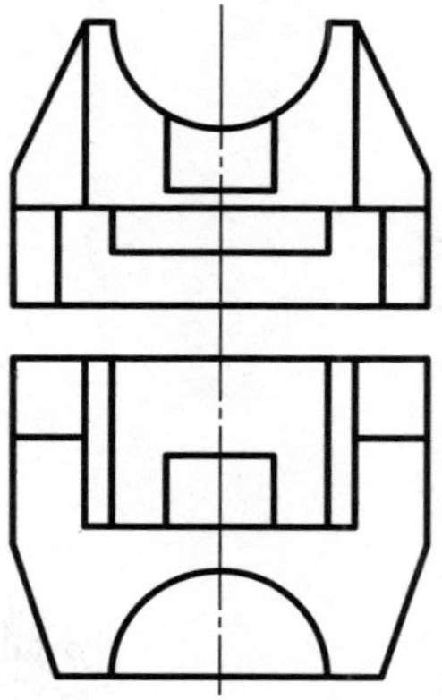

第 8 章	组合体的视图	专业班级		姓名		学号		日期		评阅	

8-25　已知两视图，想形状，补画左视图。

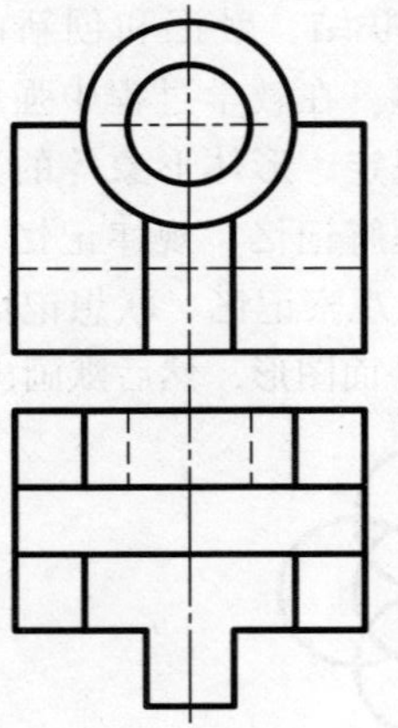

8-26　已知桥台两视图，想形状，补画俯视图。

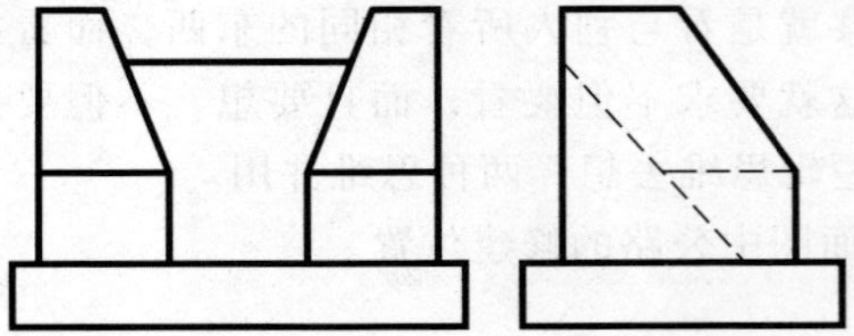

8-27　已知隧道口两视图，想形状，补画俯视图。

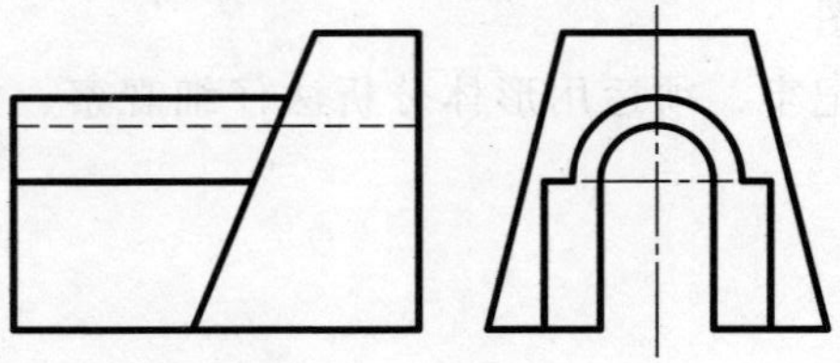

8-28　自主设计一叠加式组合体，要求包含平面体、曲面体组成部分，并包含两圆柱面正交相贯线结构，用三视图进行表达。

9-1 观察能力训练

从创造角度说，观察就是看与别人所看相同的东西，而看出别人所没有看出的东西。这就要求不但要看，而且要想，不但要按常规逻辑去想，还要按非逻辑思维去想，两种思维并用。

（1）分析、判断下面图中公路的修建位置。

（2）分析、判断下面图中树干后方树枝 a 和 b 的相对位置。

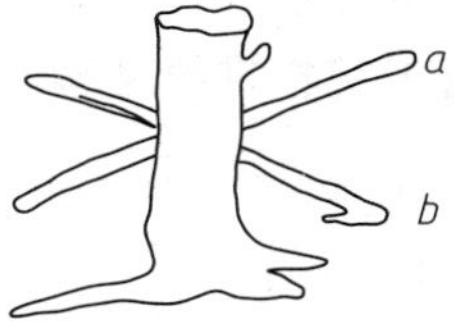

（3）分析如下 a、b 两支铅笔，是否有无可疑之处？

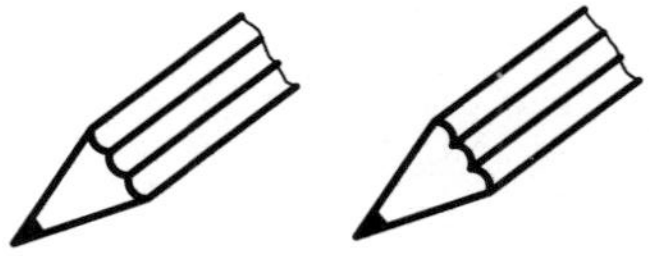

a)　b)

9-2 观察、记忆能力训练

创造性思维是对已有的知识进行加工、联结、融汇和创新的过程，记忆为这个过程提供信息资源和原始资料。在教学过程中强调的记忆，绝非是对图学概念、方法、国家标准规定、形体形象等的死记硬背，而是对概念、方法、国家标准规定的理解记忆、规律记忆、精选记忆，对平面图形和形体形象的想象记忆、观察记忆、联想记忆。

（1）用 30s 时间观察、记忆下列 a、b 两平面图形，然后默画出。

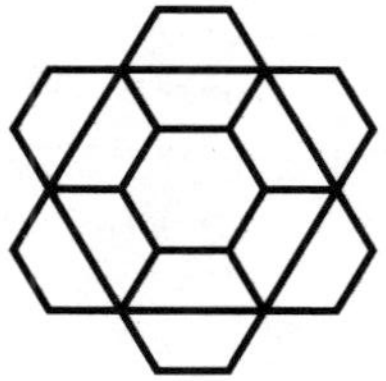

a)

b)

（2）默思画图——请用 1min 时间默思记忆下面轴测图所示形体形状，并徒手画出三视图。

注意：为把形体形状记牢，须运用形体分析法仔细观察、分析形体。

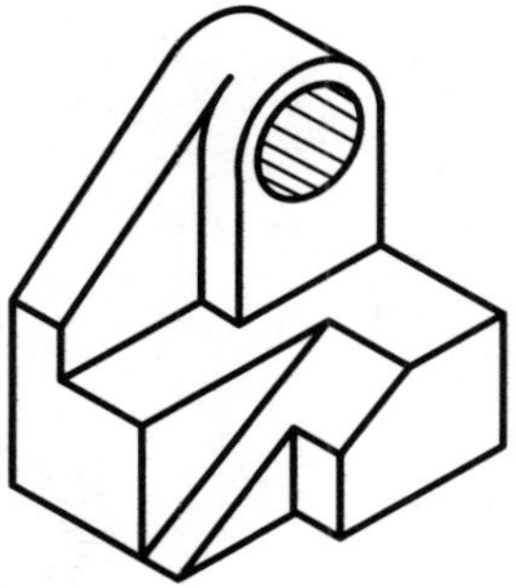

9-3　想象思维训练

（1）完成立体及点的三面投影。

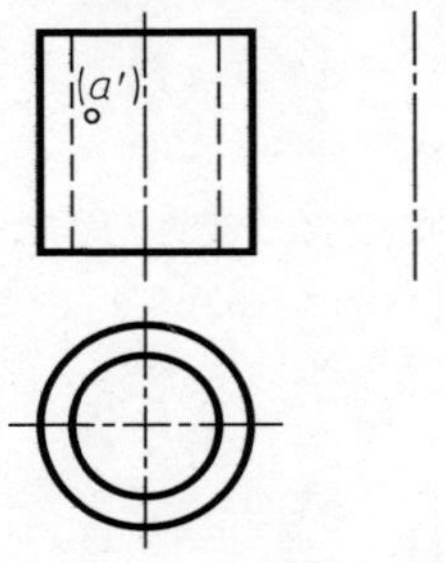

a)

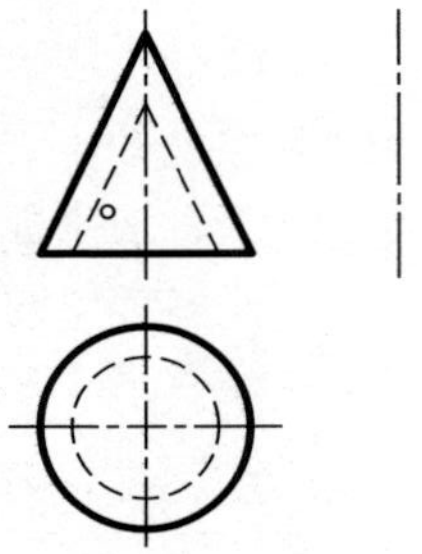

b)

（2）分析、比较 a、b 两组投影图的异同，完成立体的水平和侧面投影，并画出徒手轴测图。

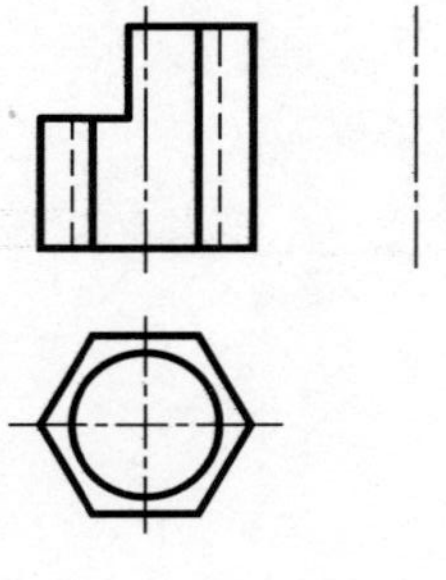

a)

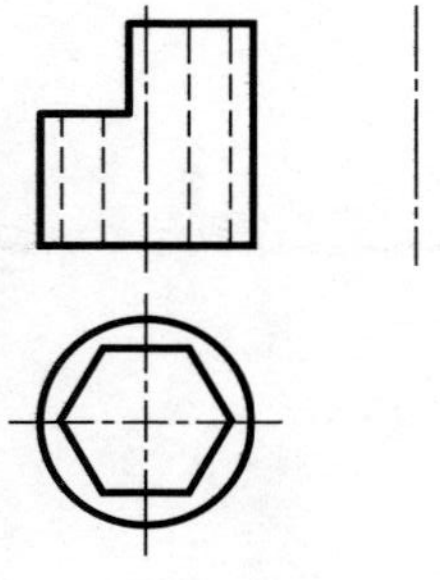

b)

9-4　联想、想象和发散思维训练

由生活中感兴趣的事物展开相似、相近联想，对圆锥体和圆球体分别进行截切，要求产生至少 10 种截切体，完成截切体的三视图（缺口特征由正面投影反映，位置不够可使用反面）。

（1）

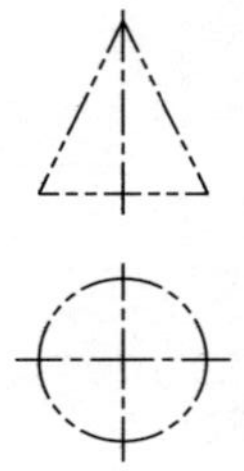

（2）

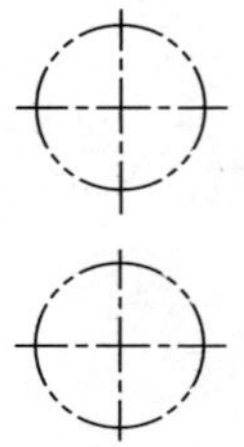

9-5 联想、想象和发散思维训练——水平投影为圆的形体有哪些？用两面或三面视图表达。最后确定你认为的较为新颖或独特的构型。

（1）要求在构型上作较低层次的流畅性发散。

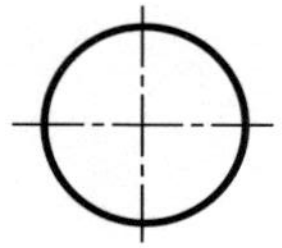

（2）要求在构型上作较高层次的变通性发散。

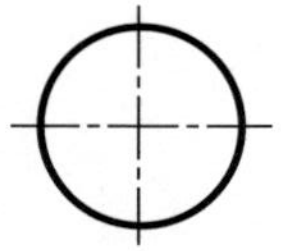

（3）要求在构型上作更高层次的独特性发散。

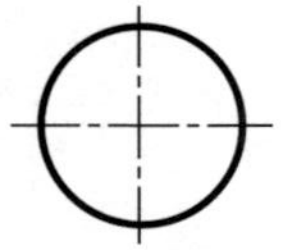

9-6 联想、想象和发散思维训练——由图示带孔圆柱筒，展开联想，想象尽可能多的形体，用三视图表达。最后确定你认为的较为新颖或独特的构型。

（1）作相似联想构型。

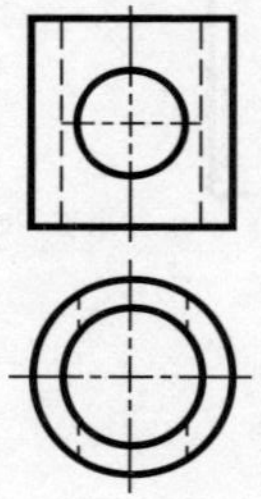

（2）作相近联想构型。

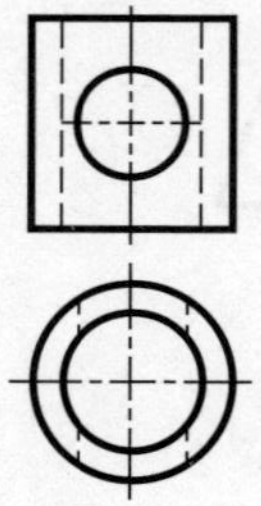

（3）作对比联想构型。

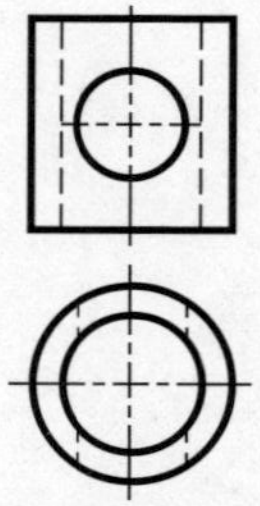

9-7 联想、想象和发散思维训练——由给出形体视图的外形，构思尽可能多的形体，完成视图。注意：不能改变原视图的外形。最后确定你认为的较为新颖或独特的构型。

(1)

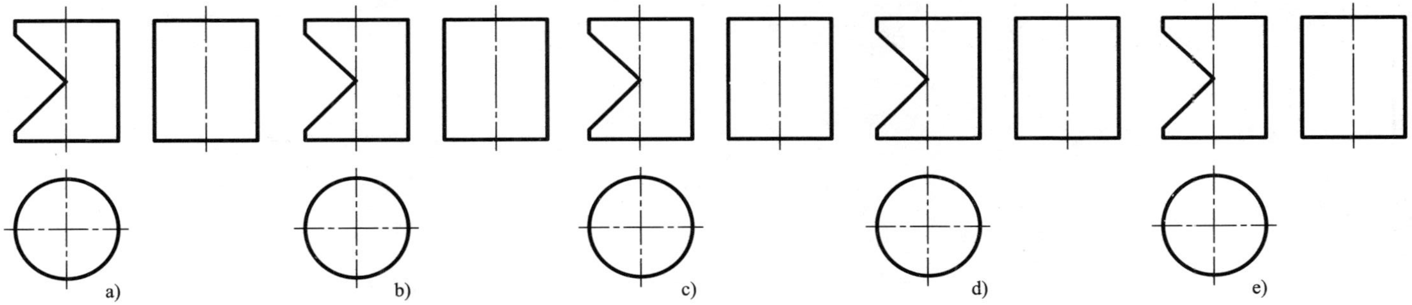

(2)

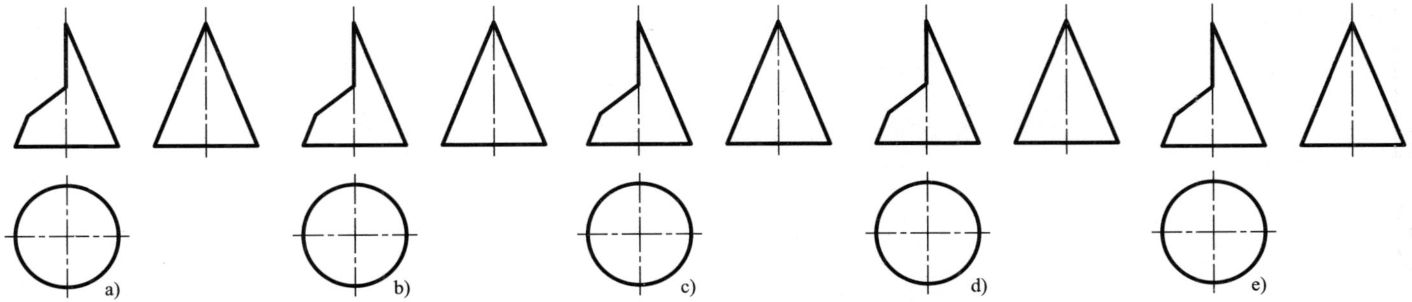

(3)

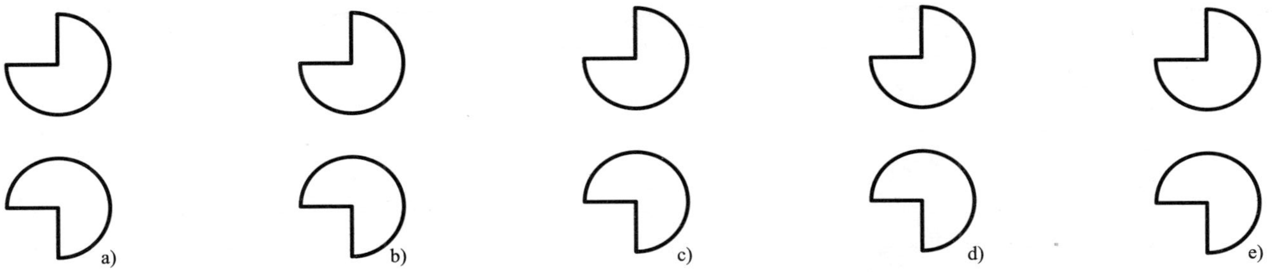

第 9 章	形体的创造性构型设计	专业班级		姓名		学号		日期		评阅	

9-8 构型设计——分割构型设计

请对图示形体作多量切割构型设计，使左视图外形轮廓保持不变。构型用三视图表达。最后确定你认为的有意义且新颖或独特的构型，如隧道洞口。

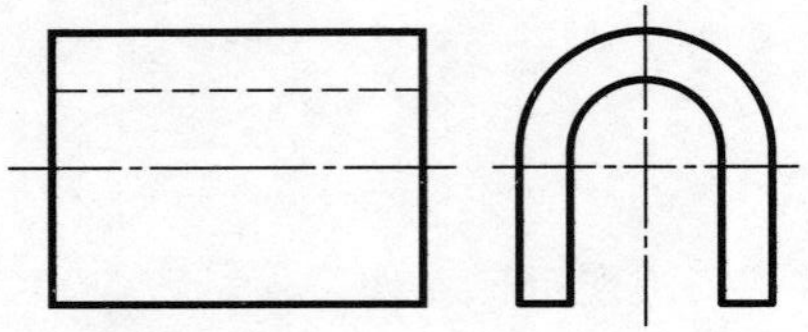

9-9 构型设计——合并构型设计

请根据下图 a、b、c 两视图所示三个形体部分，叠加设计出多种叠加型形体，用三视图表达。最后确定你认为的有意义且新颖或独特的构型。注意构思时，应使设计出的组合体既能反映各基本体的形状和大小，又能连成整体。

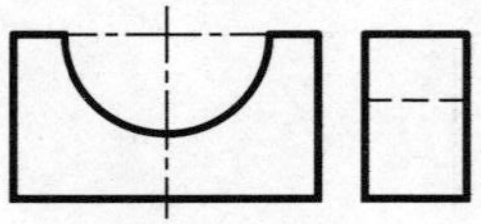

a)

b)

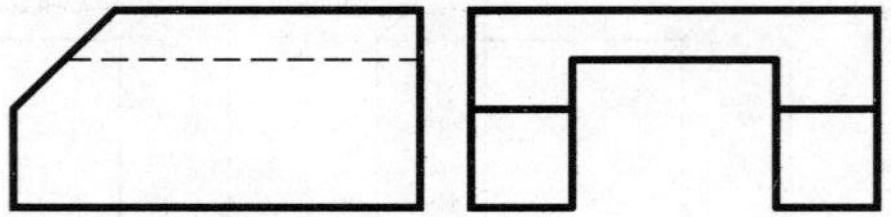

c)

9-10　构型设计——切割构型设计

（1）请对一正方体进行切割构型，设计出尽可能多的形体，使其符合如下主、左视图，构型用两视图或徒手轴测图或三维造型进行表达。最后确定你认为的较为新颖或特异的构型。

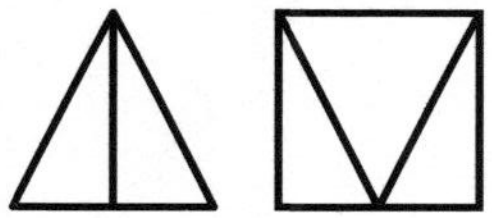

（2）对给定正方体，用三个截平面和一个截曲面进行截切，得到尽可能多的形体，用轴测图表达。最后确定你认为的有意义且新颖或特异的构型。

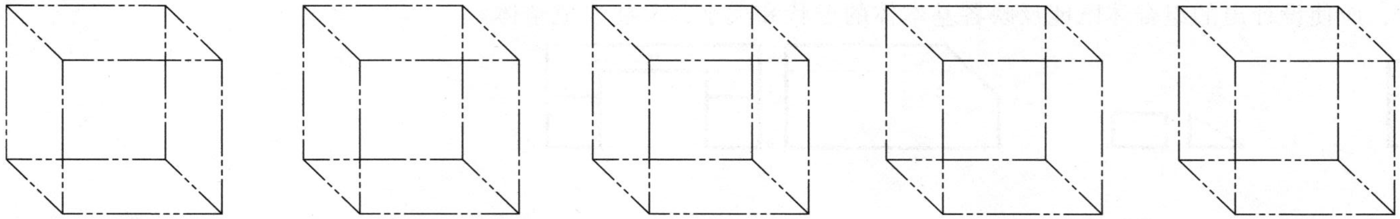

a)　　b)　　c)　　d)　　e)

第 9 章	形体的创造性构型设计	专业班级		姓名		学号		日期		评阅	

9-11　构型设计——仿形构型设计

请根据图 a 的俯视图，仿照图 b 所示形体的结构特点，仿形设计出尽可能多的形体形状，用三视图表达。最后确定你认为的较为新颖或特异的构型。

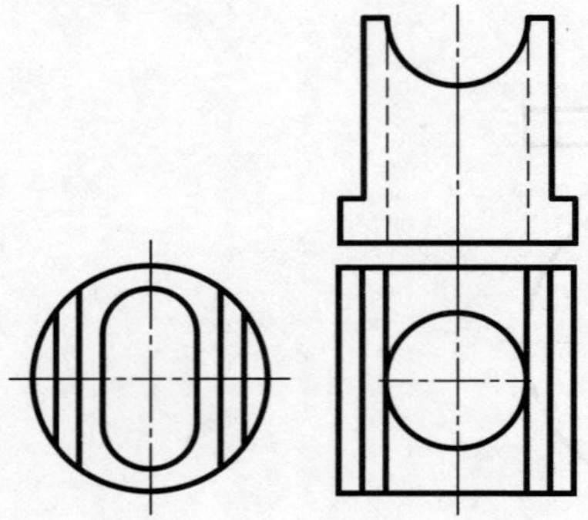

a)　　b)

第 9 章	形体的创造性构型设计	专业班级		姓名		学号		日期		评阅	

9-12　构型设计——变异构型设计

用变异构型设计方法，对给出的旋钮进行创新构型设计，设计三个以上方案。

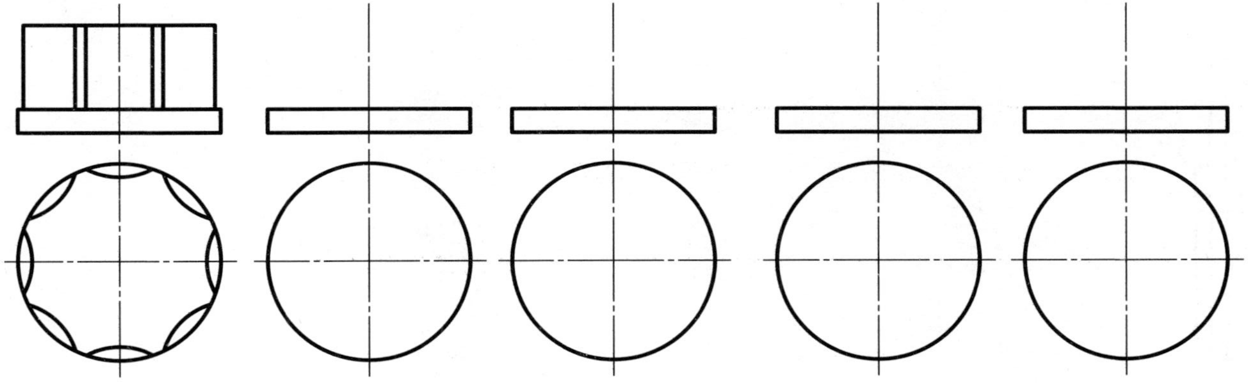

a)　　b)　　c)　　d)　　e)

9-13　构型设计——变位构型设计

根据两视图，想象出形体形状；并想象其基本体逆时针转动 45°，但截平面位置不变，新构型在右侧用三视图表达。

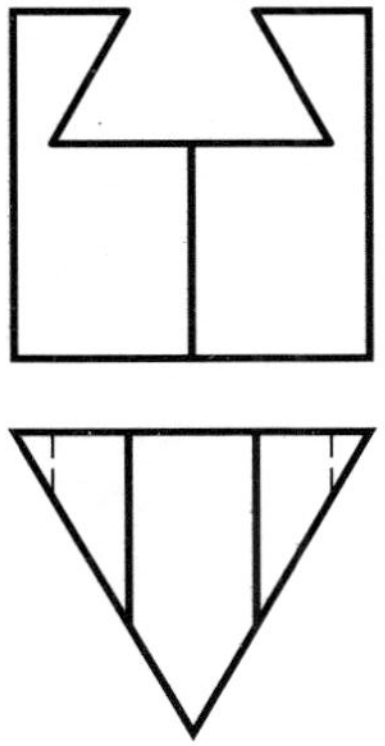

9-14　构型设计——凹凸构型设计

（1）已知俯视图，凹凸构型设计出尽可能多的形体，用三维模型和三视图表达。最后确定你认为的较为新颖或特异的构型。

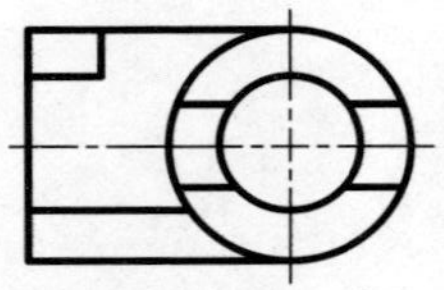

俯视图

（2）已知主、俯视图，做出四个对应的左视图。

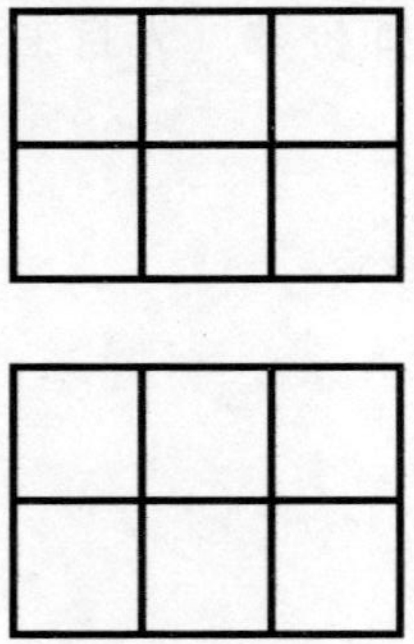

9-15　构型设计——反转构型设计

已知母体的主、俯视图，构型设计出尽可能多的母体形状，并设计对应的子体，使母体与子体镶嵌成长方体。用轴测图表达母体和子体。

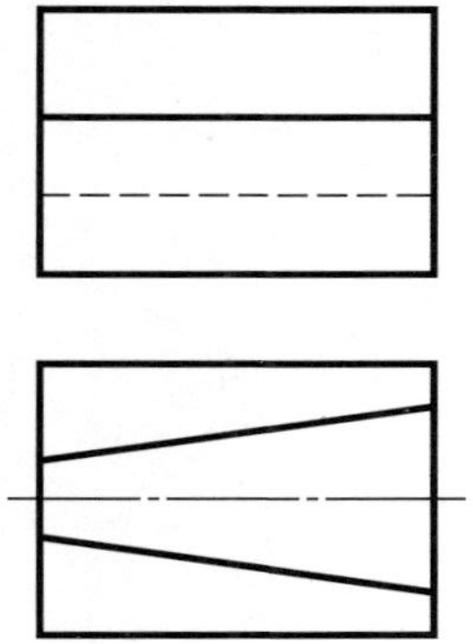

9-16　构型设计——拉伸构型设计

请对图示平面图形作多量拉伸构型设计，构型结果自主表达。最后确定你认为的有意义且新颖或特异的构型，如桥墩（先自主认识桥墩构造）。

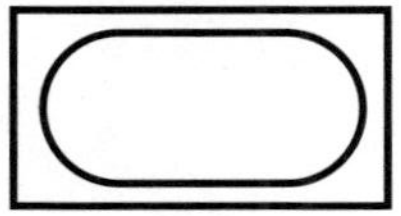

第 9 章	形体的创造性构型设计	专业班级		姓名		学号		日期		评阅	

9-17　构型设计综合练习

（1）设计至少两种形体，用三视图或建模表达，使其恰好能够通过下图所示模板上三个不同形状的孔。

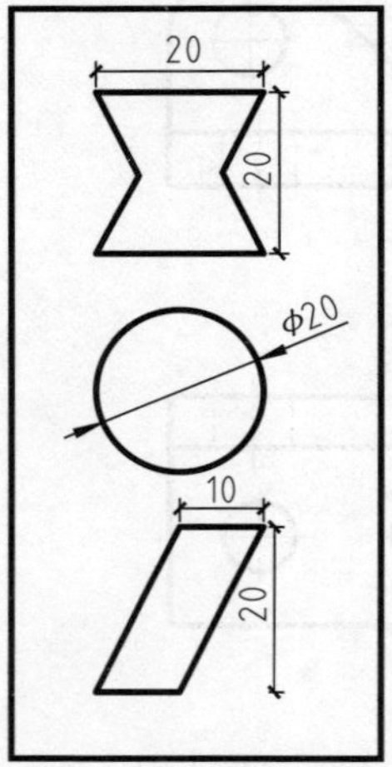

（2）通过查阅网络、图书等途径，了解城市道路混凝土隔离墩的构造、功能、构造方法及构造材料，然后根据下图所示传统隔离墩的构型，力求美观和经济适用，仿形创新设计一种隔离墩，用徒手轴测图和三视图表达；最后小组成员间相互评价构型方案的优劣。

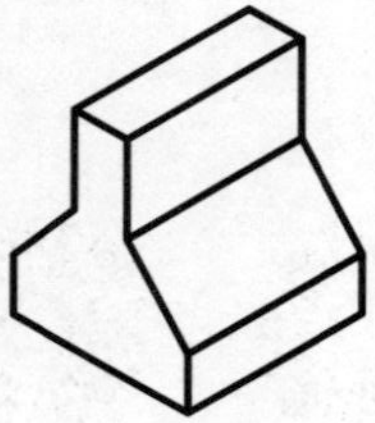

（3）通过查阅网络、图书等途径，了解桥台的基本构造和功能，然后根据下图所示 a、b、c、d 四个形体部分，叠加构型一种桥台，用徒手轴测图和三视图表达；在该构型基础上，再通过对 b、c、d 部分的创新构型，至少创新出两种桥台构型，用三视图表达；最后小组成员间相互评价构型方案的优劣。

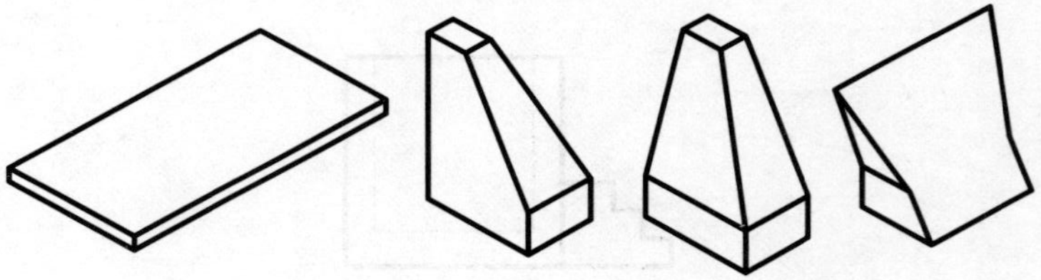

a)　b)　c)　d)

10-1 由已知主、俯两视图，分析、想象形体形状，补画其余基本视图。（将后视图画成向视图）

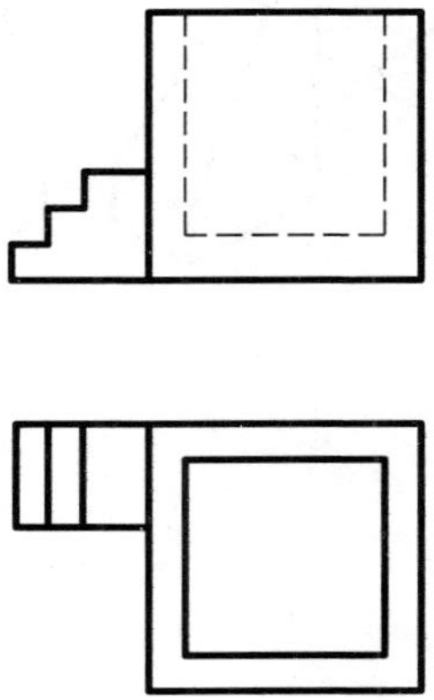

10-2 根据已知主、俯视图，分析、想象形体形状。然后确定并画出合适的视图表达方案。

已知主、俯视图：

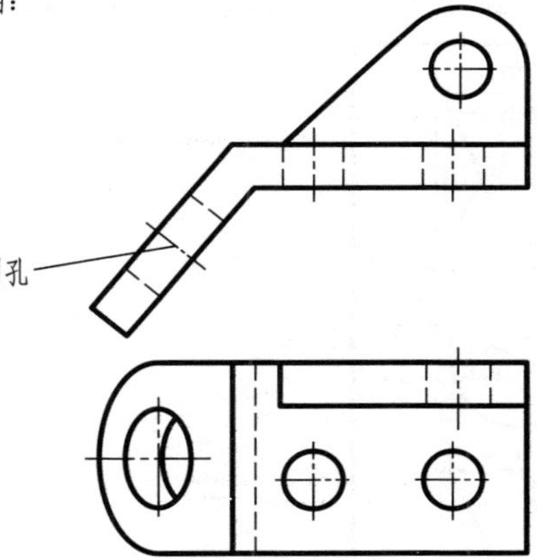

确定并画出合适的视图表达方案：

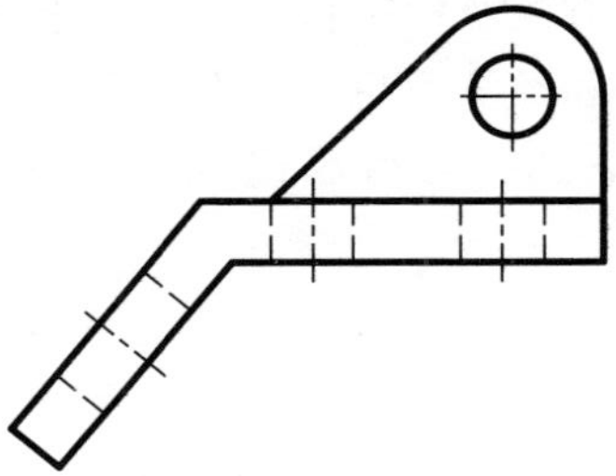

第 10 章	形体的视图表达	专业班级		姓名		学号		日期		评阅	

11-1 将基础的立面图在右侧画成 1—1 全剖面图。

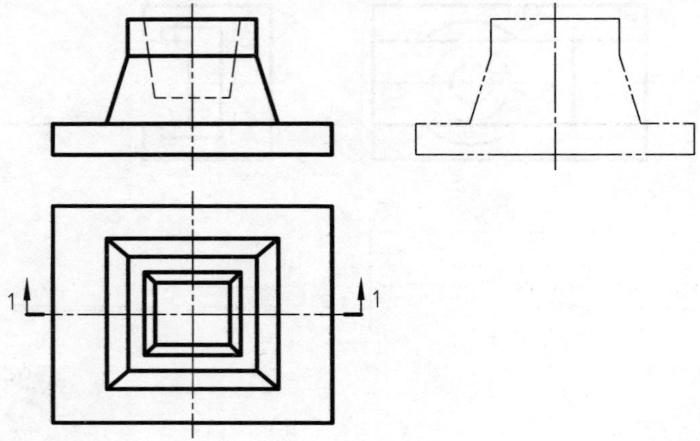

11-2 将桥台的侧面图改画成 1—1 全剖面图。

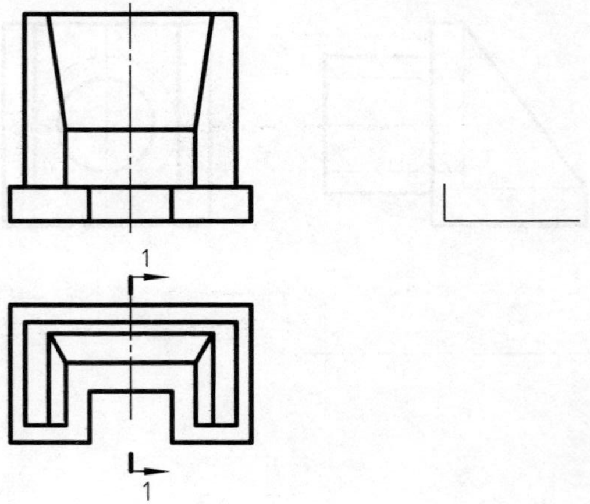

11-3 把立面图画成全剖面图。

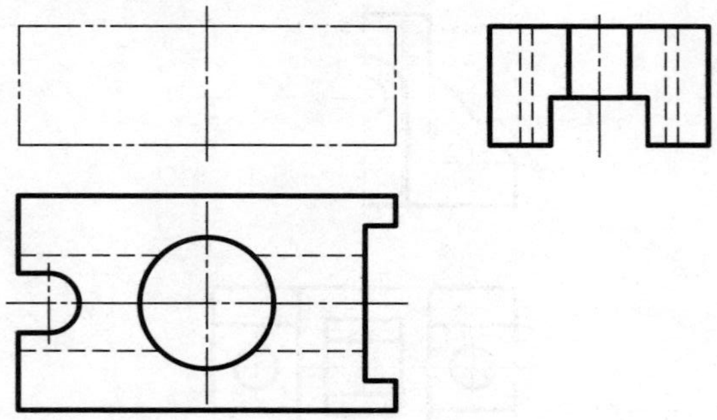

11-4 将侧面图补画成全剖面图。

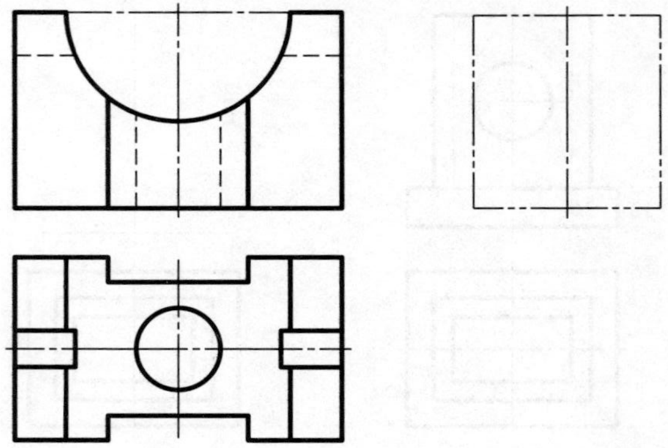

第 11 章	形体的剖面图表达	专业班级		姓名		学号		日期		评阅	

11-5　将圆管涵洞口的平面图补画为适当的剖面图。

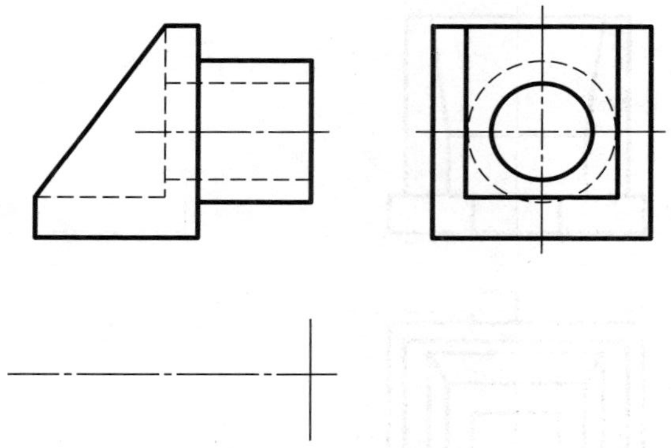

11-6　仔细分析形状，将平面图补画为适当的剖面图。

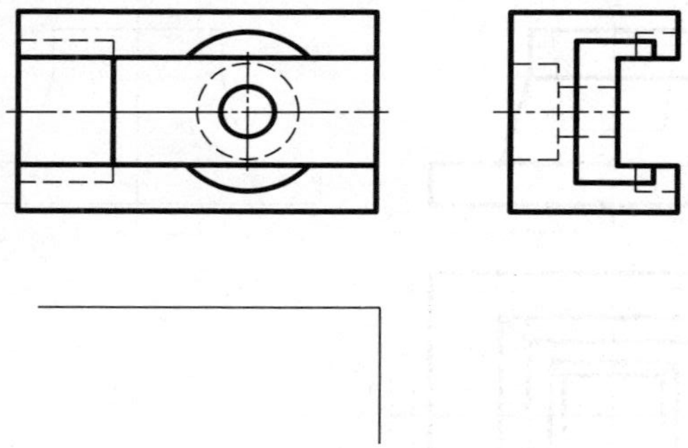

11-7　将立面图改画为半剖面图。

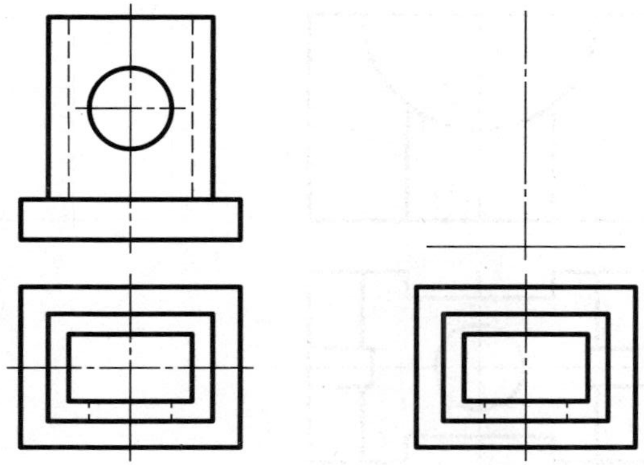

11-8　完成立面图中的半剖面图。

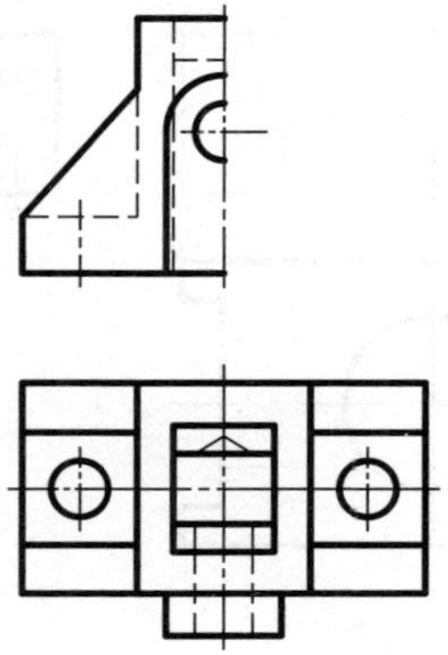

11-9　将立面图和侧面图补画为适当的剖面图。

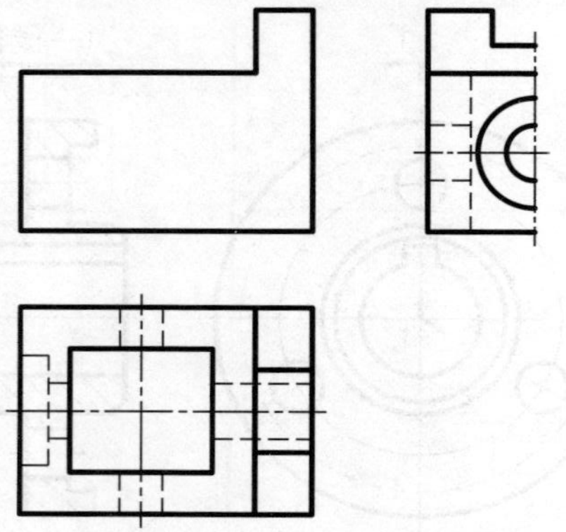

11-10　将侧面图补画为适当位置的半剖面图。

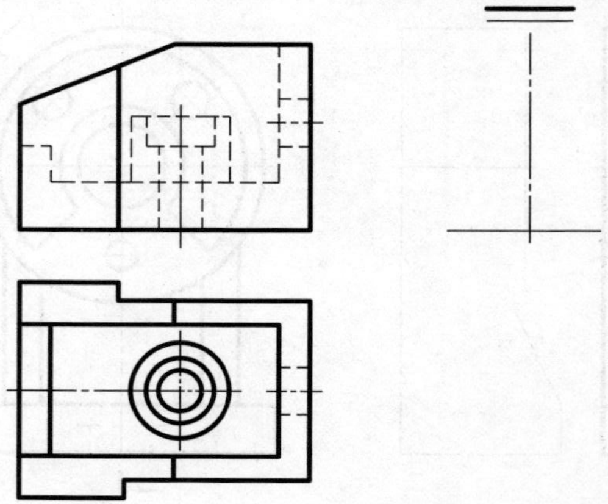

11-11　将立面图改画为阶梯剖面图。

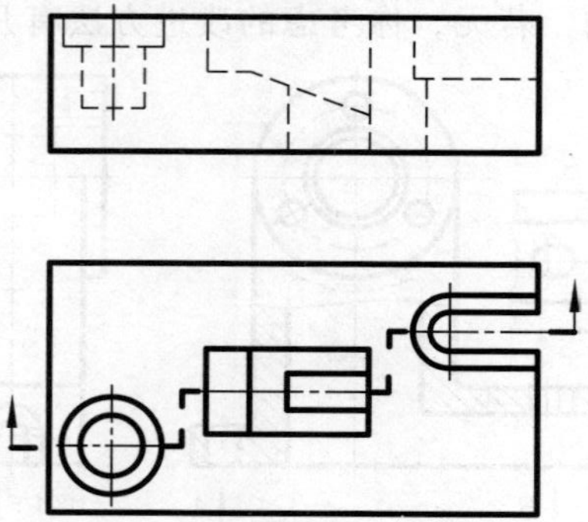

11-12　将立面图改画为合适的剖面图。

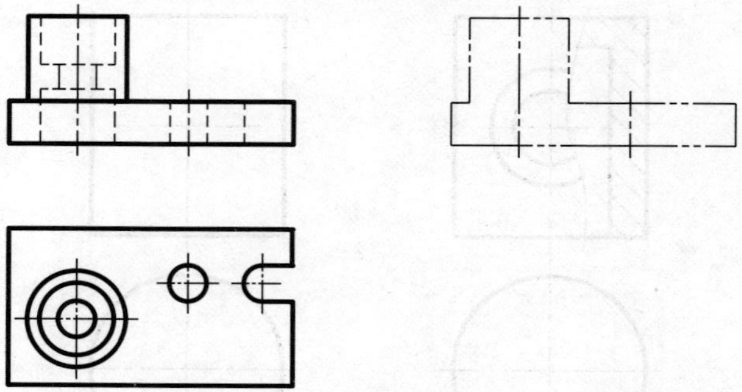

第 11 章	形体的剖面图表达	专业班级		姓名		学号		日期		评阅	

11-13　在指定位置将立面图改画为旋转剖面图。

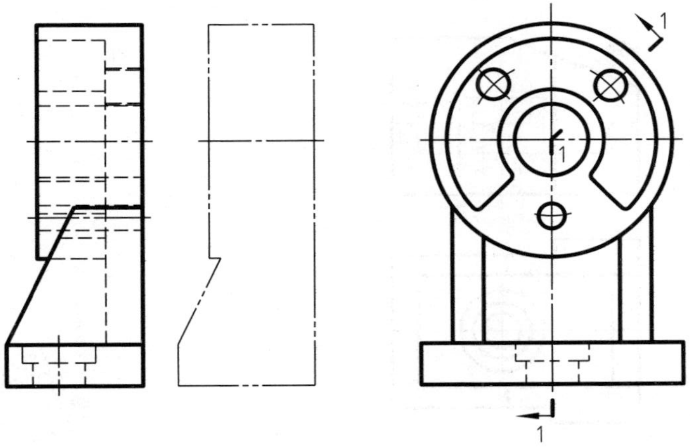

11-14　补全 1—1 旋转剖面图中缺漏的线条。

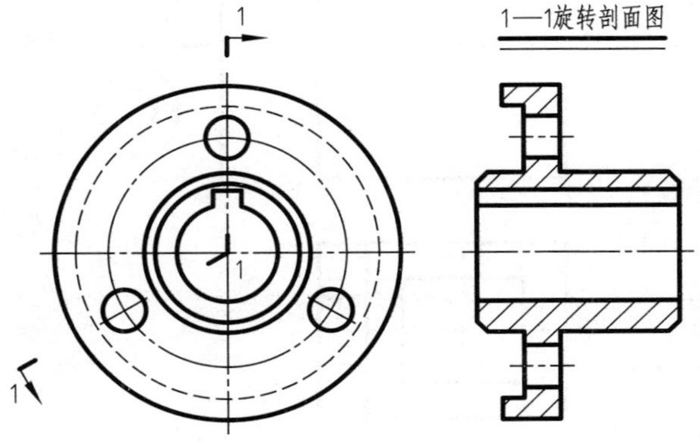

11-15　分析局部剖面图中的错误，在右侧作出正确的局部剖面图。

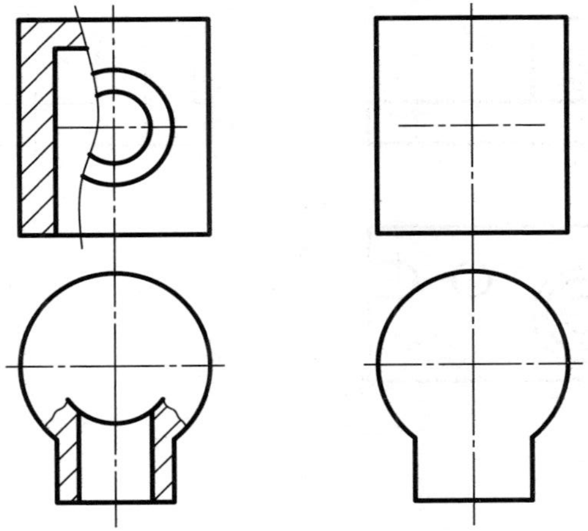

11-16　分析形体的结构形状和表达方案，评价该方案是否表达清楚所有内部结构？若无，你考虑的改进方法有几种？

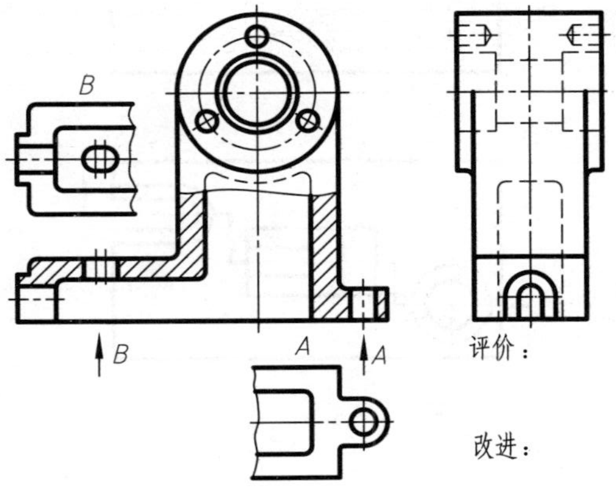

评价：

改进：

第 11 章	形体的剖面图表达	专业班级		姓名		学号		日期		评阅	

12-1 按图 a 所示的移出断面，分别在图 b、c 画出中断断面和重合断面。

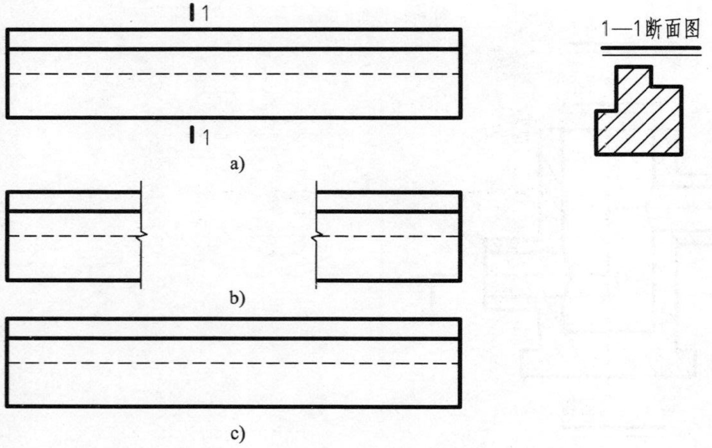

12-2 画出形体指定位置的 1—1、2—2、3—3 和 4—4 断面图，并标注。

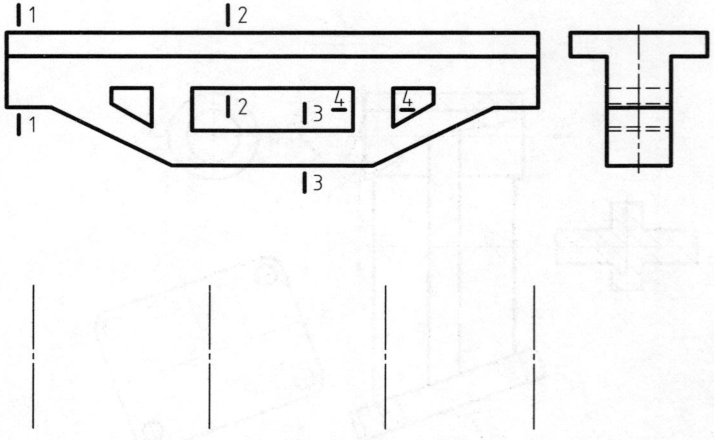

12-3 对梁板结构从左右对称位置进行剖切，分别画出断面图和剖面图，并自行标注。请分析两者在画图和标注方面的不同。

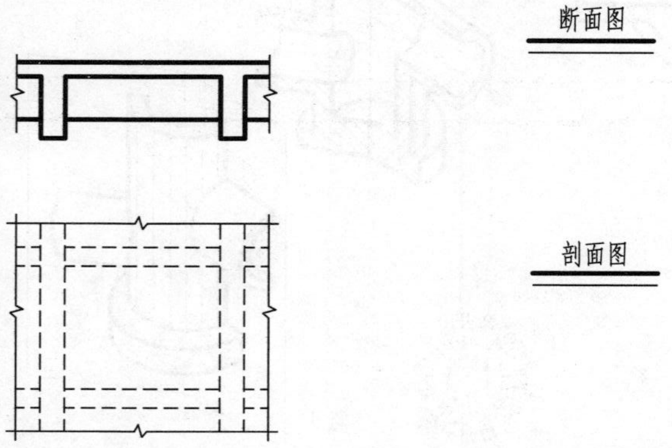

12-4 分析变截面梁的形状，画出 1—1 断面图和 2—2 剖面图。

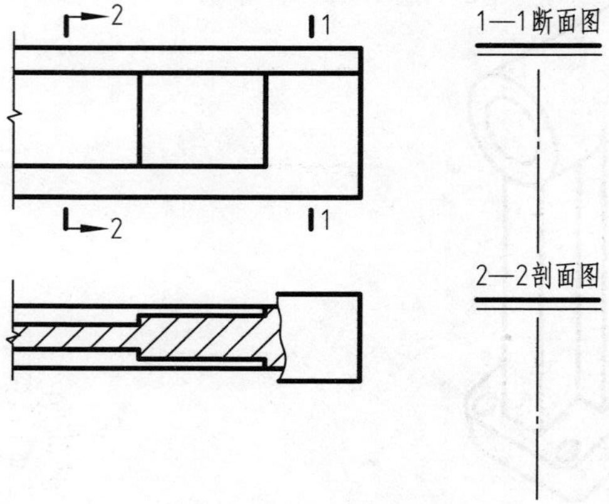

第 12 章	形体的断面图表达	专业班级		姓名		学号		日期		评阅	

13-1 分析工程形体结构形状，按照“二四”方法，分析、评价他人确定的表达案。

（1）

支座

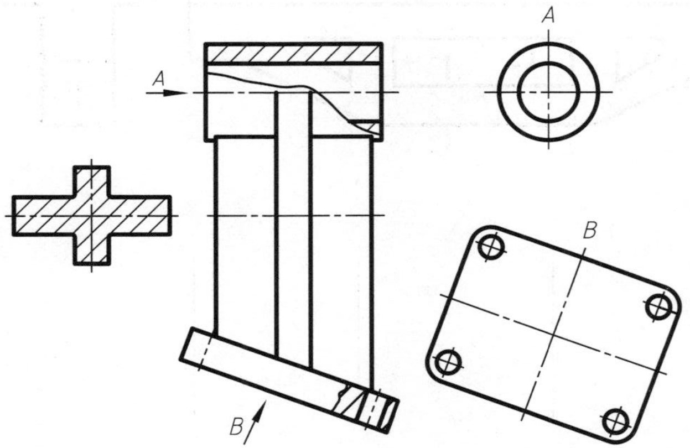

分析、评价：

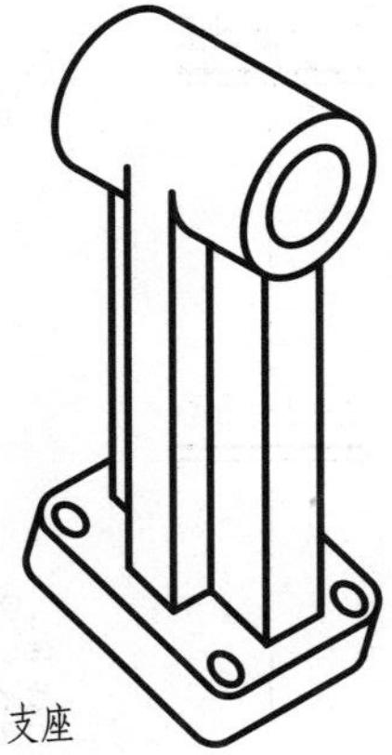

支座

（2）

圆井

分析、评价：

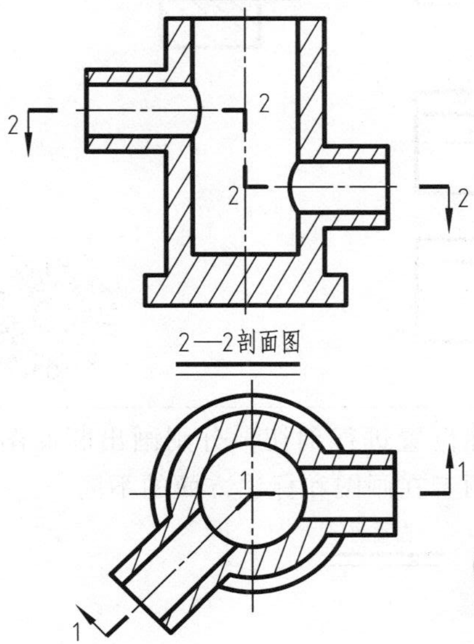

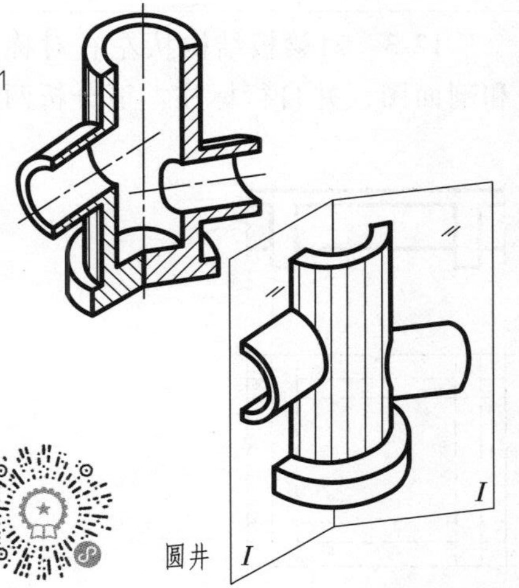

圆井

第 13 章	形体的其他表达与表达方法应用举例	专业班级		姓名		学号		日期		评阅	

13-2　按照“二三四”方法，确定工程形体表达方案，画出形体构造图。要求：①A3 图纸；②比例自主；③尺规绘图；④继续秉持认真仔细、严谨细致的工作作风；继续发扬一丝不苟、精益求精的工匠精神。

（1）

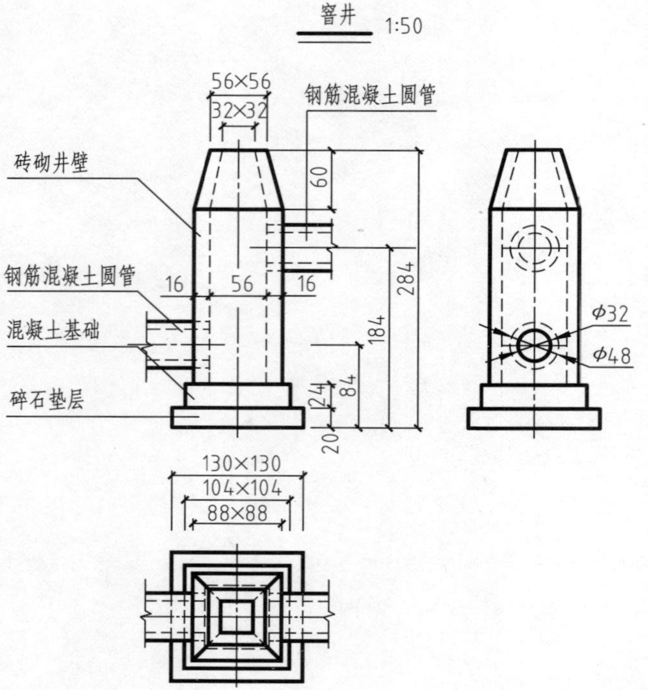

说明：图上标注尺寸单位以cm计。

（2）

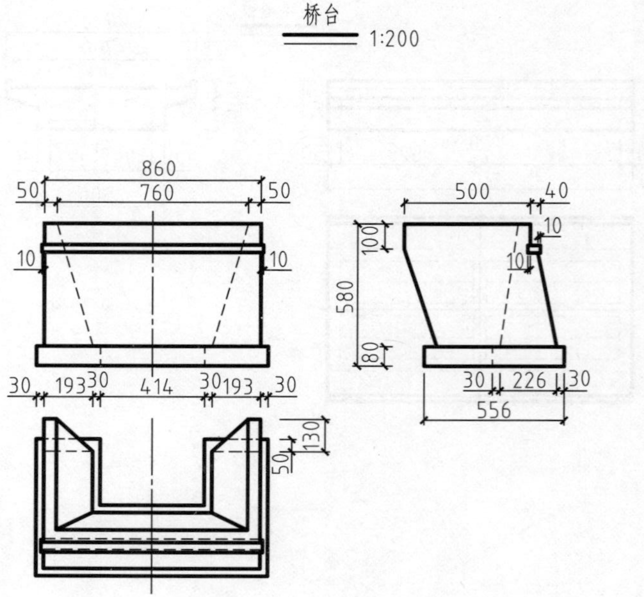

说明：

1.图上标注尺寸单位以cm计。

2.台身构造材料为混凝土；基础、台帽构造材料为钢筋混凝土。

13-3　试用形态分析法，对下图所示行车道板确定多量表达方案（分析过程在下方空白处或另用纸张徒手绘图表示）；然后依据确定表达方案的两点原则，分析、评价出 1~2 个最佳表达方案。

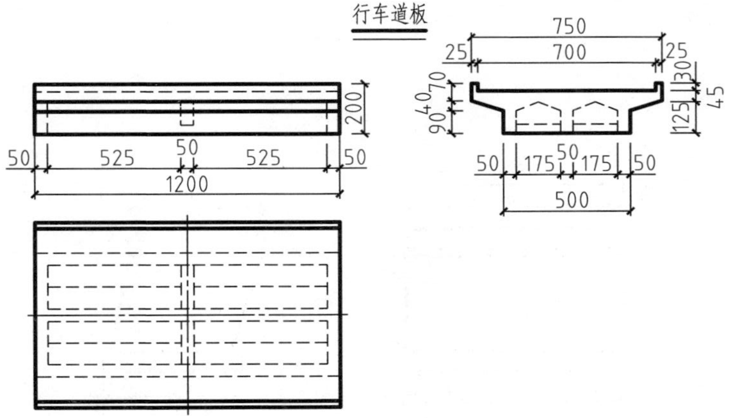

第 13 章	形体的其他表达与表达方法应用举例	专业班级		姓名		学号		日期		评阅	

14-1 关于公路路线平面图——以图 14-1 为例：

（1）看图

1）公路路线的设计结果一般通过________、________、________三种图样来表示。

2）公路路线平面图的图示方法是________________。其作用是________________________________。

3）该公路路线平面图表达路段起点____________、终点____________。

4）公路方向________、位置________。

5）地形起伏情况用________和________表示；相邻两等高线之间的高程差为________ m；公路所在地区的西北和西南地势较________，东北方有一________，高约________ m。

6）地物在路线图上用________来表示。草地旱地图例指向________方。

7）公路路线用________来表示。

8）K121 表示________，注于公路前进方向的________侧；7 表示________，注于道路前进方向的________侧。

9）该公路路线的平面线型为________；JD_4 表示________________；角交点用________________________表示。

10）该公路路线平面图上缺少一项图示内容，为________________________。

11）△S11 表示________________________________。

12）$\frac{BM2}{741.13}$ 表示________________，741.13 表示________________。

13）公路路线平面图上的接图线用________表示，且________公路路线。接图线处桩位数字字头朝向________方向。

（2）画图

1）分析列出公路路线平面图上的线型，线型应如何应用？

2）公路路线上需要标记哪些内容？

3）自主分析该公路路线平面图的画图方法、步骤。

4）绘制图 14-1 公路路线平面图完整工程图样，至少还需要哪些图样内容？

5）尺规补全下页所示公路路线平面图中的平曲线，并标全几何元素点，以及里程桩位。

6）采用 1∶5000 比例，CAD 绘制下页所示公路路线平面图 A3 图样。

画图重点：①转折角的画法；②桩位的确定；③桩位符号与几何元素点符号的画法；④坐标网格的定位与画法；⑤指北针的画法。

画图要求：

继续秉持认真负责、严谨细致的工作作风；继续发扬一丝不苟、精益求精的工匠精神。

公路路线平面图

总 15 张	第 1 张
K0+000 至 K1+700	

比例：1:5000

曲线表

NO	α		R	L_s	T	L	E
	Z	Y					
JD_1	12°30′16″		5500		602.56	1200.34	32.91

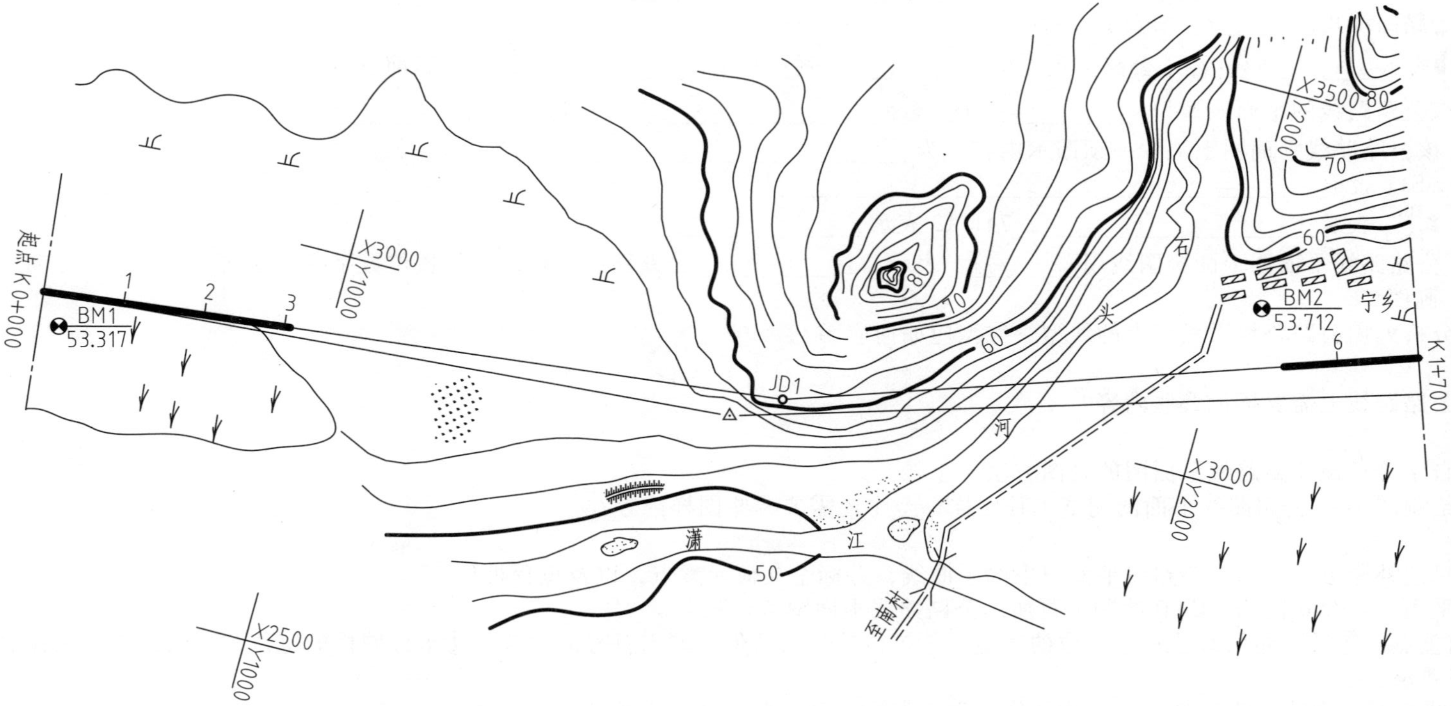

第 14 章	道路路线工程图	专业班级		姓名		学号		日期		评阅	

14-2　关于公路路线纵断面图——以图 14-4 为例：

（1）看图

1）公路路线纵断面图的图示方法是______________。其作用是______________。

2）公路路线平面图包括__________和__________两部分。

3）地形线用__________线型表示；竖向设计线用__________线型表示，竖坡变化处叫__________。为方便汽车行驶，必须在该处设置竖曲线。竖曲线分为__________形和__________形两种，分别用__________和__________表示，并将竖曲线的________、________、________、________、________注于其上。

4）沿线结构物有__________、__________、__________、__________。

5）K127+520 至 K128+100 路段的坡长为______________，总设计坡长为______________，竖向坡度为______________。

6）在 K127+688 里程处设计有__________，4 表示__________，20 表示__________。

7）该路段设计有________处竖曲线，变坡点表示为________，切线长为__________，圆曲线半径为__________。

8）该路段设计有________处平曲线，左侧交角点编号为________，转折角为__________，圆曲线半径为__________，缓和曲线长________。该转弯处为（左？右?）__________转弯左、右侧道路横向坡度变化情况分别为__________，__________。

（2）画图

1）分析列出公路路线纵断面图的线型，线型应如何应用?

2）路线上需要标记哪些内容?

3）竖曲线符号上的两小段竖线的位置如何确定?

4）分析公路路线纵断面图的画图方法、步骤。

5）采用纵向 1∶5000、竖向 1∶500 比例，CAD 绘制并补全下页所示公路路线纵断面图。

6）分析、评价数据表中的“超高”与“直线及平曲线”两部分的线型与数据之间的关系是否适应?试用图示的方法来表明。

第 14 章	道路路线工程图	专业班级		姓名		学号		日期		评阅	

公路路线纵断面图

总 15 张	第 1 张
K0+000 至 K1+700	

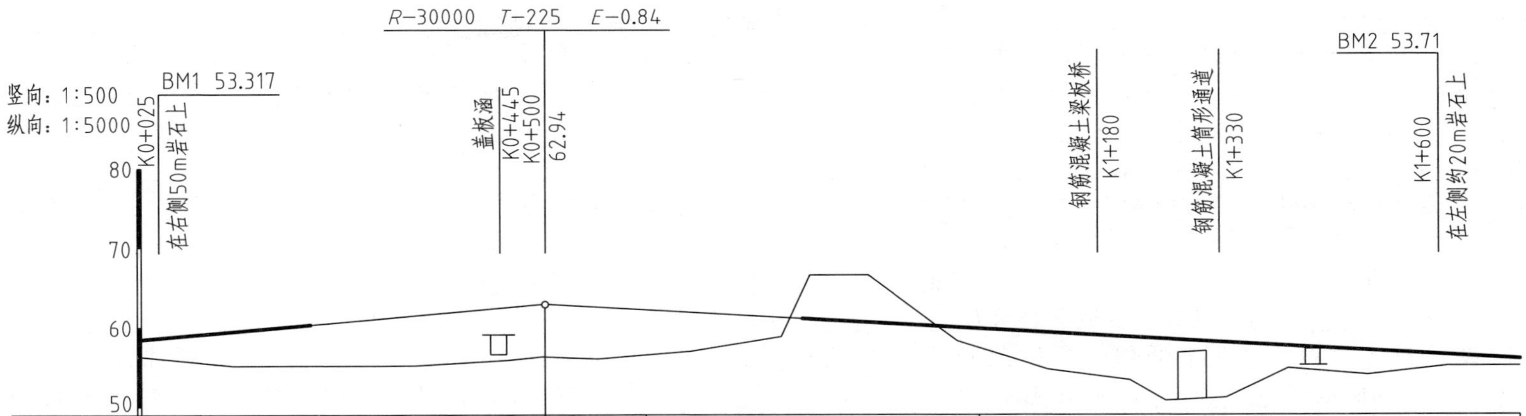

地质情况：粉质中塑性黏土（K0+000～K0+600）；中塑性黏土（K0+600～K1+000）；粉质中塑性黏土（K1+000～K1+700）

坡度/距离：1.0%　500m；−0.5%　1200m

桩号	原地面高	设计线高	挖高	填高
0+000	56.25	58.00		1.75
0+100	54.51	59.00		4.49
0+200	55.40	60.00		4.80
0+300	55.40	60.99		5.59
0+400	56.51	61.74		5.23
0+445	56.30	62.00		5.70
0+500	56.00	62.10		6.16
0+600	57.25	62.24		4.99
0+700	61.82	61.99		0.17
0+800	65.30	61.50	3.80	
0+900	59.00	61.00		2.00
1+000	55.00	60.50		5.50
1+100	54.40	60.00		5.60
1+180	50.02	59.50		9.48
1+200	50.00	59.00		9.00
1+300	55.00	58.50		3.50
1+330	54.90	58.00		3.10
1+400	54.80	57.50		2.70
1+500	55.30	57.00		1.70
1+600	55.30	56.50		1.20
1+700	55.40	56.00		0.60

平曲线：JD_1　$R-5500$　$\alpha-12°30'16''$

第 14 章	道路路线工程图	专业班级		姓名		学号		日期		评阅	

14-3　关于公路路基标准横断面图——以图 14-6a 为例：

（1）看图

1）公路路基标准横断面图的图示方法是＿＿＿＿＿＿＿＿＿＿＿＿＿＿＿＿。其作用是表达公路的＿＿＿＿＿向组成，各组成部分的横向＿＿＿＿＿和＿＿＿＿＿大小。

2）该公路路基标准横断面图表示路线横断面布置形式为＿＿＿＿＿＿＿＿＿＿＿断面。

3）该图尺寸单位为＿＿＿＿＿。路面、路肩和坡面坡度分别为＿＿＿＿＿、＿＿＿＿＿、＿＿＿＿＿，车行道、路缘带、硬路肩、土路肩横向尺寸分别为＿＿＿＿＿、＿＿＿＿＿、＿＿＿＿＿、＿＿＿＿＿；道路全宽为＿＿＿＿＿。

4）绘图时用细实线表示＿＿＿＿＿＿＿，粗实线表示＿＿＿＿＿、＿＿＿＿＿、＿＿＿＿＿、＿＿＿＿＿、＿＿＿＿＿，细点画线表示＿＿＿＿＿＿＿＿。

5）该公路的护坡道和排水沟的尺寸分别为＿＿＿＿＿、＿＿＿＿＿、＿＿＿＿＿、＿＿＿＿＿、＿＿＿＿＿。

（2）画图

1）分析列出断面图上的线型，应如何应用？

2）自主分析、确定右图的画图方法、步骤。

3）分析需要标注横向组成的哪些尺寸？

4）根据前所绘制并补全题 14-1 中某公路路线平面图和题 14-2 中所示相应的某公路路线纵断面图，依据该路基标准横断面图，绘制指定桩号 K1+100 处的路基横断面图。填方边坡坡度为 1∶1.5，挖方边坡坡度为 1∶1。

要求：

① 比例 1∶400。

② 绘图形式自主：尺规绘制或者 CAD 绘制。

③ 内容须齐全。

④ 继续秉持认真仔细、严谨细致的工作作风；继续发扬一丝不苟、精益求精的工匠精神。

⑤ 自主总结作图过程的重点和难点。

K1+100

15-1　关于平面交叉口平面图——以图 15-2 为例：

（1）看图

1）平面交叉口的设计结果一般需要__________、__________、__________、__________四种图样来表示。

2）平面交叉口平面图的图示方法、内容、作用基本同____________________。不同的是平面交叉口平面图上的道路中心线用____________________线型表示，画图比例较公路路线平面图要____________，并且用________________线型表示出道路的横向组成。

3）该平面交叉口形式为__________型，交通组织形式为__________，图中环岛用__________线型表示，车道中心线用__________线型表示，环岛定形尺寸为__________、__________。

4）该图交叉口及道路的方位用____________________表示，$X200$ 字头指向__________方，表示________________________；$Y100$ 字头指向______________方，表示______________________________。

5）待建段道路在南北道路的__________侧，为__________断面形式，机动车道、非机动车道、人行道、分隔带的宽度分别为__________、__________、__________、__________。

6）南北道路的角交点用____________________表示；162°58′29″表示______________________________。

7）虚线表示______________________________。

8）地形用____________________表示。

9）相交道路的竖向线型变化，可用____________来表示。

10）机动车、非机动车、行人在交叉口处必须遵守的交通路线，可在不画地形地物的平面图即____________________图上，用图例比如不同线型的____________________来表示，如图 15-4 所示。

11）交叉口处为满足行车和排水畅通，需对路面高程竖向变化进行设计，设计结果表示在路肩轮廓线以内，称为______________图，具体图示方法有______________、______________、______________三种。

12）图上 B、C 分别表示__________________________、__________________________。

（2）画图

1）分析列出平面交叉口平面图的线型，线型应如何应用？

2）相交道路中线上需标记什么内容？

3）图上需要标注的尺寸有哪些？

4）自主分析该图的画图方法、步骤。

5）评价该图在画图或标注或标记上有无不正确之处？若有，请将不正确之处用红笔圈出。

第 15 章	道路交叉口工程图及交通工程图	专业班级		姓名		学号		日期		评阅	

15-2　关于立体交叉口平面图——以图 15-7 为例：

（1）看图

1）立体交叉口的设计结果通过__________、__________、__________、__________、__________五种主要图样形式表现出来。

2）与公路路线平面图比较，立体交叉口平面图不仅表示出了道路的__________，还表示出了道路的__________、__________、__________、各路线的交接关系，以及地形地物。

3）该立体交叉口的交叉方式为__________式，平面几何形状为__________形，交通组织类型为______________。

4）同平面交叉口平面图，道路中线用__________表示，路肩线、路面线用__________表示。

5）本图中用__________表示地形，沿线结构物按__________标记，地物用__________表示。

6）本图中用__________表示道路方位。

7）本图中主道路为__________，被交道路为__________，匝道有__________、__________、__________、__________、__________、__________、__________、__________八段。

8）主线道路、支线道路、匝道的竖向线型变化，可通过__________图清楚表示。

9）各匝道的位置、起止里程桩号和相互之间的相对关系，相接两匝道在相接处的桩号差异，可通过__________图更清楚地表示，同时表明相互之间有__________关系。

10）主线道路、支线道路、匝道的平面测设数据、主要线型控制点符号，可通过__________图更清楚地表示，并在图上用__________表示线型控制点的位置。

11）匝道与主道、匝道与被交道路、匝道与匝道的相交部位为一______________端部，称为____________________，其设计结果可通过________________来清楚表示。

（2）画图

1）比较公路路线平面图、平面交叉口平面图以及立体交叉口平面图三种图样在线型使用上的异同。在下方空白处图示立体交叉口平面图上的图线线型，徒手绘图。

2）从图示内容和范围上，分析、比较公路路线平面图、平面交叉口平面图以及立体交叉口平面图，一般哪种平面图画图比例较小？

3）自主分析立体交叉口平面图的绘图方法、步骤。

第 15 章	道路交叉口工程图及交通工程图	专业班级		姓名		学号		日期		评阅	

16-1 关于钢筋结构图——以图 16-4 为例：

（1）看图

1）钢筋混凝土结构件的设计结果一般用__________和____________________两种图样来表示。

2）构件的钢筋结构图的图示内容主要有__________、__________、__________、__________。

3）该图为____________________，暂未画出的图示内容是____________________。

4）配筋图由__________、__________组成，受力钢筋、箍筋、架立钢筋用__________表示，箍筋数量较多时也可用__________表示，钢筋的横断面用__________表示；钢筋成型图表示每号钢筋的形状、编号、符号、直径、根数、局部尺寸、下料长度，便于__________，钢筋形状用____________表示；T 梁构件外轮廓线用____________表示。

5）钢筋编号在立面图、断面图、钢筋成型图上的标注形式不相同。例如，立面图上标注 2*N*5，其中 2 表示__________，*N* 表示__________，5 表示__________；断面图上用__________来标注；钢筋成型图上标注 $\frac{3\Phi22}{881}$④，其中 3 表示______________、Φ表示______________，22 表示______________，4 表示______________，881 表示______________。

6）图上标注的尺寸除钢筋直径以__________计外，其余以__________计。

7）立面图标注尺寸“净距 4.9”，表示________________，尺寸 6 表示______________，尺寸 23×30＝690 表示________________，T 梁构件的总长、总宽、总高尺寸分别为______________、______________、______________。

8）2 号钢筋端部设计有______________个______________弯钩，其中还设计有______________个______________弯折。

9）1 至 7 号钢筋数量分别为__________、__________、__________、__________、__________、__________、__________。

（2）画图

1）分析列出 T 梁钢筋结构图上的线型，应如何应用？

2）为方便画图和看图，如何配置立面图与钢筋成型图？

3）分析、评价下页高速公路防护栏钢筋结构图与该 T 梁钢筋结构图的异同。

4）绘图方式自主，绘制该图立面图上所标注的 2—2 断面图。

5）4 人小组自主分析下页高速公路防护栏钢筋结构图的画图方法、步骤，并绘制 A3 图样。要求：

① 比例自主；自行编写钢筋数量表。

② 绘图形式自主：尺规绘制或者 CAD 绘制。

③ 继续秉持认真负责、严谨细致的工作作风。继续发扬一丝不苟、精益求精的工匠精神。

④ 4 人小组分工合作，交流协同，共同完成图样。

第 16 章	钢筋混凝土结构图与钢结构图	专业班级		姓名		学号		日期		评阅	

高速公路防护栏钢筋结构图（省略钢筋数量表）

立面图

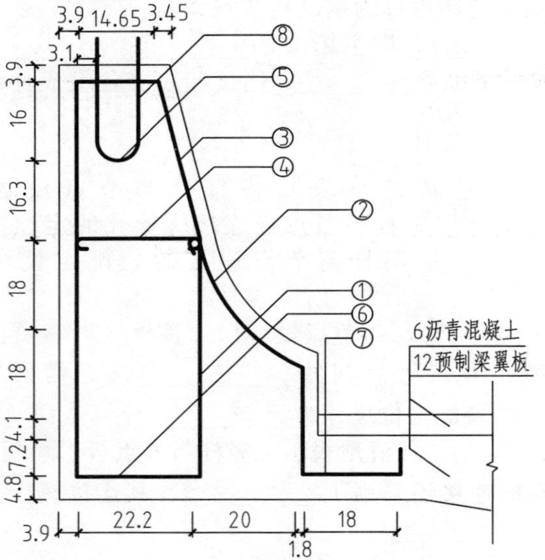

侧面图

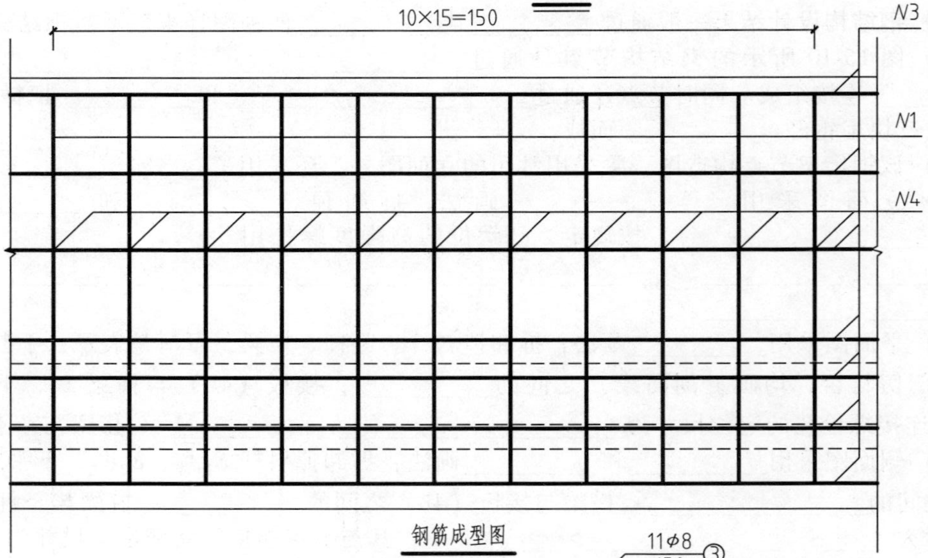

钢筋成型图

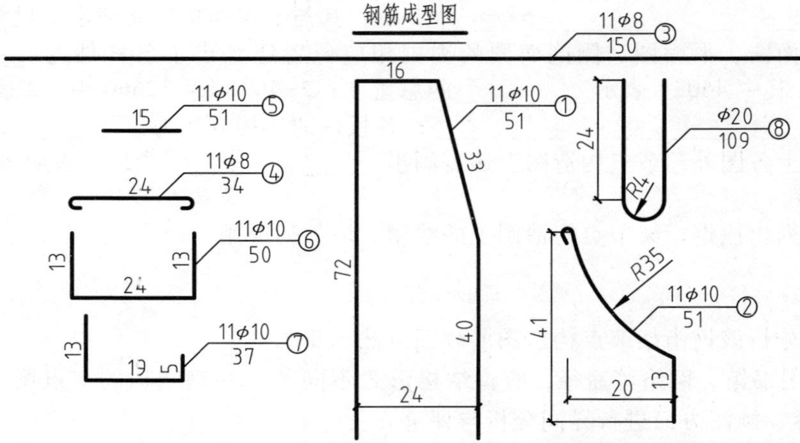

说明：

1. 本图除钢筋直径和有单位注明者外，其余均以cm计。
2. 本图省略钢筋数量表。
3. 护栏在伸缩缝处断开，并加以处理。
4. 预埋U型地脚螺栓详图及材料数量，另见相关图纸。
5. ①、②钢筋下端预埋于梁翼内，大样图另见相关图纸。

第 16 章	钢筋混凝土结构图与钢结构图	专业班级		姓名		学号		日期		评阅	

16-2　关于钢桁架节点构造图——以图 16-10 为例：

（1）看图

1）钢结构设计结果一般通过__________与__________两种图样来表示。钢结构节点构造图也称为钢结构节点详图。

2）图 16-10 所示的钢结构节点是通过__________、__________、__________和__________将主桁架的__________、__________、__________连接组成。同时节点还通过__________、__________和__________把横梁和下平纵联__________连接起来。各组成杆件是由两块或三块扁钢经__________而成。

3）该钢桁架节点构造图，除采用常用的立面图外，还采用了__________、__________、__________。

4）立面图采用__________画法，拆卸掉__________和__________，可清楚地表示各杆件与节点板之间的__________。按规定，已就位的高强度螺栓用__________表示，斜杆与节点板连接螺栓孔的定位尺寸有__________、__________、__________、__________、__________、__________、__________，斜杆与节点连接的装配定位尺寸为__________、__________。

5）平面图采用__________画法，拆卸掉斜杆、竖杆、横梁，可清楚表示：下弦杆 E_1E_2、E_2E_3 与节点板（1）、接板（2）、填板（3）（不论剖切与否，均画上剖面线）之间的__________；接板（4b）与横梁 L_2，下平纵联 L_3、L_4 之间的__________；横梁与接板（4b）连接螺栓孔的定位尺寸为__________、__________、__________，横梁与节点连接的装配定位尺寸为__________。

6）侧面图采用__________和__________画法，拆卸掉斜杆 E_2A_1、E_2A_3，下平纵联 L_3、L_4，可清楚表示：竖杆与节点板、填板（5）、横梁之间的__________；横梁与接板（4b）之间的__________；横梁与竖杆之间的连接还采用了__________，其连接螺栓孔的定位尺寸为__________、__________、__________，其与节点连接的装配定位尺寸为__________、__________。

7）在立面图、平面图、侧剖面图的周围相应位置还画出了各杆件的__________并标注出了__________、__________、__________。其中 460±1 表示__________的总宽度；2−460×16×12660 中，2 表示__________，−表示__________，460、16、12660 分别表示__________、__________、__________；各板件的连接方法为__________，焊缝形式为__________，焊缝高度为__________。

8）除以上各图外，节点构造图上还需画出__________，以此表明节点构造图所表示的节点的__________。

（2）画图

1）分析列出该钢桁架节点构造图上的线型，应如何应用？

2）自主分析该钢桁架节点构造图的画图方法、步骤。

3）通过图书馆、网络等途径，查询结构形式不同的一些钢结构的节点图，对比较感兴趣的节点图与该钢桁架节点构造图在图示方法、图示内容、画图方面进行异同分析与评价。

第 16 章	钢筋混凝土结构图与钢结构图	专业班级		姓名		学号		日期		评阅	

17-1　关于桥梁总体布置——以下页某桥梁总体布置图为例：

（1）看图

1）钢筋混凝土梁桥的设计结果一般通过________、________、________、________四种图样来表示。

2）该图为__________。立面图采用_______的图示方法，该桥共有_______跨、边跨跨径_______，中跨跨径_______，桥梁总长_______；两端为重力式桥台，河床中间设有_______个桥墩，立柱下方无基础直接与直径较大些的桩相连接，此类桩叫作桩基础，简称桩基。桥台基础与桩基的埋置深度可以从图上标注的高程数字读出，其中用于表示①桥台基础和②桩基埋置深度的高程分别为_______和_______；立面图还反映了河床、__________及__________；图的上方还把桥台和桥墩的________标注出来，方便读图和施工放样之用。③桩基的里程桩位和相应桥面高程分别是________、________。

3）平面图通常采用__________或局部剖面图的图示方法，剖面图部分是剖切掉或认为揭掉_______和_______以上梁板和桥面等，以清楚表示下部构造的平面布置情况；桥墩为________柱式，之间中心距离为________；为了施工时挖基坑的需要，注出桥台基础平面尺寸、_______和_______；图中左半部为平面图部分，用来表达桥面布置情况，行车道宽_______，人行道宽（包括护栏）_______。

4）侧面图通常采用_______的图示方法，其画图比例较其他图形要大，主要表示桥梁的_______布置情况。本图侧面图由_______和_______剖面图合并组成，可以看出桥梁由_______片 T 梁组成。

（2）画图

1）分析该桥梁总体布置图上线型有哪几种？应如何应用？

2）立面图为全剖面图，没有剖到立柱、桩基，但为什么轮廓线为粗实线？

3）由立面图思考该桥梁总体布置图上是否植入了桥位地质断面图？

4）分析该桥梁总体布置图与图 17-5 的桥梁总体布置图在图示方法、图示内容方面的异同，并评价二者谁更具优势。

5）自主分析该图的画图方法、步骤。

6）由该桥梁总体布置图，创新性设计桥台构造形状。要求：

① 比例自主。

② 绘图形式自主：尺规绘制或者 CAD 绘制。

③ 表达形式自主：构件构造图或者三维造型。

④ 继续秉持认真负责、严谨细致的工作作风；继续发扬一丝不苟、精益求精的工匠精神。

第 17 章	桥梁工程图	专业班级		姓名		学号		日期		评阅	

某桥梁总体布置图

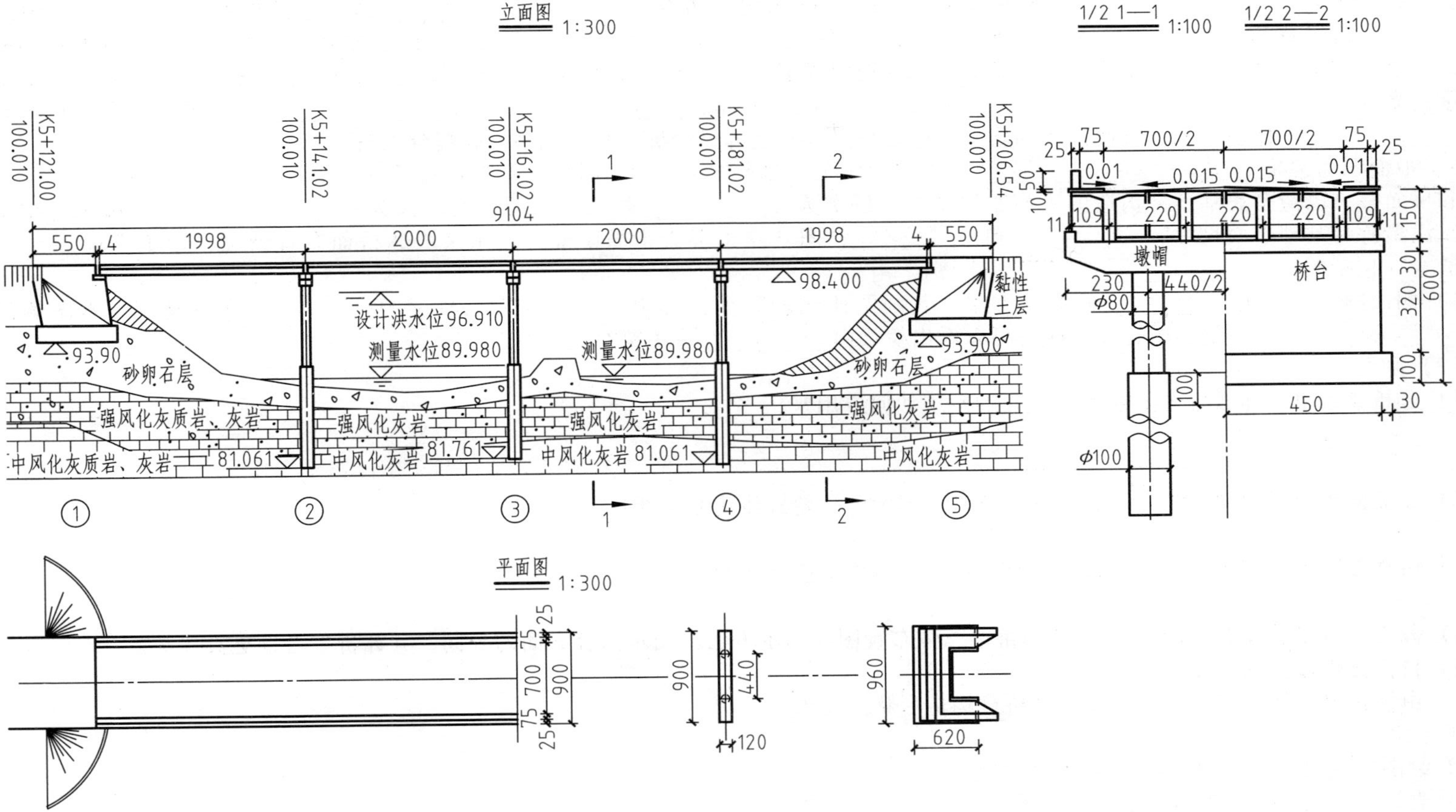

第 17 章	桥梁工程图	专业班级		姓名		学号		日期		评阅	

18-1 关于隧道洞门图——以图 18-6 为例：

（1）看图

1）隧道工程图包括________、________、________、________四大部分，其中________包括隧道平面图、________等，结构构造图包括________、________、________。

2）隧道洞门常用形式有________、________、________、________、________、________。对隧道洞门一般采用________面投影图来表达。

3）立面图是隧道洞门________的正立剖面图，表示洞口墙的________和________，该隧道洞门形式为________，顶帽宽度为________，洞顶排水沟纵坡坡度为________，路堑边坡坡度为________，拱圈衬砌内轮廓线由半径为________、________的三段圆弧组成，隧道衬砌厚度为________，除拱圈外还有两________，洞口净空高度尺寸为________、净空宽度尺寸为________、洞内路面采用________的双向横坡，路面具体构造可看________。该隧道洞门衬砌为________心________顶________式。

4）平面图采用________画法，用________线型画出洞门外露部分和坡面间的交线的投影，用________线型画出各斜坡和边沟示坡线。

5）侧面图采用________图和________画法，只画靠近洞口的一小部分，洞口端墙倾斜坡度为________、厚度为________，洞顶排水沟构造材料为________，沟底宽度为________，衬砌材料为________。

6）侧面图下方尺寸 92、85 分别表示________、________。

（2）画图

1）该洞门图使用了哪些线型？各类线型应用如何？立面图上虚线的含义是什么？

2）立面图中两边的山体剖面符号是否一定倾向、间隔一致？

3）分析在立面图和侧面图上，洞内路面层次的线型表示为什么不同？

4）分析该图立面图中隧道洞门衬砌与图 18-4 隧道横断面图中衬砌在画法上的异同，并用尺规绘制图 18-4 隧道横断面图。

5）自主分析该图的画图方法、步骤，并用 A3 图纸绘制。

要求：

① 比例自定。

② 尺规绘制或者 CAD 绘制。

③ 创新性设计顶帽的构造形状。

④ 继续秉持认真负责、严谨细致的工作作风；继续发扬一丝不苟、精益求精的工匠精神。

第 18 章	隧道、涵洞工程图	专业班级		姓名		学号		日期		评阅	

18-2 关于钢筋混凝土盖板涵构造图——以图 18-13 为例：

（1）看图

1）该图为________，该涵洞顶部无覆土，所以其为________涵。

2）立面图为剖切平面沿涵洞宽度中心位置纵向剖切画出的________，盖板即________为________预制件，共________块；路基顶面宽度即________，为________m；八字翼墙为________材料构造；截水墙和涵底为________材料构造，截水墙高度和厚度分别为________、________；地基处理层为________；进出水洞口涵底标高分别为________、________，两洞口铺砌长度为________。

3）平面图采用________画法，截掉涵身两侧以外部分，画出________、________；涵洞中心桩号为________，台身宽________，台身基础宽________，翼墙顶端宽________，翼墙基础宽________，翼墙倾角为________，缘石长度为________。

4）侧面图即________，进出水洞口净高分别为________、________，净宽为________，缘石厚度为________；地面以下不可见轮廓线用________线型表示。

5）便于放样施工，还对________、________画出断面图；对翼墙与盖板、台身之间的连接关系和路面构造用________进行表达，三者之间的缝隙________、________、________，设计缝隙的目的是方便________；缘石与最外侧道板设计成________；盖板与台身之间的 1cm 缝隙表示________。

（2）画图

1）分析列出涵洞构造图使用的线型，各类线型应如何应用？

2）画断面图时，台身基础与翼墙基础轮廓内的剖面线是否应该一致？为什么台身与基础之间不画线，而翼墙与基础间则画线？

3）分析教材上圆管涵构造图、钢筋混凝土盖板涵构造图、石拱涵构造图在图示方法上的异同？加以理解，绘图时灵活运用。

4）自主分析、确定该图的画图方法、步骤。

5）探究性解决图中 *A* 点大样图中所示沉降缝、伸缩缝的施工做法，并思考在图样上如何表示该做法。